LA BULGARIE
DANUBIENNE
ET
LE BALKAN

PARIS. — IMPRIMERIE ÉMILE MARTINET, RUE MIGNON, 2

LA BULGARIE
DANUBIENNE

ET

LE BALKAN

ÉTUDES DE VOYAGE (1860-1880)

PAR

F. KANITZ

ÉDITION FRANÇAISE

PUBLIÉE SOUS LA DIRECTION DE L'AUTEUR

Illustrée de 100 gravures sur bois

ET ACCOMPAGNÉE D'UNE CARTE

PARIS

LIBRAIRIE HACHETTE ET Cⁱᵉ

79, BOULEVARD SAINT-GERMAIN, 79

1882

PRÉFACE

La Bulgarie, ce pays qui vit naître Alexandre le Grand, qui reçut de l'empereur Trajan la civilisation romaine et de Byzance la religion chrétienne, qui fut enfin soumis par les Turcs au règne du Croissant, est, de nos jours, le théâtre d'un étonnant spectacle. On y voit renaître un peuple, qu'une triste destinée avait, depuis des siècles, condamné à la mort politique. L'empire des Osmanlis tombe en lambeaux, car, pas plus en Europe qu'en Asie, en Égypte, à Tunis, la Porte n'a su créer à ses sujets des conditions favorables d'existence.

Les territoires du Balkan, que l'aréopage des grandes puissances a séparés de la Turquie en 1878, attirent aujourd'hui l'attention générale, non seulement en raison des crises que leur nouvelle organisation ne pouvait manquer de provoquer, mais aussi en raison des intérêts politiques et commerciaux qui s'y débattent. Ces intérêts touchent presque tous les États de l'Europe, car la Bulgarie et la Roumélie orientale sont situées sur le chemin qui mène à Constantinople et vers l'Orient.

Ce volume a pour but de faire connaître au lecteur l'histoire, l'ethnographie et le pays des Bulgares. Il a été extrait de l'ouvrage allemand, dont la seconde édition vient de paraître, sous le titre de *Donau-Bulgarien und der Balkan*.

C'est aux soins réunis de Mme Marie Grotz, née Reclus, de MM. Émile Picot, consul honoraire, professeur à l'École des langues orientales vivantes, à Paris, et E. L. Grieszelich, à Vienne, que je dois de voir présenter au public français les principaux résultats de mes nombreux voyages en Bulgarie, de mes dix-huit passages du Balkan et des études diverses auxquelles je me suis livré depuis vingt ans.

Je serais heureux si ce livre pouvait gagner au peuple bulgare, peuple doué d'excellentes qualités morales et intellectuelles, autant d'amis que lui en a gagné l'original allemand.

F. KANITZ.

Vienne, Octobre 1881.

LA BULGARIE DANUBIENNE
ET
LE BALKAN

CHAPITRE PREMIER

HISTOIRE DES BULGARES JUSQU'A LA CONQUÊTE TURQUE

De toutes les peuplades barbares qui, du troisième au sixième siècle, ont traversé le bas Danube, une seule, d'origine finno-ouralienne, a su fonder un État assez solide pour résister longtemps au choc des révolutions. Ce sont les Bulgares, qui dans leur marche vers l'ouest, au second siècle avant notre ère, paraissent avoir reçu d'Arzacès Ier des territoires sur les bords de l'Araxe. Ils ont ensuite habité les régions de la Volga nommées, dit-on, de leur vaste fleuve, « Grande-Bulgarie » ou « Bulgarie Noire », d'où le nom de « Bulgares » resté aux sauvages tribus de ses rives. L'appellation d'Ounogoundours, par laquelle les Byzantins désignaient les Bulgares, dénote une parenté avec les Hounogari, les Oungari, les Outourgouri et autres tribus finno-ouraliennes qui, vers le neuvième siècle, ont inondé l'Europe orientale.

Au cinquième siècle, les Bulgares commencèrent à franchir le Danube. Sans trouver de résistance sérieuse, ils ravagèrent la Mésie, traversèrent le Balkan, envahirent la Thrace et menacèrent bientôt Constantinople, qui se protégea par de longues lignes de défense. De 551 à 559, ils investirent Thessalonique, brûlèrent trente villes et parurent devant la capitale, qui ne dut son salut qu'aux exploits de Bélisaire. On rapporte qu'à cette époque les invasions des Bulgares, des Antes et d'autres hordes barbares coûtèrent chaque année la vie et la liberté à près de 200 000 hommes.

F. Kanitz.

Depuis le quatrième siècle, les Slaves, refoulés du nord-est de l'Europe vers le sud, s'étaient établis peu à peu à la place des populations thraco-mésiennes, que les invasions des barbares avaient détruites ou dispersées. Portés comme tous leurs congénères à l'agriculture, ces nouveaux arrivants s'attachèrent bientôt au nouveau sol et acceptèrent la suprématie de Byzance, qui désigna sous le nom de « Sclavinia » les territoires occupés par eux en Mésie, en Thrace et en Macédoine. Quant aux Bulgares, peu nombreux et ne connaissant que le métier des armes, ils eurent intérêt à ménager les Slaves. C'est sur ce fond slave qu'Asparouk établit, à la fin du septième siècle, le « royaume des Bulgares », dont l'importance ne tarda pas à devenir considérable et dont la capitale, Preslav, était située aux environs de Choumla. Les vices invétérés et les désordres qui rongeaient l'empire romain d'Orient, et auxquels on a donné le nom de « byzantinisme », ne manquèrent pas de donner aux Bulgares de fréquentes occasions de s'accroître aux dépens de leur voisin dégénéré.

Lorsque, à la fin du huitième siècle, une révolte eut précipité du trône la dynastie d'Asparouk, Kardam conduisit les Bulgares à de nouvelles victoires et força même Byzance à lui payer tribut. Son successeur Kroum, guerrier habile et infatigable qui gouvernait son peuple avec une sévérité draconienne, fit alliance avec Charlemagne, et forma l'audacieux projet de s'emparer de Constantinople, dont il aurait fait le centre de son royaume, sauf à laisser à l'empereur franc la Carinthie et la Dalmatie, la Sirmie et la Slavonie. En 809, il s'empara de Sofia. Deux ans plus tard il vainquit, près de Choumla, l'empereur Nicéphore, qui resta parmi les morts. En 813, il remporta une autre victoire devant Andrinople et ravagea les faubourgs de Byzance. En 815, il se voyait, par la conquête d'Andrinople, près du terme de ses efforts, quand il tomba frappé d'une mort soudaine. Constantinople respira. Les successeurs de Kroum continuèrent avec des succès divers la guerre contre Byzance et ses nouveaux alliés, les Magyars, contre les Serbes et contre les Croates ; ils s'emparèrent même des sources de la Tisza, ou Theiss, dans le nord de la Hongrie.

Le tsar Michel Boris adopta, en 864, le christianisme. Fatigué des luttes intestines qui résultèrent de sa conversion, il confia les rênes du gouvernement à son fils Vladimir, et, pour mieux vaquer à son salut, se retira dans un cloître. Il en sortit cependant bientôt pour déposer le nouveau roi, dont l'incapacité n'avait pas tardé à devenir notoire; il mit à sa place son second fils Siméon, et rentra dans sa cellule pour y mourir en 907.

Siméon (893-927) continua la lutte avec les Byzantins, dont il finit par anéantir l'armée, en 917, après avoir déjà, en 895, repoussé leurs alliés les Magyars. Il ravagea le pays serbe, et sa puissance s'accrut de telle sorte, qu'il conçut le plan de s'emparer du trône de Byzance.

LES FINNO-BULGARES DEVANT CONSTANTINOPLE, EN 813.

Le pape Formose lui reconnut le titre de césar (*tsar*) et décerna celui de patriarche à l'archevêque d'Ohrida. L'Église de Bulgarie entretint du reste de tout temps l'idée de maintenir son autonomie nationale et de s'affranchir de l'autorité ecclésiastique de Constantinople ou de Rome. Siméon, qui portait le titre de tsar des Bulgares et des Valaques et de despote des Grecs, sut faire craindre ses armes des rives de la mer Noire à celles de l'Adriatique, et il obligea l'empereur Romain Lécapène à se présenter en personne devant lui, sous les murs de Constantinople, pour implorer une paix chèrement achetée (924). Siméon passe pour avoir été le plus puissant et le plus intelligent des princes bulgares, et il est le premier écrivain royal de race slave.

Cet homme si habile et si énergique eût mérité d'avoir un successeur plus digne de lui que ne le fut son fils Pierre. Celui-ci perdit de vue l'accomplissement des projets paternels : la substitution d'un jeune et puissant empire slave à l'empire croulant des Byzantins.

Sur ces entrefaites, les Magyars, pénétrant comme un coin dans la masse slave, avaient dressé la barrière qui sépare encore aujourd'hui les Slaves du Nord de ceux du Sud. Parmi ces derniers, les Bulgares constituaient alors l'organisme le plus vigoureux; il leur eût été possible, avec plus de prévoyance, d'absorber pacifiquement les tribus serbo-croates, peu puissantes à cette époque, et de former ainsi un empire yougo-slave plein d'avenir. Mais, tout au contraire, le tsar Siméon s'était efforcé d'affaiblir, autant qu'il était en lui, ses voisins de la Serbie et de la Croatie. Ce fut une grande faute politique, à laquelle on peut faire remonter les divisions encore existantes entre les diverses populations yougo-slaves, une faute qui portait avec elle son châtiment. A la mort de Siméon, les Serbes et les Croates, qu'il avait subjugués, relevèrent la tête, et Pierre, que les Magyars menaçaient aussi de leur côté, se hâta de courir à Constantinople pour y conclure un traité d'alliance avec l'empereur romain. Celui-ci, sacrifiant à la raison d'État les traditions de l'étiquette byzantine, donna sa petite-fille en mariage au tsar bulgare. Ainsi serré par les liens de sa parenté nouvelle, aveuglé par des concessions flatteuses, la reconnaissance de son titre de tsar et les distinctions prodiguées à ses ambassadeurs, Pierre subit peu à peu l'influence byzantine. Son autorité se transforma en molle servitude et en déférence honteuse pour Constantinople, d'une part, et pour la Hongrie, de l'autre. Avec le long règne de Pierre (927-969) commença la décadence de l'État bulgare, dont, à diverses reprises, les Magyars traversèrent même impunément les campagnes pour porter la dévastation dans l'empire d'Orient. Les Bulgares, mécontents de la politique trop favorable aux Grecs de leur tsar, excitèrent des troubles dans le pays; un boïar de Tirnovo, Chichman, en profita pour fonder en Macédoine et en Albanie un grand empire bulgare indépendant, dont il se fit couronner tsar.

En 963, un prince énergique surgit parmi les faibles successeurs de Basile le Macédonien. Nicéphore Phocas jugea que le moment était venu de s'affranchir du tribut que l'empire payait au « porteur de fourrures », comme on appelait dédaigneusement le tsar bulgare à la cour de Constantinople. Il fit appel au varègue de Kief, Sviatoslav, et mit à profit les querelles des boïars bulgares; mais il acheta trop cher l'alliance russe. Son œuvre sanglante accomplie, Sviatoslav refusa de quitter le théâtre de ses victoires; il se considéra comme le maître de la Thrace et de la Mésie, et, pendant deux ans, ravagea indistinctement les territoires byzantins et bulgares. Le tsar Pierre était mort; ses deux fils Boris et Romain, héritiers du trône, étaient retenus comme otages à Constantinople et Sviatoslav se croyait au terme de ses efforts, lorsqu'un adversaire inattendu se rencontra sur sa route. Le valeureux empereur Jean Zimiscès rassembla autour d'Andrinople une vaillante armée, prit d'assaut Preslav, et assiégea Sviatoslav dans Silistrie. Après deux mois de siège, la ville ouvrit ses portes, et l'orgueilleux varègue, obligé d'implorer la paix, se rembarqua honteusement en présence de l'empereur, au lieu même où naguère il avait abordé avec de si vastes desseins (997).

La Bulgarie danubienne resta entre les mains du vainqueur, qui avait promis de lui rendre son indépendance. Preslav, l'antique capitale, prit le nom de Johannopol, et l'entrée triomphale de Jean Zimiscès à Constantinople donna aux Byzantins un spectacle dont ils avaient depuis longtemps perdu le souvenir. Sur un char richement orné avaient été déposés, au pied de l'image de la Vierge, la couronne et les insignes des princes bulgares. Rentré dans le palais, l'empereur intima au tsar Boris II, qui faisait partie du cortège, l'ordre de dépouiller la pourpre royale. Nommé « magister » des armées impériales, le petit-fils du grand Siméon mourut plus tard de mort violente, et son frère Romain s'éteignit en Macédoine dans le plus douloureux abandon.

Cependant le royaume bulgare allait refleurir. Samuel, quatrième fils du tsar Chichman, s'empara du trône de la Bulgarie occidentale (976). Il fit crever les yeux à son père, mit à mort le seul de ses frères qui ne fût pas tombé dans les luttes précédentes, puis, libre désormais, il ouvrit la campagne contre Constantinople. Villes après villes tombèrent devant lui; il porta ses armes triomphantes de Belgrade à Thessalonique, d'Ohrida à Trébigne, de Raguse à Durazzo, dans la Serbie et le Péloponèse. Il se fit appeler « empereur de tous les Slaves », et orna Prispa et Ohrida, ses résidences, de constructions splendides. Mais son œuvre devait tomber par les mêmes causes qui l'avaient fait si rapidement prospérer, le meurtre et la trahison. L'empereur Basile II reprit pas à pas le terrain perdu, et Samuel mourut sous le coup de la colère et de l'horreur, au spectacle de quelques milliers de prisonniers bulgares que le Byzantin lui renvoyait les yeux crevés (1014). Inébranlable dans son orgueil slave, jamais il n'avait consenti à négocier avec les Grecs. Sous aucun de ses prédécesseurs, l'empire n'avait eu, même passagèrement, des limites aussi étendues.

Gabriel, fils et successeur de Samuel, demanda vainement la cessation de la lutte ; Basile lui répondit par de nouveaux succès, et l'infortuné prince fut tué dans une partie de chasse par son cousin Jean Vladislas, auquel il avait autrefois sauvé la vie. Le premier acte de l'usurpateur, après avoir obtenu de Byzance la paix tant désirée, fut de s'emparer de Cattaro, gouvernée jusque-là par le gendre de Samuel, qu'il assassina lâchement. Il se crut alors assez fort pour rompre soudain avec Constantinople, mais il mourut d'une blessure devant Durazzo (1018). Basile II fit de nouveau reconnaître la souveraineté byzantine jusqu'à la Save. Grâce à ce prince énergique, l'empire grec triompha de la confédération mal assise des Slaves. La Bulgarie fut divisée en provinces et gouvernée par d'avides stratèges. De son ancienne splendeur il ne lui resta plus rien que son Église autocéphale : encore cette église ne fut-elle pas constituée en patriarcat, mais placée sous la dépendance du métropolitain grec d'Ohrida.

Les tentatives faites à plusieurs reprises par les Bulgares pour secouer le joug byzantin échouèrent. Le prince serbe Constantin, proclamé tsar en 1073, ne put se maintenir, et le duc normand Robert Guiscard, qui, en 1081, débarqua en Albanie, essaya vainement de pousser les Bulgares orthodoxes à reconquérir leur indépendance.

Pendant plus d'un siècle et demi, la Bulgarie ne fut autre chose qu'une province de Constantinople ; mais, quand les dissensions nées entre les Comnènes amenèrent l'affaiblissement du Bas Empire, deux boïars, les frères Joanice et Pierre Asen, levèrent l'étendard de la révolte. Après divers succès, Joanice fut couronné tsar des Bulgares (1186-1196).

Le prince serbe Nemagna fut pour lui un allié, mais Frédéric Barberousse, qui traversa la Bulgarie en se rendant à la croisade, lui refusa son assistance contre le traître empereur Isaac. Dans ses combats victorieux contre Byzance, Joanice trouva dans les Cumans de braves et fidèles auxiliaires. Cependant, au milieu de ses succès, ce restaurateur de l'empire bulgare fut assassiné par un boïar. Son frère et successeur, Pierre, eut le même sort (1197). Un troisième frère, Kaloyan, qui régna de 1197 à 1207, fut un prince énergique, mais cruel; il témoigna aux Grecs une haine irréconciliable et fut pour l'empire latin un dangereux adversaire. Menacé au commencement de son règne par les Magyars et les Byzantins, il se rapprocha de Rome. Le pape Innocent III lui envoya par un cardinal-légat les insignes royaux et consentit à élever l'archevêque de Tirnovo à la primauté de l'Église bulgaro-valaque. En retour, Kaloyan offrit son appui à l'empereur Baudouin; mais, celui-ci ayant eu l'imprudence de le refuser, le tsar bulgare, profondément blessé, se porta au secours des Grecs. L'armée de Baudouin fut écrasée à Andrinople (1205); le comte de Blois et une multitude de chevaliers restèrent sur le champ de bataille; c'est à peine si le doge Dandolo et l'historien Villehardouin purent échapper à la mort. Baudouin lui-même fut fait prisonnier et conduit à Tirnovo, où il fut mis à mort de la manière la plus cruelle, après onze mois de captivité.

Presque toute la Thrace tomba aux mains de Kaloyan; ses Cumans s'avancèrent jusqu'aux portes de Constantinople. Donnant libre cours à sa vengeance, il fit ruiner Philippopolis; mais, tandis qu'il assiégeait Thessalonique, il fut assassiné, à l'instigation, dit-on, d'une Cumane qu'il avait épousée. L'usurpateur Boril (1207-1218) chercha vainement un appui dans l'alliance des Latins; l'héritier légitime du trône, le fils du restaurateur de l'empire, Joanice Asen II (1218-1244), s'empara de lui et lui fit crever les yeux. Le nouveau prince put porter à bon droit le titre de tsar des Bulgares et des Grecs. Il domina depuis l'Adriatique jusqu'à la mer Égée, depuis la mer Noire jusqu'à la Save, et sut donner la paix à ses sujets. Il embellit Tirnovo et fit reconnaître par le patriarche œcuménique l'autonomie de l'Église bulgare. Il maria ses filles à l'empereur Manuel de Thessalonique, au roi Vladislas de Serbie et à Théodore Lascaris, héritier du trône impérial de Nicée. Il arracha Philippopolis aux Francs, mais Constantinople, qu'il assiégea de concert avec l'empereur Vatatzès (1236), fut délivrée par les Italiens.

Joanice Asen II fut, après Siméon, le plus grand prince de la Bulgarie; mais son fils Michel Asen (1246-1257) laissa retomber entre les mains des Byzantins les conquêtes paternelles. Les Latins s'emparèrent de Mesembria sur le Pont-Euxin. Michel périt misérablement de la main de son cousin Kaliman; avec lui s'éteignit la dynastie des Asénides.

Le nom d'Asen fut usurpé par le prince serbe Constantin, petit-fils de Nemagna, qui fut élu tsar (1258-1277). Celui-ci réunit sous ses drapeaux des Tatares et des Turcs, avec l'aide desquels il soutint des combats malheureux contre la Hongrie et contre Byzance. Les Hongrois s'emparèrent de Vidin et s'avancèrent jusqu'aux portes de Tirnovo. Constantin étant malade, sa femme, la princesse byzantine Marie, s'empara du pouvoir. Ses intrigues affaiblirent l'empire, qui se trouva livré sans défense aux incursions des Tatares. Ivaïlo, qui de simple berger était devenu chef de bande et s'était rendu populaire par des succès remportés sur les Tatares, se fit proclamer tsar; il épousa la veuve de Constantin et se fit couronner avec elle (1278).

Ivaïlo défit le rival que les Byzantins lui opposaient, Joanice Asen III, mais il fut renversé par George Terteri, boïar d'origine cumane, qui s'était fait aimer du peuple par des actions d'éclat (1280). Il implora l'assistance de Nogaï-khan, chef des Tatares de la Horde d'Or, mais celui-ci fit couper la tête au « roi des pâtres et des paysans ».

En 1285, la Bulgarie fut encore une fois envahie par les Tatares, qui ravagèrent tout sur leur passage. Terteri voulut en vain conjurer l'orage en livrant sa fille à Tchoki, fils de Nogaï-khan; il dut céder la place à un simple boïar que les Tatares mirent sur le trône et qui se reconnut leur vassal.

Dans la Bulgarie occidentale, un prince qui descendait comme Terteri de la noblesse cumane, Chichman, l'ancêtre des Chichmanides de Vidin, parvint, vers 1290, à se rendre indépendant.

Après la mort de Nogaï, Tchoki se prévalut de sa qualité de gendre de Terteri pour réclamer sa succession. Avec l'aide de son beau-frère, Théodore Svetslav, il parvint à supplanter Smilets; mais Théodore, se démasquant tout à coup, s'empara de l'usurpateur tatare, le fit étrangler par des bourreaux juifs et monta lui-même sur le trône comme libérateur de la patrie (1295-1322). Il conquit le pays qui s'étend au pied de l'Hémus, depuis la Toundja jusqu'à la mer Noire, et régna longtemps en paix.

La dynastie des Tertérides prit fin avec George Terteri II, fils et successeur de Svetslav (1323). Michel, qui dominait dans la Bulgarie occidentale, fut élu tsar. Il avait obtenu l'assistance du roi de Serbie Miloutin, ce qui ne l'empêcha pas de répudier la fille de ce prince et d'épouser la veuve de Svetslav, fille d'Andronic le jeune. Or Andronic était en lutte avec son grand-père Andronic le vieux ; Michel fut amené par suite de son alliance à se prononcer pour lui, tandis que le roi de Serbie, Étienne Ouroch, soutenait Andronic le vieux. Les Serbes gagnèrent, en 1330, à Keustendil, une grande bataille, dans laquelle Michel perdit la vie. Ils proclamèrent alors tsar de Bulgarie le fils que Michel avait eu de son premier mariage, Étienne ou Chichman II, et confièrent la régence à la princesse serbe naguère répudiée. La régente ne parvint pas à se maintenir ; elle fut chassée par les boïars, qui donnèrent la couronne à un neveu de Michel, Jean-Alexandre (1331-1365). Celui-ci maria sa sœur au tsar serbe Étienne Douchan, et lui-même épousa une fille du prince de Valachie. Il s'assura de la sorte des alliances contre les Magyars et les Byzantins.

En treize campagnes, Douchan enleva aux Byzantins la Macédoine, la Thrace, l'Albanie, la Thessalie et l'Épire ; la Bulgarie même reconnut sa suzeraineté. Le puissant empereur poursuivait un double but : le refoulement des Turcs et le renversement des Paléologues, quand il fut surpris par la mort sur la route de Constantinople (1356). L'empire serbe, qui avait atteint avec lui l'apogée de sa grandeur, fut morcelé en une foule de petites principautés. Ni la Serbie ni la Bulgarie ne produisirent un homme capable d'arrêter les Osmanlis dans leur marche irrésistible vers le sud-est de l'Europe.

Jean-Alexandre mourut, selon toute vraisemblance, en 1365, l'année même où Andrinople, cette clef de la Thrace, que Grecs et Bulgares s'étaient disputée pendant 800 ans, devint la capitale du terrible sultan Mourad. Il y eut alors en Bulgarie trois princes indépendants : Jean Chichman, qui résidait à Tirnovo, possédait Silistrie, Nicopolis, Sofia et Diampolis ; Jean Stratsimir était maître de Vidin et du pays voisin ; enfin Dobrotitch s'était créé un petit État sur le bord de la mer Noire. Ce morcellement fut fatal aux Bulgares. Le roi de Hongrie, Louis d'Anjou, s'empara de Vidin, et fit Stratsimir prisonnier (1365). Quelques années plus tard, Chichman se vit enlever par les Turcs les derniers morceaux de la Thrace. En 1388, il devint vassal du sultan et dut envoyer sa propre sœur dans le harem de Mourad.

Le knèze serbe Lazare chercha vainement à opposer une digue aux flots toujours montants des Osmanlis. Le 15 juin 1389, l'armée chrétienne, dans laquelle figuraient, à côté des Serbes et des Bosniaques, des contingents croates, albanais et roumains, fut écrasée par le sultan Bajazet dans la plaine de Kosovo. Cette terrible défaite décida du sort de la Bulgarie, qui, devenue impuissante, tomba, comme un fruit mûr, dans la main des Turcs. En 1393, Tirnovo, l'antique capitale des tsars, la résidence des patriarches, fut emporté par Tchelebi, fils de Bajazet, après trois mois de siège. Un an plus tard, le patriarche lui-même disparut. L'empire devint la proie des Turcs ; l'Église celle des Grecs.

Après la bataille de Nicopolis, où l'armée des chrétiens occidentaux, conduite par le roi de Hongrie Sigismond, fut taillée en pièces par Bajazet Ier (1396), l'ouest de la Bulgarie, qui déjà payait tribut aux Turcs, fut traité par eux comme un pays conquis. On ne sait, du reste, rien de certain sur la fin des deux derniers tsars bulgares. Chichman mourut, dit-on, en captivité ; son fils, Constantin, mourut en 1422 à Belgrade.

MONNAIE DU TSAR JOANICE Ier.

Ainsi périt l'État bulgare, sans avoir pu réaliser ses vastes projets de domination. Il aspirait à succéder à la vieille Byzance, mais ce splendide héritage lui échappa chaque fois qu'il essaya de s'en saisir. Les Bulgares avaient l'énergie surabondante de la jeunesse, mais leur force n'était que brutale et matérielle ; il leur manquait l'essor idéal, la moralité supérieure et le génie de l'organisation : leur épée a pu gagner des territoires, mais ils n'ont jamais été capables de se les assimiler.

La conquête turque mit fin à l'existence nationale des Bulgares. Ceux qui ne se convertirent pas à l'islamisme ne menèrent plus qu'une vie misérable. Tandis que l'aurore d'un nouveau jour se levait pour l'Europe, lorsque Colomb, Luther, Copernic, Bacon, et Galilée inauguraient la « Renaissance », une nuit profonde, digne des temps barbares, s'abattit sur l'Orient et l'enveloppa de ses voiles.

CHAPITRE II

SITUATION POLITIQUE ET RELIGIEUSE DES BULGARES, DE 1829 A 1870

Jusqu'à la guerre russo-turque de 1828-1829, le rayah bulgare mena une existence d'ilote. La Russie, ayant déclaré dans son manifeste qu'elle ne voulait ni affranchir ni conquérir les pays du Danube et qu'elle se retirerait dès qu'elle aurait reçu satisfaction, les belliqueux habitants du Balkan se soulevèrent d'eux-mêmes et facilitèrent à l'armée du tsar le passage de la montagne.

La paix d'Andrinople (1829), imposée à Mahmoud II par l'empereur Nicolas, et les voyages accomplis par le sultan, en 1831 et 1837, dans ses provinces de Thrace et de Bulgarie, amenèrent quelques résultats bienfaisants. Mahmoud trouva dans Réchid-pacha un auxiliaire énergique qui réorganisa l'administration, essaya de mettre un terme à l'arbitraire et à la corruption des fonctionnaires, et s'efforça de tirer parti de toutes les ressources de l'empire. Mahmoud mourut le 30 juin 1839, laissant plus de regrets aux chrétiens qu'à ses sujets musulmans, qu'il avait froissés par ses réformes. Son successeur, Abdoul-Medjid, était un jeune homme de seize ans qui ne possédait rien de l'énergie paternelle. Il fut donc le jouet du parti vieux-turc, mais Réchid-pacha, rappelé au pouvoir, lui fit signer et jurer publiquement, le 2 novembre 1839, une sorte de constitution restée célèbre sous le nom de hat-i-chérif de Gulhané.

Cet acte solennel accordait à tous les sujets ottomans la sûreté de la vie, de l'honneur et de la propriété ; il promettait l'égale répartition des impôts, l'abolition des monopoles, des confiscations, de la ferme des contributions et de la vente des emplois publics. La peine de mort ne devait plus être prononcée en dehors des débats judiciaires. Enfin la conscription était régularisée, les musulmans ne devant plus servir que quatre à cinq ans et les chrétiens étant exemptés du service militaire moyennant une légère redevance.

Ces réformes soulevèrent la colère des musulmans ; ceux-ci se faisaient difficilement à l'idée de traiter désormais d'égal à égal avec le rayah, qu'ils avaient à peine jusque-là daigné regarder comme un homme. A Smyrne, à Andrinople, les populations se soulevèrent. La révolte des Albanais, en 1843, n'eut pas d'autre cause. Un nouveau hat-i-chérif, celui de janvier 1845, fut nécessaire pour vaincre les résistances des administrations récalcitrantes. Les notables de toutes les provinces furent convoqués à Constantinople. De leurs délibérations sortit une espèce de représentation provinciale. Déjà Mahmoud avait considérablement restreint le pouvoir, autrefois presque absolu, des gouverneurs en leur enlevant le droit de vie et de mort, celui de lever des troupes à leur solde et de percevoir des taxes pour leur propre compte ; Abdoul-Medjid leur imposait maintenant la coopération des *medjilis*, conseils formés de notables turcs et chrétiens qui devaient exercer une influence marquée sur la justice et sur l'administration.

Le flot révolutionnaire de 1848 échoua aux frontières de l'empire turc sans commotion perceptible, bien que les réformes promises n'eussent été réalisées que dans une faible mesure et qu'en certains endroits la situation des chrétiens eût même empiré.

Au début de la guerre d'Orient (1854), la Russie, qui avait pris sous sa protection les populations slaves orthodoxes de la Turquie, ses congénères et coreligionnaires, avait quelque droit de compter sur leur assistance. Mais les rayahs bulgares, façonnés au joug et intimidés par la répression atroce qui suivit les émeutes agraires de 1837, 1838 et 1841, restèrent sur une réserve pleine de prudence.

L'Angleterre et la France, qui avaient sauvé la Turquie, exigèrent de la Porte, comme prix de sa réception dans le concert européen, des garanties pour l'amélioration de la situation des rayahs. Par un hat-i-houmayoum, visé dans le traité de Paris (9 janvier 1856), le sultan assura de nouveau à toutes les populations de l'empire la liberté de conscience et l'égalité politique. Le même acte contenait des dispositions de détail pour l'indépendance des Églises, la réforme des tribunaux, la juste répartition de l'impôt, la mise à l'entreprise des travaux publics, etc.

Malgré les précautions prises par les diplomates européens pour faire accepter le hat-i-houmayoun, les fonctionnaires turcs persistèrent dans leur routine. Quant aux rayahs, ils ne semblaient pas plus enthousiastes des réformes annoncées que les Vieux-Turcs eux-mêmes. Si les musulmans, que les chrétiens, plus actifs, plus intelligents, et, il faut le dire aussi, moins scrupuleux, avaient refoulés de l'industrie et du commerce, ne pouvaient se résigner à céder la supériorité dont ils avaient joui jusque-là, les rayahs, de leur côté, ne croyaient guère à la sincérité de concessions obtenues par la pression des puissances qui avaient pris sous leur protection et l'empire turc et l'islam détesté.

Le nouveau hat resta, comme les précédents, un document stérile. Cependant ce qui ne s'est point fait par les moyens officiels s'est accompli dans une certaine mesure de soi-même et par la force des choses. Les communications plus faciles ont mis la population, tant chrétienne que turque, en contact avec l'Occident, qui les a modifiées l'une et l'autre. L'esprit d'initiative et la richesse croissante des chrétiens n'ont pas manqué d'imposer par degrés un certain respect à la classe dominante. Enfin les ambassadeurs et les consuls des puissances ont exercé un contrôle salutaire sur les procédés des administrations turques à l'égard des chrétiens, qui réclamaient en vain l'accomplissement des promesses d'émancipation que la Porte se refusait toujours à réaliser.

De cette époque date le réveil national de la Bulgarie, qui, jusqu'alors complètement ignorée, vint tout à coup se placer au premier plan de la question orientale, lorsque le prince Gortchakoff, dans sa célèbre circulaire de mai 1860, réclama une enquête sur la situation insupportable des rayahs et la réalisation immédiate des réformes indispensables.

Pour se rendre compte de la situation, Abdoul-Medjid avait envoyé dans les provinces bulgares le grand vizir Keuprisli, qui jurait de « frapper tous les coupables sans distinction de rang ». Il promettait une merveille : la justice ! Des milliers de paysans se présentèrent avec leurs pétitions devant le vizir attendu comme le Messie. L'oppression des évêques, des pachas, des moudirs [1], des defterdars [2], formait le gros des plaintes ; la moitié environ des pétitions avaient pour objet des contestations relatives à la propriété entre les rayahs et les Turcs, ou l'arbitraire dans l'imposition des taxes, dans les contributions prélevées sur les raisins, les noix, l'huile de rose, etc. Mais, ni l'enquête provoquée par le gouvernement turc, ni celle de

---

1. Chefs de cercle.
2. Collecteurs d'impôts.

l'ambassade anglaise n'amenèrent d'améliorations sensibles dans le régime d'oppression que les pachas et les évêques du Phanar exerçaient sur les rayahs. Tout au contraire, l'année 1860 et celles qui suivirent furent marquées par une augmentation d'impôts et de corvées en faveur des immigrants tatares et circassiens. Cette aggravation, survenue simultanément avec les évènements de Belgrade (juin 1862), amena dans le Balkan une tentative d'insurrection qui échoua, non sans avoir provoqué une seconde enquête.

L'envoyé du sultan, Asmid-bey, augmenta le dossier recueilli par Keuprisli; mais sa mission eut à peu près le même résultat négatif. Rien ne fut changé, à l'exception de quelques pachas dont les méfaits étaient par trop criants.

Ce que les Bulgares réclamaient en première ligne, et avec une unanimité vraiment surprenante, c'était d'être délivrés du haut clergé phanariote et de reconstituer l'autonomie de leur Église, dominée jusqu'alors par les évêques grecs envoyés de Constantinople. Il me paraît donc indispensable, pour l'intelligence complète de la situation politique de la Bulgarie, de dire quelques mots de son organisation ecclésiastique et de ses démêlés religieux avec les Grecs.

L'antagonisme national des Bulgares et des Grecs, à peine moins intense que celui des Grecs et des Latins, a commencé du jour où ces deux peuples ont habité l'un près de l'autre. Dès le moment où l'histoire met en présence les Hellènes et les Slaves, nous assistons à une lutte acharnée; jamais le croissant n'eût renversé la croix du dôme de Sainte-Sophie si l'irréconciliable haine des deux plus puissantes nationalités de la péninsule illyrienne ne lui avait frayé la voie.

Lorsque, au neuvième siècle, les Bulgares se furent convertis au christianisme, la primauté de leur Église devint dès l'abord une pomme de discorde entre Rome et Constantinople. Les Bulgares voulaient une Église autonome, mais le patriarche de Constantinople n'était pas plus favorable que l'évêque de Rome à la création d'églises nationales.

Cependant l'indépendance de l'Église bulgare paraît avoir été reconnue sous l'empereur Lécapène (959), et lorsque, à la fin du douzième siècle, la Bulgarie se rendit indépendante par les armes victorieuses des frères Joanice et Pierre, son patriarcat revint à la vie. Dans l'intervalle, il y avait eu un patriarcat bulgare catholique de courte durée, installé dans le seul but d'obtenir l'appui d'Innocent III contre Byzance.

BULGARES RÉDIGEANT UNE PÉTITION AU PACHA.

Le grand tsar Joanice Asen II fit de nouveau reconnaître l'autonomie de l'Église bulgare par le siège œcuménique; mais, lors de la conquête de la Bulgarie par les Turcs, le patriarche de Constantinople rétablit son autorité et conserva jusqu'à ces derniers temps la domination la plus absolue sur l'Église bulgare.

Le clergé grec accepta sans trop de difficulté le régime turc. Les musulmans n'avaient aucun souci des affaires religieuses des chrétiens. La Sublime Porte ne se borna pas à respecter le clergé orthodoxe, elle lui accorda même les énormes privilèges implorés vainement jadis des empereurs de Byzance et enviés aujourd'hui par l'Église d'Occident. Mais, lorsque le luxe des sultans et des pachas eut dévoré les trésors des pays conquis, il fallut chercher à se créer de nouvelles ressources; c'est alors que le patriarcat grec de Constantinople fut mis à l'encan.

Dès la fin du seizième siècle, les concurrents se disputèrent à prix d'argent les nominations au siège œcuménique. Le moine Siméon paya le premier au divan 1000 ducats le décret qui l'élevait à la dignité patriarcale. La plus haute dignité de la chrétienté orientale fut depuis, presque tous les deux ans, mise aux enchères par la Porte et conférée au plus offrant. En 1573, le prix avait monté à 6000 ducats; il était de 25 000 en 1864. Il ne fallait pas une moindre somme pour acheter, en outre, la faveur des grands fonctionnaires de la Porte. Le candidat empruntait de droite et de gauche à gros intérêts pour acheter son titre, quitte à se rembourser ensuite par la vente des sièges épiscopaux vacants dans les différentes parties de la Turquie. Les évêchés bulgares coûtaient, en moyenne, 4000 ducats, prix modéré d'ailleurs, puisque plusieurs de ces diocèses ne rapportaient pas moins de 50 000 francs par an. Il en résultait que tous les évêques nommés en Bulgarie étaient des Phanariotes; les Bulgares eussent été trop pauvres pour faire l'avance de capitaux aussi élevés.

Les évêques, à leurs tour, rentraient dans leurs fonds, et naturellement avec un profit légitime, en vendant les paroisses aux popes. Il y en avait qui achetaient jusqu'à vingt paroisses à la fois pour les revendre avec bénéfice. Il va sans dire que l'infortuné rayah payait pour tout le monde.

Le hat de 1856 essaya en vain d'arrêter cette simonie; le clergé phanariote manœuvra de façon à faire échouer cette tentative.

Méprisant les Bulgares comme une race inférieure, il avait, à la longue, introduit la langue grecque dans l'église, dans l'école et même dans les familles. Le bulgare s'écrivait avec des caractères grecs, et ce ne fut qu'en 1835 que des patriotes fondèrent la première école où l'enseignement fût donné en bulgare. Pour maintenir le peuple dans sa soumission, les évêques ne faisaient absolument rien pour répandre l'instruction ; ils paralysèrent ainsi les efforts du gouvernement, qui ordonnait aux communes d'ouvrir des écoles. « A quoi serviraient-elles, disait l'archevêque de Nich, sinon à faire des hérétiques? La meilleure des écoles est un beau temple élevé à la gloire de Dieu ! » En conséquence, tandis que les Turcs bâtissaient des écoles, on vit les chrétiens leur répondre par la construction d'églises.

Il ne suffisait pas au clergé phanariote de contrecarrer l'éducation du peuple, il lui fallait encore étouffer dans le germe toute aspiration nationale. Il en voulait même aux souvenirs du passé : le métropolitain de Tirnovo se donna le plaisir de brûler — perte irréparable ! — une collection de manuscrits relatifs à l'histoire de la Bulgarie, du septième au seizième siècle, déposée dans le trésor de la cathédrale.

Quant à l'immoralité du clergé phanariote, elle était si scandaleuse et d'une nature si repoussante, que nous préférons la passer sous silence. Contentons-nous de dire que pas une femme n'était à l'abri de sa lubricité. L'adultère, l'avortement, étaient pratiqués sans scrupule par ces prêtres indignes, qui fomentaient même des dissensions entre les époux riches, pour amener des procès de divorce, rapportant de grosses recettes. Par des extorsions de toute sorte, ils ne cherchaient qu'à satisfaire leur avidité aux dépens des popes et de leurs misérables ouailles, rivalisant avec les pachas dans l'art de tondre leur pauvre troupeau.

C'était un singulier contraste que celui de l'austère simplicité, de la pauvreté digne des imans turcs, à côté de la richesse et du luxe bruyant affichés par les métropolitains phanariotes. C'est à peine si les pachas pouvaient égaler la pompe déployée par les évêques des chrétiens.

Les Bulgares reconnurent dans le haut clergé grec, ennemi acharné de leur nationalité et de leur progrès intellectuel, le principal obstacle à leur renaissance nationale ; dans la lutte mémorable qu'ils entreprirent contre le Phanar, ils firent preuve d'une adresse et d'une énergie admirables. Le grand vizir Keuprisli avait rapporté, en 1860, de son voyage d'enquête, salué de tant d'espérances non réalisées, la ferme résolution de faire quelque chose pour alléger le joug que le clergé phanariote faisait peser sur les Bulgares. Déjà la plupart des évêques grecs avaient été violemment chassés de leurs sièges et remplacés par des indigènes; le patriarche étant venu à mourir, le communauté bulgare de Constantinople menaça son évêque Hilarion de le destituer, s'il s'avisait de reconnaître pour primat le nouveau chef de l'orthodoxie. Dès que le Phanar s'aperçut du danger dont il était menacé, il recourut à son arme la plus efficace. Son or l'emporta sur la bonne volonté du divan, désireux dès l'abord d'amener un accord entre le patriarche et les Bulgares. Ceux-ci finirent par désespérer d'obtenir du siège œcuménique des concessions satisfaisantes. Ils songèrent à rompre définitivement avec l'Église orthodoxe pour s'allier à l'Église romaine au moyen d'un concordat analogue à celui des Ruthènes, des Roumains, des Serbes et des Arméniens unis, compromis qui leur aurait accordé une Église nationale avec un patriarche indépendant, le maintien de la liturgie et des rites traditionnels, quitte à se conformer aux dogmes essentiels de Rome.

Les efforts tentés pendant tout le cours du moyen âge pour faire entrer les Bulgares dans le sein de l'Église latine n'avaient obtenu aucun succès durable; ils furent repris par le Vatican sous Pie IX. Lorsque ce pontife monta sur le trône, le Divan envoya en mission extraordinaire à Rome son ancien ministre des affaires étrangères, Chekib-pacha. Il espérait que, grâce à l'influence du pape, dont l'élection avait été accueillie avec un enthousiasme universel, il pourrait faire cesser la pression que la France et l'Autriche exerçaient sur la Turquie à titre de puissances catholiques. Cette démarche excita les plus vives espérances au Vatican, qui crut voir enfin réaliser le rêve depuis longtemps caressé de l'absorption de l'Église grecque par l'Église latine. L'archevêque Ferrieri fut dépêché officiellement, en janvier 1848, avec le titre de légat extraordinaire, pour rendre au sultan ses politesses, en réalité pour préparer le grand évènement auquel, de son côté, travaillait avec ardeur le patriarche des Arméniens unis. Sans se donner la peine d'entrer dans les vues de la Porte, Ferrieri lança des proclamations enflammées aux chrétiens d'Orient, qui ne comprenaient guère ce qu'on leur proposait; il réclamait pour eux des privilèges que le sultan n'eût pu accorder sans se mettre en lutte ouverte avec le patriarcat. Rien n'aboutit, et l'on se sépara, quelques mois après, mécontents les uns des autres.

En se rapprochant de Rome, les Bulgares cherchaient à s'assurer l'appui de la France, qui est, par tradition, la protectrice des catholiques d'Orient. Napoléon III était alors à l'apogée de sa puissance; le prince Czartoryski s'entremit pour l'intéresser au projet d'unification, qu'appuyait de son côté l'émigration polonaise, désireuse de ruiner l'influence russe si puissante auprès des Bulgares. Plu-

Hilarion.   Auxence.   Païsius.
PRÉLATS BULGARES.

sieurs Polonais, notamment Podhaycki et l'évêque grec-uni de Léopol, Sembratowicz, mirent toute leur énergie au service du mouvement. Le 30 décembre 1860, ils eurent la satisfaction de faire présenter au pape une adresse de deux cents paroisses bulgares demandant l'union avec Rome aux conditions précitées.

Mais la Russie ne pouvait permettre que la politique qu'elle poursuivait depuis Pierre le Grand dans les pays du bas Danube aboutit à un échec. Elle s'adressa à son ancienne ennemie l'Angleterre, lui insinua qu'il était de son devoir d'arracher ces cinq millions de Bulgares à l'influence de la France, vers laquelle se tournaient déjà les Roumains, les Monténégrins et les Serbes, de la France qui creusait à cette heure le canal de Suez. Inquiète déjà pour l'avenir de ses missions protestantes, espérant peut-être exploiter en faveur de sa propre religion le mécontentement des Bulgares contre le clergé phanariote, l'Angleterre fit volte-face et se retourna contre son alliée de Crimée. A partir de ce moment, les efforts de l'émigration polonaise, des cours de Rome et de Paris, furent frappés d'impuissance : la ligue du clergé phanariote et des ambassades anglaise et russe l'avait emporté.

En 1864, le Vatican tenta un nouvel effort; il dépêcha comme légat un jésuite français à Constantinople, pendant que ses missionnaires continuaient leur propagande de plus en plus stérile en faveur de l'unification. Mais le moment opportun était passé, les meneurs bulgares avaient changé de plan; Rome leur refusait la création d'un patriarcat et la Porte se montrait disposée à rompre la résistance du siège œcuménique, qui, par son or et ses intrigues, avait su faire échouer tous les projets d'arrangement formés par le divan et acceptés par les Bulgares. Cette fois, le gouvernement ottoman ne se borna pas aux vaines promesses. Un firman impérial accorda aux Bulgares, en 1872, l'autonomie de leur Église, qui fut organisée en « exarchat » national, sous la primauté purement nominale du siège œcuménique. Par leur propre force, les Bulgares avaient réussi à secouer le joug du clergé phanariote, qui avait pesé sur eux pendant quatre cent soixante-dix-huit ans.

Sur ces entrefaites, Midhat-pacha, nommé gouverneur général du vilayet du Danube (lequel comprenait alors toute la Bulgarie danubienne et, au sud du Balkan, les anciens pachaliks de Nich et de Sofia), avait transformé la situation de la Bulgarie comme d'un coup de baguette magique. Entre tous les hommes d'État de la Turquie actuelle, Midhat s'est montré un des plus intelligents et des plus énergiques. Doué d'un talent d'organisation comparable à celui de Pierre le Grand, actif, travailleur, probe, d'une volonté de fer, il n'a jamais eu qu'une pensée, faire entrer vraiment la Turquie dans la voie du progrès. Les Jeunes-Turcs s'inquiètent en général moins du fond que de la forme et de l'apparence. Midhat, au contraire, voulait aller aux réformes radicales, éliminer l'injustice et la corruption. De profonds changements s'opéraient par sa volonté supérieure.

Les rayahs étaient traités comme des hommes ; on rencontrait même dans les bureaux des employés bulgares ; les zaptiés (gendarmes) se comportaient à peu près dignement vis-à-vis des paysans chrétiens, qu'ils avaient naguère tant de plaisir à insulter et à pressurer. On fondait des écoles pour toutes les confessions ; on appelait des ingénieurs et des architectes, on construisait des bâtiments publics, des casernes, des prisons, des orphelinats, des hôtels, des ponts ; on ouvrait des rues qu'on pavait, éclairait et nettoyait ; on se débarrassait des brigands ; on établissait des lignes télégraphiques et des routes, on organisait des caisses d'épargne ; on fondait même des villes !

Midhat-pacha est peut-être le seul gouverneur général qui ait pris au sérieux le hat-i-houmayoun : il s'efforça de diminuer l'inégalité existant entre la situation politique et civile du chrétien et celle du musulman ; mais il fut d'une impitoyable rigueur contre toute action des rayahs qui lui sembla dépasser les concessions de la Porte. Il détestait particulièrement la propagande du parti des « Jeunes-Bulgares » qui, de Bukarest où ils se sentaient à l'abri, cherchaient par tous les moyens possibles à paralyser ses efforts.

Midhat attribua, non sans raison, à l'influence serbe, qu'il haïssait encore davantage, le mouvement insurrectionnel de 1867, conduit par Panayot Hitov et Totiou Filip. Cette révolte, promptement réprimée, fut châtiée par lui avec une sévérité inexorable. Deux voyageurs à bord du vapeur autrichien *Germania* lui ayant été dénoncés comme émissaires de l'insurrection, Midhat les fit saisir, malgré leurs passeports serbes et roumains, et les fit fusiller. Un cri général d'indignation accueillit cette violation du droit des gens. La Serbie réclama satisfaction pour l'insulte qui lui avait été faite. L'Autriche et les ambassadeurs des puissances étrangères firent des représentations à la Porte sur l'excessive rigueur de Midhat. Déjà il était mal vu à Constantinople ; on lui en voulait de son indépendance et de son incorruptibilité : il fut donc rappelé, en 1868, à Constantinople, sous le prétexte d'y mettre en scène une contrefaçon du Conseil d'État français, qui devait, pensait-on, en imposer à l'Europe.

Les Bulgares le virent partir tout à la fois avec joie et avec regret : aucun gouverneur ne les avait comme lui protégés contre l'oppression turque, aucun n'avait appuyé avec autant d'énergie leurs intérêts intellectuels et matériels ; mais aucun n'avait porté une main plus ferme et plus rigide sur les espérances d'affranchissement qu'ils entretenaient au plus profond de leur cœur. Après Midhat, la Bulgarie n'eut plus que des gouverneurs médiocres, qui laissèrent dépérir

BANDE D'INSURGÉS BULGARES DANS LE BALKAN.

l'œuvre commencée par lui. Cependant une mention honorable est due à Omer-Fevzi-pacha, gouverneur général en 1871.

Depuis 1867 les agents du prince Michel de Serbie travaillaient avec une activité fébrile à bouleverser les provinces turques du voisinage, particulièrement la Bulgarie. L'évacuation par les Turcs des dernières forteresses serbes, en 1867, ne satisfit que pour peu de temps les hommes politiques de la principauté. La révolte prolongée de Candie, les encouragements et les promesses prodigués par la Grèce et le Monténégro, les embarras de la Porte en Bosnie et en Thessalie, les autorisaient à croire que le moment si ardemment attendu de porter la Serbie au delà de ses frontières était enfin venu, lorsque le prince Michel tomba sous les coups des assassins.

Le général Blaznavats, chef de la régence serbe pendant la minorité du prince Milan, avait maintenant trop à faire pour donner suite aux projets caressés jusque-là. Il eût voulu arrêter la levée de boucliers préparée en Bulgarie, mais la légion formée par les Jeunes-Bulgares, légion qui avait déjà passé de Belgrade à Bukarest, se croyait trop avancée pour reculer : elle attendait merveille de l'impression que devait produire sur le peuple l'apparition d'une milice nationale déployant tout à coup l'antique bannière du lion. Elle franchit donc le Danube en juin 1868, près de Svichtov, mais pour se faire écraser dans la forêt de Panou Voïnov et dans les défilés du Balkan de Gabrovo. Tous ces braves jeunes gens y trouvèrent une mort héroïque et vendirent chèrement leur vie.

Les prétendues insurrections bulgares de 1868 à 1874 ne furent que des actes de brigandage perpétrés par des chrétiens et quelquefois par des musulmans, actes dépourvus de tout caractère politique et que la Serbie a jugé à propos d'exploiter, comme elle le fit, par exemple, dans l'affaire de Mali Zvornik. Il ne lui était point difficile, d'ailleurs, de jeter en avant de ces jeunes impatients, toujours prêts aux échauffourées dont ils étaient invariablement les premières victimes.

Les soulèvements de 1875 et 1876, préparés de longue main et sur une vaste échelle, n'auraient pas abouti à un résultat sérieux, si les massacres qui furent commis lors de la « pacification » du second mouvement, et qui firent frissonner d'horreur le monde entier, n'avaient provoqué l'intervention des grandes puissances.

Aux conférences de Constantinople et à celles de Berlin la Porte répondit par une fin de non-recevoir. La guerre serbo-turque, pendant laquelle une légion bulgare combattit dans les rangs serbes, fut suivie en mai 1877 de la déclaration de guerre du tsar Alexandre au sultan.

Les luttes héroïques, dont le sol de la péninsule fut le théâtre, le passage hardi du Balkan par Gourko, l'admirable défense de Plevna par Osman-pacha et celle du col de Chipka, la victoire remportée sur Osman-pacha, l'anéantissement final de toutes les armées du Croissant, les préliminaires de paix de San-Stefano, qui en furent la conséquence et les modifications apportées à ce traité par le congrès de Berlin (1878), sont des faits de trop fraîche date pour avoir besoin d'être reproduits dans leurs détails.

Nous nous bornerons à mentionner ici la création de la principauté de Bulgarie, la réunion à Tirnovo, en 1879, d'une assemblée constituante qui a fait monter sur le trône le prince Alexandre de Battenberg. Nous ne rappellerons également que d'un mot la création de la province autonome bulgaro-turque de la Roumélie orientale, création hybride de la diplomatie, qui à la longue ne pourra sans doute empêcher l'union de cette province avec la principauté de Bulgarie.

CHAPITRE III

ETHNOGRAPHIE DES BULGARES

Les Bulgares, arrivant de la Volga, trouvèrent la Mésie, la Thrace et la Macédoine occupées par des tribus slaves, qui avaient pris la place des populations autochtones décimées par les invasions barbares. Les conquérants sauvages se mélangèrent à ces Slaves, qui pratiquaient l'agriculture et l'élève des bestiaux; ils adoptèrent leur religion, leur langue et leurs mœurs, si bien que, vers la fin du neuvième siècle, vainqueurs et vaincus ne formèrent plus qu'un seul peuple, auquel ceux-ci donnèrent leur empreinte individuelle et ceux-là leur nom de « Bulgares ».

Les Bulgares nous offrent en conséquence le spectacle d'un peuple slave qui, se mélangeant, il y a 1200 ans, avec ceux qui l'avaient soumis, a reçu dans les veines du sang finnois et a hérité du nom que portaient les conquérants. Des phénomènes ethniques semblables s'offrent à nous en Espagne, en France, dans l'Italie septentrionale, en Russie, etc. Les Bulgares finno-ouraliens n'ont laissé aucun document écrit; ils paraissent n'avoir pas connu l'écriture, car leurs ambassadeurs à la cour byzantine n'étaient chargés que de messages oraux. De leur langue primitive il ne nous est resté que quelques mots épars, des noms de princes et de boïars transmis par les chroniqueurs byzantins, tels que Kotragous, Asparouk, Oumar, Kroum, Boris, et quelques noms de lieux, tels que Boulgar, Tchelmat, Brahim, etc.

Les questions soumises, en 866, au pape Nicolas Ier par les Finno-Bulgares encore attachés au paganisme nous fournissent des données intéressantes sur leur genre de vie. Leurs princes étaient absolus et s'entouraient d'un cérémonial sévère. La trahison envers la patrie était à leurs yeux le plus grand des crimes. Leurs lois de guerre étaient des plus rigoureuses; d'ailleurs ils avaient déjà un sens juridique fort développé. Ils pratiquaient la polygamie et l'esclavage et prêtaient serment sur un glaive. « Sur quoi prêterons-nous maintenant serment? » demandaient-ils au pape.— « Sur l'Évangile, » répondit le saint-père.

Malgré l'invasion turque, la population slavo-bulgare n'a perdu que peu de terrain depuis son établissement dans la péninsule du Balkan. Elle habite en masses compactes depuis la frontière serbe jusqu'à la Yantra, jusqu'à la Morava bulgare et jusqu'au cours central de la Maritsa; dans cette région, elle n'est mélangée que sporadiquement d'éléments étrangers. Elle occupe en outre le versant occidental du Balkan, et, mêlée aux Albanais, aux Turcs, aux Grecs, s'étend à l'ouest depuis la Maritsa jusqu'au lac d'Ohrida et atteint la mer près des ports de Varna et de Salonique. Pendant les vingt dernières années de son administration, la Porte a cherché à enfoncer comme un coin dans la masse des Bulgares par l'établissement systématique de colonies peuplées de Tatares de Crimée et de Circassiens chassés de Russie. Elle a de même favorisé l'immigration roumaine sur la rive bulgare du Danube, et la marche en avant des tribus belliqueuses de l'Albanie, que la religion rapprochait des Turcs.

Les anciennes limites de la population bulgare n'ont été que légèrement entamées par les Grecs, qui recherchaient le littoral, par les Albanais et par les Turcs; mais la population bulgare, entourée de tous côtés d'éléments hostiles, a dû, comme un lac trop plein, s'écouler dans plusieurs directions, tantôt en Hongrie, en Roumanie ou en Bessarabie, et tantôt en Serbie. Ce dernier pays exerça longtemps sur ses voisins une attraction puissante; mais il dénationalisait promptement les Bulgares qui venaient s'asseoir à son foyer. Du reste, les Bulgares émigrés en Roumanie n'ont pas été moins perdus pour leur patrie première : le sang roumain absorbe le sang bulgare avec une étonnante rapidité.

Les Bulgares se disent au nombre de six et même de sept millions, chiffre évidemment trop élevé et que nous avons de bonnes raisons pour réduire à près de cinq millions pour les Bulgares habitant la principauté, la Roumélie orientale et les provinces européennes de la Turquie. C'est dans le Balkan occidental, où le Bulgare s'est maintenu sans mélange, que son type s'est conservé dans toute sa pureté. Sa taille est plus ramassée que celle du Grec et du Roumain; il est généralement maigre; son visage est d'un bel ovale, son front proéminent, son nez plutôt droit que recourbé; les paupières sont chez lui moins fendues que chez les autres Yougo-Slaves, ce qui fait paraître ses yeux plus petits. Les sourcils sont bien fournis; la chevelure, lisse, est rarement foncée. L'expression trahit en général une intelligence au-dessus de l'ordinaire, et toujours ce sérieux, cette persévérance dont le Bulgare donne d'étonnants exemples dans l'agriculture et l'industrie. L'ensemble de sa physionomie est pacifique et indique plutôt la bonté que le courage. Il est probable qu'il faut voir dans ses pommettes saillantes et dans ses yeux peu fendus un héritage de ses ancêtres finno-bulgares.

Les femmes sont de taille moyenne; quand elles sont jeunes, elles ont d'assez jolis traits; elles sont même belles et de formes voluptueuses dans quelques districts, tels que ceux du Vid et de l'Ogost. Malheureusement, elles se fanent vite, et leur beauté ne résiste pas longtemps aux durs travaux auxquels toutes les femmes yougo-slaves sont assujetties après leur mariage. Elles gâtent leur teint, naturellement frais, bien qu'un peu foncé en couleur, par l'usage oriental des fards.

Si le physique du Bulgare n'a gardé que peu de traces de son mélange avec la race finnoise, il s'en trouve encore moins dans sa langue. Ce fait est facile à comprendre. Comme l'arabe et l'espagnol, l'ancien slovène et le finnois appartenaient à des familles trop différentes pour se fusionner et donner, par leur mélange, naissance à un idiome ayant force vitale. La complète absorption de la langue du conquérant finnois par celle du Slave subjugué est un des exemples les plus frappants qu'on puisse citer contre la doctrine, naguère en faveur, qui permettait à l'étymologie de trancher, en dernier ressort et à elle seule, les questions de physiologie nationale sans le concours de l'histoire et de l'ethnographie.

La littérature slavo-bulgare, créée par les apôtres des Slaves, contribua sûrement à faire disparaître l'idiome finno-ouralien. Entre toutes les langues slaves, c'est du dialecte grand-russien que se rapproche le plus l'ancienne langue écrite slavo-bulgare. Lors de la chute de l'empire, elle fut envahie, comme le pays lui-même, par des éléments serbes, grecs, romans, albanais et turcs, de sorte qu'il est difficile de reconnaître la langue de Cyrille et de Méthode dans le parler bulgare moderne. Ce dernier idiome se rapproche du russe; avec un peu d'exercice, Serbes et Bulgares peuvent se comprendre. La prononciation la plus pure s'est conservée dans la région de Kalofer, sur le versant sud du Balkan.

Le Bulgare se distingue de son voisin serbe aussi bien par le costume que par la langue, les mœurs et les aptitudes. Au lieu du fez, dont l'usage est encore général dans les campagnes de la Serbie, il porte la *tchoubara*, espèce de bonnet de peau de mouton de couleur claire ou sombre, posée sur la chevelure pendante ou tressée en queue. Comme les Vieux-Turcs, les Bulgares âgés se rasent la tête en ne laissant qu'une longue touffe au sommet. Cette mode était répandue chez les Bulgares finnois et se retrouve aujourd'hui encore chez les Morlaques, les Albanais et chez les vieux paysans serbes.

Le Bulgare porte une chemise à larges manches, élégamment brodée sur la poitrine et aux épaules ; d'amples culottes, attachées aux genoux par des courroies ou des jarretières rouges et à la taille par une ceinture de même couleur, à laquelle est suspendu un couteau dans sa gaine. Contre le froid, il se protège par une jaquette ou une longue robe de drap, et, en plein hiver, par un manteau à capuchon, une peau d'agneau ou une grosse couverture de laine. Le costume des habitants des villes de la basse classe ne se distingue de celui que nous venons de décrire que par la couleur plus foncée du drap et par le fez. Comme chaussures, on se sert des *opintchi* (morceaux de cuir attachés par des courroies) ou des babouches turques. Du reste, le costume varie singulièrement de district à district, et les négociants, les médecins, les professeurs, bref tous les représentants de la classe élevée, ont adopté dans ces dernières années l'habillement européen.

Les paysannes bulgares tressent leur abondante chevelure, qu'elles teintent souvent de nuances foncées, en grosses nattes qu'elles ornent de monnaies, de fleurs et de rubans diversement disposés pour distinguer les épouses des filles à marier. Leur chemise, largement ouverte sur la poitrine, est décorée sur les épaules, au bout des manches et sur la poitrine, des broderies les plus élégantes et les plus originales. La robe, d'étoffe de laine épaisse, rayée de couleurs, est à petits plis, garnie devant et souvent aussi derrière d'un tablier à franges. Parfois on se dispense de la robe : le tablier simple ou double et la chemise suffisent. Une ceinture fermée de grandes boucles, rondes ou palmées, de nacre ou de métal, complète la parure des femmes bulgares avec les fleurs, les bracelets, les anneaux, les pendants d'oreilles et autres bijoux, dont elles savent d'ailleurs s'orner avec une véritable entente des formes et des couleurs. L'habillement des citadines est loin d'être aussi gracieux que celui des campagnardes : c'est un déplorable mélange de modes nationales, turques et européennes. Mais la jeune génération, qui a passé par les pensionnats de Buda-Pest, de Vienne et de Paris, a rompu avec les traditions surannées.

Les romans français ont déjà pénétré dans beaucoup de maisons, et les airs de Strauss et d'Offenbach s'y font entendre à côté de la musique classique. Les jeunes gens jouent des pièces françaises ou bulgares ; on connaît les cartes et le billard dans les cafés ; enfin dans les villes du Danube les chanteuses et les musiciens de la Bohême sont toujours entourés d'un public nombreux. Le citadin est un amateur passionné de la campagne. Dès qu'il a une heure de loisir, il se plaît à visiter, le plus souvent avec sa famille ou quelques amis, les jardins dont s'entourent les villes. Sous les pampres ou sous les arbres fruitiers, à l'ombre d'un kiosque ou dans une clairière de forêt, il se livre volontiers aux jeux de société, aux chants et à la danse. Une cornemuse, un violon ou une flûte ne manque jamais à la fête, car il n'est pas une famille qui ne possède un musicien dans le cercle de ses membres.

La danse favorite du Bulgare est la *hora* nationale, qui ressemble fort au *kolo* serbe et au labyrinthe des Grecs. On la danse généralement en plein air. Filles et garçons forment une chaîne et se meuvent en faisant sans cesse deux pas en avant et un pas en arrière. Peu à peu la mesure devient plus rapide et les deux extrémités cherchent à se réunir ; enfin le cercle se ferme, mais pour se rouvrir et se refermer de nouveau. Le charme principal de la danse vient de la variété des figures que décrit la bande en suivant le rythme de la musique. Il y a aussi une sorte de polonaise exécutée par une seule danseuse, puis un pas de deux d'une mesure très vive ; enfin la danse grotesque de l'ours, dans laquelle un jeune homme revêtu d'une peau d'ours cherche à imiter les cris et la démarche de l'animal, tandis que tous les danseurs l'agacent et sautent après lui au milieu des rires et des lazzi.

Les anciens chants héroïques des Bulgares ne célèbrent que la force brutale du vainqueur ; on n'y trouve aucune trace de cette passion idéale, de cet hommage rendu à la femme, qui remplit les épopées serbes. On a prétendu avoir retrouvé, il y a quelques années, chez les Bulgares musulmans de la Thrace, les Pomaks, d'anciens chants où la mythologie slave se mêle aux légendes classiques, où l'on voit notamment revivre le nom d'Orphée ; mais il est actuellement démontré que ces chants sont l'œuvre d'un faussaire.

Les chants populaires modernes traitent des sujets lyriques et gais; ce sont des pastorales et des chants d'amour. Dans les dernières années du régime turc, comme en Serbie avant la guerre de l'indépendance, on a entendu retentir des chants de haïdouks, dans lesquels étaient célébrés les exploits des chefs de bandes qui tenaient alors la montagne, des Hadji-Dimitri, des Karadja et des Totioù; mais les Bulgares ne possèdent pas, comme les Serbes, de ces fières épopées qui conservent parmi le peuple le souvenir des anciens héros et, par le récit de leurs hauts faits, de leurs souffrances, de leur mort glorieuse, entretiennent l'enthousiasme national. Ils n'auraient pas, d'ailleurs, pour accompagner ces chants héroïques, la *gouzla* monocorde, car ils n'emploient que la *gaïda* (guitare) et d'autres instruments à cordes empruntés aux Turcs.

La construction et l'aménagement intérieur des maisons présentent souvent dans la montagne et dans la plaine des différences très caractéristiques. Partout on rencontre, sinon le goût du confortable, du moins le désir de réunir un mobilier aussi riche que possible. Dans un des coins de la chambre de parade, où les murs sont décorés de saintes images, de lampes à huile, de cruches et d'assiettes, un monceau de tapis témoigne de l'activité industrieuse des femmes bulgares. C'est avec un juste orgueil que ces infatigables ménagères étendent, pour le repos de l'étranger étonné, les couvertures et les coussins aux couleurs éclatantes.

Autant la jeune fille bulgare est célébrée dans les chants d'amour, autant son rôle d'épouse est pénible et difficile. Surchargée de travail, elle n'a pas une minute de loisir. Si elle n'est pas aux champs, elle vaque aux soins du ménage, allaitant le nourrisson tout en faisant marcher les aînés. Elle lave, blanchit et teint, prépare les repas de la famille; elle file, brode, tisse, ravaude et coud; elle surveille l'étable, s'occupe du bétail, des chèvres, des brebis. C'est à elle qu'appartient le soin de boucher les fissures de la maison avec de l'argile, d'en blanchir la façade en se servant d'une peau de mouton pour pinceau, de tresser les clayonnages des kolibis; c'est à elle qu'incombe enfin le potager, où ne manquent jamais les fleurs, dont les femmes font un usage presque constant et dont les jeunes hommes eux-mêmes ne dédaignent pas de se parer quand ils vont aux champs, à l'église, aux fêtes et à la danse.

C'est à l'influence salutaire de l'antique constitution de famille slave que les populations bulgares doivent leur amour du travail, leur aisance et leur prospérité. Tandis que la ferme turque s'enve-

DANSE DE LA HORA BULGARE.

loppe de silence, la ferme bulgare est remplie d'une activité bruyante, toujours égayée par une bande d'enfants. Autour de la maison, mieux construite et mieux couverte, du chef de famille (*starechina*), se groupent les chaumières des fils et des gendres, et les kolibis rondes ou allongées, ressemblant à des constructions lacustres, qui servent de granges ou de bercails. Toutes les constructions, formant dans leur ensemble l'établissement de la famille, sont entourées d'un haut clayonnage, et d'énormes chiens presque sauvages, qu'il serait dangereux d'approcher sans être accompagné par un habitué de la maison, la défendent contre toute surprise du dehors.

En général, le Bulgare est hospitalier. Il se sent honoré par la visite de l'étranger et n'épargne rien pour le bien recevoir. Mais il se garderait d'imiter son voisin musulman, qui refuse presque toujours un présent en retour de son bon accueil, et, au départ, il surprend souvent son hôte par une véritable carte à payer.

Il serait difficile de dire lequel des deux sexes l'emporte sur l'autre en activité et en savoir-faire. La femme n'est pas subalternisée comme chez les Serbes et les Monténégrins. L'épouse et la mère sont ici les égales de l'époux et du fils; et même, étant donné le caractère un peu mou du Bulgare, on peut dire que sa femme a plus de décision et plus d'énergie que lui. Ce trait sépare radicalement les Bulgares et les Serbes, les deux principales nationalités yougo-slaves. Bien que très supérieurs comme agriculteurs et comme artisans aux Serbes, aux Turcs et aux Roumains, les Bulgares sont traités par eux avec mépris. Cette opinion traditionnelle, qui vient sans doute de la patience avec laquelle le Bulgare a longtemps supporté toutes les injures qui lui étaient faites, n'a pas manqué d'influencer le jugement de certains voyageurs superficiels.

Les Turcs ont entièrement détruit tous les privilèges de classe, sauf ceux du clergé; de là vient que chez les Bulgares, chez ce peuple qui possédait jadis une puissante noblesse, règne aujourd'hui, comme chez les Serbes, l'égalité la plus absolue. Dans les villes danubiennes, ils sont surtout marchands, détaillants, artisans. De docteurs, professeurs, avocats, il n'en est guère; de fonctionnaires encore moins. Par contre, moines, religieuses et prêtres pullulent partout.

Sur les plateaux et dans les villes du Balkan, le Bulgare se livre à l'industrie et à l'élève du bétail; dans la plaine, il est exclusivement agriculteur. La situation embrouillée de la propriété, l'absence de cadastre, la perception des impôts en nature, le mauvais état des communications et l'organisation encore toute primitive des exploitations rurales, qui ne pouvaient sous le régime turc réaliser aucune amélioration, ont empêché le développement de l'agriculture. Le Bulgare ne cultivait guère plus que ce dont il avait besoin pour son usage personnel, car il n'avait pas de débouchés pour ses produits. La plus grande partie du sol extraordinairement fertile de la Bulgarie n'est pas mise en valeur. Les terres les plus grasses sont souvent couvertes à perte de vue d'épaisses broussailles. Le pays pourrait facilement nourrir une population trois fois plus nombreuse.

Deux tiers des terres cultivées sont consacrés au maïs; le reste est donné au blé, au riz, au tabac, au mûrier, à la vigne et aux arbres fruitiers. La pomme de terre est presque inconnue. En fait de légumes, on cultive de préférence les haricots, l'oignon, l'ail, qu'on mange entier, et qui est un aliment fort apprécié.

Le grain n'est pas battu, on le fait fouler par des bœufs ou des chevaux attelés à une large pièce de bois garnie en dessous de silex aiguisés. Cette disposition permet de hacher la paille, qui est ensuite employée à la fabrication des briques. Le nettoyage et la mouture du grain se font à l'aide de procédés qui ne sont guère moins primitifs. Dans les derniers temps, on a pourtant construit en divers endroits des moulins à vapeur.

Le Bulgare fabrique à la main pour ses conduites d'eau des tuyaux de poterie qui, par leur exécution parfaite, excitent l'étonnement du voyageur venu de l'Europe occidentale. Il est du reste fort habile à tirer parti des moindres cours d'eau pour l'irrigation et pour l'industrie.

La culture du riz est la principale source de revenu du district de Pazardjik. Sur le Vardar et dans plusieurs autres contrées, on récolte beaucoup de tabac. La garance, le colza, le lin, réussissent parfaitement. Les plus belles vignes sont situées sur le Timok, près d'Osman-Pazar et de Tirnovo, sur le Vardar et sur la Maritsa. Dans la région qui s'étend au sud du Balkan, on récolte les noix en énormes quantités. Le noyer y croît aussi grand et aussi beau qu'en Asie Mineure. Les plus beaux troncs sont achetés par une maison de Constantinople pour les ébénistes parisiens.

Le pays est en général salubre, sauf dans les parties basses du Danube, près de Vidin et de Silistrie. Sa température douce, qui dépasse rarement 37 degrés en été et atteint à peine 22 degrés au-dessous de zéro en hiver, est très favorable à la culture des roses, dont les Bulgares distillent une essence justement célèbre, et à l'élevage du ver à soie, qui est surtout répandu aux environs de Tirnovo et de Sofia.

On cultive en grand le prunier, qui donne l'eau-de-vie (*raki*), la boisson particulièrement chère aux Bulgares.

Le Balkan est planté presque exclusivement jusqu'à ses plus hauts sommets de hêtres et de chênes, et en quelques parties seulement de sapins. En général, sa végétation est plus forte sur le versant septentrional que sur le versant méridional.

La Bulgarie est riche en sources minérales et thermales. Ses entrailles renferment des houilles et des trésors métallurgiques considérables, dont l'exploitation est à peine commencée.

Dans quelques contrées, notamment dans le Balkan, où le Turc n'a jamais posé le pied, l'industrie est restée assez florissante. D'une façon générale, le Bulgare se distingue avantageusement par son goût pour l'industrie de son voisin, le belliqueux Serbe. Il fabrique des objets de fer et d'argent, de la céramique, des tapis, des broderies, des tissus et des objets de bois sculpté, qui témoignent chez lui du sens de la couleur et de la forme. Outre son adresse manuelle et son ardeur au travail, il possède un talent remarquable pour la construction, talent qu'attestent les maisons d'habitation, mais surtout les appareils hydrauliques, les ponts et les églises. Le pont sur la Yantra près de Bela, qui est l'œuvre d'un simple architecte du Balkan, ferait honneur au plus habile ingénieur. Les églises et même les mosquées et les synagogues des grandes villes sont également dues à des hommes sans instruction, qui peuvent à peine tenir un crayon.

Le Bulgare possède un grand désir de s'instruire et les écoles ont fait chez lui de notables progrès depuis une quinzaine d'années ; mais la masse du peuple, qui a porté pendant cinq cents ans le joug des Turcs et du clergé phanariote, est encore au plus haut degré ignorante et superstitieuse. Bien qu'elle fasse profession de la religion grecque orthodoxe, elle n'a pour ainsi dire pas été touchée par la doctrine morale du christianisme, dont ses prêtres mêmes ne connaissent guère que les formes extérieures. Toute l'existence du Bulgare est dominée par la tradition des anciens Slaves et par des usages païens qui marquent son entrée dans la vie et qui l'accompagnent jusqu'au tombeau et au delà, car les morts mêmes sont l'objet d'un culte fort compliqué. Quant à la religion chrétienne, elle intervient seulement pour lui imposer de nombreux jours fériés, où le travail serait considéré comme un sacrilège, et des jours de jeûne qui l'épuisent.

Nous allons passer en revue les dates importantes de son calendrier. Au 1er janvier, on le voit toucher les personnes qu'il rencontre d'une baguette de cornouiller ou de pommier qui possède toutes sortes de vertus bienfaisantes. Le jour des Rois, la fête de la bénédiction des eaux, si chère à l'Église orientale, donne lieu à de bizarres pratiques. Ainsi, dans les contrées du Danube, la mère réveille ses enfants en leur frottant la poitrine avec des boules de neige; leur santé dépend de cette opération. Près de Varna, les grandes personnes cherchent à se lancer de l'eau. Celui qui veut se soustraire à un bain involontaire doit payer une rançon dont on boit le montant dans la soirée.

Le 8 janvier, fête des vieilles femmes (*babin den*), est célébré partout par des libations copieuses et en certains endroits par de vraies saturnales. Les femmes vont à travers le village en criant et en dansant à la manière des bacchantes, coutume d'autant plus singulière, qu'il est, à tout autre moment, interdit par l'usage aux femmes mariées de se livrer à la danse. Près de Choumla, des hommes revêtus de costumes d'une haute fantaisie s'emparent des vieilles femmes, les trempent dans la rivière ou les arrosent.

Le second dimanche de carême (*zadouchnitsa*) est l'équivalent de notre fête des Morts. On dépose des aliments et des boissons sur les tombes, et les femmes portent des chandelles allumées de maison en maison.

Le mois de mars, en Bulgarie, est analogue à notre mois d'avril : il a ses pleurs et ses sourires, ses tièdes zéphyrs et ses orages. On en a fait le mois des femmes, qui se reposent alors de leurs durs travaux de l'année, et exercent pendant son cours une certaine autorité sur leurs maris.

L'Annonciation, 25 mars, est un jour de repos pour la nature entière, pour les hommes comme pour les abeilles et les hirondelles. C'est le réveil du printemps. Dès l'aurore, les femmes vont et viennent dans les cours, et, frappant sur des chaudrons avec des cuillers de bois, intiment aux lézards et aux serpents l'ordre de déguerpir au plus vite. Malheur à qui essayerait de tuer ce jour-là une des bêtes redoutées; il en serait infailliblement mordu pendant l'année. Le soir, dans les villages, on allume trois feux, autour desquels hommes, femmes et jeunes gens se tiennent séparément; les hommes boivent, les femmes filent, les jeunes gens dansent. Ces usages sont des restes des anciennes fêtes païennes de l'équinoxe du printemps.

Le dimanche des Rameaux, on visite les tombeaux des parents et l'on y célèbre un repas funèbre dont on laisse les restes aux morts, car le Bulgare ne croit pas seulement à la continuité de la vie de l'âme, mais à la continuité de la vie physique. Pour que les morts aient bon appétit, les femmes, dans plusieurs contrées, vont de maison en maison avec un cierge allumé.

Le jeudi saint, les mères frottent les joues de leurs enfants avec un œuf teint en rouge et disent, en manière de bénédiction : « Puissent-elles être rouges toute l'année comme cet œuf! »

Pâques est précédé d'un jeûne sévère de six semaines ; le carême de Saint-Pierre et de Saint-Paul dure tout le mois de juin. En y ajoutant les quatorze jours de jeûne de l'Assomption, les quatorze de l'Exaltation de la croix, les huit de la Fête-Dieu, les huit consacrés à l'archange Michel et les six semaines qui précèdent Noël, cela fait un total de vingt-deux semaines de jeûne, plus trente vendredis, sans compter tous les mercredis de l'année, où le jeûne est observé au moins par les paysans. Nulle Église n'est plus exigeante pour ses fidèles.

Le jour de Pâques, tout le village, un cierge à la main, se rend à l'église au point du jour, pour ne pas manquer le moment où le prêtre, sortant par la « porte impériale », s'écriera : « Recevez le Saint-Esprit. » Chacun de se précipiter alors pour allumer son cierge à la flamme sacrée. Il s'agit après cela de le porter, sans l'éteindre, à la maison, et de le promener dans tous les coins et recoins pour en chasser insectes et démons. Les pauvres reçoivent des œufs et des gâteaux, et les tombes du cimetière ont leur part d'œufs teints en rouge.

La Saint-George est un grand jour pour les bergers, les ouvriers et les domestiques, qui se louent à ce moment pour toute l'année. Elle est fêtée, comme en Serbie, par le sacrifice d'un agneau, dont la dépouille appartient au pope. Nul, avant cette date, n'a le droit de toucher à la chair des génisses.

Le 1ᵉʳ mai, les femmes stériles ou malades vont se rouler dans l'herbe des prairies chargées de rosée. Si l'eau manque au printemps, les filles tsiganes, n'ayant pour vêtement que des rameaux feuillés, s'en vont en pèlerinage, invoquant la déesse de la pluie. Elles reçoivent, avec des présents, un seau d'eau sur le corps à la porte de chaque ferme.

La semaine qui suit l'Ascension est consacrée tout entière aux « vilas » ou fées de la forêt, des champs, des prairies et des sources. Les mystères de cette époque portent le nom de *rosalii*. Dans les clairières des forêts, où poussent les fleurs qui sont la nourriture favorite des vilas, on apporte les fous, les épileptiques, les gens atteints de maladies incurables, afin que les fées qui viennent danser en rond autour d'eux prononcent sur leur sort. Les femmes bulgares ne mettent jamais ces fleurs dans leurs cheveux ; elles porteraient malheur, si le pied des fées les avait touchées. Les aigles ont le cou nu parce qu'ils conduisent à travers les airs les chars des vilas. Sur le commandement de ces génies, les oiseaux redoutés promènent la grêle sur les semailles ; aussi, lorsque approche un nuage chargé de grêle, tire-t-on en l'air, pour disperser les aigles.

La Saint-Jean est fêtée comme partout ailleurs par des feux allumés sur le sommet des montagnes. C'est une occasion de réjouissance pour les jeunes filles.

Au mois de novembre, on célèbre la fête des loups : à cette époque, les femmes des bergers lient solidement les ciseaux avec lesquels les brebis, les agneaux, les chèvres, sont tondus ; on contient ainsi la fureur des loups, qui n'osent plus s'attaquer au troupeau. La veille de la Saint-André (30 novembre), les laboureurs lancent dans l'ouverture de la cheminée une cuillerée d'un aliment quelconque, en prononçant la parole consacrée : « Puissent les semences remonter aussi haut dans la tige ! » Du 20 au 25 novembre, on ne touche point à l'ail, qui, à cette époque, rend les hommes furieux. Vers Noël, on célèbre la vieille fête slave de la Koleda. Aussi loin que s'étend la langue slave, depuis la Save jusqu'au Pont-Euxin, on entend partout jusqu'au jour de la naissance du Sauveur des chansons dont le refrain est : *O Koleda ! ô Koleda !*

Le jour de Noël (*Koleda*), les petits garçons s'en vont de ferme en ferme, frappant le sol de leur baguette, et s'écriant : « Le petit Dieu vient de naître ! » Nouvelle heureuse qui mérite bien un cadeau. Ce jour-là, toute bonne ménagère enfonce dans sa pâte un bâton enflammé, qui est ensuite conservé soigneusement pour le cas où quelque ennemi jetterait un mauvais sort sur un membre de la famille. Chaque maison fait cuire un gâteau où l'on cache une pièce d'argent ; on y plante un cierge allumé, pendant que, sous la table, se dérobe modestement une corbeille remplie de paille et de noix. Le maître de la maison fait une fumigation dans tout le logis, les étables, les écuries, les bergeries ; puis il découpe le gâteau, dont le premier morceau appartient à la sainte Vierge ; les autres sont dévolus à chaque membre de la famille et même aux champs, aux vignes, à la grange, au moulin, etc. Celui auquel est échue la pièce d'argent sera favorisé du sort pendant toute l'année. Avec la paille placée sous la table, on tresse aux arbres du verger une ceinture qui les rend féconds. Quant aux noix, elles font merveille dans les maladies de peau ; on s'en frotte, puis on les jette sur le toit, et elles emportent avec elles le principe morbide.

Du 24 décembre au 6 janvier, le mortel est surtout exposé à la pernicieuse influence des démons. Chevaux noirs, dragons, ours et loups merveilleux parcourent la forêt. Aussi ne sort-on pas la nuit et a-t-on soin de remplir les tonneaux, de bien charger les voitures, de crainte que les malins esprits ne les emportent. Ce n'est pas tout ; beaucoup d'autres jours de l'année sont consacrés à de grands saints.

Alors on sacrifie des brebis, on tient des festins où la bouteille de vin ou de raki joue un grand rôle : les jeunes gens chantent et dansent joyeusement. En revanche, il y a des mois et des jours néfastes. Le mardi et le vendredi, on ne doit entreprendre aucune affaire sérieuse. La veille même du vendredi, les femmes ne peuvent filer sans que leurs yeux en souffrent. En février, il est défendu de se fiancer.

Comme les Bulgares ont vécu jusque dans ces derniers temps dans une grande oppression, comme ils n'ont pas participé à l'administration, contrairement aux Grecs et aux Arméniens, ils ont tourné toutes leurs pensées, tous leurs sentiments, vers le foyer de la maison, et ainsi s'est fortifié chez eux à un haut degré l'amour paternel, filial et fraternel, qui distingue en général tous les Slaves.

Les mariages bulgares sont incomparablement plus féconds que ceux des Turcs et des Grecs, et leurs femmes considèrent la stérilité comme le plus grand des malheurs. Lorsque la femme enceinte voit approcher son terme, elle s'abouche avec une dévote qui a fait le pèlerinage de la Terre-Sainte, pour obtenir un bout de corde ayant touché la pierre miraculeuse sur laquelle la mère de Dieu s'est appuyée quand elle s'est sentie saisie des douleurs de l'enfantement. Le commerce de ces cordes forme une des branches de recettes les plus lucratives des couvents de la Palestine.

De nombreuses précautions sont prises par la *baba*, la sage-femme, ou plutôt la sorcière du village, pour assurer l'accouchée et le nouveau-né contre la malignité des démons. On les frotte de sel, on les fumige, on met de l'ail et des oignons rouges sous leur oreiller ; on les porte par trois fois autour d'un feu fait avec la paille placée sous le chevet de la mère ; on peint une croix rouge sur la porte, et l'on y suspend un morceau de fer ; on verse enfin de l'eau dans les souliers de l'accouchée pour qu'elle ait beaucoup de lait. Malgré tant de sages précautions, la mortalité est énorme chez les jeunes enfants qui sont souvent nourris par leur mère pendant trois ou quatre ans. Les jeux favoris des garçons sont la balle, la course, les jeux militaires. Les jeunes filles s'amusent avec des poupées, jouent à colin-maillard, etc.

Plus tard, les jeunes filles se réunissent, les soirs d'hiver, autour du foyer d'une maison. Tout en travaillant et en filant, elles chantent quelque chanson. Les jeunes gens sont aussi admis dans leur société. De douces liaisons s'établissent ainsi, et maintes fois ces réunions donnent naissance à des mariages. D'ailleurs les mariages sont considérés comme des affaires de famille, et les parents ont une influence décisive sur le choix de la fiancée. Par suite, on fait plus d'attention à la force physique et à l'activité qu'à la beauté. On engage avec beaucoup de circonspection les négociations avec les parents de la jeune fille et l'on règle d'une manière très exacte la dot, ainsi que la somme par laquelle le prétendant achète, pour ainsi dire, sa fiancée.

Les garçons se marient de vingt à vingt-cinq ans, et les filles de seize à vingt ans. A partir de cet âge, une fille passe déjà pour vieille, et, si elle trouve un épouseur, ce sera probablement un veuf. Dès que l'accord est fait entre les parents, le futur et son père construisent une maisonnette dans la cour, achètent une paire de bœufs et font les derniers préparatifs de l'installation.

Le mercredi qui précède le jour du mariage, le fiancé envoie à sa fiancée des objets de toilette et de la *kana*, que les femmes yougo-slaves emploient pour se teindre en noir les cheveux et les sourcils. Le même soir, la jeune fille, accompagnée des demoiselles d'honneur, prend un bain, à la suite duquel les femmes mangent, chantent et dansent. Le vendredi, on expose dans la maison des parents la corbeille, et le samedi on y célèbre un repas commun accompagné de chants et de danses.

La bénédiction nuptiale a toujours lieu le dimanche. On se rend processionnellement à l'église et de là au banquet de noce. La belle-mère attend les nouveaux conjoints sur le seuil et leur jette des grains de blé; la bru répond en lui baisant la main. Le repas n'est pas encore terminé, que les époux se retirent sans bruit dans leur maisonnette, suivis de la *baba*, qui a pour fonction de rapporter aux convives la nouvelle de la consommation du mariage et d'attester la virginité de la jeune épouse. Cette communication est accueillie par des souhaits de bonheur, des toasts et des coups de feu. Si le rapport de la baba n'était pas favorable, ce qui est un fait très rare, toute joie s'arrêterait, le banquet serait interrompu ; la malheureuse serait mandée devant un conseil de famille qui, s'il la trouvait coupable, prononcerait tout aussitôt le divorce et la renverrait sur l'heure à ses parents. On va même jusqu'à faire publier dans tout le village le déshonneur de la jeune femme. Quand tout s'est bien passé, la nouvelle mariée est amenée en grande pompe, le mercredi suivant, à la fontaine du village ; elle y jette du mil et quelques pièces d'argent, dont les enfants assemblés autour d'elle s'emparent aussitôt. Presque partout cette visite à la fontaine est la première sortie des jeunes mariées.

De même que l'on attache une grande importance à la moralité des jeunes filles, qui ne laisse à désirer que dans certains districts, de même on met un très grand prix à la fidélité conjugale. Il est assez rare qu'une veuve se remarie. Dans les villes, la veuve porte des habits de deuil, souvent jusqu'à la fin de ses jours ; dans les campagnes, elle porte ses vêtements retournés ; elle se couvre la tête d'un mouchoir, blanc dans la région du Danube, noir au sud du Balkan. Ce mouchoir ne doit pas être lavé pendant quarante jours. Le veuf s'abstient de se raser la barbe pendant le même espace de temps et s'attache au bonnet un morceau de drap noir. S'il se remarie, il se rend le jour des épousailles au tombeau de sa première femme et l'arrose de vin « pour lui brûler les os » ; mais, si les enfants du premier lit restaient à la maison pendant la nuit de noce, cela ne manquerait pas de leur porter malheur.

Lorsque le Bulgare sent que tous ses *marafets* (amulettes et talismans) sont impuissants à prolonger sa vie, il accepte sa fin prochaine avec une résignation stoïque. Le fatalisme qui l'a conduit dans toute sa vie ne l'abandonne pas à ses derniers moments ; ne sait-il pas que ceux qui lui survivent honoreront sa mémoire après sa mort et qu'ils ne laisseront manquer de rien son corps et son âme ? S'il en a encore la force, il marchande avec le prêtre son enterrement et règle lui-même les détails du repas des funérailles, sans se sentir troublé par les gémissements des femmes assemblées dans la chambre. On lui met à la main un cierge allumé ; dès qu'il est à l'agonie et qu'il « voit les anges », un mouchoir est noué sous son menton et ses paupières sont abaissées. A peine a-t-il expiré, qu'on se hâte de retourner les cruches, les chaudrons, tous les vases du logis, pour empêcher l'âme errante de s'y réfugier et d'incommoder plus tard les vivants. Lavé, vêtu de neuf, le visage tourné vers l'orient, des cierges aux pieds et à la tête, le cadavre est alors soigneusement fumigé. C'est le premier acte. Au second, une image sainte est placée dans ses mains croisées sur sa poitrine et munies d'un nouveau cierge; on attache ses pieds, on le couronne de fleurs et l'on met à côté de lui le grand chandelier des morts. Peu à peu les amis et les parents s'assemblent, les hommes apportent des chandelles allumées, les femmes des fleurs. Chacun baise en signe de réconciliation le visage du mort, puis l'image sainte, et l'air retentit de cris et de gémissements : « O Dieu! ô Dieu! qui labourera maintenant pour nous! qui portera les récoltes à la ville? O Dieu! ô Dieu! qui coupera le bois dans la forêt! qui prendra soin de nous avec tant de bonté! » Et ainsi de suite : le défunt est devenu tout d'un coup le modèle de toutes les vertus.

Jusqu'au moment de la sépulture, on veille attentivement à ce que ni homme, ni chat, ni chien ne passe au-dessus du cadavre, car le mort deviendrait sur l'heure un vampire. Quelques heures après le décès, le mort est porté à l'église, et de là au cimetière, où chaque assistant jette une poignée de terre sur la fosse, profonde à peine de deux pieds.

Le soir, un banquet silencieux réunit dans la maison les amis du défunt; ils s'y bornent à boire quelques verres d'eau-de-vie pour le repos de son âme. Le lendemain, les femmes versent de l'eau et du vin sur la fosse, distribuent des mets et des boissons aux pauvres et recommencent leurs gémissements. Une lampe, qui doit rester allumée pendant trois ans, est placée dans une niche disposée au-dessus de la tombe. Les plus proches parents reviennent au cimetière les troisième, neuvième, douzième, vingtième et quarantième jour; plus le troisième, sixième, neuvième et douzième mois, et, chaque fois, les femmes offrent au défunt du pain, du riz, du vin et de l'eau-de-vie. Mais le veuf n'apporte à manger à sa femme que pendant les jours de la fête des Morts, fête répétée trois et même cinq fois par an dans quelques régions de la Bulgarie, où, plus qu'en tout autre pays d'Orient, on veille aux besoins des morts et l'on pourvoit à leur nourriture. Si une veuve rêve de son mari, c'est qu'il a faim et soif, et elle se hâte de lui apporter des vivres. Après trois ans, les ossements sont exhumés, mis dans un sac et portés devant le trône épiscopal qui se trouve dans chaque église. Le pope alors les bénit et les enterre à nouveau.

La superstition bulgare peuple les forêts de fées et d'animaux enchantés. Le Bulgare attribue les rhumatismes, la goutte et autres maladies aux mauvais esprits. Il cherche contre ces maux des amulettes et des remèdes chez le pope, chez la baba, et même chez le *hodja* (prêtre turc).

La croyance aux vampires est très répandue. Le vampirisme est héréditaire dans certaines familles, mais il suffit d'un mauvais sort pour être jeté dans ce triste état. Il arrive, par exemple, qu'un méchant maçon mesure l'ombre d'un passant et mure dans les fondements de la maison la corde dont il s'est servi à cet effet. Quarante jours après, bon gré, mal gré, le malheureux est devenu un esprit (*talasam*) qui, jusqu'au premier chant du coq, troublera par des cauchemars le sommeil de ses anciens amis. Neuf jours après l'enterrement, le vampire sort de la fosse ; il ne se borne pas toujours à effrayer les gens, il les bat quelquefois d'une façon cruelle. Quand il est fâché, il fait un effroyable vacarme ; son ombre flotte au-dessus des champs et des prairies en y laissant des traces de sang ; il souille les images des saints. Après quarante jours de semblables méfaits, il quitte décidément son tombeau, reprend un corps, et s'en va généralement se marier dans un endroit éloigné de sa première résidence. On l'y croit un citoyen paisible et un bon époux ; mais, la nuit, il abandonne sa couche pour balayer les rues, dévorer les bœufs et les buffles crevés et sucer le sang des vaches malades. Le vampire bulgare est moins altéré de sang humain que ses confrères des autres pays. Pour se débarrasser de lui, on ouvre sa tombe, on enfonce un pieu dans sa poitrine, on le crible de coups de pistolet ; puis on piétine vigoureusement sur la terre qui le recouvre. Un moyen plus simple encore consiste à se cacher dans un lieu devant lequel doit passer le vampire ; on lui oppose tout à coup une image sainte, il fuit : en le poursuivant avec le précieux talisman, on le force à se réfugier dans une bouteille, où il est attiré par le parfum de son mets favori. Bouchée précipitamment avec un bouchon bénit, la bouteille est alors, pour plus de sûreté, jetée immédiatement dans un feu d'épines.

Sur les haies de leurs fermes, les Bulgares clouent des crânes de chevaux afin d'y attirer les démons, qui, apparaissant sous la forme d'ombres vêtues de robes blanches, ou métamorphosés en chiens et en poulets, viennent s'y reposer et ne songent plus à franchir la palissade. Quant aux vieilles femmes, souvent elles se transforment, après leur mort, en papillons rouges qui sucent le sang des petits enfants ; aussi fait-on à ces lépidoptères une chasse sans pitié. La fée des fontaines se déguise en chatte, en chèvre, en jument blanche, et elle apparaît aux jeunes hommes sous la figure d'une femme admirablement belle dont le baiser donne la mort.

Toutefois le Bulgare, homme positif, se soucie peu de l'embrassement des nymphes ; il recherche bien davantage les trésors du kral Marko, de l'empereur Constantin ou du roi Alexandre, trésors gardés par les revenants et cachés sous les arbres, dans les cavernes ou dans les ruines des châteaux et des villes antiques.

Nous ne pousserons pas plus loin l'étude des superstitions bulgares. Elles sont innombrables et foncièrement plus grossières que celles des Serbes et des Occidentaux. Le clergé, si puissant sur le peuple, n'a rien fait pour extirper ce matérialisme vulgaire. Quant aux moines et aux religieux des deux sexes qui fourmillent dans les campagnes et les montagnes de la Bulgarie, ils sont eux-mêmes, faut-il le dire encore? de vrais modèles de superstition et d'ignorance.

L'amour du mysticisme n'empêche pas les Bulgares de sentir tout le prix de l'instruction. Je ne fais que leur rendre justice en disant qu'ils font aujourd'hui tous leurs efforts pour répandre chez leurs enfants des connaissances auxquelles ils n'ont pas eu le bonheur de pouvoir s'initier eux-mêmes.

CHAPITRE IV

L'ÉMIGRATION DES BULGARES EN CRIMÉE — L'IMMIGRATION
DES TATARES ET DES TCHERKESSES EN BULGARIE

Les rives du Danube et les plages de la Crimée offrirent en 1861 un spectacle étrange. On y vit des populations entières, saisies de la fièvre de l'émigration, faire l'une avec l'autre échange de patrie. Bulgares et Tatares se mirent en route.

Le premier établissement des Tatares en Europe est dû au sultan Mahomet Ier, qui, dans un accès de fantaisie despotique, força les Tatares de Brousse, dans l'Asie Mineure, à émigrer en Thrace. Ils y fondèrent, vers 1420, sous leur chef Minnet-beg, la ville encore existante de Tatar-Pazardjik.

Ce fut, d'un autre côté, sous le règne de la tsarine Elisabeth que commença l'immigration en Russie des Slaves des pays du Balkan. Accablés sous le poids de la domination ottomane, ils se frayèrent une route jusqu'à la mer Noire dans les solitudes nouvellement acquises par la Russie aux frontières de l'empire et nommées alors *Novaïa Serbia* (Nouvelle Serbie). Après chaque guerre victorieuse des Russes contre leurs voisins de Constantinople, des milliers de familles bulgares abandonnèrent leur pays et s'établirent, soit en Bessarabie, soit en Crimée.

L'exode qui suivit la guerre turco-russe de 1828-1829 amena environ 25 000 Bulgares en Bessarabie. Des villes entières, comme Sliven, furent abandonnées, et, depuis, n'ont jamais retrouvé leur prospérité première. D'après le rapport présenté à l'Académie impériale russe il y avait en 1850, 69 525 Bulgares en Bessarabie. Ce sont d'ailleurs de véritables polyglottes ; ils parlent, outre le turc et le bulgare, le roumain, le russe et souvent même le grec.

Une nouvelle invasion en Russie fut la conséquence immédiate de l'acte par lequel, ajoutant au terrible fardeau des pachas et du clergé phanariote qui pesait sur les épaules meurtries du Bulgare, la Porte fit, en 1861, retomber sur lui seul le poids de la colonisation tatare. Elle vit sans regret s'affaiblir cette population slave dont elle avait si souvent redouté la présence pendant ses guerres avec la Russie.

Alléchés par les séduisantes promesses des Russes, 10 000 Bulgares environ abandonnèrent alors le sol natal pour chercher un asile sur les côtes de la Tauride, mais ils n'y trouvèrent pas les avantages promis. Une année s'était à peine écoulée, que le plus grand nombre des exilés revenaient dans leur ancienne patrie, suppliants, désillusionnés, brisés de corps et d'âme.

Dans l'intervalle, 12 000 Tatares échangèrent la Crimée contre le sol de la Bulgarie; mais l'accueil qu'ils reçurent des autorités et de la population bulgare fut moins hospitalier qu'ils ne l'avaient espéré. La plus mauvaise et la moins méritée des réputations les précédait. Je dis la moins méritée, car les montagnards tatares de la Crimée possèdent les nobles qualités des Turcs, sans en avoir les défauts.

Chez eux, le type mongol a déjà en grande partie disparu, par suite de leur croisement avec les Grecs et les Génois. Les pommettes saillantes, les yeux bridés, obliques, le nez camard du Tatare des steppes, font souvent place à des traits réguliers. Leur taille est moyenne, ou plutôt petite; leur structure osseuse est solide et forte. Ils ont beaucoup plus de ressemblance avec les Turcs que les Tatares de la Dobroudja, lesquels ont conservé le type asiatique dans toute sa pureté.

Les immigrants tatares trouvèrent un protecteur énergique dans Nousred-bey, chargé par la Porte de l'organisation des nouvelles colonies. Issu lui-même d'une famille tatare, il ne négligea rien pour dissiper les préventions des musulmans et des rayahs. Il assigna pour demeure à ses concitoyens les plus riches villages chrétiens, et les Bulgares durent non seulement céder à ses protégés la meilleure partie de leurs terres labourables, mais encore se virent contraints de leur bâtir sans rétribution des maisons et des étables. Du Timok à Silistrie s'échelonnèrent les établissements des nouveaux colons; seuls les districts exclusivement habités par les Turcs, et les villages catholiques des environs de Svichtov, protégés par l'influence autrichienne, furent à peu près épargnés.

Riches des promesses de la Porte, qui leur avait accordé la remise de quinze années d'impôts, les Tatares arrivaient chargés d'un mince

GROUPE D'ÉMIGRANTS BULGARES.

F. Kanitz.

bagage, leurs femmes à demi voilées et leurs innombrables enfants montés sur le dos des chameaux, dont ils formaient la charge la plus précieuse. Le sol noir et fécond de la Bulgarie, fertile en blé, en vin, en tabac, en soie, en fruits de toutes sortes, les belles forêts, les maisons neuves, tout plut d'abord aux fils des plages tauriques. Mais, si les *zaptiés* (gendarmes) avaient pu forcer les chrétiens à bâtir les demeures des colons tatares, qui pouvait contraindre les fonctionnaires turcs à donner en réalité la vache et les deux bœufs de labour promis aux immigrants? On savait que le sultan avait ordonnancé les sommes nécessaires à l'achat du bétail; les Tatares, instruits de la prévoyance du souverain, avaient, en signe de reconnaissance, donné à leur plus beau village le nom du fils qui venait de naître au Grand Seigneur; mais les pauvres colons attendirent en vain. Le trajet de Constantinople à la province est long, et l'argent a mille occasions de se perdre en route. Peut-être même avait-il déjà disparu avant d'avoir franchi les portes du palais impérial.

Le sort des Tatares changea d'ailleurs beaucoup depuis; leur conduite paisible et leur caractère sociable eurent raison de la froideur et de la méfiance avec lesquelles Turcs et Bulgares les avaient d'abord accueillis. On les aimait, on les respectait, et, par leur ardeur au travail, leur intelligence à conserver, à augmenter leur avoir, ils avaient apporté l'aisance dans leurs colonies. J'ai eu moi-même de fréquentes occasions de les admirer. Bienveillance et courtoisie, hospitalité, modération, activité et sentiment de famille, telles étaient les qualités précieuses que le plus simple contact amenait à reconnaître chez eux. Mais c'était avant tout l'amour de la paix qui les caractérisait. La Porte, qui n'a point su d'ailleurs conquérir le dévouement de ces populations pacifiques, trouva en elles la matière imposable et les cultivateurs laborieux qu'elle souhaitait, mais elle était loin d'avoir gagné pour sa défense un nouvel élément guerrier.

Dans les cercles de Vidin, de Koula, de Belogradjik et de Lom, il y avait avant la dernière guerre dix-huit colonies tatares. Dans les cercles occidentaux, leur nombre était encore plus élevé; celui de Nicopolis seul en renfermait plus de vingt.

Si la Russie voyait avec regret l'émigration des Tatares et cherchait à retenir chez elle cette population laborieuse, elle a tout au contraire favorisé l'émigration des Circassiens, dont les territoires allaient être livrés à des colons cosaques et arméniens.

En 1864, les dernières tribus belliqueuses du Caucase qui depuis 1841, avaient tenu en échec les troupes impériales, furent définitivement réduites à l'impuissance.

Des 900,000 individus qui, sous les noms de Chapsouks, d'Abeseks et d'Oubouks, composaient l'Adigué, — nom collectif donné à toutes les races circassiennes qui habitaient les côtes nord-est de la mer Noire, — plus d'un tiers préféra l'exil à a domination russe. En partie gagnés par les agents turcs, en partie poussés par leur instinct, ils allaient chercher un sol sur lequel tôt ou tard ils pussent encore une fois se mesurer avec leur ennemi mortel.

Leur émigration vers les terres de la Porte, déjà commencée en décembre 1863 vers Samsoun et Constantinople, prit dans les deux mois suivants une grande extension. On vit leurs longues caravanes se profiler des montagnes escarpées jusqu'au bord de la mer Noire. Là ils se jetèrent dans de mauvais bateaux pour chercher à gagner, par Samsoun, Sinope ou Trébizonde, le sol turc de l'Asie Mineure. Sur combien d'entre eux se refermèrent silencieusement les vagues du Pont-Euxin! Nul ne le sait, et pourtant cette triste fin était une destinée enviable en comparaison de celle qui attendait les nouveaux débarqués!

Des navires russes et turcs, ainsi que des vapeurs privés, naviguaient sans relâche entre les côtes circassiennes et Trébizonde pour emmener les fugitifs. Le nombre des émigrants transportés pendant l'hiver et le printemps jusqu'au 10 juillet 1864 fut de 236 718 personnes.

L'invasion inattendue d'une population privée de tout moyen d'existence aurait jeté dans un grand embarras un gouvernement plus prévoyant que la Porte. A plus forte raison en fut-il ainsi en Turquie, où rien n'avait été préparé pour l'installation des immigrants. On doit dire cependant que des souscriptions faites à Constantinople et dans les autres villes de l'empire turc produisirent des sommes importantes. Le gouvernement dirigea enfin vers les ports de l'Asie Mineure des convois entiers de vaisseaux chargés de provisions et de vêtements. L'Angleterre, se souvenant aussi de son ancienne sympathie pour le Caucase, fit partir de Malte une cargaison de biscuits pour Samsoun et Trébizonde.

Mais les sacrifices faits par la Porte et la charité privée étaient loin de compenser le manque absolu de mesures administratives et sanitaires dont on souffrait dans les ports de l'Asie Mineure, et ne pouvaient combattre sérieusement la misère et l'effrayante mortalité qui en étaient la suite. Des 10 000 Circassiens réfugiés à Trébizonde,

IMMIGRANTS CIRCASSIENS.

3000 avaient disparu dès le mois de février, tués par la faim et la maladie.

A mesure que les secours devenaient plus rares, le nombre des arrivants augmentait, aggravant sans cesse le danger qu'amène infailliblement l'entassement de grandes agglomérations dans un espace restreint. En avril, le chiffre des émigrés à Trébizonde était monté à 70 000; à Samsoun, il s'éleva à 110 000. Pendant ce même mois, plus de 400 personnes moururent tous les jours à Trébizonde, et, sur les 24 à 30 000 immigrants de Séré-Déré, le nombre des morts atteignit 300 par jour. Mais ce fut surtout à Samsoun que la mortalité fut terrible. Le Dr Barozzi, délégué du gouvernement ottoman, croit rester au-dessous de la réalité en rapportant qu'à Dervent et à Irmak plus de 500 malheureux tombaient chaque jour victimes de la maladie et de la faim.

Cependant l'émigration n'avait point encore atteint l'apogée de son infortune. D'innombrables masses de Circassiens abandonnaient sans cesse le Caucase, et chaque nouvel arrivage ajoutait à la misère de ceux qui l'avaient précédé. Au commencement de septembre, Samsoun abritait seul près de 60 000 Circassiens vivants, et son cimetière en avait englouti 50 000!

Les préparatifs pour la réception et l'installation des immigrants marchaient avec une lenteur désespérante. Les Tcherkesses campés sur la rive asiatique du Bosphore troublaient par leurs réclamations violentes le repos du sultan dans son palais de Dolma-Baktché. Ce fut seulement en juillet qu'on put commencer la colonisation régulière. Une grande partie des immigrants fut casée dans l'intérieur de l'Asie Mineure. Hadji Kirandouk, chef de la grande tribu des Ouboukhs, s'établit avec 350 familles à Rodosto, sur les bords de la mer de Marmara. Non loin de là, une colonie d'environ 6800 personnes fut fondée à Panderma. Des milliers d'émigrés furent conduits en Chypre, à Smyrne, à Ismid, etc.

L'émigration tcherkesse en Europe compta, dès le mois de juillet 1864, 41 000 familles. De ce nombre 6000 furent cantonnées entre Andrinople et Sliven; 13 000 à Choumla et dans les pachaliks de Silistrie et de Vidin; 12 000 dans les gouvernements de Nich et de Sofia (de ce dernier groupe 12 000 personnes se fixèrent près de Prichtina, dans la plaine fameuse de Kosovo); enfin, 10 000 familles furent établies à Svichtov, Nicopolis, Roustchouk et dans la Dobroudja. Le flot des colons tcherkesses ne s'arrêta dans les ports du Danube qu'en août 1864, et le chiffre total de ceux qui abordèrent sur ses rives ne fut pas moindre de 150 000 à 200 000 personnes. D'après des données russes, la somme totale des émigrants tcherkesses aurait été, de 1855 à 1864, d'environ 440 000 personnes des deux sexes.

La Porte s'était proposé de faire servir les nouveaux venus à ses vues politiques. Les Tcherkesses s'étaient flattés de l'espoir de se créer une patrie sur les rives du Danube, où ils avaient débarqué; mais le sultan n'avait nullement songé à les établir à proximité du fleuve où la Porte possédait déjà, dans l'élément turc des villes, un nombre suffisant de points d'appui. Il leur assigna les régions où les musulmans étaient en infime minorité: la rive du Timok bulgare, menacée alors par les Serbes, et les vallées limitrophes du Balkan, habitées par des masses compactes de Bulgares chrétiens.

Les Tcherkesses montrèrent peu de dispositions pour remplir la mission politique dont le gouvernement les honorait. Ils se cramponnèrent aux belles rives du Danube; la Porte dut faire usage de ses soldats pour vaincre leur opiniâtreté.

Les malheureux Bulgares, auxquels les Circassiens tombèrent en partage, se relevaient à peine des sacrifices que la colonisation tatare de 1861 leur avait imposés; il leur fallut reprendre la truelle pour bâtir aux Tcherkesses de nombreux villages. Le prix devait leur en être payé sur les impôts à venir. Mais cette illusion, s'ils l'avaient possédée un seul jour, fut bientôt réduite à néant. Les taxes furent prélevées comme jadis, et les rayahs durent se résigner à céder aux Tcherkesses leurs meilleures propriétés, sans autre dédommagement que de se redire l'axiome fondamental du gouvernement ottoman : « Tout le sol appartient au sultan. »

Je vois d'ici mon lecteur, imbu des principes du droit européen, mettre en doute la possibilité de ce que je viens de raconter. Hélas! ces faits sont authentiques; je me suis gardé de toute exagération.

C'est à Tservenibreg, près de Bela-Palanka, que je rencontrai, en 1862, le premier village circassien. Lorsque en 1864 je traversai les districts qui s'étendent au nord et au sud du Balkan de Sveti-Nikola, les longues rangées de fermes qu'on y bâtissait pour les Tcherkesses n'étaient pas encore complètement achevées; les immigrants du Caucase habitaient, en attendant, les maisons des Bulgares, que l'on avait laissés libres de se chercher un toit où ils pouvaient.

Je retrouvai ici la *youneh* (communauté familiale), autrefois si fortement constituée, mais singulièrement amoindrie à cette époque, comptant à peine de sept à douze têtes, et si pauvre, si misérable, que le cœur en était brisé. Là, sur le sol nu de la pauvre demeure, humide encore de la rosée de la nuit, on voyait, à travers l'étouffante fumée d'un bois vert incombustible, des malades de tout sexe et de tout âge, pêle-mêle avec les bien portants, dévorer, dans un effrayant délire de fièvre et de faim, quelques fruits de rebut ou quelques morceaux d'un pain de maïs dur et sec! Pour venir en aide à cette horrible misère, que pouvait la bonne volonté d'un seul? Entouré d'infortunés qui croyaient voir en moi le médecin promis par le gouvernement, je donnai tout ce qu'il me fut possible et même au delà. M'oubliant moi-même avec ceux qui m'accompagnaient, je vidai à Osmanieh la provision de quinine de ma petite pharmacie de voyage, afin d'adoucir, au moins pour quelques heures, les souffrances de ces malheureux.

Au milieu de cette inexprimable réunion de misères, une chose resplendissait pourtant comme éclairée d'une lumière magique : c'était, à côté de la tenue digne et fière des hommes, la splendide beauté des femmes circassiennes. Celui qui cherche l'idéal de la beauté féminine que ses rêves et le ciseau des sculpteurs antiques lui ont appris, celui-là l'aurait trouvé alors au Balkan! Mais, sous l'influence d'une misère sans nom et d'un travail inaccoutumé, la noblesse de ce type admirable allait bien vite disparaître.

Un firman impérial avait défendu la vente des jeunes filles circassiennes ; mais, donné seulement pour fermer la bouche à la pruderie et à la philanthropie anglaises, il comptait parmi les lois mort-nées si nombreuses en Turquie. Le prix des belles Circassiennes atteignait, en 1864, 12 500 francs, mais la surabondance de la marchandise féminine et la position nécessiteuse des vendeurs l'avaient fait, depuis, baisser considérablement. Les immigrants se sont vus ainsi privés d'une de leurs plus importantes sources de revenus. A cette cause de misère est encore venue s'ajouter la mesure prise par la Porte, qui a déclaré libres, sans rachat préalable, les esclaves amenés du Caucase. Ces affranchis ont tourné le dos à leurs anciens maîtres, et le besoin a forcé les fiers montagnards à se livrer enfin à la culture du sol. Leur passion pour le métier des armes et leur goût pour le brigandage n'avaient point diminué pour cela. Dès le plus jeune âge, le Circassien se pavanait sous ses armes de prix, tout fier d'un arsenal qui était une menace constante pour le paisible musulman autant que pour le rayah désarmé, et l'on ne pouvait s'étonner de les voir s'unir tous deux aux autorités turques elles-mêmes, pour dire que le brigand tcherkesse était un véritable fléau de Dieu.

La colonisation des Tcherkesses était, au point de vue économique comme au point de vue politique, une grande faute de la part de la Porte, qui poussa les Bulgares maltraités et épuisés dans les bras de la Russie. De là vint qu'en 1877, lorsque l'armée du tsar parut sur le Danube, elle fut accueillie avec enthousiasme par les Bulgares, qui crurent qu'ils allaient être délivrés des oppresseurs circassiens. En effet, là où le Russe porta ses armes victorieuses, le Tcherkesse s'enfuit, et avec lui le paisible Tatare. Après quinze ans passés sur le sol de la Bulgarie, l'un et l'autre ont aujourd'hui entièrement disparu. Leurs biens, dont les Bulgares se sont emparés par un juste retour, ont été partagés entre les communes et l'État.

CHAPITRE V

VIDIN

Depuis l'embouchure du Timok, limite des pays serbe et bulgare, la rive droite du Danube forme jusqu'à Roustchouk une terrasse ondulée de 16 à 130 mètres de hauteur, dont la muraille tombe généralement à pic sur le fleuve et n'est coupée, de distance en distance, que par les cours d'eau descendus du Balkan. Dans une dépression de cette terrasse naturelle, à l'endroit où la Delenska et la Topolovitsa réunies jettent leurs eaux dans le Danube, est située Vidin. Je n'ai point à donner ici la physionomie de cette ville célèbre, qui, sous la domination musulmane, était le chef-lieu des six districts qui formaient le pachalik de Vidin. Des touristes à la plume facile en ont parlé avant moi, et je dois dire qu'ils ne l'ont guère épargnée. Ils ont décrit la saleté de ses rues anguleuses, ses façades obliques, les flaques de sang du quartier des bouchers, les bourbiers empestés de ses places. Faut-il redire après eux le grincement de ses chars à buffles, le pavage glissant de ses rues étroites, le manque absolu d'éclairage, d'hôtels, de promenades; ou gémir sur la multitude des mendiants, bohémiens et autres, qui, sales et tenaces, vous suivent de la rue jusqu'au sérail du pacha?

Commençons notre tournée par la citadelle. La porte de Stamboul, son entrée principale, est gardée par un nizam, fusil au pied. Nous jetons quelques paras dans la foule des mendiantes déguenillées, à moitié voilées, qui nous tendent la main en se chauffant au soleil, et, par l'étroite rue du bazar, bordée de boutiques, nous atteignons la grande place de la citadelle, ornée d'une jolie mosquée et d'une fontaine.

Si Dieu, comme le disent les musulmans compte au nombre des

œuvres les plus méritoires l'adduction de sources nouvelles pour le

A BORD D'UN VAPEUR DU BAS DANUBE.

soulagement de la créature vivante, le dernier gouverneur « vrai croyant » de Vidin, Pasvan-Oglou, protecteur des janissaires révoltés contre Sélim III, a vu, j'aime à le croire, s'ouvrir devant lui les portes du ciel. Presque toutes les fontaines de la ville et de la citadelle, pour la plupart richement décorées dans le style oriental, lui doivent leur existence. Il couronna son œuvre par un bienfait de même nature. Grâce à la fondation dont on lui est redevable, une grande quantité de glace se distribue journellement pendant l'été, soit gratuitement, soit en retour d'une

TOMBEAU D'OSMAN PASVAN-OGLOU A VIDIN.

faible rétribution. Il faut avoir vécu quelque temps dans l'atmosphère embrasée de Vidin pour apprécier à sa juste valeur l'utilité de cette institution généreuse.

Pasvan-Oglou, dont l'histoire est intimement liée au passé de Vidin, qui lui doit le plus grand nombre de ses établissements philanthropiques et de ses monuments, était un homme de grand talent et de grande énergie. Sous son administration, la ville a pris en quelque sorte une physionomie européenne. Il ne s'est pas contenté d'améliorer ses moyens de défense; il l'a percée de rues nouvelles et ornée d'édifices, parmi lesquels le plus beau était, sans contredit, la mosquée de Pasvan-Oglou, avec son école et sa bibliothèque. Le tombeau du célèbre chef des janissaires rebelles est situé dans le petit cimetière de la mosquée de Moustapha-pacha. C'est une dalle de deux pieds de haut, richement ornée de bas-reliefs. La colonne du chevet, couverte d'inscriptions, est coiffée du turban des « Vieux-Turcs »; l'autre, un peu moins haute, est surmontée d'un vase de fleurs.

De ce lieu, vénéré des pieux musulmans et qu'ombrage un mûrier, nous nous dirigeons vers l'Achmet-pacha djamié, qui était, jusqu'à sa destruction par les bombes roumaines en 1877, la plus grande des trente-deux mosquées de Vidin, remarquable par ses innombrables lustres décorés d'œufs d'autruche. C'est là que repose le célèbre grand vizir du réformateur Mahmoud III, Housseïn-pacha, le destructeur des janissaires dégénérés, qui jadis avaient porté la terreur du Croissant dans toute l'Europe. Son tombeau, entouré d'une splendide verdure, ressemble à celui de Pasvan-Oglou, mais il est plus riche et mieux conservé. Le « fez de la réforme » dont il est couronné dit, dans le langage concis de la plastique musulmane, l'opposition qui a existé entre les efforts de ces deux hommes si différents. Encore aujourd'hui, le fez et le turban sont les symboles caractéristiques de la lutte entre les Vieux-Turcs et les partisans de la réforme.

Dans la cour de l'arsenal se voyaient, sur de puissants affûts, de magnifiques canons autrichiens du temps de Charles VI. Le costume bizarre des canonniers de l'époque, conservé dans la riche ornementation de ces engins de guerre, rappelle celui des maîtres artilleurs allemands du moyen âge. La citadelle renfermait un riche musée d'armes, fondé par Sami-pacha, successeur de Housseïn-pacha dans le gouvernement de Vidin. Cette précieuse collection, qui par son heureuse ordonnance étonnait le visiteur, habitué à trouver tout irrégulier dans ce pays, a été enlevée par les Turcs lors de l'évacuation de la place en 1877.

Le magasin d'équipements était un vrai modèle d'ordre : tout y était abondant et de bonne qualité. L'hôpital militaire était propre et bien tenu, mais la science des médecins, presque tous Grecs ou Italiens, laissait absolument à désirer. On ne s'imagine pas la manière dont la plupart des « docteurs » avaient obtenu leur diplôme, et combien d'anciens aides-barbiers fonctionnaient dans les salles comme autant d'Esculapes au petit pied.

A la vérité, le nombre des soldats malades qui partaient pour un monde meilleur était régulièrement hors de toute proportion avec celui des convalescents, et plus d'un colonel a eu le droit de hocher la tête en voyant ses hommes décimés dans les hôpitaux; mais des présents faits en temps opportun ont toujours fini par calmer l'indignation du père du régiment. Un de ces dignes colonels a reçu de son médecin-major, en retour de son indulgence, un riche mobilier, des chevaux et des voitures. C'était un Grec qui possédait un diplôme fort problématique et qui s'était rendu aussi célèbre par les richesses recueillies dans sa clientèle civile et militaire que par sa philantropique sollicitude pour les fossoyeurs de la garnison.

Aux bâtiments importants de la citadelle de Vidin il fallait ajouter un moulin à vapeur, une poudrière et une tour d'horloge de bois, dont l'extérieur ressemblait encore, lors de mon premier voyage, en 1862, à une gigantesque cheminée d'usine, mais qui, depuis, a été reconstruite aux frais de la commune en solides pierres de taille.

Au pied de la tour, de petites baraques de bois abritaient les célèbres orfèvres et bijoutiers de Vidin. J'ai passé là bien des heures à me reposer de mes courses, tout en essayant de surprendre le secret des merveilleux travaux en filigrane de ces modestes artistes. Avec quel art et quelle patience infinie la main du Tsintsare [1] courbe et replie le fil d'argent qu'il a tiré d'une monnaie antique! Brin après brin il dispose les cercles, les étoiles, les nœuds de ses arabesques aussi bizarres que rythmées ; il fait éclore peu à peu devant nous les charmantes petites soucoupes d'or et d'argent dans lesquelles les riches et les pachas nous présentent le moka parfumé, les bouts de cigarettes, les bijoux des odalisques turques, les anneaux, les épingles, les colliers et les agrafes des belles Bulgares!

Près de ces aimables créations de la fantaisie orientale, nos produits occidentaux, faits à l'emporte-pièce, jouent un bien triste rôle avec leurs perles fausses, leurs émaux criards et leurs imitations de pierres précieuses. Et cependant, ici comme chez nous, le nouveau, l'étranger, le bon marché, gagnent de plus en plus. La bimbeloterie viennoise, les verres, les mouchoirs et les indiennes fleuries de l'Au-

---

1. Roumain de la Macédoine.

triche, les fils et les aciers anglais, remplissent les échoppes des marchands juifs et turcs, à côté des chapelets et des éventails persans, des blagues brodées, des pantoufles et gazes tissées d'or et d'argent, qui ont tant d'attrait pour le voyageur européen.

Il faut chercher hors de la forteresse le quartier de l'industrie bulgare. Celle-ci excelle aux ouvrages de passementerie, de cuir et de pelleterie. J'ai vu là des selles admirables, des bissacs, des fourrures véritablement splendides.

Le faubourg nord-est, presque exclusivement habité par les chrétiens, a beaucoup gagné depuis 1862, année où Soliman-pacha abolit l'ukase de Sami-pacha, qui interdisait toute construction nouvelle. Les propriétés turques égarées dans cette partie de la ville, et fortement grevées pour la plupart, ont passé presque entièrement entre les mains des Bulgares. A la place des affreuses murailles de terre glaise et de planches qui défendaient contre les regards étrangers l'intérieur des habitations musulmanes, on voit s'élever, sous la protection des pavillons russe et autrichien, de jolies maisons aux façades hospitalières, aux escaliers solides, aux gracieux balcons. Bientôt s'élèvera, à côté du konak de l'archevêque, une cathédrale orthodoxe, dont les matériaux, réunis depuis 1855 par des dons volontaires des fidèles, ont été complétés, grâce à la démolition partielle des fortifications en 1878.

Les vieilles églises de la citadelle, dépourvues de clocher et enfoncées à demi dans la terre, éveillent une impression mélancolique et reportent la pensée aux tristes époques traversées par les chrétiens de la Turquie; mais elles n'ont point d'intérêt pour l'artiste et n'offrent à l'archéologue aucun sujet d'étude.

La communauté juive, fort nombreuse, possède une synagogue, et, grâce aux efforts d'un missionnaire envoyé par l'évêque grec-catholique roumain de Nagyvárad (Oradea Mare, Grosswardein), en Hongrie, Vidin a vu s'élever un petit oratoire catholique provisoirement construit en planches. L'empereur François-Joseph a donné une somme considérable pour l'érection d'une église définitive; mais je ne crois pas à l'avenir du catholicisme sur le sol bulgare, et je pense même que sa propagation rencontrerait de grands obstacles dans l'attachement que les Bulgares portent au culte orthodoxe.

De Belgrade, évacuée par les Turcs en 1862, les chefs druses de Djeddah, condamnés à l'exil pour leur rébellion contre la Porte, furent conduits à Vidin. Je les y ai vus moi-même, ces oiseaux de proie qui s'appelaient Housseïn-bey Choumbalé-Youssouf, Ali-Aria,

Abdoullah-Elakaïli, etc. Renfermés dans l'ancien konak de Pasvan-Oglou, ils étaient redoutés des chrétiens, comme le seraient des lions enfermés dans une cage fragile. Mais l'air enfiévré de la forteresse danubienne, plus malsain que celui de l'acropole de Belgrade, le froid des hivers, le regret du sol natal et de la famille, les ont enlevés l'un après l'autre à l'espoir de revoir jamais les grands cèdres de l'Anti-Liban.

J'ai pu y voir aussi parfois, car il était complètement libre dans ses mouvements, le Kourde révolté Iskender-bey, prince d'Aslom, que les Français, les Anglais et les Turcs avaient envoyé en exil. Il portait un élégant costume occidental, et jouissait — chose possible seulement en Turquie — du titre honorifique de président du tribunal criminel de Vidin; ce qui ne l'empêchait pas de faire de temps à autre de vains efforts pour obtenir un nouvel adoucissement à sa peine.

Quels étaient les distractions et les amusements qu'offrait cette grande ville, siège d'un gouvernement civil et militaire turc? Y avait-il des spectacles, des concerts, des promenades, des réjouissances publiques? Rien de tout cela. Pour toutes représentations théâtrales elle n'avait que celles de *Kara-Gueuz*, le polichinelle turc, et de son Pylade, *Hadji-Aïva*, dont les farces grossières ou franchement obscènes faisaient les délices du public. Des jongleurs de passage, indiens ou persans, des musiciens tsiganes, tenaient la place de nos concerts, de nos fêtes de chant, de gymnastique ou de tir et de nos courses de chevaux.

Une des plus grandes distractions de la société de Vidin était l'arrivée des bateaux de la Compagnie danubienne, qui entretiennent des relations avec le dehors. Sur le quai de la douane, un jardin et son modeste casino formaient l'oasis la plus recherchée des oisifs, qui, de là, se plaisaient à voir l'animation variée de la rive, le débarquement ou l'embarquement du fret, le splendide panorama de la haute chaîne du Balkan.

Quatre chaloupes canonnières de la flottille à vapeur turque stationnaient devant Vidin. Les navires à fort tirant d'eau venant de la mer Noire peuvent remonter jusqu'à cette ville.

En temps de paix, la garnison turque de Vidin était d'environ 3000 hommes. Ces troupes étaient bien vêtues et bien nourries, mais le gouvernement impérial n'est jamais parvenu à les payer régulièrement. Lorsque par une chance, bien rare en Turquie, mais qui se produisit pendant mon séjour à Vidin, un gouverneur recevait pour les besoins de sa province une somme de quelque importance, le

F. Kanitz.

bruit s'en répandait aussitôt, et le sérail était en un instant envahi par une telle foule de créanciers publics et privés, qu'il ne restait bientôt plus une piastre pour la garnison. L'argent disparaissait en un clin d'œil dans les poches les plus diverses, et les troupes n'avaient plus qu'à renouveler leur provision de patience, ce dont elles avaient si bien l'habitude, qu'elles attendaient parfois des années le payement de leur solde. Cela n'enlevait d'ailleurs rien au dévouement sans réserve des soldats pour le Grand Seigneur et à l'enthousiasme avec lequel ils offraient chaque soir pour lui les prières prescrites par le règlement.

Vidin, la *Bononia* des Romains, rebâtie par Justinien après l'invasion des Huns, le *Bodene* des Byzantins, le *Bdyn* du tsar Asen (1186), le berceau et l'ancienne résidence des princes de la dynastie bulgare des Chichmanides, Vidin formait, par sa position favorable au milieu d'une plaine basse et marécageuse, d'un accès particulièrement difficile, une des plus fortes places de la frontière nord de la Turquie.

La citadelle proprement dite est bâtie sur un terrain assez élevé dominant les marais qui l'entourent. Du côté de la campagne, elle a huit bastions avec des fossés larges et profonds, sept polygones, un chemin palissadé, des places d'armes et des glacis; du côté du Danube, un rempart bien appuyé de solides contreforts. Les glacis et le chemin couvert sont minés. Le plus grand nombre de ses ouvrages actuels date du dix-septième siècle. Les parties achevées par Housseïn-pacha en 1839 ont été construites avec des matériaux fournis par les châteaux romains et byzantins de Florentin, de Koula, de Lom et d'Artcher. La citadelle compte quatre portes principales et six poternes. Ses remparts étaient armés de 400 bouches à feu : les plus fortes étaient pointées sur Kalafat, ville située sur la rive roumaine en face de Vidin, dont elle formait autrefois la tête de pont.

L'eau du Danube pouvait être amenée dans les fossés à la hauteur de $4^m,70$. Enfin, la citadelle et les faubourgs, situés au delà des glacis, sont entourés d'une circonvallation de terre donnant passage aux cinq routes de la cité (*varoch*), et d'un fossé aisément rempli par les eaux du Peresit. Des forts avancés, placés sur les points dominants de la chaîne de collines qui entourent la place du côté de la campagne, en forment la défense extérieure.

Le monument historique le plus ancien et le plus intéressant de Vidin est le château des Bulgares, situé dans la citadelle, sur le bord du Danube. Avec ses nombreuses tours carrées et rondes, il est un véritable modèle des fortifications du moyen âge. L'ancienne rési-

ANCIEN CHATEAU BULGARE DE VIDIN.

dence des Chichmanides et du tsar Stratsimir fut changée en dépôt de munitions. Pour copier une inscription romaine sur une pierre placée très haut dans la muraille, je fus obligé de marcher à travers les tonneaux de poudre et les cartouches et de grimper sur la toiture. Penché en avant et tenu par derrière, je pus copier une remarquable inscription qui provient de la capitale de la Mésie, *Ratiaria* (Artcher).

Maîtres une première fois de Vidin en 1394, les Turcs y rentrèrent de nouveau en 1396 et s'y établirent bientôt définitivement. Près de trois siècles s'écoulèrent avant qu'elle revît une garnison chrétienne. Le margrave de Bade força la ville à capituler pendant la campagne de 1689, mais les Turcs ne tardèrent pas à en reprendre possession, et ils surent la défendre contre les Autrichiens en 1737.

Pendant la première guerre de l'indépendance serbe, Vidin était avec Nich le principal point d'appui des troupes du Grand Seigneur qui devaient réprimer la révolte des rayahs. En 1828, les Russes s'emparèrent de Kalafat, mais ne purent entrer dans Vidin. Pendant la campagne de 1853-54, la forteresse ne put être emportée, malgré les efforts des Russes, qui cherchaient par là à donner la main aux Serbes disposés à la guerre. En 1876, Osman-pacha, le futur héros de Plevna, prit pour base de ses opérations cette place, qu'il avait renforcée à l'aide d'ouvrages avancés, et repoussa le corps serbe du Timok qui fit des incursions répétées jusque dans le voisinage de la forteresse. En 1877, la ville fut bombardée à différentes reprises par les Roumains établis à Kalafat, et, après la chute de Plevna, fut assiégée sur la rive droite par les quatre divisions roumaines. Les Roumains s'emparèrent des approches et causèrent des dommages considérables aux habitants. La veille du jour fixé pour l'assaut général, arriva la nouvelle de la conclusion de l'armistice d'Andrinople (31 janvier 1878); un article stipulait l'évacuation de Vidin par les troupes turques. Après l'occupation de la ville par les Roumains, qui n'y restèrent que peu de semaines, un gouverneur russe pénétra dans la ville avec une garnison russe; il administra la cité au nom du tsar et la remit aux Bulgares après la fondation de la principauté.

En 1878, les divers bombardements endommagèrent plus de quatre cents maisons dans la seule citadelle et les habitants se creusèrent des abris dans les caves. La mosquée d'Achmed-pacha, avec le tombeau d'Housseïn-pacha, fut détruite de fond en comble; onze autres mosquées furent endommagées. Au commencement de septembre, les Russes firent sauter la vieille bastille turque, suivant les stipulations du traité de Berlin. Les explosions, déterminées par de fortes mines de dynamite, furent terribles : les maisons tremblèrent jusque dans leurs fondements; les eaux du Danube furent lancées en l'air et sur les routes. Cette explosion fut une sorte de fête populaire pour les Bulgares. A peine le passage fut-il libre, à peine la poussière et la fumée furent-elles dissipées, que la masse populaire se précipita vers l'endroit où s'étaient élevés les remparts de la forteresse : chacun voulait arriver le premier. Les fossés de la citadelle furent comblés avec les débris, et les pierres durent servir aux constructions publiques.

Vidin, qui, à la fin de février 1879, comptait avec la garnison bulgare et la population étrangère 21 000 habitants, dont 9000 musulmans, produit encore aujourd'hui, malgré ses nombreux changements, l'impression d'une ville turque. Il en sera ainsi tant qu'elle conservera ces maisons à moitié en ruines, formant un fouillis bizarre, avec ces figures pleines de fantaisie qui caractérisent l'Orient. Des entrepreneurs du Banat, attirés par les Russes, ont changé aussi rapidement que possible des maisons situées le long du Danube en hôtels passables, et maintenant des fiacres à deux chevaux roulent à travers les rues, qui sont nettoyées, éclairées, voire même pavées. Les mendiants, les chiens qui parcouraient autrefois par bandes les routes, ont disparu; le chef de la police russe payait pour chaque peau de chien deux piastres aux Tsiganes qui se livraient à cette chasse. En même temps on badigeonna et l'on numérota les maisons. On établit le long du Danube une promenade toute droite, plantée d'acacias. La Tcharchia s'appelle désormais rue de Plevna, mais, malgré ce changement de nom, elle a conservé son type oriental.

Ici et dans les autres rues principales, on aperçoit les cafés turcs, dont les hôtes silencieux, les yeux à moitié fermés, se plaignent en eux-mêmes et ne font aucune attention à ce qui se passe autour d'eux; on voit partout les mêmes gargotes aux parfums pénétrants, les mêmes changeurs arméniens ou juifs avec leurs petites caisses de verre, assez semblables à nos aquariums, dans lesquelles ils exposent en guise de poissons leur or et leur argent. C'est partout la même bagarre de marchands ambulants, de femmes turques voilées, de bouffons, de commissionnaires, de bohémiens, de paysans d'une curiosité enfantine, que l'étranger ne se lasse jamais de contempler.

CHAPITRE VI

DE VIDIN A LA VERCHKA-TCHOUKA ET AU DANUBE
PAR BELOGRADJIK

Pendant le même été de 1862, qui vit éclater les soulèvements de l'Herzégovine et de la Serbie, il se produisit dans les gorges profondes du Balkan une insurrection qui, tout en faisant moins de bruit, aurait néanmoins causé de grands dommages à la Porte, sans l'issue paisible des affaires de la Serbie. Les premières nouvelles favorables aux Serbes, après le bombardement de Belgrade, firent apparaître de nouveau les armes qui se rouillaient dans quelque cachette de la montagne. Les espérances, longtemps contenues, furent excitées, le moment d'être délivré du joug des Turcs semblait venu. Des jeunes gens de Tirnovo, remplis d'un ardent amour pour la liberté, cherchèrent à insurger les villages chrétiens situés sur la route de Kazanlik. Ils réussirent aisément à disperser les postes irréguliers des karaoulas, et une terreur panique s'empara de la population turque.

Quand j'arrivai à Vidin, au mois de juillet, l'insurrection bulgare avait atteint son apogée. La révolte était maîtresse de la route de Tirnovo-Gabrovo-Kazanlik, et menaçait de s'étendre aux provinces situées au sud du Balkan. L'occupation par les insurgés des cols qui conduisent à Sliven avait jeté la consternation parmi les autorités militaires; les pachas de Vidin, de Nich et de Roustchouk mettaient en mouvement les nizams. Je dus renoncer à mon projet d'exploration entre Nicopolis et la mer Noire, et plutôt que de m'exposer à prendre les fièvres de Vidin, je me décidai à gagner le nord-ouest de la Bulgarie que l'insurrection n'avait pas encore atteint.

Mais si l'on voulait voyager en Turquie autrement que par la grande route; si l'on avait la prétention de n'être point impitoyablement arrêté dans ses recherches scientifiques par le premier Turc venu ; si l'on voulait réclamer, le cas échéant, l'assistance des autorités, il fallait demander un *bouyourdou*. Je priai l'aimable et savant consul Walcher de Molthein, qui devait se joindre à moi comme compagnon de voyage, de me présenter au gouverneur de l'elayet, Soliman-pacha, qui seul pouvait m'accorder la faveur sollicitée.

Le kavas du consulat autrichien, Abdoullah, armé de son bâton surmonté de l'aigle à deux têtes, nous précéda vers le sérail du pacha. Les gardes de la porte de Stamboul nous présentèrent les armes, les kavas de service aux portes intérieures du modeste palais saluèrent, et les nombreux Bulgares, que l'on trouvait toujours dans la cour du pacha les mains pleines de pétitions rédigées par des écrivains publics musulmans, s'inclinèrent jusqu'à terre. Nous grimpâmes un mauvais escalier de bois, jetâmes l'émoi parmi les serviteurs couchés paresseusement le long des murs, et, tout en entrant dans la vaste salle d'audience, fîmes annoncer notre visite à Son Excellence. Bientôt les portes de la chambre voisine s'ouvrirent, le haut dignitaire parut, et nous souhaita la bienvenue par le salut habituel, en portant la main à la poitrine, à la bouche et au front. Ce geste veut dire : « Ce que le cœur sent, la bouche le dit, et mon front te salue ! »

Après le café, servi dans des tasses dorées, et quelques bouffées d'excellent tabac, nous parlâmes de notre projet de voyage. Le pacha nous assura que nous pouvions sans inquiétude faire commodément tout le voyage en voiture. Le secrétaire avait, pendant ce temps, calligraphié de main de maître notre laissez-passer. Son Excellence me le tendit, remercia le consul avec toutes les fleurs de la phraséologie orientale pour le plaisir que lui avait procuré notre visite, et nous quitta avec des vœux sonores pour l'heureuse réussite de notre projet.

Le digne fonctionnaire, qui, en 1860, avait touché par mois un traitement de 15 000 francs, n'avait aucune connaissance des environs immédiats de son lieu de résidence. Il nous avait assuré que la chaussée qui conduisait à Belogradjik était plate et unie comme la main, mais à quelques lieues de Vidin elle se changea en un sentier escarpé de telle sorte, que notre voiture dut être portée sur la hauteur avec l'aide des paysans. Nous-mêmes nous fûmes obligés de conduire nos bêtes à la main dans les endroits les plus dangereux.

J'ai renouvelé ce voyage en 1864, il me fut alors plus facile. La route de Vidin à Nich et à Sofia, construite avec une habileté étonnante par Midhat-pacha pour mettre en communication directe les provinces du nord et du sud du Balkan, sans passer par la Serbie, cette route venait d'être ouverte, et je pus en profiter.

L'ingénieur de la nouvelle chaussée s'en est tenu généralement au tracé de l'ancienne ; elle suit la direction du sud-ouest.

Arrivés au gué de l'Artcher, près de la karaoula de Popadia, nous y cherchons en vain le Belogradjik indiqué par nos cartes. Cette forteresse n'est point sur l'Artcher, mais à trois heures de sa rive, dans l'intérieur des terres, et sa prétendue place était occupée par la colonie circassienne d'Osmanieh, dont l'établissement a coûté bien des peines et des soucis au moudir de Belogradjik.

Dans le voisinage du village bulgare de Kaloudjer, la nouvelle route abandonne l'ancienne direction pour tourner le massif des Stolovi que l'on gravissait autrefois. Je n'oublierai jamais les fatigues et moins encore les jouissances délicieuses qui se rattachent pour moi au souvenir de l'ancien tracé.

Les Stolovi sont une haute chaîne de calcaire compact, à la base couverte de forêts, au large sommet relevé en terrasse, qui s'étend du sud au nord, et dont la partie méridionale est entaillée d'une échancrure utilisée comme passage. Disons incidemment qu'elle se trouve au point même où, sur nos cartes, étaient placées les sources d'une rivière, le Smorden, qui n'a jamais existé.

Les autorités de Belogradjik étaient allées à notre rencontre jusqu'aux premières maisons de la ville pour nous souhaiter la bienvenue. Nous fûmes reçus dans le konak du gouvernement, et, après avoir satisfait aux exigences les plus indispensables de l'étiquette orientale, nous eûmes hâte de contempler de plus près le paysage grandiose et incomparable, dont les contours bizarres, déjà vus de loin, avaient complètement captivé nos sens.

La lune venait de se lever. Elle éclairait pour nous une des plus fantastiques créations du Tout-Puissant. Comment décrire ce monde de pierre que n'égalent, dit Blanqui, ni les gorges d'Ollioules en Provence, ni celles de Pancorbo en Espagne, ni les sites les plus sauvages des Alpes ou des Pyrénées ?

On ne peut s'approcher de ce paysage de Belogradjik sans que l'âme soit profondément saisie et, pour ainsi dire, domptée par l'impression puissante qu'elle reçoit. La conformation et le groupement des roches, la coloration et l'oxydation de la pierre dont la nature a formé ce pays d'un ensemble si harmonique, malgré toute sorte de détails bizarres et fantastiques, produisent ici des effets admirables sous le charme éblouissant d'une lumière changeante. Lorsque au clair de la lune on voit ces assises de grès rouge, dont les parties inférieures s'alignent comme les arbres d'une gigantesque allée et dont les étages supérieurs présentent souvent, à une élévation de 200 mètres, des groupes pittoresques de maisons, d'obélisques, de vaisseaux, d'hommes et d'animaux, on comprend l'origine de la ville pétrifiée de la Cyrénaïque tripolitaine dont parle un conte arabe.

Le sol de Belogradjik est un grès rouge, friable, semé d'abondantes particules de feldspath avec de gros fragments de quartz d'un blanc de lait, et qui possède une grande analogie avec le grès rouge du dyas.

La petite ville est assise au pied de sa citadelle de rochers, qui est un véritable nid d'aigle. Une route, projetée depuis longtemps, devait la relier à sa voisine, Koula; mais, ainsi que me l'assura le moudir Méhémed, précédemment mir-alaï (colonel) à Vidin, l'argent manquait absolument pour cette entreprise. Il lui était expressément ordonné d'envoyer à Vidin tous les revenus du cercle, qui étaient, de là, expédiés à Constantinople, et ne rentraient jamais dans la province, si ce n'était parfois pour la solde des troupes. Belogradjik devait cependant à Méhémed quelques embellissements, entre autres une jolie fontaine, des réverbères, un bon pavage et un konak (préfecture) dans lequel je trouvai l'hospitalité la plus aimable. Il comptait environ deux cents maisons, dont l'élégante habitation du moudir faisait encore ressortir la pauvreté. La population du lieu cultivait quelques champs et quelques vignes, mais ses revenus les plus importants lui venaient de la garnison, que venait renforcer, en temps de guerre, la milice turque de la ville. Parmi les défenseurs de la place figurèrent, pendant le blocus de la forteresse par les Serbes en 1876, et par les Roumains en 1878, jusqu'à des bandes de Tsiganes musulmans.

Placés aux avant-postes de la Serbie, au milieu d'une population exclusivement chrétienne, les Turcs de Belogradjik se distinguaient par la haine fanatique qu'ils portaient à leurs concitoyens orthodoxes. Ils saisissaient toutes les occasions possibles de décharger sur eux leurs colères : le hat-i-houmayoun de 1856 n'avait rien changé à ces relations peu amicales. Parmi les six membres du *medjilis* il n'y avait qu'un seul chrétien. Dans toutes les villes turques que j'ai visitées, le rapport était le même; il va sans dire que cette disproportion exclut toute impartialité envers les rayahs. A l'abri

FORTERESSE DE BELOGRADJIK.

de hautes murailles, la petite église chrétienne se cache loin de la ville, à peine trahie par son modeste clocher de bois où jamais l'airain ne résonnait, car les rayahs n'osaient pas plus se servir de leur cloche à Belogradjik que dans toutes les villes de l'intérieur où les musulmans l'emportaient en nombre.

Dans l'opinion des Turcs, le son des cloches aurait eu cette signification : « Descendez (vous, les Turcs), afin que nous (les chrétiens) puissions monter. » Voilà pourquoi ils s'en tenaient à la phrase : « Ici on ne sonne pas les cloches ; ici ne doit retentir que la voix du muezzin. »

Un escalier rapide conduit de l'étroite rue du bazar à la principale porte de la citadelle. Enclavée dans trois puissants groupes de rochers, celle-ci a la forme d'un rectangle ; ses côtés longs sont formés par des murs de pierres de taille. En 1862, lors de notre passage, des Bulgares travaillaient à quelques nouveaux ouvrages avancés, couronnés de créneaux, et contribuaient sans la moindre indemnité, cela va sans dire, à l'achèvement des bastions du haut desquels devait flotter l'étendard du Croissant.

La forteresse de Belogradjik n'est pas entièrement moderne ; on y voit des substructions qui ont sans doute appartenu à l'un de ces *castella* multipliés en Mésie par les Romains, et qui auront supporté plus tard les murailles de quelque château bulgare.

Chaque soulèvement dans ce coin de la Bulgarie occidentale que baigne le Timok avait principalement pour but de détruire ce nid de Turcs au milieu des rochers, mais les oiseaux de proie qui y avaient établi leur aire se montraient toujours supérieurs dans le maniement des armes aux paysans mal équipés ; les assauts que subit le romantique donjon en 1840 et en 1851 restèrent sans résultat.

Jusqu'au temps de Midhat-pacha, le gouvernement ottoman n'avait rien fait pour augmenter le nombre des routes. La prudence politique s'était jointe à l'indolence orientale pour isoler, autant que possible, les populations chrétiennes de la Turquie de celles des pays voisins. En 1841, Blanqui ne put trouver entre les deux importants centres militaires de Nich et de Vidin, comme j'en ai fait moi-même l'expérience vingt ans plus tard, que de rudes et périlleux sentiers de mulets. Il eut en outre beaucoup à souffrir des bachi-bozouks albanais, envoyés pour « pacifier » la Bulgarie, et qui, à proprement parler, n'étaient que des détrousseurs de grand chemin.

Je fus plus heureux que mon prédécesseur. Bien qu'en 1862 et en 1868 l'agitation eût atteint dans le Balkan les proportions d'une révolte sanglante, que Hadji Dimitri et Stefan Karadja soutinssent dans les gorges et les forêts de Panou-Voïnov d'héroïques combats avec les nizams, la tranquillité n'avait point été troublée dans le nord-est de la Bulgarie, et les brigands circassiens établis de ce côté y constituaient le seul péril à craindre.

En quittant Belogradjik, nous traversâmes le gué de la Metchina, près duquel un moulin ombragé de grands saules nous offrit quelques instants d'une sieste délicieuse, et arrivâmes aux villages de Rabich et de Vlahovitch. Sur le large plateau couvert de roseaux et semé de fondrières dangereuses, l'obscurité croissante avait fait perdre à nos zaptiés le sentier de Rakovitsa, où je voulais passer la nuit. Notre bonne étoile nous fit heureusement rencontrer quelques paysans qui nous conduisirent à la karaoula de ce village. Nous y reçûmes un accueil chaleureux. Le commandant du poste, un bouliouk-bacha (sergent) décoré de la médaille de Crimée, en aurait remontré à une maîtresse de maison pour les soins dont il nous combla.

La karaoula regarde le blockhaus serbe d'Izvor, qui lui fait face ; elle domine de haut le village de Rakovitsa. Elle ne put cependant empêcher, en 1861, les chrétiens qui succombaient sous le poids de la colonisation tatare d'émigrer en Serbie. Déjà, en 1860, j'avais rencontré sur le sol serbe de nombreux groupes de Bulgares errants, et j'ai dit la douloureuse impression que ces infortunés avaient produite sur moi.

Aziz-pacha, un des derniers gouverneurs de Vidin et certainement aussi le plus intelligent de tous ceux qui se sont succédé dans cette ville pendant une longue suite d'années, a depuis reconnu l'importance stratégique de Rakovitsa, dont il a fait un solide avant-poste contre la Serbie. La vieille karaoula a été agrandie ; une vaste caserne renfermait une garnison composée d'une centaine de soldats réguliers.

Les jeunes officiers turcs de la garnison me reçurent avec la même hospitalité qu'autrefois le vieux sergent des bachi-bozouks. Ils me forcèrent de prendre du café et des cigarettes dans leur joli jardin et préparèrent pour moi un intéressant spectacle militaire. Un clairon jeta l'alarme dans la garnison, qui, sans s'attendre à être dérangée, faisait alors son kef ; en peu de minutes, elle fut devant nous bien équipée, bien alignée, et elle exécuta d'une manière très précise, avec les fusils anglais Snider, toutes les manœuvres imaginables, puis se forma en carrés et en masses. Enfin, ces hommes superbes sous leur uniforme de turcos, s'avancèrent dans la direction de la Serbie contre un ennemi imaginaire, firent un feu roulant bien nourri, et donnèrent l'assaut en croisant la baïonnette et en poussant de sauvages cris de guerre. C'était là un spectacle pittoresque, mais qui avait aussi son côté sérieux et qui me fit réfléchir longtemps encore après avoir quitté les officiers turcs.

Le village bulgaro-tatare de Rakovitsa se détache sur une belle forêt touffue, où gazouillent une multitude de chantres ailés. Après avoir traversé ses frais ombrages, quelques veines d'eau, dans lesquelles je reconnus plus tard les sources du Vitbol, et de nombreux champs de maïs, nous entrâmes dans les plantureux vignobles qui enguirlandent de leurs pampres les contreforts de la montagne.

Derrière une palissade qui marque la frontière serbo-bulgare, nous aperçûmes les toits de tuiles rouges de la quarantaine serbe de Verchka-Tchouka. Les Turcs se sont contentés d'élever ici un blockhaus.

Deux heures d'un galop rapide nous amenèrent par une bonne route à travers des champs fertiles, de belles prairies et des ondulations boisées, à la ville de Koula, chef-lieu de cercle, qui, dans l'année 1862, reçut de Nousret-bey, chargé de l'installation des colonies tatares, le nom turc d'Adlieh. Ses ruines disent assez l'importance considérable qu'elle eut jadis. Une haute tour, la seule qui reste aujourd'hui de quatre sœurs, se dresse au centre de la petite ville. Elle est crevée par le milieu; une moitié peu rassurante s'élève dans les airs, pendant que l'autre est couchée sur le sol sous une épaisse couche de verdure.

A en juger par sa construction, la partie supérieure est d'origine byzantino-bulgare; et, comme dans la plupart des ouvrages du treizième et du quatorzième siècle, la maçonnerie est formée de couches alternées de pierres et de briques avec de nombreuses ouvertures, d'où les poutres, usées par le temps, ont disparu. Le plan de la petite forteresse dont la tour faisait partie répond exactement à celui des *castella* romains. Elle formait un carré de 19 mètres de côté, et ses angles étaient flanqués de tours rondes de 12 mètres de diamètre. Un rempart et des fossés, actuellement comblés, en constituaient l'enceinte extérieure.

Les ruines que je viens de décrire, une autre tour ronde de 4 mètres de diamètre, dont je découvris les restes à quinze minutes du castrum, au milieu des champs, une fontaine encore ornée de quelques restes de bas-reliefs antiques, et des fragments de colonnes, indiquent qu'un établissement romain occupait jadis la place de Koula. C'était probablement la forteresse de *Castra Martis,* signalée par Procope et par Hiéroclès.

Le moudir me raconta qu'en sa qualité d'ancien marchand, il avait visité maintes villes européennes, et que, depuis longtemps déjà, il aurait voulu commencer l'embellissement de Koula, en faisant disparaître les ruines du château, qui, à son avis, déparaient l'endroit

TOUR ROMAINE DE KOULA.

le plus beau de la petite ville : il y aurait eu là place pour la construction de maisons et pour l'établissement d'un jardin public. Ces ruines si intéressantes pour l'archéologie sont conservées grâce à l'opiniâtreté d'un bey turc, qui proteste contre toute atteinte portée au vieux château, qui, selon lui, aurait été un fief de ses ancêtres, immédiatement après la conquête du pays par les Osmanlis.

En 1870, je trouvai la grande rue de Koula rectifiée et pourvue même de trottoirs. J'y fus surpris par la vue d'une jolie auberge, dont je ne voudrais pas recommander le plan à nos architectes, mais que le voyageur a dû regarder comme un progrès sensible, malgré son manque absolu de confort (il n'y avait pas de lits) et ses prix exorbitants. On y trouvait une grande salle, espèce de casino où les militaires et les marchands se réunissaient pour jouer, fumer et boire du café, du vin et du raki.

L'excellente route qui de Koula conduit à Vidin descend, à travers un paysage monotone, la pente du plateau de lœss que les colons tatares et tcherkesses ont transformé en maigres champs de maïs. Il ne se trouve pas une maison le long de la chaussée, et l'on y voit à peine quelques arbres. A Tatardjik, la vue de la plaine roumaine nous apporta une diversion consolante. Enfin, un mince fil d'argent aux innombrables sinuosités brilla dans le lointain. C'était le large et majestueux Danube, au delà duquel nous pouvions distinguer les blanches murailles de Kalafat, rendu célèbre en 1854 par la vaillante défense des Turcs.

Nous approchions de Vidin ; déjà ses minarets étaient reconnaissables. Laissant derrière nous des collines couvertes de vignobles, nous traversâmes les fameux marécages au-dessus desquels de longues chaussées aux arches nombreuses conduisent de Florentin, de Guirtsa, de Novoselo, de Tatardjik et de Vitbol aux ouvrages avancés de la forteresse. La route de Koula se distingue par les proportions grandioses de ses trois viaducs, dont l'un compte dix-huit arches de pierre. Mais l'indolence turque les avait laissés peu à peu se dégrader ; leur balustrade était en partie noyée dans le marais, et la route elle-même s'affaissait en maint endroit jusqu'à n'avoir plus que la moitié de sa largeur primitive.

Les marais de Vidin et les îles du Danube sont peuplés de bécasses, d'oies, de canards, de cygnes, de hérons, de pélicans. Les environs nourrissent une immense quantité de lièvres, dont la dépouille est envoyée à Vienne.

Au milieu des cris aigus poussés par des nuées d'oiseaux aquatiques que le bruit de notre voiture sur le misérable pavé des digues avait fait sortir de leur repos contemplatif, nous fîmes notre entrée dans Vidin. Nous ne soupçonnions pas que, quelques années plus tard, ces minces remparts seraient assiégés par les Roumains, évacués pour toujours par les Turcs et rasés à jamais par la décision des puissances européennes.

F. Kanitz.

CHAPITRE VII

LA TOPOLOVITSA, LA DELENA ET LE TIMOK

La route de Vidin à l'embouchure du Timok se dirige à peu près droit au nord, à travers la plaine légèrement mamelonnée qui forme les glacis de la citadelle et dont l'extrémité se relève pour former une ceinture de collines où les jeunes chênaies alternent avec les champs de maïs et les vignobles. Cette terrasse décrit un arc de cercle de Vitbol à Haïlova par Tatardjik, Smerdan, Hinova et Alvadji, enfermant comme dans un amphithéâtre le terrain coupé de fondrières et de marécages, qui fait la principale force de l'ancienne forteresse turque.

A peu de distance des ouvrages extérieurs de la place, deux tumuli émergent dans la direction de l'ouest. C'est sur leurs sommets qu'étaient habituellement dressées les tentes des commandants du grand camp militaire formé chaque année, pendant l'été, par la garnison de Vidin. Un troisième tumulus, ou *tépé*, se trouve à l'est de la route, entre Vidin et Kapitanitsa; un quatrième, dont la forme régulière et conique attire le regard, domine au loin la plaine de Niegovanitsa.

Des sépultures semblables sont disséminées dans toute la Bulgarie. J'en ai noté des centaines, isolées ou par groupes, des deux côtés du Balkan, particulièrement sur l'Osma, la Yantra et la Toundja. Les plus remarquables me semblent être les tumuli échelonnés à des distances régulières sur la terrasse de lœss qui borde le Danube, entre Svichtov et Nicopolis. On sait que ces monuments préhistoriques s'étendent du nord de l'Europe jusque dans le cœur de la Russie méridionale, où ils se comptent par milliers. Les armes et les bijoux richement travaillés que les fouilles en ont retirés indiquent que les tumuli appartenaient à des populations ayant atteint déjà un certain degré de culture, ou qui, tout au moins, entretenaient un commerce actif avec des peuples avancés. Quelques découvertes de ce genre faites dans les tumuli de la Bulgarie auront sans doute un jour raison de la tradition populaire qui donne à ces éminences un caractère exclusivement militaire, et les attribue aux janissaires de l'époque de la conquête ottomane.

La pointe nord-ouest de la terrasse, entre le Timok et le Danube, cette pointe envahie jadis par tant de peuples, est occupée par des Bulgares et des Roumains; sur le bas Timok, ce sont ces derniers

LES TUMULI DU CAMP DE VIDIN.

qui prédominent. Diverses causes, et particulièrement l'ancien régime de la propriété rurale en Valachie, ont favorisé la formation et le rapide accroissement des colonies roumaines de la rive bulgare du Danube, et le gouvernement turc a vu sans défaveur se repeupler ces districts, qu'avaient décimés des guerres incessantes, par une nationalité souple, habituée aux charges et complètement étrangère à l'élément slave.

La Porte sut très bien faire servir les éléments nationaux à ses desseins politiques. Jusqu'à ces derniers temps, elle s'efforça avec succès de séparer la grande masse des Bulgares, qui prenait de plus en plus conscience de son passé national, en y enfonçant comme un coin des populations albanaises, tatares et tcherkesses. La séparation entre les Bulgares et les Roumains dut être d'autant plus agréable à la Porte, que la nationalité roumaine, très exclusive, ne s'assimile à aucune autre race et conserve même la faculté d'absorber facilement des éléments étrangers, surtout des éléments slaves. Dans les dernières années, des missionnaires catholiques, qui s'étaient établis parmi les Serbes et les Bulgares, ont encore voulu séparer au point de vue religieux les Roumains et les Bulgares, en unissant les premiers à l'Église romaine, mais la vigilance de la Russie a fait avorter le mouvement unioniste. La plupart des villages roumains convertis sont retournés à l'orthodoxie.

D'après mon relevé de la situation ethnographique des régions limitrophes de la Serbie et de la Bulgarie, le bas Timok ne forme pas seulement la frontière politique, mais, à quelques exceptions près, il forme aussi la frontière des langues serbe et bulgare. Cependant on ne peut mettre en doute que les cercles serbes de Negotin, Zaïtchar, Kniajevats et Aleksinats ne fussent, il y a peu de temps encore, habités par des Bulgares.

Sur la terrasse, entre le Timok et le Lom, il n'existe qu'un seul village serbe, Bratyevats, qui se soit gardé pur de tout mélange, comme une oasis, entre les Bulgares et les Roumains, tandis qu'au sud de la Serbie il s'en trouve encore plusieurs absolument bulgares.

Les Turcs n'occupent que partiellement les villes de Lom, Artcher, Vidin, Belogradjik, Koula et Florentin. Après la dernière guerre, ils ont commencé à émigrer dans les terres soumises encore à la domination du sultan, et il est à prévoir qu'ils disparaîtront de la Bulgarie comme ils ont disparu de la Serbie, de la Grèce et de la Roumanie. Les Tcherkesses et les Tatares ont depuis 1877 complètement évacué le sol bulgare.

Des communautés de Juifs espagnols existent à Lom et à Vidin. Quelques familles israélites isolées se rencontrent dans toutes les villes bulgares, mais il y en a peu dans les campagnes.

De grandes colonies de Tsiganes sont établies à Vidin. Il n'est toutefois presque pas un village en Bulgarie qui ne possède une ou plusieurs de leurs huttes, et le cercle de Rahovo compte plusieurs villages dans lesquels des Tsiganes sédentaires occupent de trente à soixante-dix maisons. Les Tsintsares, les Grecs et les Arméniens ne manquent jamais dans les cités commerçantes, mais ils sont fort peu nombreux.

De Vidin il nous fallut deux heures pour gagner la petite ville de Florentin.

Le nom de la localité et les traces incontestables d'une antique colonie militaire démontrent que nous sommes ici sur l'emplacement de la *Florentiana* romaine, à laquelle sa position aux limites de l'empire et sur la grande voie militaire de *Ratiaria* à l'embouchure du Timok donnait une certaine importance. Un château du moyen âge remplaça plus tard le castrum romain sur la pointe que la terrasse de la Bulgarie septentrionale projette ici vers le Danube. Les substructions en sont encore reconnaissables, mais les matériaux des parties supérieures ont complètement disparu. Les vieux habitants turcs du pays se souviennent de les avoir vu transporter

PIQUET DE GARDES-FRONTIÈRE PRÈS DE FLORENTIN.

à Vidin pour la construction des forts de Koum-Baïr et de Ghazi-Baïr. Du temps de mes voyages, un piquet du cordon militaire turc avait dressé sur la rive les tentes blanches de son petit campement pour surveiller de là la plaine valaque.

Les Turcs de Florentin, qui faisaient quelque commerce, un peu de pêche et beaucoup de flânerie, se plaignaient de sa décadence ; il faut dire que la vieille mosquée délabrée, le bain en ruine, la mauvaise auberge et le café, plus misérable encore, de la ville sont des preuves trop certaines de la chute d'une cité qui passe pour avoir possédé une étendue plus considérable que Vidin. Le quartier musulman portait dans son délabrement complet les traces de ce fataliste laisser-faire des Orientaux qui abandonne tout aux forces de la nature. La colonie tatare, dont l'aspect misérable faisait songer aux villages de la Cafrerie, rivalisait avec lui. Le quartier bulgare, qui se presse au bord de la terrasse, est mieux entretenu. Ce n'est pas qu'on n'y trouve aussi quelque maison plus semblable à une demeure de troglodytes qu'à celle d'une famille civilisée ; mais beaucoup d'habitations y trahissent un certain bien-être, et, si l'on entre dans la maison du kmet, par exemple, la richesse du mobilier, le brillant de la vaisselle de cuivre ou d'étain et des verres rangés sur les dressoirs, les sculptures des tables et des chaises, feraient croire, n'était le lit de forme étrange et d'une parcimonie spartiate, que l'on met le pied chez un paysan de la Suisse ou du Tyrol.

De Florentin, la route continue à se diriger vers le nord par le

LE DANUBE PRÈS DE FLORENTIN.

grand village bulgare de Novoselo et celui de Vourf, dans le voisinage duquel je trouvai les ruines d'un vaste ouvrage de défense, élevé sur le bord même du Danube. C'était encore un des innombrables petits châteaux forts du *limes* romano-byzantin. Les pierres en ont été pour la plupart employées à la construction des maisons de Vourf, dont les habitants cultivent des champs de maïs à l'intérieur des remparts antiques.

Les vestiges d'un autre castrum se trouvent à Rakovitsa, sur la pointe de terre qui domine le Timok et le Danube, à l'endroit où d'Anville place le *Dorticum*, restauré par Justinien. Ce castrum paraît avoir été d'une assez grande importance, car il mesurait 168 mètres de long sur 35 de large ; mais ses angles ne gardent que des traces imperceptibles des tours rondes dont ils devaient être accompagnés. Le Timok a peut-être autrefois débouché dans le

Danube, près de ce castrum; de nos jours, il prend une direction plus septentrionale et forme entre Rakovitsa et son embouchure un delta d'une largeur considérable.

Rakovitsa, dont le blockhaus avait pour double mission de contenir les rayahs et de surveiller le passage du Timok, possède une petite église, mais elle n'avait pas d'école ; et, comme à Skomlia, le pope était la seule personne du village qui sût lire et écrire.

La position stratégique de Bregova, sa voisine, fait supposer qu'il se trouvait ici ou dans les environs un établissement romain, dont il n'existe pas de vestiges ; mais les restes d'un chemin antique et quelques débris de ponts, enfin le nom de *roman most* donné à un beau pont de pierre, sur la rive serbe du Timok, suffisent pour affirmer l'existence d'une voie romaine dans cette région.

La plus grande île du Timok se trouve près de Bregova, vis-à-vis du village serbe de Blinovats, qui possède environ le quart de sa surface. Cette enclave était entourée d'une forte palissade et gardée par un petit blockhaus serbe.

L'immigration roumaine à Bregova date d'environ trente ans, et fournirait matière à une foule de comparaisons ethnographiques. Ainsi, pendant que sur le sol de la Valachie, par suite de l'administration démoralisante des boïars, le Roumain était resté pour ainsi dire à l'état d'enfance, ici, sur le sol bulgare, et quoique plié sous un régime peu favorable à la population chrétienne, il se montre actif et intelligent. Ces qualités frappent déjà dans l'aspect extérieur de Bregova, qui compte plus de quatre cents maisons roumaines. A côté du maïs, du blé, du vin et des melons, cultivés sur toute la terrasse du Danube, ce village produit aussi du tabac et de la soie ; il porte jusque dans ses plus modestes demeures le cachet de la prospérité.

Au milieu du village s'élève une église à trois nefs, bâtie en 1857 avec plus de luxe que de correction ; un clocher bas s'élève sur la façade principale. La construction a coûté 200 000 piastres (10 piastres = 2 fr. 20 cent.), somme très importante pour ce pays. On a mis beaucoup de soin pour décorer l'intérieur. L'iconostase a été dorée très richement, mais peinte d'une manière trop bariolée. Quelques motifs de décoration, par exemple des dragons et des oiseaux bizarres, indiquent une imagination très féconde. Le siège épiscopal soutenu par des lions au repos, le pupitre de la chaire supporté par un aigle, rappellent sur le sol slave l'influence de la tradition byzantine.

Si l'on se reporte à la situation passée de la Bulgarie, on est réellement étonné des sacrifices faits par la commune roumaine de Brégova pour le développement de l'instruction. Sous la direction d'un maître appelé de Serbie, la jeunesse du village apprenait à lire, à écrire, à compter, à chanter. C'est ainsi que l'influence civilisatrice du jeune État serbe se faisait sentir jusqu'au delà de sa frontière.

C'est de la karaoula de Verchka-Tchouka que je partis, le 25 septembre 1868, pour étudier la région des sources de la Topolovitsa et de la Delena.

Je suivis la haie qui forme ici la limite de la Serbie; une douce paix reposait sur la campagne déployée devant nous, au bord serbe du Timok. Le regard s'étendait librement jusqu'à la ville admirablement située de Zaïtchar, et, comme après le béklémé de Gola-Manova nous nous inclinâmes vers l'est, un autre panorama d'une égale beauté s'ouvrit au midi sur les montagnes limitrophes de la Serbie et de la Bulgarie jusqu'au delà du Balkan de Sveti-Nikola.

La vallée de la Haïdoutchka Tchechma (fontaine des brigands), où se réunissent les deux bras de la Topolovitsa, doit à sa terrasse crevassée et aux gigantesques blocs calcaires épars à ses pieds un caractère éminemment sinistre et pittoresque. La fontaine, près de laquelle nous fîmes halte à la tombée de la nuit, sous la magique lumière de la lune, a tiré son nom peu engageant du chef de guérillas serbe Haïdouk Veliko, qui fut la terreur de la contrée lors de la guerre de l'indépendance. Et vraiment la Haïdoutchka Tchechma semble créée tout exprès pour un guet-apens. Du haut d'une des murailles qui enferment la vallée, on apercevait les petites huttes du trop fameux village circassien d'Albatina, et l'on ne se sentait rassuré qu'en voyant non loin d'elles une solide karaoula.

A mesure que nous approchions du village de Guirtsa, s'abaissaient les hauteurs déchirées où la Topolovitsa s'est frayé un passage. Toutes les forêts que nous rencontrions étaient jeunes. Çà et là seulement un chêne puissant témoignait de l'imprévoyance aveugle avec laquelle les populations traitaient les forêts, qui n'étaient protégées ni par la loi ni par une administration spéciale.

La nuit était embellie par la douce lueur des étoiles, et il était très tard lorsque s'ouvrit hospitalièrement pour nous la maison du knèze de Guirtsa, homme de belle prestance, intelligent et des plus riches de ce village. Il possédait environ quatre cents brebis, force bœufs et chevaux, de beaux champs et des vignobles. Mais rien dans l'aménagement de la maison ne trahissait l'aisance du propriétaire.

Des chambres basses et nues l'abritaient avec sa famille, qui comptait deux fils mariés et beaucoup de petits enfants. La nombreuse progéniture de l'un de ses fils ne semblait pas suffisante à la femme du knèze, qui n'en finissait pas de se lamenter sur la stérilité de sa seconde belle-fille, mariée depuis quelques années. Le reproche allait à l'adresse d'une jeune et jolie personne, d'apparence vigoureuse. La pauvre femme sanglotait, car chez les Bulgares le manque d'enfants est considéré comme le plus grand des malheurs. Pour moi, je ne trouvai à regretter que les proportions exiguës de la petite maison, et je sortis pour aller chercher sous le toit de quelque hangar une place où reposer ma tête.

Le contraste existant entre la grande opulence du propriétaire et le manque absolu de confort dans sa demeure s'explique facilement. Il n'y a que peu d'années, le chrétien de la Turquie, et particulièrement le Bulgare, qui était sans contredit le plus industrieux de ses habitants, avait surtout cure de cacher les fruits de son travail aux regards avides de la race dominante. Les relations meilleures que l'influence de l'Occident a par degrés amenées entre les musulmans et les chrétiens étaient encore de trop fraîche date pour que les conséquences de la malheureuse situation dont on souffrait autrefois eussent disparu complètement des mœurs populaires.

L'église de Guirtsa, bâtie en 1854, offre une preuve caractéristique de la position humiliante dans laquelle à cette époque était encore tenu l'infortuné rayah. Elle rappelle par son architecture les vieilles églises fortifiées des Saxons de la Transylvanie. Les murailles en sont massives, étayées de contreforts, et leurs étroites fenêtres ont la forme de meurtrières.

Prenant la direction de l'ouest, nous atteignîmes la Delenska, dont la rive gauche porte sur ses collines bien cultivées les jolis villages de Tchorokalina et de Teanovtsé. De jeunes forêts couvrent les hauteurs de la rive droite jusqu'au village de Delena. Près de Hinova, le ruisseau entre dans la plaine pour se réunir sur les vastes glacis de Vidin à la Topolovitsa, qui entoure de ses replis la ligne des forts détachés de la place et vient tomber dans le Danube près des ouvrages avancés, du côté nord.

On atteint près de Teanovtsé le point culminant de la terrasse. C'est un bon observatoire pour l'étude du plateau qui s'incline vers le Timok et sur lequel les villages de Rakitnitsa et de Gamzova montrent, à côté des pâturages, leurs sillons de maïs entremêlés de melons et de citrouilles. Puis viennent les grands vignobles des villages

de Vourf et de Novoselo, qui sont situés loin de là sur le Danube. Les chemins étaient couverts de nombreux groupes de jeunes gens dont les chariots, ornés de pampres, formaient de longues caravanes. La présence des fermiers de la dîme, habituellement si redoutée, se remarquait à peine et n'influait en rien sur les dispositions joyeuses du rayah que sa riche vendange rendait heureux et facile. Par des relations actives avec les Serbes, leurs frères de race et leurs voisins, les chrétiens bulgares étaient au courant des embarras suscités au peuple dominant par le mouvement jeune-bulgare de Bukarest. Partout germait dans les âmes l'espoir de la délivrance. « Que l'on nous affranchisse une fois du clergé phanariote et des fonc-
» tionnaires sans justice,—avais-je entendu répéter parmi les populations du Timok bulgare,—et nous saurons, comme les Serbes, tra-
» vailler à notre développement. Nous sommes grossiers, ignorants,
» mais qui nous a donné des maîtres et des éducateurs? Ni l'évêque,
» ni le pacha ne s'en soucient; il n'est pas une infime partie de nos
» impôts qui nous revienne jamais en institutions utiles, tandis que
» là-bas, en Serbie, où le prince ne demande rien au pays, le gouver-
» nement bâtit des écoles et solde des instituteurs ! »

Si la région du bas Timok offre peu de paysages intéressants, la vallée sinueuse dans laquelle il s'écoule à partir de la karaoula de Toupan jusqu'à Bregova est riche en détails pleins de charme et de variété. Des champs de maïs et de blé, des vergers et des vignes s'étendent de la rive au sommet des collines où sont assis de nombreux villages. La vallée du Timok serbo-bulgare est certainement l'un des plus jolis bassins de ces deux pays. Les deux rives sont bordées de beaux vignobles où se récolte le célèbre vin de Negotin, et les toits rouges des chais (*pivnitsé*) se détachent de tous côtés sur la verdure de la vallée. Aux rares endroits seulement où les couches calcaires se recouvrent d'épais taillis, la chèvre peut errer à son aise et dérober sa nourriture aux branches nouvelles. Mais, dès qu'on a mis le pied sur le plateau, on n'aperçoit, aussi loin que la vue peut s'étendre, que les vertes frondaisons de jeunes bois de chênes et de hêtres, interrompues de distance en distance par des clairières cultivées. En pleine forêt, sur le chemin de Gratsko à Halova, je trouvai, à ma grande surprise, une espèce de forteresse, flanquée de tours rondes, en forme de castellum romain, bâtie il y a quelques années pour la protection de la frontière. Elle regardait d'un air menaçant les profils escarpés du Stol et du Mirotch qui terminent à l'horizon les vastes plaines de la Serbie.

Les innombrables forts et blockhaus dont la Porte avait, dans les dernières années, bordé la Serbie et le Monténégro, étaient l'expression la plus significative de la méfiance que lui inspiraient ses voisins chrétiens. C'étaient autant d'observatoires d'où chaque mouvement des jeunes et bouillants États militaires de la Slavie méridionale était attentivement contrôlé. Par contre, les karaoulas et postes fortifiés dispersés en grand nombre dans le Balkan et dans l'intérieur de la Bulgarie avaient pour mission de surveiller le rayah et d'étouffer dans son germe toute tentative de rébellion. Aujourd'hui, ce puissant appareil de défense et de compression n'existe plus qu'à l'état de ruines. Les populations bulgares ont démoli en 1877, presque sans exception, les karaoulas de l'intérieur et les fortins des frontières.

CHAPITRE VIII

DU COL DE SVETI-NIKOLA A LOM-PALANKA

En 1864, je m'élevai pour la première fois de la région cristallino-sédimentaire de la terrasse de la Bulgarie danubienne à la zone plutonique du Balkan occidental, jusqu'alors inconnu à nos cartes et auquel j'ai donné le nom de Balkan de Sveti-Nikola. Tandis que, vers le sud, ses pentes arides reçoivent de leur teinte grisâtre un caractère de tristesse et de désolation, son versant septentrional est couvert d'une opulente végétation de hêtres et de chênes; dans les parties plus élevées dominent les conifères, mais les plus hauts sommets sont nus et généralement couverts de neige dès le commencement du mois d'octobre. Le col de Sveti-Nikola a, d'après mes calculs, la hauteur de 1384 mètres ; son sommet oriental le dépasse à peu près de 300 mètres.

Le 19 décembre 1877, après un léger combat, un détachement serbe força les Turcs à évacuer les trois redoutes construites dans la dépression du col, et à se replier sur Belogradjik. C'est par ce col que passe, depuis la paix de Berlin, la frontière serbo-bulgare.

Cet endroit produisit à Blanqui l'effet d'un véritable coupe-gorge, semé des tombes de gens assassinés. La seule croix de pierre restée debout, le Sveto-Nikolské-Kerst, a, dit-on, donné son nom au passage, où je ne trouvai, au lieu du couvent dont l'imagination du peuple serbe l'a doté, qu'une karaoula et un relais de poste. La transformation de l'ancien sentier, difficile à escalader, en route de 9^m,05 de large, ne l'avait malheureusement pas rendu beaucoup plus sûr. Les épaisses forêts de la montagne et le voisinage de la frontière favorisaient si bien le brigandage, que les autorités turques et serbes s'étaient souvent vues obligées de s'unir pour faire la chasse aux malfaiteurs.

La karaoula, que je vis achever en 1870, forme un carré flanqué de chaque côté d'une saillie quadrangulaire percée de créneaux. Pour la construire, des centaines de paysans chrétiens furent requis à plusieurs milles de distance. Je rencontrai des caravanes entières d'hommes, de vieillards et de femmes gravissant, chargés de sacs de provisions, le sentier rapide qui conduit au sommet. Combien de jours avaient-ils ainsi passés, courbés sous le dur travail, sans abri pendant la nuit, et, faut-il le dire, sans indemnité?

Un service de voitures de poste, institution autrefois tout à fait inconnue en Turquie, fut créé par Midhat-pacha sur cette route que lui-même avait fait ouvrir, et fut exploité par une société sous la surveillance du gouvernement. Plusieurs grandes karaoulas situées sur la route servaient à la fois d'écuries pour les chevaux et de stations pour les voyageurs. Les voitures étaient ouvertes, petites et étroites; un peu de foin sur lequel on s'asseyait était tout le confort que fournissait la poste turque.

Si, dans les karaoulas serbes, qui servent aussi de postes de douane, les prescriptions relatives aux cordons sanitaires sont rigoureusement observées, il n'en était pas ainsi dans les blockhaus ou *béklémés* turcs. Pour « l'homme malade », la police de santé, comme tant d'autres institutions européennes, n'existait que sur le papier.

Les karaoulas turques étaient destinées à surveiller la population chrétienne et les brigands qui fourmillaient sur les frontières. Pour le même motif, on trouvait un grand nombre de béklémés dispersés dans l'intérieur du pays et perchés d'ordinaire sur des points élevés, dominant les villages des rayahs; ils étaient construits plus solidement que les karaoulas serbes, et se rapprochaient, par leur forme, des petits châteaux forts de Sainte-Trinité, de Klobouk, etc., élevés par l'Autriche aux Bouches de Cattaro, pour surveiller la population du Monténégro. On trouve toujours un puits et un fournil dans l'intérieur des palissades irrégulières qui entourent ces postes isolés, qui n'ont presque jamais de rempart ni de fossé.

Mais on n'y rencontrait que rarement la propreté d'ordonnance et la bonne tenue qui nous surprenaient si agréablement dans les casernes des nizams. Des lits de camp bas et malpropres sont rangés le long des murs; sur le foyer, mal entretenu, se trouve toujours l'appareil nécessaire à la préparation de l'indispensable moka; selles et harnais sont jetés dans un coin, tandis que la riche bride, ornée de métal et de houppes rouges, est suspendue à la muraille à côté des fusils, des poignards et des pistolets, orgueil et joie du zaptié, luxueuse parure guerrière dont la possession faisait de lui un maître et dont l'absence faisait du chrétien un misérable rayah.

Dans une chambre de l'étage supérieur de la karaoula de Sveti-Nikola, où deux étroits créneaux laissaient filtrer un peu de lumière, je trouvai un zaptié albanais de la région de la Toplitsa. Assis sur ses jambes croisées, il nettoyait ses armes, qu'auraient pu lui envier bien des collectionneurs occidentaux. Il me tendit avec orgueil son handjar pour me le faire examiner de plus près. C'était une longue et splendide lame richement gravée d'ornements mauresques entrelacés de feuillages. Une bandelette d'argent bosselé recouvrait la jointure de la lame et de la poignée garnie de turquoises. « Cette arme est un héritage de mon père, » me dit le zaptié en montrant les taches qui racontaient en caractères sanglants le laborieux passé du handjar. Puis il sourit. Cette arme avait peut-être fait son œuvre, elle aussi, dans la sanglante hécatombe de la tour des Crânes, à Nich. Elle a probablement contribué, en 1841, à la « pacification » du peuple bulgare, que des impôts démesurés avaient exaspéré. A cette époque, les Albanais, qui s'avançaient comme un coin jusqu'à la Morava bulgare, rendirent les plus grands services à la Porte. En bandes isolées, les bachi-bozouks arnaoutes parcoururent le pays bulgare et portèrent partout l'incendie, le pillage et la mort. Les cris de douleur poussés par les femmes et les enfants, auxquels on avait enlevé leur foyer, leur père, leur mari et leur fils, devinrent des cris de détresse terribles ; ils ébranlèrent même l'Europe occidentale, alors indifférente aux souffrances des chrétiens de la Turquie et revenue de ses sympathies pour les Héllènes.

Au sud du Monténégro jusqu'au nord de la Grèce s'étend le pays montagneux de l'Albanie, le long de la côte de l'Adriatique. Dans ses montagnes existe encore aujourd'hui un système de tribus et de clans tel qu'il florissait autrefois en Écosse ; la vendetta qui, il y a quelques dizaines d'années, décimait encore la Corse, y est dans toute sa force. L'amour du combat et du pillage est le trait caractéristique de l'Albanais ; il est le Suisse de la Turquie. En sa qualité de « fils des armes et d'enfant de la noblesse », le métier des armes fait ses délices ; les institutions politiques et militaires du pays favorisent encore son goût effréné pour les aventures sanglantes. Mais, tandis qu'autrefois les hordes avides de la Thessalie ne pouvaient assouvir leur soif de sang que sur les rives du Drin et du lac d'Ohrida, elles se ruèrent plus tard, sous l'autorité du sultan, sur sa plus riche province chrétienne, la Bulgarie.

Nous possédons un mémoire très précieux de Blanqui, membre de l'Institut, envoyé en 1840 par M. Guizot en mission spéciale dans la Bulgarie. Bien qu'il n'arrivât que plusieurs mois après la catastrophe, la description qu'il nous fait de l'horrible dévastation de cette province déchire vraiment le cœur. Enfin, quand le pays ne fut plus qu'un désert, la Porte envoya des nizams réguliers contre sa propre police, pour éviter la destruction complète des rayahs, dont l'impôt lui était si nécessaire. Mais à Constantinople on n'avait pas oublié les bons services des chasseurs d'hommes arnaoutes; on mit de quatre à dix hommes de ces terribles Albanais dans les béklémés construits sur les bords des routes, des frontières et des défilés, pour protéger contre de nouveaux soulèvements les Arméniens à qui les impôts étaient affermés. Plus tard on les nomma *zaptiés*, et Midhat-pacha, qui cherchait à limiter quelques-uns de leurs privilèges, leur donna un uniforme qui se rapproche à la fois du costume oriental et du costume occidental.

Rien de plus pittoresque qu'une troupe de zaptiés albanais s'avançant au galop sur leurs petits chevaux fougueux. Qu'on se représente ces hommes énergiques, brillants de force et de vie, au riche costume, à la taille élégante, le large pantalon de drap bleu attaché sous le genou et fendu sur le mollet, la veste verte ou cramoisie aux broderies d'or ou d'argent, le fez rouge à glands bleus entouré de mousseline blanche; la fine « albanaise » légèrement suspendue à l'épaule par une courroie, ou, libre, balancée dans la main; le handjar incrusté de pierres précieuses, la crosse du pistolet et la petite cartouchière d'argent repoussé; les baguettes du fusil et le petit bidon à l'huile soutenus par des cordons de couleur : tout cela flamboyant au soleil en milliers de rayons dont l'éclair donne le vertige!

Le zaptié était le vrai maître de la Turquie. Lui seul était connu du paysan bulgare, lui seul était craint dans les campagnes. Il portait les ordres des autorités dans les villages et les interprétait; il assistait l'ingénieur et en savait plus long que lui; il levait les impôts, fixait le nombre des paysans pour la corvée des routes, des télégraphes et des karaoulas, corvées dont les rayahs, bien plus que les musulmans, portaient le pénible fardeau. Obtenir l'amitié du zaptié, être

ZAPTIÉS TURCS DES KARAOULAS.

F. Kanitz.

pour lui un hôte large et généreux, mériter sa faveur par n'importe quel moyen, tel était le rêve de tous les chefs de villages, pour lesquels le gendarme était plus que tout autre l'incarnation du gouvernement ottoman.

Du col de Sveti-Nikola, le paysage présente une ampleur inattendue. Vers le sud-ouest s'étend une chaîne aux sommets aigus, la « Tcherna Trava »; à l'ouest-sud-ouest s'étagent, entre la Nichava et la Morava bulgare, les croupes allongées de la Souva-Planina ; plus loin, dans l'ouest, apparaissent le haut pic de la Serbie, le Kopaonik, et, un peu plus au nord, les grandes arêtes dentelées qui se dressent au delà de Novi-Pazar. Au premier plan, le Yastrebats, qui sépare la Serbie de la Bulgarie, forme la sentinelle avancée des montagnes serbes de Krouchevats et de Roudnik. Toutes ces chaînes, à l'exception des deux dernières, étaient couvertes de neige, et leurs pointes blanches contrastaient d'une manière saisissante avec le bleu profond du ciel d'automne.

Dans la direction opposée, vers le nord-est, le panorama du Sveti-Nikola se réduit à un petit segment. Le regard erre des montagnes aux fronts dépouillés dans lesquelles s'amassent les sources du Lom, par-dessus les plateaux élevés et par-dessus la plaine où la rivière mène ses ondes au Danube, jusqu'aux lointains grisâtres, noyés d'ombre, de la Roumanie.

En dépit d'un froid glacial, j'avais achevé les profils et le relevé des plus importants sommets neigeux. Nous descendîmes alors, au milieu de splendides paysages, à travers les forêts de chênes et de hêtres jusqu'aux puissants massifs cristallins sur lesquels le chemin déroule ses courbes périlleuses. Nous passâmes au-dessous d'une karaoula située sur le ruisseau de Tchoupren, et nous atteignîmes bientôt le village et la station de poste de même nom. Aucune des cartes que j'avais apportées n'indiquait le village ni le cours d'eau.

Dès l'entrée dans le bassin du Lom et dans la vallée du Tchoupren, le paysage change complètement. Encadrée de tous côtés par des montagnes peu élevées, la plaine offre à la vue des champs bien cultivés, de riches vergers et des vignobles, source d'aisance pour ses habitants.

Près de Tchoupren, la route de poste se divise en deux branches. L'une court, à travers la vallée sauvage de la Verbova, vers Belogradjik et Vidin ; l'autre se dirige vers Lom sur le Danube par le défilé de la Tchouprenska et le blockhaus de Falkovtsé. Le han de Falkovtsé, qui formait pour moi un excellent point d'observation pour le bassin des sources du Lom, si peu connu jusqu'alors, s'appuie sur un colossal bloc de rochers, dernier promontoire du grès rouge dont les formes bizarres accompagnent le voyageur jusqu'à Belogradjik.

Immédiatement derrière Falkovtsé, les montagnes s'abaissent pour se prolonger en terrasse régulière le long du Danube. C'est dans ces assises, en grande partie formées de lœss, que le Lom, dont de nombreux affluents ont fait une rivière considérable, a creusé les méandres de son lit.

Quelque fertile que soit le bassin du Lom, il lui manque jusqu'ici les conditions indispensables au développement de son industrie et de ses richesses naturelles. Les immigrants roumains dont le gouvernement turc a repeuplé ces campagnes, décimées par des luttes incessantes, étaient bien peu avancés, mais il est à espérer que le nouveau gouvernement national amènera à leur complète floraison les germes de prospérité que la nature a si libéralement départis à ces régions.

S'il fut donné au consul de Hahn de porter sur les cartes la petite ville albanaise de Krouchevo, inconnue jusqu'alors, bien qu'elle comptât environ 3000 âmes, une charge toute contraire m'incombait ; je rayai sans pitié de la carte, outre la ville d'*Isnébol*, sur le Timok, les villes de *Pirsnik* et de *Drinovats*, sur le Lom ; car de ces trois villes la dernière seule existe, et c'est un petit village de quatre-vingts maisons. Si l'on en juge par une ancienne ruine, sa place était occupée jadis par une ville romaine, probablement restaurée par les Byzantins et par les Bulgares. Autrefois siège d'un évêque, le Drinovats actuel ne possède pas même une église.

De Tcherlevo, situé non loin de là, jusqu'au Danube, Bulgares, Roumains, Tatares et Circassiens vivaient dans une confusion singulière ; leurs villages étaient parfois distants de vingt minutes au plus l'un de l'autre. Les Tatares avaient en grande partie abandonné déjà le costume de la Crimée pour celui de la Bulgarie, la *tchoubara* (bonnet de peau d'agneau), la chemise blanche brodée et l'*opinka* (sandale). Ils parlaient souvent le bulgare et étaient généralement bien vus par la population indigène ; leur ardeur au travail avait conduit peu à peu leurs colonies à un état relativement prospère, et ils apportaient une attention particulière à leurs écoles.

Quant aux Tcherkesses, dès l'abord leur manière d'être autoritaire, leur penchant à l'insubordination, au brigandage et au vol, les avaient fait détester autant des Turcs que des populations tatares,

TROGLODYTES DU LOM.

roumaines et bulgares. Mais, depuis 1864, le besoin, forçant les héros du Caucase à se plier au travail des champs, avait produit une amélioration notable. Cependant le Tcherkesse était resté fidèle à une grande passion : celle des chevaux étrangers. Il rivalisait à ce point de vue avec les Tsiganes nomades, et des centaines des leurs expiaient journellement dans la forteresse de Vidin l'indomptable penchant qu'ils avaient à chevaucher aux dépens de leurs voisins.

A Vasilovtsé, je rencontrai de ces Bulgares que les promesses de la Russie avaient en 1861 attirés en Crimée. Lorsqu'ils revinrent, l'année suivante, entièrement désillusionés, ils retrouvèrent leurs villages occupés par des colonies tatares et il ne leur resta plus qu'à bâtir de nouvelles demeures. Et quelles demeures! Il me fut donné de voir ici, de mes propres yeux, les peuples de l'âge de bronze décrits par Owen Stanley à Anglesea. Avec leur toit de terre battue appuyé sur des troncs d'arbres inclinés l'un vers l'autre et à moitié ensevelis dans le sol, leur haute cheminée de roseaux tressés, ces misérables huttes produisaient l'impression de vraies habitations de troglodytes.

Mais si l'on rapproche ce mode d'architecture tout à fait primitif des constructions plus avancées que ce même peuple bulgare élève et habite dans les villes, on voit que l'archéologue et l'anthropologiste doivent être très circonspects pour juger, classer et distinguer les restes préhistoriques; car nous nous trouvons ici en présence d'un peuple qui exécute des chefs-d'œuvre dans les métiers les plus divers, qui produit des ouvrages en filigrane admirables, des poteries et des tissus d'une grande beauté, mais dont une partie demeure dans des habitations semblables à celles des Cafres, et les Cafres sont, comme on sait, au dernier degré de la culture dans tous les arts.

De Vasilovtsé on atteint en une heure et demie la ville turcobulgare de Lom-Palanka, siège du cercle de même nom, une des plus importantes escales du bas Danube.

Lom est l'entrepôt des sels de la Valachie, des marchandises manufacturées et coloniales pour presque toute la Bulgarie du nordouest, et le port d'embarquement de ses produits : blés, bétail, peaux, laines. Il serait à désirer qu'une ligne secondaire de la grande voie ferrée projetée entre Nich et Constantinople vînt mettre Lom en communication avec l'intérieur du pays. Le commerce de la Bulgarie avec l'Autriche-Hongrie et la Roumanie la réclame impérieusement.

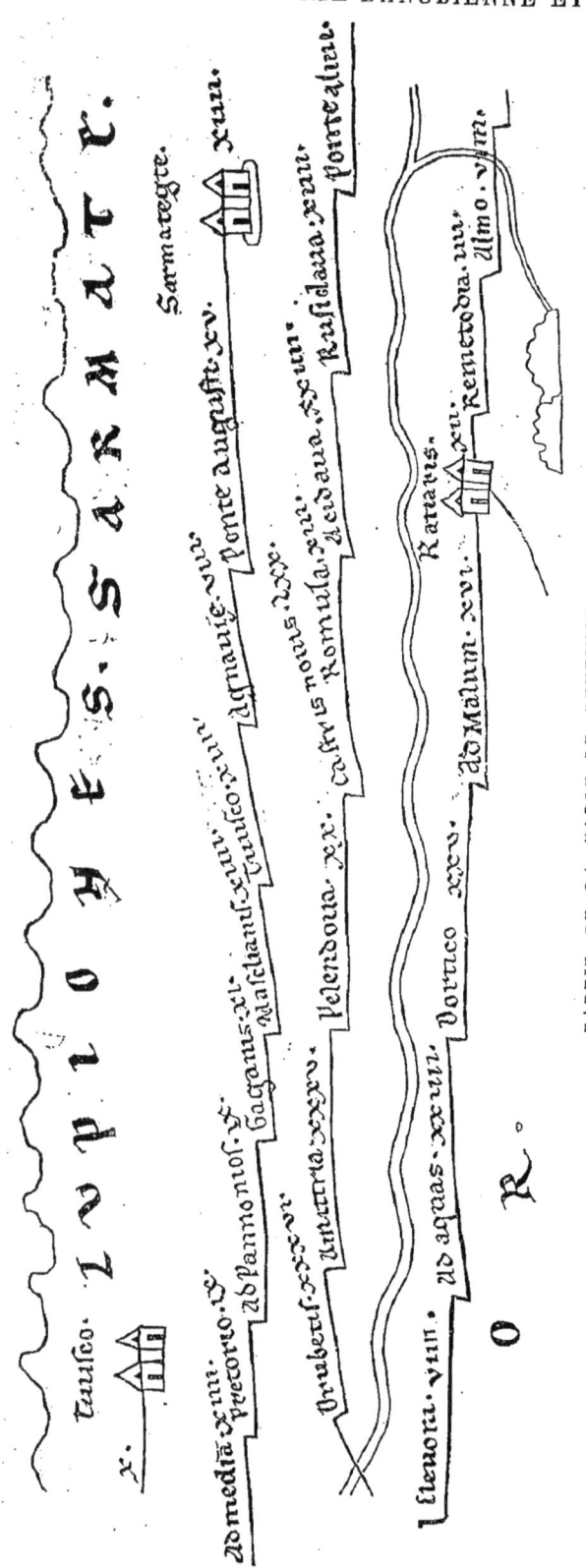

PARTIE DE LA TABLE DE PEUTINGER.

A Lom, ainsi que dans presque toutes les villes du Danube, l'élément turc s'était implanté directement sur les débris des anciennes forteresses romano-byzantines. La Table de Peutinger place la petite ville d'*Almus* à 16 milles de *Ratiaria* (Artcher), principal port de la Mésie sur le Danube. Or cette mesure concorde exactement avec la distance qui sépare Artcher de Lom-Palanka.

On peut reconnaître encore aujourd'hui l'enceinte du castrum romain d'*Almus*, reconstruit par les Byzantins.

Le *kaleh* ou château de Lom est un rempart carré en terre, assez élevé, avec bastions ronds. Ses côtés mesurent environ 190 mètres. C'est là, très probablement, l'espace réduit que l'empereur Justinien a fortifié. Sous les Turcs, la défense du kaleh était confiée à la population musulmane organisée en une façon de garde nationale.

Les bâtiments de l'administration, les grandes mosquées et les entrepôts du commerce se trouvent en dehors de la forteresse, dans le quartier turco-chrétien. La ville s'agrandissait sans cesse, elle alignait ses rues, mais elle faisait peu pour l'instruction publique. Bien que la communauté bulgare comptât des membres fort riches, c'était à peine si quelques-uns sentaient le besoin de meilleures écoles et montraient du goût pour les études scientifiques. Depuis l'installation du gouvernement national, cette indifférence pour les exigences du progrès intellectuel a cédé la place au zèle empressé de réparer ce qui a été négligé dans le passé. La communauté israélite de Lom possède une grande synagogue et une école, mais elle est trop orthodoxe pour rendre hommage au vrai progrès.

La grande voie romaine de la Mésie le long du Danube était protégée par une série de *castra* que de petits forts et des tours rondes reliaient ensemble. Sur le bord de la terrasse qui s'étend entre les deux villes de Lom et d'Artcher, je trouvai des restes d'ouvrages incontestablement romains. A une heure d'Artcher, et à l'endroit où la Table de Peutinger place *Remetodia*, éloignée de 4 milles de *Ratiaria*, j'aperçus encore les vestiges d'un ouvrage en forme de tour ronde. Mais je n'ennuierai pas le lecteur par le détail circonstancié de mes nombreuses découvertes en fait de murailles et de tours antiques appartenant à un système de fortifications comme il en existait sur le Rhin, et destiné à protéger la Mésie contre les invasions. Détruites par les barbares, elles furent reconstruites par Justinien. Les uns après les autres, Bulgares et Turcs se sont servis des matériaux des constructions romaines et byzantines pour édifier leurs forteresses et leurs villes, et c'est ainsi que Remetodia a disparu, comme ses sœurs, dans les murailles de la forteresse de Vidin.

CHAPITRE IX

ENTRE LE LOM, L'ARTCHER ET LE VITBOL

En 1868, je partis de Lom, remontai la rive gauche du Lom jusqu'au beau village bulgare de Krividol, et, inclinant à l'ouest, je me retrouvai encore une fois sur le plateau, en partie boisé, de la terrasse danubienne, qui atteint, entre le Lom et le Vitbol, 130 mètres d'altitude. Entre les deux points où le Lom et la Skomlia se jettent dans le Danube, ce haut plateau domine une assise plus basse, dont le pied est baigné par le fleuve. Là se groupent les villages d'Ourzoïa, de Chliva et de Dobridol, dont la population bulgare émigra en 1861 en Crimée, et qui étaient alors peuplés de Tatares et de Circassiens. Vus d'en haut, ces trois villages ressemblaient à de grandes meules de foin rangées au hasard. Mais, si les demeures des laborieux Tatares ne le cédaient en rien comme aspect à celles des Tcherkesses, le travail des premiers était si bien récompensé par la fertilité du sol, qu'une bonne récolte leur laissait un excédent considérable pour l'exportation.

Le versant sud de la terrasse supérieure est couvert de broussailles de chênes nains. Çà et là seulement apparaissent quelques champs de maïs, des melons et des citrouilles. Les terres des Tatares étaient cultivées par toute la famille ; dans celles des Tcherkesses, je ne rencontrai que des jeunes gens, mais très rarement des femmes. Celles-ci menaient en général l'existence oisive du harem. Il ne m'a jamais paru probable qu'à l'exemple des Tatares, les Tcherkesses sortiraient un jour de l'isolement où les tenait la crainte qu'ils inspiraient à leurs voisins turcs et bulgares. Tout dernièrement encore ils avaient pillé pendant la nuit le couvent de Svéta-Bogoroditsa, près de Dobridol, et l'hégoumène s'était vu dans la nécessité d'y appeler comme gardien un Tcherkesse à demi invalide, dont la présence devait protéger le monastère contre les nouvelles invasions de ses compatriotes.

Le *moukhtar* tatare de Dobridol nous servit de guide jusqu'au monastère, qui est bâti sur une petite éminence dans un des nombreux ravins qui s'ouvrent vers le Danube. Au lieu des maigres pâturages et des broussailles, se succédaient des prairies fécondes et des bois peuplés de gibier. Encadré par la magnifique verdure des noyers couverts de fruits, à l'ombre desquels un *mokan* (berger) gardait les troupeaux de la communauté, le couvent se détachait gaiement au milieu des vignes et des vergers, tout brillant d'une nouvelle jeunesse, car sa reconstruction, œuvre de l'hégoumène actuel, remonte seulement à 1856. La gracieuse petite église, construite par des Tsintsares, est surmontée d'une mince coupole et embellie d'un vestibule remplaçant le narthex; le portail à colonnes est décoré d'animaux symboliques, de forme primitive, représentant la victoire du christianisme sur le paganisme. Cette ornementation rappelle de tout point celle de l'église de Bregova, sur le Timok, et, comme tous les ouvrages des Macédo-Valaques, conserve soigneusement les modèles byzantins.

Sur la place couverte de verdure qui s'étend entre l'église et les deux pauvres rangées de cellules, s'élèvent un clocher de bois et une jolie fontaine d'architecture turque, qui fournit une eau limpide; plus loin jaillit une seconde source recouverte d'un appentis en forme de chapelle. La vertu mystique des deux sources pour la guérison des yeux amène à Sveta-Bogoroditsa une multitude de pèlerins. Ici, comme en Serbie, je retrouvais les traces du culte des eaux, particulier aux Gaulois, aux Germains et à quelques autres peuples. Des sacrifices de toutes sortes étaient offerts aux dieux des eaux, et l'on peut, sans trop d'imagination, voir un vestige de cet antique hommage dans les monnaies que les Slaves du Sud et les Écossais jettent encore dans les sources vénérées et salutaires. Il va sans dire que ces offrandes sont recueillies par les bons pères, qui, par leurs prières et leur bénédiction, ajoutent aux forces curatives des sources. Les dimanches et jours de fête, surtout au *sabor*, fête du patron du monastère, les trois moines qui habitent ce couvent peuvent à peine répondre aux demandes nombreuses des croyants; l'hégoumène Basile, qui a reçu à cause de son pèlerinage à Jérusalem le surnom de *Hadji*, y remporte, malgré son ignorance qui confine à celle du paysan, de grands succès spirituels et matériels.

ENTRE LE LOM, L'ARTCHER ET LE VITBOL. 109

Mes recherches en fait de vieux livres et de curiosités ecclésiastiques furent vaines : tout était neuf à Sveta-Bogoroditsa. Aussi ne tardai-je pas à reprendre ma route, et, laissant derrière moi les villages de Vodniantsa et de Metovnitsa, j'atteignis Skomlia. Non loin

ÉGLISE DE SVETA-BOGORODITSA.

de ce village, un petit affluent de la Skomlia s'est creusé un lit dans la couche de lœss, mais, n'ayant pu forcer l'assise calcaire sous-jacente, il forme une cascade qui, par les grandes eaux du printemps, doit offrir un beau spectacle. Le paysage est d'ailleurs charmant et d'une infinie variété. Les prairies sont arrosées de sources bruyantes, et d'opulentes cultures de maïs se cachent dans la verdure des jeunes forêts. Les paysans que nous rencontrâmes sur la route se disposaient à rentrer au village : c'était le soir ; les derniers rayons du soleil se brisaient déjà sur les hauts sommets rocheux des Stolovi et jetaient leur lumière diffuse sur la campagne à demi perdue sous le voile léger d'une brume violette.

Skomlia est un grand et riche village, mais il n'avait ni école ni église. Personne ne savait lire dans le bourg, et, dans les environs, le pope d'Oréché était seul à posséder cet indispensable moyen de civilisation. Ici, comme dans la majorité des villages bulgares, l'impôt était marqué par des coches sur des bâtons de bois, dont l'un restait entre les mains du maire et l'autre était gardé par le contribuable. Chaque coche comptait pour 10 piastres. Rarement les gens étaient en état de dire leur âge, et peu de mères savaient au juste celui de leurs enfants.

Il me fallut chevaucher jusqu'à Izvor pour trouver une école. Et quelle école, bon Dieu! Pour tout mobilier scolaire quelques images de piété grossièrement encadrées de bois et quelques misérables livres dépareillés, tombés par hasard entre les mains de l'instituteur! Je ne pus voir ce dernier : pendant la moisson, élèves et maître désertent l'école, d'ailleurs peu fréquentée en toute saison.

Mais, si les habitants du village ont fait peu de frais pour l'éducation de leurs enfants, ils ont d'autant plus sacrifié pour la construction de leur nouvelle église. Izvor n'échappait pas plus que les autres centres bulgares à l'oppression cléricale, et je pus constater de nouveau l'hostilité systématique du clergé phanariote vis-à-vis des tendances civilisatrices du peuple bulgare. « A quoi bon des écoles pour vous? Bâtissons plutôt des églises à la grande gloire de Dieu. » Tel était le conseil que l'archevêque de Nich donnait à ses fidèles en l'an 1860. Il est malheureusement facile de reconnaître sur tous les chemins de la Bulgarie les fruits d'un enseignement si salutaire.

De Tolovitsa il ne faut plus qu'une heure et demie de marche pour atteindre l'Artcher et la petite ville de même nom située au débouché de la rivière dans le Danube.

Il est rare de constater une décadence aussi complète que celle de la célèbre et puissante ville romaine de *Ratiaria*. Si l'économiste américain Carey avait connu Artcher et son brillant passé, il aurait rappelé certainement ce nom dans la triste description qu'il nous fait de l'empire turc. « Le territoire du bas Danube, autrefois le théâtre le plus actif de l'industrie romaine, fournit maintenant une maigre nourriture à quelques porchers serbes et à quelques paysans valaques, » écrit Carey. Il aurait pu ajouter : « Sur les ruines de Ratiaria vivent aujourd'hui, à côté de Bulgares et de Roumains ignorants, quelques rares mendiants turcs. » Cette ville était le quartier général d'une légion, la station de la flotte danubienne, et la capitale de la partie de la Mésie qu'après l'abandon de la Dacie proprement dite l'empereur Aurélien avait séparée de la haute et basse Mésie, et qui, sous le nom de *Dacia ripensis*, s'étendait depuis les Portes de Fer et l'embouchure du Vid jusqu'à Sofia et Nich ; elle aurait dû, ce semble, gagner en grandeur et en éclat. Mais la ruine apportée par l'invasion des Huns à cette malheureuse cité fut si complète, que la reconstruction des parties dévastées, ordonnée par Justinien, ne put réussir à lui rendre son ancienne importance.

Sous les tsars bulgares, il ne fut plus question de Ratiaria ; elle fut détrônée par Vidin, sa voisine. Deux dalles de pierre, qu'en 1862 je trouvai encastrées dans le mur extérieur de l'ancien château bulgare de Vidin, portaient le nom de Ratiaria. Ce sont les seules inscriptions connues qui fassent mention de cette importante ville romaine, qui s'étendait sur les deux rives de l'Artcher. Sur une colline de la rive gauche, au nord de la ville et tout près du Danube, j'aperçus les restes d'un *castrum*, enseveli sous les végétations parasites. Une misérable karaoula en occupe l'enceinte abandonnée. En temps de guerre, la population musulmane de la petite ville était requise pour la défense des murs, aux trois quarts démolis, qui portent l'orgueilleux nom de *kaleh* (château) ; mais, en temps de paix, il suffisait pour cette tâche d'un piquet de zaptiés commandés par un caporal.

Ainsi qu'à l'époque romaine, Artcher était aussi sous les Turcs la station d'une flottille de guerre. Sa situation en fait un excellent poste d'observation pour la région s'étendant de Lom jusqu'à Vidin.

Du camp romain, on aperçoit à l'œil nu les minarets de Vidin. Je ne suivis cependant pas la route qui mène à cette ville en longeant le Danube, car je voulais rechercher les traces de la voie romaine qui, partant d'Artcher, avait jadis réuni Ratiaria à Naïssus, et qui avait été suivie par les Slaves, lorsqu'au sixième siècle ils se dirigèrent de la Dacie dans la presqu'île du Balkan pour s'y établir. J'en avais déjà relevé la partie qui s'étend de Nich par Knejevats, en Serbie, jusqu'au col de Kadibogaz, et je pensais en trouver le prolongement sur la rive de l'Artcher, dans la direction de Rabich.

Les carrières de Lagochovtsé offrent des traces d'exploitation romaine, et j'appris qu'un ancien *kaldroum pout* (chemin pavé) se voyait encore dans les environs au commencement du siècle. Mais où et comment en retrouver les traces disparues? Si, dans la saison sèche, l'Artcher traîne péniblement son mince filet d'eau à travers les graviers de son lit, il se change, à l'époque des crues, en un torrent puissant, dont le flot sauvage déborde dans les campagnes. Les travaux exécutés par les Romains pour assurer la sécurité de la berge n'avaient point sans doute empêché la capricieuse rivière de jeter à bas la vieille route militaire, et je désespérais déjà du résultat de mes efforts, lorsque la découverte de nouveaux vestiges romains vint me rendre le courage.

A moitié chemin d'Ostrokavtsé et de Kladroup, le torrent a si profondément déchiré le sol de la vallée, que la route a disparu de distance en distance. Nous cheminions péniblement sur les éboulis de la rive, lorsque, à la jonction des deux bras de l'Artcher, près de Kladroup, j'aperçus une foule d'élévations parallèles en forme de retranchements. La végétation particulière dont elles étaient revêtues trahissait les murailles qu'elles recouvraient. J'avais devant les yeux les restes d'un établissement romain très étendu, dont le centre avait formé un solide *castrum* carré de cent quarante pas de côté. Il était facile de reconnaître la place des rues et des diverses constructions. Mais la reconstitution du plan général de cet établissement nécessiterait des fouilles considérables.

Je relevai dans le village de Kladroup deux fragments d'une inscription romaine. Les paysans me racontèrent aussi qu'on y avait fait de riches trouvailles de monnaies.

Le jour tirait presque à sa fin, mais il me ménageait encore de nouvelles surprises. Une demi-heure avant d'arriver à Kladroup, j'aperçus, sur une petite colline, des points blancs que je pris d'abord pour un troupeau de moutons; mais, comme ces points restaient dans une immobilité absolue, je me décidai à prendre le chemin de la colline. Là je pus compter une trentaine de pierres votives antiques à demi enfoncées dans la terre. Une seule était encore dans la position verticale, mais l'inscription en était complètement effacée. Plus d'un monument de cette nécropole romaine a dû servir à la construction de l'église du village voisin de Rabich, si j'en juge par les fragments que j'y ai reconnus moi-même. Ces découvertes me permettent d'affirmer que la grande voie stratégique de Naïssus à Ratiaria, venant du col de Kadibogaz, ne pouvait passer que par la vallée de l'Artcher.

Le bord de la terrasse sur laquelle est assis le village de Rabich est coupé de nombreuses failles dues à l'action des pluies. Sur le riche et fertile plateau s'élève une hauteur isolée, appelée par les Bulgares Magoura, par les Turcs Pilav-Baïr, et que sa position rend singulièrement précieuse pour les études topographiques et trigonométriques. Jusqu'à mi-hauteur l'ascension fut facile. Nous étions à cheval, mêlés à de nombreux troupeaux de chèvres s'ébattant de tous côtés sur l'herbe luxuriante, mais il fallut bientôt mettre pied à terre. De plus en plus pressés, les blocs calcaires perçaient le sol, aigus, coupants. La beauté du spectacle que nous réservait le sommet de la Magoura nous eut bien vite dédommagés des peines de la montée. Je crus volontiers mon guide, Stoïan Iliev, un des dix mille émigrés de 1861 revenus en 1862, lorsqu'il m'affirma que la belle et fertile Crimée elle-même n'avait pu lui faire oublier le charme de sa patrie. J'eus plaisir à voir dans ce jeune paysan un nouvel exemple de la grande facilité d'éducation qui distingue le peuple bulgare. Pendant un séjour d'environ une année à Bolgrad, en Bessarabie, il avait appris le français, et, bien qu'il n'eût pas eu depuis lors l'occasion de pratiquer cette langue, il la parlait encore passablement, avec le doux accent particulier aux Slaves du Sud.

Makrech, situé au pied de la Magoura, compte au nombre des plus riches villages des environs. Il possède une jolie église et une école, malheureusement aussi dépourvue de mobilier scolaire et presque aussi déserte que celle d'Izvor. Ici, comme ailleurs, le manque d'instituteurs capables se faisait sentir. La création d'écoles normales pour les instituteurs dans les grandes villes de la Bulgarie est une nécessité du premier ordre, et l'on ne peut la recommander assez chaudement au gouvernement et aux patriotes bulgares.

Les pentes de la rive droite du Vitbol sont couvertes d'épaisses forêts; la rive gauche, au contraire, est plate et cultivée. Près de Voultchak, le sol nourrit de riches troupeaux, des bêtes à cornes de belle race; le vin s'y récolte en abondance, et les habitants de la vallée le prisent si bien, qu'ils lui doivent parfois une gaieté un peu vive. Une forêt de chênes me ramena de Voultchak dans la plaine. Quelle riche moisson emplirait ici la main du travailleur assez prévoyant pour se donner la peine de cultiver cet admirable sol! Mais il ne s'y trouve encore que des herbes folles, végétation splendide et inutile.

Gramada était notre étape de nuit. J'y arrivai encore tout ému des splendeurs variées de ce beau panorama montagneux du pays serbo-bulgare, magnifiquement reculé jusqu'à l'horizon lointain par la cime altière du Rtagne.

Dans la maison du *kmet* (chef de village), où j'étais descendu, ma lanterne sourde excita un étonnement général parmi les braves villageois accourus pour me saluer. L'activité de la famille me réveilla de grand matin, et j'eus de nouveau l'occasion de voir combien en Bulgarie les deux sexes rivalisent de zèle et d'habileté.

Si jusqu'à Vodna les champs de maïs nous avaient permis d'embrasser toute la perspective du plateau, une jeune forêt de chênes vint bientôt nous le cacher par intervalles. Nous marchions en pleine idylle. Ici et là des groupes de bergers flânaient sous la feuillée, découpaient du bois ou faisaient de la musique; les chèvres, les brebis, les bœufs épars dans la clairière, donnaient au tableau une décoration vivante du plus charmant effet.

Près de Sinakovtsé, le paysage grandiose fait place à des traits plus doux et plus agrestes. Des vignobles, des prairies et des champs cultivés descendent partout les pentes de la terrasse. Le *tchiftlik* d'un riche Turc de Vidin m'a laissé une impression particulièrement aimable. Quelques moments de repos dans ce site ravissant, tout animé des scènes de la vendange, m'eussent paru délicieux, mais les *arabas* (voitures servant au transport des femmes turques) réunies à l'ombre des grands noyers me révélèrent la présence du propriétaire et de son harem, et, par respect pour les usages du pays, nous nous tînmes à distance respectueuse de la petite maison, sur le balcon de laquelle l'heureux propriétaire se montrait entouré de femmes non voilées. Des enfants jouaient gaiement du tambourin, et le bruit de leurs chants et de leurs rires, le son de la guitare, nous accompagnèrent longtemps encore sur la route. Le tchiftlik de Sinakovtsé, habité par son possesseur seulement pendant l'été, est l'unique maison turque que j'aie rencontrée, dans mes nombreux voyages entre le Lom et le Timok, hors de l'enceinte des villes.

J'avais déjà souvent pu apprécier l'instinct industriel et artistique des Bulgares : leurs métiers, fabriqués par les montagnards eux-mêmes, et sur lesquels les femmes tissent les brillantes étoffes dont elles sont vêtues; leurs broderies et leurs tapis décorés avec un goût exquis; leurs beaux produits céramiques, leurs sculptures sur bois. Dans le bassin du Vitbol, je fis connaissance avec les ingénieux appareils d'irrigation qui ont valu à ces hommes simples la réputation des meilleurs cultivateurs de l'Europe orientale. En maints endroits, de grandes roues de bois, des *norias* analogues à celles qu'on emploie dans le midi de la France, plongent dans des rigoles creusées le long de la rivière et y puisent l'eau, qu'elles amènent ensuite sur la terrasse. Un manège attelé de bœufs fournit

NORIA BULGARE PRÈS DU VITBOL.

la force motrice. Eu égard à la rusticité des outils dont se servent les paysans qui le construisent, cet appareil, protégé contre la pourriture par une couche de couleur à l'huile noire, est parfait au point de vue technique.

Sur le bord de la terrasse, dans l'angle aigu formé par la Rakovitsa et le Vitbol, je découvris les ruines d'un château romain, appartenant à la grande ligne de défense de la Mésie. Il surveillait la rive autrefois dacique, maintenant roumaine, qui lui fait face, et les fondements de ses murailles détruites par les invasions ont supporté dans le cours des siècles des constructions byzantines et peut-être bulgares. Vingt nizams en formaient la garnison. Il était midi lorsque j'y entrai, et j'acceptai avec reconnaissance l'offre hospitalière que me fit le tchaouch de passer sous sa tente l'heure du kef, si douce par le soleil brûlant !

Une profonde tranquillité régnait sur le long glacis marécageux de Vidin ; les aiguilles des minarets de la ville se détachaient resplendissantes sur un horizon d'un bleu foncé, et l'on pouvait presque compter les mâts des vaisseaux mis à l'ancre. « Eh bien, monsieur, dit le tchaouch, si maintenant je faisais tirer un coup de fusil, ou si cette nuit j'allumais le feu d'alarme, cette ville, en ce moment si calme d'aspect, serait en pleine agitation avec son pacha et ses soldats. Je suis ici depuis trois mois avec mes gens, et ici, comme sur toute la ligne, il n'y a eu rien de suspect. J'aimerais mieux que les rebelles passassent le fleuve ou que les choses prissent un autre cours, car nous mourrons dans cette misérable place à force de ne rien faire et de nous ennuyer. »

Il disait vrai. Depuis le grand mouvement parti en 1867 de Bukarest, la paix n'avait été troublée jusqu'en 1871 ni sur le Danube ni dans le Balkan, malgré toutes les relations des journaux qui affirmaient le contraire. Le sultan avait promis aux Bulgares de se rendre à leur désir et de créer un exarchat indépendant, soustrait à l'influence pernicieuse du Phanar : cette promesse avait calmé l'esprit révolutionnaire qui menaçait de se faire jour en différents endroits. Il ne dépendait que de la Porte elle-même de l'étouffer complètement.

Du château romain, on atteint en un quart d'heure l'important village de Vitbol, situé sur la grande route de Vidin à Belogradjik. Les caravanes de paysans qui vont au marché de Vidin font station devant ses nombreux hans pour y boire le coup de l'étrier. Le portail de sa riche église, achevé en 1863, est richement agrémenté à la façon des Tsintsares. Chose curieuse, la façade porte les armes de la Serbie, fantaisie innocente du constructeur sans doute. Mais, comme ni les Turcs ni les Bulgares n'accordent d'importance à certaines choses qui jouent souvent un grand rôle parmi nous, l'étrange décoration ornera sans doute longtemps encore cette église.

Le pêle-mêle varié des chariots bulgares, tcherkesses et tatares qui, de ci, de là, se pressaient sur le large pont sans parapet de Vitbol, s'ouvrit enfin suffisamment pour nous permettre de passer sans danger sur la rive droite. La vallée était très bien cultivée : partout se voyaient des appareils d'irrigation ; des troupeaux de vaches se pressaient sur les prairies verdoyantes ; les moulins groupés sous les massifs de noyers faisant entendre leur joyeux tic-tac, et les chariots grinçant sous le poids de la vendange, formaient de tous côtés un tableau joyeux et animé.

Près de Voïnitsa, la vallée se rétrécit : le paysage prend un caractère plus sérieux, et les berges, de plus en plus élevées, se frangent de nombreuses déchirures. Les rochers calcaires se resserrent pour former plus loin un portique d'un grand effet pittoresque. A peine l'avions-nous dépassé, que la scène changeait de nouveau. Du haut de la colline, Medichovtsé nous regardait d'un air engageant. Après une petite halte dans le han du village, un des plus propres que j'eusse encore vus dans le pays, nous reprîmes la direction ouest, et le soleil était déjà couché depuis longtemps lorsque nous entrevîmes à l'horizon la silhouette aiguë de Sadertsa, but de notre marche nocturne.

Les maisons du village étaient si misérables, que je préférai passer la nuit dans le han, plus misérable encore, s'il était possible. Je couchai en plein air sous une véranda élevée un peu au-dessus du sol. Dès qu'en Bulgarie on quitte la grande route, on apprend à se contenter de peu : une botte de foin, une couverture de caoutchouc par-dessus, et un manteau pour s'envelopper, donnent un lit excellent. Du *tchaï* (thé accompagné de rhum et de sucre), quelques œufs ou un reste de poulet froid, forment un souper délicieux, chargeant peu l'estomac; souvent il ne manque qu'un peu de bon pain pour faire oublier le pot-au-feu de la patrie.

Le garçon qui soignait mes chevaux avait mis ses bêtes à l'abri dans un enclos solidement palissadé. Le voisinage des colonies tcherkesses de Koula et de Hamidich engageait à la prudence. « Auparavant nous pouvions laisser errer la nuit nos chevaux en toute liberté dans les pâturages ; maintenant aucune bête n'est en sûreté devant ces brigands, » me dirent les paysans, et ils allumèrent un grand feu devant mon tchardak pour y veiller jusqu'à la pointe du jour. Parmi ces bonnes gens se trouvait un vieillard âgé, me dit-on, de cent vingt ans. « Es-tu vraiment aussi vieux que tes fils le prétendent ? » — « Seigneur, me répondit-il, j'étais déjà marié quand Pasvan-Oglou, pacha de Vidin (le fameux janissaire révolté contre Sélim III), était notre maître. » Cette date si précise était sûrement la preuve la plus frappante de son âge plus que séculaire. Il me parla de l'ancien régime turc, et me raconta comment alors hommes et biens étaient à la merci des premiers venus ; comment, depuis, le sort des rayahs s'était amélioré, etc.

Dans l'opulent village de Storopatitsa, situé dans la région des sources du Vitbol, près de Koula, les habitants étaient tous occupés au blutage de la récolte. Ce travail se fait en commun : hommes, femmes, filles et garçons rivalisent au milieu des rires à qui lancera le plus adroitement la large pelletée de grains que le vent sépare de la balle. Un morceau de pain dont on me fit hommage me fournit la preuve que cette gymnastique populaire était plus favorable au développement des muscles qu'au nettoyage du blé.

Storopatitsa était entouré de vignes chargées de raisins, mais ces vignes étaient exposées au maraudage incessant des Tcherkesses du village voisin de Hamidieh, soigneux, ici comme ailleurs, de conserver intacte leur réputation de voleurs. D'ici jusqu'à Sveta-Troïtsa il ne se trouve pas une seule habitation ; d'épaisses forêts dévalent la crête des montagnes. Une rencontre avec la canaille errant dans ces solitudes nous eût semblé plus romanesque qu'agréable, et, comme l'obscurité silencieuse de la nuit avait remplacé le crépuscule, ce fut avec joie que nous entendîmes les coups sonores du symantron saluer notre entrée dans le monastère.

On pourrait difficilement se représenter un lieu plus propre à la vie contemplative que cet endroit consacré à la sainte Trinité. La petite église et les bâtiments du couvent sont cachés aux regards, et la belle forêt éloigne tout bruit, en sorte que l'homme le plus mondain est obligé ici de faire un retour sur lui-même. Mais les moines qui habitent ce lieu paisible, isolé du monde, sont loin de se livrer à de saintes extases ou aux contemplations d'un spiritualisme maladif.

Comme à Sveta-Bogoroditsa, ce fut en vain que je cherchai à Sveta-Troïtsa soit des livres, soit quelque autre produit de la civilisation occidentale. La chambre de l'hégoumène, qui me fut assignée, contenait seulement des images saintes, des armes, des bouteilles d'eau-de-vie, des vêtements, et, sous l'oreiller, dont on avait depuis longtemps négligé de secouer la poussière, se cachaient des cartouches avec une bourse pleine de petite monnaie.

Quant au chef de la communauté lui-même, c'était un petit homme à barbe grise, remuant, à qui, malgré son maintien d'une humilité exagérée et son costume ecclésiastique, tout manquait pour inspirer le respect. Un second moine aussi dégoûtant et d'apparence cynique le suivait, chargé de bouteilles et de victuailles. C'étaient là les prédicateurs de la parole évangélique au couvent de la Sainte-Trinité. Sans leur barbe et leur costume, je ne les aurais pas distingués des plus grossiers bergers de la montagne. En comparaison de l'ignorance, de la saleté physique et morale des moines bulgares, ceux de la Serbie sont de vrais modèles d'éducation et de civilisation.

Longtemps le monastère de Sveta-Troïtsa fut complètement abandonné; il y a quelque vingt ans, un moine entreprenant s'y établit et ralluma le feu sacré devant les pauvres images. Les paysans du voisinage affluèrent, et le saint entrepreneur sut peu à peu augmenter les revenus du couvent : bientôt il put payer chaque année au gouvernement un impôt de 1500 piastres (375 francs), somme très considérable pour la contrée.

Le lendemain matin, je déposai, selon la coutume du pays, quelques pièces d'argent sur la table où sont exposées les saintes images que l'on doit toujours baiser au départ. L'hégoumène me fit signe de rester encore un moment, et, suspendant à son cou un *épitrachilion* (une étole), il nasilla une prière pour mon heureux voyage. Force me fut de le laisser dire jusqu'à la fin, mais je ne me sentis à l'aise que lorsque, laissant derrière nous la sombre gorge du couvent, un galop rapide nous eut amenés en vue de la terrasse danubienne, étincelante sous les splendides rayons du matin.

CHAPITRE X

ROUSTCHOUK ET LA VALLÉE DE LA YANTRA

Mon voyage de 1874 fut dirigé vers le Balkan central et occidental et vers les vastes territoires qui s'étendent au nord et au sud de ces parties de la chaîne.

Le 17 mai, j'étais à Vidin, où je pris passage à bord d'un des magnifiques bateaux à vapeur autrichiens du bas Danube. Le long du fleuve se déroulaient l'une après l'autre les collines de Kalafat, qu'à l'heure du soir le soleil revêtait de ses plus resplendissantes couleurs. Peu à peu la longue ligne des blanches murailles de Vidin se fit plus mince et plus ténue; ce ne fut bientôt plus qu'une raie brillante, un fil jeté sur la rive; à la fin, elles disparurent à leur tour, le crépuscule enveloppa la campagne et les pavillons retombèrent le long des mâts.

Trois heures après, nous touchions à Lom; le clair de lune me permit de reconnaître au loin la silhouette du Balkan de Sveti-Nikola. Pendant la nuit nous longeâmes les ports de Rahova et de Nicopolis; le matin, nous dépassâmes Svichtov, et le lendemain soir nous atteignîmes Roustchouk, alors chef-lieu du vilayet du Danube. Le bateau s'arrêta près d'un quai de pierre de taille encore inachevé et commencé pourtant il y a des années par Midhat-pacha. Il donnait aux voyageurs qui se dirigeaient sur Constantinople par le chemin de fer de Roustchouk à Varna, au moment même où ils touchaient le sol du Grand Seigneur, le témoignage le plus éloquent des réformes turques : tout commencer et ne rien finir.

Ce ne fut pas sans regret que, cette fois encore, je pris congé du vapeur autrichien; au lieu du confort que j'y avais trouvé, j'allais être exposé aux désagréments d'un voyage de plusieurs mois à travers une contrée peu civilisée et peu hospitalière. Je descendis à l'hôtel Islé-Hané, qui est assez joliment installé. La ville de Roustchouk en doit la construction à Midhat, qui fit aussi éclairer les rues au pétrole. L'hôtel renferme au premier étage une salle où ont lieu en hiver des réunions, des bals, des concerts, des représentations d'opérettes ou de comédies. Dans la salle à manger, située au rez-de-chaussée, on sert « à table d'hôte » ou « à la carte »; le buffet est garni de vins français et hongrois; j'y trouvai quelques journaux grecs, français et bulgares, mais aucune feuille allemande. Je m'en étonnai, puisque les voyageurs allemands passent ici en grand nombre. Notre hôte s'excusa d'une façon très habile. Il prétendit que les Allemands connaissaient plusieurs langues, que ce n'était pas le cas des autres étrangers, ce qui l'obligeait de s'abonner à leurs journaux.

Comme tous les ports bulgares du Danube, la ville de Roustchouk est bâtie à l'embouchure d'une des rivières qui descendent des pentes septentrionales du Balkan. Le Lom baigne seulement la partie ouest de la ville, où se sont établis les métiers tributaires de l'eau, les tanneurs, les pêcheurs, les bouchers, etc. Le sérail du gouverneur, les casernes, les bâtiments d'administration, les mosquées et les vingt minarets dont la silhouette se profile au-dessus du quartier turc, s'élèvent sur la terrasse qui tombe à pic sur le Danube. Du côté du fleuve, cette terrasse est garnie de maisons en style européen, parmi lesquelles se font remarquer l'hôtel Islé-Hané et les consulats, dont les mâts laissent flotter des pavillons multicolores. A droite et couronnant la pente, un bain à double coupole, une mosquée et un fort se cachent à demi sous la verdure. Sur les bords du fleuve, tout contre le talus rapide de la falaise, se blottissent les constructions ménagées pour l'industrie et le commerce, la douane, les magasins, les ateliers d'une entreprise de camionnage, les bâtiments des compagnies de navigation à vapeur. La gare du chemin de fer de Roustchouk à Varna, distante d'un quart de lieue du quai des vapeurs, borne la ville à l'est, tandis qu'à l'ouest, sur l'embouchure du Lom, elle se termine par un petit chantier et par le port des bâtiments de guerre et de commerce. Sur ces deux points extrêmes s'appuie l'enceinte fortifiée, qui a presque entièrement disparu le long du fleuve.

Midhat-pacha s'est employé sans relâche au renouvellement de la ville. Il a jeté à terre un vieux quartier, percé des rues convergeant vers le centre, commencé la construction du quai, et, s'il était resté plus longtemps vali, Roustchouk aurait sûrement remporté la palme sur toutes les escales du bas Danube. Tel qu'il est aujourd'hui,

ROUSTCHOUK.

il ne peut lutter ni avec Giurgevo, ni avec Belgrade, pour tout ce qui touche à l'architecture, au dallage, à l'éclairage et à la propreté des rues.

Ce qui charme à Roustchouk, comme dans les autres villes turques, si l'on fait abstraction de leur site souvent fort pittoresque, c'est moins l'architecture que l'aspect des habitants eux-mêmes. Assis devant l'un des petits cafés turcs qui se trouvent sur le quai du Danube, fumant une cigarette ou une pipe, buvant une tasse de café ou de sorbet à fort bon marché, on passerait des heures entières à contempler la foule aux costumes variés, à l'entendre parler dans des langues diverses, et souvent on découvrirait des particularités intéressantes.

Sur les 23 000 âmes environ que comptait en 1874 la population de la ville, les recensements officiels indiquaient 10 800 Turcs, 7700 Bulgares, 1000 Juifs, 800 Arméniens, 500 Tsiganes et 1000 soldats ottomans. Il s'y trouvait aussi près de 800 Roumains et Serbes, 300 Autrichiens et Hongrois, 100 Grecs et 100 Allemands, Anglais, Polonais, Russes ou Italiens, qui, soit comme nationaux, soit comme protégés, y relevaient des consuls étrangers. L'Autriche-Hongrie et la Russie y entretenaient des consulats généraux; l'Angleterre, la France, l'Italie et la Grèce y avaient des consuls effectifs, tandis que l'Allemagne, l'Espagne, la Belgique et la Hollande se contentaient de représentants honoraires. Les dimanches et jours de fête, quand tous les consuls hissaient leurs pavillons, l'étranger, perdu au milieu des Orientaux, éprouvait un étrange sentiment de sécurité, dont il jouissait rarement dans les pays turcs où dominaient l'arbitraire et le despotisme.

Dans le quartier turc, la grande place méritait seule quelque attention. Là s'élevait le sérail du vali, précédé d'un jardin où les flâneurs se réunissaient pour écouter la musique militaire. Dans les ailes de ce bâtiment et dans les constructions qui bordent la place, étaient installés les bureaux du gouvernement, l'imprimerie de la feuille officielle de la province, la *Touna*, unique journal de tout le vilayet; plus loin se suivaient les bureaux de la police, de la poste, du télégraphe, les prisons. A droite du sérail se trouve l'hôtel de ville, à gauche l'orphelinat d'Islé-Hané, et vis-à-vis une vaste caserne d'infanterie et de cavalerie. Quelques minarets jettent une nuance pittoresque dans ce tableau régulier; mais, d'architecture solide, aux proportions convenables, nulle trace. La bonne volonté de Midhat, à qui Roustchouk est redevable de ces édifices, était bien supérieure à l'exécution précipitée de ces constructions dépourvues de goût et de solidité.

La plus remarquable mosquée de la ville, au point de vue architectural, est la Hounkiar ou Baïrakli-djami (mosquée du Conquérant ou de la Bannière), où se hissait chaque jour le pavillon de midi.

Les Bulgares possèdent deux églises : la plus ancienne est celle de Saint-George, dont la partie supérieure ne date que de 1840 ; la plus remarquable est celle de Sveta-Troïtsa, bâtie il y a une centaine d'années, et enfoncée à moitié dans le sol, suivant le seul mode permis à cette époque. C'est une sorte de cave profonde et spacieuse, très bien aménagée d'ailleurs pour les besoins du culte. Bien que la paix de Paris eût stipulé pour les rayahs le droit d'ajouter des tours à leurs églises et de sonner les cloches, à Roustchouk comme ailleurs les musulmans ont d'abord voulu empêcher les chrétiens de se servir de ces dernières, et il a fallu, en 1872, toute l'énergie du consul général de Russie pour triompher de leur résistance.

Les discordes religieuses survenues entre les Bulgares et les Grecs eurent leur contre-coup à Roustchouk, où en 1873 elles amenèrent des voies de fait assez graves. La minorité grecque s'est séparée des Bulgares et s'est constituée en communauté spéciale, reconnaissant la suprématie du siège œcuménique. Le petit troupeau catholique, desservi par un prêtre de la Passion, dépend de l'évêque de Bukarest ; il possède une église, bâtie en 1858. Le culte évangélique compte à Roustchouk plusieurs fidèles ; la Société biblique américaine y fait une propagande active ; enfin un missionnaire, entretenu par la Société britannique pour la conversion des juifs, remplit, à côté de sa mission peu fructueuse, une œuvre autrement féconde. L'école mixte de la Société était certainement l'une des mieux tenues de la ville ; elle était même suivie par un certain nombre d'enfants bulgares.

Les Bulgares, malgré leurs efforts, n'avaient encore que des établissements scolaires assez arriérés. Outre deux écoles élémentaires, entretenues aux frais des deux églises, ils possédaient une école supérieure comprenant quatre classes, dirigées par sept maîtres, et une école de jeunes filles.

La librairie Danov rendait de grands services à l'éducation. C'est de chez elle que se répandaient dans l'intérieur du pays une multitude de livres d'école ou de lecture, de manuels, de cartes, etc.

Parmi les arts industriels exercés à Roustchouk d'une manière assez primitive sur les places et dans les rues, il faut citer la poterie et la bijouterie.

Les vases noirs d'argile de Roustchouk sont célèbres dans toute la Bulgarie : ils ont des formes ravissantes et sont incrustés d'ornements d'argent. J'aimais à m'arrêter dans la boutique d'un vieux musulman qui, avec un rare sentiment de la forme, faisait, sur un tour tout à fait primitif, des écuelles, des sucriers, des tabatières, des têtes de pipe. Il savait plaquer les ornements à l'endroit juste, et cela avec un goût si fin, qu'on en trouve rarement un semblable chez les ouvriers de l'Occident.

Les orfèvres de la ville ont moins de réputation que ceux de Vidin; néanmoins leurs produits méritent pour la plupart d'attirer le regard de l'Européen, qu'étonnent surtout les boucles de ceintures, les bracelets et les pendants d'oreilles destinés aux femmes des campagnes. La grande et la petite rue du Bazar, situées au centre de la ville turque, montrent, aux jours de marché, une grande activité commerciale. L'industrie dominante est celle des chaussures et des vêtements turcs; mais on cultive aussi l'horlogerie, la pelleterie, la sellerie, le tissage des étoffes et la fabrication des armes. De nombreux brodeurs s'occupent à couvrir de riches ornements les vêtements à l'ancienne mode turque et les costumes bulgares.

Non loin de la rue des Potiers, je trouvai une rue où travaillaient exclusivement des menuisiers et des charrons. On voyait là des meubles d'un goût fort bizarre, faits, pour la plus grande partie, de bois blanc et peints de couleurs variées : avec un peu de fantaisie, on pouvait se représenter l'installation d'un harem turc. Là aussi on fabriquait des jouets pour les enfants, mais ils avaient un air si drôle, qu'ils auraient difficilement trouvé des acheteurs dans le reste de l'Europe. Comment le sentiment de la forme aurait-il pu se développer chez un peuple dont la religion interdit de la manière la plus sévère l'imitation du corps humain? Sans doute on empêche ainsi l'idolâtrie païenne de se mêler à un rigoureux monothéisme, mais il en résulte pour le partisan de l'islam un très grand désavantage: il est privé des jouissances de l'art, et par là encore il ne peut pas entrer dans le mouvement des peuples européens ; c'est là une des barrières qui l'en séparent.

Quant aux articles à l'usage des Européens, ils sont exclusivement importés de l'étranger et remplissent de nombreux magasins. Le commerce en gros des produits du pays est monopolisé presque exclusivement par les indigènes.

A côté de bon nombre de bavards et de charlatans, arméniens, grecs, roumains et italiens, dont les diplômes sont plus ou moins authentiques, Roustchouk possède aussi quelques avocats et quelques médecins qui ont fait des études sérieuses dans les Facultés de l'Occident. Mais ces derniers, malgré leur instruction, trouvent peu d'occasion d'exercer leur science; car, outre le fatalisme des Turcs et la parcimonie des Bulgares, le climat de Roustchouk est très salubre. Le minimum de la température ne descend qu'exceptionnellement à 22° au-dessous de zéro, le maximum dépasse rarement 39° à l'ombre.

Le grand charme de Roustchouk, ce sont ses magnifiques environs. Des promenades par eau à Giurgevo, situé en face, des excursions à pied ou à cheval dans la vallée pittoresque du Lom, des visites aux vergers et aux vignobles de Koula et de Basarbova : telles sont les principales distractions de la société occidentale de Roustchouk. En hiver, il y a les soirées, les bals donnés par les consuls, les représentations théâtrales au bénéfice d'une œuvre de charité, les concerts donnés par quelque virtuose égaré ou par des musiciens ambulants de la Bohême et de la Hongrie.

Au temps des Romains Roustchouk formait un des points fortifiés de la grande ligne frontière de la Mésie. Si, la Table de Peutinger à la main, nous remontons le cours du Danube à partir de *Durostorum* (Silistrie), la plus importante place de cette ligne, sans nous occuper d'ailleurs des stations intermédiaires, la distance de 73 milles, où la Table indique *Prisca*, tombe justement sur Roustchouk. Cette Prisca était située à l'embouchure du Lom, où de nombreuses trouvailles romaines ont trahi son antique existence. Détruite par les Barbares, la ville n'a retrouvé son importance que dans ces dernières années, où les Turcs en ont fait un de leurs principaux établissements danubiens.

Lorsque les Russes déclarèrent la guerre à la Turquie en avril 1877, les fortifications de Roustchouk n'inspiraient guère le respect. Les eaux du fleuve, qui, ce printemps, avaient monté d'une manière extraordinaire, empêchèrent seules les Russes de s'emparer par un coup de main de cette forteresse et des autres places du Danube. Les évènements laissèrent assez de temps à la Porte pour fortifier Silistrie, Nicopolis, Vidin, mais surtout Roustchouk, qui, situé sur la route principale que suivait l'armée d'invasion, avait une importance stratégique très grande. La ville était depuis longtemps entourée, du côté de la terre, d'un rempart avec quatre fronts qui comptaient dix bastions, et, du côté de l'eau, d'un front avec deux bastions et quatre batteries. Les forts détachés construits sur les hauteurs en 1829 et 1854, et qui étaient les défenses les plus sérieuses de la place, furent réparés et consolidés au dernier moment.

Tout ce que j'appris à Roustchouk sur les différents passages du Balkan ressemblait à d'obscurs oracles. Peu d'habitants avaient franchi la chaîne, et les gens donnaient leurs renseignements avec d'autant plus de confiance qu'ils s'étaient tenus plus éloignés de la montagne. Les uns exagéraient les difficultés du trajet, tandis que d'autres les diminuaient outre mesure. Heureusement je vis dans mes voyages comme un soldat en campagne ; j'avais renoncé dès le début à tout confort, afin de ne pas augmenter mes bagages et de ne pas trop charger mes chevaux dans les mauvais chemins. Mais, même avec les prétentions les plus modestes, un voyage de plusieurs mois dans l'intérieur de la péninsule du Balkan, restée en arrière de toute civilisation, exige d'assez longs préparatifs. Certainement on voyage d'une manière beaucoup plus commode dans le royaume du khédive, et, sans vouloir abaisser le pays du Grand Seigneur, on peut le comparer en ce point à celui du chah de Perse.

Je ne devais acheter les chevaux dont j'avais besoin pour moi et pour ma petite caravane que sur le célèbre marché de Rahovitsa, non loin de Tirnovo. Cela se trouvait bien, puisque mon itinéraire, tracé d'avance, devait me conduire directement dans la capitale des vieux tsars bulgares.

La route qui mène de Roustchouk à Tirnovo a été parcourue et décrite avant moi par différents voyageurs, et en dernier lieu par les célèbres explorateurs de l'Afrique, Barth dans l'automne de 1862 et Lejean en 1867. Que pouvait-il donc encore rester à faire? Si je disais : il restait à faire tout, je paraîtrais téméraire, et c'est pourtant la simple vérité.

J'avais, dès le début, acquis la certitude que les cartes demandaient des rectifications importantes pour les parties de la Bulgarie visitées par ces voyageurs ainsi que par des topographes autrichiens et russes, et cela même pour les environs immédiats de Roustchouk. Le paysage aride qui se déroulait devant moi perdit à mes yeux une bonne partie de sa monotonie, tant j'étais occupé à noter la direction des chemins, l'aspect du sol, le cours des eaux, etc.

Mon cocher appartenait à la secte russe des *Skoptsi*, qui s'est presque exclusivement attribué le monopole du transport dans les villes de Iassi et de Bukarest. Arrivé au misérable *Gueul Tchechmé han* (auberge de la fontaine aux roses), qui ne faisait aucunement honneur à son nom si poétique, il refusa, contrairement à l'usage de tous les cochers du monde, le verre de raki qu'on lui tendait, pour demander, avec la politesse particulière à sa secte, la permission de donner un peu de foin à ses chevaux.

Près du han s'élevait une karaoula destinée à protéger la route contre les colons circassiens du voisinage. Nous la dépassâmes pour gravir de nouveau la pente de la terrasse monotone, aride et déserte sur laquelle notre route se déroulait en s'éloignant de plus en plus du Lom. Les rives boisées de la rivière avaient complètement disparu lorsque nous arrivâmes à Obretenik. Heureusement le tableau s'éclaircit dans les environs de Manastirtsi. Après cinq heures de trajet, nous vîmes enfin reparaître des terres cultivées, des arbres fruitiers, des vignobles, de beaux troupeaux et des hommes travaillant les champs. Non loin de là, sur le plateau de la Yantra, se dessinaient à l'horizon les cônes de quatre tumuli. Près de ces monuments du passé, s'élevait le modeste tertre d'un Bulgare assassiné dans ce lieu. Un énorme tumulus marque le point culminant du faîte de partage des eaux. Bientôt nous descendions vers la Yantra, dont les méandres étincelaient au loin.

La route s'escarpa tout à coup; çà et là se montraient des carrières de pierre : les plus anciennes avaient jadis fourni des matériaux aux Romains; les nouvelles ont donné la pierre employée pour le pont de la Yantra, près de Bela. Une demi-heure après, au débouché du défilé, nous découvrions tout à coup ce beau spécimen de l'architecture bulgare, qui venait d'être achevé, et nous entrâmes dans un des nombreux hans de Bela.

Le lecteur a le droit d'apprendre comment est installé un hôtel de village en Bulgarie.

Je ne sais pas si les caravansérais des grands sultans, renommés pour leur belle architecture et célébrés encore il y a deux cents ans par George Brown, présentaient à l'intérieur un confort répondant à leur luxe extérieur, mais on peut dire sans la moindre calomnie qu'aujourd'hui, dans les hans bulgares, l'intérieur et l'extérieur se correspondent parfaitement. Le han dont je gravissais en tremblant le petit escalier de bois, était, il faut le dire, très supérieur à ce que promettait au premier abord son extérieur délabré. Il possédait une modeste chambre isolée, aux murs suffisamment propres. On n'y découvrait, il est vrai, aucune trace de mobilier, et les vitres de papier (celles de verre sont rares en Turquie, où l'on n'en fabrique pas encore) laissaient passer à travers leurs déchirures le vacarme de la cour, encombrée de chevaux et de voituriers. Je pouvais même apercevoir par les fentes du plancher les bêtes installées au-dessous du premier étage. Tout cela n'empêchait pas le han d'être un des plus confortables du pays. Le handji compte si bien que le voyageur apportera lui-même tout ce dont il a besoin, même le lit, qu'il fournit seulement une cuvette, des cruches et des verres. Les bois de lit, les tables, les chaises, ne se trouvent encore que dans les auberges des grandes villes, installées à la franca.

Le lendemain matin, mes instruments me donnèrent 66^m,3 d'altitude pour le mahlé bulgare de Bela. Les maisons turques se cachent

LE PONT DE LA YANTRA A BELA.

un peu plus haut derrière les murailles de leurs jardins. Du minaret de la mosquée en miniature qui les domine, résonnait au loin l'appel du mouezzin, pendant qu'ailleurs trois symantrons, vigoureusement frappés par l'instituteur du village qu'aidaient quelques solides gamins, invitaient les orthodoxes à la fête du dimanche. Guidé par le son de cette sonnerie primitive, je me trouvai bientôt devant la petite église, bâtie en 1843 : enfoncée à demi dans le sol, elle offre l'image frappante d'une situation à laquelle la vieille génération chrétienne ne se reporte point sans frissonner.

Parcourant la petite tcharchia, toute radieuse de ses beautés de village, ornées de fleurs, et de ses jeunes garçons aux chemises richement brodées, je pus voir que des quantités considérables de marchandises s'y trouvaient entassées. La position de Bela est d'ailleurs excellente, car elle forme le point central des routes qui relient Svichtov et Roustchouk avec les centres importants de Razgrad, Choumla, Tirnovo, Gabrovo et Philippopolis. En 1860, un Français d'initiative y a construit un moulin à vapeur. Bela est appelée à devenir un jour le centre administratif et commercial de la région fertile et riche en articles d'exportation, comprise entre le Lom et l'Osem.

Quittant Bela par la route de Tirnovo, je traversai la Yantra sur le pont vraiment grandiose, construit de 1868 à 1870 par ordre de Midhat-pacha. Le hasard voulut qu'en 1872 j'eusse l'occasion de me rencontrer à Fedabey, près de Kilifar, avec maître Nicolas Fitchoglou, le constructeur du pont. Rien dans ses traits ni dans son costume ne le distinguait du plus simple paysan. Il s'anima pourtant en parlant de son œuvre, et insista particulièrement sur les 700 000 piastres (175 000 fr.) qu'elle avait coûtées. Le brave homme ne semblait pas se douter qu'avec les connaissances les plus élémentaires, il avait créé une œuvre dont s'honoreraient à bon droit nos plus habiles ingénieurs.

Je m'étais souvent demandé auparavant qui pouvait bien avoir construit les nombreux ponts turcs du seizième et du dix-septième siècle, par exemple les admirables viaducs de Vidin. Les conquérants turcs avaient-ils au début, dans leurs rangs, des ingénieurs et des architectes, et le goût des sciences et des arts ne s'est-il perdu chez eux que plus tard, ou bien avaient-ils fait appel au talent des étrangers? Le pont de Bela dissipe tous les doutes à cet égard. La plupart des constructions datant de l'époque brillante de l'empire turc sont dues à des ingénieurs macédoniens et bulgares, chez qui s'étaient maintenues les grandes traditions des célèbres architectes byzantins du temps de Justinien.

Pendant qu'en 1877 les Turcs s'attendaient à voir les Russes franchir le Danube près de Toutrokan, ceux-ci passèrent le fleuve le 27 juin dans le voisinage de Svichtov. Dès le 6 juillet, ils s'emparèrent, sans éprouver aucune perte, du pont de Bela. Cette position resta jusqu'à la fin de la campagne le point d'appui du centre de l'armée du tsarévitch et fut très solidement fortifiée. Bela acquit pendant cette guerre une certaine importance historique. Lorsque après la seconde bataille de Plevna, le quartier général des Russes dut être transféré de Tirnovo dans cette ville, l'empereur Alexandre y prit la résolution de renforcer au plus vite l'armée d'opération, beaucoup trop faible, par la mobilisation de la garde, des 42e, 43e et 44e divisions d'infanterie, par la formation de quatre nouveaux corps d'armée, enfin par le rappel sous les armes de 190 000 hommes de milice.

De Roustchouk au défilé de la Yantra, près de Samovoden, j'ai noté sur ma carte quarante tumuli échelonnés des deux côtés de la route. Ce n'est certainement pas un simple hasard qui a fait correspondre les groupes avec une si parfaite régularité sur les deux rives de la rivière. Ils se dressent pour la plupart sur des points élevés, dominant au loin la plaine. Le grand tumulus qui est près de Bela, par exemple, ne quitte pas l'horizon jusqu'à Radan, éloigné de 15 kilomètres au moins.

Le pays est charmant et fertile, mais le mode de culture est des plus primitifs. Midhat s'est efforcé pendant son gouvernement d'ouvrir

PILES DU PONT DE BELA.

la voie aux instruments agricoles perfectionnés. Il y avait bien à Constantinople un ministère de l'agriculture (le mot sonnait avantageusement à l'oreille de l'étranger), mais il n'existait pas dans toute la Bulgarie une seule école agronomique. Dans les cercles de Rahovo et de Svichtov on se sert, il est vrai, de charrues plus rationnelles, mais ce ne sont là que des exceptions, car le cultivateur de l'Orient se cramponne encore plus opiniâtrement que tout autre aux traditions de ses devanciers.

Après avoir traversé une belle plaine, entrecoupée de quelques marécages peu étendus, la route gravit, près de Krouchiti, ainsi nommé à cause de ses innombrables poiriers, la pente escarpée de la colline qui domine ici la rivière, et du haut de laquelle on voit briller au loin le minaret du charmant village de Draganovo. Près de la fontaine de Borouch, nous dépassons un groupe de quatorze tumuli, placés à distance régulière l'un de l'autre, sur deux lignes dirigées de l'ouest à l'est. Le pied se heurte à une multitude d'ossements humains, dont la présence a fait supposer à M. Slaveïkov que ce serait ici le lieu de la célèbre bataille livrée en 1396 par le roi de Hongrie, Sigismond, au sultan Bajazet. Il sera démontré plus tard que cette supposition est tout à fait erronée.

Près de Mourgasli, où les collines s'abaissent subitement, nous traversons sur un pont de bois le plus important affluent de la Yantra, la Rousitsa, dont les sources jaillissent dans les parties les plus élevées du Balkan. De plus en plus distincts se bossellent vers le sud les promontoires du Balkan, et de plus en plus splendide s'étend, au delà des ombrages et des vignobles de Polikraïchté, cette campagne admirable, qui est le digne prologue des majestueux tableaux dont la région du haut Balkan nous réserve les surprises.

CHAPITRE XI

TIRNOVO, LA VILLE DES TSARS. — NICOPOLIS AD ISTRUM.

C'est par la gorge pittoresque de la Yantra, située aux portes de la ville de Tirnovo, l'ancienne résidence des tsars bulgares, que le voyageur venant du Danube entre dans la région variée qui précède le massif du Balkan central. Le calcaire dont cette zone est constituée, et dont les couches horizontales sont déchirées par des crevasses et des cavernes, forme la transition entre les roches cristallines de la haute chaîne et la terrasse de lœss où s'est creusé le lit du Danube.

Le défilé de la Yantra a été taillé dans les rochers, dont les parois s'élèvent des deux côtés à une égale hauteur. Cet endroit mystérieux était un lieu propice aux sacrifices : au pied de ses murs abrupts, dans des bois ombragés, s'élevaient les autels des hommes qui ont construit les tumuli; là aussi se trouvaient ceux des Slaves païens, probablement aux mêmes places où sont construits aujourd'hui, sur les deux rives de la Yantra, deux superbes couvents : Sveta-Troïtsa (la Sainte-Trinité) et Sveto-Preobrajenié (la Transfiguration), sanctuaires vénérés de la Bulgarie tout entière.

Le premier est assis à mi-hauteur sur la rive droite de la Yantra. La muraille rocheuse à laquelle il s'appuie dresse à 80 mètres au-dessus de lui les escarpements à pic dont jadis des solitaires, fatigués du monde, ont habité les cavernes inaccessibles à la lumière. La beauté du site, les coupoles brillantes qui attirent et fascinent le pèlerin, la tradition et la légende, l'illusion et la crédulité, ont si bien uni leur puissance, que cinquante moines sont à peine suffisants pour le service du culte.

Le couvent de la rive opposée, celui de la Transfiguration, abrite encore plus de moines, et chaque année le retour du mois d'août y amène des milliers de croyants venus en pèlerinage des lieux les plus éloignés de la Bulgarie. La route, aujourd'hui déserte, est alors couverte d'une foule animée, et le bruit des prières y domine celui de la rivière, dont les flots tumultueux se précipitent contre les roches avec la rapidité de la flèche.

N'ayant nul désir de faire la connaissance des pieux moines, je ne m'arrêtai qu'un instant, pour faire en quelques traits l'esquisse du superbe paysage. La route longe péniblement le fleuve et les

MONASTÈRE DE SVETA-TROÏTSA.

parois rocheuses entre lesquelles elle est de plus en plus étranglée. Enfin le défilé s'élargit, et, sur le sommet de la montagne du château de Tirnovo, on voit apparaître une mosquée qui domine une petite mer de maisons. L'aiguille du minaret, qui scintillait au soleil, montrait bien qui était maître ici : le croissant apparaissait semblable à un pavillon hissé sur le grand mât. Bientôt notre voiture roulait sur le pavé inégal de la résidence des tsars.

La ville possède de nombreux et vastes hans. Je choisis pourtant le plus petit; de galants voyageurs italiens l'avaient baptisé *Bella Bona* en l'honneur de son aimable propriétaire, et celle-ci s'efforçait de ne pas en faire mentir le nom. Depuis le baptême du han, la beauté de l'hôtesse s'était bien un peu fanée, mais, heureusement, sa bonté pour les voyageurs n'avait pas diminué. Elle était partagée entre cette affection et une grande passion pour les plantes exotiques. J'eus lieu de me féliciter de cette passion. Les fenêtres de ma chambre donnaient sur une vérandah ; là « madame » avait établi un charmant jardin dans de nombreux pots de fleurs, chefs-d'œuvre de la céramique bulgare. Je me trouvais souvent là, lorsque le soleil se levait ou lorsqu'il se couchait, dégustant une tasse de thé sur le moelleux divan. De l'autre côté de la vallée nous arrivait le chant du rossignol, et entre les buissons de lauriers-roses, apparaissaient vers le sud les blancs sommets du Balkan, qui se détachaient sur le bleu foncé du firmament.

Tirnovo excite par la beauté bizarre de sa situation la surprise de l'étranger. Il est impossible d'embrasser d'un seul point de vue les nombreux quartiers de la ville, perchés sur les terrasses calcaires et traversés par les méandres inextricables de la Yantra. Une hauteur couronnée par une redoute, en deçà du pont de Ghazi-Feruch-bey, m'offrit un coup d'œil admirable sur les murs, les clochers, les mosquées, les minarets, les coupoles, les ponts, les îles, les jardins, les terrasses et les bras de rivière de la célèbre cité, dorée par les rayons du soleil. Vers l'ouest, sur la route de Roustchouk à Tirnovo, brillaient au soleil du matin, comme des pylones, les murailles rocheuses de la gorge où s'abritent les couvents. Sur un mamelon rattaché à l'Orel (montagne de l'Aigle), le quartier chrétien se déploie en terrasses. Ses rues étroites, serrées, bordées de maisons à deux et trois étages, fait rare en Orient et dû à la cherté des terrains, sont dominées par les deux coupoles de l'église consacrée aux apôtres des Slaves, Cyrille et Méthode, et par la modeste demeure de l'évêque.

Au pied de cette colline, un autre quartier, habité par les Turcs et les Bulgares, se groupe autour de l'ancienne résidence du gouverneur. La partie suivante de la ville, qui se prolonge vers l'est jusqu'au pont de Ghazi-Feruch-bey, offre un aspect aimable et attrayant. Les constructions, moins serrées, y sont partout entourées de verdure. C'est le quartier des Osmanlis ; presque tous les édifices modernes de la ville s'y trouvent réunis. Le minaret et le toit pointu de la Saradj-djamié, la coupole et le peuplier géant de la Kourchoumlou-djamié, la tour d'horloge et une foule d'autres minarets et de coupoles de mosquées et de bains s'y dessinent sur le bleu profond du ciel. Leurs lignes élancées reposent agréablement le regard fatigué par la monotonie désespérante des maisons turques, si semblables, pour la plupart, entre elles, qu'on ne peut les distinguer l'une de l'autre que par leurs teintes, jaune, brune, rouge ou bleue.

La merveille de Tirnovo n'est point d'ailleurs cette réunion d'édifices faits de main d'homme, mais le curieux pont de rochers naturel qui relie cette partie de la ville au « Tsarevets » qui lui fait face, et que son nom désigne comme l'ancien lieu de résidence des tsars bulgares. De là le nom de Hisar-Baïr (montagne du Château), et celui de Hisar-djamié, donné par les Turcs à la mosquée dont sa crête est couronnée. A ses pieds se déroule vers le sud-est un autre mahlé turc, tandis que vers le nord-ouest on voit se dresser, par dessus le long quartier bulgare, les coupoles de l'antique église métropolitaine et de l'église de la Sainte-Mère de Dieu (Sveta Bogoroditsa), tout près de laquelle un pont conduit à un troisième quartier bulgare et au Trépévits, qui domine les ruines de l'église où l'on couronnait jadis les Asénides. Du côté du pont de Ghazi-Feruch-bey, le regard se perd dans le grand quartier musulman, qui s'étend depuis la rive droite de la Yantra jusqu'aux premières assises de la montagne d'où nous essayons de décrire ce merveilleux panorama.

Tirnovo (château des Épines) fut, il y a plus de neuf siècles, le berceau de la dynastie des Chichmanides, qui recueillit l'héritage des anciens dominateurs finno-bulgares, dans l'ouest de l'empire; en 1186, il devint la résidence des princes de la maison d'Asen, qui donnèrent pour quelque temps une nouvelle vigueur à la puissance bulgare et remplirent Tirnovo de splendeur.

Deux siècles plus tard, le 17 juillet 1393, Tchélébi, fils de Bajazet, s'empara du Tsarevets après trois mois de siège. Le patriarche Euthyme, représentant du tsar, alors éloigné de sa capitale, s'entremit en vain pour obtenir la pitié du vainqueur; il n'échappa lui-même à la mort que par la « paralysie subite et miraculeuse du bras déjà levé du bourreau ». Il fut témoin de la destruction des monuments de Tirnovo et du lâche assassinat dont les patriciens et les boïars, réfugiés dans une église, furent, dit-on, victimes. Peu de temps après, un minaret surmonté du croissant s'élevait à la place de l'antique palais des tsars, et un évêque grec du Phanar s'installait comme allié des musulmans dans un misérable quartier de la ville.

Pendant longtemps Tirnovo fut la résidence des pachas qui gouvernaient la Bulgarie danubienne. Jusqu'à la création du vilayet du Danube, la Russie, la France et l'Autriche y étaient représentées par

TIRNOVO, LA VILLE DES TSARS.

des consuls. Pendant 484 ans, l'ancienne capitale des Bulgares resta entre les mains des Turcs, qui l'abandonnèrent aux Russes en 1877, sans résistance sérieuse. En 1879, l'assemblée des notables bulgares se réunit à Tirnovo, et, après avoir voté le statut organique, élut à l'unanimité prince de Bulgarie Alexandre Joseph de Battenberg.

Il n'y a pas un siècle, Tirnovo était encore une des plus importantes cités industrielles de la Turquie, et ses tisserands occupaient des milliers de métiers. Depuis, cette industrie s'est réfugiée dans l'intérieur du Balkan, à Gabrovo, Bebrovo, Élèna et Travna; mais le bazar de Tirnovo a conservé une grande importance, et ses dépôts de marchandises, tant indigènes qu'étrangères, représentent un chiffre considérable. Ils fournissent la contrée environnante, et alimentent un transit assez actif entre Tirnovo et le Danube.

Le jour de mon arrivée, j'allai présenter mes devoirs au gouverneur, Haïdar-bey. Ce fonctionnaire administrait 6 villes, 6 bourgades et 447 villages. Dans son antichambre se trouvaient environ soixante personnes de toutes conditions et de toutes nationalités : parmi elles des femmes turques voilées et des femmes tsiganes à l'œil noir. Elles attendaient du pacha, dans les affaires les plus importantes comme dans les plus petites, une sentence sans appel. A côté de lui était assis Karagniozoglou, Bulgare à l'air intelligent et à la mine fière. C'était non seulement le propriétaire d'un moulin mécanique, d'une filature de soie, etc., mais encore le premier notable chrétien de Tirnovo et le *mouavin*, c'est-à-dire l'aide du pacha. Il justifiait ce dernier titre, car, doué d'une finesse extraordinaire et d'une parfaite connaissance du pays, il aidait Haïdar à piller le district.

Le pacha semblait déjà connaître d'une manière générale le but de mon voyage et mon firman lui apprit le reste. J'interrogeai Haïdar sur l'état des routes que je pensais suivre d'abord; il me donna la consolante assurance que « l'on songeait précisément » à en commencer la construction. Nous passâmes à d'autres sujets et l'on s'entretint des écoles, de l'église, des mines, de l'industrie. Mais toujours au fond de ses réponses réservées se trouvait la formule : « précisément on y songe »; « on commence à réformer ceci et cela », etc.

En lisant mes notes sur l'Europe orientale, on ne doit pas s'étonner si le nom de Midhat revient si souvent sous ma plume, car, en quelque lieu de la Bulgarie que l'on vînt, le peu de progrès que l'on y constatait était son œuvre. Seul il voulut réaliser la réponse ordinaire des pachas : « On commence. » Ainsi, à mon retour, je vis les locaux où se tenait le corps des pompiers et j'y découvris des pompes et des appareils de sauvetage de façon occidentale ; Constantinople n'en possédait pas de semblables avant le dernier grand incendie. C'était là une création de Midhat.

Le lendemain fut consacré à la visite du Hisar et des vieux monuments de Tirnovo. Malgré l'heure matinale, une grande animation régnait dans la tcharchia, car le citadin bulgare se lève au chant du coq. Les paysans du voisinage avaient apporté sur leurs petits ânes gris toute espèce de victuailles, et nous eûmes de la peine à nous frayer dans la foule un passage jusqu'à la Bachderlik-Tchechma, où une pierre romaine avait attiré mon attention.

Je me dirigeai ensuite vers la plus belle mosquée de la ville, la Kourchoumlou-Djamési, ainsi nommée de sa coupole recouverte de cuivre.

Ce fut ici que, le 19 mai 1837, Mahmoud II adressa ses prières à Allah pour attirer la bénédiction du ciel sur ses voyages en Thrace et en Bulgarie. Je me représentais par la pensée le paisible parvis de la mosquée débordant de fidèles, qui faisaient respectueusement la haie pour voir « le *basileus* et le plus puissant des empereurs ». Avec eux, je voyais le corps des *mollahs*, des *imams* et des *cadis*, « Son Excellence » Vasouf-efendi, espèce de favori ou de chambellan devant lequel, comme le raconte un témoin oculaire, « le vizir même restait debout jusqu'à ce qu'il eût reçu l'ordre de s'asseoir », — ensuite les pachas, puis, avec des costumes somptueux, l'entourage du sultan, c'est-à-dire cette classe de gens « qui, n'étant ni pages, ni chambellans, ni secrétaires d'État, sont à la fois tout cela et jouissent d'une grande influence ». Venaient ensuite le fou de cour, le grand aumônier, les officiers et les petits fonctionnaires, la foule des valets de toute espèce. Quelle image éblouissante de couleurs ! Donnez à ce spectacle comme cadre les rayahs bulgares, debout sur les toits avec leurs femmes aux yeux sombres, timides, tristes, humbles, écrasés par tout ce luxe et toute cette pompe ; figurez-vous que de leurs yeux coule furtivement une larme de joie, lorsqu'ils songent que le sultan cherche à leur rendre plus doux le joug d'un esclavage séculaire, une larme de tristesse, lorsqu'ils se rappellent leurs tsars et leurs patriarches nationaux !

Non loin de là se trouve l'étrange pont naturel, témoin de tant de splendeurs et de tant d'actions héroïques ou sauvages, d'où le malheureux Baudouin Ier, empereur latin de Byzance, fut précipité dans l'abîme et laissé en proie aux vautours. C'est une muraille calcaire de 60 mètres de long, jetée à 12 mètres environ de hauteur sur la profonde dépression qui s'étend entre la ville et le Tsarevets. Ses parois escarpées formaient la plus importante défense de l'antique forteresse des tsars.

Après avoir franchi cette levée de roches qui ne laisse de place qu'au chemin et à une conduite d'eau, nous entrâmes dans le Hisar par une vieille tour qui est tout ce qui subsiste encore des anciennes fortifications, qui ont été reconstruites par les Turcs. Nous continuâmes à monter par d'étroites ruelles bordées de pauvres maisonnettes. Plus d'un vestige romain piqua ma curiosité, mais je fus plus sensible encore à l'ombre bienfaisante des arbres fruitiers qui débordaient les murailles, et au doux murmure de nombreuses fontaines, fondées par de pieux musulmans. Nous atteignîmes la mosquée du Hisar, bâtie il y a quatre cent cinquante ans en l'honneur d'Allah et du grand sultan guerrier Bajazet. Cet édifice, aux coupoles harmonieuses, est entouré de tombeaux ombragés de verdure où les zélés défenseurs de la foi, qui ont jadis épouvanté l'Europe, dorment de l'éternel sommeil.

C'est probablement à cette place qu'était autrefois l'église patriarcale de l'Ascension, dont la destruction par les Turcs est racontée en termes émus par un contemporain, l'archevêque de Kief, Grégoire Tsamblak.

Un vent frais et léger nous apporta le parfum des plantes aromatiques lorsque nous arrivâmes au Tchan-tépé, point culminant du Hisar, d'où nous pûmes contempler un panorama d'une beauté incomparable. *Tchan* signifie en turc cloche, et *tépé*, colline. Il est possible que le beffroi de la ville ait été jadis établi sur cette hauteur; mais on n'y trouve aujourd'hui qu'une pierre sans inscription, ornée sur trois faces de têtes de bélier. Sur le versant N. O. du Hisar, un certain nombre de colonnes romaines, rongées par le temps, me firent supposer l'existence de substructions antiques et de constructions du moyen âge; mais, pour les mettre à découvert, il faudrait raser les petites maisons turques qui s'étagent en amphithéâtre autour de la mosquée de Kavak-Baba-Tekesi.

A travers un petit jardin dont les massifs d'arbres odoriférants ombragent les tombes grillées de saints musulmans, j'entrai dans le haut vestibule de la mosquée. Les six piliers de bois sur lesquels il s'appuie se dressent sur autant de chapiteaux renversés, dont deux sont de la plus pure époque byzantine et les autres revêtent les formes de l'art romano-corinthien. Rien dans l'intérieur ou dans le plan de l'édifice ne me rappela les constructions byzantines.

La nef est décorée d'une multitude de colonnes antiques posées deux par deux l'une sur l'autre, d'une manière fort habile, mais peu artistique. Une des colonnes de gauche offre une inscription de 2 mètres de hauteur, rédigée en grec barbare, et qui émane d'Omortag, successeur du grand roi finno-bulgare Kroum (820). Je dus renoncer à en prendre copie, pour ne pas inquiéter le vieil imam qui me servait de guide. J'avais besoin de sa bonne volonté pour obtenir l'entrée d'un vieux bâtiment délabré, appuyé contre le front sud de la mosquée.

Une promenade dans cette ruine n'était pas sans danger; il fallut escalader des murs menaçants. Ma surprise fut grande en découvrant à l'intérieur des vestiges de fresques portant évidemment le caractère bulgaro-byzantin, mais dont la destruction était trop avancée pour permettre un jugement définitif sur l'âge de l'édifice qu'elles avaient orné. Je crois pouvoir dire cependant que cette église, défigurée par plusieurs reconstructions, ne remonte pas à la première époque byzantine.

Près de cet édifice s'élevait avant la conquête la Golema Lavra (grand couvent), qui, d'après la légende, fut le théâtre de nombreux miracles, particulièrement dus à saint Hilarion de Moglena dont il renfermait les reliques.

« Le musulman qui se rend à la mosquée du Hisar passe avec indifférence devant les ruines du palais du tsar Jean-Alexandre, où se tint en 1355 un concile contre les Bogomiles et contre les Juifs; devant la Patriarchia, qui mérita d'être appelée « la Mère des églises de l'empire bulgare »; devant l'église de Petka, que le tsar Jean Asen II construisit sur le Tsarevets pour y renfermer les reliques des saints. Il ne se détourne même pas pour contempler ces « vieilleries »; car le musulman n'a aucune intelligence des monuments antiques, qui pourraient pourtant lui apprendre qu'un jour viendra où tomberont aussi ses minarets fièrement élevés, du haut desquels le mouezin appelle à la prière les enfants du Prophète. Quand arrivera ce jour? nul ne peut le savoir. » J'écrivais ces lignes en 1877, et cette même année vit l'accomplissement de mes prédictions. En effet, avant la fin de 1877, plusieurs églises de Tirnovo qui, en 1393, avaient été converties en mosquées, furent rendues au culte chrétien.

Dans le petit quartier bulgare, sur les rives de la Yantra, s'élève l'église métropolitaine dédiée à saint Pierre et à saint Paul. L'ancienne cathédrale, sur le Tsarevets, fut détruite par les Turcs après la prise de Tirnovo; la cathédrale actuelle, que je puis désigner comme la plus ancienne église de la Bulgarie danubienne, est une des innombrables fondations pieuses des tsars. Ses proportions sont des plus modestes; elles doivent cependant une apparence d'ampleur aux colonnes légères et aux voûtes élevées de la nef centrale. L'impression de recueillement qui s'en dégage est rehaussée

INTÉRIEUR DE L'ÉGLISE DE SAINT-PIERRE ET SAINT-PAUL.

par les peintures religieuses, bien conservées, dont les murs sont couverts, par la pâle lumière filtrant à travers les fenêtres de la coupole et par la lueur des cierges du candélabre à trois branches placé devant l'iconostase.

L'architecture de l'église voisine de Svéta-Bogoroditsa (la Sainte Mère de Dieu) concorde d'une manière frappante avec celle de l'église métropolitaine, surtout en ce qui touche la maçonnerie. L'architecte a fait preuve d'un goût remarquable dans l'emploi combiné de la brique et de la pierre.

Sur l'autre rive de la Yantra et près du pont de l'Évêque se trouvent les ruines de Svéti-Dimitri, qui servit jadis, si l'on en croit la légende, au couronnement des tsars de la maison d'Asen. Le plan général de cet édifice et celui du chœur, octogone à l'extérieur et circulaire à l'intérieur, qui le termine dans toute sa largeur du côté de l'est, s'accorde aussi peu avec les traditions du vieux style byzantin que la maçonnerie de ses murailles. Les fresques elles-mêmes, que je crois pouvoir donner comme originales et non restaurées, datent d'une époque bien éloignée de celle où s'épanouissaient les brillants chefs-d'œuvre de la peinture orthodoxe et me semblent remonter tout au plus à la fin du quatorzième siècle.

Nous avions employé toute la matinée à faire des études archéologiques; mais la faim se fit sentir et nous eûmes hâte de retourner au han de *Bella Bona*, où l'hôtesse nous attendait avec quelque impatience. Elle brûlait du désir de nous annoncer une nouvelle qui lui semblait très heureuse. Le pacha et quelques employés supérieurs du konak m'avaient rendu visite en personne et avaient exprimé leurs vifs regrets de ne m'avoir pas trouvé. Je crus avoir fort heureusement échappé à une heure d'ennui; je me consolai d'autant plus vite que la digne femme, probablement sous l'impression du grand honneur échu à sa maison, nous avait préparé un repas excellent.

Beaucoup de temps est pris aux voyageurs par les visites à recevoir et à rendre, par les invitations à faire le kef avec accompagnement de tchibouk et de café. Ils ne peuvent s'y soustraire, sous peine de paraître impolis. Quelquefois ce sont des heures tout à fait perdues; mais parfois aussi l'explorateur trouve ainsi l'occasion de faire des observations intéressantes sur la vie, les occupations et les espérances de classes entières, et d'acquérir des notions dont il serait privé, s'il se bornait à la recherche des monuments, des pierres, des plantes, etc. Dès l'après-midi je fus récompensé de la visite que j'avais rendue à quelques dignitaires du konak par un spectacle aussi joli qu'animé. Déjà, en rentrant, nous avions rencontré de petits groupes de jeunes musulmans qui descendaient des hauteurs d'Arbanasi; revêtus de costumes bigarrés fort pittoresques, ils s'établirent sur les degrés qui conduisaient à la vérandah du sérail du moutessarif. Ils étaient accompagnés de leurs pères et de leurs parents, parmi lesquels il y avait maint superbe patriarche à la barbe blanche, la tête entourée d'un turban gigantesque. Sur l'estrade même devant laquelle quelques zaptiés maintenaient l'ordre, s'étaient placés les membres du medjilis de Tirnovo, assis sur de moelleux coussins. Ils devaient assister au tirage au sort des recrues du cercle, afin de témoigner que tout s'était passé dans les règles. Des nuages de fumée sortant des narguilés et des tchibouks enveloppaient les braves membres du conseil, que rien ne troublait dans leur kef, car la véritable besogne incombait à quelques employés. Le cadi et un colonel ventru, qui avait largement déboutonné son incommode tunique à la coupe européenne, comparaient deux listes semblables, tandis qu'un scribe répétait à voix haute aux jeunes gens anxieux le nom qu'on venait de lire. Ils entraient l'un après l'autre dans le cercle et tiraient le numéro fatal d'une bourse en soie verte. A ce moment décisif, tout bruit cessait. Après le tirage, une muette résignation se lisait sur le visage de celui que le sort appelait à être soldat ; au contraire, un cri joyeux, répété par cent bouches, était poussé lorsque le cadi prononçait le mot *haleh* (libre).

Dans les visites que je faisais le soir aux notables bulgares de la ville, je m'étonnai plus d'une fois de la construction particulière des maisons en forme de terrasses, construction dont le besoin seul semblait avoir tracé le plan. Autour d'une petite cour ou d'un jardin planté de roses ou d'arbres fruitiers, sont rangés en zig-zags, à la hauteur d'un étage, des corridors et des appartements spacieux, ouverts du côté de la cour, de sorte que l'on habite en plein air. Les extrémités des corridors sont exhaussées de façon à former des estrades, que l'on couvre de tapis et qui portent un sofa haut comme la main, large et moelleux. Un toit saillant protège encore les pots d'œillets et de chrysanthèmes placés tout autour, en dehors des galeries. Les chambres reçoivent leur jour des corridors et il y règne une demi-obscurité, fort agréable, qui repose l'œil, fatigué des couleurs de ce beau ciel.

Mon excursion archéologique suivante fut consacrée au village d'Arnaout-Keui (bulg. Arbanasi), situé à trois quarts d'heure de Tirnovo, sur la rive droite de la Yantra, et qui passe généralement pour un établissement de date fort ancienne. Il comptait, en 1871, environ 1400 âmes. Une bonne route et de beaux jardins en font la promenade favorite des habitants de Tirnovo.

A travers les vignobles et les vergers, nous atteignîmes son église basse, à demi cachée par des tombes ornées de fleurs et par quelques beaux arbres. C'est une sorte de catacombe hors de terre, dont l'enceinte, remplie d'une ombre mystérieuse, donne entrée dans six chapelles plus basses encore, sans fenêtres, où la lueur de modestes petites lampes lutte seule avec les ténèbres ; les chapelles ont été successivement ajoutées à l'église principale par les riches familles macédo-roumaines, jadis établies à Arbanasi.

La tradition fait remonter la fondation de l'édifice à une princesse byzantine mariée au tsar Chichman, mais il me paraît appartenir plutôt à la seconde moitié du quatorzième siècle. Cette opinion est appuyée par une autre légende qui attribue la fondation d'Arbanasi à des Roumains venus de l'Épiré il y a quatre cents ans, et qui entretenaient avec les territoires du Danube un important commerce de bétail.

Les belles maisons des marchands valaques du village méritent leur réputation. Elles m'ont fait songer aux *castelli* de la haute Italie. Une des plus belles et des mieux construites est celle de la famille Brîncovanu, aujourd'hui propriété de la commune. C'est dans ses murs que le dernier évêque de Tirnovo, chassé de son siège, essaya d'oublier ses chagrins. D'autres constructions spacieuses et presque monumentales, aux plafonds et aux cheminées de stuc, aux élégantes sculptures en bois, portent les noms patriciens de Cantacuzène, de Bratianu et de Filipescu. Je ne sais quelles relations existent entre Arbanasi et les familles influentes de la Roumanie dont je viens de citer les noms, mais, si elles eurent autrefois des possessions dans le village, celles-ci sont, par degrés, tombées aux mains des Bulgares. Les demeures de Georges Hadji-Ilia et d'Athanase Rouzovitch, où je reçus l'accueil le plus cordial, peuvent être citées comme des types du luxe oriental le plus solide.

Vers 1793 il y avait ici un monastère où séjourna pendant quelque temps le patriote Stoïko Vladislavov, qui devint plus tard évêque de Vratsa, sous le nom de Sophronius, et eut beaucoup à souffrir pour la cause nationale. Enfermé à Vidin, puis réfugié à Bucarest, il publia en 1806 le premier livre imprimé en langue bulgare moderne.

Le soir, nous retournâmes à la ville des tsars par un chemin plus court, mais escarpé. Nous entrâmes pour un moment dans le petit couvent de femmes de Saint-Nicolas. Nous n'aperçûmes que peu de religieuses ; il nous arrivait simplement aux oreilles des chants mélodieux, des voix jeunes et fraîches, car on venait de se réunir pour la prière du soir. Trente femmes vivent ici dans le travail et la renonciation, sous un supérieur nonagénaire.

Les dernières heures passées à Tirnovo furent consacrées au

faubourg de Marinopol, où je visitai le grand établissement de M. Karaguiozoglou, qui comprend une filature de soie, une minoterie et une raffinerie d'alcool, mises en mouvement par la vapeur et par une dérivation de la Yantra. Malheureusement, l'intelligence déployée dans les diverses branches de la fabrication ne suffit pas à les préserver de la concurrence de l'importation. Seule, la filature de soie, affermée par des Suisses et des Italiens, marchait sans encombre.

M. Bianchi, l'intelligent directeur de la filature, consentit à m'accompagner à Rahovitsa, où je voulais acheter des chevaux.

En quittant Marinopol, nous vîmes se dérouler à nos yeux un magnifique panorama. A l'est s'étendait la grande et fertile plaine traversée par des ruisselets qui descendent du Balkan et forment les sources orientales de la Yantra. Vers la gauche, le terrain se relève bientôt pour s'arrondir en colline et servir de base au couvent de Svéti-Pétar. C'était le quatrième monastère dans les environs immédiats de Tirnovo; il en existe non loin un cinquième, celui des Svéti-Tchetiridéset Moutchénitsi (Quarante-Martyrs), tout près de Merdan, grosse bourgade qui surpasse en richesse et en étendue sa voisine, Rahovitsa, qui cependant est chef-lieu de district.

Nous passâmes la nuit à Rahovitsa. De très bonne heure, de lourds chariots de paysans gémissaient dans les ornières desséchées de la ville et un grand bruit annonça le commencement du marché. Des chrétiens, des Turcs, des Tsiganes, en haillons ou proprement vêtus, mais toujours à l'aspect pittoresque, des paysans, des mendiants, des popes et des derviches, des enfants et des femmes, des caravanes de chevaux et de bêtes de toute espèce, se pressaient entre les grandes boutiques qui, bien souvent, avaient étalé dans la rue la partie la moins embaumée de leurs provisions. Là étaient entassés pêle-mêle des peaux de bêtes fraîchement écorchées, des tonneaux de goudron, des blocs de sel, du suif, des tas de piments, d'oignons, de fruits, de citrouilles, de concombres, de melons, etc., tandis qu'à l'intérieur, se trouvaient des ustensiles de ménage, des objets de toilette ou des vêtements pour femmes et pour hommes. Au milieu de toutes ces choses entassées, on faisait la cuisine dans d'innombrables petites gargottes. L'odeur de la graisse de mouton mêlée à celle de l'ail remplissait l'air, et des marmitons peu ragoûtants, qui d'une main se mouchaient ou cherchaient des insectes et de l'autre tournaient le rôt, criaient à tue-tête en vantant l'excellence de leurs mets.

Tout en contemplant ces scènes et d'autres encore non moins

pittoresques et originales, nous nous rendîmes au tattersall de Rahovitsa. Le spectacle qu'il nous offrit était encore plus mouvementé. Sur un espace assez petit, entouré de tous côtés par des baraques, étaient rassemblés de 150 à 200 chevaux montés ou conduits par des hommes vêtus des costumes les plus singuliers. Il régnait là un tel tumulte, on y entendait tant de cris, de rires, de jurons, qu'on avait peine à reconnaître les objets les plus simples.

Parmi les chevaux, il y en avait beaucoup que l'on avait rajeunis par toutes sortes de moyens artificiels, ainsi que cela se pratique dans tous les pays. Les Tsiganes surtout sont très versés dans ces artifices, de même qu'ils sont très recherchés comme crieurs (*télal*), à cause de leur caractère éveillé. Ordinairement ils se parent d'une manière toute spéciale pour les jours de marché. Leur jaquette cramoisie, cousue d'or, et leur ceinture rouge tranchent agréablement sur le blanc éblouissant de leur chemise; celle-ci se détache à son tour sur la couleur brune de la peau, et sur leurs cheveux d'un noir de jais qui encadrent souvent une belle figure. Leur turban aux couleurs variées est posé coquettement sur une tête pleine d'expression; leurs yeux étincelants cherchent de naïfs acheteurs.

Je choisis trois excellentes bêtes qui, jusqu'à la fin de mon voyage, résistèrent parfaitement à des marches journalières de dix heures et à des ascensions de 2000 mètres.

En retournant à Tirnovo, nous gravîmes la colline boisée du couvent de Svéti-Pétar (417 m.), auquel nous conduisit un chemin des plus escarpés. Un de mes compagnons de route connaissait les moines du petit sanctuaire. Cette chance favorable nous valut des rafraîchissement pour le corps, mais pour l'esprit il n'y avait rien à glaner; pas même un détail précis sur la date de la fondation de l'église. On savait seulement que les fragments de colonnes antiques, placés dans la cour du couvent, provenaient du village voisin de Nikoup.

Presque toutes les fois qu'il m'était arrivé de voir, soit à Tirnovo, soit dans les environs, quelque reste de l'antiquité, j'avais toujours entendu dire qu'il venait d'un immense champ de ruines près de Nikoup, sur les bords de la Rousitsa. Je brûlais du désir de m'assurer par mes propres yeux de la réalité de ces récits fantastiques. Ce fut donc ma première étape. Notre route nous ramena tout d'abord dans la gorge des couvents, près du village de Samovoden, qui est situé à son débouché nord. Puis nous parcourûmes 17 kilomètres sans voir un seul village. Jusqu'au bord de la Rousitsa, nulle autre habitation que les hans multicolores de Samovoden. Et cepen-

RUINES DE NICOPOLIS AD ISTRUM.

dant, quel sol fertile offre la terrasse, traversée de l'ouest à l'est par la Rousitsa, dont nous passâmes le gué, large d'environ 55 mètres! Au delà du talus rapide de la berge gauche, se prolongeait une futaie basse dont les branches enchevêtrées nous cachèrent longtemps la vue, tout en nous protégeant contre les ardeurs d'un soleil à pic. Toup à coup, au sortir du fourré, les longues lignes régulières de murs démantelés et revêtus de chardons apparurent à nos regards. Quelques minutes encore, et nous étions sur le champ de ruines d'Eski Nikoup (Vieux Nikoup).

Jamais je n'avais rencontré, dans les nombreux voyages que j'avais entrepris dans des pays habités jadis par les Romains, les restes d'un établissement aussi grandiose. Partout, les fragments d'architecture, semés au hasard dans la plaine, nous racontaient sa splendeur passée. Je mis plus d'une heure à faire, à cheval, le tour de l'ancienne ligne de circonvallation. Le plus grand diamètre de la ville doit avoir été de l'est à l'ouest. Les rues dessinaient des parallélogrammes réguliers; leur direction primitive était suffisamment indiquée par les broussailles et les chardons qui les recouvraient. Parfois même, l'aire de quelque bâtiment considérable était facile à distinguer.

En continuant mes recherches, je vis, sur les côtés nord et sud de la ligne d'enceinte, les restes de deux portes qui, correspondant l'une avec l'autre, avaient dû terminer une large voie. Du côté de l'ouest, les pilastres et les bas-côtés d'une troisième porte aux proportions grandioses s'enlevaient vigoureusement dans le bleu du ciel. J'y retrouvai les murs du petit *propugnaculum* dans la cour duquel devait s'ouvrir la porte extérieure. Je suis porté à croire, vu la force remarquable de cet ouvrage, que nous étions ici sur les ruines du *prætorium* ou citadelle de la ville.

C'est par cette issue que nous arrivâmes à la nécropole, dominée par un vaste sarcophage. Comme partout ailleurs, l'avidité des barbares s'était acharnée sur ces lieux consacrés à la piété. L'exemple donné par eux a été suivi par les Bulgares et les Turcs, qui ne sont pas moins avides de trésors. Le sol était fouillé tout autour et même, en certains endroits, complètement enlevé.

Dans la direction de l'est, l'enceinte offrait à chaque pas de nouveaux débris. Près de la porte de l'ouest, les ruines d'une construction importante attirèrent notre attention. Elles avaient 22 pas de long, ses murs extérieurs s'élevaient, en partie, à une hauteur considérable et toute la largeur du souterrain était traversée de petites voûtes parallèles, étroites, en forme de canaux. Les dalles énormes, qui formaient le revêtement intérieur de la muraille de l'est, portaient à hauteur d'homme une ligne horizontale de petites ouvertures, placées à distance régulière l'une de l'autre, et à travers lesquelles passaient probablement autrefois des tuyaux en métal.

FRISE DE NIKOUP.

C'était là sans doute un établissement de bains, décoré avec magnificence. Je donne ici l'esquisse d'une frise et d'une dalle richement sculptée comme type de l'ornementation des palais et des temples de la ville détruite.

Cependant, mon tchaouch parvint à rassembler quelques Turcs.

DALLE SCULPTÉE DE NIKOUP.

Parmi eux était le jeune propriétaire d'un tchiftlik voisin, en jaquette écarlate, brodée d'or. Il nous salua, non sans jeter des regards défiants sur mon carnet de dessin. Comment donc amener ces gens à nous prêter main-forte pour faire quelques fouilles dans les ruines? De concert avec l'ingénieur qui m'accompagnait, j'avais formé d'avance un plan qui devait pleinement réussir. Nous proposâmes aux Turcs de nous aider dans nos investigations, à la condition que si elles devaient amener la découverte de quelque trésor, nous partagerions avec eux la trouvaille en bons amis. Les dignes musulmans, qui n'auraient pas donné un coup de pioche dans l'intérêt de la science, acceptèrent avec empressement cette convention, et nous suivirent avec une visible avidité à l'endroit où j'avais cru reconnaître l'emplacement du forum de la colonie romaine.

A peu près au milieu d'un espace couvert de débris de colonnes, de dalles, de fragments de frises, j'avais découvert, en cherchant des inscriptions et des briques estampillées, l'extrémité d'une corniche sortant du sol, et j'avais remarqué tout au bord les premières lettres d'une inscription en plusieurs lignes. Il s'agissait maintenant de dégager cette pierre, enterrée depuis plus de mille ans : nos musulmans se mirent avec ardeur à la besogne, quoique ce fût un bien dur travail pour leurs pelles de bois et leurs pioches primitives. Je ne quittai pas la place, dans la crainte qu'on endommageât l'inscription qui sortait peu à peu de terre. Le soleil était brûlant ; nos chercheurs de trésor essuyaient souvent la sueur de leurs fronts, puis se remettaient à l'ouvrage, animés par la perspective du gain. Enfin après une bonne heure et toutes les exclamations dont le Turc accompagne chaque dépense de force, l'inscription fut dégagée. Elle avait quatorze lignes et fut assez lisible après que nous eûmes procédé à un lavage.

Une trouvaille historique de la plus haute valeur me récompensa de ma patience. Dans les deux dernières lignes de l'inscription datée de l'année 203 après J.-C. le nom de la ville était parfaitement lisible. Nous étions sur les ruines de cette *Nicopolis ad Istrum* qui fut fondée par l'empereur Trajan, en souvenir de sa victoire sur les Sarmates. Cette ville ne doit être confondue ni avec la Nicopolis, bâtie sur le Nestus (Kara Sou) par le même empereur, ni avec la Nicopoli actuelle, située sur le Danube. Cette inscription mettait fin à la polémique engagée au sujet de la situation de Nicopolis sur l'Ister. Il en résulte la certitude que ce nom, qui se lit aussi sur les monnaies, ne doit pas être pris à la lettre ; il indique seulement, à mon sens, que la ville tirait son surnom de l'Ister, limite de la province nicopolitaine, dont elle était sans aucun doute la capitale.

Les braves musulmans qui, par leur travail pénible, m'avaient permis de copier l'inscription, partagèrent tout d'abord avec nous la joie de la découverte. Ils pensaient que la pierre désignait de plus près l'endroit où les « Guénevli » avaient autrefois caché leurs trésors, mais ils manifestèrent leur désappointement, lorsque, loin de nous préparer à faire de nouvelles fouilles, nous ne leur recommandâmes même pas d'avoir soin de la pierre. Si nous avions agi autrement, ils n'auraient pas manqué de la briser, et l'inscription aurait eu le sort de beaucoup d'autres monuments classiques. On a beau faire, on ne saurait arracher aux habitants avides de l'Orient l'idée que des trésors mystérieux sont enfermés dans les pierres votives, dans les tombeaux, dans les statues, etc., et cela au grand dommage de l'archéologie. Le chef des Klephtes Ulysse ne fit-il pas sauter un chef-d'œuvre de l'ancienne Grèce qui avait été conservé jusqu'en 1821 ? C'était le lion gigantesque en marbre blanc que les Thébains avaient élevé à Daulis (Davlis) en l'honneur de leurs compatriotes tombés dans la bataille contre Philippe II de Macédoine. Il s'imaginait que le corps du lion cachait des trésors ! L'inscription que j'avais déterrée était menacée

MÉDAILLE DE NICOPOLIS AD ISTRUM.

du même sort, car malheureusement le gouvernement de la Porte ne témoignait d'intérêt que pour les restes du temps passé qui, comme les objets découverts par Schliemann à Troie, ont une valeur intrinsèque.

Le village voisin de Yéni-Nikoup (Nouveau-Nikoup) se considère comme l'héritier de la vieille ville de Nicopolis, de même que le Kostolats serbe se regarde comme l'héritier de l'ancien Viminacium. Je m'attendais bien à trouver là des restes antiques isolés, mais en réalité ce village était comme bourré d'antiquités romaines. Des sarcophages servent d'abreuvoirs, il n'y a pas là une cour qui ne contienne des briques antiques, des plaques de marbre ou des colonnes. Dans les murs de l'église on trouve de nombreux fragments anciens et les tombeaux du cimetière sont ornés de chapiteaux romains.

Le plateau monotone sur lequel nous nous acheminâmes par Bederli, Mékich et Stoudéna vers Svichtov possède une population composée de Bulgares et de Turcs, auxquels venaient se joindre des colons tatares et des Circassiens. On reconnaissait aisément ces derniers à l'aspect misérable des longues rangées de bouges qui leur servaient de demeures. Le courage guerrier des héros du Caucase mis à part, combien le voyageur russe parcourant ces contrées devait-il féliciter son pays d'être débarrassé de ces vauriens, ennemis de la propriété d'autrui et abhorrant tout travail.

Le joli village de Tékir, habité par des Turcs et des Bulgares, est aussi appelé par ces derniers Tsarovets, nom qui me paraît intimement lié à quelque tradition du temps des tsars et peut-être à la fondation du couvent que je laissai à ma gauche, pour arriver à Svichtov avant la fin du jour. Après avoir traversé d'affreux marais, véritables foyers de miasmes et de fièvres, nous vîmes enfin poindre les premières maisons du Gorni-Mahlé, faubourg élevé duquel une pente escarpée et pavée nous conduisit jusqu'à Svichtov, où cette fois je m'arrêtai seulement une journée.

CHAPITRE XII

DE SVICHTOV AU COL DE CHIPKA, PAR SEVLIÉVO ET GABROVO.
KAZANLIK ET SA VALLÉE DES ROSES. — TRAVNA.

Lorsqu'à Tsarovets j'envoyai par le zaptié, mon compagnon de voyage officiel, appeler les fonctionnaires municipaux qui devaient me donner des renseignements topographiques et statistiques, je vis aussitôt tous les habitants se précipiter vers mon auberge. Les hans et les mousafirliks (maisons pour les voyageurs) forment en effet une espèce de forum où tout le monde se réunit pour traiter les affaires privées ou publiques ; mais il y a entre ces deux sortes d'établissements des différences caractéristiques.

Le *mousafirlik* turc pratique, selon la noble prescription du Coran, l'hospitalité envers tous les hommes. Dans aucun village musulman, quelque peu important, on ne peut manquer de trouver une petite maison modeste avec un espace toujours ouvert aux pèlerins de passage ; là, ils se protègent, en été, contre la chaleur du soleil ; ils s'y chauffent, en hiver, au foyer ; ils prennent le café et ils peuvent se reposer sur les nattes étendues sur le sol sans rien payer pendant trois jours. La commune bâtit et entretient cette auberge, ce qui d'ailleurs n'est pas très coûteux.

L'étranger qui voyage dans les pays musulmans peut toujours compter, et même fort tard dans la nuit, sur le mousafirlik. Pourtant, dans les villages où les maisons sont dispersées, il n'est pas facile de trouver ce gîte, car après le coucher du soleil personne ne répond plus à votre appel pour vous servir de guide. Si l'on voyage avec plusieurs chevaux, l'on rencontre un autre obstacle ; il n'y a pas assez de place pour tout loger et souvent un abri pour les chevaux fait complètement défaut. Supposons qu'hommes et bêtes soient installés dans le mousafirlik, dès lors le voyageur aura besoin de nourriture pour lui et de fourrage pour ses chevaux ; pour s'en procurer, il lui faut entrer en pourparlers interminables avec le moukhtar de l'endroit, mais ordinairement ce dernier ne consent à lever toutes les difficultés que lorsqu'il peut compter sur un bakchich considérable.

A côté des mousafirliks entretenus par les communes, on en rencontre d'autres dans les bourgades situées sur les grandes routes. Ils ont été fondés dans de meilleurs jours par de pieux et riches croyants et ils sont entretenus par leurs héritiers. Une fois que les présentations usuelles ont été accomplies, le voyageur est admis dans ces auberges, où il trouve un comfort relatif ; il y a des cuvettes pour se laver, des tapis, des garnitures de lits, — quant aux lits mêmes il n'y en a nulle part. On vous y donne du café à discrétion ; on peut compter encore sur un repas convenable, auquel l'hôte et ses fils s'invitent d'habitude, et dont les restes sont partagés entre les domestiques. Le bakchich qu'on donne au départ dépend de ce qu'on a consommé ; on le refuse rarement.

Tout différent est le gîte dans les localités chrétiennes. Si l'on ne préfère pas faire usage de ses recommandations officielles et avoir recours au zaptié qui vous loge, sans grandes formalités, chez quelque riche paysan, l'on trouve, même dans le plus petit village chrétien, un *han*, tenu par quelque entrepreneur bulgare, tsintsare ou grec. Souvent, il est vrai, le han présente moins de comfort que le mousafirlik turc ; mais il a le grand avantage de faire vite les affaires. Sans longtemps parlementer, on entre à cheval dans la cour, l'hôte crie *Dobro doslé* (bonne arrivée), aide le voyageur à descendre de cheval, lui tend aussitôt un verre de vin et s'occupe, avec ses valets, des gens et des bêtes du nouveau venu.

Dans le han d'un village bulgare, on trouve ordinairement ce que chez nous le villageois est obligé de chercher en différents endroits. Il est vrai que le Bulgare se contente de peu. La boutique jointe au han renferme les objets d'un usage général. Les articles qui ne se trouvent pas dans les hans sont achetés dans la ville, souvent assez éloignée, où le campagnard vend son blé, son bois ou son bétail. Cette union de l'utile et de l'agréable fait qu'à toute heure de la journée vous trouvez du monde dans le han ; on y rencontre toujours quelques buveurs et rarement on y est seul. Bien au contraire on n'y est que trop souvent ennuyé par les questions : « D'où venez-vous ? où allez-vous ? quel est le but de votre voyage ? » Le voyageur a, de la sorte, l'occasion de questionner à son tour. On voudrait pourtant être tranquille mais, sous peine de passer pour un sauvage, il faut se servir de certains moyens que l'expérience seule vous fait connaître. Le Bulgare est très curieux et en chaque étranger, qui n'est pas marchand, il croit voir un *consol* venu pour préparer de grands desseins.

A partir de Tsarovets je pris le chemin suivi par la légion des Jeunes-Bulgares, lors du mouvement insurrectionnel qui eut lieu au printemps de 1867. Venue de l'autre côté du Danube, de la rive valaque, elle avait débarqué près du castellum romain de Vardin, non loin de Svichtov, en un point où une île du Danube l'empêchait d'être vue. Le piquet turc fut massacré et, près de Tsarovets, Philippe Totyou déploya le vieil étendard bulgare. Cette entreprise aurait peut-être réussi, si elle avait été faite au milieu des Serbes, toujours animés d'une ardeur belliqueuse; mais le Bulgare, qui calcule froidement toutes les chances, se tint tranquille, et l'expédition échoua. Cette triste issue ne découragea que pour peu de temps les chauvins bulgares, qui, de Bucarest, cherchaient à l'aide de leurs propres ressources à délivrer leur patrie. Mais ces émigrés préjugèrent trop de l'activité et du zèle des Bulgares restés dans leurs foyers. L'été suivant, en 1868, une cohorte d'insurgés forte de 150 hommes bien armés, débarqua près de Svichtov sous la conduite de Hadji-Dimitri. L'étendard orné du lion et la croix passa de nouveau les collines de Tsarovets; mais la tranquillité qu'observaient les Bulgares de ce côté du Danube contrasta avec l'enthousiasme des jeunes légionnaires. Personne ne bougea; aucun homme armé ne vint augmenter les rangs où l'on criait : mort ou liberté. La population musulmane effrayée, les autorités turques, très bien informées, remuèrent seules, pour étouffer dans le sang la téméraire entreprise. Midhat-Pacha se montra impitoyable dans la répression; la légion, poursuivie par les milices turques et par les nizams, arriva en combattant jusque dans les défilés de la Yantra, près de Gabrovo, et ces défilés furent son tombeau.

Trois ans s'étaient écoulés, mais le souvenir de l'héroïsme de cette légion était demeuré vivant, chez les vieillards comme chez les jeunes gens, chez les chrétiens comme chez les Turcs. Partout où je suivais leur trace, en 1871, on vantait leur courage; les musulmans le faisaient ouvertement, les chrétiens en cachette, lorsque le zaptié qui m'accompagnait s'était éloigné. Mais, quelle que fût leur vaillance, on put reprocher aux chefs leur manque de prévoyance.

Ils choisirent mal le terrain de l'insurrection. Non seulement le plateau sur lequel nous voyagions à partir de Tsarovets est partout ouvert et convient peu à une lutte de guérillas, mais encore je trouvai les villages entièrement occupés par des musulmans ou du moins habités par des populations mélangées, circonstance qui devait rendre impossible une marche secrète vers le Balkan où domine l'élément bulgare.

Ovtcha-Moguila, où, avec des procédés tout à fait primitifs, l'on extrait le salpêtre de masses de décombres, possède une petite église construite en 1864, avec un portique à triple cintre qui rappelle les édifices italiens. Pourtant son architecte n'a jamais quitté les montagnes de sa patrie.

Devant Varéna, je rencontrai un tumulus isolé, très élevé, qui avait été fouillé par les chercheurs de trésors. Lorsque, du haut de son sommet, j'admirai le superbe paysage qui s'étend jusqu'à l'Osem, je ne me doutais pas que la plupart des villages couchés à mes pieds devaient être dévastés en 1876 par les Tcherkesses, pour étouffer dans son germe la révolte qui menaçait de s'étendre aux cercles du Danube.

Nous allâmes coucher à Osma-Gradichté où la jeunesse bulgare dansait une joyeuse hora au son de la cornemuse. Le village possédait une mosquée, mais il n'avait ni église ni école, bien que les Bulgares y fussent en majorité.

Le lendemain matin, je continuai ma route vers le versant septentrional du Balkan de Troïan, dont je voulais atteindre le contrefort isolé, le Tchatal-Tépé (colline fourchue). Sa tête calcaire, rocailleuse et nue, contraste avec la plaine, fertile et bien cultivée. Des débris gigantesques, épars çà et là sous les arbres, me révélèrent l'existence d'un établissement antique. C'est peut-être ici que passait la voie romaine qui reliait *Œscus* (Guiguen, sur le Danube) à la capitale de la province, *Nicopolis ad Istrum*.

Verbovka (247 mètres) dut recevoir une des plus nombreuses colonies de Circassiens. Elle comptait 270 fermes tcherkesses, à côté de 120 turques et de 70 bulgares. Ici, comme dans presque tous les villages des environs, l'élément musulman formait la majorité.

Il me sembla que le magistrat chrétien souffrait beaucoup de cette situation. Il ne s'exprima qu'avec beaucoup de circonspection sur le mauvais sort qu'avait subi, en 1868, la légion bulgare à proximité de son village, et, pour n'être pas accusé d'infidélité envers son souverain, il finit son récit au cri de « vive le sultan ». La conduite des femmes fut beaucoup plus libre et plus digne. Mon zaptié turc fut même mal reçu et il lui fallut déployer toute l'amabilité de son caractère pour nous procurer un bon souper.

Je fis halte le soir, après un orage terrible, à Sutchundol, où je

FERME BULGARE A SUTCHUNDOL.

reçus l'hospitalité dans une famille bulgare, qui comprenait quatre générations, réunies toutes sous l'autorité patriarcale du *staréchina* (ancien).

La bru, devenue veuve, n'était pas retournée chez ses parents; elle continuait d'habiter avec ses enfants chez sa belle-mère, partageant les revenus de la maison. En général, les proverbes que l'on fait courir sur les belles-mères, depuis l'Angleterre jusqu'en Australie, trouvent un démenti chez les Slaves du sud. Tandis que les Albanais répètent : « La belle-mère dans la maison est comme un manteau dans un buisson d'épines », les Bulgares disent souvent le contraire. Sans doute la paix domestique est parfois troublée par de petites rivalités entre la bru et la belle-mère, mais le *staréchina* ne laisse jamais s'élever de grandes querelles. Il gouverne avec sévérité la ferme commune, qui ordinairement occupe une grande superficie. La ferme de mon hôte à Sutchundol comprenait quatre maisons d'habitation, de nombreux greniers pour les grains, des enclos pour les bestiaux, de petites étables, etc.

Notre dessin ne fait voir que les petites maisons où s'établissent les ménages nouvellement mariés; elles s'élèvent auprès de la maison commune à tous les membres de la famille. Cette dernière, suivant l'usage général, consiste en un rez-de-chaussée élevé sur une cave où l'on conserve les provisions de vin, d'huile, de graisse, etc.

BAS-RELIEF DE DIANE.

On y arrive par un escalier aboutissant à une vérandah. Elle renferme deux chambres séparées par le foyer; l'une d'elles sert de salle de fête et de logis pour les hôtes.

Au premier chant du coq, les vieillards et les jeunes gens se rassemblèrent au milieu de la cour, dans leurs habits du dimanche. Les enfants se pressaient contre ma porte. Les hommes me regardaient dessiner et ils me cédèrent contre quelques bijoux d'argent un bas-relief antique, représentant une Diane chasseresse et d'ailleurs mal conservé. Ils appelèrent les femmes qui se montrèrent plus timides; parmi elles se trouvait la petite-fille du *staréchina* avec sa coiffure si originale de fiancée, que bientôt elle devait changer pour le long mouchoir blanc retombant dans le dos, dont les femmes mariées se parent la tête.

Près de Bara, le caractère de la vallée de la Rousitsa, jusqu'alors doux et gracieux, changea complètement dès que nous eûmes gravi les hautes berges de la rive droite. Le vallon se resserra, les pentes devinrent plus escarpées et les couches calcaires, unies et brillantes, sur lesquelles gazouillaient de petits filets d'eau, se dressèrent pour former une gorge d'un aspect alpestre. Entre ses murailles à pic, la Rousitsa, blanche d'écume, précipitait ses eaux sauvages contre les rochers.

Je quittai à regret ce passage grandiose. Après une heure de route, notre sentier se détourna vers le plateau de Kourchovo, dont les riches pâturages, peuplés de troupeaux nombreux, s'avancent jusqu'au bord des éperons rocheux qui dominent la vallée.

Le chef-lieu de cercle, Selvi (bulg. Sevliévo), où j'arrivai le soir, possédait, en 1871, 551 maisons turques et 668 bulgares. Le quartier turc ne possédait d'autre ornement que la nouvelle préfecture, dont l'érection parut absolument indispensable à Midhat-Pacha, honteux de voir le kaïmakam établi dans une misérable grange.

Dans ces derniers temps, Selvi a fait de louables efforts pour acquérir une apparence plus européenne. Non contente de sa position magnifique et de son activité commerciale, elle s'est donné deux constructions nouvelles qui lui ont valu une certaine réputation dans le pays : un pont de sept arches, en pierre, et une église, qui ont été bâtis par des constructeurs bulgares.

L'église, consacrée en 1870, est d'une très grande originalité. Elle n'appartient à aucun style, mais elle réunit des éléments du style byzantin et des styles de l'Occident et elle produit dans son ensemble beaucoup d'effet. A l'intérieur, on remarque surtout les tribunes qui s'avancent d'une manière plus hardie que belle. Parmi les détails de l'ornementation, on distingue dans l'iconostase d'admirables sculptures sur bois du pope Constantin de Travna. A la porte du couronnement Nicolas Matiev, de Novosélo, n'a pas montré un moindre mérite artistique. Il a reçu 400 piastres, c'est-à-dire environ 100 francs, pour un travail qui aurait été payé quinze fois plus cher dans les capitales de l'Europe occidentale. Tsani Zahariev, de Travna, a peint avec un talent véritable les tableaux de l'iconostase, exécutés dans le style byzantin ; pour une Vierge d'une expression fort remarquable et pour un Christ qui lui fait pendant, il n'a reçu que 900 piastres c'est-à-dire 112 francs par figure. Stanislas, de Samakov, a touché 250 francs pour un tableau. Les Bulgares s'imaginent que ces modestes honoraires représentent des sommes énormes, et mon guide me vanta la libéralité de la corporation des cordonniers tout comme les Américains célèbrent celle de l'illustre Mécène Peabody.

Si nous comparions à la vieille église de 1834, à moitié enfoncée dans le sol, la nouvelle construction, si fièrement élancée, nous pouvions nous rendre compte des progrès qu'avait faits l'élément chrétien dans les villes de Bulgarie. Le progrès intellectuel se montrait de même dans les beaux bâtiments d'écoles où enseignaient alors cinq maîtres. On voyait par là combien les Bulgares sont amis de la civilisation et combien ils possèdent le sens pratique : sans préjugés religieux, ils se tournent du côté où ils peuvent espérer acquérir de l'instruction. A cet effet, ils fréquentaient le lycée turc de Constantinople aussi bien qu'ils cherchaient à avoir des bourses en Russie, en Roumanie, en Serbie et en Autriche, ou même venaient à leurs propres frais dans les écoles de France, de Belgique, etc. Un des maîtres de Selvi fut par exemple élevé d'abord dans le collège protestant de Malte, aux frais du gouvernement anglais, et de là il se rendit à Saint-Pétersbourg. Ce jeune homme était très instruit, parlait fort bien l'anglais et le russe, se montrait modeste et avait tout à fait les manières d'un gentleman.

Les Bulgares de Selvi étaient fort amis de la liberté et par cela même ils étaient détestés des Turcs. Lorsqu'en 1876 un soulèvement général éclata autour de Tirnovo, les bachi-bozouks levés par le gouvernement se jetèrent sur la ville suspecte, sous prétexte de chercher des armes cachées. Après le combat qui fit de nombreuses victimes, les Tsiganes employés par les Turcs comme bourreaux eurent beaucoup d'ouvrage. Aussi, en 1877, les Russes, s'avançant comme des libérateurs, ne furent-ils reçus nulle part avec plus d'enthousiasme qu'à Selvi. Les habitants de cette ville célébrèrent également avec de grandes démonstrations de joie la victoire que remporta sous leurs portes le prince Imérétinski sur le corps turc venu de Lovets, par ordre d'Osman-Pacha, pour chasser l'ennemi de cette position.

Le 14 juin, au matin, un rapide temps de galop me porta au cœur de la plaine de Selvi et à la haute arête montagneuse, qui la borne au sud. Le caractère de gaieté du paysage changea au village de Serbégli, baigné par un affluent important de la Roussitsa. Peu à peu la circulation se ralentissait sur l'excellente route qui gravit la montagne, les grands villages se transformaient en petits hameaux. Nous entrions dans le cercle de Gabrovo, où les conditions de sol et de climat ont relégué l'agriculture au second plan et favorisé l'élève du bétail. J'arrivai bientôt à l'auberge du gros village de Garvan (corbeau), dont les 300 maisons se répartissent entre 8 hameaux (*kolibi*). A l'auberge suivante, située au seuil du territoire de Salaman, qui comporte 7 hameaux et 200 maisons, je trouvai la possibilité de m'orienter.

Ce système de hameaux prédomine dans toute la zone nord du Balkan central, exclusivement habitée par des Bulgares, et comprenant les districts de Tétéven, Troïan, Sevliévo, Gabrovo, Travna, Drénovo, Kilifar, Eléna et Bébrovo. Le cercle d'Osmanpasar est seul à posséder quelques villages collectifs habités par des Turcs. Ces agglomérations comptent en général de 5 à 10 et même 12 hameaux, dont chacun se compose de 6 à 40 et même 50 maisons. Chaque groupe de hameaux est subordonné au tchorbachi ou au moukhtar du hameau principal, qui donne habituellement son nom à l'ensemble. Cette division des centres en une infinité de petits hameaux donne au Balkan une vie singulière, mais elle présente de grandes difficultés au topographe.

Après le han du village de Doumnik, qui comprend neuf hameaux, nous franchîmes un défilé tellement rétréci que les hautes murailles présentaient l'aspect d'un portique. Il nous mena tout d'un coup en face de la splendide vallée de la Yantra, dont les moelleuses ondulations se revêtaient de jeunes forêts et de riches cultures. Vers le sud se profilaient sur la pente des montagnes les tours de la florissante cité industrielle, célèbre dans toute la Bulgarie, du beau Gabrovo. Une fine pluie, traversée par les derniers rayons du soleil, enveloppait d'un voile léger la campagne, la rivière et la ville, dont l'aspect faisait songer aux cités d'Italie. Il n'en fallait pas davantage pour gagner dès l'abord ma sympathie à Gabrovo; ses constructions solides, ses églises, ses ponts, l'animation joyeuse de ses rues, ne firent qu'augmenter cette impression favorable.

D'après Boué, Gabrovo est situé à 640 mètres d'altitude; il compte à peu près 1300 maisons. De ses cinq mahlés, que font communiquer l'un avec l'autre quatre ponts, celui de Tchoumlek (quartier des potiers) est le plus important. Au centre de la ville, où la Yantra se brise en cascades sur les roches blanches de son lit, un vieux pont de pierre, de 40 pas de long et de 6 mètres de large, vient compléter l'effet pittoresque du tableau. Sur la rive gauche, s'élève la préfecture, et un peu plus haut, dominant la ville, la caserne qui abrite la petite garnison.

Gabrovo possède trois églises, et c'est avec raison qu'il est cité dans toute la Bulgarie pour ses efforts en faveur de l'éducation populaire. Jusqu'à 1835, le grec était la langue de l'enseignement dans les rares écoles de la Bulgarie danubienne. La première école bulgare où l'enseignement fut donné en langue bulgare a été ouverte à cette époque à Gabrovo. Ses fondateurs étaient deux négociants établis à Odessa, Aprilov et Palaouzov, associés à d'autres patriotes. Depuis lors, les progrès ont été rapides. En 1871 Gabrovo possédait six écoles de garçons et deux écoles de filles, comptant quinze cents élèves, dont beaucoup de l'intérieur du pays.

Dans le mahlé de Sredno se trouve le couvent de femmes de Blago-vechténié (l'Annonciation), que je ne manquai pas de visiter. Mon zaptié me précéda pour annoncer ma visite à l'*higoumenka*.

Lorsque j'eus franchi le joli jardin du couvent, je fus reçu au son du symantron; c'est une attention que l'on témoigne aux voyageurs dont on espère recevoir un bon bakchih ou que l'on veut honorer d'une manière particulière. Ce qui me fit le plus de plaisir, ce fut de voir dame Euphrosine, la supérieure, me montrer sans fausse pruderie, non seulement sa chambre de parade, mais encore les chambres de travail et quelques cellules de nonnes. Bien que dans les couvents de femmes bulgares il règne une moralité beaucoup plus rigoureuse que dans les couvents de la Roumanie, la claustration y est beaucoup moins sévère que chez les religieuses catholiques. C'est comme une sorte d'association libre dont les membres partagent leur vie entre le travail, les œuvres d'édification et la prière, sans pour cela sacrifier complètement leur liberté personnelle et sans rompre toute relation avec leurs parents, leurs amis et le monde extérieur.

Je sortis du petit couvent, avec l'impression d'avoir rencontré un véritable lieu de paix et de repos. La maison d'habitation, fort simple, la petite chapelle, toute remplie d'ex-voto, étaient si bien situées, au milieu d'une belle verdure; tout était si bien tenu, des fleurs embellissaient si bien le jardin que je me sentis vraiment touché par cette institution moitié spirituelle, moitié mondaine. La règle de l'ordre n'est en aucune façon rigoureuse; tout se fait selon les conseils de la supérieure et de quelques sœurs âgées. Les nonnes habitent tantôt seules, tantôt réunies; elles reçoivent sans témoin des visites de leurs parents, de leurs amis, etc. La prière et le travail seuls se font en commun.

Gabrovo est un centre commercial important; mais c'est avant tout une ville de fabrique, qui doit sa fortune à la force hydraulique fournie par la Yantra. Partout, hommes, femmes et enfants y sont occupés à quelque métier, et, s'ils ne produisent pas autre chose, ils tissent au moins du drap.

La division entre le commerce de gros et le commerce de détail n'est pas plus connue à Gabrovo que dans le reste de l'Orient; le

GABROVO SUR LA IANTRA.

fabricant y débite lui-même sa marchandise. La coutellerie de Gabrovo est célèbre dans tout le pays, et, du couteau à trois paras jusqu'au luxueux yatagan, elle fournit aux besoins de l'Illyrie tout entière. Je visitai quelques ateliers de tourneurs, de passementiers, de potiers et de cordonniers, afin d'acquérir quelques notions sur la production et le débit de leurs articles spéciaux. Je n'y parvins pas sans grandes difficultés. Dans tous les pays, les industriels et les négociants se montrent très réservés vis-à-vis des amateurs de statistique.

Gabrovo était la première ville exclusivement bulgare que j'eusse rencontrée jusqu'ici. Dans les vingt communes du cercle, le kaïmakam (préfet), les employés et les soldats étaient les seuls sectateurs du Prophète. Le medjilis n'était composé que de chrétiens, et ceux-ci veillaient avec un soin tellement jaloux au maintien de leur *self-government*, que le représentant du sultan ne se sentait que tout juste à l'aise au milieu d'eux.

Gabrovo trouve un concurrent redoutable dans la petite ville voisine de Travna, qui cherche à la supplanter sur tous les terrains, et particulièrement dans l'industrie de la passementerie. Au moment de ma visite, les deux communes étaient l'une et l'autre sur le pied de guerre. Chacune d'elles cherchait par tous les moyens possibles à convaincre le gouvernement que la nouvelle route projetée de Tirnovo à Philippopolis devait passer par sa banlieue.

Les riches habitants de Gabrovo surent disposer les autorités compétentes en leur faveur : la route de Travna, déjà commencée, fut interrompue ; mais la route de Gabrovo ne fut pas construite.

Housseïn-Pacha, qui, en 1798, marcha contre le pacha rebelle de Vidin, Pasvan-Oglou, avec une armée rassemblée dans toutes les provinces du sultan, brûla, sur son passage, Gabrovo et plusieurs autres villes. Les riches habitants de Gabrovo s'enfuirent alors en Valachie, à Moscou, à Odessa et dans d'autres places de commerce russes, où ils fondèrent diverses maisons, honorablement connues jusqu'à nos jours. Gabrovo jouissait, comme plusieurs villes chrétiennes du Balkan, d'une autonomie municipale très étendue qui favorisait le développement des aspirations nationales. Il ne faut donc pas s'étonner si les partisans de l'indépendance trouvèrent ici un appui solide. 600 habitants de la ville et des environs s'unirent à l'insurrection de 1876, que la trahison et la mauvaise direction firent échouer. Les rebelles, après de sanglants combats, se retirèrent dans le Balkan de Kalofer, où ils trouvèrent des retraites sûres et d'où ils purent regagner leurs foyers. Occupé par les Cosaques sans coup férir, le 11 juillet 1877, ce bourg industrieux devint pour les Russes un point d'appui lors de leur glorieuse défense du col de Chipka. La route conduisant de Gabrovo à ce défilé célèbre passe le long de la Kozéritsa, qui se jette ici même dans la Yantra. Elle traverse la première de ces rivières sur quatre ponts.

A l'endroit où se réunissent la Panitcharka et la Kozéritsa, les blanches murailles calcaires se rapprochent. Un four à chaux et l'arc élégant du pont des Bergers ajoutent au pittoresque du paysage. Près de là jaillit une source sulfureuse dont l'eau, d'une température très élevée, est employée contre la fièvre et contre les maux d'yeux. Le troisième pont porte le nom d'un riche Bulgare, Diado-Iliya, dont Midhat-Pacha a su flatter la vanité par une décoration et qui l'a fait construire à ses frais.

Près du quatrième pont de la Kozéritsa, nous atteignîmes un pauvre han, devant lequel venait de s'arrêter une caravane descendue du village voisin de Séléno-Dervo (arbre vert). Les hommes portaient le costume de drap feutré brun des montagnards bulgares. Leurs bêtes de somme étaient chargées de toutes sortes d'objets en bois, de fabrication domestique : roues, manches de haches et de couteaux, etc. Cette industrie est très répandue par tout le pays jusqu'à Novosélo sur le Vidimo.

Montant par une pente escarpée, nous atteignîmes le second bach-béklémé, situé à une hauteur assez considérable. Une pluie torrentielle et des nuages épais, étendus sur les montagnes et les vallées, nous cachaient la vue. L'étroite karaoula n'offrait ni abri ni fourrage pour nos chevaux. Ne voulant pas abandonner entièrement mes projets géographiques et descendre directement sur le versant du sud, il ne me resta d'autre ressource que de me diriger sur le couvent de Svéti-Sokol, caché au fond d'une vallée latérale, et d'essayer encore une fois le lendemain matin de m'acquitter, au haut du défilé, de la tâche que je m'étais imposée.

Nous descendîmes le long d'un filet d'eau et en nous heurtant souvent contre des arbres tombés. Une fois en vue du couvent, nos zaptiés déchargèrent leurs fusils pour signaler notre approche ; les chiens répondirent, en poussant des cris terribles, derrière les murailles du cloître. Bientôt l'immense porte grinça sur ses gonds et, après une réception cérémonieuse, les moines nous conduisirent dans la chambre des étrangers, fort belle, garnie de tapis, d'estrades etc., à la manière orientale. Partout régnait un grand confort et une grande propreté ; de riches troupeaux, une excellente basse-cour, un vivier, de superbes vergers et potagers, une bonne cave entretiennent le bien-être matériel chez les moines.

L'église du couvent est construite au centre ; elle a un péristyle percé de trois baies ; les absides du chœur et les absides latérales ont la forme de demi-cercles ; des fresques originales et une coupole complètent l'ensemble, qui est agréable. Auprès de l'église se trouve une petite chapelle fort pittoresque, qui pourrait très bien passer pour l'œuvre d'un architecte italien. Mais l'attrait le plus mystérieux du couvent, ce sont des logements d'ermites, taillés dans la paroi du rocher, et une grotte de stalactites qui abrita jadis le pieux fondateur du monastère. Il va sans dire que les moines débitent sur ce sanctuaire une foule de légendes miraculeuses. Un grand nombre des 3000 pèlerins qui, au jour de la fête patronale, accourent ici de tous les coins de la Bulgarie et de la Thrace, passent la nuit dans les cavernes, dans l'espérance d'être guéris de toutes sortes de maux.

Le lendemain matin, il faisait un temps superbe. Nous montâmes encore une fois vers la route du défilé ; nous l'atteignîmes près des ruines de Markokralski-Grad. D'après la légende, ce château, qui barrait la passe, fut défendu contre les Turcs par le célèbre héros des Slaves du sud. Ce sont probablement des restes d'un château du moyen âge, qui, comme autrefois les châteaux romains, surveillait le défilé. Par là passait la voie romaine qui des bords de la mer Égée conduisait par *Cabyle* (Yamboli), *Berrhoea* (Eski-Sagra) et *Nicopolis ad Istrum* à *Novae* (Svichtov) sur le Danube. Le Markokralski-Grad, dont le nom revient souvent dans les récits des combats de Chipka, présente vers le nord une vue très étendue. Le mont Saint-Nikola, qui s'élève au sud, et deux hauteurs placées devant lui, et entre lesquelles se déroule la route du défilé, étaient couronnées de redoutes. Ces faibles ouvrages étaient préparés contre une attaque venant du nord. Le 17 juillet 1877, Gourko, qui avait franchi le Balkan par le col de Haïnkeui, attaqua ces positions du côté du sud et s'en empara, à la grande surprise des Turcs qui ignoraient encore sa marche. Renforcées par les Russes, flanquées de nouvelles fortifications élevées sur les crêtes voisines, ces redoutes formèrent le boulevard imprenable qui fut défendu si vaillamment contre les assauts héroïques des Turcs. A côté des Russes, 6000 hommes de la légion bulgare y combattirent avec bravoure. La défense du Chipka est un des plus brillants faits d'armes de tous les temps.

Plus je pénétrais du haut de mon observatoire le secret du pays, largement étalé devant moi, et plus j'étais frappé de l'importance du col de Chipka, au point de vue militaire et commercial. Je retrouvais sur la carte en relief vivante, que j'avais sous mes yeux, le chemin que je venais de parcourir de Gabrovo à Chipka ; je le vis nettement se continuer par deux routes dont l'une se dirige en droite ligne par Selvi, Lovets et Plevna vers le Danube et la Petite-Valachie, pendant que l'autre forme, par Drénovo et Tirnovo, la ligne la plus courte d'un côté, jusqu'à Roustchouk et Bucarest et, de l'autre, jusqu'à Choumla par Osman-Pazar et Eski-Djouma. « Il ne m'appartient pas, écrivais-je en 1876, d'étudier la portée d'un mouvement offensif contre la Thrace ayant pour base la grande plaine de la Valachie occidentale. Je me borne à signaler l'importance militaire du col de Chipka qui conduit à travers la Bulgarie occidentale, où les chrétiens ont la majorité, jusque dans le cœur de la Turquie, à Philippopolis et à Andrinople. »

Du Markokralski-Baïr qui, d'après mes calculs, est à 1208 mètres d'altitude, nous gravîmes, par de faciles méandres tracés dans les argiles schisteuses et marqués par des poteaux télégraphiques, les 200 mètres qui nous séparaient du point culminant de la passe.

Le col de Chipka est le second des dix-huit passages par lesquels j'ai traversé la chaîne du Balkan qui a, de l'est à l'ouest, une étendue de 6° 3′ de longitude. Sans doute, lorsqu'on s'élève vers ce défilé du côté du nord, on est en présence d'un paysage moins grandiose, de détails moins pittoresques que dans plusieurs autres défilés du Balkan ; mais une fois que l'on est au sommet, on jouit d'un spectacle incomparable. L'intérêt du géographe s'y concentre tout d'abord sur le panorama qui se déroule au loin vers le nord ; quelques centaines de pas plus loin, il est absorbé par le magnifique spectacle qui se déploie sur le versant méridional. De ce côté l'on aperçoit une splendide campagne que l'on domine d'une hauteur de 1000 mètres. A la vue de cet éden, il est bien difficile de suivre les conseils d'un écrivain français et de ne pas se laisser entraîner par l'enthousiasme.

Tout d'un coup, sans aucune transition, le voyageur qui a franchi le col de Chipka par le nord se trouve dans un monde différent, dans une région où le paysage, la végétation, la population ont changé complètement. Au nord, une nature qui impose à l'homme la lutte pour l'existence ; au sud, une véritable terre promise. Au nord, sur les sommets et dans les vallées, on ne voit que de monotones pâturages, des forêts de chênes et de hêtres, au milieu desquelles on à peine à découvrir un misérable hameau ; au sud, quel superbe tableau ! A une immense profondeur apparaît la célèbre vallée de Kazanlik, protégée contre les ouragans du sud par des montagnes aux pentes douces, remplies de cultures de roses et de champs où jaunit la moisson ; partout de nombreux villages musulmans avec leurs tuiles rouges et leurs blancs minarets traversés par de limpides cours d'eau et ombragés par d'immenses noyers.

Il est impossible de décrire ce contraste. Comme par enchantement on se croit transporté de l'Europe centrale en Asie mineure ; on s'imagine être dans un panorama à tableaux changeants.

Quand j'eus fini mon travail cartographique, je mis tout au plus une heure à gagner le village de Chipka (pointe), situé à 700 mètres plus bas au pied du versant méridional, lorsqu'il m'en avait fallu plus de quatre pour faire l'ascension du côté nord. Après une dernière zone de grès stratifiés, nous aperçûmes enfin la première maison et le premier champ de roses de Chipka, objet de mes désirs depuis de longues années. Les rosiers penchés sous le poids de leur odorant fardeau et, doucement agités de l'haleine du vent, offraient un délicieux contraste avec les sommets neigeux du Balkan de Kalofer.

Situé à 548 mètres d'altitude, le village de Chipka possédait, avant 1877, 800 maisons bulgares, 2 églises et 1 école. Sa partie septentrionale va se perdre dans une profonde gorge boisée de la montagne pendant qu'au sud s'étendent les vastes champs de roses auxquels il doit sa richesse. Il récolte 40 à 45 kilogrammes d'huile de roses, c'est-à-dire la vingtième partie de la production totale de la vallée de Kazanlik. Ses habitants ne manquent point, d'ailleurs, d'autres industries, et j'y vis un bon nombre de tourneurs, de coûteliers, à côté desquels les femmes tissaient de la toile fine.

Pendant que, sous la fraîche vérandah du han, je dépêchais mon frugal repas, j'observais avec plaisir comment mon hôte, le tchibouk dans la main droite, faisait de vains efforts afin de trouver, sur un banc ombragé, une position pour son kef. Enfin il y arriva. Appuyé sur le bras gauche, le pied gauche placé sous la jambe droite, les yeux à demi-fermés, envoyant en l'air des bouffées de fumée, il paraissait réfléchir à quelque affaire profitable. Néanmoins sa position n'aurait pas plu beaucoup à un peintre de genre. Le Turc seul sait unir au raffinement du kef une véritable noblesse ; le Bulgare ne saurait le faire, car le trait le plus saillant de son caractère est l'activité, c'est-à-dire le contraire de la contemplation. La paresse a conduit le Turc à éviter, autant qu'il lui était possible, le versant septentrional du Balkan, mais, à peine descendu du côté sud, l'on rencontre partout des villages musulmans. Là le sol, d'une fertilité admirable, récompense richement le moindre effort : c'est à peine si l'une des grandes et belles vallées de la Thrace saurait se comparer à celle de Kazanlik. Il ne faut donc pas s'étonner que les conquérants turcs y aient presque entièrement refoulé la population slave indigène.

La vallée de Kazanlik, dans laquelle j'entrais, ajoute à ses charmes pittoresques un grand intérêt historique. De nombreuses traces témoignent que cette contrée avait atteint autrefois un haut degré de civilisation. Toute la plaine est couverte de tumuli, de ces tertres sur l'origine et la destination desquelles l'on a tant discuté dans ces derniers temps. Comme le prouvent les découvertes faites dans l'intérieur des tumuli sur différents points de l'Europe, quelques-uns appartiennent certainement à l'époque préhistorique ; mais d'autres ont été élevés pour servir de limites ou d'observatoires militaires, par des populations relativement modernes, notamment, dans la péninsule illyrienne, par les Romains, les Byzantins, etc. Les Turcs font remonter à tort tous les tumuli sans exception à l'époque de leurs grandes conquêtes ; quelques-uns d'entre eux seulement renferment les ossements de leurs guerriers. On peut en dire autant des prétentions des Bulgares qui ont donné des noms spéciaux aux plus importants de ces monuments.

Tout près de la route qui conduit de Chipka vers Haskeui, charmant village turc caché sous des noyers, se trouve un imposant groupe de tumuli, dont le plus élevé, nommé par les Bulgares Chichmanets, en domine quatre autres plus petits. Haut de 15 mètres, c'est un des tumuli les plus élevés du sud-est de la Turquie d'Europe. Ce groupe, fortifié par Weissel-Pacha, formait le centre de la position dans laquelle l'armée turque de Chipka fut cernée et faite prisonnière le 9 janvier 1878 par les colonnes russes.

En moyenne, je trouvai, dans la vallée de Kazanlik, sur une lieue d'étendue environ, huit à dix tumuli, situés dans la partie basse ou sur les hauteurs. Dans le voisinage immédiat de Kazanlik, je comptai jusqu'à vingt-sept de ces monuments primitifs. Quelques-uns ont été ouverts. Dans celui de Yasénovats, près de Chipka, qui a été exploré méthodiquement par un ingénieur, on a découvert des sarcophages, formés de dalles en terre cuite ou en pierre et renfermant des squelettes assis, plus ou moins bien conservés. Il y avait près d'eux des pointes de flèches, des débris de poterie, etc.

On a beaucoup parlé d'une trouvaille faite à Rahmanli, près de Philippopolis. Là, dit-on, un grand tumulus aurait renfermé une dalle de marbre avec inscription; sous cette dalle, un squelette gigantesque avec un casque en or, une cuirasse, un anneau, une pointe de lance et une lampe. Cette prétendue découverte m'a tout l'air d'une fable.

Traversant des cultures de roses et de magnifiques bois de noyers, nous atteignîmes la ville de Kazanlik, si connue des parfumeurs des capitales européennes.

Nous étions accompagnés de nombreuses caravanes. De petits ânes gris portaient, accrochés des deux côtés du bât, de grandes corbeilles dont le contenu emplissait l'atmosphère d'une senteur délicieuse. Les beautés villageoises, à la chemise d'un blanc de neige, au double tablier de couleur éclatante, faisaient gaiement cortège à la procession originale, je dirai presque triomphale, où chacun, bêtes et gens, était paré de roses; les bâtons mêmes étaient ornés des charmantes fleurs.

L'huile et l'eau de roses que produisent les Indes, la Perse et l'Égypte, suffisent à peine aux besoins de l'Orient. Les quantités considérables de cette précieuse liqueur employées par les parfumeurs européens et surtout par les Anglais, proviennent presque exclusivement des pittoresques campagnes de la Thrace situées au pied du Balkan central. Des cent vingt-trois villages de la Thrace qui s'adonnent à la culture des roses, quarante-deux appartiennent à la vallée de Kazanlik, qui récolte pour sa part plus de la moitié des 1650 kilogrammes d'essence produits annuellement en moyenne par le « Gulistan européen ». Quant à l'espace énorme exigé par cette culture, on se le représentera si l'on songe qu'il ne faut pas moins de 3200 kilogrammes de roses pour donner un kilogramme d'huile.

La rose de Thrace (*rosa damascena, sempervirens et moschata*) aux fleurs simples, d'une légère teinte rougeâtre, réussit particulièrement sur les pentes sablonneuses exposées au soleil. On la plante au printemps et en automne; la moisson se fait en mai et au commencement de juin. Les paysans distillent généralement eux-mêmes leur huile dans un appareil fort primitif; il en est cependant qui vendent leur récolte de fleurs aux grandes distilleries de la ville, dont la plus célèbre est celle de MM. Papasoglou frères. Les cultivateurs reçoivent, suivant la qualité, de douze à vingt-quatre centimes par kilogramme de fleurs.

D'après le Coran, les roses ont apparu pendant l'ascension nocturne du prophète. Les roses blanches sont nées de sa sueur, les jaunes de celle de sa monture, les rouges de celle de Gabriel. On peut supposer à Kazanlik qu'au moins pour l'archange cette ascension a été fort pénible.

Kazanlik avait, en 1871, un aspect tout musulman. Le Tulbé-Baïr offre une vue intéressante sur la ville, ses nombreux minarets et les arbres magnifiques qui forment, de place en place, de merveilleux parcs naturels. La ville, bâtie il y a deux cent soixante-quinze ans environ, près de l'endroit où le ruisseau de Kétchidéré, venant du Balkan, tombe dans la Toundja, atteignit de bonne heure un haut degré de prospérité.

Elle comptait alors 2500 maisons bulgares, 1500 turques, 30 juives et 50 tsiganes. Les maisons chrétiennes renfermant en moyenne six personnes, et les autres n'en ayant guère que quatre, le tout donne un chiffre approximatif de 21 000 habitants.

Les Turcs possédaient seize mosquées et leurs quartiers s'étendaient vers l'est, parmi les grands noyers et les châtaigniers; les Bulgares habitaient, à l'ouest, des quartiers d'une apparence plus européenne. Je note ici, pour la statistique chrétienne de Kazanlik, qu'il renfermait quatre églises, un couvent de femmes, une école supérieure avec six maîtres, une école de filles et quatre écoles primaires comptant ensemble 700 garçons, 200 filles et 13 professeurs; enfin, qu'une succursale de la mission protestante américaine d'Eski-Zagra se donnait, sans beaucoup de résultat, la peine de venir chaque été y faire concurrence au judaïsme et à l'orthodoxie grecque.

Comme un grand nombre d'institutions religieuses de la Bulgarie, le couvent de femmes de Kazanlik jouissait des subventions et des donations que la Russie accordait libéralement à ses coreligionnaires de Turquie.

Dans l'un des petits bâtiments qui entourent la grande cour du couvent, douze jeunes religieuses m'attendaient; elles me servirent d'abord des confitures, du café, etc.; puis, sur mon désir, elles m'apportèrent quelques-uns de leurs ouvrages; j'achetai quelques paires de bas et autres menus objets pour les remercier de leur bienveillant accueil. A mon départ, la supérieure me reprocha fort de n'avoir pas accepté l'hospitalité dans le couvent, et, comme je balbutiais quelque excuse, elle me dit que la claustration n'était pas sévère, sans que pour cela les bonnes mœurs eussent à souffrir. Ici, encore plus qu'à Gabrovo, je songeai au proverbe : « Autre pays autres mœurs », et je pris congé.

RÉCOLTE DES ROSES A KAZANLIK.

Les eaux thermales répandues en grand nombre dans les environs de Kazanlik gardent probablement quelques traces du séjour des Romains dans le pays, mais personne ne s'est encore occupé de les étudier au point de vue archéologique.

Dans les quartiers turcs je ne découvris aucune construction digne de remarque. Dans l'ensemble et dans les détails, dans les rues comme dans le konak, il était facile de voir que le génie de Midhat n'avait jamais exercé son influence salutaire sur ce vilayet. Si à Kazanlik, comme partout ailleurs, l'Osmanli était probe et hospitalier il y était indolent et en retard de plusieurs siècles sur l'Occident. D'un autre côté, le chrétien, toujours au guet, avide de gain, le regard tourné vers l'Europe, suivait d'un œil inquiet le moindre de ses mouvements et attendait tout de l'avenir. Au milieu des Bulgares de Kazanlik, je pouvais presque oublier que j'étais en Orient. Beaucoup de négociants connaissaient Leipzig et Paris, parlaient le français comme s'ils fussent nés sur les bords de la Seine, étaient au courant de nos questions politiques, et répondaient avec une grande clarté à tout ce que pouvait réclamer de leur complaisance ma curiosité de voyageur.

Je quittai avec beaucoup de peine cette ravissante vallée. Le mouvement insurrectionnel de la jeune Bulgarie, devait, en 1875, y semer bien des malheurs; pourtant ces désastres ne furent rien en comparaison des dévastations dont elle eut à souffrir en 1877 et 1878 : Kazanlik servit en effet de point d'appui aux opérations que, pendant six mois, les Turcs dirigèrent du sud vers le col de Chipka, si héroïquement défendu par les Russes.

Voulant aller de Kazanlik à Travna, ville située sur le versant septentrional du Balkan, je passai par Maglich, beau village entouré de vignobles et de cultures de roses, mais possédant mieux encore pour intéresser le voyageur : je veux parler des relations amicales existant entre les musulmans et les chrétiens du village. Leurs habitations, fait rare en Bulgarie, et que je n'ai, pour ma part, jamais rencontré ailleurs, étaient entremêlées sans aucune préoccupation religieuse.

Une telle situation amenait un rapprochement intime entre les adeptes des deux religions et rendait impossible la réclusion complète des femmes turques. Celles-ci entraient en relations avec les familles chrétiennes, pénétraient chez la voisine Mara ou Kata, pour demander du feu ou d'autres petits services, se couvrant à peine le visage du yachmak et ne se demandant pas s'il y avait des hommes dans la maison. Je pensai d'abord qu'ici habitaient des *Pomatsi* (Bulgares de religion musulmane) et j'expliquai ainsi cette singulière tolérance ; mais c'étaient bien réellement des Turcs qui oubliaient ainsi les paroles du Coran et les traditions du harem.

Si cet exemple n'avait pas été unique ou du moins fort rare, combien la question d'Orient aurait changé de face en Bosnie, dans la Vieille-Serbie, en Albanie, etc., où musulmans et chrétiens se haïssent mortellement. Mais, même en Bulgarie, où cette haine n'était pas si marquée jusqu'en 1876, le Turc fit tous ses efforts pour mettre obstacle aux relations égalitaires garanties par le hat-i-houmayoun. Il chercha, autant qu'il était possible, à faire tomber sur les frères chrétiens le poids des réquisitions, que le régime turc exigeait en si grand nombre. Si des Tatares et des Tsiganes habitaient dans le village, ils contribuaient avec les chrétiens ; il fut seulement difficile aux Turcs de faire valoir le privilège de leur domination sur les plus jeunes immigrés, les Tcherkesses, qui étaient peu accommodants. Il y eut souvent entre eux de grandes rixes et parfois de sanglants combats.

Les champs de roses de Maglich lui ont donné une véritable richesse : ils fournissent en moyenne 25 kilogrammes de la plus forte essence. Ce village possède aussi des cultures considérables et entretient en outre, sur ses prairies alpestres, de nombreux troupeaux. Il comptait 400 maisons bulgares et 100 maisons turques, et, grâce à sa situation au débouché d'un défilé du Balkan, il jouit simultanément des avantages de la plaine et de ceux de la montagne. Pour se créer un autre revenu, la commune bulgare avait depuis peu restauré un couvent tombé en ruine et situé dans une gorge voisine. La tradition fait remonter son nom et sa fondation à un fait historique. Dans un combat entre les Bulgares et les envahisseurs turcs, les chrétiens allaient être taillés en pièces, lorsqu'un épais brouillard, s'élevant tout d'un coup entre les deux adversaires, déroba aux vainqueurs la retraite des chrétiens. En mémoire de leur délivrance miraculeuse, les Bulgares bâtirent le monastère de *Maglich* (brouillard).

Pour qu'un couvent restauré par spéculation couvre la dépense et rapporte des revenus considérables, les entrepreneurs engagent un habile hégoumène qui le remet en vogue et attire de nouveau le public par toutes sortes d'histoires et de récits miraculeux. Le moyen réussit pendant quelque temps aux moines de Maglich. L'hégoumène Chrysanthème était un homme très intelligent, une espèce d'alchimiste qui faisait même de la photographie; il sut, par ses manières prévenantes, attirer au monastère une foule de pèlerins qui cherchaient ou le plaisir ou le salut de leur âme, et cela non seulement au jour du *sabor* de Saint-Nicolas, mais pendant toute l'année. En été, le

INDUSTRIES DES MOINES DE MAGLICH.

couvent devint un but d'excursion pour les habitants de Kazanlik, ce qui augmenta naturellement les revenus. Mais, de même que maint administrateur d'Occident, le rusé Chrysanthème employait moins ses petits talents pour les bons actionnaires de Maglich que pour lui-même, et sa poche était, disait-on, très profonde. En 1871, il en résulta une rupture entre la commune et l'hégoumène. Lors de ma visite il n'avait pas encore été remplacé; je trouvai le couvent administré, sous la surveillance du kmet du village, par un certain Dimitri, ecclésiastique aussi ignorant que grossier. Les quatre moines qui « travaillaient » avec lui, lui ressemblaient comme un œuf ressemble à un œuf. Ils faisaient de grossières sculptures en bois et tricotaient des gants et des chaussettes.

Les maisons couvertes de chaume du village de Seltsi, me rappelèrent les misérables hameaux de bergers que j'avais visités naguère sur le versant méridional du Balkan de Svéti-Nikola. La solitude et le silence y régnaient étrangement. Mes zaptiés déchargèrent en vain leurs armes, personne ne répondit. Enfin, une pâle jeune femme, avec un nourrisson dans les bras, se glissa hors de sa demeure et nous expliqua que presque tous les habitants mâles étaient partis pour aller bien loin, dans la Roumanie, gagner quelque argent comme moissonneurs, et que le peu d'hommes restés au pays étaient occupés à garder les troupeaux sur la montagne ou à couper du bois dans la forêt.

C'est près de Seltsi que le géologue anglais Lennox trouva, en 1866, une couche de charbon. Le filon, d'un pied d'épaisseur, est situé à 680 mètres d'altitude, entre des strates d'argile brune micacée et bitumineuse, et se dirige vers le nord par un angle de 10 à 12 degrés.

Le charbon, une sorte d'anthracite très brillant, est le premier gisement de houille qu'on ait signalé dans l'ancienne Turquie d'Europe. Je fus assez heureux pour pouvoir en déterminer l'étendue, lorsque je traversai le Balkan d'Élena : il se dirige de l'ouest à l'est sur une distance de 40 kilomètres.

Après avoir gravi la profonde et sauvage entaille creusée entre le Koupen et le Doubnik, nous arrivâmes au pied de rochers à pic, et, plus haut, dans de gais bosquets où de magnifiques sources coulaient à pleins bords sous la feuillée, pendant qu'autour d'elles croissaient à l'envi fraises, myosotis, violettes et cent autres charmantes filles de la flore de l'Europe centrale. Les lacets adoucis de la route nous conduisirent à la clairière gazonnée qui précède l'épaisse forêt où se cache le col de la Tipourichka-Polyana. Un accident m'empêcha d'en mesurer exactement l'altitude, mais je ne crois pas me tromper en lui donnant une hauteur moindre qu'à celui de Chipka.

En janvier 1878, ce passage fut traversé par la colonne russe du prince Mirsky. Après avoir opéré sa jonction avec les divisions de Skobélef qui avaient franchi le Balkan à l'ouest de Chipka, près de

Séléno-Dervo, ce général prit à revers l'armée turque établie à Kazanlik et la força de mettre bas les armes.

Pendant deux longues heures de descente l'épaisseur du bois nous déroba toute perspective. Près du hameau de Mrozetsi, nous nous détournâmes un peu vers l'ouest pour voir les puissantes couches de charbon qui se trouvent à ras du sol.

Mais de lourds nuages assombrissaient le ciel : il fallut partir au plus vite. Le chemin n'offre, d'ailleurs, rien d'intéressant jusqu'à Travna.

Les 54 hameaux composant le cercle dont cette ville est le chef-lieu possèdent en moyenne 38 maisons et s'occupent d'agriculture (notamment de l'élevage des brebis et des chèvres) et d'industrie. La vallée compte 100 forgerons, 40 fabricants de haches et de faucilles, 12 couteliers, 30 tonneliers, etc. Dans les boutiques bien assorties de Travna, je vis, en outre, de nombreuses preuves d'un instinct artistique remarquable, et les spécimens que je déposai moi-même, en 1873, au Musée des Arts et de l'Industrie, à Vienne, ne font pas trop mauvaise figure à côté des produits d'une civilisation plus avancée.

Le plafond de la chambre où m'avait hospitalièrement reçu un pope de Travna, m'aurait, d'ailleurs, bien vite appris que j'étais dans le Nuremberg bulgare, la patrie par excellence des sculpteurs sur bois et des peintres d'église dont les ouvrages sont recherchés des deux côtés du Balkan et même dans la lointaine Russie.

Je fis sur le tard une visite au moudir Hadji-Moustapha, que je trouvai assis sous sa vérandah, en train de savourer paisiblement la douceur d'une belle soirée de juin.

L'escalier en bois qui conduisait au balcon, et le balcon lui-même étaient loin d'être solides, mais cette circonstance troublait aussi peu le kef du jeune et original fonctionnaire que le levrier et le petit chat, les animaux préférés, avec lesquels il jouait sans cesse. J'avais devant moi un dignitaire qui, selon toute apparence, n'avait échangé que depuis très peu de temps la carrière de tchiboukdji contre son nouvel emploi; mais, malgré son ignorance profonde, quelle assurance dans sa conduite envers les Européens ! Avec quelle désinvolture, toute diplomatique, empruntée à son ancien maître, dont naguère encore il nettoyait les pipes, il parlait des questions les plus importantes, de la mine de houille et de l'avenir qui lui était réservé, de la construction de la route qu'on avait interrompue, etc. Il est vrai qu'Hadji-Moustapha ne pouvait cacher longtemps le fond de sa personne à ses administrés, car il se montrait à eux plus souvent qu'il ne convenait, et même presque tous les jours, dans un état qui n'est pas rare dans le pays du hachich, de la longue et délicieuse ivresse.

A Travna, de même que dans tous les districts du Balkan où des fonctionnaires turcs vivaient dans des postes isolés au milieu d'une population exclusivement bulgare, le gouvernement était tout entier entre les mains du medjilis chrétien et le moudir n'était que l'instrument des notables choisis à l'élection. Plusieurs de ces notables m'accompagnèrent chez Hadji-Moustapha; mais ils montrèrent à son égard plus que de la cordialité; leur ton était presque méprisant, car le moudir, entre autres faiblesses, avait le talent de se faire le loustic de Travna.

Après avoir goûté aux raffinements stéréotypés de l'hospitalité orientale, café, raki, tchibouk, j'eus enfin, pour la première fois, l'occasion d'entendre des chansons bulgares avec accompagnement orchestral. On avait requis en mon honneur le célèbre trio ambulant de Travna, revenu, pour quelques jours, d'une grande tournée artistique dans les villes de la Thrace. Les musiciens avaient apporté l'un sa flûte, l'autre son violon, le troisième sa guitare. S'asseyant sur un divan rembourré de paille, ils reçurent leur ration de café et d'eau-de-vie, après quoi, ils entonnèrent leurs chants. Quelques mélodies me parurent assez originales; mais le plus grand nombre étaient caractérisées par la tonalité mélancolique et nasillarde particulière aux chants des Sémites. Cette tonalité, importée de l'Asie-Mineure par les Turcs, devient bientôt insupportable aux oreilles de l'Occidental.

Le moudir et les tchorbachi ne furent certainement pas de mon avis. Cependant on avait apporté du vin et, à partir de ce moment, la belle humeur de ces messieurs augmenta tellement que je crus sage de me retirer, sans attendre qu'elle eût atteint son apogée.

Me rendant au hameau de Popski, je pus jouir d'une scène curieuse. Sur la pente d'une colline ombragée, un pope et un vieux Turc y étaient occupés ensemble, et dans la meilleure harmonie, à la distillation de l'huile de roses. La fille du pope complétait le tableau, et, de conserve avec son petit âne, gravissait la montée, toute chargée de son odorante moisson. Sur tout le versant nord du Balkan, Travna est la seule localité qui produise de l'essence de roses.

Des coups de marteau frappés régulièrement m'annoncèrent, à la sortie d'une jolie petite forêt, que nous approchions de l'industrieux hameau de Popski, dont le ruisseau met en mouvement des moulins, des appareils pour la préparation des peaux et des marteaux pour le foulage du poil de chèvre.

Jamais, dans mes voyages en Serbie, je n'avais eu l'occasion d'observer un talent naturel si remarquable pour la construction des machines et l'organisation des entreprises industrielles. Là-bas, l'ingénieur et le fabricant devaient toute leur science à l'enseignement. Mais ici, qui donc aurait été le maître ? Ce n'était assurément

DISTILLATION DE L'HUILE DE ROSES A TRAYNA.

pas le Turc. La nature seule avait donné au Bulgare ces facultés instinctives qui ne demandent pour éclore qu'une impulsion légère, et qui autorisent les plus belles espérances pour l'avenir. Je suis le premier peut-être à les avoir signalées, et je n'hésite pas à dire qu'il nous faut considérer les Bulgares comme la population industrielle future de l'Europe orientale.

Le pope Constantin, l'excellent sculpteur sur bois que j'allai trouver dans son atelier, avait environ cinquante ans ; c'était un bel homme. Des cheveux noirs qui commençaient à grisonner, bouclés selon la mode des popes, encadraient sa belle figure ovale ; sous d'épais sourcils brillaient deux yeux sombres ; le nez fortement courbé et la barbe bien fournie, pas trop longue, donnaient à sa figure une rare expression d'énergie, et le caractère de cet artiste-prêtre répondait à sa physionomie.

« Qui avez-vous eu pour maître? Avez-vous beaucoup voyagé à l'étranger? Où prenez-vous les modèles pour vos travaux? » Ces questions me brûlaient les lèvres, depuis que j'avais vu ses œuvres dans différentes villes. En les entendant, le pope prit une grande liasse de papiers, toute couverte de poussière, qui gisait dans un coin de la chambre; il déroula successivement de vieux parchemins, des feuilles de longueur et de largeur très variées, sur lesquels étaient dessinés, à gros traits, des ornements, des fruits, des fleurs, des guirlandes de feuillage, des figures d'animaux, etc. « Voyez, monsieur, me dit-il; ces vieux dessins me viennent de mon père; les nouveaux, — vous remarquerez bien la différence des lignes, — sont de mon invention. Voici encore quelques dessins de la main de mon fils qui probablement, ajouta le pope avec modestie, fera un jour mieux que moi. » Dans ces esquisses, je ne pouvais distinguer que des différences insignifiantes : les œuvres de ces trois générations me prouvaient qu'il y avait là une puissante tradition; c'est ce que j'avais depuis longtemps supposé.

L'artiste me dit qu'un de ses fils était en Russie pour s'y perfectionner. Comme il me demandait s'il ne me serait pas possible d'en emmener un à Vienne, cette idée me fit réfléchir; elle devait se réaliser quelques années plus tard. Grâce au Musée oriental, vingt jeunes Bulgares, se destinant en grande partie au professorat, se sont formés depuis à Vienne, sous ma direction; il faut espérer qu'ils transplanteront leurs connaissances dans leur patrie, qui ne demande qu'à s'instruire.

A Tirnovo, Haïdar-Pacha m'avait déjà raconté des merveilles du célèbre passementier (*gaïtandji*) Ivantchou Stoïef. Je le trouvai occupé à broder, en or et en soie cramoisie, des selles, qui étaient de véritables œuvres d'art. Les plus chères atteignaient le prix de quinze cents francs.

Un autre artiste, Dimitri Tsano Donin fabriquait des brides de cheval de toute beauté. A côté de ces maîtres, beaucoup de gaïtandji confectionnaient pour l'exportation de simples cordons bleus ou rouges et des jarretières de laine rouge.

Dès l'âge le plus tendre, la jeune fille bulgare s'efforce d'aider ses parents, comme elle aidera plus tard son mari, dans la lutte pour l'existence. Les fameuses couvertures écarlates de Travna, brodées

DE SVICHTOV AU COL DE CHIPKA.   189

d'arabesques saillantes sur fond uni, sont faites par ses femmes et par celles du village voisin de Jeltech. Cette fabrication est entièrement leur ouvrage puisqu'elles seules ont précédemment filé et teint au moyen de l'alkermès le moelleux coton qui leur est nécessaire.

Les excellents tanneurs de Travna préparent d'innombrables

PASSEMENTIER BULGARE A TRAVNA.

peaux d'agneaux et de chèvres qui sont centralisées à Tirnovo pour être, de là, transportées jusqu'à Vienne. Ses tisserands fabriquent les couvertures de cheval en poil de chèvre, à fond gris rayé de blanc, de brun et de noir, si recherchées dans toute la Bulgarie, des sacs à fourrage, de gros tapis, etc.

J'aurais désiré faire la connaissance des peintres d'église de

Travna; malheureusement, de même que les architectes et les douze sculpteurs sur bois, ils étaient partis pour des villes éloignées ou de grands villages, où la vogue était aux nouvelles constructions d'églises somptueuses et où ils trouvaient une occupation bien payée.

Heureux de l'intérêt que j'avais pris à leurs industries, les habitants de Travna voulurent me témoigner leur reconnaissance par une fête de nuit improvisée. Hadji-Moustapha-Effendi et les notables de la ville, vinrent me chercher pour me conduire au lieu de la fête. Les musiciens et plusieurs porteurs de lanternes attendirent à ma porte. « Haï, haï! » cria le joyeux moudir ; il frappa dans les mains et les trois musiciens de la veille, auxquels s'était joint un tambourin, firent entendre une marche turque. Les zaptiés allèrent en avant et nous ouvrirent un passage à travers la foule. Ce fut au milieu de toute cette joyeuse population que nous arrivâmes hors de la ville. Là, sur une vaste prairie, entre des groupes d'arbres élevés, à la lueur de grands feux, les jeunes gens dansaient la *hora*, au son de la gaïda et de la svirala. A notre arrivée, ils firent retentir plus de mille cris de : Hourah! Da jivéié! Partout l'on s'empressa de nous offrir du vin, du raki et d'autres rafraîchissements. Le Bulgare met autant de persévérance dans son plaisir que dans son travail. De semblables fêtes champêtres se prolongent souvent jusqu'à une heure avancée de la nuit. Pourtant, comme je m'étais proposé de partir le lendemain de grand matin, je dis bientôt adieu à cette foule qui aurait fourni des motifs délicieux à un peintre de genre.

Sur la route de Tirnovo, nous arrivâmes à Drénovo, petite ville agréable, comptant environ 500 maisons, qui fournit les environs des marchandises de première nécessité et leur sert d'intermédiaire pour la vente des produits agricoles. La grande proximité de Tirnovo nuit cependant au développement de son commerce. Aussi compte-t-elle moins de marchands que d'agriculteurs, de producteurs de chanvre, de magnaniers et de vignerons.

Peu de villes bulgares ont eu autant à souffrir que Drénovo des événements des dernières années. C'est auprès de cette bourgade que fut déployé, pour la première fois, le drapeau national de l'insurrection, le 13 mai 1876. Le corps du pope Hariton comptait seulement 485 hommes. Près du couvent des saints Archanges, à une petite demi-lieue de Drénovo, il fut enveloppé par 1200 nizams et 3800 bachi-bozouks et attaqué à coups de canon. Les insurgés refusèrent de capituler et s'échappèrent pendant la nuit, après avoir perdu 120 hommes. Le pacha, pour se venger, fit piller et détruire le couvent par ses soldats. Comme Drénovo se trouve situé sur la route qui traverse le Balkan de Travna, il souffrit beaucoup pendant la dernière guerre du passage des bachi-bozouks et des Russes; pourtant les Bulgares ne songent plus à ce qu'ils ont souffert, aujourd'hui qu'ils se sentent pour toujours débarrassés de leurs bourreaux turcs.

Près du han de Gantchovtsi, la route atteignit un point d'où je pus contempler la magnifique vallée de Kilifar. Il me fut possible de distinguer à la longue-vue les minarets de la petite ville dont mon tchaouch me vanta les splendides plantations de pruniers et de mûriers, les distilleries d'eau-de-vie et les magnaneries, et qui reste la seule au nord du Balkan que je n'aie pas eu l'occasion de visiter.

Un profond ravin, taillé dans le plateau très bien cultivé de Débélets, nous amena au murmure d'un petit cours d'eau qui se hâtait vers la Yantra, jusque dans la plaine autrefois couverte par un lac. Il faisait déjà nuit quand nous traversâmes, avant d'arriver à Tirnovo, le romantique et étroit défilé de la Yantra, qui a la réputation d'être peu sûr. Tout reposait déjà à Marinopol, et dans le camp turc voisin l'on n'entendait que le cri des sentinelles. Mais sur les collines de la vieille ville des tsars brillaient de nombreuses lumières. On était encore debout dans le han de *Bella Bona* et nous y arrivâmes un peu tard, il est vrai, mais à la date fixée par mon itinéraire.

CHAPITRE XIII

DE TIRNOVO A SVICHTOV, PAR SELVI ET LOVETS

Lorsque je quittai Tirnovo, Haïdar-Bey, gouverneur du district, et les membres du medjlis, turcs comme chrétiens, me recommandèrent vivement de visiter le *Dikilitach* (obélisque), près de Yalar. Ils voulaient enfin savoir par quel peuple et à quelle époque reculée avait été élevé ce monument. Le Dikilitach est, pour les habitants du centre de la Bulgarie, ce que les colosses de Karnak sont pour le fellah égyptien, ce que les colonnes de Persépolis, que trois hommes peuvent à peine embrasser, sont pour les enfants de la fertile Chiraz, ce que les piliers sculptés d'Uxmal sont pour les Mexicains. Dans la péninsule on attribue d'habitude aux Guénevli (Génois) toutes les antiquités (ruines, monnaies, etc.), dont l'origine est inconnue; les Bulgares font remonter le Dikilitach à une époque antérieure à celle des Guénevli et cette opinion de leur part me donna une haute idée de l'antiquité du monument.

Parti de Tirnovo avec l'intention de visiter ce débris mystérieux, je suivis d'abord le cours de la Yantra jusque près de Chemchi, à travers le pittoresque défilé qu'elle s'est ouvert au sud de Tirnovo. Nos chevaux, effrayés par le grondement des eaux gonflées à la suite d'un récent orage, firent quelques difficultés pour franchir le gué de Tcholak-Mahalési, où la Yantra coule entre de sauvages roches de grès vert. Là, nous abandonnâmes sa belle vallée, toute parée des splendeurs de l'été, pour franchir le plateau, large de 18 kilomètres, qui la sépare de celle de la Rousitsa.

Nous laissâmes au bord de la route le beau village bulgare de Lédénik, surmonté d'une vieille ruine, seul reste d'un château-fort de beg, jadis orgueilleux et fier. Plus loin, sur une petite élévation, se profile le joli village turc de Kistamboul, entouré de prairies plantureuses.

Nous chevauchâmes à travers de fertiles champs de blé jusqu'au pied d'une colline dont la pente, hérissée de dalles calcaires horizontales toutes crevassées, fut pénible à gravir. Le bleu profond d'une petite gentiane, qui croissait au pied de la hauteur en touffes épaisses, formait, avec les blanches masses de pierre, un contraste charmant.

Mousina, délicieusement située, est bien bâtie; ses maisons sont massives et couvertes des minces dalles calcaires disséminées partout dans les environs. Ses belles plantations de mûriers nous apprirent que la culture de la soie est ici, comme dans la plupart des villages de cette région, une importante branche de travail. Toutes les femmes de la ferme où nous entrâmes pour nous reposer à l'heure brûlante de midi, étaient, à ce moment, occupées au triage des cocons. Les douze kilogrammes qu'elles avaient récoltés leur promettaient un bénéfice d'une trentaine de francs.

Pour donner une idée de la densité de la population dans les fermes de la Slavie méridionale, je note ici que dans la maison où nous prîmes notre kef, il existait seize personnes, dont un vieux couple avec une fille non mariée, trois fils, leurs femmes et leurs sept enfants. La statistique peut hardiment compter dans cette contrée dix têtes pour chaque maison bulgare.

Guidé par le kmet du village, nous sortions d'un bois qui nous avait caché le paysage, lorsque nous vîmes tout à coup se dresser devant nous, sur l'aride plateau parsemé de rares groupes d'arbres, une colonne gigantesque dont la flèche hardie s'élevait entre les cônes de plusieurs tumuli. C'était le Dikilitach, pilier quadrangulaire d'environ 10 mètres de hauteur reposant sur un piédestal haut de 4 mètres environ. Près de lui, un second piédestal, en tout semblable au premier, restait solitaire; les pierres disjointes de la colonne s'étaient égrenées sur le sol en formant une ligne horizontale de degrés d'une régularité surprenante. Mais ce n'était pas tout. Non loin de là, dans une légère dépression, étaient couchés pêle-mêle les débris d'une grande construction, d'un caractère éminemment monumental, sur lesquels, à l'envi, plantes grimpantes et chardons jetaient un manteau de feuillage. Frises sculptées, moulures, pilastres, colonnes aux lignes harmonieuses, rien ne manquait dans ce chaos de richesses. J'y découvris entre autres des dalles de $1^m,26$ de large sur $2^m,53$ de long, ornées d'élégants panneaux carrés; des

LE DIKILITACH.

colonnes, des pilastres, deux frontons couverts de bas-reliefs et trois gigantesques pierres plates chargées de figures et d'inscriptions grecques, en partie lisibles encore.

On ne m'avait donc pas raconté trop de fables au sujet du Dikilitach. Je trouvais, dans tous les cas, plus que ce que j'avais attendu, étant données les exagérations habituelles aux Bulgares. Malheureusement, l'obélisque ne demeurera plus longtemps comme un témoin orgueilleux du passé de cette région. Les pierres supérieures, d'une largeur de 1^m,26, d'une épaisseur de 1^m,58 et d'une hauteur de 0^m,70, se sont disjointes dans le cours des seize ou dix-sept siècles qui ont passé dessus; quelques-unes sont même tombées, et les douze qui restent encore debout ne résisteront guère aux influences atmosphériques. Les deux hauts piliers ont probablement appartenu à un viaduc, mais le déblaiement du terrain voisin pourra seul fournir des renseignements sur leur destination.

Une légère inspection suffit pour me convaincre que la terre, autour du Dikilitach, avait été remuée en beaucoup d'endroits. Elle cache probablement ici plus de débris antiques que l'œil n'en peut compter à sa surface. Les tumuli voisins avaient aussi attiré les chercheurs de trésors. Deux d'entre eux furent ouverts, il y a dix ans environ, par l'ordre d'Ali-Bey, ancien moutessarif de Tirnovo. Un peu plus loin, les paysans ont mis au jour, sur une certaine étendue, une conduite d'eau. Enfin, du côté de l'ouest, près du cimetière turc de Yalar, les sarcophages brisés et les pierres tombales d'une nécropole disent l'importance de la colonie romaine qui a vécu jadis sur ces bords, et dont l'étroite relation avec le Dikilitach et la Nicopolis ad Istrum n'est pas douteuse.

L'écrivain bulgare Slaveïkov s'est étrangement mépris au sujet du Dikilitach. Il le place sur la rive gauche de la Rousitsa, à sa jonction avec la Yantra. Or, il se trouve sur la rive droite, et à 30 kilomètres du confluent des deux rivières. D'après le même auteur, la bataille de Nicopoli (1396) se serait livrée sur les bords de la Rousitsa, et le Dikilitach serait un monument élevé par les Turcs en souvenir de leur victoire; mais cette bataille eut lieu près de la Nicopoli actuelle, sur le Danube, et la structure des deux piliers, ainsi que les nombreuses inscriptions trouvées dans le voisinage, les désignent absolument comme une construction de l'époque romaine.

Revenus par Mousina sur la chaussée qui conduit de Tirnovo à Selvi, nous nous arrêtâmes au village bulgare de Novosélo. Les femmes de cet endroit ont échangé la coiffure blanche en forme d'assiette dont on se sert dans les environs de Tirnovo contre une coiffure plus gracieuse, particulière au cercle de Selvi. Elle consiste en un morceau de toile richement colorée qu'elles raffermissent sur le sommet de la tête avec une couronne de fleurs et qu'elles laissent pendre sur le dos. Les enfants portent de petits bonnets brodés avec des glands bleus.

Le beau plateau sur lequel l'excellente chaussée nous conduisit vers Malkotchou compte certainement au nombre des campagnes les plus riches en fruits et le mieux cultivées de la Bulgarie. Près du han de Malkotchou, la route descend, par plusieurs lacets fort inutiles, à travers une gorge sombre. Après le village de Bogatovo, dont le nom signifie en bulgare « endroit béni », la vallée s'élargit pour se confondre peu à peu avec la plaine charmante de Selvi. Voici le nouveau pont à sept arches de la Rousitsa ; voici le pavé dont j'avais gardé le triste souvenir et le han bien connu de maître Ivantchou.

Depuis mon passage, l'auberge avait subi une transformation. Un balcon en fer, qui faisait le plus grand honneur au forgeron, était le principal ornement d'un petit bâtiment neuf, en style européen, que le pratique Ivantchou avait ajouté à son vieux han tout décrépit. Le mobilier était luxueux : absolument « à la franca ». Tables trop hautes et chaises trop basses, il est vrai, mais qu'importent ces misérables détails? n'est-ce point là un miroir! et ces lithographies encadrées! et cette rangée de patères pour suspendre les habits! quels progrès! J'en fis à mon hôte mon bien sincère compliment, et, pour échapper à l'atroce chaleur de la petite chambre, je me réfugiai sur le balcon, qui m'offrait le plus admirable coup d'œil sur la chaîne éblouissante de neige se déroulant de Chipka jusqu'à Kalofer.

Dans l'après-midi du 25 juin, je pris la chaussée de Lovets, tracée sur des pentes couvertes de vignes. Mais, voulant d'abord relever le point où la Rousitsa pénètre dans le défilé de Baré, je me détournai pour quelques heures du grand chemin afin de gagner le plateau septentrional sur lequel est situé le village de Keurmentché. Je laissai à mon drogman le soin de l'installation dans le mousafirlik, et, prenant un Tsigane du village pour guide et le zaptié pour sauvegarde contre la curiosité possible d'un fanatique, je m'acheminai vers la Rousitsa. Le début fut pénible, mais les difficultés du chemin ne durèrent pas longtemps; un délicieux sentier de forêt nous recueillit bientôt et nous mena en une heure, par une pente escarpée, jusqu'à Gradichté, et, plus loin, jusqu'à Serbia. Peu après, nous

FRAGMENTS ANTIQUES PRÈS DU DIKILITACH.

avions atteint un point favorable pour étudier d'un coup d'œil la gorge de la Rousitsa, entre Keurmentché et Baré. Ce défilé ne présentera pas de difficultés au tracé du chemin de fer qui devra relier, tôt ou tard, Selvi à Nicopoli sur le Danube.

Je revins passer la nuit à Keurmentché, où m'attendait un festin de Lucullus composé d'une soupe aux poires — mets favori des Turcs, auquel je n'ai jamais pu réussir à trouver un goût quelconque — d'œufs, de fromage, d'eau claire et de pain chaud à peine levé. Le lendemain, je reprenais la grande route qui conduit à Lovets. Le magnifique plateau sur lequel elle passe forme, tant au point de vue pittoresque qu'au point de vue géologique, le prolongement occidental du plateau qui s'étend de Tirnovo à Selvi.

De la route, on aperçoit à ses pieds les coupures d'Ostrets et de Bivol, que recouvrent d'épaisses forêts, et la fertile vallée de Kéretch-Pavlikan. Vers le nord, les champs et les vastes prairies de Brestovo, de Kakrina et de Préséka, peuplés de troupeaux immenses, attestent le bien-être des villages éparpillés sur le plateau. La route laisse tous ces villages à distance et, pendant six longues heures, elle ne présente au voyageur d'autre habitation humaine qu'un han et une karaoula.

Dans l'après-midi, je fis mon entrée à Lovets, dont l'aspect est, de loin, on ne peut plus séduisant. En 1871, un pont de bois croulant réunissait les quartiers groupés sur les deux rives de l'Osem. Une double rangée de boutiques en bois était établie sur cette misérable contrefaçon du Rialto, dont le plancher était formé de plus de trous que de rondins. Depuis, à la place de ce pont, maître Nicolas, de Drénovo, en a bâti un autre, soutenu par sept piliers en pierre de taille. Sur le tablier de bois s'alignent des deux côtés cent petites boutiques, dont le prix de location devait être consacré aux écoles turco-bulgares de la ville. Mais les chrétiens prétendaient que l'administration turque n'était point impartiale, et que le revenu du pont passait en grande partie à la restauration des mosquées délabrées.

On m'avait, à Tirnovo, recommandé le han de *Motsa*, tenu par une jeune veuve, mais le premier regard jeté sur l'intérieur de la bicoque me parut si peu engageant que, malgré les discours insinuants de la jolie hôtesse, je me sauvai bien vite pour suivre le conseil de mon zaptié et descendre dans le han de Djambas-Hadji. La grande salle était vide. Une table et des sièges, installés sur le pavé de briques recouvert de nattes de roseaux, en eurent fait bientôt un des plus confortables logis dont il m'eût été donné de jouir dans le cours de mes voyages dans les pays du Balkan. Les fenêtres donnaient sur la place du marché, et je pus m'amuser à regarder le fouillis varié de bêtes et de gens dont mon esquisse ne donne qu'une bien faible idée.

Les hans turcs de la vieille roche n'offrent d'autre nourriture que le café. Le voyageur doit s'ingénier à pourvoir lui-même aux exigences

PLACE DU MARCHÉ, A LOVETS.

de sa faim ou de sa gourmandise. Mais s'il est difficile de trouver le moindre confort dans une ville essentiellement musulmane, on peut presque toujours s'attendre à trouver quelque originale compensation à ses déboires. Ainsi, pendant la première heure de mon séjour à Lovets, j'eus l'occasion de voir une procession des plus pittoresques. Trois petits Turcs de familles distinguées avaient été le jour même admis par la circoncision dans la communion du Prophète. Une nuée de parents et d'amis les ramenait en grande pompe à travers la ville, haut perchés sur des chevaux, précédés de grandes bannières et accompagnés du bruit déchirant de la musique tsigane. La population s'agitait joyeuse autour du cortège, pâle reflet des cérémonies magnifiques et somptueuses qui accompagnent, à Constantinople, les fils du sultan dans les solennités analogues.

Devant un café, je vis dans le pavé une pierre votive mutilée que je copiai, et que M. Mommsen dit être de l'année des consuls Maximus et Paternus, c'est-à-dire de 233 ans après J.-C. Dans le dallage du Gorni-Kraï se trouvent deux autres pierres dont les inscriptions sont tournées vers le sol; de futurs explorateurs réussiront sans doute un jour à les délivrer de leurs liens. Je vis encastré dans les murs d'une maison bulgare le coin d'un sarcophage romain. Les ruines d'un castellum, qui s'élèvent sur le Hisar-Baïr, sont les débris de la station romaine de *Mella* où, de la grande voie militaire de Philippopolis au Balkan, se détachaient des routes conduisant à *Œscus* (Guiguen, sur le Danube), à *Novae* (Svichtov), à *Nicopolis ad Istrum*, et celle qui se dirigeait vers le haut Isker.

C'est en 1449, si l'on en croit le géographe turc Hadji-Khalfa, ou même vers la fin du quatorzième siècle, d'après d'autres sources, que Lovets fut conquis par Sinan-Pacha. On raconte que les défenseurs chrétiens y firent une longue et énergique défense. Les assiégeants turcs eurent alors recours à une ruse qui eut un complet succès. Pendant la nuit, ils chassèrent contre la porte de Stratech un grand troupeau de béliers, aux cornes desquels ils avaient attaché des torches allumées. Les Bulgares crurent à une apparition surnaturelle et ouvrirent les portes; musulmans et béliers pénétrèrent ensemble dans la place. En vain les Bulgares opposèrent-ils une résistance désespérée; ils tombèrent sous les coups des Turcs.

Pendant la guerre russo-turque de 1810, la ville fut occupée par le général Voronzof et eut beaucoup à souffrir des maladies épidémiques. Elle fut de nouveau fort éprouvée pendant la campagne de 1877. Le 27 juillet, la ville fut défendue sans succès par ses habitants chrétiens et un petit détachement russe contre les Turcs, supérieurs en nombre. Un coup de main que Skobélef tenta plus tard contre Lovets fut déjoué par la vigilance des avant-postes turcs. Deux fois la garnison de Lovets entreprit des expéditions contre Selvi; mais deux fois elle échoua. Enfin, le 3 septembre, après un combat acharné, les Turcs furent chassés de la ville par Imérétinski et Skobélef. Les renforts envoyés de Plevna par Osman-Pacha arrivèrent en vue de Lovets quand le sort de la place était déjà décidé.

Lovets (en turc Lovtcha) comptait, en 1870, un peu plus de

12 000 âmes. Vu le manque de recensement officiel, je calculai à raison de cinq têtes pour chacune des 1200 maisons turques et de six pour chacune des 800 maisons chrétiennes. Il me semble intéressant de montrer ici en détail de quels éléments se compose une commune où les Turcs sont en majorité. Le lecteur se demandera avec étonnement comment une ville de 12 000 âmes pouvait subsister sans médecin, sans avocat, sans imprimeur, sans artiste, sans aucun représentant de la vie civilisée. D'après les indications officielles, il y avait en 1870 à Lovets : 36 magasins de gros, 603 boutiquiers, en majeure partie des cordonniers, des tailleurs, des selliers, etc., établis dans les baraques du bazar ; 14 hans, 33 cafés, 2 établissements de bains, un beffroi, 20 mosquées (dont 4 mosquées à minarets, 4 oratoires et 3 medréssehs) une roudchidieh (école normale) musulmane, 10 mektebs (écoles primaires), 3 églises chrétiennes, un konak épiscopal, une école secondaire chrétienne, 2 écoles primaires de garçons et 2 écoles de filles chrétiennes, un bâtiment pour l'administration du district, un bureau télégraphique, une caserne de zaptiés, une poudrière, 2 ponts, 4 fontaines, 5 glacières, un grenier de l'État, 16 moulins, 23 boulangeries, un abattoir, 5 bergeries, 46 tanneries, 12 savonneries, 2 fabriques de cire, 3 fabriques de poterie, une fabrique de coutellerie, etc. Tout cela, avec les maisons d'habitation, nous donnait le respectable nombre de 3000 bâtiments, naturellement en style turc!

Ici encore, comme dans toutes les villes purement turques, l'idée me vint qu'un ouragan pourrait subitement emporter dans les airs toutes ces constructions plus pittoresques que solides. Et pourtant, avec quelle fierté le Turc ne contemplait-il pas la plus modeste de ses mosquées et ces minarets qui souvent étaient loin d'être verticaux, tant que mosquées et minarets élevaient vers le ciel leurs pointes et leurs croissants!

Les musulmans de Lovets ont, du reste, une aptitude remarquable pour certains métiers : les corroyeurs, les *saradji* (cordonniers pour les paysans) et les *tchohadji*, qui fabriquent les riches vêtements turcs ornés de passementeries, se distinguent par leur activité. On dit, il est vrai, que les mahométans de cette ville se recrutent en grande partie parmi les Pomatsi, Bulgares musulmans qui habitent les villages des environs. La corporation des pelletiers était la plus florissante de la ville. En 1871, ses quatre-vingts maîtres, tous chrétiens, entretenaient avec l'Autriche et la France, par le moyen d'agents voyageant périodiquement dans le pays, un grand commerce d'exportation en peaux de veaux, de vaches, d'agneaux, de chèvres. La boulangerie, la savonnerie, la confection des vêtements de paysans, sont le partage exclusif des Bulgares. Le commerce des cocons, qui avait autrefois une grande importance, a souffert de la maladie des vers à soie. La culture de la vigne s'y est aussi restreinte depuis qu'elle s'est étendue davantage sur d'autres points du pays.

Le kaïmakam de Lovets, que je visitai dans un konak neuf, construit, comme le nouveau pont, sous Midhat-Pacha, était, pour sa part aussi, absolument « neuf », j'allais presque dire « vert » dans les choses de l'administration. C'était un jeune effendi tout frais émoulu des antichambres de Constantinople, ne parlant que le turc, brodé sur toutes les coutures et d'une habileté sans égale à tourner des cigarettes. En dépit d'une température de 22 degrés à l'ombre, il grelottait en se plaignant du sort qui l'avait relégué dans cette région, froide et inhospitalière, disait-il, et n'avait qu'un désir, quitter au plus vite ces intraitables Bulgares, toujours en guerre avec leurs évêques, pour un poste plus agréable dans quelque jolie ville de l'Anatolie. Il ne put, cela va de soi, me fournir le moindre renseignement utile; mais j'eus le bonheur de trouver parmi les professeurs, les popes et les négociants bulgares, des hommes aussi dévoués qu'intelligents, dont la complaisance m'accompagna sans se lasser dans mes études.

Un des plus intéressants souvenirs que j'aie gardés de Lovets est ma visite à l'école normale. Garçons et filles saluèrent mon entrée par des chants harmonieux, et l'examen inattendu auquel je soumis les trois classes de l'école me prouva que l'enseignement donnait d'excellents résultats.

L'instruction publique ne recevait malheureusement aucun appui de l'évêque Hilarion, qui, malgré son origine bulgare, administrait son diocèse dans l'esprit du Phanar, dont il était le disciple. Il faisait une guerre acharnée aux prêtres et aux instituteurs progressistes. On le voit, la guerre ardente allumée dans notre Occident entre l'Église et l'École jetait jusqu'au pied du Balkan le reflet de ses luttes passionnées.

C'était le jour de la Saint-Pierre; je voulus assister aux cérémonies charmantes qui font de cette fête une des plus poétiques de la Bulgarie. A la première aube, les jeunes filles se rendent ensemble sur les bords de l'Osem et chacune jette dans les flots une couronne de fleurs qu'elle a tressée la veille. L'heureuse fillette dont le gracieux tribut prend en surnageant la tête des autres est proclamée reine du jour, et c'est à elle qu'incombe le devoir d'offrir à ses compagnes la danse et la musique. Le bruit des chants, du tambourin et de la svirala nous fit aisément trouver la maison préparée pour la fête à laquelle nous avions été invités. Nous entrâmes dans une salle tout enguirlandée de fleurs, autour de laquelle de fraîches jeunes filles étaient pittoresquement assises sur des divans bas ou des tapis. Peu de visages réguliers, mais partout de doux yeux noirs, brillants d'émotion et de plaisir. Nulle trace de cette contrainte et de cette fausse coquetterie, si fréquentes malheureusement parmi notre jeunesse occidentale. Leurs chansons en l'honneur du printemps éclataient comme un chœur de rossignols dans la forêt. Quelques-unes d'entre elles, au corps souple et gracieux, se détachèrent à la fois et formèrent des rondes accompagnées par les refrains alternatifs de leurs jeunes amies. Tableau charmant, bien fait pour apporter un adoucissement précieux aux contrariétés souvent amères d'un voyage d'exploration en Turquie.

Je ne trouvai de constructions remarquables ni dans les quartiers turcs ni dans les quartiers chrétiens. L'église de Dolni-Kraï possède une chaire superbement sculptée, œuvre d'un maître que nous connaissons déjà, le pope Constantin, de Travna. Du temps des tsars, Lovets a dû être orné de nombreuses églises, car beaucoup de places, avec de vieilles murailles, s'appellent encore aujourd'hui places d'église (*tcherkovitsé*).

Dix ans se sont passés depuis ma visite à Lovets, et dans cet intervalle la ville a éprouvé bien des changements. Par suite des combats d'artillerie, des pillages réitérés et du départ de presque toute la population turque, elle a perdu beaucoup de son importance. Tous les chiffres cités plus haut ont baissé considérablement depuis le mois d'août 1877 ; cinq quartiers turcs ont été détruits en totalité ou en partie; le konak et cinq mosquées sont en ruines. Au mois d'août 1878, Lovets, sans parler les nombreux débris des maisons turques, comptait 930 maisons bulgares avec 4600 âmes, 300 Tsiganes chrétiens et 150 Turcs. Parmi les grands propriétaires, Aga-Bey est le seul qui soit revenu à Lovets, et il représente maintenant au conseil communal le petit groupe de ses coreligionnaires.

On a reconstruit dans ces derniers temps, parfois en style européen, beaucoup des bâtiments détruits; on a établi des jardins publics ; on a veillé au pavage et à l'éclairage des rues. On a ouvert un bel hôpital, et la ville possède enfin un bon médecin venu de l'Occident. Les troubles que le départ de la plus grande partie de la population avait amenés dans les relations de la ville commencent à disparaître; le commerce, autrefois très florissant, reprend peu à peu.

Dans les rapports que j'eus à Lovets avec les quelques hommes capables d'exprimer une opinion politique, je pus connaître les idées et les aspirations ultra-radicales du parti jeune-bulgare. C'était là une étude fort intéressante pour moi, bien que j'eusse souvent souhaité de trouver chez ce peuple des vues plus claires et un jugement plus calme. Il en est des jeunes nations qui s'élèvent comme du moût dans un tonneau trop petit : la fermentation menace de faire sauter l'enveloppe.

La route de Lovets à Svichtov compte certainement parmi les plus monotones de la Bulgarie. Au sortir de la ville, les collines reculent vers le nord-ouest et la route reste isolée, aussi loin d'elles que de la chaîne montagneuse et boisée qui côtoie la rive droite de l'Osem. Après une heure de marche, j'avais atteint la terrasse peu élevée, légèrement ondulée, qui se déroule du Timok au Pont-Euxin, et dont les alluvions noirâtres sont recouvertes du plus riche sol de pâturage et de labour.

La plaine s'étend au loin, vaste et nue, rayée de distance en distance du trait de verdure d'un ravin qu'arrose un léger filet d'eau. Quelques grands arbres isolés y ombragent ordinairement une fontaine et offrent un abri pendant les heures brûlantes aux bergers et aux troupeaux. C'est sans doute pour cela qu'ils ont échappé au vandalisme des paysans auxquels le gouvernement refusait le droit de puiser aux couches de houille du voisinage et qui étaient obligés de recourir à la tourbe pour alimenter leur foyer. Avec les forêts ont disparu bruit d'ailes et chants d'oiseaux. Quelques vautours seulement et quelques aigles planaient là-haut, dans le bleu du ciel.

La pluie me força de chercher un abri dans le village de Drénovo. Ni les chrétiens ni les musulmans de l'endroit ne voulurent loger mes chevaux et il y eut à ce sujet, entre eux, de graves disputes. Comme toujours dans les cas semblables, la race dominante l'emporta et le soin de pourvoir au fourrage, etc., échut aux Bulgares. La famille à laquelle le tchorbachi m'avait assigné me reçut avec une aversion mal dissimulée : les femmes surtout s'indignaient contre cet hôte inattendu qu'il fallait héberger. J'usai alors d'un moyen qui me réussit toujours; je donnai quelques piastres aux enfants, je payai d'avance le prix de l'orge et du reste, et la paix se rétablit peu à peu. Il ne me fut pas aussi facile, ou plutôt il me fut tout à fait impossible d'éloigner les moustiques et d'autres insectes importuns qui m'empêchèrent de fermer les yeux, et joignirent pour me torturer leurs piqûres aux aboiements des chiens. Ajoutez à cela une vilaine odeur de tourbe qui passait à travers les carreaux de papier déchirés de ma petite chambre, et vous comprendrez que je fis de bonne heure seller mon cheval et dis adieu pour toujours à cet affreux gîte.

Le lendemain, les Bulgares hospitaliers du village voisin de Voutchitren me restaurèrent avec du lait de buffle fraîchement tiré. Ces braves gens étaient du nombre de ceux qui avaient jadis émigré en Crimée et qui, trouvant à leur retour leurs maisons occupées par les Tatares, durent se caser à la manière des troglodytes comme leurs compagnons d'infortune que je rencontrai près du Lom.

Le village de Nérédintsé, situé dans une aride fissure de la terrasse, possédait, comme presque tous les autres centres du district de Nicopoli, une population mélangée de Bulgares, de Turcs, de Tatares et de Tcherkesses. Les héros du Caucase prédominaient dans le pays, au grand désavantage de la sécurité de leurs paisibles concitoyens.

Beaucoup de tombes tcherkesses s'élèvent immédiatement à côté des tumuli où sont ensevelis les hommes des anciens âges. Ceux-ci offrent maintenant peu d'intérêt à l'historien; il en sera de même plus tard des fils du Caucase dont le séjour en ce pays a été heureusement de courte durée.

Après avoir débouché sur la route de Svichtov à Plevna, construite par Midhat-Pacha, non loin de Boulgaréni, nous franchîmes l'Osem. La rivière décrit une courbe majestueuse dans la féconde et large vallée, dont les petites éminences sont presque toutes couronnées de tumuli. Dans une dépression verdoyante créée tout exprès pour un campement, nous rencontrâmes environ quatre-vingts Bulgares des deux sexes. Chaque année, au temps de la moisson, les montagnards portent des plus hautes vallées du Balkan à la plaine valaque, leurs bras agiles et musculeux qu'ils louent aux boïars pour le travail des champs. Voyageant à pied, en troupes nombreuses, leurs bêtes de somme chargées de provisions de bouche, ils se reposent dans des villages marqués d'avance, ou, si le temps le permet, en plein air. Les groupes que nous avions devant les yeux étaient justement en train de préparer, dans des chaudrons de cuivre, leur maigre soupe au pain et à la graisse (*tchorba*), et le bruit de leurs chants joyeux nous accompagna longtemps dans la vallée.

Sticharov, où je passai la nuit, est un riche village bulgare, qui possédait une grande église et une petite mosquée. A Bouzourlouk, Midhat-Pacha a fondé, en 1868, une colonie de Balkandji. Par ce nom on distingue, nos lecteurs le savent déjà, les Bulgares du Balkan de ceux des plaines du Danube et de la Thrace. Le costume bleu et la démarche élastique des jeunes filles me révélèrent, au premier coup d'œil, leur origine. Sans l'air, qui leur semblait épais, et l'eau qui ne pouvait leur faire oublier les sources de cristal de leurs montagnes, ces braves gens auraient exalté sans mesure les avantages de leur nouvelle patrie et le sol généreux qui récompensait si richement le travail de leurs mains.

Des nuées d'oiseaux aquatiques nous annonçaient que nous approchions du Danube ; bientôt se dessina devant nous le miroir brillant de ses eaux. Sur le bord du fleuve nous tournâmes le Bender-Tépési, sur la pointe duquel a dû se trouver jadis une tour appartenant à la ligne frontière de l'empire romain, et nous atteignîmes le béklémé de Gorni-Oréché.

Le grand lac poissonneux de Svichtov qu'une étroite barre, en grande partie couverte par le flot, sépare du Danube, prête au fleuve une largeur véritablement grandiose. Vue en diagonale, du béklémé de Dolni-Oréché à Simnitsa, la nappe d'eau n'a pas moins de neuf kilomètres et demi de large, et les bateaux à vapeur de la rive roumaine ne se trahissent au regard que par un léger nuage de fumée. L'animation qui règne aux bords de cette lagune contraste d'une manière frappante avec le silence profond de ses eaux que troublent seules les bandes de cigognes, de hérons, de canards et de pélicans.

Ce ne fut qu'à l'extrémité orientale du lac, où ses flots s'unissent à ceux du Danube proprement dit, que la silhouette de Svichtov s'accusa soudainement. Bientôt nous atteignîmes le mahlé de Kékéné, habité par des pêcheurs valaques, et plus loin celui de Ribari, qui est le grand marché aux poissons.

Svichtov, appelé par les écrivains modernes de la Bulgarie Svéyéchtov et connu en Occident sous le nom de Sistov, passe pour une des villes commerçantes les plus actives du Bas-Danube. De vieilles murailles romaines se trouvent dans les vignobles de Staklen à l'ouest de sa banlieue, et la comparaison des différents Itinéraires fait reconnaître à coup sûr dans ces vestiges antiques ce qui reste de la colonie romaine de *Novae*.

C'est à Novac que les Gots passèrent le Danube. La ville, dévastée par les barbares, fut reconstruite par Justinien. Pendant les guerres

F. Kanitz. 14

des Turcs, elle fut ravalée au rang d'un misérable village. Depuis le seizième siècle, elle recula peu à peu à l'est de Staklen jusqu'à l'emplacement qu'elle occupe aujourd'hui et elle arriva à un certain degré de prospérité. En 1791, on conclut à Svichtov une paix humiliante pour l'Autriche, qui détermina les frontières actuelles entre l'Empire et la Turquie. Je fis de vains efforts pour trouver la maison où fut signé le traité qui changea les relations hostiles de l'Autriche avec la Porte en rapports jusqu'à ces derniers temps très amicaux. Les dévastations des *Kerdjali* de Pasvan-Oglou et le sac de la ville par le général russe Saint-Priest (1810), forcèrent la majeure partie des habitants à émigrer sur la rive roumaine. Après la guerre turco-russe de 1828-29, ils y fondèrent la petite ville d'Alecsandria. Cependant la situation de Svichtov, très favorable au commerce, lui assura une nouvelle prospérité. La compagnie autrichienne de navigation à vapeur, qui donne de la vie à tous ces pays du Bas-Danube, fit de cette ville un port de transit dont l'activité commerciale sera encore augmentée par la construction du chemin de fer. Déjà Midhat-Pacha voyait l'utilité d'une ligne reliant Svichtov à Philippopolis par le Balkan.

La principale armée russe passa le Danube le 27 juin 1877 juste au-dessous de Svichtov, près du village roumain de Simnitsa. C'est ici que le prince actuel de Bulgarie, Alexandre de Battenberg, foula, pour la première fois, le sol de son pays, à la tête du treizième bataillon de tirailleurs russe. La ville, qui s'était changée en un camp joyeux, reçut, le 1er août, la nouvelle de la bataille perdue la veille à Plevna; il s'y produisit aussitôt une véritable panique. Déjà on croyait voir les Turcs aux portes. Des milliers de Bulgares qui redoutaient la vengeance des vainqueurs se pressèrent, avec les soldats dispersés et les spéculateurs du camp, sur le pont du Danube, où il y eut une cohue terrible.

Vu du Danube, Svichtov offre un aspect qui n'est pas sans charmes. La ville s'étage en gradins sur les hauteurs du Kad-Baïr couronnées de vergers et de vignes. La rive du Danube présente une longue ligne de magasins et de jolies maisons à un étage, dont la plupart ont été rebâties dans le style européen après le grand incendie de 1870. Pendant l'été, et particulièrement au moment de l'exportation des céréales, la ville est animée par d'immenses convois de chariots attelés de buffles, et des caravanes de bêtes de somme; la rive du fleuve est alors garnie de bateaux à vapeur, de remorqueurs et de chalands, de navires à voiles, etc., occupés à prendre leur chargement. L'agence des bateaux à vapeur forme à cette époque le centre d'une activité considérable, dont l'étranger suit avec intérêt les détails variés.

Non contente de posséder déjà les spacieuses églises de Saint-Pierre et de Saint-Élie, aujourd'hui complètement abandonnées, et celle de la Transfiguration, la communauté bulgare a construit dans le Sredni-Mahlé une nouvelle église qui a été achevée en 1867. L'architecture en est aussi peu artistique et l'ornementation aussi incolore que celle des autres édifices modernes de la Bulgarie. Bien qu'elle ait coûté 500 000 piastres, abstraction faite des prestations en nature consistant en pierres, briques, charrois, etc., on vient d'en construire encore une autre dans le mahlé de Kraïna. Un négociant, nommé Balaban, émigré à Bucarest, a légué pour cet objet le terrain nécessaire et la somme de 4000 ducats.

Svichtov comptait, en 1874, près de 2000 maisons bulgares, environ 100 roumaines, 1532 turques et 160 tsiganes. Six quartiers principaux se partageaient ces 3720 demeures privées, auxquelles venaient s'ajouter 10 mosquées, 3 églises et d'autres édifices publics d'un caractère peu monumental.

Antérieurement à l'incendie de 1810, il existait sur la Tchouka un quartier fortifié (*kaleh*) auquel se rattachait le souvenir de ces Bulgares catholiques romains que la persécution força d'émigrer en Hongrie. D'après la tradition, il y aurait eu sur cette colline une église latine. Un canon, installé devant la porte de la forteresse, annonçait pendant le Ramadan, aux musulmans de la ville, l'heure si impatiemment attendue du coucher du soleil. C'était aussi dans ce lieu qu'on étranglait les « vrais croyants » condamnés à mort et qu'on les ensevelissait.

Les Bulgares patriotes émigrés à l'étranger ont fourni de grosses sommes pour l'amélioration des institutions scolaires de Svichtov. Le dernier legs considérable provient de Théodore Milanovitch, mort à Vienne en 1870. Il a laissé aux écoles non seulement ses capitaux, montant à 800 000 piastres, mais encore ses terres, ses maisons et sa bibliothèque, tandis que — détail caractéristique et qui peint bien l'esprit rationaliste de ce peuple — il satisfaisait son sentiment religieux par le don à l'église Saint-Élie, où il faisait construire un monument de famille, d'un « petit Évangéliaire à faire venir de Russie ».

Svichtov est une des premières cités bulgares où la langue nationale ait été introduite dans les écoles. Dès l'année 1833, le slave y fut introduit à côté du grec. Trois ans plus tard, un marchand patriote, Anguélov, y fonda par testament une école purement slave. Aujourd'hui, chacun des trois quartiers chrétiens de Svichtov possède une école de garçons et une école élémentaire de filles; il y a aussi une école supérieure, comprenant quatre classes, dans lesquelles enseignent ensemble treize maîtres et sept maîtresses, et qui était fréquentée, en 1874, par 90 jeunes gens et 46 jeunes filles.

On devait enseigner dans cette école l'histoire générale et l'histoire de la Bulgarie, la grammaire, la physique, la botanique, l'algèbre, la géométrie, le turc, le français, le catéchisme et la philosophie.

J'eus l'occasion d'assister à l'examen annuel, et je me rappelle avec quelle attention ardente les mères bulgares suivaient sur le tableau les calculs tracés par leurs enfants, et quelle animation gracieuse donnaient aux différents groupes les figures expressives des jeunes filles.

Tout le monde avait mis ses plus beaux atours, et, à côté des modes européennes, se montraient, surtout pour les coiffures, les modes orientales. Ce même mélange, ce combat entre les vieux usages et les coutumes importées de l'Occident se remarque dans l'ameublement des maisons des familles aisées. Souvent je trouvai des divans à l'orientale, à côté de chaises placées devant un piano à queue, de Vienne. De petits miroirs et de méchants tableaux avec un cadre d'or paraissaient être le plus grand des luxes; il en était de même des tables à écrire et des armoires, car le Bulgare, comme le Turc, enferme d'habitude ses objets les plus précieux dans un placard percé dans le mur. Les plus grands soins étaient consacrés au petit jardin situé devant la maison : on y faisait des bordures en petites pierres; on y plantait des boules de verre de couleur sur des bâtons au milieu des plates-bandes de fleurs et de petits jets d'eau faisaient entendre un doux murmure. On y voyait presque toujours des lauriers-roses, des citronniers et des figuiers, sans parler des haies de vigne et de buis; tous ces arbres faisaient la joie du propriétaire.

Le hasard me fit assister au mariage d'un couple de méthodistes bulgares. Un ancien cordonnier, sur lequel était descendu « l'Esprit du Seigneur », avait amené au méthodisme environ une dizaine d'orthodoxes de Svichtov. Il rappelait, trait pour trait, ces maîtres d'école que Dickens a dessinés d'une main si sûre, et sa vocation d'apôtre avait mis sur toute sa personne un cachet quaker des plus réussis. La fiancée était couronnée de myrte. La cérémonie religieuse se passa dans le plus grand calme. Les nombreux invités et curieux orthodoxes montrèrent une réserve de bon aloi, et je ne pus constater chez eux la plus légère marque d'intolérance. Selon l'usage, j'avais offert mon petit présent au jeune couple, et l'on me donna la place d'honneur à côté du missionnaire Long, venu de Constantinople pour donner la bénédiction nuptiale. Mais je ne tardai pas à m'échapper de la salle du festin, où les têtes commençaient à s'échauffer, pour aller chercher dans les tranquilles retraites du Casino bulgare (*tchitalichté*) un peu de fraîcheur et de repos.

Il s'agit d'une sorte de club où la société de Svichtov aime à se réunir, surtout pendant les soirées d'hiver. On y trouve quelques journaux, une bibliothèque et des cartes géographiques. Un censeur turc pointilleux y aurait trouvé des raisons de mécontentement, car des lithographies patriotiques, dont les sujets étaient tirés de l'ancienne histoire bulgare, s'étalaient sur la muraille et, comme dans la grande école, le portrait de l'empereur François-Joseph y faisait pendant à celui du Padichah. Ce fait s'explique d'ailleurs par les intimes relations commerciales que Svichtov entretient avec l'Autriche. Aucune ville danubienne n'offre comme celle-ci l'occasion d'entendre parler l'allemand, et dans nulle autre je ne vis la jeunesse des familles opulentes montrer une prédilection aussi décidée pour l'éducation germanique.

La mesure de la richesse varie dans les différentes villes bulgares. Ici la fortune de l'homme le plus riche est estimée à 125 000 francs. Mais avec 50 000 francs, il suffit de quelque esprit commercial pour se faire un joli revenu. L'intérêt de l'argent est de 16 pour 100 par an. Parfois, le capital turc s'alliait au travail bulgare pour une entreprise commune. Ainsi, le riche Turc Ahmed possédait de compte à demi avec un Bulgare un des remorqueurs du Danube, un moulin mécanique et une boulangerie. De pareils faits étaient pourtant assez rares.

Le couvent de Svéta-Bogoroditsa, situé dans le voisinage de la ville est la promenade favorite des Svichtoviens, les jours de dimanche et de fête et une station de convalescence pour les musulmans comme pour les chrétiens. Son supérieur (*douhovnik*), type achevé d'ignorance, est bien plus aubergiste que moine. Dans la mesure permise par les affaires, c'est à peine s'il regarde comme des Bulgares les catholiques des villages voisins; il éprouve plus de répugnance encore pour les protestants. Sur tous les autres points, c'est le plus tolérant des hommes, et les péchés de ses hôtes trouvent chez lui une facile absolution, pourvu que l'argent se mette de la partie. Le matin on se rend à l'église; l'après-midi se passe sur le gazon; petits et grands y jouent, trinquent, chantent et dansent la hora jusqu'au moment où le soir ramène tous les promeneurs au logis.

Après le passage du Danube par les Russes le 26 juin 1877, la ville de Svichtov, se transforma en un camp militaire fort bruyant. Se sentant délivrés d'une oppression cinq fois séculaires, les Bulgares commencèrent par piller les maisons des Turcs qui avaient pris la fuite, afin de leur rendre le retour plus difficile. Il ne fallut pas beaucoup d'efforts pour démolir, en l'espace de quelques heures, 400 de ces bâtiments primitifs. Les mosquées plus massives résistèrent au premier choc; plus tard on les convertit en hôpitaux, magasins, etc. L'hiver de 1877-1878 étant très rigoureux, de nouvelles maisons turques furent détruites; toitures, planchers, portes, fenêtres, en un mot tout ce qui pouvait être brûlé fut emporté; les murs seuls restèrent debout. En tout 600 maisons furent ravagées de la sorte et la partie turque de la ville, en face du premier pont russe, ressemblait encore en 1879 à un gigantesque amas de décombres.

Les deux ponts établis pendant la guerre à Svichtov formaient l'unique communication de l'armée russe de Bulgarie avec sa base d'opération en Roumanie. Aussi, dès que le quartier général des Russes fut établi dans cette ville et qu'il fallut veiller à l'approvisionnement de l'armée, aux hôpitaux et autres institutions militaires, s'y développa-t-il un grand commerce qui attira une foule de fournisseurs et de spéculateurs avides de gain. Dans les anciens hôtels comme dans les nouveaux qui furent improvisés, tout marcha grand train; les denrées les plus simples furent payées des prix fabuleux; on gagna des sommes énormes, et l'on vit partout de joyeux visages. Le vaillant bourgmestre de la ville, Anev, qui avait vécu jusque-là en exil à Vienne, et s'était fait un nom dans le parti jeune-bulgare, assainit la ville : il fit dessécher des marais qui infectaient la banlieue, remplaça le fouillis du bazar par une immense place, fit régulariser, paver et éclairer les rues; enfin établit un jardin public d'où l'on jouit, grâce à la démolition d'un quartier de baraques turques, d'une vue superbe sur le Danube et sur l'immense plaine roumaine.

CHAPITRE XIV

LES VILLAGES CATHOLIQUES DE LA MISSION DES FRÈRES DE LA PASSION ET NICOPOLI SUR LE DANUBE

Vers 1650 vivaient à Nicopoli et dans les villages des environs des adhérents de la secte des Bogomiles. Philippe Stanislavov, nommé évêque de la Grande-Bulgarie, les convertit au catholicisme, mais son successeur ne put empêcher ces Pavlikiani de retourner à l'orthodoxie; le calendrier grégorien leur était surtout odieux. L'église épiscopale de Nicopoli tomba en ruines, et les quatre communes d'Oréché, Bélina, Lajiné et Trentchévitsa sont seules restées fidèles jusqu'à nos jours à la religion romaine. Il existe une mission catholique pour le district de Nicopoli; elle est placée sous l'autorité de l'évêque de Bucarest et dépend de l'administration de la Propagande, fondée à Rome en 1622 par le pape Grégoire XV « pour convertir les peuples de l'empire turc, autrefois renommés par tant de qualités célestes maintenant tombés dans l'idiotisme, ravalés au niveau des bêtes, n'existant que pour le diable et ses adeptes, et destinés à augmenter le nombre des habitants de l'enfer ».

Les paroisses catholiques forment, par leur organisation hiérarchique distincte au milieu de la majorité compacte des Grecs orthodoxes, un groupe véritablement curieux. Chacune d'elles est administrée par deux prêtres de l'ordre de la Passion. Jusqu'à ce jour, ces prêtres ont été pris exclusivement parmi les Italiens. Les prêtres ne sont jamais déplacés, et la mort seule les enlève à leur communauté. Les quatre paroisses composent le vicariat général de la Bulgarie, dont le titulaire est choisi parmi les curés par l'évêque de Bucarest. C'est le vicaire général qui est le représentant du petit diocèse auprès du gouvernement et auprès du consulat général d'Autriche à Roustchouk. Cette puissance exerce une protection directe sur ces communes, et le presbytère de Bélina porte les armes autrichiennes avec cette inscription : « Viccariato cattolico di Belina, sotto la protezione di Sua Maestà I. R. apost. d'Austria. »

Une chance heureuse me fit rencontrer à Oréché les quatre curés réunis pour la conférence trimestrielle. Ils se lamentèrent avec force soupirs sur ce que l'argent de l'Autriche n'affluait plus avec la même abondance qu'autrefois. « Nous sommes trop pauvres, me dirent-ils, pour bâtir des écoles. » Pas un seul d'entre eux n'en possédait, en effet, dans sa paroisse; ils m'avouaient cela en face de la grandióse église consacrée à l'Immaculée-Conception, église pour laquelle on a dépensé des sommes immenses, et dont la richesse fait un contraste douloureux avec les misérables toits de chaume du village!

De tout temps, l'activité de ces missionnaires semble s'être employée, grâce à une habile exploitation de la protection de l'Autriche, à tenir l'autorité du pays autant que possible à distance de leurs communes, et à s'assurer ainsi sur elles non seulement le pouvoir spirituel, mais aussi le gouvernement temporel. Le conseil municipal n'exerçait pas la plus légère influence sur les affaires du village; il devait se subordonner à ses maîtres spirituels avec autant d'humilité que le plus petit enfant de la paroisse. Le tchorbachi baisait la robe noire du padre qu'il rencontrait; on se serait cru dans les missions du Paraguay ou dans les pampas du Brésil.

Le prêtre envoyé de Rome était le vrai maître du village bulgare. Rien ne s'y faisait sans son avis et son assentiment. Bien différentes en cela des communes orthodoxes, qui ne permettent pas à leurs popes la plus légère ingérence dans les affaires temporelles, les communes catholiques donnaient à la parole du *Domin* une puissance illimitée, et c'était lui qui dans toutes les circonstances jugeait et décidait en dernier ressort.

Jadis, lorsque les Bulgares orthodoxes n'osaient accomplir les cérémonies de leur culte que dans des catacombes à moitié ensevelies sous la terre, les missionnaires romains avaient déjà obtenu par l'influence autrichienne des firmans du Grand-Seigneur pour l'érection de vastes et somptueuses églises. L'une après l'autre, grâce à des ressources fournies par la Propagande, et plus encore par l'Autriche, s'élevèrent, au milieu des quatre misérables paroisses, autant d'églises spacieuses, surmontées de hauts clochers, qui faisaient à la fois l'orgueil des prêtres et l'envie des orthodoxes.

Cependant ces églises, dont une, celle de Bélina, a coûté

200 000 francs, sont en ruines. Ce ne sont point les éléments qu'il faut accuser de cette destruction, mais l'inintelligence des prêtres. Ils avaient appelé des entrepreneurs italiens, établi des fondations insuffisantes et dépensé d'autant plus pour le reste de l'édifice et pour sa décoration. On fit de somptueux habits aux figures de cire apportées à grands frais d'Italie. Les costumes de fête et de semaine de Sainte-Anne, à Lajiné, emplissent une vaste armoire, et ses robes de soie sont d'un luxe qui exciterait l'envie de nos grandes dames d'Occident. Les ornements des prêtres ne le cèdent en rien à ceux de leurs saints. Mais les églises manquent de bancs, et pendant toute la durée du service, qui est quelquefois très long, les fidèles se prosternent ou s'agenouillent sur les dalles froides et nues du parvis.

Tout près des églises s'élèvent les maisons presbytérales, solides constructions à un étage, jolies d'aspect et confortablement meublées, et les bâtiments d'exploitation des missionnaires. Mais c'était en vain qu'on cherchait dans ces constructions le plus modeste réduit consacré à l'enseignement. La chose paraîtra peut-être invraisemblable, mais n'en est pas moins avérée : en 1871, les quatre villages de la mission catholique, dont chacun entretenait deux prêtres, ne possédaient pas un seul enfant ou un seul adulte sachant lire et écrire.

Par contre, chaque village comptait de vingt à quarante jeunes filles revêtues d'une sorte de costume religieux, qui, au lieu de travailler dans le champ paternel, passaient le temps dans les églises ou dans les presbytères. Sur la parole du prêtre, elles avaient renoncé au mariage, souillé par le péché, pour se fiancer à Dieu.

Les pères romains cherchaient à isoler leur troupeau de leurs voisins schismatiques; ils appelaient ces derniers d'un sobriquet turc, *kara ghiaouri* (païens noirs), et les mettaient plus bas sur l'échelle des peuples que les musulmans eux-mêmes. Dans l'espace de cent ans, ils avaient si bien réussi dans leurs desseins que les habitants des endroits où se trouvaient les missions, toutes les fois qu'on les interrogeait sur leur nationalité, répondaient : « *Az sam Pavliken* (je suis Paulicien) ! » Ils protestaient énergiquement quand on les nommait Bulgares ; ils évitaient le commerce des orthodoxes pour n'avoir pas à redouter les tourments de l'enfer.

Le jugement dernier, que les révérends pères dépeignent à chaque occasion sous les couleurs les plus sombres, préoccupe sans cesse les pauvres catholiques et absorbe toutes leurs pensées et tous leurs sentiments. Les missionnaires, en les menaçant de châtiments terribles en l'autre monde, exigent d'eux qu'ils viennent tous les jours à l'église, qu'ils se confessent fréquemment, qu'ils fassent des offrandes de toute espèce, et, avant tout, se soumettent sans murmure aux ordres du chef ecclésiastique. Quand, à trois heures et demie du matin, la cloche appelle à la prière, toute la commune se rend à l'église, où se trouvent aussi les pères; mais, tandis que Nikola, Pavel, Maria, etc., se rendent aux champs pour gagner à la sueur

PSEUDO-NONNES CATHOLIQUES A ORÉCHÉ.

de leurs fronts les redevances dues à l'État et au curé, dom Antonio et dom Carlo se remettent tranquillement au lit.

Si l'on croit que le triste état de choses que je constatai en 1871 n'a pas eu pour cause les prêtres seuls, mais qu'une grande partie de la faute incombe aux habitants, peu ou point avides de culture, que l'on jette un coup d'œil sur le degré de civilisation où sont arrivés leurs compatriotes et coreligionnaires dans la Hongrie méridionale. Environ quatre mille familles de Pavlikiani y avaient émigré vers

1740 ; l'impératrice Marie-Thérèse les reçut avec bienveillance, leur conféra des privilèges, leur donna entre autres des armoiries et une juridiction nationales. Peu à peu ils fondèrent dans le Banat treize établissements, dont Vinga est le plus important. Ces Bulgares catholiques sont renommés dans tout le pays, non seulement par leur ardeur au travail et leur amour de l'ordre, — qualités qu'ils partagent avec les Allemands de cette région, — mais encore par leur excellente agriculture, la viticulture, l'apiculture, et surtout par leurs progrès dans l'instruction. Sur cent habitants, on en trouve à peine trois qui ne sachent pas lire. Ils tiennent beaucoup à ce que les enfants fréquentent régulièrement l'école, et même ils enlèveraient un orphelin à son tuteur si celui-ci ne l'envoyait pas toujours en classe. Aussi voit-on bien rarement un Bulgare dans les prisons des comitats. Ces faits précis nous montrent de la manière la plus claire que c'est aux prêtres catholiques de l'Italie qu'il faut attribuer la triste situation matérielle et morale de la mission catholico-bulgare des environs de Svichtov.

Lorsqu'il y a dix ans un Bulgare, de la Hongrie catholique romain, essaya de fonder une école à Bélina, les pères, par leurs intrigues auprès du consulat autrichien et des autorités turques de Roustchouk, surent chasser le loup de leurs bergeries. Cela augmenta l'agitation des esprits : les jeunes gens se montraient fort irrités de ce qu'on enlevait au mariage les plus jolies filles, sous prétexte de servir l'Église ; les chefs de famille, à leur tour, se plaignaient de la diminution de travail et de gain, car les Bulgares, comme tous les Slaves du Sud, ne donnent leurs filles en mariage que contre redevance. Enfin, en 1872, l'irritation longtemps contenue éclata. La partie la plus intelligente de la population de Bélina se souleva ; les paysans refusèrent obéissance aux pères et demandèrent le redressement des abus. On ne les écouta pas ; dès lors ils réclamèrent l'intervention des autorités turques. Celles-ci prirent d'abord parti pour les prêtres qui prodiguaient les bakchichs ; le principal orateur de la commune fut jeté en prison. Les opposants, de plus en plus exaspérés, s'adressèrent alors au vali de Roustchouk ; ce dernier se prononça pour les Bulgares. Il refusa à l'évêque, Mgr Ignazio Paoli, accouru de Bucarest pour apaiser la querelle, de lui donner un passeport, alléguant que « Mgr Paoli n'avait jamais demandé à la Porte de le reconnaître comme évêque catholique romain, et n'avait donc pas le droit d'exercer sa juridiction sur le territoire du sultan ». L'internonce austro-hongrois à Constantinople intervint énergiquement, et au printemps de 1874, après de longues et pénibles négociations, le vali de Roustchouk, Abd-our-Rahman, fut obligé de céder, et Mgr Paoli put se rendre à Bélina.

Les missionnaires, menacés dans leur existence de pachas, surent gagner complètement l'évêque qui était juste, mais qui ignorait tout à fait la langue bulgare. Ils lui firent croire que les plaintes dirigées contre eux étaient des manœuvres des schismatiques et se posèrent en martyrs de la sainte Église romaine. Malgré tous les efforts de l'évêque pour réconcilier les communes avec les pères, celles-ci maintinrent leurs exigences : « les prêtres, disaient-elles, doivent posséder la langue bulgare, toucher un traitement fixe, abandonner l'administration des biens de l'Église à un conseil local, ne plus souffrir dans le village de jeunes filles se vouant au célibat, mais les envoyer dans un couvent. »

L'évêque déclara inacceptables ces vœux qui étaient d'une justice absolue. La querelle continua donc et les paysans, en dépit de l'excommunication dont on les menaçait, refusèrent de payer toute redevance aux pères. Le gouvernement turc, de son côté, instruit de l'état des choses, refusa de se déclarer pour des religieux étrangers, soustraits à sa juridiction. Les villages catholiques tant tourmentés menacèrent enfin de retourner à l'Église orthodoxe.

Mes descriptions de l'état scandaleux des missions catholiques, qu'on avait caché jusqu'alors, excitèrent une grande sensation dans la presse libérale, une plus grande encore dans la presse cléricale. Je puis constater, avec grande satisfaction, qu'on tint compte à Rome de mes renseignements, que les religieux les plus incorrigibles furent rappelés et que, dans trois villages catholiques, des écoles furent établies, mais on voit encore partout les pseudo-religieuses et le soin des âmes est toujours confié à des prêtres italiens.

Après avoir visité Oréché, je remontai le Danube et continuai ma route vers Bélina qui compte parmi les nombreux villages à langues multiples de la Bulgarie. Il possédait, en 1871, 157 maisons bulgares catholiques, 76 valaques, 12 turques et 10 tsiganes.

Près d'un puits, tout près du village, je rencontrai un groupe de femmes avec des chemises aux plis larges, brodées de couleurs variées, un tablier en laine par devant et par derrière, enfin une coiffure toute particulière. Leurs petits pieds et leurs mouvements élégants témoignaient, encore plus que leur costume si pittoresque, qu'elles étaient de race roumaine.

Lorsque j'eus inspecté la splendide église catholique, je m'occupai des vestiges de l'époque classique très abondants dans le village. Plus d'une pierre antique a disparu dans les fondements et les murailles des constructions de la mission. Des chapiteaux, des colonnes de marbre, des socles, des pierres votives effacées étaient éparses dans la cour du presbytère. La rive du Danube garde encore une importante fraction des bastions romains et du mur de soutènement, admirablement cimenté, qui protégeait la berge. D'après une opinion des pères, qui aurait grand besoin d'être appuyée par des constatations ultérieures, Bélina s'élèverait sur l'emplacement de *Mikro-Byzantium*. Je recommande, dans tous les cas, Bélina aux archéologues comme un terrain d'exploration singulièrement remarquable.

Notre chemin, pour gagner Nicopoli, remontait la rive du Danube. Près de Bélavoda, l'herbe drue de la terrasse était couverte de troupeaux, mais les rares groupes d'arbres ne s'aventurent que dans les profonds ravins dirigés vers le Danube. Sur le plateau monotone qui s'étend au loin vers l'Osem, l'œil n'aperçoit pour toute fête que des poteaux télégraphiques, perchoirs favoris des oiseaux de proie. Une gorge, vêtue d'arbres fruitiers, nous annonce enfin l'approche de Nicopoli.

Le *Koumpania-Han*, dans lequel je descendis, semble avoir été construit par une association de voleurs dans le but de dépouiller les « Francs » de passage. Il me fallut toute ma patience d'explorateur pour réunir une table et deux misérables chaises de paille. Au grand étonnement du handji, je refusai le lit sale et dégoûtant qu'il m'offrait pour installer délibérément et sans plus de discours celui que j'avais apporté moi-même. Toutes choses, d'ailleurs, qui n'avaient rien à voir avec le montant de la note. Sans calomnie comme sans remords, inscrivons le han de la Koumpania au nombre des plus abominables cassines du bas Danube.

J'étais à peine descendu de cheval que le *pasapordji* (directeur des passeports) faisait irruption dans l'auberge pour me demander mes papiers. Mon firman lui inspira un respect salutaire et il s'empressa de m'offrir ses services.

Nicopoli est située dans un large ravin qui s'élargit en éventail vers le Danube. Le quartier du fleuve se composait de méchantes maisons turques presque entièrement construites en bois, de petits cafés et de cabanes de pêcheurs. Les bureaux de la douane et des bateaux à vapeur étaient eux-mêmes installés dans des baraques qu'il aurait suffi d'une étincelle pour réduire en cendres ; le quai de débarquement était aussi délabré que ceux de Svichtov et de Roustchouk. Le silence de mort, dont il s'enveloppait, était d'autant plus frappant que l'animation la plus intense régnait sur la rive roumaine, où des centaines de chariots allaient et venaient près de l'embarcadère de Turnu-Mâgurele, et où de nombreux vapeurs et remorqueurs prenaient et déchargeaient leur fret.

Les Juifs espagnols ont le premier rôle dans le commerce d'exportation des céréales et des matières premières du pays. Leur quartier contient les plus jolies maisons de la ville. Hautes d'un étage et meublées à l'européenne, elles disent à la fois la proverbiale activité de ces hommes que la fanatique Espagne a forcés de se réfugier à l'étranger et l'importance qu'ils donnent au confort raisonnable. La majorité des habitants turcs et bulgares s'occupe à la fois d'agriculture, de pêche et de petit commerce. Le bazar présente des boutiques bien fournies dont les étoffes de soie, les draps, les verreries, les tissus à fils d'or, sont tirés de Vienne. Les foulards légers aux vives couleurs avec des dessins orientaux, une foule d'autres marchandises, conformes au goût des Turcs et munies d'étiquettes dans toutes les langues, viennent de Constantinople qui les importe de la Suisse et de la France. On y trouve aussi des articles anglais, — porcelaines, manteaux de caoutchouc, quincaillerie, — à côté desquels les bracelets, les bijoux de cuivre, les cuirs, les tapis, les chandeliers en laiton et les boucles de ceinture, produits assez primitifs de l'industrie bulgare, rivalisent avec la concurrence étrangère, grâce à leur incroyable bon marché.

L'infériorité de Nicopoli dans le commerce danubien et la persistance de son cachet oriental s'expliquaient par la supériorité numérique de sa population musulmane. En 1871, elle comptait 900 maisons turques 25 israélites et 30 bulgares. La communauté chrétienne, si peu nombreuse, possède cependant une église et une école.

On trouve dans la ville une petite église d'un style très intéressant et d'une construction beaucoup plus habile que celle des édifices dont j'ai parlé lors de ma visite à Tirnovo. Consacrée à Saint-Pierre et Saint-Paul, la tradition en a fait l'église épiscopale des Pavlikiani, catholiques romains, fort nombreux, il y a quelques centaines d'années, dans les districts nicopolitains. Le plan n'offre, il est vrai, que peu de différence avec les dispositions architecturales des églises byzantines. Mais le narthex, en partie détruit, porte deux petites tours, chose rare dans les traditions de l'art religieux byzantin et que je n'ai rencontrée sur le sol de la Slavie méridionale que dans la petite église de Vratarnitsa, en Serbie. Ce détail me porte à penser que l'église latine de Nicopoli pourrait bien, comme cette dernière, dater du quinzième siècle. Malheureusement, ce curieux monument était enclavé dans la cour d'une ferme turque et le voisinage du haremlik m'interdisait une étude plus prolongée. Pour le moment, une famille de cigognes embroussaillait, de son pittoresque buisson, le sommet de la coupole centrale. La restauration de cet édifice serait très désirable au point de vue de l'histoire de l'art.

Nicopoli était le seul point entre Vidin et Roustchouk qui eût quelque droit à porter le nom de forteresse. Les fortifications d'Artcher, de Lom, de Rahova, n'étaient que des ouvrages en terre, et celles de Svichtov étaient à peine reconnaissables. Nicopolis seule aurait pu disputer le passage du Danube à un ennemi débouchant par la vallée de l'Olt.

La forteresse comprend la citadelle et le Touna-Kaleh. Ce dernier, formé d'un rempart de terre, de murailles et de fossés, possède des embrasures pour cinq canons et quelques abris pour la garnison; du côté de l'est, il communique avec la ville par une porte et un pont-levis. Blotti contre la muraille de rochers que hantent des oiseaux de proie, il semble au premier abord moins imprenable que pittoresque. Le chemin qui conduit du kaleh à la forteresse supérieure, véritable nid d'aigle, est à donner le vertige et il ne serait pas facile d'en tenter l'escalade à main armée. Pour ma part, je préférai faire un grand détour et monter par la voie commode, bien qu'encore suffisamment escarpée, de la grande route.

La citadelle compte sept bastions et son tracé suit le contour du plateau qui forme un triangle allongé. Comme toutes les places fortes de la Turquie, elle abritait une population civile assez considérable, qui était obligée en temps de guerre de faire le service de l'artillerie. Les maisons de ces canonniers (*toptchi*), les mosquées et les cabanes turques s'alignaient en une longue rue d'un bout à l'autre du kaleh, et leur délabrement était à peine surpassé par celui des misérables casernes des nizams qui se cramponnaient aux murs des différents ouvrages.

Le bastion de l'Ouest donne accès dans un vaste cimetière turc d'où l'on jouit d'une vue splendide sur la campagne environnante. Au delà du Danube, sur la rive roumaine, non loin de l'embouchure de l'Olt (Aluta), né dans les Carpates de la Transylvanie, s'agite le vif et commerçant Turnu Magurele, entouré de beaux parcs et de blanches villas, germe gracieux et prospère d'une civilisation naissante, que des routes jetées dans tous les sens rattachent au débarcadère des bateaux à vapeur et aux innombrables villages des environs.

Sur le rivage turc on ne pouvait constater que peu de traces de progrès. La majorité de la race dominante avait aussi peu de goût pour le travail qu'autrefois les Huns, ses congénères. Précisément Osem-Kalési, situé tout près sur le fleuve, vers l'Ouest, fait songer aux incursions de ces derniers dans la presqu'île du Balkan: C'est l'ancien château romain d'Asemus, vainement assiégé par Attila.

Les invasions ont effacé toute trace de la ville romaine de Nicopoli, fondée par l'empereur Héraclius en souvenir de sa victoire sur les Daces. Plusieurs historiens ont confondu à tort cette ville avec Nicopolis ad Istrum, comme je l'ai fait remarquer ci-dessus.

Ce qui a surtout fait connaître en Occident le nom de Nicopoli, c'est la terrible bataille gagnée, en 1396, par le sultan Bajazet sur l'armée chrétienne que commandait Sigismond, roi de Hongrie. Mais je n'ai point à raconter ici un événement qui décida du sort de l'Europe orientale et dont les détails sont rapportés, d'ailleurs, dans l'histoire d'Allemagne et dans l'histoire de France. J'ai déjà démontré que c'est à tort que des historiens modernes ont cherché le théâtre de cette bataille, soit près du Dikilitach, soit aux environs de Nicopolis ad Istrum.

A une heure au sud-est de Nicopoli, une crête basse et ondulée se dessine entre l'Osem et le Danube. C'est là, sur le revers sud de ces collines, que les masses profondes de Bajazet attendirent et mirent en pièces les chevaliers français, entraînés sur cette crête par l'ivresse d'une première victoire à la poursuite des vaincus d'un moment. Là, et là seulement, se décida pour le malheur de la Bulgarie et de l'Europe chrétienne la grande lutte qui a nom bataille de Nicopoli!

Dans la dernière guerre, la garnison de Nicopoli fut renforcée à temps, mais on ne fit rien pour développer les fortifications d'une manière rationnelle; aussi la place ne put-elle opposer aux Russes qu'une courte résistance.

Le général Krüdener, parti de Svichtov avec deux divisions, l'investit le 14 juillet 1877; quatre batteries composées de pièces de fort calibre ouvrirent un feu nourri contre les travaux de l'enceinte, déjà fortement endommagés par les bombes qu'on avait lancées de la rive gauche du Danube. Le lendemain un assaut fut tenté contre les remparts en terre de l'est et contre la citadelle située à l'ouest : les Turcs réussirent d'abord à le repousser, mais, lorsque les projectiles ennemis eurent allumé un violent incendie dans la ville et que deux poudrières eurent sauté, le fort sud-ouest fut emporté. Les Russes campèrent dans les positions enlevées, tout près de la ville qui brûlait en différents endroits. Lorsque, le 16 juillet, ils se préparaient au dernier assaut, le drapeau blanc fut déployé sur les remparts. 4000 Turcs, ayant à leur tête deux pachas, rendirent les armes. Les Russes avaient perdu 15 officiers et environ 1300 hommes ; les pertes des Turcs n'étaient pas beaucoup moins considérables.

Le jour de la capitulation, Nicopoli ressemblait à un immense amas de décombres. De toutes parts gisaient des armes brisées et des munitions à côté d'objets de tous genres que les malheureux habitants n'avaient pu sauver. Le général Krüdener permit à 5000 Turcs, qui étaient sans asile, de prendre leur quartier dans la citadelle ou de se retirer où bon leur semblait. Beaucoup restèrent, mais le plus grand nombre préféra se diriger vers Vidin et Sofia.

L'incendie ou le bombardement détruisirent huit mosquées, et la synagogue, l'école turque et l'école israélite, la plus grande partie des faubourgs turcs et du quartier juif. Environ 400 maisons turques, fortement endommagées, 120 maisons bulgares et 5 habitations juives restèrent debout. Lorsque la paix fut rétablie, les familles turques revinrent peu à peu et réclamèrent leurs maisons, leurs jardins, leurs champs, etc. A présent, Nicopoli compte à peine quelques milliers d'âmes et elle ne reprendra qu'à grand'peine son ancienne importance.

Au sud de la ville, je traversai les terrassements en ruine d'une ligne de chemin de fer que Midhat-Pacha avait commencée pour relier au Danube la ville de Plevna, éloignée du fleuve de 36 kilomètres, et centre d'un district agricole très productif qui se prolonge au sud jusqu'à Lovets. Mais, comme les berges escarpées de Nicopoli opposaient de grandes difficultés à l'établissement de la voie, il méditait la fondation d'un nouvel entrepôt de commerce à l'embouchure de l'Osem. Des ingénieurs polonais esquissèrent le projet de ces conceptions grandioses. D'après le croquis que j'ai entre les mains, le tracé traversait les villages de Metchka, Kouyoulovtsé et Grivitsa. Le bâtiment administratif de Soultanieh autour duquel devaient se grouper l'embarcadère des bateaux à vapeur, la gare et les entrepôts fut construit avec rapidité. La population masculine tout entière des cercles de Nicopoli et de Plevna fut réquisitionnée. Pendant des mois, 20 000 paysans durent apporter sans rétribution le travail de leurs bras. Les arbres manquant dans le pays, on amena du Balkan les bois nécessaires aux constructions, et déjà les remblais du chemin de fer s'élevaient sur une distance de plusieurs kilomètres lorsque Midhat fut tout à coup enlevé à son poste de vali et rappelé à Constantinople.

Son successeur immédiat ne voulut rien comprendre à des projets qui avaient le tort d'avoir été conçus par un autre que par lui. C'est alors qu'Omer-Fevzi devint gouverneur de la province. Il avait étudié avec distinction à Vienne sous le célèbre géographe Hauslab. Aidé par un ingénieur allemand, il reprit avec entrain la pensée de Midhat; il allait s'aboucher avec des entrepreneurs étrangers lorsque, le sultan ayant abandonné le sceau de l'État à un nouveau visir, les gouverneurs de province furent du même coup destitués ou changés. Omer-Fevzi fut rappelé à Candie : avec lui disparut et le chemin de fer et la ville de Soultanieh à qui l'Osem allait prêter sa rive!

Combien de larmes et de gouttes de sueur les malheureux paysans arrachés à leurs champs et à leurs familles, traînés des lointaines limites de la province, avaient-ils mêlées comme un douloureux ciment à ces remblais aujourd'hui couverts de chardons et abandonnés aux éléments destructeurs! Je le demande : est-il un seul de nos États européens dans lequel pareils faits pussent être soufferts? Est-il un peuple qui se laissât traîner ainsi à un travail inutile et forcé? Le poids de ces charges absolument improductives tomba, du reste, sur les musulmans comme sur les chrétiens ; et les Tcherkesses seuls trouvèrent le moyen de le secouer de leurs épaules.

Jusqu'en 1877, la population du cercle de Nicopoli était très mélangée. 23 colonies tatares et 14 tcherkesses étaient venues s'ajouter aux Turcs, aux Bulgares et aux Roumains. Djourno-Sélo que j'ai traversé était peuplé de Bulgares, de Valaques, de Turcs, de Tatares et de Circassiens; Mouslim-Sélo était habité par des Bulgares, des Turcs, des Tcherkesses et des Tatares. Près de ce dernier village je franchis l'Osem sur un pont solidement bâti. La rive droite est sans charme, les arbres y sont clair-semés ; les tumuli s'y multiplient sans pouvoir remédier à la monotonie du passage. Un chariot tatare, qui courait devant nous avec la rapidité de l'orage, cachait la route dans un nuage de poussière. Le soleil flamboyait à pic; nos yeux étaient aveuglés par la blancheur des murailles calcaires et par l'éclat de l'Osem, nos pauvres chevaux ruaient désespérément sous des nuées de moustiques.

Pendant que nous nous arrêtions pour les faire rafraîchir au village de Mahala, je fus témoin d'une scène amusante. Deux Tsiganes musulmans, au costume bigarré, exhibèrent une troupe de marionnettes fort animées et vêtues à la franque, qui tournoyaient sans relâche. D'une voix aiguë, un des Bohémiens leur prodiguait

JOUEURS DE MARIONNETTES TSIGANES A MAHALA.

alternativement le blâme et la louange. « Hé! hé! pas si vite, Kara-Abdoullah; tu vas déchirer tes culottes neuves! — Fi, Méhémet, que signifient ces regards tendres du côté de Fatimé? — Et toi, magnifique Souléma, ne fais pas voler ta robe aussi haut, tu... » Venait alors un déluge de phrases obscènes à double sens qui, jointes aux contorsions bouffonnes d'un singe perché sur l'épaule du joueur de gaïda, mettaient en joie les bonnes gens de la galerie. Un coup de crayon transporta la petite scène dans mon album, et je la repasse au lecteur.

Nous reprîmes notre route vers Trentchévitsa; le soir était venu; le long de l'Osem brillaient d'innombrables feux de broussailles allumés pour protéger les troupeaux contre les dangereux moustiques qui forment ici, comme en Serbie et dans les plaines hongroises, le plus terrible fléau de la saison brûlante.

Trentchévitsa fait partie, comme on le sait déjà, des villages de la mission des Passionnistes. Le joyeux curé dom Eugenio me reçut avec toute la grâce et la jovialité italienne, et me recommanda aux soins de quelques jeunes belles du village qu'il me présenta comme ses gouvernantes. Il daigna même me faire faire la connaissance de son petit chien, « signor Garibaldi », dont le nom ne dénotait pas chez le missionnaire un très profond respect pour le grand patriote qui secouait d'une main si puissante les colonnes du trône de Saint-Pierre.

Le curé m'apprit que le village comptait 90 maisons et 811 habitants, dont 169 mariés, 13 veufs, 18 veuves. Sans pouvoir me donner le chiffre exact des pseudo-religieuses, il supposait qu'une trentaine, au moins, de jeunes filles s'étaient vouées au culte de Marie.

Vers minuit, le carillonnement des cloches me tira brusquement de mon sommeil. Je courus à la fenêtre et j'aperçus les infortunés sujets du P. Eugenio, à moitié endormis, trébuchant à la lueur de lanternes de papier sur le chemin qui conduit à l'église. Chaque nuit, et lorsqu'après le dur labeur de la journée le repos serait si doux, il leur fallait ainsi s'arracher au sommeil pour aller « expier leurs péchés ».

En quittant Trentchévitsa, nous traversâmes l'Osem pour gagner Lajiné, dont le clocher, surmonté d'une croix latine, s'aperçoit de loin dans la verdure. Son église, comme celle d'Oréché, est trop vaste pour les 634 catholiques de la commune.

Le costume des femmes est beaucoup plus simple dans les paroisses catholiques romaines que dans les villages orthodoxes. Un voile et un tablier blanc remplacent les vêtements aux couleurs voyantes, les fleurs et les bijouteries. Les soi-disant religieuses portent en outre sur la tête un mouchoir blanc qui cache en partie leur visage. Ces pauvres créatures produisirent sur moi une impression d'autant plus pénible que leur manque absolu d'éducation les rend complètement irresponsables et les empêche de partager les motifs moraux qui, chez nous, conduisent tant d'âmes affolées derrière les murs du cloître.

Le matin me trouva sur la route de Plevna. Si j'en excepte les régions de la Dobroudja, jamais dans mes nombreux voyages en Bulgarie je n'avais eu affaire à un paysage plus incolore. Mais, si la nature avait oublié d'être belle, comme ces longues solitudes, sœurs des plaines infinies de la puszta magyare, étaient majestueuses et saisissantes! Pas un arbre sur le plateau, à peine quelques filets d'eau et quelques fontaines. Et pourtant, sous l'herbe drue, quelle vie fourmillante et pressée d'infiniment petits! L'entomologiste recueillerait ici des trésors, et le botaniste y verrait un intéressant et nouvel exemple des étranges migrations des plantes. Je veux parler du chardon qui était inconnu dans cette partie de la Bulgarie et dont la graine a été apportée de la Valachie en 1828, par le bétail traîné à la suite de l'armée russe.

La nouvelle route, qui pendant le siège de Plevna fut la seule ligne de communication de l'armée russe avec Svichtov, était recouverte d'une folle végétation d'herbes sauvages de plus d'un mètre de hauteur, dont rien n'empêchait le libre développement, car les rares voitures qui traversaient le pays évitaient avec soin le grossier ballast répandu sur la voie à la bonne et simple manière turque. Pendant près de 30 kilomètres pas une habitation ne se montra sur le parcours de la chaussée. Au pied d'une colline de craie qui domine le plateau, un homme armé, escorté de deux chiens énormes, se tenait aux aguets, accroupi entre deux blocs renversés. Le district de Plevna ne jouissait pas précisément alors d'une réputation très avantageuse et mon zaptié mit le doigt sur la gâchette de son fusil. Heureusement ce n'était qu'une fausse alerte; le moment n'était pas encore venu où je devais faire connaissance avec les célèbres brigands turcs, les fameux Tchélébi du Balkan.

Arrivé enfin à Grivitsa, devenue célèbre depuis par les combats dont elle fut le théâtre en 1877, j'éprouvai un bien-être singulier à regarder le joli village entouré de futaies dont l'aspect hospitalier me semblait encore rehaussé par les tableaux monotones de notre marche précédente. Les derniers kilomètres qui nous séparaient de Plevna, traversaient une campagne charmante; la route, bordée d'arbres, était sillonnée de voitures, de cavaliers et de piétons qui revenaient gaiement du marché du samedi. Le paysan bulgare est d'ordinaire en très joyeuse disposition quand il quitte la ville avec la sacoche pleine; il ne se remet jamais en route vers ses pénates sans une offrande préalable au dieu Bacchus.

CHAPITRE XV

DE PLEVNA A KALOFER PAR TROÏAN ET LE COL DE ROSALITA

Le han dans lequel je voulais descendre à Plevna était séparé de la ville par une immense mer de boue. J'en choisis donc un autre dont la construction originale me surprit. Une terrasse qui longeait la file des chambres permettait aux voyageurs de ne descendre de cheval qu'à leur porte. Ma chambre offrait une jolie vue sur la plus belle mosquée de la ville et sur la Toutchénitsa qui se réunit à Plevna avec la Grivitsa. Hélas! les habitants avaient fait de la rive un dépôt d'immondices, et une bande de Tsiganes y était justement occupée à éventrer des animaux, malgré les protestations des meuniers du moulin voisin. Les villes turques n'avaient pas la plus légère connaissance des lois de la salubrité publique, et il ne me resta, pour ma part, qu'à fermer mes fenêtres, où des feuilles de papier remplaçaient les vitres.

La boue des rues était tellement infranchissable que je fis ma tournée à cheval. Ma première visite fut pour l'hôpital communal, qui est une fondation de cet énergique Midhat-Pacha, à qui appartiennent tant de pensées généreuses, et qui avait commencé à créer partout routes, écoles, orphelinats, caisses de prêts, institutions philanthropiques, etc. Pendant la construction de l'hôpital les musulmans secouaient la tête ; mais lorsque le joli bâtiment fut en mesure de recevoir les malades, ils revinrent de leurs appréhensions et s'accordèrent à dire qu'après tout le « pacha des Giaours » avait pourtant par-ci par-là des pensées agréables à Allah.

Le docteur allemand qui en avait dirigé la première installation, et dont j'avais fait la connaissance à Nich, était mort depuis ; mais le jardin qu'il avait planté restait en témoignage de sa passion pour l'horticulture. Les arbres s'étaient développés, les arbustes s'épanouissaient en bosquets pleins d'ombre et de fraîcheur, les géraniums, les héliotropes et les camélias, dont j'avais moi-même envoyé de Vienne les graines à mon ami, m'adressèrent, comme à une vieille connaissance, le salut de leur grâce et de leur parfum.

La plus grande propreté et l'ordre le mieux entendu régnaient dans les salles dont les lits étaient occupés par des Bulgares, des Tatares et des Tcherkesses. Pour les Turcs, ils éprouvent toujours une grande répugnance à se faire soigner dans les hôpitaux. Dans la salle réservée aux femmes, où mon guide me présenta comme un médecin, une jolie Tsigane se tordait dans les angoisses de la douleur. Elle s'était cassé le pied, la veille. « L'amputation serait indispensable, me dit le docteur, mais malgré les demandes que nous lui adressons depuis des années, le medjilis ne peut se décider à fournir la somme nécessaire à l'achat d'instruments de chirurgie. »

Plevna (en bulgare Pléven) comptait, en 1871, 3 quartiers turcs et 5 quartiers chrétiens, 18 mosquées, un beffroi, 2 églises, 1627 maisons musulmanes et 1474 chrétiennes habitées par 17 000 personnes. « Ville agréable, sans plus, dit Lejean ; au bout de quelques jours, j'en ai assez. » Il avait raison, car les curiosités n'abondent point à Plevna. On y trouve les ruines d'anciennes constructions qui, d'après la tradition, furent détruites par les Kerdjali de Pasvan-Oglou et par les hordes non moins sauvages de son adversaire, Kapoudan-Pacha, général des troupes du sultan Sélim. L'église de Svéta-Paraskéva était en voie d'être reconstruite par maître Yentchou de Travna pour être placée sous l'invocation des saints Cyrille et Méthode. On ne sut pas me dire ce qui avait attiré à sainte Paraskéva, qui jouit dans tous les pays yougo-slaves d'une vénération générale, la disgrâce des orthodoxes de Plevna.

Lors de ma visite, Méhémed-Bey, appelé de Candie par le vali Omer-Fevzi-Pacha, était kaïmakam de Plevna. Arnaoute de Yanina, il se faisait une sorte de sport de sa lutte avec les bandes de haïdouks dont les environs étaient infestés. Il s'était aventuré lui-même dans les repaires les plus cachés des brigands. Un convoi de prisonniers devait être dirigé le lendemain sur Roustchouk et je reçus l'invitation d'assister à ce départ. « Ne venez-vous pas, me dit-il, de rencontrer une députation ? Parmi les huit haïdouks que je voudrais, si Dieu le veut, mettre à l'ombre pour quelque temps, se trouvent les fils de deux familles turques de Plevna, dont les membres sont venus me remontrer, non sans menaces, qu'il ne serait pas convenable de faire conduire, les mains liées, en plein jour, de vrais croyants dans les rues de la ville. Là n'est point la honte, ai-je répondu ; ce qui est honteux c'est que vos fils soient tombés si bas. » Dans ses veines coulait du sang chrétien ; il en était même fier et parlait avec prédilection le grec, la langue de sa mère, ce qui ne l'empêchait pas de placer volontiers dans la conversation quelques mots français glanés naguère à Candie.

Ce kaïmakam exceptionnel veillait aussi avec un soin particulier à la fréquentation régulière des écoles. Grâce à sa surveillance, l'école secondaire et les huit écoles primaires turques étaient fréquentées par 1654 garçons et 110 filles et les 5 écoles bulgares par 971 élèves. Pour une ville turco-bulgare, c'étaient là des chiffres vraiment surprenants.

Le Crésus de toute la région du Vid et de l'Osem, était Hadji-Omer-Bey Moutévéli, descendant du célèbre héros bulgare Ghasi-Ali-Bey, à qui le sultan Mourad fit, il y a quatre siècles, présent de dix-huit villages pour le récompenser de son apostasie. On peut donc le considérer comme le chef héréditaire des *Pomatsi*, ou Bulgares musulmans des environs de Plevna, dont les pères ont probablement abjuré le christianisme en même temps que l'ancêtre du bey.

A côté de celui-ci, qui ne comptait pas moins de 200 000 francs de revenu, deux autres riches propriétaires fonciers descendent pareillement d'un voïévode bulgare, dont ils conservent soigneusement, dit-on, les lettres de noblesse. J'eus l'occasion de voir par moi-même combien ces personnages étaient aimables et accueillants. Ils me reçurent dans une maison de campagne voisine ; la salle était superbement lambrissée et l'on y respirait de douces odeurs venues du parc. Les deux frères témoignèrent beaucoup d'intérêt pour les histoires et les choses du vieux temps ; par délicatesse, je ne touchai pas à la question relative à leurs papiers de famille.

Je n'eus garde d'oublier de faire la connaissance de Ioannès Aladjadian, qui est célèbre jusqu'à Stamboul comme collectionneur ou plutôt comme marchand de monnaies antiques. Peu de jours auparavant, il avait dirigé sur Athènes une grande quantité de monnaies grecques, probablement soutirées pour un prix ridicule aux paysans ignorants, et il ne put nous montrer que de vieux sous sans valeur.

Il raconta d'autant plus de fables sur une caverne voisine, sur les ruines d'un château près de Kayalik. Je vis que la leçon de Lejean ne l'avait pas corrigé de sa manie de chercher des trésors ; il s'efforçait toujours de trouver la baguette magique qui lui dévoilerait les richesses enfouies. On combat en vain, par des considérations rationnelles, une superstition si profondément enracinée. Aladjadian me dit en souriant : « Vous autres Européens, vous savez tant de choses; vous devez donc aussi pouvoir découvrir les trésors cachés. »

Le lendemain, à la première aube, j'arrivai au konak pour assister au départ des haïdouks. Les huits bandits étaient déjà alignés dans la petite cour, les uns, brigands de cœur et d'âme, fiers et droits, les autres, plus honteux que domptés. C'étaient ceux dont les parents n'avaient cessé, mais en vain, de demander la grâce. Les lourdes chaînes dont leurs bras et leur cou étaient chargés les rivaient en deux groupes. Tout en félicitant Méhémed-Bey sur sa belle capture, je n'étais pas sans ressentir une légère émotion en pensant aux gaillards confrères des bandits enchaînés qui s'ébattaient encore librement sur les routes et dans les taillis.

Plevna est située à 120 mètres au-dessus du niveau de la mer, dans la vallée ouverte de la Toutchénitsa, qui, après avoir reçu le ruisseau de Grivitsa, se jette dans le Vid, à 7 kilomètres O.-N.-O. de la ville. Vers le N.-E. une route conduit de Plevna à Nicopoli par Tchalousovat; vers le N.-O. une autre se dirige vers Rahova sur le Danube. La ville est traversée par la grande chaussée de Roustchouk à Sofia; enfin une quatrième route part vers le sud par Bogot et Lovets vers le Balkan. Cet ensemble de routes fort importantes, le voisinage du pont jeté sur le Vid dont la largeur est de 95 mètres, les plateaux qui entourent la ville et qui dépassent 100 mètres, tout fait de Plevna une position stratégique de premier ordre, ainsi que les Romains l'avaient déjà reconnu. Toutes les pentes de la vallée dans laquelle s'élève la ville sont couvertes de vergers et de vignobles. Vue du nord, Plevna présente un aspect charmant.

Les combats grandioses livrés, en 1877, autour de Plevna, furent précédés d'un fait peu connu qui mit, pour quelques heures, la ville entre les mains des Russes. Dans les premiers jours de juillet 1877, environ quarante Cosaques traversèrent la ville et se dirigèrent vers le konak du kaïmakam. Partout on entendait crier dans les rues : « Les Russes! voici les Russes! » Une terreur panique s'empara de la population turque; le capitaine du district, son medjilis, la poignée de gendarmes qui gardaient le konak, les deux cents hommes d'infanterie qui formaient la garnison furent déconcertés par l'extrême assurance des Cosaques, demandant, avec la plus grande tranquillité d'âme, un bon dîner. Tout le monde se figurait que le gros de l'armée russe suivait cette petite avant-garde. Après que ces éclaireurs eurent pris un bon verre de vin, que leurs officiers eurent reçu les renseignements désirés sur les forces turques réunies à Plevna, ils poussèrent tous un hourrah en l'honneur du tsar et du grand-duc Nicolas, et disparurent aussi vite qu'ils étaient venus, se promettant bien d'occuper sous peu Plevna d'une manière définitive.

Quatre jours après la chute de la place (10 décembre 1877), les troupes de l'armée d'investissement quittèrent Plevna, pour appuyer les opérations du général Gourko sur la route de Sofia et celles du général Radetzki contre Chipka et Kazanlik.

La ville même ne souffrit, pendant ce siège de cinq mois, que peu de dommages matériels. Les souffrances morales furent beaucoup plus vives, surtout pour les chrétiens auxquels on reprochait sans cesse d'avoir de secrètes sympathies pour l'ennemi moscovite. Environ soixante-dix Turcs, convaincus d'avoir brutalisé les habitants bulgares, furent déportés en Sibérie; beaucoup émigrèrent, et à Plevna, comme dans toutes les autres villes de la jeune principauté, la population diminua de même que la prospérité.

Le défilé de la Toutchénitsa, que je suivis en quittant Plevna, se rétrécit bientôt de telle sorte que ses hautes murailles calcaires paraissent près de se rejoindre. Sur la falaise de gauche, deux tumuli, sur celle de droite des ruines d'une blancheur aveuglante, semblent surveiller, jusque dans ses profondeurs, le défilé dont le silence n'est interrompu que par le battement régulier d'un moulin. Quelques instants encore et, sur la gauche, un grondement sourd nous fit lever la tête. C'était le filet d'eau qui s'écoulait du lac, caché dans la caverne de Kayalik. D'après la légende populaire, ce lac renferme des trésors immenses. Le peuple croit qu'il est assez large pour que des bateaux à vapeur puissent y naviguer. Les recherches de Lejean ont détruit cette illusion. Il n'y a là qu'un de ces conduits souterrains particuliers aux formations calcaires, et que l'on peut constater en si grand nombre en Carinthie et au Monténégro.

Je passai le gué du ruisseau et, conduit par un petit berger, j'escaladai la roche jusqu'au castellum dont il ne reste que peu de vestiges, et que Lejean a cru pouvoir identifier avec le *Dorionibus* de la Table de Peutinger.

Pendant les combats livrés autour de Plevna, la colline de Kayalik était comprise dans la position défensive de la montagne Verte, contre laquelle étaient dirigées les attaques héroïques du général Skobélef.

Lorsque, dans l'après-midi du 9 juillet 1871, je descendis des ruines de la forteresse romaine sur la pente orientale de la montagne Verte, et que je marchai vers le bourg voisin de Bogot, je ne pouvais pressentir que, six ans plus tard, le puissant tsar de Russie établirait son quartier général dans une de ces misérables maisonnettes et que de là il m'enverrait une haute marque de sa faveur, pour mes explorations géographiques en Bulgarie.

Le soleil n'était pas encore couché que nous entrions à Lovets dans le han de Hadji-Djambas. Le surlendemain, le soleil avait à peine effleuré la crête des montagnes, que nos chevaux traversaient le gué de l'Osem. Les nombreux méandres de la rivière furent bientôt derrière nous; la belle vallée s'ouvrit vers le sud et nos chevaux assurèrent leur pas sur la solide route qu'un Turc de Lovets, du nom de Panin-Oglou — Allah lui ouvre à son tour le chemin du Paradis! — a construite à ses frais jusqu'à Troïan.

Non loin de Lovets, je tombai sur les ruines d'une ville autrefois considérable; des broussailles cachaient les débris d'un vieux château qui, de concert avec celui de la colline opposée, près de Dobrodan, avait eu jadis à défendre la vallée de l'Osem supérieur.

La voie romaine entre la Thrace et le Danube, par le col de Troïan, était sans doute une des plus importantes de l'empire, si l'on en juge par le soin avec lequel elle avait été construite et fortifiée. On retrouve encore son tracé de distance en distance sur l'Osem supérieur et les ruines des castella y sont réellement semées. J'en ai moi-même vu sept et j'ai entendu parler d'autres encore.

La *Troïanska pouteka* (route de Trajan), comme on l'appelle aujourd'hui, portait déjà ce nom en 604, lorsque le général byzantin Comentiolus, venant du Danube, la suivit par un froid terrible pour se retirer à Philippopolis. Elle conduit en trois heures de Troïan au défilé du même nom où s'élève un fort datant du règne de Justinien, puis elle descend en deux heures vers Kornaré, dans le bassin du Guiopsou. La voie romaine était déjà presque ruinée au septième siècle; ce n'est plus actuellement qu'un misérable sentier.

Derrière les ruines de Sostra, la route s'infléchit vers l'est avec l'Osem que nous suivons jusqu'aux villages de Borima et de Dobrodan, qui forment les stations les plus avancées de la population musulmane dans la région nord-ouest du Balkan.

Franchissant alors un petit ruisseau, la Kaléïtsa, nous entrâmes dans le cercle exclusivement bulgare de Troïan. Il semblait qu'en vrai fils du Balkan, mon guide Kaltsov eût senti sa poitrine subitement délivrée d'un cauchemar. Il déchargea en l'air son pistolet et entonna joyeusement une chanson révolutionnaire qui célébrait les hauts faits de Hadji-Dimitri. Heureusement mon zaptié ne connaissait pas le bulgare, sans quoi, tôt ou tard, mal en aurait pris au chanteur. Le sentiment de sa faiblesse numérique rendait le Turc absolument hostile à la moindre aspiration nationale manifestée par les Bulgares. Les musulmans le comprenaient fort bien : s'ils voulaient se maintenir dans ce pays, il leur fallait dominer.

Pendant longtemps ils surent faire respecter leur domination là même où ils n'étaient pas établis; par exemple dans le Balkan occidental et oriental. Ainsi, jusqu'en 1876, les Musulmans n'étaient représentés dans les districts de Tétéven, de Troïan, de Gabrovo, de Travna, d'Éléna et dans d'autres districts du Balkan que par les seuls fonctionnaires turcs. La situation de ces employés isolés, soutenus seulement par quelques zaptiés, dépendait tout à fait de leur caractère, de leur énergie et de leur prudence. Quelques-uns étaient restés fidèles au costume et aux usages des Vieux-Turcs et partant avaient su inspirer à leurs administrés un respect salutaire. Mais la plupart avaient perdu cette raideur que l'on redoutait autrefois; selon les ordres venus de Constantinople, ils avaient fait des concessions aux coutumes de l'Occident, et bientôt les rayahs avaient relevé la tête, et parlé d'un ton de plus en plus imposant.

On ne pouvait ranger dans aucune de ces deux classes d'employés le moudir Méhémed-Aga, à qui, immédiatement après mon arrivée dans la jolie ville de Troïan, j'allai rendre visite dans un konak menaçant ruine. Peu de mois auparavant, l'aga avait été le favori du moutessarif Haïdar-Bey de Tirnovo, qui, en récompense de ses services privés, l'avait nommé directeur du district de Troïan. Méhémed, qui ne s'était encore déclaré dans aucun sens, ne fut nullement gêné par ma visite ni par le firman que j'apportai. Trônant sur des coussins déchirés, il prit le papier, le porta à ses lèvres et me le rendit après y avoir seulement jeté les regards, car il avait cru au-dessous de lui d'apprendre à lire l'écriture turque savante. Notre entretien fut de courte durée; à vrai dire, il finit avant d'avoir commencé. Le moudir bâillait et je faisais de même. Que pouvait-on dire à un homme inculte, borné, d'une intelligence égale à celle de nos bateliers ? Et pourtant ce Méhémed-Aga était la plus haute autorité du pays; il avait sous ses ordres la police, prononçait sans appel dans les affaires de moindre importance; on lui avait confié tous les intérêts de Troïan, de onze villages et de trois couvents, avec une population de 17 000 âmes. Quels progrès pouvaient faire les pauvres chrétiens sous une pareille administration ! N'est-ce pas un miracle qu'il se soit maintenu dans les districts bulgares du Balkan tant d'esprit industriel et tant d'activité?

La petite ville de Troïan est située à 456 mètres d'altitude, dans une vallée mouvementée que dominent au sud de hautes montagnes et que traverse le torrent de la Balabanska. Ses 600 maisons s'égrènent au loin sur les pentes jusqu'au Béli-Osem. Le soin du bétail, des champs et des arbres fruitiers intéresse bien plus que le négoce ses 3500 habitants. Cependant la modeste tcharchia, dans laquelle se concentre notamment le commerce des peaux brutes qui affluent des environs, offre aussi des objets de luxe aux rudes Balkandji, car le goût de la parure n'est point chose inconnue aux belles de l'Hæmus. Troïan compte, en outre, des tisseurs de *chéïg*, des couteliers, des boisseliers, dont les produits sont d'un bon marché fabuleux : une excellente pelle en bois dur, par exemple, ne coûte que 19 centimes. La distillerie du raki forme encore une branche de revenu assez productive.

Le seul ornement architectural de la ville est une église bâtie en 1835. Je crus reconnaître dans ses belles sculptures la main du père du célèbre artiste Constantin de Travna, et, dans les colonnes qui supportent le riche baldaquin de l'autel, des fragments romains.

Près de mon han, situé sur le bord de la bruyante et fougueuse Balabanska, était un de ces ponts étranges, particuliers à la région ud Balkan central. Fil délié sur lequel un seul piéton peut à peine trouver place, il a 45 mètres de long et repose sur quatre piles, formées en tout de huit troncs d'arbres. Ses garde-fous, très bas, semblent tenir à un souffle, et rien qu'à le regarder, le vertige vous saisit. Cependant, les montagnards, courbés sur de lourdes charges, traversent d'un pied sûr et rapide ces routes aériennes dont on ne se sert d'ailleurs qu'à l'époque des grandes eaux.

Dès mon premier pas dans le Balkan central, je pouvais admirer cette souplesse, cette force, cette élégance de mouvements qui distinguent tous les montagnards yougo-slaves, et en première ligne les Monténégrins.

Aux environs de Troïan, dans la vallée du Tcherni-Osem, s'élève le couvent de Svéta-Bogoroditsa, le plus riche de toute la Bulgarie.

Plus nous approchions du monastère, et plus il nous était facile d'en constater l'opulence et l'habile administration. De magnifiques troupeaux paissaient dans les pâturages ; des champs de maïs et de blé s'étendaient à perte de vue, entremêlés de vergers, de vignes et de forêts de noyers. Cependant, les arbres étaient en grande partie dépouillés par la coutume qu'on a de faire servir la feuille à la nourriture du bétail. Près de l'Osem, s'alignaient des jardins potagers, soigneusement entretenus; un grand moulin suivait, puis la silhouette imposante du couvent se dessinait sur la pente. C'était le plus vaste que j'eusse jamais rencontré en Bulgarie. Quarante-cinq frères y vivaient sous le même toit, dans une étroite communauté.

MONASTÈRE DE TROÏAN.

Le monastère est entouré d'un rectangle de constructions à plusieurs étages et de hautes murailles. Les deux battants de la grande porte s'ouvrirent pour nous admettre dans la première cour. Le gardien officiel, un vieux zaptié, était armé de pied en cap: dernier souvenir des temps où les couvents avaient besoin de piquets de garde pour se protéger contre les razzias turques.

L'immense monastère ressemblait à cette heure à une ruche abandonnée. Tous les frères étaient occupés dans les jardins, les champs ou la forêt. Le *namiesinik* (suppléant de l'archimandrite), assisté de quelques vieux *douhovniks* (frères), m'attendait à la porte intérieure peinte de couleurs variées. Le symantron se fit entendre, un salut fraternel m'accueillit et j'entrai dans le monastère proprement dit, dont les constructions étagées, la tour et l'église m'étonnèrent par leurs vastes proportions.

On me conduisit aux appartements des étrangers ornés de meubles luxueux et d'un ravissant lambris de bois sculpté dans le style oriental; aussitôt plusieurs jeunes frères s'occupèrent de mon installation.

Les républiques monacales de l'Europe orientale sont les plus anciens types de nos associations de production modernes. Les moines n'y mettent pas seulement en commun leur vie religieuse, ils associent en même temps leur travail et leurs gains. L'apport de chacun est son intelligence, sa force physique et son dévouement à la prospérité de l'association. Des facultés supérieures, notamment un esprit spéculatif et pratique, conduisent facilement le moine à une position plus élevée. Le frère qui travaille au moulin, aux champs, aux vignes peut devenir à son tour administrateur, caissier, etc.; il peut entrer dans le conseil du couvent, atteindre enfin à la dignité de supérieur (hégoumène), la plus honorable en même temps que la plus chargée de soucis. A leur entrée, les jeunes gens trouvent pour leur part plus de labeur que de prières; et, s'il en est un qui menace de vouloir vivre aux dépens de ses compagnons, il n'est pas toléré longtemps dans la communauté. Quant aux invalides du travail, ils jouissent jusqu'à la mort des intérêts bien mérités du capital de travail que leurs bras ont apporté à l'association commune.

Je ne pus obtenir des moines de renseignements précis sur l'histoire de leur couvent. Les annales slaves n'en disent pas davantage. Un prince de la dynastie chichmanide, dont la fille fut l'épouse d'Andronique, fils du césar Jean Ducas, s'appelait bien Troïan, mais rien ne prouve qu'il soit le fondateur du monastère. Je croirais plutôt que le nom de Troïan rappelle celui du grand empereur Trajan, dont le souvenir a laissé autant de traces en Bulgarie que chez les Serbes. La ville voisine, le chemin qui se dirige de là vers le Balkan, le col qui traverse la montagne, enfin plusieurs châteaux portent encore aujourd'hui le nom de cet empereur, qui comptait jadis, avec Péroun, Vélés, Hors, etc., parmi les dieux protecteurs de la région.

Il était réservé à Parthénius, saint moine grandement vénéré, de rétablir dans son ancienne splendeur le monastère de Svéta-Bogoroditsa. Maître Constantin, de Pechtéra, près de Philippopolis, fut l'architecte de l'église, rebâtie en 1835 et qui mesure 34 pas de longueur. Cette église se compose d'une construction centrale avec un chœur et des absides latérales de forme semi-circulaire. Le narthex se termine du côté de l'ouest par un atrium ouvert et supporté par des colonnes, et du côté du nord par un petit portique. Au-dessus de l'église s'élève une coupole un peu basse en proportion de l'édifice. Les ouvertures des fenêtres sont peu nombreuses et étroites; les voûtes sont en berceau et sans exhaussement. Malgré tout, l'ensemble produit un effet agréable, car les règles de l'architecture sont observées et la décoration est assez bonne. Des bandes horizontales de briques alternent avec les pierres de taille du mur; des filets verticaux animent les murailles; des images de saints sont prodiguées dans le tympan de la coupole et dans le portique.

Les fresques qui décorent l'extérieur et l'intérieur de l'église ont été exécutées de 1847 à 1849, par Zacharie Kristo, de Samakov, aidé probablement de quelques compagnons, sous la surveillance d'un homme de goût, l'hégoumène Philothée. On dit que ce Zacharie a fait également, sur le mur extérieur du portail latéral nord, l'image allégorique et symbolique qui représente, d'une manière tout à fait naïve, la nuit et le jour le commencement et la fin, le printemps, l'été, l'automne et l'hiver, en un mot toute la vie humaine en un cercle, divisé en forme de roue. D'après la tradition reproduite par le peintre bulgare, l'homme arrive dans toute sa force à vingt-huit ans et la conserve jusqu'à quarante-huit ans; le chiffre 56 indique le commencement de l'hiver, puis le déclin est rapide; déjà la nuit fait signe et l'homme tombe dans la barque de Charon, où la mort l'attend en ricanant, la faux à la main.

La grande iconostase a été peinte par maître Nicolas, de Novosélo.

Les jours de fête, à travers les nuages d'encens, toutes ces magnificences brillent d'un vif éclat à la lumière des lampes et d'innombrables cierges que les fidèles tiennent à la main. Le Balkandji éprouve une vénération profonde pour les pompes extérieures du culte oriental. Pendant de longues heures, il suit avidement la liturgie sacrée, agenouillé, la tête inclinée sur la poitrine, soupirant sans relâche, parmi les signes de croix, ses *Gospodi pomilui* (Seigneur, aie pitié!) Les dimanches et les jours de fête, grands et petits descendent processionnellement des montagnes vers le couvent de Troïan; un moine d'expérience s'assied alors sous l'auvent de bois du grand portail et débite aux fidèles la cire des ruches du monastère, sous la forme de cierges à 3, 5, 10, 20 et 40 paras. Celui qui n'a pas d'argent donne des œufs — un œuf lui vaut en échange un petit cierge de 3 paras.

Les femmes, pour leur part, se livrent à un culte spécial. Tout près de l'abside, une porte s'ouvre sur un petit escalier qui donne accès dans une crypte où les crânes des moines décédés, marqués de leur nom et d'une croix, sont conservés dans de petites caisses ou empilés librement l'un sur l'autre. Sous cette voûte sinistre, les femmes cherchent avec ardeur le crâne du moine qui leur fut jadis attaché par les liens de la parenté ou de l'affection. Bien qu'en grande partie abso-

HONNEURS RENDUS PAR LES FEMMES BULGARES AUX CRANES DES MOINES.

lument illettrées, elles savent toujours retrouver le crâne ami parmi les étrangers; elles restent alors silencieuses, abîmées dans leurs prières pour le salut de l'âme du défunt, qu'elles assistent au moyen de petits cierges placés sur le front du crâne. Elles passent souvent ici de longues heures, livrées tout entières à leurs souvenirs. Cela m'amène à dire que le voyageur européen est toujours surpris de voir avec quelle désinvolture les dévotes entrent dans les couvents orthodoxes et pénètrent, sans être accompagnées, dans les cellules des moines.

A l'ouest de l'église se dresse une large tour carrée, bâtie en 1865, par Ivan, de Mlétchévo. Le plus élevé de ses quatre étages est octogone et supporte sur son toit la cage d'une lanterne, tandis que celui du milieu renferme une petite chapelle à l'usage exclusif des moines, et consacrée aux apôtres des Slaves, Cyrille et Méthode. Les murailles extérieures de la tour sont, du sol à la flèche, recouvertes de fresques aux vives couleurs.

La petite chambre où l'on renfermait les reliques, et qui était en même temps le trésor du couvent, ne possédait aucun objet de quelque valeur archéologique. J'y trouvai quelques missels russes avec de riches ornements d'argent, d'anciennes croix du mont Athos, des lampes et des chandeliers d'un travail grossier, etc. Les collectionneurs d'œuvres d'art de style byzantin éprouvent une déception plus grande encore en visitant les couvents bulgares qu'en visitant ceux de la Serbie. Les monastères de ces pays paraissent avoir été tout à fait dépouillés; leurs objets précieux ont été dispersés, il y a des dizaines d'années, dans tous les pays, surtout en Russie.

Les cellules des moines sont en grande partie situées dans les étages supérieurs des bâtiments qui forment l'enceinte. Des galeries, soutenues par des piliers de bois, et des poutres transversales, et décorées de sculptures, s'ouvrent sur la cour. Les moines de l'Orient diffèrent beaucoup de ceux de l'Occident. Le caloyer bulgare aime à doter sa demeure de tout le confort possible; les sièges, les tapis abondent chez lui, car, d'après l'usage oriental qui fait des monastères un lieu de repos pour le corps autant que pour l'âme, il considère son couvent comme une sorte d'auberge ecclésiastique. Les moines accueillent volontiers les visiteurs, et chaque frère possède un attirail complet de cafetières, verres à raki, tchibouks, narguilés, etc., pour recevoir convenablement ses hôtes. Aux murs, sont suspendues des images saintes, des photographies d'amis ou de parents, la lithographie de l'exarque bulgare et, parfois même, avant 1877, le portrait du sultan, ce qui excluait toute incertitude sur la fidélité des moines envers le gouvernement dominant. Chez eux, les livres sont rares, mais les armes abondent : fusils, handjars et pistolets y forment des panoplies complètes, qui ne sont point là comme simple ornement; les moines ont trop souvent à se garder quand ils chevauchent tout seuls à travers la forêt, vers leurs lointains pâturages, ou vers leur succursale de Svéti-Yovan, distante de trois heures. Par goût comme par besoin, les caloyers sont d'ailleurs de véritables Nemrods et le Balkan leur offre un riche et précieux butin : les renards, les daims y pullulent; les ours, les loups, les sangliers n'y sont pas rares. Le pacha de Tirnovo avait tué récemment dans la forêt de Svéta-

Bogoroditsa un ours noir d'une taille extraordinaire, dont la peau fut estimée à plus de 200 francs. Des peaux de loup se rencontraient dans chaque cellule.

Il est aisé de comprendre qu'une exploitation si considérable exige la plus grande régularité dans la distribution du travail. Chacun y est responsable de la part qui lui est confiée. Je dois dire, à la louange du frère chargé de la cuisine, qu'il sait mettre sur l'immense plat de fer-blanc qui sert de table, plus d'une délicate friandise.

Le couvent met particulièrement sa gloire dans ses magnifiques noyers; il vend chaque année des troncs qui peuvent valoir jusqu'à 30 francs. Mais ses riches troupeaux sont encore une plus importante source de revenu. Pendant le *sabor* ou fête du monastère, on fait de véritables hécatombes de moutons. Les abords du couvent sont alors transformés en un vaste camp; les feux illuminent la nuit; tout le long du jour, le marché et l'église, les danses et les prières alternent sans relâche. C'est le plus beau jour de l'année pour tous les habitants de la contrée, et les malades seuls le passent loin de Svéta-Bogodoritsa.

Ce qui m'intéressa le plus pendant mon séjour au monastère, ce fut l'école. En automne et en hiver, le nombre des enfants atteint une centaine environ. On est touché de voir combien ce petit peuple a le désir de sortir de son ignorance. Les élèves apprennent à lire, à écrire, à compter, à chanter; ils savent un peu d'histoire, de géographie, de slave liturgique, et, j'ai peine à le dire, le parallèle avec plus d'un village des montagnes de l'Europe occidentale ne serait certainement pas au désavantage des régions reculées du Balkan.

Le temps le plus détestable a, par bonheur, ceci de commun avec le plus charmant qu'il cesse quand on y pense le moins. Les nuages et le brouillard allaient enfin disparaître, et je pris congé du couvent accompagné de tous les vœux des bons frères. Non loin de Manastir Sélo j'entrai dans une épaisse forêt : les beaux chênes resplendissaient de fraîcheur; les oiseaux gazouillaient dans la feuillée; insectes, herbes et fleurs relevaient la tête et semblaient respirer par tous les pores la douce moiteur laissée par la dernière pluie. Je suivis lentement un petit vallon, aspirant avec délices la senteur parfumée et vivifiante qui se dégageait du sol rafraîchi.

Sur les hauteurs de Braniévo, la vue, devenue libre, était radieuse; mais, après avoir franchi la ligne de faîte, nous fûmes surpris par la pluie. Il nous fallut traverser au plus vite, et non sans peine, les torrents gonflés de la Koupenska et du Vidimo, et nous fûmes heureux d'arriver enfin à Novosélo où nous trouvâmes un gîte chez une bonne veuve.

Bien que ce village ne comptât que 112 maisons, il formait cependant le centre commercial des 13 villages, exclusivement bulgares, des environs. Ce serait depuis longtemps un chef-lieu de cercle, si l'administration turque n'eût pas été complètement dépourvue de plan ou de bon sens dans la délimitation administrative de ses provinces. Même les habitants d'endroits situés plus haut encore

ÉCOLE PRIMAIRE AU MONASTÈRE DE TROÏAN.

dans la montagne étaient obligés, pour les plus petites affaires, de descendre jusqu'à Selvi, leur chef-lieu, et de faire ainsi un chemin considérable.

Le mode de construction à Novosélo et dans les grandes bourgades qui s'élèvent sur le versant septentrional du Balkan est singulièrement caractéristique. Il a quelque ressemblance avec celui de nos contrées alpestres. On emploie en général le bois. On commence par élever toute la charpente en laissant des ouvertures pour les portes et pour les fenêtres; on fait ensuite un remplissage en briques, puis on couronne le tout par une toiture solide qui est faite, de même que la cheminée, aux formes souvent bizarres, de minces plaques de calcaire. Les vitres sont inconnues et remplacées par des volets mobiles, glissant dans une rainure et que protègent des barreaux de bois ou de fer. En été, l'air entre librement dans toutes les chambres; mais en hiver les fenêtres sont soigneusement bouchées avec des bandes de papier collées sur les interstices. Les châssis des portes et des fenêtres, l'extrémité des poutres et des traverses, les piliers qui soutiennent le premier étage, offrent souvent de curieux exemples du goût décoratif qui a fait des sculpteurs sur bois de Novosélo de véritables maîtres dans leur art.

Les habitants des villages voisins s'occupent aussi de travailler le bois et forment une population extrêmement bien douée. Ils ont la démarche agile, la taille haute et puissante, les cheveux et les yeux noirs, le nez pointu, les sourcils souvent rejoints, le front largement développé, les pommettes proéminentes et la dolichocéphalie occipitale est, chez eux, impossible à méconnaître. J'ai rarement trouvé chez les Bulgares un témoignage plus frappant du mélange avec le sang finno-ouralien.

Pendant que j'étudiais la physionomie des gens et des lieux, mon hôtesse et sa jeune fille s'occupaient activement à préparer mon repas du soir. La petite cuisine était originale. Comme le Bulgare a pris au Turc l'habitude de se livrer à la plupart de ses occupations en étant assis, le foyer était placé très bas. Le manteau de la cheminée supportait, comme en France, une partie des ustensiles de ménage. La propreté, l'habile ordonnance de l'ensemble faisait songer aux châlets du Salzkammergut. Il ne manquait, pour compléter la ressemblance, que les joyeux *jodler* et les notes mélancoliques de la cithare; mais des hauteurs voisines arrivaient jusqu'à nous les appels de la flûte et le son de la cornemuse. Le Balkan a, lui aussi, sa poésie, et je me suis même laissé dire que les jeunes filles de Novosélo, en particulier, sont au loin réputées pour le culte fervent qu'elles offrent à la déesse de l'amour.

A mon retour de quelques excursions aux environs, je trouvai à Novosélo une bande de zaptiés chargés d'explorer le pays pour s'emparer d'une troupe de brigands. La nouvelle était peu rassurante. Parmi les zaptiés se trouvait Méhémed-Ibrahim, mon ancien compagnon de route de Selvi à Lovets; ce fut lui que l'on désigna pour renforcer ma petite caravane : « Si le *kismet* (le destin) veut vous » perdre, me dit le commandant du piquet, il ne vous servirait de

» rien d'avoir avec vous beaucoup de soldats ; mais s'il vous veut du
» bien, vous êtes assez, quelque nombreux que soient les brigands.
» Bon voyage ! »

Le *kismet* est pour le musulman le commencement, le milieu et la fin de toute chose terrestre : le bonheur et le malheur, la prospérité et la ruine, la naissance et la mort, tout est entre les mains du kismet. Les astrologues seuls savent prévoir la destinée, ce qui les rend aussi indispensables au sultan, à ses femmes et à ses grands dignitaires que les médecins aux grands de l'Occident. Le vizir Chirouaneh-Rouchid, tombé en 1875 et qui passait pour un homme d'État éclairé, faisait, dit-on, grand cas de son astrologue.

Ainsi rassuré par les conclusions sans réplique de la logique musulmane, je me mis en route vers le passage le plus élevé du Balkan. Tout était en l'air dans le village, tout s'était préparé pour mon départ, surtout les femmes et les enfants ; car les hommes étaient pour la plupart occupés au loin, en Roumanie, comme moissonneurs, maçons ou charpentiers. Une imposante troupe de cavaliers, conduite par le brigadier des zaptiés, me servit d'escorte jusqu'à l'Ostrétchévitsa. Lorsque notre petite caravane fut de nouveau abandonnée à elle-même, mon drogman, agité par toutes sortes d'histoires de brigands, devint plus silencieux ; il se serra entre notre vigoureux guide Saptché et notre unique cavalier d'escorte Méhémed, qu'il appelait en souriant *aga*, comme chez nous on appelle parfois capitaine le simple lieutenant. Je cherchai à le rassurer avec le mot *kismet*.

Pendant la première heure, le paysage fut splendide. Mais, à cette altitude, la végétation était singulièrement en retard. Lorsque le montagnard revient au pays, riche du salaire qu'il a gagné comme moissonneur ou batteur dans la plaine danubienne, il est encore temps pour lui de songer à sa propre moisson. Son travail lui a gagné les impôts, sa femme a cultivé le petit champ pendant que les enfants gardaient le bétail, le sol a fourni aux besoins de sa maison, et la forêt prochaine, ou du moins ce que l'on nomme « forêt » dans ces contrées, a donné le bois pour son foyer.

Les modestes demeures de ces laborieux montagnards, réunies en groupes de huit à vingt, se montraient partout sur les hauteurs. Ce fut seulement à 1200 mètres d'altitude que j'atteignis enfin, non loin de la source glacée de la Stoudéna-Kladénitsa, une magnifique forêt de hêtres. « Monsieur ! » s'écria mon guide, pâtre de la montagne,
» si vous aimez tant que cela les pierres, l'eau et les arbres, vous

» allez en voir bien d'autres! » Soudain le mugissement des eaux se fit entendre; l'écume brilla entre les branches et je fus enveloppé d'un voile d'humides gouttelettes. A deux pas de nous, une cascade aux bonds multipliés brisait follement ses eaux contre des rochers de gneiss. En vain de pâles et mélancoliques brouillards essayaient de me cacher les détails de ce beau spectacle, d'un trait rapide, le soleil les rejetait au loin, tandis qu'à l'horizon le plus hardi des sommets du Balkan, le Mara-Guéduk, semblait m'envoyer, par le torrent qui bondissait sur ses fentes, un appel d'encouragement et de reconfort.

J'étais le premier explorateur qui se fût aventuré sur cette route, le premier à qui le Balkan eût révélé la plus majestueuse de ses chutes. Mon guide n'en connaissait pas le nom. J'usai donc du droit que l'usage donne au voyageur en pareille circonstance pour baptiser cette cascade du nom d'Ami Boué, en souvenir des services rendus au monde savant par cet infatigable pionnier de la Turquie.

Nous avions encore plusieurs centaines de mètres à gravir. A la hauteur de 1600 mètres, le chant des rossignols, qui nous avait longtemps suivis, avait cessé. Des vautours planaient dans le ciel profond, épiant de l'œil le cadavre d'un cheval abandonné sur le sentier par une caravane. Enveloppés de silence, les sommets immobiles s'échelonnaient au loin, arides, nus. Quelques pentes vertes et quelques arbres montaient seuls à l'assaut du groupe le plus rapproché des montagnes orientales, desquelles se détachaient la pointe du Pomoriévets et le pic encore plus élevé du Zélénikovets, tandis que, vers l'ouest, les nuages se repliaient rapidement sur les versants dépouillés du Mara-Guéduk. Entre ces deux pointes maîtresses s'étendait, semblable à une mer aux vagues soulevées, un monde de sommets moins audacieux. Le zaptié Méhémed-Ibrahim m'abandonna ici pour retourner à son piquet de Novosélo. Bien que je visse avec déplaisir mon escorte s'affaiblir dans cette solitude fort mal famée du Balkan, je n'osai pas le retenir, à cause du misérable état de son cheval. Le cheval est d'ordinaire toute la fortune d'un gendarme turc. Après qu'il eut partagé mon frugal repas près des ruines du blockhaus de Dobréva-Grob, je le quittai, en le remerciant et en lui donnant un bon bakhchich.

Encore quelques minutes vers le sud, et nous avions franchi la ligne de partage des eaux entre la mer Égée et la mer Noire. Derrière nous s'étendait le vilayet du Danube; celui d'Andrinople remplissait l'horizon devant nous. Une de ces gorges déchirées, aux parois verticales, particulières aux versants sud des Balkans, emportait la Toundja vers la vallée parfumée de roses de Kazanlik; avec elle descendait vers la plaine une sente pierreuse, aujourd'hui presque

CASCADE AMI BOUÉ AU PIED DU MARA-GUÉDUK.

abandonnée, qui formait sans doute le prolongement de la voie par laquelle les Romains entretenaient un commerce actif entre la Thrace et la Mœsie. D'ici un bon marcheur peut facilement descendre en deux heures des solitudes sauvages qui portent l'empreinte de l'activité plutonienne, jusqu'aux ruines d'un couvent qui gardent les champs de roses de Golémo-Sélo, et il peut jouir aisément du contraste présenté par les rudes entassements du versant nord du Balkan avec le gracieux Éden qui fleurit à sa base méridionale.

A 1671 mètres d'altitude, notre route abandonna le ravin de la Toundja pour escalader les pentes. Nous avions laissé derrière nous la région boisée. Des arbustes rabougris et tortus s'accrochaient pour vivre au sol amaigri. Durant notre ascension de quatre heures, le thermomètre était tombé de 28 à 15 degrés. Enfin, nous atteignîmes le col de Rosalita. Un froid glacial régnait sur la passe, dont l'altitude est de 1930 mètres, et que domine d'au moins 400 mètres la plus haute cime du Mara-Guéduk ; ce qui, donnant un ensemble de 2330 mètres, ne place pas seulement ce sommet au niveau du célèbre Vitoch, près de Sofia, mais l'égale aux plus fiers pics qui se dressent entre l'Adriatique et la mer Noire.

Vu du col de Rosalita, le roi du Balkan, avec ses murailles de rochers, ses escarpements et les innombrables replis qui gardent sous le soleil de l'été leurs blanches traînées de neige, produit une impression profonde, je dirai même sombre. Le silence de la tombe enveloppe la hauteur. Il semble que, lassée, l'agissante nature se soit enfin décidée au repos. En vain le regard cherche à se dérober à la mélancolie souveraine du paysage. Partout où l'œil se repose, partout il rencontre l'image de la mort. Toute vie a cessé. Seuls, quelques aigles à peine visibles dans les régions supérieures de l'espace, tournoient lentement, tandis que près du chemin, les ossements blanchis de chevaux tombés de fatigue achèvent de se réduire en poussière.

A côté d'une large excavation qu'un champ de neige grisâtre recouvrait de son linceul, quelques pierres grossièrement taillées montraient pourtant que l'homme avait poussé jusqu'à ces régions désolées les efforts de sa « lutte pour l'existence ». C'étaient les tombes de voyageurs assassinés par les brigands, ou qui, aveuglés par la tempête, avaient perdu les points de repère élevés sur la route et que la neige avait pour jamais recouverts d'un suaire glacé. L'hiver doit être ici très rigoureux. Le chef des insurgés, Panaïot Hitov, qui, pressé par les Turcs, se réfugia dans ces régions inabordables, a dépeint d'une manière énergique, dans ses mémoires, les terreurs qui assaillent l'âme dans ces parties élevées du Balkan : « Le vent faisait rage, la neige brillait d'une blancheur éblouissante, les rivières et les torrents mugissaient, les loups hurlaient dans les bois, les oiseaux de proie

COL DE ROSALITA ET SOMMET DU MARA-GUÈOUK.

jetaient des cris rauques ; on n'entendait et on ne voyait rien d'autre.
Il nous fut bien difficile d'avancer ; de temps en temps nous enfoncions dans la neige. Cette nuit nous pûmes à peine faire trois cents pas ; le vent nous emportait çà et là, selon son caprice, et souvent nous jetait par terre. »

Pendant que nous nous reposions sur le col, le guide nous régala d'histoires effrayantes et de légendes sur le pouvoir des esprits, toutes histoires qui se rattachaient au col de Rosalita. Son nom indique déjà que les Bulgares le mettent au nombre des lieux préférés par les elfes (*Samodivi*). C'est là, loin des regards profanes des hommes, que les séduisantes vierges de la forêt mènent les rondes mystérieuses de la *Rosalia* (Pentecôte). Nulle part la nature ne peut offrir à leurs danses nocturnes des solitudes plus aériennes que le « champ de la Rosalia », au pied du Mara-Guéduk. Semblable à un autel géant, il repose à la fois sur les deux vallées principales de la Thrace vouées au culte de la Rose, et, aux premières lueurs de l'aurore, prête aux danseuses lassées le calme de ses bosquets et le murmure de ses eaux.

Quatre siècles avant notre ère, la civilisation hellénique avait atteint les deux versants du Balkan. Des commerçants grecs y avaient apporté, avec leurs marchandises, la langue et les dieux des Hellènes, mais le peuple thrace avait adapté la mythologie grecque à sa propre nature. Apollon, le dieu des Muses, s'était transformé chez eux en dieu de la chasse et Diane y était devenue l'androgyne armée.

C'est ici seulement, sur les hauteurs enveloppées de nuages, que nous pouvons comprendre de quelle religieuse terreur les peuples de l'antiquité grecque entouraient l'Hæmus. Cette chaîne de montagnes se retrouve dans les plus anciens mythes des Hellènes et dans les chants de leurs poètes. Ils en ont fait la retraite où Orphée pleura la perte d'Eurydice. Nulle part mieux que sur le sommet le plus élevé de l'Hæmus, le chantre divin ne pouvait laisser soupirer cette lyre harmonieuse dont la plainte, émouvant les vallées de la Thrace et de la Mœsie, allait mourir sur l'Hébrus et sur l'Ister.

C'est ici que les roches de l'Ismarus (Mara-Guéduk?) frémissaient à son chant ; que les bêtes sauvages oubliaient de combattre pour s'étendre à ses pieds ; que les fleurs ouvraient pour lui leurs corolles. Mais les sons enchanteurs de la lyre d'Orphée attirèrent aussi la troupe des Ménades, remplies de fureurs bachiques. Après qu'elles eurent reconnu dans le chanteur le froid contempteur des orgies de Bacchus, elles le mirent en pièces, toutes pleines du désir de la vengeance. « Ses membres sont jetés au loin dans des lieux divers; toi, Hébros, tu reçus sa tête et sa lyre et (ô prodige!) tandis que la lyre est emportée par le courant des ondes, elle fait entendre un chant plaintif; la langue inanimée du poète murmure les mêmes chants, et les échos du rivage le répètent. »

La nature entière pleura la mort de son bien-aimé; du sommet de l'Hæmus, le Tonisus (Toundja) porta jusqu'à l'Hebrus (Maritsa), la tête et la lyre du poète. La lyre fut pieusement recueillie par Apollon; la tête fut métamorphosée en dragon; du sang répandu sur le Rhodope, naquit la fleur qu'on nomme « Cithare ».

Les rudes assauts d'un impétueux aquilon me rappelèrent que j'étais aux lieux mêmes où les Grecs avaient jadis placé le palais des Vents et les gorges profondes où Rhodope, fille de Strymon, errant avec le fils de Borée, donna naissance au fougueux Hebrus. Ce mythe poétique répond à la réalité : c'est de l'Hæmus et du Rhodope que jaillissent les sources de l'Hebrus (Maritsa).

L'Hæmus et le Rhodope ont été représentés sur plusieurs monnaies de l'empire. Rhodope, sous les traits d'une femme, tient dans sa main des fleurs. Ce ne sont point des roses, comme on l'a cru, mais bien la *haberlea Rhodopensis*, que Frivaldszky, le premier, a trouvée sur le Rhodope et qu'on a découverte plus tard dans le Balkan. Ce serait donc la cithare, cette fleur de deuil, née du sang d'Orphée, qui, sur les monnaies, exprime probablement la douleur de Rhodope, pleurant la métamorphose de son amant en rocher.

Les poètes latins font aussi séjourner, pendant quelque temps, le dieu Mars sur l'Hæmus. La renommée dont jouissait, dans l'antiquité classique, la vue qu'on a du haut de ces montagnes, détermina sans doute le roi Philippe III à en faire l'ascension avec son fils Persée. Le roi de Macédoine partit probablement de la ville de Rhodope (Philippopolis) pour gravir, par le défilé de l'Akdére, le sommet le plus élevé de l'Ismarus (Mara-Guéduk).

Les héros grecs et les vilas ou fées slaves sont depuis longtemps chassés du Balkan, mais l'on trouve aujourd'hui, dans un ravin caché au sud du Mara-Guéduk, l'un des sanctuaires les plus célèbres du christianisme thrace, le couvent de Svéta-Bogoroditsa.

Comme le passé et le présent, les mythes et la réalité se confondent sur les sommets du Balkan! — Il a été réservé à la science géographique de nos jours de rendre leur véritable théâtre aux faits mythico-historiques de l'antiquité classique.

Pendant que mon esprit se promenait ainsi dans la mythologie sur le col de Rosalita (c'est le nom que je donnai au plus haut passage du Balkan à cause de son champ de la Rosalia), mon crayon ne demeura pas oisif. Pour la première fois, le plus haut sommet du Balkan, le Mara-Guéduk, fut dessiné de main d'homme. Ce serait un charmant motif de paysage pour des poètes ou des artistes qui auraient envie de représenter, en vers ou en peinture, le mythe d'Orphée ou les fêtes des vilas.

La descente ne le céda pas à la montée quant aux tableaux pittoresques des pâturages, où les arbres brillent généralement par leur absence. Une karaoula se profile sur le chemin, le versant s'abaisse brusquement et Kalofer se rapproche de plus en plus. Une heure au-dessous du béklémé, j'atteignis des bâtiments isolés d'où s'échappait le ronflement particulier aux fabriques de *gaïtan*. Les maisons suivirent bientôt, plus pressées ; le bruit des machines s'accentua et, soudain, je me vis en plein Kalofer, au milieu des nombreuses usines de cette ville travailleuse, célèbre dans toute la Bulgarie par son industrie et son commerce d'exportation. Des canaux, habilement ménagés, donnent à chaque maison la force hydraulique nécessaire à trois machines au moins ; mais il est quelques usines qui en possèdent jusqu'à vingt ou même trente.

Kalofer est à 600 mètres d'altitude. Une tradition du pays raconte qu'à l'époque de la conquête ottomane, un voïévode bulgare, s'enfuyant avec ses hommes dans les gorges de la Toundja, y trouva un doigt géant qui fut regardé comme un présage de bonheur et qui donna son nom à la colonie (Kalogféreï). Mais comme les fugitifs n'avaient point de femmes, ils se jetèrent sur une petite ville voisine et, nouveaux Romains, ils enlevèrent leurs Sabines. Les Turcs respectèrent cette poignée de « héros » et le sultan leur accorda des privilèges. Par malheur, le firman qui les leur garantissait fut brûlé dans un incendie ; avec lui disparurent aussi les privilèges de Kalofer, dont le moins étrange n'était pas celui qui obligeait tout musulman, pénétrant dans la ville, à y enlever les fers de son cheval.

Kalofer qui, en 1811, ne possédait plus que cinq cents maisons, s'est depuis lors vaillamment relevée par son industrie. Outre le *gaïtan*, elle fabrique le *minderlik*, sorte d'étoffe pour meubles qui jouit d'une grande réputation. Étagée en amphithéâtre au-dessus de la gorge, elle entoure de vignes et de vergers chacune de ses maisons qui abritaient alors 1160 familles bulgares et 40 tsiganes, soit environ 7000 âmes. L'autorité turque y était représentée par un moudir et quelques gendarmes. Mais le conseil municipal, libre d'éléments musulmans, était pour ainsi dire autonome. La ville ne semblait pas mécontente de son sort malgré le poids des impôts. Le gouvernement ottoman ne faisait rien, il est vrai, pour l'essor intellectuel et économique de la population, mais au moins il ne s'y opposait pas directement.

La commune avait fait de louables efforts pour améliorer l'enseignement. Elle avait trouvé un Mécène dans le Crésus de la ville, le patricien Ivan Dotchev. Kalofer possédait trois églises, deux couvents de femmes et le célèbre monastère, consacré à la sainte Mère de Dieu, Svéta-Bogoroditsa.

L'année 1877 fut encore plus fatale à cette petite ville aisée et pleine d'avenir qu'à la ville voisine de Kazanlik. Les éclaireurs russes y furent reçus avec une joie frénétique, et toute la jeunesse en état de porter les armes s'unit à la légion russo-bulgare. Après que Gourko eut été forcé de repasser le Balkan, Soliman-Pacha chassa les derniers détachements russes du versant méridional de l'Hæmus. Rassim-Pacha prit d'assaut Kalofer et en refoula les défenseurs sur le défilé de Rosalita. La ville fut brûlée, et tous les habitants qui ne réussirent pas à se réfugier dans les gorges du Balkan furent massacrés par les bachibozouks. Le lendemain de l'assaut, Kalofer n'était plus qu'un tas de décombres fumants. En juillet 1879, trois cents personnes environ habitaient dans des cabanes misérablement reconstruites ; mais déjà quelques machines pour la fabrication du gaïtan étaient de nouveau en activité ; aussi espère-t-on que les habitants encore dispersés dans d'autres villes, reviendront peu à peu dans leurs anciens foyers.

CHAPITRE XVI

DE LA VALLÉE DU GUIOPSOU AU DANUBE PAR LE BALKAN DE TÉTÉVEN
ET LA RÉGION DU VID.

A l'ouest de Kalofer, sur les flancs d'un contre-fort tout enguirlandé de vignes, la route passe de la vallée de la Toundja dans celle du Guiopsou, qui appartient également au bassin de la Maritsa. Je laissai de côté, pour le moment, cette région; je pénétrai au nord dans la gorge de l'Akdéré, affluent du Guiopsou, dont les bords étaient animés par des bandes joyeuses occupées à la récolte des feuilles de mûrier et des fruits ou au sarclage du maïs. Je passai le ruisseau, enfilai l'étroit ravin formé par des pentes de la Tchoufadaritsa et du Saréolou, et, toujours suivant la rive, j'arrivai devant la porte du monastère de Svéta-Bogoroditsa.

Le cloître, qui depuis environ deux cents ans est redevenu un couvent de moines « travaillants », est situé à 160 mètres d'altitude, sur le bord d'un entonnoir pittoresque couvert de prairies à l'herbe savoureuse et parsemé de vignobles, d'arbres fruitiers et de noyers majestueux. Partout retentit le bruit joyeux de l'Akdéré, qui s'attarde au joli bassin dominé de haut par les sommets isolés du Koupen et par la pointe du Djoumrouktchal, rival du Mara-Guéduk. A plusieurs endroits s'élèvent des croix colossales.

L'église du couvent consiste en une petite nef basse, soutenue par un double rang de colonnes. A ne le considérer qu'en passant, le petit édifice, modeste et dénué, n'est point sans une certaine poésie.

Les heures de l'après-midi me permirent de faire une excursion dans le ravin projeté par le Koupen. Le paysage en est rude et pittoresque. L'Akdéré y forme de place en place des cascades. Au retour, je m'arrêtai au Béli-Pésak (rocher blanc), près d'une chapelle consacrée à saint Pantélimon, dont la source est regardée comme très salutaire pour les maladies des yeux.

Entre temps, le soir était venu ; la lune brillait sur une douce nuit d'été, éclairant les scènes animées qui se passaient dans la grande cour de Svéta-Bogoroditsa. Tout autour règnent des constructions de bois, destinées au logement des pèlerins campagnards qui ne préfèrent pas camper en plein air, ce qui n'arrive guère d'ailleurs que par le mauvais temps. Les gens du monastère étaient déjà rentrés, en compagnie des journaliers loués pour les travaux de la moisson. Ceux-ci étaient réunis sur l'herbe de la cour, couchés près des feux brillants ou assis par groupes de cinq autour de grands chaudrons remplis d'une maigre soupe et dans lesquels ils puisaient à tour de rôle avec des cuillers de bois. Ce frugal repas, renforcé de haricots et de pain, répété trois fois par jour, suffit au travailleur bulgare, dont le salaire est de 100 paras (60 centimes) par jour, et qui ne reçoit d'ailleurs ni vin, ni bière, ni raki. Tout ce monde avait à peine achevé de manger qu'un joyeux gars proposa de jouer au mariage. Il se choisit pour promise une jolie fille potelée, — sa bonne amie peut-être, — et au son de la gaïda, les fiançailles et la marche à l'église se firent suivant toutes les règles. Les présents d'usage furent demandés, et donnés par nous avec plaisir. La fête se termina par une hora générale, accompagnée de chants et de plaisanteries. Tout cela fit beaucoup rire et m'offrit une modeste représentation du *sabor*, qui a lieu le 8 septembre, au milieu des populations accourues de Kalofer, de Karlovo et des environs.

Je fus alors conduit au bâtiment destiné aux hôtes de distinction. Il renferme quelques chambres fraîches, confortablement meublées à la bulgare. L'hégoumène, homme aimable, vint me tenir compagnie sous la vérandah. Il me questionna sur les événements de la guerre de France : « O mon Dieu ! ne cessa-t-il de dire en guise de refrain, ô mon Dieu ! Napoléon est tombé, et il n'y a plus aujourd'hui que Guillaume qui soit puissant! » Nous fûmes régalés au souper de magnifiques truites et de vin de Sliven, sans parler des autres bonnes choses qui figuraient sur le menu.

Le lendemain matin, je fus réveillé par le son clair du symantron. Le prieur récita rapidement une prière pour le succès de mon voyage. Je témoignai ma reconnaissance pour cette attention et pour l'hospitalité qu'on m'avait accordée, en déposant un présent sur l'image vénérée de la Vierge. Immédiatement après, nous chevauchâmes à travers la fraîche gorge de l'Akdéré, vers la large et superbe vallée du

Guiopsou. Nous y entrâmes, après avoir franchi le seuil de granit, haut de 700 mètres, qui le sépare de la vallée de la Toundja.

Le bassin du Guiopsou ou de la Sréma, ainsi que les Bulgares appellent ce petit cours d'eau, doit son origine à ces dislocations grandioses qui remontent jusqu'à la période des formations crétacées, et qui donnèrent naissance à la pente escarpée que le Balkan central présente vers le sud, et à tous les bassins qui s'enfoncent à ses pieds. Comme les vallées longitudinales de l'est (Kazanlik, Sliven) et les vallées de l'ouest (Zlatitsa, Sofia, Temska, Pirot), la vallée du Guiopsou se dirige de l'est à l'ouest et est séparée des bassins voisins par de petites hauteurs transversales tournées du nord au sud, qui forment comme des ponts entre la longue chaîne du Balkan et le massif montagneux de la Thrace qui lui fait face vers le sud.

De même que le Karadja-Dagh (bulg. Tcherna-Gora) forme la muraille méridionale du bassin de la Toundja, l'Orta-Dagh (bulg. Sredna-Gora) forme celle de la vallée du Guiopsou. Lorsque des hauteurs de la Paparniva, près de Mitérisovo, je dessinai le doux profil de la Sredna-Gora, je songeais à l'infatigable Lejean auquel incomba la tâche de les découvrir toutes deux, pour ainsi dire. Avant lui, nos cartographes ne savaient rien du chef-lieu de la région du Guiopsou, Karlovo, de son grand bourg Sopot ni de ses nombreux villages. Lejean releva 15 de ces localités; j'en relevai 14 autres en 1871. Il y a donc 1 ville, 1 bourg et 29 villages sur le sol béni qu'arrose le Guiopsou. Cette vallée, protégée contre les ouragans, produit une végétation presque méridionale, d'une abondance surprenante.

Sur le bas Akdéré, doit se trouver un champ de ruines du moyen âge, où la tradition place le vieux château bulgare de Zvanigrad. Le supérieur du couvent poussa un soupir, en songeant à la vieille splendeur bulgare et prit congé de moi. Je continuai seul mon chemin, repaissant mes yeux des paysages variés qui se déroulaient devant moi. Le pinceau d'un maître aurait seul pu rendre ces lignes d'un calme majestueux et ces effets des lumières; je dus me contenter d'en tracer les contours.

Au-dessus de Mitérisovo, je traversai le superbe débouché de la gorge de la Garvanchtitsa (ruisseau des corbeaux). Des noyers géants, dont les troncs avaient jusqu'à un mètre de diamètre, nous offrirent l'abri de leurs rameaux, qui avaient jusqu'à cinq mètres de circonférence. Au loin, vers le sud-ouest, tout étincelant des feux du jour, émergeait de la plaine le Tchatal-Tépé, mont de granit, isolé de tous côtés, qui doit son nom aux deux bosses de son sommet.

Près de lui jaillissent du sol marécageux des sources sulfureuses d'une température de 25 degrés centigrades. Une modeste maison de bois contient des baignoires séparées pour les deux sexes. Au delà du Tchatal-Tépé, surgissait la coupole granitique de la Koneg-Moguila, près de laquelle se groupaient quelques tumuli, modestes éminences dues à la main des hommes.

Plus loin, les Hélenska Grobichta, hauteurs parsemées de vieilles pierres tumulaires, nous permirent d'apercevoir la pittoresque petite ville de Karlovo, profilant ses élégants minarets par-dessus les masses profondes de ses beaux noyers. Que serait une ville turque sans minarets? Ces blanches tours, s'élevant vers le ciel, montrent de loin au voyageur le but qu'il désire atteindre ; pour le topographe, ce sont des points d'orientation sûrs : elles seules permettent de découvrir la position des villages cachés dans la verdure.

La situation de Karlovo est aussi charmante que la gorge montagneuse à l'entrée de laquelle il est situé, et qui conduit à Troïan, est pittoresque avec ses chutes d'eau et ses champs de neige. La petite ville devait en grande partie sa richesse à la Souchitsa, qui faisait de Karlovo l'heureux rival de Kalofer dans l'industrie de la passementerie. On m'assura qu'il possédait alors au moins 1200 broches, sans parler d'une multitude de métiers pour les draps de chéïg et de quelques ateliers de sculpture sur bois.

Karlovo, qui n'a, dit-on, qu'un siècle d'existence, ne comptait cependant pas moins de 1200 maisons bulgares, 300 turques et juives habitées par environ 9000 âmes.

Malgré leur nombre restreint (1500) les Turcs possédaient sept mosquées parmi lesquelles celle de Kourchoumlou était remarquable par son architecture. Les deux églises n'ont rien d'intéressant. Quant aux écoles bulgares, elles étaient au nombre des meilleures du pays. Je fis connaissance avec de jeunes négociants qui avaient beaucoup voyagé, savaient par cœur leur Vienne et leur Paris, parlaient couramment le français ou l'allemand et entretenaient des relations d'affaires avec Constantinople, Philippopolis et Sofia. En 1876 on établit même à Karlovo une manufacture de draps, pour laquelle on fit venir des machines de Belgique. La petite ville était très opulente, les principales familles passaient l'été sous les ombrages de Hisar-Banya. Cette localité, située sur la pente sud-est de la Sredna-Gora, possède quatre sources ferrugineuses ou sulfureuses, d'une température de 34 à 44 degrés centigrades, qui me furent particulièrement vantées par les membres du medjilis. Ceux-ci n'oublièrent pas non plus de me recommander la visite à Hisar-Banya, des restes de vieilles constructions ornées de sculptures et d'inscriptions, qu'ils attribuaient, comme c'est la règle, aux « Guénevli. » Je ne pouvais malheureusement pas me diriger de ce côté.

Les habitants de Karlovo opposèrent en 1877 une vigoureuse résistance aux « troupes de pacification » de Soliman-Pacha, afin d'obtenir par une capitulation des conditions plus favorables ; mais la capitulation n'empêcha pas les Turcs de piller les maisons des riches Bulgares, de détruire la manufacture de draps, enfin de traîner devant les conseils de guerre de Philippopolis des centaines de chrétiens, qui la plupart, sur une simple dénonciation, furent pendus ou déportés en Asie. Aussi, lorsqu'au mois de janvier suivant, les Russes victorieux occupèrent la Thrace d'une manière durable, les Turcs et les Israélites de Karlovo, craignant la vengeance de leurs concitoyens bulgares, battirent-ils en retraite en même temps que les troupes turques.

De Karlovo nous atteignîmes le bourg industriel bulgare de Sopot (563 mètres), qui s'étend tout près du pied méridional du Balkan. Son industrie principale, la passementerie, est due au concours de l'impétueux Alidéré ; on y fabrique aussi du drap de chéïg et des bas de laine.

La plus vieille des trois églises de Sopot, Svéta-Bogoroditsa, construite à l'époque la plus triste de l'ancien régime turc, est à moitié enfouie dans la terre. Cette abondance d'églises n'a point empêché, d'ailleurs, la réouverture de l'antique monastère de Svéti-Spas, situé dans la gorge de Dobrila que gardent les deux portiques de Poutchivalo et d'Ostrou-Berdo, et dont la coupole brillante a donné vraisemblablement à Sopot son nom turc d'Aktché-Klissa (église blanche).

Il était quatre heures de l'après-midi lorsque je quittai Sopot ; le soleil inondait de feux la vallée et achevait de mûrir les riches moissons. Les champs de roses étaient depuis longtemps privés de parure et de parfum ; mais les poiriers, les pruniers, les merisiers, les pommiers pliaient sous le poids de leurs fruits. La sériciculture seule a décliné graduellement depuis la maladie des vers à soie ; beaucoup d'éducateurs l'ont même abandonnée. D'un autre côté, les vieux noyers sont abattus avec rage, par suite de la valeur croissante de leur bois, très recherché des ébénistes français.

Avant d'atteindre le village musulman de Yanobasa, je rencontrai le tombeau d'un saint musulman, ombragé par un tilleul gigantesque dont le tronc mesure deux mètres de diamètre. A en juger par le grand nombre de haillons suspendus tout à l'entour, le pouvoir miraculeux du *baba* doit être très apprécié des vrais croyants. Je n'ai jamais vu un amas si considérable de chiffons de toute nuance. Chaque pèlerin, ou même chaque passant avait accroché quelque part sa loque de couleur voyante. Mon zaptié n'eut garde d'y manquer, car cette offrande préserve des maladies et surtout de la fièvre. Ces sortes d'offrandes que l'on fait aux morts, aux esprits des arbres, etc., se retrouvent depuis l'équateur jusqu'aux latitudes boréales les plus éloignées; Mungo Park constata cet usage dans le pays des Vollis et on l'observe de même en Amérique, dans le Caucase, en Esthonie, etc.

Une réception des plus cordiales m'attendait à Yanobasa. Sous l'ombrage des arbres fruitiers autour desquels la population musulmane était réunie pour la prière du soir, on me servit un lait exquis, du pain et des cerises aigres. Je mis à profit les bonnes dispositions du hodja pour demander la permission de monter à la galerie du minaret. Ce désir rencontrait en général beaucoup d'opposition parmi les imans de village; mais celui de Yanobasa parut, au contraire, si bien comprendre ce dont il s'agissait qu'il voulut lui-même escalader avec moi l'étroite spirale de pierre. De ce point situé à peu près au centre de la vallée du Guiopsou, je pus tout à mon aise étudier la contrée environnante et relever les nombreux villages que trahissaient au loin leurs toits rouges et leurs sveltes minarets.

Tout en suivant la rive du Guiopsou, dont le mugissement troublait seul le silence du soir, j'atteignis le village de Karahisarli, où mon arrivée tardive causa quelque souci au moukhtar. Il trouva, après délibération avec le Tsigane qui lui servait de *kihaya* (appariteur), que les maisons des différents Abdoullah, Méhémed, Ibrahim et Mahmoud n'étaient guère propres à héberger de si nobles étrangers. Après cette phase qui revient dans tous les endroits habités en commun par des Turcs et des chrétiens, le moukhtar fit venir son collègue, le tchorbachi bulgare, et le chargea du soin de me loger. Je passai donc la nuit dans une maison bulgare, mais le bruit et le babil des enfants me tinrent encore longtemps éveillé. Le logis comptait quatorze habitants, car l'usage de la vie en commun s'est conservée parmi les Bulgares qui habitent au sud du Balkan, comme chez la plupart des Yougo-Slaves.

Aux premières lueurs du matin je repris ma route dans le bassin du Guiopsou qui se rétrécit bientôt. Du village de Karnaré, dont le cimetière offre un admirable point de vue sur les sommets du Balkan, un rapide sentier de mulet conduit en six heures, au col de Troïan et redescend sur le versant septentrional de la chaîne par la vallée de l'Osem jusqu'à la ville de Troïan.

C'est cette route qu'au mois de novembre 1877, Méhémed-Ali, à la tête de l'armée turque de l'Ouest, aurait dû suivre depuis Zlatitsa jusqu'à Lovets, afin de coopérer au plan formé par Soliman-Pacha pour la délivrance de Plevna. Il refusa de prendre part à ce coup hardi, parce que son armée, dont l'organisation n'était pas encore complète, était partout tenue en échec par les Russes qui avaient déjà fait leur apparition sur la crête des montagnes de Sofia, d'Étropol et de Zlatitsa : il fut pour ce motif relevé de son commandement. Cependant les Russes ne purent déloger, par des attaques de front, l'ennemi établi dans trois redoutes, sur le col de Troïan. En janvier 1878, le général Kartsof força les Turcs par un mouvement tournant d'évacuer ces positions. A l'ouest des redoutes, il fit descendre une colonne par un étroit sentier dans la vallée du Guiopsou, vers Karnaré ; la garnison des forts, menacée d'être enveloppée, réussit à se frayer un passage vers Philippopolis.

Les musulmans de Rahmanli, déployant pour moi une hospitalité vraiment cordiale, luttèrent à qui fournirait les meilleurs morceaux du repas qu'ils m'offrirent sous les épais noyers.

Une puissante assise de quartz sur laquelle nous dûmes péniblement nous frayer un passage entre les jeunes hêtres et les taillis de noisetiers nous attendait au sortir du village. Nous montâmes jusqu'au plateau du Kutchuk-Alan, couvert de belles prairies où paissaient, sous la garde de quelques jeunes garçons, les grands troupeaux de Rahmanli. Je dessinai, de cette hauteur, l'un des plus beaux et des plus intéressants profils de montagnes de mon voyage, car il nous révèle toute la configuration du bassin du Guiopsou, ainsi que celle du Balkan, du Karadja-Dagh et de la Sredna-Gora, qui l'enferment. Le caractère général de la Sredna-Gora est doux et moelleux, les coupoles y dominent, les pointes y sont rares, bien que ses hauts sommets s'élèvent jusqu'à 1600 mètres.

Les Bulgares de la Sredna-Gora forment une race particulièrement intelligente que l'éveil de la pensée nationale trouva déjà prête en 1830. C'est des écoles de cette contrée que sont sortis des écrivains et des professeurs habiles, dont quelques-uns ont complété leurs études à l'étranger. Panaguiourichté a donné naissance au célèbre historien bulgare Drinov. Malheureusement cette ville, ainsi que

Koprivchtitsa, a douloureusement souffert de l'insurrection de mai 1876 ; ses habitants ont dû chercher dans les hautes régions du Balkan un refuge contre les terribles représailles de la Porte.

Aujourd'hui les musulmans sont disparus du bassin du Guiopsou et de la vallée supérieure de la Toundja.

Du plateau de Sir-Alan, élevé de 1400 mètres, la vue offre vers le sud-est une si magnifique amplitude que mon guide crut reconnaître dans le lointain la ville de Philippopolis. Les petites cabanes des pâtres aux cheveux blonds et aux yeux bleus, pour lesquels mon attirail de voyage et mon costume étranger étaient des objets de vive curiosité, sont les dernières habitations que je trouvai sur ces hauteurs. Le chemin, s'élevant à travers les roches déchirées, atteignit bientôt une forêt de pins dont la présence m'étonna d'autant plus que je n'en avais point encore rencontré sur le versant méridional du Balkan central. Mais bientôt des pentes dénudées, piquées seulement de distance en distance d'un arbre maigre et rabougri, s'allongèrent devant nos yeux. A l'altitude de 1747 mètres, nous rencontrâmes une karaoula délabrée et abandonnée. Elle était vide ; pourtant un reste de bois fumait dans le foyer, des débris de repas et des chiffons gisaient abandonnés près de l'âtre. Mon zaptié prétendit que nous avions troublé des haïdouks dans leur repaire. Mais comme tout restait silencieux, le guide attisa gaiement le feu des brigands et nous pûmes accomplir en paix les rites solennels de la préparation du moka.

A trois heures de l'après-midi, nous étions enfin sur le col de Rabanitsa, que nul voyageur n'avait avant moi mesuré, et dont l'altitude (1916 mètres) ne le cède qu'à peine à celle de la plus haute passe du Balkan. On a supposé jusqu'à présent que la région supérieure du Balkan appartenait au terrain crétacé ; mais je trouvai ici un granit qui se continue dans les parties les plus élevées de la chaîne jusqu'au Timok. Ainsi les Turcs et les Bulgares ont raison lorsqu'ils appellent le Balkan *Hodja-Balkan* et *Stara-Planina* (vieille montagne ou montagne primitive).

J'éprouvai un rude mécompte en arrivant au point culminant du passage : du côté du Nord, la vue était cachée par d'épais nuages. Mais, comme je me disposais déjà à redescendre, le ciel s'éclaircit tout à coup et j'eus la satisfaction de jouir pendant quelques instants de l'aspect de la région septentrionale jusqu'au delà de Tétéven. Je saisis rapidement mon carnet, mon crayon et mon compas. Je m'empressai de dessiner le profil gigantesque de l'immense amphithéâtre ; puis je relevai les nombreuses pointes des montagnes les plus élevées. Mais à peine avais-je fait l'essentiel qu'un vent humide se mit à souffler; la partie du paysage éclairé par le soleil devint de plus en plus petite; bientôt même, comme par un mauvais sort, elle disparut tout à fait à mes regards. Pourtant j'avais atteint mon but! A ma cinquième traversée du Balkan, je crus à mon étoile de voyageur.

A la descente sur le versant septentrional, il nous fallut, ainsi que mon guide me l'avait annoncé d'avance, franchir trente-trois fois un torrent profond et menaçant qui donna beaucoup de mal à nos pauvres chevaux. Mais après deux heures de luttes fatigantes, le défilé devint plus facile, une clairière s'ouvrit devant nous et le bruit d'une roue hydraulique nous annonça l'approche d'un lieu habité. C'était une scierie. Les ouvriers nous adressèrent leur salut et nous apprirent que le cours d'eau dont nous avions si souvent affronté les ondes était le Béli-Vid (Vid blanc), bras principal du Vid qui est un important affluent du Danube.

On a cru à tort que ce fleuve naissait au sud du Balkan, dans les environs de Sofia, car, après avoir recherché ses sources sur leur propre terrain, j'ai pu constater que la chaîne du Balkan, déployée de l'est à l'ouest sur $6°,3$ de longitude, n'est percée que sur un seul point et par un seul cours d'eau, l'Isker.

Dès son origine, le Béli-Vid est utilisé pour mettre en mouvement un grand nombre de scieries, dont les produits sont exportés dans les plaines septentrionales. Jusqu'au village de Ribaritsa, ces scieries se suivent de proche en proche. Je compris alors pourquoi j'avais rencontré si peu de grands conifères pendant la descente. Ces arbres sont ici comme partout, hélas! dans le Balkan, au moment de disparaître, et le plus précieux trésor du pays ne sera bientôt plus qu'à l'état de souvenir.

Le Vid est extrêmement riche en truites. On me demanda une piastre (à peine 20 centimes) pour cinq grosses *pastermi*. J'en donnai deux, et reçus en échange, outre mon poisson, une brassée de remerciements. Je me trouvai ainsi sans beaucoup de frais en possession d'un splendide souper.

Nous avions déjà descendu 1500 mètres depuis le col, et la vallée gardait encore l'étroite rigidité de ses pentes. Ce n'est qu'à Ribarski-Mahlé (hameau des pêcheurs), à 619 mètres d'altitude, que les montagnes reculent du lit du Vid pour faire place à un paysage plus aimable et plus doux. Il m'y fallut passer la nuit dans un horrible trou, sans autre ressource que mes truites, heureusement arrivées à bon port. Aussi me mis-je en route dès le retour de l'aube. Pendant qu'on sellait les chevaux, je dessinai une maisonnette voisine, comme type des kolibi du Haut-Balkan. Le toit rapide, nécessité par les grandes chutes de neige, abrite par sa vaste avancée la vérandah où se trouvent les ruches d'abeilles et où les femmes, tout le long du jour, se livrent aux différents travaux domestiques. Le soubassement de pierre renferme la laiterie, la cave et souvent aussi l'étable. Les vitres, luxe rare encore dans les villes du Balkan, sont naturellement inconnues dans ces montagnes et le papier, lui-même, y est un article si peu commun que les fenêtres sont fermées de châssis de bois.

Le costume des femmes se compose ici d'une robe sans manches, de couleur bleue, d'une sorte de capuchon en tricot, d'où retombent sur le dos de longues houppes de laine, et de sandales. Les hommes s'habillent de drap jaune et portent le fez ou la tchoubara. Ces montagnards se distinguent par la vivacité de leur esprit et par l'élasticité de leurs mouvements.

Le lendemain, nous atteignîmes Téléven, dont la maison communale ressemble à une écurie. En outre, le konak était tout à fait désert, car l'administrateur de Téléven s'était rendu à Orhanieh pour saluer un pacha qui était de passage, et son kiatib (secrétaire) se livrait aux douceurs du kef dans une maison introuvable. Je fus donc obligé de m'arrêter dans le han et ne pus changer mon zaptié.

Je travaillais à mettre en ordre les notes topographiques de la journée lorsque le kiatib, mollah Méhémed-Effendi m'honora de sa visite. C'était un Turc de la vieille école. Je fis immédiatement apporter le café et le tchibouk, mais le kiatib les refusa d'un geste de la main, flairant sans doute en mon humble personne un « membre du Comité révolutionnaire » ou un « Moscov ». Après ces phrases de politesse qu'un vrai Turc échangerait avec un criminel, le mollah s'informa de mes désirs. Je lui demandai un zaptié, mais il ne parut comprendre ni mon firman ni le but de mon voyage, et, pour finir, se drapant avec majesté dans un vieux caftan qui avait vu de meilleurs jours, il m'intima l'ordre de rester à Téléven jusqu'au retour du moudir. Je lui déclarai alors nettement que je gardais mon zaptié de Karlovo et que je continuerais mon voyage le lendemain. Sur ce, nous nous séparâmes, peu satisfaits l'un de l'autre. Peut-être avait-il compté sur un bakchich.

Téléven, situé à 421 mètres d'altitude, rappelle en beaucoup de points la petite ville voisine de Troïan, et compte environ 4000 habitants dans les 650 maisons auxquelles leur toit couvert de dalles de pierre donne une apparence de netteté et de solidité. Ses sept ponts sont construits dans le système aérien que le lecteur connaît déjà.

La petite ville industrieuse est d'ailleurs passablement aisée. Ses kolibi fabriquent du cuir dit de Cordoue, des fourrures, de l'aba jaune, du drap de chéïg, des bas, etc. La pêche de la truite y est très fructueuse, mais la culture de la soie y est en pleine décadence par suite de la maladie des vers-à-soie.

Au mois d'octobre 1877, les Russes résolurent de couper les communications entre la Roumélie et Osman-Pacha enfermé dans Plevna. Le 31 octobre, ils occupèrent Téléven, faiblement fortifié et défendu seulement par trois bataillons de nizams avec un peu d'artillerie. Dès lors, il leur devint possible de menacer directement par ce point et par Étropol la route de Plevna à Sofia. Le 3 décembre, un détachement russe sortit de Téléven, franchit le col de Rabanitsa, pénétra sur le versant méridional du Balkan, où il fit, au delà de Klisoura, sa jonction avec la colonne Tournakof qui était arrivée à la même époque devant Zlatitsa.

Les montagnes qui s'élèvent au nord de Téléven présentent des formes adoucies; les cultures envahissent leurs pentes; les habitations deviennent plus fréquentes et se montrent plus concentrées. A trois quarts d'heure environ au-dessous de Téléven, le Béli-Vid reçoit dans son lit les eaux sombres de son frère, le Tcherni-Vid. Un peu plus bas, le village bulgare de Glojan espace dans sa large vallée ses 200 maisons, son église et son école, tandis qu'en aval bifurquent les routes d'Orhanieh et de Plevna, l'une et l'autre forcées par le manque de pont de traverser à gué les eaux profondes du Vid. Nous nous dirigeâmes, en suivant cette rivière, dans le district des Pomatsi ou Bulgares musulmans.

Après avoir dépassé Hésen, le premier grand village pomak, surveillé par un grand tumulus, nous atteignîmes le village turc de Pechterna, où des pentes calcaires, se faisant jour à travers les grès, enserrent si étroitement le lit profond du fleuve qu'il nous fallut escalader des promontoires glissants et crevassés.

Par suite de l'obscurité qui survint, cette escalade fut très pénible; mon drogman tomba, perdit un sac qui renfermait des échantillons de pierres; le cheval qui portait les fardeaux s'abattit, et nous eûmes beaucoup de peine à le remettre sur ses jambes. Il était plus de minuit quand nous atteignîmes le village de Toros, habité par des Bulgares et des Pomaks.

J'épargne au lecteur la description du misérable han dans lequel j'essayai vainement de trouver un instant de sommeil. La lune brillait encore que je réveillais mes gens et que nous nous remettions en selle.

Avec Toros (204 mètres), où les femmes bulgares eurent, en 1877, beaucoup à souffrir de la brutalité des habitants musulmans et des Tcherkesses du voisinage, nous laissâmes derrière nous la région moyenne, souvent peu praticable du Balkan. A droite et à gauche du chemin, devenu plus facile, s'allongeaient des plateaux bien cultivés. Les Bulgares chômaient — c'était le dimanche — néanmoins tout

LABOUREUR BULGARE.

s'agitait autour de nous. De nombreuses familles pomakes se rendaient aux champs, à pied, à âne, en chariot, toutes soigneusement pourvues de tonnelets remplis d'eau, car les sources sont rares quand on s'éloigne du Vid. Les femmes et les jeunes filles pomakes ne portent point de voile dans les champs; mais si notre caravane se rapprochait, elles s'enveloppaient légèrement le visage de leur férédji bleu. Pomaks, Turcs et Bulgares se servent d'une charrue très primitive; cependant on rencontre aussi chez ces derniers les ingénieux appareils d'irrigation que j'ai décrits précédemment sur le Vitbol.

Dans le trajet de Toros à Dermanitsa, je comptai dix tumuli placés non loin de la route, à distance régulière l'un de l'autre. Je ne crois pourtant pas qu'on ait eu, en construisant ces monuments avec tant de régularité, un dessein bien arrêté. Nous voyons seulement ici comme en beaucoup d'autres endroits que les peuples primitifs ont à un haut degré le sentiment du rythme : c'est ce même sentiment qui, exagéré chez les nations civilisées, fait construire, au grand désespoir des amateurs du pittoresque, des places et des rues rectilignes.

Entre Dermanitsa et Aglen je pus voir de jolis champs de tabac, car, en 1871, la Porte n'avait pas encore commencé à ruiner par le monopole cette branche florissante de l'agriculture rouméliote, comme elle l'a fait deux ans plus tard sans en recueillir le profit qu'elle avait attendu.

Je rencontrai dans le han d'Aglen des notables bulgares venus des environs pour y fêter le dimanche. Comme tous leurs compatriotes de la vallée du Vid, ces braves gens me parurent intelligents, hospitaliers et pleins de cordialité.

Le tchorbachi de Svinar m'allécha si bien par sa description de vastes ruines qu'il disait exister sur les bords du Vid que je me décidai sur l'heure à m'y rendre avec lui. Sans me laisser arrêter par les nombreux obstacles du chemin, prenant par le plus court, escaladant les rives, nous glissant sous les broussailles le long d'une muraille rocheuse, nous trouvâmes enfin, dans le pittoresque défilé de Sadovets, amphithéâtre gigantesque, formé de murailles calcaires d'une blancheur éclatante et dont le Vid traverse l'arène tapissée de verdure. Là, sur la rive gauche, se dressent sur un haut plateau de roches les restes de tours et de murailles d'un de ces castella romano-byzantins si communs dans la contrée. Au moyen âge des moines bulgares choisirent à leur tour ce lieu écarté pour y construire un monastère dont il reste encore une tour. Mais, trop souvent rançonné par les Turcs, le dernier de ses moines, si j'en crois le récit de mon guide, aurait cherché avec ses livres et ses images un refuge en Valachie, où il fonda le couvent de Sadova près du village de Grecesti, dans le district de Gorj. Il est à supposer que ce monastère roumain se trouve également placé dans un beau paysage, car les moines de l'Orient ne le cèdent pas à leurs confrères de l'Occident dans leur goût pour les charmes de la nature.

Au retour, je descendis vers Tchirikovo près duquel, pour la quatrième fois de la journée, je traversai le Vid, dont la largeur est ici considérable, afin de gagner le gros village de Gorni-Dabnik, situé sur la rive gauche. Au sud de Dabnik, près de deux tumuli, passe la chaussée de Plevna à Sofia. Un petit détour m'y amena le lendemain, et trois quarts d'heure plus tard j'étais à Dolni-Dabnik, qui possède des antiquités romaines.

Pendant l'été de 1877, Dolni-Dabnik et Gorni-Dabnik formèrent, de même que Télich, des étapes fortifiées sur l'importante route par laquelle Osman-Pacha recevait sans cesse de Sofia de nouvelles troupes, des munitions et des vivres. La cavalerie russe et roumaine fut d'abord impuissante à rompre ces communications, qui permettaient à Plevna de continuer sa résistance. Mais lorsque au mois d'octobre l'arrivée de la garde eut considérablement augmenté l'effectif des troupes disponibles, le prince Charles de Roumanie, qui avait le commandement en chef devant Plevna, résolut de couper toutes les communications de la ville assiégée du côté de l'ouest. Il chargea de cette mission l'énergique général Gourko, auquel il confia des forces considérables. Le 24 octobre, Gourko, à la tête de 20 000 hommes et muni de 80 pièces de canon, s'empara de la position de Gorni-Dabnik, après avoir essuyé une perte de 4000 hommes. Hifzi-Pacha capitula avec 4 canons et 2500 hommes ; il en avait sacrifié 1500 pour se défendre. Ainsi, comme l'écrivait Todleben, « chaque homme de la garnison mit hors de combat un des assaillants. » Le 28 octobre, Télich, défendu par 4 canons et 3000 hommes, capitula, après avoir supporté le feu de 66 pièces russes. Le 31, par suite de la chute de Gorni-Dabnik et de Télich, Osman-Pacha évacua volontairement Dolni-Dabnik : ce jour-là, Plevna fut réellement cernée.

Sur le sol, abreuvé de tant de sang, qui entoure Plevna, s'élèvent aujourd'hui de superbes monuments en l'honneur des Russes tombés dans les combats. Près de Gorni-Dabnik, entre autres, se trouve un vaste ossuaire, en pierres de taille, qui renferme les restes de 14 officiers et de 3096 soldats. Entre ce village et Télich se dresse sur un socle de plusieurs degrés une colonne, surmontée de la croix orientale : là sont enterrés les héros du régiment finlandais, tombés le 24 octobre. Enfin on rencontre des cippes funéraires à Ternyani et en beaucoup d'autres endroits.

A partir de Dolni-Dabnik, je suivis la grand'route qui descend vers le Vid. On franchit la rivière par un pont de bois qui repose sur 11 piles de pierre. Sans ce pont, bâti par ordre de Midhat-Pacha, il eût été impossible à Osman-Pacha, qui arriva aux environs le 18 juillet, d'accueillir les Russes, dès le 19, sur la rive droite du Vid par un feu nourri et de gagner ce premier combat de Plevna, sans l'heureuse issue duquel la guerre eût probablement pris une toute autre tournure.

Je ne restai cette fois à Plevna que le temps nécessaire pour mettre un peu d'ordre dans mon bagage et repartis le lendemain, en me dirigeant vers le confluent du Vid et du Danube.

A sept kilomètres au nord de Plevna, nous entrâmes dans le cercle de Nicopoli ; nous traversâmes un plateau des plus monotones, aux ravines desséchées, aux rares bois de chênes, à l'aspect triste et maussade, aux rares et misérables villages. On fit halte autour d'une fontaine près de laquelle étaient couchés d'innombrables troupeaux. Au crépuscule nous atteignîmes le village bulgare de Berchliani, mais la chaleur nous chassa bien vite de ses huttes de troglodytes et nous nous étendîmes à l'air libre autour d'un grand feu. Triste bivouac, il m'en souvient, sans repos et sans sommeil, au milieu des troupeaux mugissants et des bergers s'appelant à haute voix ! Au petit jour nous étions debout, et, reprenant notre route, nous laissions bientôt derrière nous Kopriva, puis Siyakovitsa, éloignée de 12 kilomètres du Danube, et partiellement habitée par des Roumains ; ce qui confirme une fois de plus le fait précédemment établi par mes observations que les Roumains se trouvent mêlés aux Bulgares, aux Tatares et aux Tcherkesses dans les rares mais importants villages de la rive bulgare du Danube. La carte ethnographique de Lejean ne porte aucune trace de ces colonisations roumaines qui ont pénétré cependant jusqu'à 17 kilomètres sur la rive droite du fleuve.

Pour la dernière fois nous traversons le lit du Vid, non loin d'une île et d'un grand moulin mécanique à 6 meules. La farine en est pure et à bas prix, ce qui n'empêche pas les villes danubiennes d'acheter encore aux moulins à vapeur de Budapest toutes leurs farines de première qualité.

Parvenus sur la rive gauche, nous laissons à droite Golentsi, habité par des Turcs, des Roumains, des Circassiens, et arrivons sur le rebord de la terrasse, où un grand tumulus offre un excellent point d'observation. De là nous découvrons une vue magnifique sur la plaine, constellée de lacs étincelants qui s'étendent jusqu'au Danube. L'œil est ébloui par l'éclatante lumière du soleil qui se réflète sur la surface des eaux entre le Vid et le l'Isker. Quelques petites oasis recouvertes de verdure, au milieu du lœss d'un gris jaune, séparent les lacs et les villages exclusivement roumains de Mokréchani, Tchertchilani et Magoura.

Entre Mokréchani et Golentsi se trouve le Kara-Boas, ancien bassin lacustre desséché, près duquel une pierre antique a été découverte en 1868. Si je mentionne ce fait, c'est que ce débris provenait, selon toute apparence, de la colonie romaine d'*Utus*. Cette ville tirait son nom de la rivière qui y passait et qui sous Aurélien formait la limite entre la *Dacia ripensis* et la *Mœsia inferior*. Je recommande cette localité, si riche en antiquités, aux explorateurs qui viendront après moi ; elle leur promet un riche butin.

Mais voici le village bulgare de Bres, aux maisons grises, couvertes de chaume, semblables à de grandes fourmilières alignées au bord de la terrasse. Sur les champs, les gerbes récoltées s'élèvent en pyramides, attendant le collecteur de la dîme qui tarde souvent pendant des semaines. Le blé reste alors exposé aux intempéries, noircissant sur place, grâce au système turc des impôts en nature dont on voit ici un des principaux inconvénients.

Plus loin, d'innombrables puits, placés les uns près des autres, dressent les perches horizontales au moyen desquelles l'eau amenée à la surface arrose de magnifiques jardins potagers aux légumes plantureux. Cela dit, on n'a plus rien à raconter de ce grand village de 280 maisons qui possédait une église, il est vrai, mais qui n'avait point d'école et dont les habitants étaient incultes et inhospitaliers.

Sur toute la rive droite du Danube, de Belgrade à Silistrie et jusqu'à plusieurs milles dans les terres, je trouvai en général les habitants enclins aux mêmes défauts : ils étaient entêtés, grossiers et méfiants envers l'étranger qu'un but scientifique amenait à chercher auprès d'eux une réponse à ses investigations. Roumains, Bulgares et Turcs ne différaient pas sur ce point de l'épaisseur d'un cheveu ; tous flairaient dans le nouveau venu un espion du gouvernement ou un concurrent dans le commerce d'antiquités qu'ils entretenaient avec les agents de maisons russes, autrichiennes et autres. A Guiguen, où j'arrivai quelques heures plus tard, et où chaque maison recélait des centaines de briques romaines, des monnaies, peut-être même des bronzes, personne n'avait jamais entendu parler de ruines antiques, et l'on ne répondit à mes questions que par des paroles évasives ou par des renseignements trompeurs. Heureusement, le tchaouch des zaptiés du village, assez intelligent pour comprendre le langage du bakchich, me conduisit au cimetière où je vis une statue de marbre encastrée dans la muraille et représentant une femme, ainsi qu'une pierre votive. Dans les cours des fermes je rencontrai une foule de dalles, de tuyaux de chauffage, de briques, de restes de mosaïques, de monnaies de cuivre, etc.

Je visitai ensuite près de Guiguen les majestueux restes de la ville bâtie par Trajan, *Ulpia Oescus*, qui me surprirent par l'ampleur de leur périmètre. Je fus en même temps affligé de l'indescriptible destruction qui a réduit en poussière cette belle cité. Ce

SCULPTURE ROMAINE TROUVÉE A GUIGUEN.

que la terre a recouvert de son manteau protecteur a seulement en partie échappé à la destruction, car, les excavations qui se rencontrent à chaque pas disent assez de quelle fièvre sont animés les chercheurs de trésors. Depuis quinze siècles, en effet, Guiguen semble avoir exercé une attraction magnétique sur les fouilleurs de trésors et les chercheurs de pierres de tous les peuples qui se sont succédé dans cette contrée.

F. Kanitz

Ulpia Oescus était, on le sait, une de ces anciennes villes autochtones qui étaient déjà florissantes lorsque les Romains conquirent le sol de la Mœsie. Ptolémée la nomme l'Oescus des Triballes, marquant sans doute par là l'origine thraco-barbare de la cité. Les vainqueurs lui conférèrent le droit de cité, d'où les deux tours qui la désignent sur la Table de Peutinger. La distance de 31 milles, indiquée par cette Table entre *Oescus* et *Augusta*, à l'embouchure de l'Ogost, correspond exactement sur ma carte avec celle qui existe entre ce dernier point et le village de Guiguen. D'après les itinéraires, la cinquième légion était stationnée à Oescus. J'ai trouvé moi-même à cet endroit des briques de la légion macédonienne (L. V. MOES) à côté d'autres estampillées LEG.I.ITAL.

Constantin avait, dit-on, construit près d'Oescus un pont de bois pour le passage des troupes amenées contre les Gots de la Dacie. Les gens du pays et les pilotes des bateaux à vapeur m'assurèrent très positivement que, par les eaux basses, on voyait dans le lit du Danube, à 5 kilomètres au nord de Guiguen, près du village de Celei, sur la rive roumaine, des piles de pierres, placées à égale distance l'une de l'autre, et qui, au plus bas étiage, dépassaient même de 1 à 2 mètres la surface du fleuve. La crue élevée du Danube ne me permit malheureusement pas de faire des recherches sur place.

Le contour quadrangulaire de l'ancien Oescus est très difficile à reconstituer, car deux petits lacs séparent aujourd'hui son enceinte en trois groupes distincts. Les restes les plus importants gisent dans un angle formé par le Danube et l'embouchure de l'Isker. C'est là qu'entre des murailles ébréchées recouvertes d'une épaisse végétation parasite, sont entassés des fûts de colonne, des chapiteaux, des architraves et des dalles ornementées, presque entièrement méconnaissables. Au milieu de ce chaos de pierres un sarcophage colossal à moitié détruit laisse encore voir des génies en deuil tenant des couronnes, comme si cette leçon sur la vanité des choses terrestres était nécessaire au milieu des ruines qui racontent les splendeurs et la gloire d'un empire disparu!

CHAPITRE XVII

LES RÉGIONS DE L'ISKER, DU SKIT, DE L'OGOST ET DE LA PANÉGA.
ÉTROPOL, ZLATITSA ET LE COL DE BABA-KONAK.

Au nord-ouest des ruines d'Oescus, l'Isker poursuit jusqu'au Danube son large et paisible cours. Il ne porte sur ses ondes ni bâtiments ni radeaux, et pourtant il offrirait déjà près de Tchoumakovtsi un excellent moyen de communication. De misérables chars à bœufs suivent seuls aujourd'hui ses rives sur une route mal entretenue. Les sujets du sultan ne considèrent pas les cours d'eau comme des chemins qui marchent.

Le paysage des embouchures de l'Isker offre une grande analogie avec celui que j'ai fait connaître en décrivant le cours inférieur du Vid, de l'Osem et de la Yantra. Ici comme là je rencontrai la même sécheresse du sol, les mêmes broussailles de chênes s'étendant au loin et alternant avec de rares cultures, les mêmes villages d'aspect morose et peu avenant avec des hans également misérables.

Le mélange de la population apportait seul par l'intérêt ethnographique qu'il offrait, une diversion à la monotonie de la contrée. A Mahala et à Slavitsa, sur la rive droite de l'Isker, habitaient des Bulgares et des Tatares. Rahovitsa renfermait des Bulgares, des Pomaks, des Tcherkesses, des Tatares et des Tsiganes. Sfirtcha et Tsingané-Séraï étaient exclusivement occupés par des Tcherkesses, tandis que sur l'autre rive de l'Isker s'élevait le village de Bragar, qui comptait 100 maisons tatares et 400 tcherkesses. Là, comme partout ailleurs, les émigrants du Caucase étaient le fléau des populations. Leur amour pour le brigandage forçait musulmans et chrétiens à réduire leur bétail au strict nécessaire, et nous reçûmes plus d'une fois le conseil de ne marcher qu'avec la plus grande prudence dans cette région, que les événements de 1877 ont délivrée de cette peste.

Notre étape du soir nous attendait sur la rive gauche. La riche Glava (49 mètres) compte 50 maisons pomakes avec une mosquée et une médressé; mais ses 90 fermes bulgares, je le dis à regret, ne possédaient pas plus d'école que d'église.

Le lendemain nous étions de bonne heure au delà de Koïnaré, qui égrène au loin sur le plateau ses 310 fermes bulgares, ses 130 maisons pomakes et ses 60 tsiganes. Ce dernier chiffre frappe par son élévation, et cependant il n'est pas rare dans les villages de la Bulgarie danubienne, où les Tsiganes forment un élément considérable de la population. Il n'existe presque pas de centre qui n'en renferme quelques familles, beaucoup en comptent de 5 à 20 et plusieurs jusqu'à 70.

Les fils bronzés des rives du Gange ont, en Bulgarie, dompté presque entièrement l'instinct nomade de leur race. Devenus sédentaires, ils possèdent des maisons, des champs. Ils sont cultivateurs ou artisans, toujours laborieux et aisés. Surtout ils ne veulent point être confondus avec les Tsiganes bosniaques, les Gourbéti, qui traversent les régions du Danube en petites troupes, raccommodant les chaudrons ou faisant danser des ours. Les Gourbéti sont d'ailleurs beaucoup moins nombreux en Bulgarie qu'en Serbie; ils y sont moins déguenillés, moins dissolus et ne se donnent jamais pour chrétiens.

Le Tsigane sédentaire bulgare était plus considéré que le Tcherkesse dont il a formellement répudié les habitudes de paresse et les dangereux instincts de brigandage. Mais, bien qu'il eût adopté la religion de la classe dominante, il ne pouvait obtenir des Turcs, ses frères en la foi, l'égalité de position sociale. Bien plus, ceux-ci le reconnaissent à peine comme musulman. En effet, le Tsigane a le tort d'être assez intelligent pour ne pas imposer à sa femme, souvent très jolie, le voile traditionnel sous lequel étouffe la mahométane; il est loin d'observer strictement les sévères coutumes du harem et le régime alimentaire prescrit par le Coran. Chez lui, le sexe féminin jouit de la plus entière liberté, sans offenser pour cela la loi des convenances. Les Tsiganes sont probablement établis depuis des siècles sur le sol bulgare, car ils ont presque complètement perdu leur langue maternelle. Chez eux, de même que dans leurs relations avec le dehors ils parlent à la fois le turc et le bulgare. Cependant, comme ils ne s'allient que très rarement avec l'étranger, leur type diffère peu de celui de leurs congénères nomades. L'ovale du visage est allongé, le teint brun, les cheveux d'un noir brillant, les dents admirablement blanches, le corps souple et flexible, la stature moyenne. Les hommes se parent volontiers de beaux habits, de linge blanc, d'armes et de harnais précieux. Les femmes recherchent les étoffes de prix, les couleurs tranchantes, les fleurs, les bijoux; mais ce goût pour la parure ne nuit pas à l'instinct maternel et elles soignent toujours leurs enfants avec une sollicitude, une tendresse touchante.

Dans les villes bulgares le Tsigane exerce divers états; ordinairement il est forgeron ou marchand de chevaux. Il possède mille moyens pour faire vendre en qualité de *télal* (crieur public) les chevaux, les vieilles armes, les voitures, les selles, etc. Il n'est pas aimé parce qu'on lui reproche sa fourberie, mais parfois ce défaut devient une vertu, en sorte qu'on lui demande conseil dans tous les cas difficiles. Le Tsigane est aussi pour le voyageur une véritable providence; lui seul a le sac toujours rempli d'expédients sans lesquels il serait impossible d'aller en avant. Voilà pourquoi, lorsqu'on arrive dans un village ou qu'on le quitte, on fait appeler l'appariteur de la commune qui est presque toujours un Tsigane.

Plusieurs routes se réunissent au confluent de la Panéga et de l'Isker. Cette dernière rivière est si profonde et si large à Tchoumakovtsi, que l'on peut affirmer avec certitude qu'à l'époque romaine elle était utilisée pour la navigation; c'est ce qui décida vraisemblablement les ingénieurs anciens à établir en ce lieu le grand castrum dont l'emplacement est en partie occupé par les maisons du village. On y a découvert une multitude de monnaies et plusieurs inscriptions.

Dans tout le bassin du bas Isker je fus particulièrement frappé de la grande prédilection des Bulgares pour les couleurs claires. Les hommes portent des costumes de drap d'aba d'un jaune clair, largement taillés, brodés, sur la poitrine et les bras, de laine aux nuances voyantes. L'été, ils entourent d'une écharpe blanche leur fez écarlate. La coiffure des femmes est formée d'un long mouchoir blanc; leur seul vêtement de couleur est le double tablier qui, laissant les hanches libres, se place en avant et en arrière par-dessus la chemise éblouissante de blancheur et à larges manches. Quoique simple, ce costume n'en est pas moins fort gracieux.

Ce fut sous l'ombrage d'un splendide bouquet d'arbres que je pris à Knéja quelques instants de repos. L'étendue de ce village me surprit. Il comptait 370 fermes bulgares, 80 pomakes et 70 tsiganes, plus 30 maisons tatares, soit en tout près de 5000 habitants, agriculteurs et éleveurs de bestiaux. Knéja et cinq villages voisins doivent leur importance à la Gostilitsa qui les traverse avant d'aller se perdre dans l'Isker. Vers l'ouest, le nord et l'est, à 18 kilomètres à la ronde, dans les environs de Knéja, il n'y a pas d'eau courante, par suite on n'y rencontre aucune habitation. Les troupeaux viennent de loin s'abreuver à une fontaine nommée Ismaïl-Bounar, véritable oasis dans le sens le plus strict du mot.

C'est là que nos pauvres bêtes purent enfin reprendre des forces pour nous porter à Krouchévitsa, colonie tatare, dont les énormes troupeaux trahissaient la grande prospérité.

La monotonie de la terrasse de lœss devenait à la longue insupportable, et j'accélérai notre marche vers les trois tumuli d'où le chemin descend à Rahova par des lacets rapides.

Rahova, ou Oréhovo, est enfouie dans une gorge profonde et accidentée. De la rive du Danube, les maisons grimpent sur les pentes par toutes les fissures ; ici et là jaillit le minaret d'une mosquée au-dessus des rangées d'habitations qui se succèdent à l'assaut de la hauteur. De même que Nicopoli, Rahova porte le cachet d'une ville exclusivement orientale, à peine effleurée par le contact européen, et l'on s'imagine difficilement, tant les progrès y sont peu sensibles au regard, que depuis quarante ans déjà elle est, grâce aux bateaux à vapeur, en relations suivies avec l'Occident.

Je n'eus point, d'ailleurs, le temps de voir confirmer ma première impression. A peine étais-je arrivé au han que le riche Ahmed-Bey m'offrit l'hospitalité dans son konak. La demeure du beg, type des habitations des musulmans riches, est située un peu à l'écart, sur la pente de la terrasse au milieu d'arbres magnifiques. Nous entrâmes dans une grande cour bordée d'écuries, où nos chevaux furent installés, et passâmes dans une seconde cour, pavée de petits cailloux, dont le front sud renferme les appartements des hôtes et qui communique avec un jardin. Des fontaines joyeuses babillaient entre les lauriers-roses, les treilles et les noisetiers ; les bosquets jetaient sur le gazon l'ombre épaisse de leur riche verdure, cachant les hautes murailles qui protégeaient le sélamlik du seigneur et son harem. Sur le seuil de l'appartement qui m'était destiné, l'intendant, au nom de son maître, m'offrit la maison pour tout le temps qu'il me plairait d'en faire la mienne, puis les domestiques mis à ma disposition me présentèrent, dans des coupes d'argent, des confitures d'oranges, du café, des cigarettes, et attendirent mes ordres, immobiles sous la vérandah. Les boiseries sculptées et les armoires du grand salon me parurent merveilleuses. Le long des murs couraient des divans moelleux, recouverts de tapis de couleurs variées, fabriqués à Pirot, de ces tapis qui rendent si confortables les habitations turques.

Lorsque j'eus achevé mon installation, Ahmed-Bey, jeune homme de vingt-six ans, d'une tenue modeste et agréable, vint me souhaiter la bien-venue avec les phrases fleuries de règle en pays oriental. Cette fois, il y avait par exception un sentiment derrière ces paroles sonores. Mon aimable hôte était un Turc de la Réforme, mais il appartenait à la fraction sérieuse et convaincue de ce parti. Malheureusement son éducation, faite tout entière dans l'intérieur du harem, lui avait laissé quelque chose de féminin qui se traduisait avant tout par les soins dont il entourait sa santé et par sa prédilection pour la pharmacie. Les livres scientifiques en langue turque faisant défaut, il avait essayé d'apprendre l'italien, mais il ne réussit pas plus dans cette étude que dans celle du français, et, malgré sa bonne volonté, il lui manqua ainsi le moyen d'entrer dans le courant de la civilisation européenne. Il avait remplacé le costume vieux-turc par celui de la Réforme : redingote noire à col droit, dite « stambouline », fez et bottines vernies. Se confessant ami du progrès européen, il se déclarait ennemi des usages turcs. Ainsi il laissait une certaine liberté à ses femmes, négligeait volontiers les prescriptions du Coran, se faisait servir à la mode franque par des domestiques gantés, se servait du couteau et de la fourchette, buvait et mangeait avec ses hôtes en présence de ses gens. Je ne sais ce qu'il aurait pu devenir avec une connaissance plus approfondie des langues occidentales. En tout cas il aurait mieux valu que la plupart des Jeunes-Turcs de Constantinople qui, en dépit de leur élégant français et de leurs manières à la mode, restent au fond de vrais Turcs, sans volonté sérieuse d'acquérir les habitudes de travail, d'ordre et d'économie de l'Occident.

J'ai pu du moins constater chez Ahmed-Bey une grande et rare bienveillance pour ses concitoyens chrétiens, qu'il aida largement de ses conseils et de son argent dans la construction de leurs églises et de leurs écoles. Partout on vantait sa bonté. En cas d'accidents ou quand la moisson était mauvaise, il accordait à ses fermiers turcs et chrétiens la remise de leurs termes. Si les begs musulmans avaient agi partout avec la même humanité, les rayahs n'auraient pas été poussés à ces nombreuses jacqueries, qui ont causé tant d'embarras à la Turquie et à ses voisins.

Dans des ruines situées à l'ouest de la ville, sur une éminence dominant le Danube, je pus reconnaître des restes d'un castrum romain restauré par les Byzantins et leurs successeurs slaves. Il n'y restait ni sculptures ni inscriptions, et le sol, soigneusement fouillé à l'entour, indiquait suffisamment le passage des chercheurs de trésors.

La ville de Pichet (pron. Piket), assise en face de Rahova, sur la rive roumaine, est un grand centre d'exportation pour les céréales

CASTRUM ROMAIN PRÈS DE RAHOVA.

de la Roumanie. La vie incessante qu'y amène journellement le va-et-vient des bateaux à vapeur forme un étrange contraste avec le silence et l'immobilité de la rive bulgare. Et cependant, par sa position, Rahova est le débouché naturel des produits des régions si fertiles, mais malheureusement encore si peu cultivées qui l'entourent.

Comme dans toutes les villes du Danube, les Turcs changèrent en citadelle les travaux de fortification qu'ils trouvèrent à Rahova. Mais cette citadelle n'empêcha pas en 1829 le général russe Geismar de s'emparer de la place par une attaque partie de la rive gauche. Avant leur départ, les Russes firent sauter tous les ouvrages ; la population chrétienne tout entière quitta la ville avec eux et on l'établit dans le gouvernement de Kazan. Lorsque, dans les derniers jours de l'automne 1877, les Roumains commencèrent leurs opérations dans la Bulgarie occidentale, les Turcs eurent l'imprévoyance de ne laisser à Rahova que de 600 à 800 hommes. Cette petite garnison fit cependant une résistance énergique et l'assaut livré par les Roumains leur coûta 300 morts. Pendant le rude hiver qui suivit, les maisons turques, tatares et tcherkesses furent presque complètement détruites; tous les matériaux combustibles furent enlevés.

La moitié des fuyards turcs revint, et Rahova compte aujourd'hui 900 Bulgares, 650 Roumains, 1300 Turcs et 100 Tsiganes. Ahmed-Bey voulut m'accompagner lui-même dans sa voiture, attelée de quatre chevaux fougueux jusqu'à Boukovitsa, où m'attendaient mes gens et mon bagage. Traversant le gué du Skit, ma petite caravane s'achemina sur l'étroite langue de terre qui le sépare de l'Ogost. Au delà de cette rivière et près du village roumain de Herlets, dont la seule curiosité consiste dans une église en forme de casemate profondément enfouie dans le sol, nous nous élevâmes sur la terrasse, où les groupes de tumuli sont encore plus abondants que sur le territoire du Skit.

Nos cartes représentaient de la manière la plus inexacte la région comprise entre le Skit et le Lom. Un espace de 1800 kilomètres carrés s'y montrait dépourvu de tout centre d'habitation ou peuplé seulement de localités imaginaires. Aussi ne manquai-je point de travail pendant la traversée de cette zone dont un soleil ardent, réfléchi par les couches de lœss ou de calcaire, joint aux piqûres douloureuses des moustiques, rendait la monotonie réellement agaçante. Le sentiment du devoir et la conscience d'accomplir une tâche utile peuvent seuls déterminer le voyageur à rester dans un semblable pays; il y endure des tortures presque comparables à celles des voyageurs dans l'intérieur de l'Afrique, et il ne peut point espérer y cueillir une riche moisson de lauriers.

Après avoir remonté l'Ogost jusqu'à Bélibrod, je me tournai à l'est vers le Skit, que je franchis à Komarévo, pour établir mon bivouac près du village bulgare de Gabaré, à l'abri de la canaille tcherkesse du village voisin de Dabnitsa.

Les 135 fermes bulgares de Gabaré (198 mètres) sont, en général, solidement construites et j'y vis même beaucoup de maisons à un étage. Comme dans toute la région moyenne et supérieure du Balkan, les toits y sont couverts de larges dalles calcaires. C'est un village aisé, qui cultive le mûrier et récolte de la soie. Une forteresse importante y fut établie à l'époque romaine, mais ses matériaux ont été employés à la construction des maisons et de l'église.

Le plus simple coup d'œil jeté sur les lieux suffit pour convaincre que les castella romains dont je constatai l'existence à Gabaré, à Tchoumakovtsi, à Sadovets, à Kayalik, sur l'Osem, etc., n'étaient point placés au hasard, mais faisaient partie d'une seconde ligne de défense dont le double but était de soutenir, en cas d'attaque, la grande ligne danubienne et de protéger les routes militaires qui, de la Thrace et de la Macédoine, conduisaient à la Mœsie et au Danube, lequel formait ici la frontière de l'empire.

On pourrait appeler ces châteaux le cercle protecteur de la zone calcaire miocène en Bulgarie; tous, en effet, sont situés à peu près sur la ligne qui marque la limite entre les couches éocènes et les formations sarmates miocènes. Sur le plateau qui s'étend au sud de Gabaré (408 mètres) prennent fin les constructions à demi souterraines; les couches d'ardoises qui émergent de tous côtés les rendent désormais impossibles. Par Kaménopol, où s'élève un nombre prodigieux de bêtes à cornes et de chevaux de fort belle race, nous atteignîmes Konino.

De là, le chemin longe le pied de la muraille à pic, d'un brun rouillé, par laquelle le plateau de Kaménopol s'abaisse jusqu'à l'Isker. Hautes parfois de 250 mètres, les roches superbes plongeaient par intervalles dans le vert miroir des eaux, tandis que la rive droite, ondulée et charmante, déroulait à côté de nous la grâce de ses campagnes. Partout où le rocher, reculant ses parois, nous permettait le passage, nos chevaux disparaissaient entièrement entre les gigantesques tiges d'un maïs plantureux. A quelque distance de Karloukovo, nous entrâmes dans une gorge qui lutte de pittoresque avec celles de Kayalik, de Sadovets et de Gorni-Loukovitch. Protégé jadis par des castella romains, devenus plus tard des châteaux byzantins, le défilé renferme à côté des ruines auxquelles se rattachent toutes sortes de légendes de l'époque turco-bulgare, un monastère, dont le supérieur, homme instruit et bienveillant, se fit volontiers mon cicérone. Sa petite église et son cloître appartenaient tous deux aux plus pauvres de la Bulgarie, bien que la tradition, aidée du talent inventif des moines, ait beaucoup fait pour leur donner du relief. Le bon prieur prétendait savoir que le fils du tsar Joanice Asen II avait été marié dans sa modeste église, mais il suffisait de la regarder pour être convaincu qu'elle datait d'une époque beaucoup plus récente.

Au milieu de son récit, le prieur fut appelé près d'une jeune fille qui depuis quelques jours était venue chercher du secours au monastère contre les attaques du diable. Nous trouvâmes la pauvre enfant, atteinte d'épilepsie, se tordant dans les plus affreuses douleurs. Je m'éloignai, pour ne pas affaiblir par ma présence profane la force merveilleuse de l'exorcisme religieux, et, par la porte de derrière, je gagnai l'Isker et son défilé fort pittoresque. Ses parois verticales sont trouées d'innombrables cavernes, où l'attrait mystérieux de ces lieux a, de tout temps, amené de pieux solitaires. Dans une de ces grottes, se blottit une chapelle; à chaque saillie du roc surgit une croix ou s'attache une image sainte. On m'assura qu'un passage souterrain, creusé par la nature, monte de la rive droite de l'Isker au sommet du plateau, et qu'il a plus d'une fois facilité la fuite des moines aux époques de péril.

Sur le soir, je traversai l'Isker et, escaladant au-dessus des roches crevassées le sentier rapide qui fait songer aux escaliers de roches du Monténégro, j'atteignis le village de Karloukovo. Le soleil fuyait à l'horizon, noyant de sa lumière adoucie la gorge du monastère. Sur le plateau, les longs troupeaux se dirigeaient vers l'étable, aux sons joyeux de la svirala, spectacle de paix qui terminait une journée de pénible travail.

Le lendemain, nous étions en route vers la Kourman-Moguila, dont le sommet, haut de 442 mètres, est des plus favorables aux observations topographiques. Près de Gorni-Loukovitch, je rejoignis la grande chaussée de Sofia à Plevna, qui dans la dernière campagne a joué un rôle si important. Cette route remonte, en se dirigeant vers le sud, le cours pittoresque de la Panéga qui se poursuit au milieu de jolis bouquets d'arbres, de rares mais opulents villages et de moulins dont le bruit joyeux interrompt agréablement le silence de la plaine. Cependant, la capricieuse rivière se permet souvent d'arrêter les travaux des meuniers, et Lejean put voir, en 1861, un groupe de musulmans occupés près de sa source presque desséchée à sacrifier un agneau à Allah pour obtenir le retour des eaux.

Lejean s'étonna, non sans motif, de voir des « Turcs » offrir un sacrifice « aux dieux des eaux », mais les musulmans de la contrée ne sont pas des Turcs, ce sont des Pomatsi, c'est-à-dire des Bulgares dont les ancêtres, se pliant aux circonstances, ont échangé le christianisme contre l'islam. Lejean se trompait donc lorsqu'il voyait dans ces sacrifices de brebis le long de la Panéga une coutume « turque »; c'est un vieil usage slave pratiqué aussi bien par les Bulgares chrétiens que par les Bulgares musulmans; les uns et les autres cherchent à se rendre favorables les divinités des sources par des sacrifices d'animaux, de monnaies, etc.

Les Pomatsi (soutiens ou aides des Turcs, de « pomozi », aider) ont conservé la langue bulgare avec la plupart des superstitions, des mœurs et des usages traditionnels de leurs ancêtres chrétiens. C'est ainsi, par exemple, que le harem des riches Pomatsi comme celui des plus pauvres compte rarement plus d'une femme; de même, le calendrier Julien leur est plus familier que celui du prophète, et, dans les circonstances critiques, dans les maladies, les épizooties, etc., comme les musulmans herzégoviniens et bosniaques de race serbe, ils recherchent bien plus le secours de la sorcière chrétienne (*baba*) ou du pope que celui du *hodja* ou du Coran.

Mais les Bulgares musulmans se distinguent avantageusement des Serbes musulmans par une tolérance inconnue à ces derniers. Pour les begs et les spahis de la Bosnie et de l'Herzégovine le chrétien, Serbe comme eux, n'existait qu'à titre de corvéable destiné à être pressuré jusqu'au sang. Les Pomatsi, affranchis au contraire de toute intolérance religieuse, vivaient partout en parfaite intelligence avec leurs frères de race appartenant à la religion chrétienne.

La région habitée par des Pomatsi dans le Balkan septentrional (il en existe aussi en Thrace, dans le Despoto-Dagh, par exemple) est comprise entre l'Isker et l'Osem, c'est-à-dire entre les contrées foncièrement bulgares de l'ouest et les territoires plus spécialement peuplés de Turcs qui forment l'extrémité orientale de la terrasse danubienne. Ils occupent donc la région où la carte ethnographique de Lejean place la grande enclave roumaine que j'ai reconnue être absolument imaginaire, puisque, de Vidin à Silistrie, je n'ai pas rencontré un seul village valaque au sud de la bande, large tout au plus de 17 kilomètres, qui longe le cours du Danube.

Les quarante villages peuplés en entier de Pomatsi, ou partagés par ceux-ci avec des Bulgares chrétiens (et, avant 1877, avec des Circassiens et des Tatars), se serrent les uns près des autres depuis le milieu de la terrasse danubienne jusqu'aux contreforts du Balkan, et portent des noms exclusivement slaves.

A Yablanitsa, je retrouvai le système déjà décrit des villages collectifs, particulier à la région centrale du Balkan septentrional et qui, du côté de l'ouest, s'arrête au Petit-Isker. Les hameaux de cette région sont d'ailleurs fort importants; souvent deux suffisent à former une commune politique. Prenant pour guide le tchorbachi du village, je fis l'ascension de la Dragoïtsa-Planina, dont l'altitude est de 948 mètres. Il est peu de montagnes en Bulgarie qui offrent à une hauteur relativement si peu considérable un point d'orientation plus parfait; il en est aussi peu dont les versants présentent un contraste plus remarquable. Tandis que la pente du sud est douce et facile, celle du nord, s'abaissant d'une seule chute, tombe à pic dans la vallée en forme d'entonnoir de Dobrevtsi. De Yablanitsa la chaussée se dirige vers le Petit-Isker (Mali-Isker) qu'elle franchit, près d'Osikovats, sur un pont de pierre. C'est ici que se détache l'ancienne route qui, par Étropol, conduit à Sofia. A la tête du pont, au milieu d'un splendide paysage, un kiosque tout oriental semblait inviter le voyageur au repos. Sur le balcon, un groupe de femmes entourées d'enfants charmants fumaient des cigarettes; un zaptié préparait le café; on riait, on bavardait. J'allais m'éloigner du pavillon dont les usages m'interdisaient l'approche, lorsqu'à ma grande surprise j'en vis sortir un petit homme, dans le costume des employés turcs, qui me salua comme une ancienne connaissance. C'était l'ancien kaïmakam de Selvi, brave Osmanli fort aimé de ses administrés qui, après deux années de service dans la Bulgarie, qu'il avait fini par aimer, fut envoyé tout d'un coup au rude pays des Arnaoutes. Il me fallut écouter ses doléances sur le sort qui le condamnait à ce voyage dispendieux de six jours, avec femmes, enfants et bagages, par une saison brûlante.

Ses nombreux *Inchallah* cachaient mal son ressentiment contre le régime corrompu de Stamboul, qui, par d'éternels déplacements, ruinait à la fois les fonctionnaires et le pays.

A Pravets, je quittai la grande route pour me diriger vers Étropol. Sur la Divitchiska-Livada, aux pentes rapides, je rencontrai un Tsigane, marchand de fers à cheval, qui se reposait avec sa petite monture, chargée de deux lourdes saccoches. Il venait d'Étropol, où son père fabriquait en gros les fers plats particuliers à l'Orient. Quand ces fers sont neufs, ils sont excellents, surtout pour les chemins pierreux; mais le mauvais minerai de Samokov, avec lequel ils sont faits, s'use avec une très grande rapidité; aussi, bien que la ferrure soit à bon marché, elle revient en réalité fort cher, à cause de son peu de durée.

En prenant congé de moi, le Tsigane me communiqua son itinéraire vers Vratsa par le pays de l'Isker. A l'exception de la petite ville d'Orhanieh, tous les noms qu'il me cita manquaient sur la carte de Kiepert (1871), dont je portais une épreuve sur moi. Je n'en fus point surpris, car je savais que la carte de la Bulgarie occidentale était tout entière à refaire dans ses traits essentiels.

Étropol se profile pittoresquement sur le large seuil de la vallée du Mali-Isker, encorbellée de hautes montagnes. Cette ville formait une sorte de république et jouissait d'un self-government encore plus complet que les cités plus orientales du Balkan, dont elle ne se distinguait que par une plus forte proportion de l'élément turc. Celui-ci vivait d'ailleurs en parfaite harmonie avec le bulgare, en raison surtout de son isolement complet dans la région.

Autrefois Étropol formait le centre administratif d'un district important; elle était en outre traversée par la principale voie de communication entre la Thrace et le Danube. Ce fut Midhat-Pacha qui la priva de ces deux avantages par la fondation d'Orhanieh, dont il fit le chef-lieu du district, et par la création de la nouvelle chaussée de Roustchouk à Sofia, qu'il fit passer par Orhanieh. Le mouvement fut ainsi détourné d'Étropol; ses hans restèrent vides et l'herbe poussa dans ses rues. Dans le konak, dorénavant trop grand pour les besoins de la localité, le moudir, ses secrétaires et ses zaptiés s'ennuyaient à loisir du matin au soir, car les paisibles et laborieux habitants ne leur donnaient aucune besogne, et les villages voisins qui auraient dû être administrés par Étropol avaient été rattachés au district d'Orhanieh. Cette anomalie faisait le désespoir du medjilis qui me pria instamment de faire comprendre au Pacha de Sofia que la route qui passait par Étropol formait sans contredit la plus courte ligne de communication entre Sofia et Roustchouk, et que le gouvernement turc était pour le moins aussi intéressé que leur ville au rétablissement de l'ancien tracé.

En vrais Balkandji, les habitants d'Étropol ne restaient pas les bras croisés. Non content d'être agriculteurs, ils redoublaient d'activité commerciale et, pour accroître les revenus de la ville, ils cherchaient à faire du couvent de Svéta-Troïtsa un sanctuaire de bon rapport. Quelques-unes des 450 à 500 maisons bulgares d'Étropol sont assez jolies; mais le plus bel édifice est la nouvelle école mixte, due à la générosité d'un opulent bourgeois de la ville décédé en Valachie. Dans mes voyages j'eus, à différentes reprises, l'occasion de constater — et souvent par des traits fort touchants — que le Bulgare émigré, de même que le Grec, n'oublie jamais à l'étranger son pays d'origine et témoigne de son patriotisme par toutes sortes de fondations destinées à perfectionner l'instruction de ses concitoyens.

Par un soleil splendide, qui enveloppait de sa lumière veloutée la vallée de l'Isker, je pris, en compagnie d'un zaptié et d'un instituteur bulgare parlant le français, le chemin de Zlatitsa. Plus nous nous élevions, et plus s'accentuait le caractère pittoresque du paysage. Des gorges latérales se précipitaient en écumant de petits torrents sauvages dont les cascades bruyantes luttaient avec les blocs de granit jusqu'aux rives du Mali-Isker. Celui-ci, perdu sous les massifs d'arbres et de plantes folles, ne trahissait sa présence que par le tumulte de ses eaux. Favorisée par les innombrables ruisselets, la flore est ici d'une richesse prodigieuse et bien rare dans le Balkan. Nous fîmes à pied la plus grande partie du chemin, à travers les buissons de mûriers couverts de leurs baies rouges, et nous avions monté de 500 mètres lorsqu'une barrière de rochers nous força de traverser encore une fois le Mali-Isker, près du blockhaus de Katchamarsko, situé à 1178 mètres d'altitude.

Ranimé par le bonheur de traverser de nouveau un de ces cols du Balkan dont j'ai le premier décrit les sauvages beautés, je gravis avec entrain la dernière pente escarpée qui me séparait encore de la passe de Zlatitsa (1476 mètres). Le col me frappa par l'immense différence qu'il présente avec les cols de Tétéven, de Kalofer et de Chipka. Ces derniers conduisent sans aucune transition des vallées transversales à l'aspect sauvage et désolé qui s'étendent au nord du Balkan dans les vallées longitudinales du sud, parées de la végétation la plus luxuriante. De la passe de Zlatitsa, par contre, nos regards plongeaient vers le sud dans une fente transversale, étroite et rude, dont les pittoresques parois se dressaient devant nous en figures bizarres, cachant complètement la vue de Zlatitsa et de la vallée de la Topolovitsa. Je n'avais jamais rencontré une zone de phyllite d'une étendue aussi considérable.

La descente sur le versant méridional à travers les buissons et l'indescriptible chaos des blocs entassés fut singulièrement pénible. Enfin, nous nous retrouvâmes en bas, tous au complet, sains et saufs, et nous pûmes reprendre haleine près d'un vieux pont de bois à moitié pourri, où une caravane, transportant de la laine, du cuir et du tabac, se reposait dans des attitudes pittoresques.

Par la vallée de la Topolovitsa qui est un des tributaires les plus importants de la Maritsa, nous atteignîmes la ville de Zlatitsa, située à 720 mètres d'altitude. Elle est, de Misivri à Nich, la ville la plus élevée de tout le versant méridional du Balkan, qui, en peu de points, se rapproche autant de la petite ligne parallèle qui l'accompagne vers le sud. De là résulte la configuration pittoresque de la vallée de Zlatitsa.

Les magnifiques champs de blé, les vignobles, les noyers et les roses qui charment le regard dans les plaines voisines de Karlovo et de Kazanlik ont disparu pour faire place aux cultures de maïs et aux arbres fruitiers dont le brûlant soleil d'août avait à peine encore ébauché la maturité.

A l'époque de la conquête, la plupart des seigneurs bulgares de la ville et de ses environs s'expatrièrent avec leurs vassaux pour aller s'établir dans la Sredna-Gora où ils fondèrent la petite ville de Koprivchtitsa. Par suite de cette émigration, les Turcs forment aujourd'hui la majeure partie de la population dans le bassin de la Topolovitsa supérieure et dans la ville de Zlatitsa. Cette petite cité n'en est pas moins un des plus anciens établissements bulgares du Balkan. Son nom turc *Isladi* n'est qu'une corruption du mot slave *Zlato*; il signifie « or ». D'après la tradition, on aurait trouvé ici ce précieux métal du temps des tsars. Quoi qu'il en soit, les temps prospères sont passés pour Zlatitsa. Elle possédait 700 maisons turques et 300 bulgares ; mais bien qu'elle fût le siège d'un moudir, l'aspect en était aussi misérable que l'intérieur en était vide et désolé. L'étranger s'égare rarement de ce côté, et mon passage y causa un véritable émoi. Sous la dure pression de la majorité musulmane, les chrétiens se permettaient à peine de penser ; mais les Turcs me parurent peut-être encore plus endormis, et je ne pus parvenir à découvrir chez eux la preuve la plus légère d'une impulsion quelconque vers le progrès.

Un orage effroyable fit de mon retour à Étropol une véritable odyssée. Je ne sais comment je pus franchir les nombreux écueils traverser les torrents qui, par le beau temps, nous avaient causé tant de peine. Nous arrivâmes pourtant heureusement à Étropol ; et, le soir, après un bain froid de six heures, nous nous trouvâmes sains et saufs dans le han, causant au coin du feu avec le moudir qui commençait à être inquiet. Notre expédition n'eut pas de suite fâcheuse ; le lendemain mon drogman constata seulement que notre provision de rhum avait considérablement diminué.

D'Étropol je me dirigeai par Pravets sur la chaussée de Sofia, qui me conduisit à Orhanieh. Cette petite ville, située dans une plaine triangulaire, est, je l'ai déjà dit, une création artificielle de Midhat-

Pacha, qui en fit le chef-lieu d'un district comptant 25 villages. Ce n'était, en 1871, qu'une grande bourgade de 370 maisons bulgares, 85 turques, 25 tcherkesses et 20 tsiganes. Sur la place du gouvernement, qui forme son centre architectural en même temps que sa gloire, s'élèvent le konak du préfet, la tour d'horloge et la grande mosquée. Tous ces édifices étaient alors neufs et avaient, pour cette raison, un aspect assez avenant; mais il me sembla que leur solidité laissait beaucoup à désirer. Je soupçonne fort que, en ce cas comme en bien d'autres, une grande partie des fonds destinés à leur construction aura disparu dans la poche de nombreux effendis. Les rues étaient régulièrement tracées, mais les maisons étaient misérables et les boutiques, les cafés, n'avaient pas une meilleure apparence.

Le village d'Ouroutsi, situé à 12 kilomètres au nord-ouest et peuplé de Pomatsi, est la seule agglomération musulmane de tout le versant nord du Balkan central et occidental.

Après avoir dépassé quatre karaoulas et franchi cinq fois le Bébrech, la chaussée atteint par sept lacets assez faciles le point culminant du col d'Étropol (1050 mètres), qui porte dans le langage populaire le nom d'*Araba-Konak* ou de *Baba-Konak*. C'est le plus bas des passages de la chaîne depuis le col de Travna jusqu'à celui de Svéti-Nikola; mais le peu de sécurité de la route, notamment aux époques d'insurrections, la rendait peu fréquentée. De Vratchech au sommet de la passe, nous ne rencontrâmes qu'un piquet de zaptiés, escortant une bande de déserteurs, et une caravane chargée de laines et de peaux, dont tous les kiradjis étaient armés jusques aux dents.

Une pente abrupte et complètement dénudée dévale, vers le sud, dans le bassin triangulaire auquel les gros villages de Gorni-Komartsi et de Dolni-Komartsi ont fait donner le nom de *Komartski-Dol*. Un troisième village, Strigl, s'est établi dans l'angle oriental de la plaine, au bord de l'ancienne route de Sofia par Etropol.

Près du village de Tachkésen, j'entrai dans le magnifique bassin d'alluvions de Sofia, nommé par ses habitants *Sofiisko-Polyé*, et dont les 60 villages sont exclusivement peuplés de Bulgares. C'est à partir de ce point vers l'ouest, sur tout le versant sud de la chaîne, que les musulmans étaient déjà extrêmement rares en 1871. La différence de caractère est d'ailleurs frappante entre le Bulgare de la plaine et celui de la montagne. Autant ce dernier est au premier abord taciturne et réservé vis-à-vis de l'étranger, autant le premier, dont les rapports continuels avec la grande ville de Sofia ont développé les instincts sociables, est prévenant et communicatif. Par contre, son éducation est encore inférieure à celle de ses compatriotes montagnards. Les villages assez avancés pour posséder une école y formaient encore la minorité, et les dons remarquables de cette race intelligente et vive y étaient demeurés à l'état de germe.

Non loin de Bogorov, nous vîmes un tumulus surmonté d'une pierre sur laquelle un aigle gigantesque se tenait immobile, les ailes repliées. Au moment de notre approche, l'oiseau, déployant majestueusement son vol, alla se perdre dans les profondeurs du ciel. Un instant je me crus en présence d'une sculpture monumentale ; mais le terrain marécageux m'interdit l'inspection de ces restes probablement romains.

Le bassin de Sofia surprend par l'abondance des tumuli, bien qu'un bon nombre aient dû disparaître dans la suite des âges.

Un pont nous permit de passer l'Isker près de Vrajdevna, et, après avoir franchi la petite éminence couronnée par Mouser-Béli-Tabia, le plus avancé des ouvrages de défense de Sofia, nous aperçûmes la vaste et populeuse capitale de la Thrace, que domine de ses 3200 mètres le superbe ressaut du Vitoch.

CHAPITRE XVIII

SOFIA.

Sofia portait chez les Romains le nom de *Serdica*, qui lui venait de la tribu thracique des Serdes; les Slaves l'appelèrent *Srédets*, les Byzantins *Triaditsa*. Sa position favorable sur la grande route de Belgrade à Constantinople lui donna de bonne heure une importance stratégique et commerciale considérable.

Le passé de Sofia est tellement riche en faits historiques et militaires, que je dois me borner à mentionner ici les plus marquants. Maximin, ce berger devenu empereur, qui battit les Germains, était né près de Sofia. Aurélien fit de cette ville la capitale de la *Dacia Ripensis*. Ce fut dans les plaines de Serdica, en présence des deux armées, que le faible anti-césar Vétranion fut contraint de déposer la couronne aux pieds de Constant, fils de Constantin le Grand, et ses environs donnèrent naissance au vainqueur des Sarmates, à Galère, qui partagea avec Dioclétien le pouvoir impérial. A Serdica siégea en 344 l'important concile convoqué par les empereurs Constance et Constant pour mettre fin au schisme arien. Serdica fut pillée et brûlée par Attila; Justinien rétablit ses fortifications, mais ce fut seulement au moyen âge qu'elle se releva de ses ruines sous le nom de Srédets. Conquise en 809 par les Bulgares, la nouvelle ville joua un grand rôle sous la domination des princes bulgares dont elle fut la résidence quand ils n'étaient pas à Preslav ou à Tirnovo. Le tsar Samuel dota les environs de nombreux châteaux-forts dont je retrouvai encore quelques débris; seule, en 1041, elle resta debout contre Byzance. Pour s'assurer de sa soumission, les Byzantins établirent dans la plaine les Petchénègues vaincus. De 1340 à 1378, les deux frères Stratsimir et Joanice-Chichman se disputèrent sa possession; elle tomba au pouvoir du second, mais ce fut pour peu de temps. Tel qu'un flot qui monte et peu à peu submerge tout sur son passage, l'invasion ottomane s'approchait de Sofia, et bientôt, sur les grandes plaines de la Macédoine et de la Thrace, comme sur la Bulgarie entière, s'étendait l'empire du Croissant.

Les infidèles eurent recours à la ruse pour s'emparer de la ville, qui leur avait longtemps résisté. Un jeune Turc, se faisant passer pour un transfuge, entra comme fauconnier au service du commandant bulgare. Dans une chasse au héron, il l'attira loin des murs, se jeta sur lui, le lia sur son cheval et l'amena prisonnier au général musulman. La ville, voyant son commandant captif, se rendit sans combat. Dans les guerres entre l'Autriche et la Turquie, au dix-septième et au dix-huitième siècle, Sofia ne vit que rarement des soldats chrétiens; pendant les négociations de la paix de Pojarévats (1718), le sultan Ahmed III y établit sa résidence; mais, bien que l'éclat du Croissant fût déjà près de disparaître, on ne voulut point permettre aux représentants des grandes puissances navales médiatrices de demeurer dans la banlieue de la ville sanctifiée par la présence du padichah.

Pendant cinq siècles environ, Sofia fut le siège des béglerbegs de Roumélie, qui résidaient dans un konak magnifique, détruit par les flammes vers 1800. Ensuite, elle ne fut plus qu'un chef-lieu de district du vilayet du Danube, pour devenir en 1879 la capitale de la principauté de Bulgarie.

La ville est située à 535 mètres d'altitude, presque au centre d'un vaste bassin qui a la forme d'un quadrilatère régulier dont les angles correspondent aux quatre points cardinaux. Sa banlieue est traversée par deux ruisseaux qui descendent du Vitoch.

Sofia comptait jadis 50 000 âmes; en 1871, elle n'en avait que 19 000, dont 8000 Bulgares, 5000 Turcs, 5000 Juifs, 900 Tsiganes et 100 étrangers domiciliés. Dans certains quartiers, Turcs, chrétiens, juifs, Tsiganes, vivaient séparément; mais, dans d'autres, contrairement aux coutumes du pays, les différentes races étaient confondues.

Les tremblements de terre qui ont périodiquement visité Sofia ont d'ailleurs contribué à retarder son développement. L'automne de 1858 a été particulièrement terrible. Pendant deux semaines, des secousses, variant de trente à cinquante par jour, ont renversé un grand nombre de maisons et fait jaillir du sol des sources thermales. La population tout entière dut fuir précipitamment la ville et se réfugier sous des tentes dressées dans la campagne.

SOFIA ET LE MONT VITOCH EN 1877

Le réseau de routes construit dans ces derniers temps, sous l'impulsion de Midhat, par les pachas Rassim, Feïm et Essad, ne contribua pas peu à l'essor commercial de Sofia. Ces chaussées, au nombre de cinq, aboutissent à Nich et à Belgrade, à Lom et à Vidin, à Plevna et à Roustchouk, à Constantinople, enfin à Salonique. L'établissement de ces différentes voies a nécessité l'élargissement des rues de la ville. Pour mener les choses rondement, l'énergique Arnaoute Essad-Pacha a fait démolir les façades des maisons aux frais des propriétaires. Ce procédé est certes bien dans les mœurs orientales ; on agissait plus brutalement encore à Constantinople où, pour obtenir de l'air et de la lumière, on embrasait des rues entières sur la tête de leurs habitants !

Les plus beaux édifices de Sofia se pressaient dans le centre de la ville et dans le quartier de l'est. Là se trouvait encore, en 1871, le konak du moutessarif, spacieux bâtiment à un étage dans lequel se casaient presque tous les bureaux du gouvernement et de l'administration communale. Le pacha fonctionnait dans une chambre plus que modeste, à laquelle les bureaux, où m'amena la recherche de données statistiques, ne le cédaient pas en pauvreté d'aspect. Il est vrai que l'on songeait alors à construire un nouveau konak, ce qui a été fait depuis.

Parmi les nombreuses mosquées dont les minarets et les jardins formaient, comme dans toutes les cités musulmanes, le plus grand charme de Sofia, la Buyuk-Djamési, avec ses neuf coupoles brillantes et ses belles proportions était sans contredit la plus importante ; mais la Sofia-Djamési, qui se dresse sur le point le plus élevé de la ville, n'en reste pas moins la plus intéressante au point de vue historique. Lors de la conquête, elle passa du culte chrétien à celui de l'Islam, et quand un tremblement de terre vint en partie la détruire, les Bulgares attribuèrent à la vengeance céleste la ruine de l'église profanée. D'après la tradition, sa fondation serait due à une pieuse princesse byzantine qui aurait en même temps donné à la ville son nom actuel.

Que dans une certaine mesure cette tradition ait un fond de vérité, je pus moi-même m'en convaincre en étudiant le monument. En effet, la partie orientale seule de la mosquée est d'origine musulmane ; le reste faisait évidemment partie d'un édifice chrétien et je trouvai même, dans ce qui fut autrefois le narthex de l'église, des vestiges de fresques byzantines.

Après la catastrophe, toutes les peintures, tous les ornements et les versets du Coran furent recouverts d'une couche de chaux, sans doute pour les préserver de toute profanation. C'était là une précaution inutile : les décombres étaient aussi sacrés aux yeux des chrétiens qu'aux yeux des Turcs. Quoique l'accès des ruines fût libre, je ne pus y constater aucune dégradation.

Une vie bruyante, une animation joyeuse emplissait la vaste rue du bazar; devant les boutiques s'entassaient les femmes bulgares

RUINES DE L'ÉGLISE SAINTE-SOPHIE, A SOFIA.

aux costumes éclatants; entre leurs rangs pressés, se faisaient jour les marchands de comestibles, criant leurs victuailles, leurs sorbets, leurs pâtisseries, balançant sur la tête avec une adresse merveilleuse leur immense corbeille ou leur plateau de métal. J'achetai à des Bulgares quelques chemises de femme dont les broderies élégantes ont fait plus tard, au musée de Vienne, l'admiration des connaisseurs.

Les magasins en gros de Sofia, qui fournissent tout le pays de draps, de toile, de soie et de quincaillerie, sont presque exclusivement entre les mains des Juifs et des Bulgares, qui trafiquent directement avec les premières places de l'Europe par le moyen de commissionnaires.

La synagogue, surmontée d'une haute coupole, des israélites espagnols, répond au chiffre considérable et à l'opulence de leur communauté, qui renferme un grand nombre de journaliers et d'artisans.

Plus loin, se trouve le plus grand des six établissements de bains de la ville ; il contient des piscines séparées pour les femmes turques et les femmes bulgares, sans parler du bain juif, alimenté par une source spéciale. Dans un espace à peine aussi grand qu'une chambre ordinaire, on peut voir, autour d'un petit bassin, de quarante à cinquante femmes bulgares pressées l'une contre l'autre, en train de se savonner et de s'inonder mutuellement d'eau chauffée à 45° C.

La colonie israélite de Sofia date des tristes temps où l'Inquisition espagnole força les Juifs à chercher un refuge dans les pays étrangers. C'est certainement une des plus anciennes de la Turquie. Comme aujourd'hui dans la tcharchia, elle avait jadis ses magasins dans les *bézestens* et les caravansérails, qui abritaient probablement aussi les grands dépôts de draps de la factorerie ragusaine. Ces bézestens, dont les immenses ruines m'ont rempli d'étonnement, surpassaient, sans contredit, en valeur architecturale tout ce que, à l'exception des ouvrages romains, Sofia a jamais possédé de constructions anciennes ou modernes; ils font songer à l'époque brillante où Mourad ornait de mosquées, de sérails, de ponts et de bazars, la ville d'Andrinople et les cités situées sur la route de Constantinople à Belgrade. Quelques-unes de leurs galeries aux sveltes arcades ogivales, servent encore de magasins, et les marchandises européennes s'entassent aujourd'hui sous les voûtes combles autrefois des produits de l'Orient.

Pendant de longs siècles, Sofia a dû en partie son importance à ses relations avec les côtes de l'Adriatique; actuellement la plus grande partie de ses marchandises lui arrivent par Salonique, où elles sont transportées par mer ou par chemin de fer.

Les importations autrichiennes et allemandes qui se font par le Danube contrebalancent encore celles de l'Angleterre, de la Belgique, de la France et de la Suisse, qui prennent la voie de mer. Mais il n'en est plus ainsi dans les villes situées plus à l'est, comme Philippopolis, Andrinople, Skopia. Les chemins de fer de Constantinople, d'Enos et de Salonique, qui relient les côtes à l'intérieur du pays ont fait perdre au commerce autrichien un important débouché que l'achèvement du chemin de fer de Belgrade ne lui fera peut-être jamais regagner. Quant au commerce d'exportation de Sofia, il est fait en grande partie par les juifs espagnols, dont les commissionnaires à Lom, à Vidin et à Nich expédient des milliers de peaux brutes ou à demi travaillées, qui sont recueillies à Sofia et à Samakov pour être expédiées à Vienne et en France. La seule maison Richard, de Marseille, reçoit annuellement, de Sofia, environ 40 000 peaux de chèvres pour les fabriques de gants françaises.

Dans les années fructueuses, l'exportation du maïs et du blé est très importante à Sofia, mais les prix sont sujets à de grandes fluctuations d'après le plus ou le moins de succès de la récolte. Le débit des spiritueux y est considérable. Le proverbe « Boire comme à Sofia » est si vrai que les grandes quantités de vin et de raki produites dans les environs ne suffisent pas aux besoins de la ville : Nich et Stanimaki lui expédient presque tout leur vin et Philippopolis son raki.

En 1871, Sofia comptait 135 débits de boissons, qui faisaient d'excellentes affaires puisqu'ils vendaient en détail avec un bénéfice de 100 pour 100.

Sur une place qui occupe le point le plus élevé de la ville, j'aperçus la grande école, pour laquelle la communauté de Sofia avait fait de véritables sacrifices et qui avait depuis longtemps dépassé l'école turque ou roudchidieh.

L'idée nationale trouvait en général, à Sofia, un sol fécond et bien préparé. La jeunesse y était éminemment patriotique et sa bouillante ardeur n'était pas toujours accompagnée de prudence ; plus d'un enfant de la ville expiait dans les prisons de Roustchouk la révolte de 1867, et les patriotes de 1873 apprirent en Asie mineure, loin de leur Vitoch bien aimé, de quel prix se paie l'amour du pays. Le mouvement bosniaque de 1875, lui-même, eut des échos à Sofia, et le gouvernement turc ne trouva d'autre moyen pour paralyser l'élément patriotique aux époques de fièvre, que de jeter d'avance en prison les plus intelligents et les plus ardents de ses jeunes hommes.

Sofia passait pour un des plus importants boulevards de la Turquie d'Europe, mais ses fortifications étaient en réalité insignifiantes. Il en était de même de sa garnison, qui lors de mon premier séjour, en 1871, se composait de trois faibles escadrons de cavalerie de la garde.

J'ai peine à comprendre que nul voyageur n'ait songé, avant moi, à décrire les imposants débris romains de Sofia. Au nord de la ville, et au delà du pont de Sandukli, la route de Berkovitsa traverse un vaste cimetière turc et rencontre, immédiatement après, le mur d'enceinte romain. Gardé par quatre tours rondes, le côté nord du grand ouvrage antique s'étend encore aujourd'hui sur une longueur de 335 mètres au bord du plateau, qui se relève de quelques mètres au-dessus de la plaine. De ses tours d'angle, l'œil peut suivre aisément les fronts est et ouest du castrum sur une étendue de 170 mètres ; ces deux fronts sont encore munis de leurs tours. La muraille qui relie les tours encastrées comporte 4 mètres d'épaisseur. Le diamètre des tours varie de 6 à 16 mètres et leur distance est de 56 à 82 mètres. Les prolongements sud et ouest de cette grande construction seraient évidemment à chercher dans la banlieue. L'ouvrage central s'élevait probablement à la place où s'émiette aujourd'hui la vieille église de Sofia.

J'eus l'occasion de faire quelques courses intéressantes dans les environs. Je cite entre autres celle du monastère de Dragalevtsi, situé dans une des nombreuses gorges du Vitoch et lieu de pèlerinage révéré des chrétiens de Sofia, puis celle du village bulgare de Boïana, recherché particulièrement pour ses abondantes sources alcalines.

Mais mon excursion la plus intéressante fut, sans contredit, celle de Bali-Effendi, situé à 70 mètres au-dessus de Sofia, à l'entrée d'un défilé formé par les parois du Vitoch et les montagnes de Lulun. J'y visitai l'*Isla-Hané*, fondé par Midhat-Pacha, dans lequel des orphelins de toute nationalité étaient initiés à différents métiers, spécialement à la préparation rationnelle des cuirs. Le drap d'uniforme du corps des zaptiés était exclusivement tiré d'une vaste usine contiguë à l'orphelinat et dont les machines ainsi que les chefs d'ateliers étaient demandés soit à la Moravie autrichienne, soit à la Belgique.

Cette fabrique était une création tout aussi artificielle que la manufacture impériale de drap de Sliven : les draps importés de l'étranger eussent été probablement moins chers et d'une qualité meilleure que les draps fabriqués dans le pays. Néanmoins le fondateur de ces établissements mérite toute sorte d'éloges ; car, après bien des siècles perdus, il a le premier essayé de faire entrer la Turquie d'Europe dans la voie de la production industrielle.

Une voiture me conduisit en trois heures et demie de Sofia au village de Korila, où l'Isker commence à percer la chaîne du Balkan. Plus bas ici de quarante mètres qu'à son entrée dans le bassin de Sofia, où il pénètre à sa descente du haut massif du Rilo-Dagh, il étale ses eaux en une large nappe dont le passage à gué ne présente aucune difficulté. La route s'enfonce avec lui dans le défilé, jadis canal d'écoulement d'un bassin lacustre aujourd'hui remplacé par les campagnes de Sofia. La gorge de l'Isker est d'un aspect étrange. Jusqu'à Rontcha, elle est uniformément revêtue d'une teinte d'un rouge intense donnée par les escarpements de grès rouge et les conglomérats de même couleur qui forment les contreforts méridionaux du Balkan. Monde stérile, hérissé de pointes, pittoresque mais encore plus désolé, que vient seule adoucir sur les plateaux arrondis, la vue d'une maigre verdure, à peine suffisante pour le pâturage des troupeaux!

Il me fallut pour cette fois me contenter de ce simple coup d'œil jeté sur la trouée de l'Isker, je me réservai d'y revenir bientôt par l'entrée septentrionale et de soulever enfin complètement le mystérieux voile dont elle était entourée jusqu'alors.

Revenu au pont de Sandukli, j'escaladai la partie supérieure de l'ouvrage romain pour esquisser ce qui restait encore de l'antique Serdica. Ces vestiges d'un autre âge donnent à la ville moderne un premier plan plein de grandeur. Le soleil couchant revêtait de pourpre le haut sommet du Vitoch; le soir était venu et dans les rues de la ville régnait déjà ce silence de mort qui tombe avec le crépuscule sur les cités orientales.

« La métropole de la Thrace, écrivais-je en 1876, ne se réveillera de son sommeil centenaire que grâce aux merveilles de ce siècle : le fer et la vapeur. Au-dessus de ses ruines romaines, — restes d'une époque florissante, — je vois s'élever une de nos grandes gares; j'aperçois les voyageurs et les produits des deux mondes qui se croisent sur les rails du chemin de fer : Sofia est redevenue un centre important du commerce universel! On ne s'en tiendra pas à la ligne Constantinople-Sofia-Belgrade-Vienne ; d'autres lignes déboucheront ici d'Orsova et de Salonique. A Sofia aussi s'applique le mot : « Elle n'était pas », mais « elle sera ». Sans doute, pour accomplir ces desseins, il faudrait de grands changements; il faudrait un gouvernement qui sût mettre à profit l'heureuse situation géographique de la cité de l'Isker et qui lui ouvrît la voie du progrès. Il est difficile de prévoir l'avenir, mais je puis le prédire : ce nouveau gouvernement viendra, parce que c'est une nécessité. »

Une année après, cette prédiction s'était déjà accomplie. Le changement inévitable avait eu lieu, à la suite des événements de 1877 et de 1878. En 1879, il me fut donné d'observer dans la première étape de son nouveau développement, la ville de Sofia, devenue la capitale de la principauté de Bulgarie.

La période de transition fut à certains moments des plus pénibles. Pendant les guerres soutenues par la Porte contre la Serbie et la Russie, Sofia ressembla parfois à un camp gigantesque où affluaient, de l'Europe, de l'Asie et de l'Afrique, les défenseurs du Croissant. Lors des combats livrés autour d'Aleksinats et de Plevna, on y concentra les malades et les blessés turcs, bien qu'on n'eût pris que des mesures insuffisantes pour leur logement. Les combats seuls de Dabnik, de Télich, d'Étropol et d'Orhanieh fournirent près de sept mille blessés aux hôpitaux de Sofia ; il s'y amassa une somme de misères humaines qui défie toute description. Malades, médecins et habitants étaient également à plaindre.

Dans les premiers jours de janvier 1878, les colonnes russes, sous le commandement du général Gourko, après avoir, au milieu des plus rudes fatigues, franchi le Balkan par les défilés d'Araba-Konak, de Tchouriak et de Katchamarsko, s'approchèrent de Sofia du côté de l'est. Osman-Pacha, commandant de cette ville, essaya en vain avec la garnison de déloger le général Véliaminof de la position qu'il avait occupée près de Bogorov sur la Malinska-Réka et qu'il avait rapidement fortifiée. Le 2 janvier, le général Rauch s'empara du pont de Vrajdevna sur l'Isker, aux portes mêmes de Sofia. Osman-Pacha avait reçu l'ordre formel de ne pas livrer la ville par une capitulation, mais de la détruire plutôt par le feu. Le consul autrichien Waldhardt protesta avec ses collègues contre une semblable mesure et refusa de quitter Sofia qui fut sauvée de la sorte. Le 4 janvier, le général Gourko, qui la veille avait fait reconnaître la position, fit son entrée dans la ville, à la tête de ses troupes victorieuses, au son de la musique et au milieu des cris de joie de la population. Il se rendit à la cathédrale où se célébra un service divin. Depuis 1444, c'est-à-dire depuis 434 ans, aucun soldat chrétien n'avait pénétré dans la capitale de la Thrace.

La population turque qui était restée dans la ville eut beaucoup à souffrir de la haine des Bulgares. Beaucoup des maisons de ceux qui avaient suivi Osman furent occupées par des familles chrétiennes. Les autres, au nombre d'environ 900, furent détruites par des incendies ou par les démolitions faites à la fois par les Russes et les Bulgares. On démolit de même tous les *tulbéli* (chapelles élevées sur les tombeaux), la plupart des petites mosquées et huit des grandes mosquées ; les quatorze autres, à l'exception d'une seule, furent consacrées au service militaire.

Environ 6000 musulmans ont émigré ; en 1879 la nouvelle capitale ne comptait plus que 500 Turcs, 200 Tsiganes et 50 Tatares à côté de 7700 chrétiens, 4250 israélites et 500 étrangers, soit un total de 13 200 âmes réparties dans 2600 maisons, y compris les bâtiments publics. La communauté arménienne, autrefois nombreuse, a disparu, sauf une seule famille ; il en est de même des Grecs. Sofia compte actuellement neuf églises orthodoxes, une église catholique, quatre synagogues et une mosquée servant au culte.

Le 13 juillet 1879, le prince Alexandre fit son entrée triomphale dans la ville et une semaine entière se passa en réjouissances de toute sorte. Au mois de septembre suivant, je me rendis à Sofia, sur l'invitation du prince, et je vis célébrer sa fête, qui était en même temps celle de l'empereur de Russie, le libérateur de la Bulgarie.

Le 11 septembre, la place Positano, sur laquelle donnaient mes fenêtres, présenta, dès le matin, une grande animation. Les maisons étaient ornées de drapeaux russes et bulgares, tous les magasins étaient fermés et une foule de gens, dans leurs habits de dimanche, se pressaient vers la cathédrale pour y voir le prince. Celui-ci apparut, suivi d'un cortège fort pittoresque, imité des vieux souverains bulgares. En présence du corps diplomatique, des hauts fonctionnaires et d'un grand nombre d'invités, le vieux métropolitain de Keustendil, Hilarion, assisté d'un brillant clergé, chanta un *Te Deum*, selon le cérémonial usité dans l'église d'Orient. Immédiatement après, le prince Alexandre reçut au palais les vœux des agents diplomatiques, des ministres, du clergé de toutes les confessions, des hauts fonctionnaires de la ville et des provinces.

« Ne suis-je pas le jouet d'une illusion ? » me demandai-je, lorsque je vis rendre hommage à un prince de Bulgarie dans ces lieux habités si peu de temps auparavant par les gouverneurs du sultan. « Est-il bien vrai ? » me demandai-je encore, une heure plus tard, lorsque j'assistai, tout à côté du prince, au milieu des militaires, des diplomates, des ministres et de leurs femmes, à une messe militaire célébrée en plein air, sur ce même glacis où campaient, il y avait deux ans à peine, des rédifs turcs. Il m'avait été donné de voir s'accomplir la délivrance de la Bulgarie, pour laquelle j'avais lutté pendant des années avec mes faibles forces ! Le rêve de mon existence était donc devenu une réalité ! Un banquet offert par les officiers bulgares à leur chef, une revue des troupes, un dîner officiel au palais, un feu d'artifice dans le camp avec illumination de la ville et des montagnes voisines terminèrent cette belle fête. Ce fut la fin des solennités qui se succédaient depuis que le prince Alexandre avait pris possession du sol bulgare.

Dans de sérieuses conversations dont daigna m'honorer le prince Alexandre, dans d'autres entretiens que j'eus avec les principaux hommes d'État et les chefs de l'opposition, je pénétrai les motifs des dissensions intérieures qui se produisaient déjà dans la nouvelle principauté. S'il s'était agi seulement d'opinions diverses sur les mesures à prendre pour assurer le bien du pays, un accord eût été possible. Malheureusement, les rares hommes capables d'exercer le pouvoir se détestaient d'une haine toute personnelle, et cette inimitié ne me présagea rien de bon. Je ne pus cacher mes craintes au prince, aux ministres et à différentes députations qui m'honorèrent de leur visite, m'apportant des adresses, m'offrant des sérénades au nom du peuple et de la ville. Ces témoignages tout spontanés de sympathie me causèrent une grande joie, mais je fus peiné d'apprendre que les meetings hostiles au gouvernement se multipliaient dans les villes bulgares; ces réunions me firent présager les tristes scènes qui devaient marquer l'ouverture de la Chambre, amener la chute des ministères Bourmov-Balanov et Tsankov-Karavélov, et faire douter la presse européenne de l'avenir du jeune État slave.

L'assemblée nationale (*narodna zabranié*) siège dans l'ancien cercle des officiers russes, fondé par le prince Dondoukof et adapté à sa nouvelle destination. Au nord-est de ce club est située la place Alexandre, ouverte par les Russes à l'aide de nombreuses démolitions. La place est décorée d'un jardin où l'on est agréablement surpris, le soir, en entendant jouer, sous la conduite du chef d'orchestre de la cour, des morceaux de Wagner et d'autres compositeurs modernes. En face de ce parc se trouve la résidence, l'ancien konak du vali que remplissaient encore, en 1877, des soldats turcs malades. Le « palais » est un bâtiment simple, à un seul étage, dont l'unique ornement est un écusson aux armes princières attaché au balcon central.

A côté s'élève une mosquée assez jolie, qui doit être convertie en chapelle particulière pour le prince. Deux soldats montent la garde auprès de la porte principale de la résidence; de là on pénètre dans un grand vestibule, où aboutit un double escalier, et l'on est conduit par l'aide de camp de service, à travers plusieurs salles, jusqu'au cabinet du prince, où règne une élégante simplicité. Du balcon central qui donne sur la place Alexandre, on jouit d'un coup d'œil ravissant lorsque, par une belle nuit d'été, la lune fait briller les neuf coupoles de la grande mosquée, et qu'une paisible lumière s'étend sur les maisons et les jardins situés vers le sud de la ville, réunissant dans de grandes lignes les objets dispersés. Si à ce moment la musique du parc fait entendre des airs de la patrie lointaine, on oublie, ne fût-ce que pour un instant, les douleurs qui, d'après les lois éternelles du monde, accompagnent la naissance de tout être nouveau, d'un État comme d'un enfant.

En attendant le jour où sera adopté pour Sofia un plan général d'alignement, les rues et les places ont été régularisées un peu au hasard ; quelques groupes de maisons ont été construits à l'européenne. Le plan de chaque nouvelle construction doit être soumis au conseil municipal et approuvé par lui ; un employé spécial veille au pavage et à l'éclairage des rues. Les noms des rues conservent le souvenir d'hommes qui ont rendu des services au pays ou à la commune. Le général Gourko et le consul général d'Italie Positano ont donné leurs noms à des places ; le professeur français Louis Leger est le parrain d'une rue.

Les ministères, pour lesquels on veut construire des hôtels, sont provisoirement réunis dans un grand bâtiment de la rue Saint-Georges, où se trouvent d'autres maisons de fonctionnaires et quelques consulats. C'est là, et dans le voisinage du parc Alexandre, que semble devoir se développer la vie élégante et intelligente de la jeune capitale. La mosquée aux neuf coupoles, appelée Buyuk-Djami, qui servit aux Russes d'hôpital et de magasin, a reçu la bibliothèque nationale, qui s'accroît rapidement par des dons patriotiques.

Aujourd'hui Sofia possède plusieurs imprimeries et plusieurs ateliers de lithographie fort bien disposés. Je fus surtout ému, en visitant l'établissement de M. Kovatchov dans l'ancienne mosquée de Kaféné-Bachi : le chant nasillard qui retentissait en l'honneur d'Allah et de Mahomet y est remplacé par le bruit des presses ; au lieu d'imams et de hodjas, on y voit des apprentis bulgares travaillant, sous la conduite de typographes bohèmes, à la composition de livres et de gazettes. Le nombre considérable de journaux que Sofia possède aujourd'hui montre quel développement ont pris les besoins intellectuels du pays : que l'on songe que, sous l'administration turque, Sofia ignorait l'art de Guttenberg, bien qu'elle fût la résidence d'un gouverneur général.

Les établissement scolaires reçoivent aussi tous les jours une impulsion nouvelle, grâce surtout au jeune professeur bohème Joseph-Constantin Jireczek, appelé à Sofia comme sous-secrétaire d'État au ministère de l'instruction publique. Les écoles primaires se sont multipliées et améliorées. Il existe un gymnase composé provisoirement de quatre classes avec 110 élèves. De même que la principauté de Serbie donne l'éducation aux jeunes Serbes des territoires turcs voisins, de même la Bulgarie, à peine née, étend son influence civilisatrice sur les Slaves de la Macédoine, qui affluent à Sofia pour s'y instruire. La grande communauté israélite espagnole, qui, en 1878, possédait une école de garçons avec six classes, 10 professeurs et 460 élèves, a ouvert en 1879, avec le secours de l'alliance israélite de Paris, une nouvelle école renfermant huit salles : l'inauguration se fit en présence d'un délégué du prince, de l'exarque orthodoxe, du métropolitain, du grand-imam et du grand-rabbin. Les catholiques aussi possèdent une école. Des nombreux établissements musulmans, il ne subsiste plus aujourd'hui qu'un *mekteb* avec 45 élèves et 1 maître. Il y a de plus un grand nombre de pensions particulières, et beaucoup de professeurs et d'institutrices donnent des leçons particulières de langues ou de musique. Outre l'académie militaire, qui compte 350 élèves internes et externes, on a fondé une institution pour les médecins militaires, imitée de celle qui a rendu tant de services à Bucarest.

En général, le prince Alexandre et son gouvernement se sont efforcés d'attirer en Bulgarie, pour le plus grand bien du pays, des étrangers instruits. Récemment encore on ne trouvait à Sofia aucun médecin qui inspirât quelque confiance. Aujourd'hui, la capitale compte bon nombre de savants docteurs étrangers et quatre pharmacies bien pourvues. A côté d'avocats et d'architectes, sont venus s'y établir des agents de commerce, des dentistes, des coiffeurs, des confiseurs, des photographes, etc.

L'affluence toujours plus considérable de diplomates, de savants, de journalistes étrangers, d'officiers et d'employés qui cherchent des places, de marchands, d'agents de toute espèce, a amené la création d'hôtels et développé l'industrie des voitures publiques. Les anciens hans se sont rapidement changés en auberges aux enseignes sonores où des Français, des Grecs, des Allemands et des Italiens font payer fort cher leurs chambres « confortables » et leur cuisine « recherchée ». Quelques restaurants ont essayé de grossir leur clientèle en se transformant en cafés-concerts. Une chanteuse tout à fait médiocre et d'une origine douteuse y était applaudie avec une telle frénésie, que je craignis de voir crouler le bâtiment très peu solide, et que je cherchai ailleurs un abri plus tranquille.

Le goût des plaisirs de l'esprit se répand peu à peu à Sofia. Quelques amateurs donnèrent, à des prix assez élevés, une représentation des *Brigands* de Schiller, et il y eut foule. C'était une entreprise hardie, mais qui fut justifiée par le succès. On commence aussi à danser et à donner des bals de bienfaisance.

Les diplomates étrangers, qui représentent à Sofia presque toutes les nations de l'Europe, exercent, à côté de la cour, une influence très grande sur le développement de la vie sociale.

Comme on le voit par cette rapide esquisse, la jeune capitale qui, le 4 janvier dernier, a célébré le troisième anniversaire de son affranchissement, a déjà fait de sérieux progrès au point de vue de la vie matérielle, sociale et intellectuelle et, malgré de nombreux obstacles, les progrès déjà réalisés en font espérer de plus grands pour l'avenir. —Je pus donc quitter la ville avec la persuasion que j'avais eu raison de dire, en 1876 : « Sofia n'est pas, mais elle sera. »

Tel est le sort des villes et des individus! Sofia ne compte plus aujourd'hui que 700 musulmans, qui sont pour ainsi dire devenus étrangers. Dans un café turc de la *Sarafska-Oulitsa* (rue des Changeurs) vient s'asseoir, chaque après-midi, un homme âgé de 126 ans, Hadji-Méhémed. Pendant soixante ans, ce vieillard a vécu de la charité musulmane; il reçoit aujourd'hui l'aumône des chrétiens. Mieux que nous, il raconte, d'une voix étouffée par les larmes, les jours de gloire des enfants du prophète en Bulgarie !

CHAPITRE XIX

LE COL DE GUINTSI. — VRATSA. — LE COL DE VRATSA. — LA TROUÉE
DE L'ISKER A TRAVERS LE BALKAN.

Lorsque de Sofia je m'acheminai vers Berkovitsa, une araba attelée de bœufs marchait devant ma petite caravane, conduisant à Nich le harem soigneusement voilé d'un grand seigneur musulman. Un eunuque noir à cheval se pressait contre le véhicule, comme pour le protéger contre une cavalcade de jeunes Bulgares, qui, montés sur de petits chevaux fringants et ornés de rubans, rentraient gaiement à la ville après avoir escorté un couple de nouveaux mariés. Le contraste entre ce groupe débordant de vie et le triste convoi des pauvres femmes turques me serra douloureusement le cœur.

La route, nouvellement construite et soigneusement entretenue, passe jusqu'au pied du Balkan, en vue de nombreux villages, sans en effleurer plus d'un seul, Verbnitsa. On serait tenté de croire que c'était affaire de principe pour les ingénieurs turcs d'éviter soigneusement les lieux habités.

Une demi-heure de montée sur les contre-forts du Balkan, près de Kostimbrod, nous permit déjà de plonger nos regards dans la gorge calcaire de Gradets, à laquelle un ancien château a donné son nom. Il ne nous fallut pas davantage pour atteindre le Tsarski-Han, dont l'altitude est de 734 mètres, et qui est un splendide point d'orientation sur le vaste bassin de Sofia. La route monte en lacets jusqu'au faîte au delà duquel se creuse la vallée longitudinale qui est traversée par l'Iskrets. Quel changement! Les montagnes pelées et maussades que nous venions de gravir entouraient un magnifique paysage, tel que le Tyrol n'en cache peut-être point de plus beau! En 1879, je trouvai ici des immigrants bulgares venus de la Roumélie, qui, avec l'aide du gouvernement, s'étaient créé dans ce petit Éden une nouvelle patrie.

Le han que je trouvai sur la hauteur de Pétchéno-Berdo était un affreux bouge, et la lutte entre les ténèbres et l'aurore n'était pas encore achevée que je fuyais vers la karaoula voisine. J'avais la veille régalé la petite garnison dans le misérable han, et le commandant m'avait à son tour offert le tchibouk et le café, ainsi que des renseignements topographiques précieux.

A partir de ce point, la route s'élève, par d'innombrables courbes, le long du versant oriental de l'arête faîtière des bassins de l'Isker et de la Nichava. L'ingénieur s'est le plus souvent contenté de faire de légères corrections à l'ancien tracé, un vrai casse-cou, et il s'en faut que tous les dangereux tournants aient disparu. On monte, on descend, mais en somme on finit par arriver au grand Tsarski-Han, à 1034 mètres d'altitude, et, par de nouveaux zigzags, à 300 mètres plus haut, sur le plateau qui précède le col de Guintsi. Cette passe fut pourvue en 1877 d'ouvrages de défense; mais les progrès des Serbes dans la vallée de la Nichava et la prise du col de Baba-Konak par les Russes forcèrent la garnison turque d'abandonner la position sans combat. Les Russes, venant de Berkovitsa, démolirent le blockhaus et réparèrent immédiatement la route. Près du béklémeh, je trouvai, en 1879, une station de poste bien aménagée, avec une grande écurie pour les chevaux et d'habiles postillons qui, même la nuit, descendent la pente très escarpée sur l'un et l'autre versant avec une sûreté de main incroyable. La route qui va de Sofia à Lom par le défilé de Guintsi, et qui offre un développement de 138 kilomètres, est franchie en dix-huit heures. Lorsque le prince Alexandre revint de son voyage à Bucarest et aux villes danubiennes de la Bulgarie, il parcourut cette distance en dix heures.

L'ascension à cheval du col de Guintsi par le versant méridional exige pour le moins cinq bonnes heures d'une montée pénible; par contre, deux heures et demie suffisent pour descendre la pente nord jusqu'à Klisoura, située, comme Sofia, à 1000 mètres au-dessous du point culminant du col. La route entre ensuite dans la région des sources de l'Ogost. La Berzia (eau vive) s'écoule en bruyantes cascades. A l'embouchure de la Ribna se voient les ruines d'un antique castellum romain, nommé *Chétan-Kaleh* (château du diable) par les vieilles cartes russes, *Markokralski-Grad* par les Bulgares, et que Lejean croit être la *Brizia* de Procope. Nous mangeâmes à midi dans la karaoula de Dorouk et prîmes un peu de repos dans celle d'Orta. La garnison du premier poste était composée de Turcs très aimables; celle du second, de véritables brigands de grand chemin. Mon zaptié, un Arnaoute, en voyant ces Tcherkesses déguenillés, se plaignit de la décadence du corps des zaptiés, où l'on admettait de semblables vagabonds. Ces plaintes me touchèrent peu; c'était comme si des hyènes avaient protesté contre l'arrivée de loups dans leurs tanières.

Dans l'été de 1879, je trouvai détruites toutes les karaoulas qui s'élevaient le long de la route dans le Balkan de Berkovitsa. Il n'y avait plus alors de gendarmes albanais ou tcherkesses; néanmoins, sous le gouvernement à peine né de la Bulgarie, la sécurité était plus grande qu'elle ne l'avait jamais été. J'eus peine à en croire mes yeux. Quelques femmes, de petites troupes de jeunes filles et d'enfants portaient du lait, des fruits, etc., au marché de la capitale et traversaient le Balkan sans être accompagnées par des hommes.

Les caravanes du Balkan ont l'habitude de passer la nuit à Klisoura, et il existe dans ce village une véritable rue d'auberges pourvues de vastes étables. Au delà, le défilé s'ouvre peu à peu, et enfin nous nous trouvâmes transportés dans la dépression richement arrosée où est bâtie Berkovitsa. Les minarets de la ville, semblables à des aiguilles brillantes, se détachaient avec le plus vivant relief sur les sombres parois de la montagne. Je ne fis cependant que passer à Berkovitsa, me réservant de lui consacrer, lors de mon prochain retour, une visite détaillée.

Nous dirigeant vers Vratsa, nous entrâmes, près de Zlatina, dans un immense cirque de rochers dont quelques semaines auparavant, du haut plateau de Kaménitsa, j'avais aperçu les coupoles et les pointes se dressant avec majesté dans l'espace. Après le village de Hadjilar-Mahalési, nous atteignîmes la Botounia, qui émerge avec un bruit formidable d'un défilé en forme de portique, pour pénétrer près de Serdar-Tchiftlik, dans une vaste et large campagne.

Suivant le pied du mont Kotla, dont la muraille se dresse d'un seul bond à plus de 300 mètres, la route se prolonge sur le plateau couvert de taillis de chênes et de champs de maïs. A de rares intervalles seulement, de profondes déchirures entaillent le mur à pic, par exemple, près de Bistrets, et plus tard près du monastère de Svéti-Yovan. Dans le voisinage du couvent nous traversons pour la première fois la Vratchanska, qui coule pour le moment tranquille et claire, et borne son effort à faire ici et là tourner les roues d'un moulin; mais les larges bancs de graviers laissés par les eaux violentes du printemps forment un danger permanent pour la belle plaine et l'empêchent d'étendre ses cultures.

Mais voici qui trahit le voisinage de la ville. Entre deux tumuli gigantesques, des femmes musulmanes jouent et babillent avec des enfants, fort occupés à puiser des friandises dans des paniers suspendus au bât d'un petit âne. Je reconnais là cette gaieté particulière aux femmes et aux enfants turcs, et à laquelle le jeune Osmanli se livre d'autant plus volontiers qu'il entrera de meilleure heure dans la routine des cérémonies et des convenances dont il sera l'esclave pendant toute sa vie d'homme.

Le soleil était encore sur l'horizon lorsque nous fîmes notre entrée dans la ville de Vratsa. J'étais recommandé à M. L. Georges Lémonides, jeune négociant d'origine grecque, qui venait y faire chaque année des achats pour la maison Richard, de Marseille, dont il était le représentant à Andrinople. Ma bonne étoile l'avait fait descendre quelques jours auparavant dans mon auberge. Je ne pouvais avoir un guide plus obligeant ni plus sûr.

Loin d'imiter l'indifférence ou le mutisme des habitants des autres villes, qui me laissaient faire des fouilles à mes risques et périls, et me demandaient ensuite des renseignements sur mes découvertes, ce Grec instruit connaissait chaque pierre de la contrée. Je commençai ma tournée par la grande place sur laquelle donnait la façade de notre han. C'était un tableau original et varié. Des cafés aux balcons de bois de toutes formes, des maisons de bois moitié orientales, moitié européennes, rehaussées de couleurs claires, des boutiques aux détails bizarres, formaient une ceinture autour de la place. La tour d'horloge, carrée, rugueuse, de vrai style turc, en occupait le centre, dominée par un sombre et gigantesque peuplier. Çà et là l'étincelle rapide d'une coupole revêtue de métal et frappée du soleil lançait un rayon sur une foule grouillante et bigarrée de Turcs, de Bulgares, de juifs et de Tcherkesses, qui se pressaient en marchandant aux portes des boutiques. Ce tableau, riche des teintes changeantes d'une matinée d'été, se détachait sur la rude muraille calcaire dont la masse puissante contrastait avec le bleu profond du ciel.

Vratsa est encore aujourd'hui ce qu'elle était il y a des siècles, une des plus importantes villes commerciales de la Bulgarie. Une excellente route la relie aux ports de Lom et de Rahova; dans ses magasins s'entassent des cuirs bruts, des peaux de chèvres, de la cire, du miel, du vin, du maïs; ses étables sont pleines de gros et de petit bétail de toutes les parties du Balkan. Le vin de Vratsa est un des meilleurs du pays.

De Vratsa, les marchandises sont dirigées vers le Danube ou expédiées par grandes caravanes de l'autre côté de la chaîne. Le gros bétail du district est transporté vivant à Constantinople, tandis que les chèvres et les agneaux, abattus dans la ville même, étaient, avant la guerre, débités à des prix dérisoires. Leurs peaux forment un des articles les plus importants du commerce local. En 1871, la maison Richard, de Marseille, en avait acheté pour sa part environ 300000, à raison de 17 piastres environ la paire.

Le trafic des cocons et des soies écrues de la contrée est tout entier entre les mains des juifs. La soie est presque exclusivement filée dans une petite usine de la ville et vendue ensuite aux brodeurs albanais. Quant aux cocons, ils sont expédiés aux grandes filatures de Tirnovo et d'Andrinople. Les ouvriers en filigrane de Vratsa jouissent dans toute la Bulgarie d'une réputation méritée. Bien que Kotsi, le plus habile de ses maîtres, ne possède pas le plus petit modèle ou même le moindre dessin, il crée de véritables chefs-d'œuvre.

Le riche notable Théodoraki Dimitriev, auquel je fis une visite, montrait beaucoup de goût pour l'étude des antiquités. Je vis chez lui quelques restes antiques provenant de Golémo-Pechténé, ce qui me décida à ajouter ce village à ceux que je devais parcourir le long du Skit. L'habitation de Théodoraki présentait un grand confort ; les coussins en laine de couleurs variées étaient brodés à la perfection ; les plafonds étaient lambrissés, et le long des murs des étagères portaient des vases en métal et en terre, qui témoignaient du goût des Bulgares pour les chefs-d'œuvre de ce genre. Le propriétaire fut assez aimable pour m'offrir à mon départ un de ces vases, élégamment travaillé à jour ; il fut très remarqué au musée industriel de Vienne.

Le cercle de Vratsa comprenait 95 villages, dont nos cartes ne portaient que 19. Les Bulgares formaient la fraction la plus considérable de la population de la ville, qui ne comptait pas moins de 2400 maisons. Aussi possédaient-ils 7 églises contre 4 mosquées. L'élément turc n'était pas plus élevé dans les campagnes environnantes. A côté de 64 villages habités exclusivement par des Bulgares chrétiens, il ne s'en trouvait que 8 renfermant à la fois des Bulgares orthodoxes et des Bulgares musulmans. Les seuls villages purement musulmans étaient les 9 colonies tatares et tcherkesses. On le voit, si les Turcs ont été jadis en nombre considérable dans le cercle de Vratsa, ils en avaient déjà presque entièrement disparu en 1871. Actuellement, il n'y existe plus une seule maison turque. Ce fait vient confirmer l'opinion que j'ai émise il y a longtemps, que les Turcs désertent de plus en plus l'Occident pour se retirer vers l'Orient. Comme il résulte de ma carte ethnographique, dans le district de Vidin, par exemple, on ne les rencontrait plus en 1877 que dans 7 villes, 2 bourgs et 4 villages; encore étaient-ils partout mélangés aux Bulgares. Il n'y a que la petite ville de Tsibritsa qui soit encore exclusivement peuplée de Turcs.

Malgré son infériorité numérique, le Turc a toujours su se faire craindre à Vratsa et dans les environs. Les souvenirs de meurtres et d'incendies laissés par les bandits du démolisseur d'églises, Yousouf-Pacha, de Berkovitsa, ne sont pas encore effacés, et jusqu'à nos jours les ruines menaçantes de leur antique château (*koula*) faisaient trembler les Bulgares qui passaient devant ses sinistres murailles.

Pendant les années 1876 et 1877, Vratsa et les localités voisines eurent beaucoup à souffrir des atrocités commises par les Tcherkesses, qui livrèrent aux flammes des villages entiers. Les habitants qui résistaient furent tués; leurs filles et leurs sœurs envoyées par bandes au delà du Balkan, pour être vendues en Asie; souvent on les violait et on les abandonnait à leur sort. L'arrivée des Russes mit fin à ces indignités. Pendant que Gourko passait le Balkan d'Étropol, il jugea utile, pour assurer son aile droite, d'occuper Vratsa. La ville était garnie de redoutes, mais défendue seulement par 800 nizams et une bande de Tcherkesses. Après un court bombardement et un combat livré à pied par un escadron de dragons et un détachement de lanciers, les Turcs battirent en retraite et laissèrent entre les mains des vainqueurs des magasins richement fournis.

A l'extrémité du quartier de Paliloula, un ancien viaduc couvert de mousse conduit sur la rive gauche de la Vratchanska, que l'on suit sur un sentier sinueux comme elle, pour pénétrer bientôt dans un amphithéâtre formé de masses calcaires entassées l'une sur l'autre en gradins gigantesques. Les amas d'éboulis se dressent verticalement sur les deux rives du torrent et, au-dessus de l'avare végétation qui tente de les recouvrir, les blocs géants et les monolithes isolés menacent sans cesse de leur chute les eaux tumultueuses et blanches d'écume. Le rouge et fantastique monde de grès de Bélogradjik a trouvé un rival digne de lui dans l'amphithéâtre de calcaire aux reflets d'or pâle de Vratsa, dont la magie s'empare de l'âme avec toute la puissance des créations grandioses de la nature.

DÉFILÉ D'IZGORIGRAD PRÈS DE VRATSA.

Les habitants du pays ne passent point sans une sainte terreur devant le défilé d'Izgorigrad. D'après la légende populaire, la vengeance du Dieu des chrétiens s'étendit sur le dernier tsar bulgare, le traître Joanice Stratsimir Chichman, que l'on voit changé en pierre sur la rive droite du torrent. Sa fille, son cocher, son char, furent punis de la même peine, et les roches du cirque portent encore les traces de leur sang. A la vérité, le tout est quelque peu difficile à reconnaître ; il y faut sans doute le secours d'une imagination plus ou moins vive. Mais qui sait si, en cette circonstance, la voix du peuple n'est pas, en quelque mesure, la voix de Dieu?

Ce dernier prince de la Bulgarie occidentale se sépara du patriarcat national de Tirnovo, se soumit au siège œcuménique de Constantinople et s'abaissa au rang de vassal de la Turquie. Lorsque le sultan Bajazet se fut emparé de Vidin, Stratsimir se sauva dans les gorges inaccessibles du Balkan de Vratsa. Mais pourquoi la légende nous a-t-elle montré à côté du tsar criminel sa fille comme son mauvais génie? Les anciens Bulgares connaissaient-ils le mot actuellement fort en vogue : « Cherchez la femme ? »

La tradition veut que les restes des murailles que l'on voit en cet endroit soient Izgorigrad, dernière ville du souverain bulgare, qui fut incendiée par les Turcs. En réalité, ce sont les ruines d'un castellum romain ; le défilé ne présente pas assez d'espace pour une ville.

Une issue de 20 mètres de large mène de ce chaos d'aiguilles, de pyramides et de pointes, dans la vallée qui s'ouvre vers le sud. Les hautes murailles reculent soudain pour faire place à des éperons aux pentes faciles, couvertes de riches prairies et de taillis. D'en bas monte le bruit joyeux des moulins cachés aux bords du ruisseau, entre les peupliers et les érables ; et plus au sud, verdoient sur les hautes pentes les cultures du village d'Izgorigrad.

J'ai démontré que la chaîne du Balkan n'est percée de part en part que sur un seul point et par le seul Isker. C'est d'après ce fleuve que j'ai donné à cette percée le nom de trouée de l'Isker. Ayant, quelques jours auparavant, aperçu son entrée méridionale, près de Korila, je songeais maintenant à reprendre par le nord l'exploration de cette formidable coupure, restée jusqu'en 1871 vierge du pied des géographes. Cette tâche m'était d'autant plus commandée que jusqu'à un certain point elle m'avait été léguée par mon ami Lejean, qui m'écrivait peu de jours avant sa mort : « Il faut qu'un de nous deux en finisse avec les Balkans de Berkovitsa-Vratsa jusqu'à Orhanieh. »

Notre caravane, escortée de deux zaptiés, descendit la vallée de la Béla-Réka. Les eaux de la petite rivière sont en général fort paisibles, mais parfois elles se soulèvent comme un torrent. Les ruines d'une ancienne petite ville turque, près de Kerpets, témoignent de leurs ravages.

Nous élevant sur sa rive droite jusqu'au village de Mezra, nous entreprîmes de rechercher les antiquités, enfouies, nous avait-on dit, dans les environs. Mais une pluie diluvienne avait changé le sol en une mer de boue, et nous songions déjà à repartir comme nous étions venus, lorsqu'une pierre nous fut signalée dans la maison de Dragan Stoïanov. C'était une inscription de l'époque de Caracalla. Le nom de l'empereur avait été martelé après sa mort, comme sur la plupart de ses monuments. Quelques instants plus tard, accompagnés par la fille de la maison, nous étions sur les ruines d'un de ces antiques castra qui se partageaient la surveillance de la grande voie de l'Isker.

Le han de Mezra est situé près du gué de l'Isker, par lequel doivent se rendre pour passer au petit chef-lieu tous les habitants des nombreux villages établis au sud-ouest du district. Midhat avait eu l'intention d'y bâtir un pont; mais, après le rappel du pacha, son projet tomba dans l'oubli. La rivière est ici très profonde, et nous fûmes heureux de l'avoir traversée sans accident. Un peu avant Lioutibrod, les détails pittoresques du paysage se multiplient, et une jolie chapelle, construite par un paysan pour consacrer la mémoire de quelque événement de famille, nous offrit un lieu de repos des plus romantiques.

Quel que fût d'ailleurs mon étonnement de rencontrer en cet endroit un monument dont la forme rappelait bien moins les constructions de l'Église orthodoxe que celles de l'Église romaine, une surprise bien autrement vive m'attendait tout près de là. Du haut d'un contre-fort, revêtu de taillis et de champs cultivés, projeté par un massif calcaire aux vastes créneaux, plusieurs murailles verticales de 3 à 5 mètres d'épaisseur et de 50 à 80 mètres de hauteur descendaient perpendiculairement sur la rive gauche de l'Isker. Habiles comme nul autre peuple à profiter des accidents de terrain, les Romains n'ont pu rencontrer sans en tirer parti ces colossales murailles élevées régulièrement par la nature. A l'aide de fortes maçonneries, ils fermèrent aux deux extrémités le couloir formé par les murailles naturelles et en firent un castrum pourvu de deux cours immenses qui contenaient probablement les logements de la garnison.

On donne à ce castellum, dans le pays, le nom de Korintgrad. A quelque distance se dresse un grand tumulus; c'était le plus rapproché du versant septentrional du Balkan que j'eusse rencontré. La tradition en a fait le piédestal d'un temple païen où, sans doute, avant d'entreprendre la traversée du défilé, les voyageurs sacrifiaient aux dieux pour se les rendre favorables.

Nous revînmes à Lioutibrod (mauvais gué); une voie d'eau se

CASTELLUM ROMAIN DE KORINTGRAD PRÈS DE LIOUTIBROD.

déclara au bac pendant le passage de la rivière; peu s'en fallut qu'il ne coulât. Déjà les femmes se signaient et appelaient à leur aide tous les saints du Paradis; mais le travail persévérant des hommes nous tira de ce mauvais pas.

Quelques résultats que j'eusse attendus de la journée du lendemain, où j'allais enfin pénétrer dans la gorge de l'Isker, il m'était réservé bien davantage, et je puis noter cette journée comme une des plus intéressantes de mes voyages. Aucun nuage ne voilait la pureté du ciel lorsque notre caravane, descendant la pente de Lioutibrod, s'achemina vers l'Isker. A trente mètres au-dessus du fleuve, la route se replie sur les coteaux tapissés de gazon, et, une demi-heure plus tard, elle émerge dans une merveilleuse enceinte de rochers, à travers laquelle les eaux vertes de l'Isker précipitent leur pente. Au premier coup d'œil, nul vestige de chemin ne trouve place dans ce désordre, et pourtant notre guide, indiquant du doigt à des hauteurs vertigineuses une mince ligne à peine visible qui accrochait ses ressauts à la muraille rigide, nous raconta que, trois semaines auparavant, un moine et son cheval avaient roulé de là dans le précipice.

Nous mîmes pied à terre, et, tenant nos bêtes par la bride, l'un après l'autre, avec précaution, nous côtoyâmes la falaise, qui domine ici l'Isker d'au moins 350 mètres. Parfois une dalle, posée de biais sur un appui vacillant, semblait au moindre choc prête à glisser dans l'abîme; les petits débris dévalaient avec fracas, tandis que l'ample muraille opposée se recouvrait, de la base au faîte, d'un réseau d'aiguilles et de dentelures d'une blancheur éblouissante. Pas un arbre dans lequel pût s'abriter un oiseau voyageur; à peine un buisson; mais partout de grands lézards couleur émeraude fuyant d'un trait entre les blocs crevassés sur lesquels l'araignée tend sa toile délicate.

Enfin, la falaise décrit un léger demi-cercle, le sentier contourne sa dernière assise, et nous nous trouvons transportés tout à coup sur une pente où les calcaires se revêtent de hêtres, de chênes et de bouleaux. Le sentier, laissant à droite et à gauche les ruines de deux petits châteaux romains, passe sur un éperon rocheux qui surplombe la vallée. L'ancienne voie romaine aurait-elle jadis suivi le bord du fleuve, au-dessous du tracé actuel?

Nous descendions à travers les taillis vers l'Isker lorsque le son clair et joyeux d'une cloche, lancée à toute volée, vint soudain couvrir le mugissement du fleuve. C'était le salut de bienvenue du pittoresque couvent de Tchérépis, dont les moines nous avaient découverts dans le lointain. Ces bons frères n'étaient pas peu étonnés de cette visite extraordinaire dans leur solitude abandonnée; ils nous régalèrent de leur plus vieux raki, sans compter le pain, les œufs et le café de la collation. Le vieil hégoumène et ses dix moines étaient, d'ailleurs, fort affairés; ils s'occupaient des préparatifs de leur fête patronale.

Des tables grossières étaient dressées dans la cour; de grandes corbeilles de pain, des montagnes d'aulx et d'oignons, de viande fumée et de fromage s'empilaient dans la cuisine, attendant les hôtes qui accourent ce jour-là de toute la vallée de l'Isker central. Nous souhaitâmes au petit monastère un heureux sabor (c'est pour les couvents grecs une question d'existence), et nous quittâmes son toit

DÉFILÉ DE L'ISKER PRÈS DU MONASTÈRE DE TCHERÉPIS.

hospitalier, après avoir déposé notre modeste obole sur la table aux saintes images.

Les murs du couvent de Tchérépis se baignent dans la rivière, et les rochers de l'autre rive tombent dans le flot par une double incurvation si rapide qu'une route n'y peut trouver place. Un sentier de mulet gravit la roche crevassée et mène à Ignatitsa, le premier des nombreux villages qui s'espacent sur la rive droite du défilé, jusqu'à ce jour présenté comme absolument désert. On y cultive un tabac noir et fort dont le tchorbachi nous vendit une certaine quantité à raison de 5 piastres la livre, et qui sûrement aurait coûté dix fois davantage sur les bords du Danube.

Près d'Ignatitsa, j'aurais pu sans difficulté passer sur l'autre rive et longer le bord du fleuve, mais je préférai rester sur le sentier pénible dont l'élévation m'offrait la vue des villages du défilé. Ils sont pour la plupart assis sur les failles de la paroi, à 100 mètres, et souvent plus encore, de hauteur. Celui de Séronino vit, en 1829, 600 Arnaoutes du pacha de Scutari se noyer dans l'Isker en essayant d'échapper aux Russes. A peu de distance se suivent Opletna, avec les ruines d'un castrum, puis Oselna, où la vallée prend un caractère aimable et gracieux. Vis-à-vis de cette dernière localité, et sur la même rive, est situé le petit hameau de Slidol, qui apparaît derrière des haies chargées de fruits, au milieu de prairies argentées d'absinthe; il est entouré de massifs de granit sur lesquels glisse une élégante cascade. Les plus belles parties des Alpes offrent rarement un paysage plus pittoresque.

Derrière Slidol, la rudesse de l'escarpement force le sentier à regagner le bord du fleuve, tandis que sur l'autre rive, et dominées par les puissantes coupoles granitiques du Balkan de Vratsa, des promontoires d'un rouge intense s'élèvent en pente douce jusqu'au village d'Iliséna dont les maisons se dérobent dans une profonde entaille. Le porphyre dioritique apparaît ici près de granits d'un jaune pâle et donne au paysage des deux rives une teinte particulièrement romantique. Nous y trouvâmes encore les vestiges d'un ancien castrum, le cinquième depuis Lioutibrod.

Après avoir passé le gué de la Gabronitsa, nous abandonnâmes l'Isker pour nous diriger vers Lakatnik, le village le plus élevé du Balkan, que j'avais choisi d'avance pour y passer la nuit. Il n'y avait pas de temps à perdre : les ombres du soir enveloppaient déjà le ravin; un de nos hommes seul connaissait le pays, et dans le chaos de pierre que nous traversions, l'étroit sentier était facile à perdre. Par bonheur, une lumière brilla dans le lointain; on dévala, on remonta les pentes ravinées, les feux devinrent plus vifs, l'aboiement des chiens signala notre approche, et nous mîmes enfin le pied dans ce nid d'aigle dont les habitants ne se montrèrent pas peu surpris de notre visite à cette heure tardive.

On nous demanda quel était le but de notre excursion. C'était là une question importante pour nos hôtes, fort prévoyants, mais de mœurs un peu rudes. Nous étions arrivés chez eux accompagnés de deux zaptiés turcs. En général, les gendarmes du sultan ne s'aventuraient que rarement dans les régions élevées du Balkan. Venions-nous donc au nom de la Porte lever un impôt ou exiger une corvée? Lorsque j'eus expliqué les motifs de mon voyage, les Balkandjis furent satisfaits et montrèrent qu'ils sont capables de comprendre des choses dont ils n'avaient pas la première notion.

Chacun s'empressa de me fournir des renseignements. Un des assistants augmenta même ma collection des minéraux du défilé de l'Isker, en m'offrant un échantillon de charbon de terre, dont il avait vu les longues couches affleurer près de Rébrova, entremêlées aux strates de grès.

Le lendemain se leva moins pur que ne l'eût exigé l'ascension projetée du mont Lakatnik. Dressé à une altitude imposante au sud-est du village, il se présente comme un des plus hauts sommets du Buyuk-Balkan de Sofia. Le chemin s'élève d'abord sur des pentes faciles couvertes de bois et de cultures; mais bientôt la montée s'accentue, les grands blocs épars sur le Yavorets, contrefort principal du Lakatnik, accroissent les difficultés. Nous avions gravi 1200 mètres, et déjà la vue était si intéressante, elle m'offrait tant de nouveaux villages, que je me disposais au travail lorsque la température s'abaissa subitement et qu'une pluie torrentielle commença à se déverser sur nous. Il nous fallut regagner sans retard le village. Les habitants firent cercle autour de nous : beaucoup d'entre eux n'avaient jamais quitté leur montagne, et pas un n'avait encore vu d'Européen occidental.

A la suite de l'établissement des colonies circassiennes, cinquante familles avaient émigré vers le district de Rahova. Du jour où les maraudeurs du Caucase parurent dans le pays, la principale industrie du Balkan fut menacée. Le temps n'était plus où l'on pouvait en toute sécurité confier à un enfant la garde de grands troupeaux. Cependant Lakatnik possédait encore, en 1871, 10000 brebis et 3000 chèvres, et son voisin Osikovo en nourrissait un nombre aussi considérable. Si l'on en croit les chiffres officiels, le chiffre du bétail dans le district de Vratsa n'en serait pas moins tombé en dix ans de 200000 têtes à 80000, au grand détriment des droits fiscaux.

Dès que la pluie eut cessé, je quittai Lakatnik et redescendis vers l'Isker, dont je gagnai la rive gauche. Trois montagnes calcaires, formées d'un grand nombre de petits degrés verticaux, y dressent

F. Kanitz.

leurs cônes recouverts dans les parties supérieures d'une végétation maigre et clair-semée.

Deux gorges profondes, desquelles s'échappent d'assez gros ruisseaux, séparent la montagne triangulaire du milieu, qui s'avance vers le fleuve, des deux cimes voisines, de forme absolument identique. Pendant un moment, on se croirait en présence d'une œuvre gigantesque taillée par la main des hommes, mais ceux-ci se sont simplement servi des positions créées par la nature pour y construire des

L'OSIKOVSKO-GRADICHTÉ DANS LA TROUÉE DE L'ISKER.

fortifications. La montagne centrale a été couronnée d'un château-fort, et au pied des deux autres ont été élevés divers ouvrages de défenses dont les ruines font monter à huit les castella antiques que je vis dans la trouée de l'Isker. Il s'en trouve probablement d'autres encore dans la partie méridionale du défilé. Ce grand nombre de châteaux-forts prouve d'une manière frappante la haute importance stratégique que les Romains attachaient au passage.

L'Osikovsko-Gradichté, qui occupe le sommet du mamelon central en face de Lakatnik, marque le point où l'Isker abandonne la direction sud-nord pour suivre désormais pendant les deux autres tiers de son défilé tortueux celle de l'ouest à l'est. Il fuit ici dans une faille escarpée où sa profondeur atteint parfois de sept à huit mètres.

La dernière partie de notre marche à travers cette portion du Balkan, de Lakatnik à Vratsa, nous offrit des points de vue vraiment admirables et lorsque, à travers la zone silencieuse des hauts pâturages, j'atteignis le col d'Izgorigrad (1412 mètres), toute la région des sources de la Botounia se déroula sous mes yeux.

A quelques heures de Vratsa la nuit nous surprit; un des deux zaptiés marchait en avant, portant une lanterne attachée au canon de son fusil. Notre caravane, semblable à une procession de fantômes, atteignit pourtant la ville sans accident, riche en matériaux qui, pour moi, compensaient largement les périls de l'entreprise. J'avais achevé le relevé topographique de la coupure du Balkan sur une longueur de 75 kilomètres, inscrit le premier 45 villages où l'on en connaissait à peine 3, et réuni enfin d'importants faits archéologiques, ethnographiques et géologiques.

C'est avec ces résultats que je m'éloignai de la trouée de l'Isker, qui joue un rôle si considérable dans le système du Balkan, et qui sera traversée un jour, je n'en doute pas, par une ligne de chemin de fer à la construction de laquelle elle n'oppose point de ces obstacles que l'art des ingénieurs modernes ne puisse vaincre.

CHAPITRE XX

LES RÉGIONS DU SKIT, DE L'OGOST ET DE LA TSIBRITSA. — BERKOVITSA.
LES COLS DE KOM ET DE VERCHKA-GLAVA. — LOM.

Dans le dessein d'explorer la région des sources du Skit, je pris, de Vratsa, la direction de la Kostalevska-Moguila, qui offre un magnifique point de vue sur le Balkan de Vratsa, la vallée de l'Isker et la gorge d'Izgorigrad. Bientôt après j'atteignis l'arête faîtière des bassins de l'Isker et du Skit, et, par deux larges portiques de roches calcaires, je plongeai mes regards charmés sur le bassin ombragé qui se développait à 300 mètres de profondeur au-dessous de la falaise semi-circulaire du plateau que je venais de gravir. De cet amphithéâtre s'échappaient en éventail cinq ruisselets qui, arrêtés dans leur course par une muraille barrant la plaine, réunissaient leurs eaux pour s'enfuir ensemble, par une entaille, près de Malo-Pechténé. Ce charmant bassin aux lignes géométriques, c'était le réservoir des sources du Skit, que je cherchais et que mon imagination aurait en vain essayé de rêver plus pittoresque. Il ressemblait à un parc anglais protégé par une haute paroi contre les coups de vent du nord-est. Au milieu de l'arc décrit par le rebord du plateau s'élèvent les ruines du château de Vésélets.

Une violente pluie d'orage avait rafraîchi la végétation, et les troupeaux de buffles, de bœufs et de moutons qui s'étaient abrités dans des bercails, sous des arbres et des saillies de rochers, remontaient vers les belles prairies de la montagne; d'innombrables gouttes de rosée brillaient sur l'herbe aux rayons du soleil.

La descente eut lieu sur Mramoren, qui nous offrit une cordiale hospitalité. Je ne pus obtenir aucun détail sur le passé du château de Vésélets, mais on m'y révéla l'existence de vieilles murailles dans le village voisin de Dolno-Pechténé.

Là, j'eus beau m'informer de ces fameuses murailles, personne n'en voulait avoir entendu parler. Ce ne fut que grâce à l'intervention énergique de mon zaptié que les anciens du village finirent par me conduire au cimetière, où je trouvai des chapiteaux brisés, de larges dalles et une pierre votive fort endommagée. D'après le dire unanime, ces débris provenaient d'un temple païen situé sur l'autre rive du Skit. Une crue considérable de la rivière m'empêcha de constater la vérité de cette assertion, mais je signale Vésélets aux explorateurs comme un important point de recherches archéologiques.

Je pénétrai avec le Skit dans l'étroit défilé qu'il s'est creusé près de Malo-Pechténé, et par lequel il s'échappe sur la grande terrasse danubienne. C'est d'Ohodna que le Skit décrit cette grande courbe vers l'est que j'avais franchie près de Komarévo. Son cours était donc fixé dans toute sa longueur; mais il n'en était pas de même de son principal affluent, la Berzina, que je devais, selon toute apparence, chercher à l'ouest d'Ohodna. Prenant cette direction, j'atteignis la chaussée de Rahova. J'étais tout à la joie de marcher sur un chemin si confortable, lorsque, arrivé à la limite des deux districts de Vratsa et de Rahova, je le vis s'arrêter tout à coup pour aboutir à un misérable casse-cou. On m'apprit que les deux districts avaient reçu l'ordre de construire la route sur l'étendue de leur territoire respectif; mais le kaïmakam de Rahova avait négligé de faire exécuter les travaux dans son district, au grand mécontentement des habitants de Vratsa, qui, pour leur part, s'étaient empressés d'achever la partie du tracé qui leur incombait. Telle était la manière d'agir des agents du gouvernement turc.

Me tournant alors vers la Botounia et l'Ogost, je passai par Débéné, sur le bord de la Ribnitsa, et j'atteignis Galatin, dont la position a été déterminée par les Russes lors des travaux de triangulation entrepris par la commission européenne. La Turquie manquant d'ingénieurs habiles, la Russie se chargea de la tâche échue à sa voisine, et il est à supposer qu'elle ne laissa point échapper cette excellente occasion de faire exécuter à son aise, et dans un but moins scientifique, le levé des régions qui l'intéressaient. Les travaux russes, contrairement à ce qui se passa en Asie, ne furent pas livrés à la publicité.

J'avais déjà entendu parler de Galatin, célèbre au loin pour la beauté de ses femmes bulgares. Les jeunes filles s'y distinguent, en effet, par l'éclat de leur teint et la ligne correcte de leur profil; leurs dents sont d'une blancheur éclatante, leurs joues roses, peut-être même un peu fardées. La partie la plus saillante de leur costume est la coiffure, formée d'un bandeau tout parsemé de monnaies, qui est posé sur le front comme une couronne, et dont les bouts frangés retombent fort bas sur le dos. La chemise blanche, ample et plissée, bordée d'un petit col, sied particulièrement aux jeunes filles, qui portent en outre le double tablier rayé de rouge, de bleu, de brun, et dont les longues franges se détachent sur la toile blanche de la chemise. Leur joli petit pied dédaigne la sandale usitée en Bulgarie et se chausse élégamment de souliers rouges ou noirs. Une fleur dans les cheveux, des bagues, de grandes boucles d'oreilles et de lourds bracelets complètent leur parure.

Je pus me convaincre d'ailleurs que ce charmant type de femme n'est point spécial à Galatin, mais qu'il est répandu dans tout le nord-ouest du district de Vratsa. Je le rencontrai dans toute sa pureté notamment à Raïkovo, sur la rive droite de la Botounia.

Nulle part la Bulgarie n'offre de paysages plus aimables que dans cette zone crayeuse qui sépare le lœss de la terrasse danubienne de la sauvage et pittoresque région du Haut-Balkan. On se croirait transporté dans l'Italie du nord, n'était le haut plateau recouvert de prairies délaissées et de maigres broussailles de chênes, dont la monotonie vient jeter une note de tristesse dans la charmante idylle de la vallée de la Botounia.

Non loin du couvent de Svéti-Yovan, le niveau à peu près horizontal du plateau se relève brusquement en un sommet de 100 mètres de hauteur, tout revêtu de chênes. De là, de nombreux lacets descendent aux bords de l'Ogost. Sur sa rive droite s'étage par degrés une muraille nue, tandis que sur l'autre bord, aussi loin que le regard peut atteindre, il voit se prolonger les assises de lœss.

Les Tsiganes se sont établis en grand nombre dans les villages de l'Ogost.

Le lendemain fut une des journées les plus pénibles que j'aie eu à passer pendant mes voyages. Sur la carte, le territoire compris entre le Lom et l'Ogost, et traversé par la Tsibritsa, était aussi blanc que s'il se fût agi des sources du Congo. Pourtant, comme je m'en aperçus bientôt, la population de la terrasse danubienne était ici aussi très dense. Il s'agissait d'établir la topographie d'un pays de 25 milles géographiques carrés.

Bien qu'il fût encore de bon matin, le soleil dardait sur la terrasse sans aucune ombre, et promettait pour le milieu du jour une température tropicale. Nous traversâmes d'abord Gorna-Gvoïnitsa, qui s'incline avec son profond ravin sur la pente d'un brun pâle de la terrasse. Une demi-heure plus loin apparaît le village de Bouzovets, précédé de nombreux tumuli. La chaleur était devenue suffocante; des nuées de taons et de moustiques énormes se ruaient avec fureur sur nous et sur nos chevaux. Les ravages des moustiques de la Bulgarie ne le cèdent pas à ceux des mouches noires de l'Amérique septentrionale ou des mosquitos de l'Amérique centrale et méridionale. Cette espèce appartient à la famille du fameux moustique de Goloubats, dont j'ai parlé dans mon ouvrage sur la Serbie.

A Voultchéderma, nous passâmes le gué de la Tsibritsa, au bord de laquelle nous fîmes halte pour laver les plaies saignantes de nos malheureuses bêtes. A l'embouchure de cette rivière dans le Danube est située la petite ville de Tsibritsa, oasis turque entre les populations roumaines de la rive droite du Danube et les Bulgares de l'intérieur des terres. Elle tire son nom de celui du Ciabrus ou Cebrus, rivière qui formait la limite des deux Mœsies; sur ses rives s'était établie la tribu des Myses et s'élevait la petite ville de Ciabrus, qui jouissait sous les Romains d'une grande importance. Aujourd'hui le bourg turc, formé de 100 maisons tout au plus, ne doit un reste d'existence qu'à l'agriculture et au petit commerce. Les bateaux à vapeur du Danube passent devant sans y faire escale.

A l'ouest de la petite ville turque est situé un mahlé bulgare, qui possède 80 maisons. En novembre 1877, la cavalerie roumaine, sous les ordres du général Lupu, mit fin dans ces régions aux excès des bachi-bozouks.

BAS-RELIEF DE DIANE
A VOULTCHÉDERMA.

Les fragments antiques dispersés dans les environs portent témoignage du haut degré de civilisation auquel était parvenu le territoire du Ciabrus. Le portique de la belle église de Voultchéderma offre un bas-relief bien conservé, représentant Artémise, dont l'attitude et la draperie rappellent les célèbres Dianes du Vatican et du palais Colonna. Plusieurs découvertes analogues, faites en Mœsie, prouvent que le culte de la déesse y était en grand honneur. Les fondations de l'église, bâtie en 1857, seraient, dit-on, construites avec des dalles antiques trouvées dans la localité.

Les champs de maïs et de blé nous accompagnèrent longtemps sur notre route vers Komachtitsa. Pauvre village, et peu avenant! Sous le soleil à pic, il se confond avec le sol de lœss en une masse d'un gris sale qui fait songer aux demeures des fellahs.

Malgré les quelques bois de chênes dont le lœss se pare à de rares intervalles, la même impression de tristesse nous suivit jusqu'à Progorélets, où nous passâmes la Tsibritsa près d'une ravissante oasis de verdure: mais l'accablante monotonie du paysage reparut ensuite et, pendant deux heures et demie, notre œil fatigué n'aperçut, aussi loin que reculât l'horizon, que des broussailles desséchées de sumacs et de chênes. Cette impression fâcheuse ne se dissipa qu'au moment où se dressèrent à l'horizon, du côté du sud, les cimes du Balkan, de Vratsa à Bélogradjik, baignées dans les couleurs du soleil couchant. Cette vue me ranima; il fut encore une fois évident pour moi que les voyageurs qui ont affirmé que le Balkan n'apparaît comme une haute montagne que vu du côté sud, n'ont jamais visité la partie occidentale de la chaîne. Ici et sur bien d'autres points, et même sur le Danube, à Vidin, ils auraient bien vite changé d'opinion. Enfin, nous atteignîmes Gabrovnitsa, but de notre journée et limite de la région du lœss. Ce village aligne ses 66 fermes bulgares, son école et son église, à l'est de la chaussée de Lom et de Berkovitsa.

C'est sur cette route que je rejoignis le lendemain un pêle-mêle de chariots primitifs, attelés de buffles, qui amenait de Lom le sel gemme de la Valachie. La Turquie, ne possédant pas de salines, est obligée d'importer cet article indispensable d'Autriche, de Roumanie et de France. J'eus l'occasion de me convaincre que, malgré les frais de transport et les droits de douane dont le sel était grevé, il était encore moins cher dans les vallées du Balkan qu'il ne l'est en Autriche. Le droit d'entrée sur le sel, considérablement diminué par le gouvernement provisoire russe, a été relevé par le ministère des finances bulgare; mais cette mesure a provoqué, en 1879, de vives réclamations au sein de l'Assemblée nationale.

Non loin de Gorna-Koutlovitsa, nous passâmes à gué les deux bras de l'Ogost et pénétrâmes dans sa belle vallée, toute verte de champs de maïs et de vergers. Nous y jetâmes un gai salut de bienvenue à deux minarets, les premiers après une pérégrination de dix-sept jours, et, dépassant un vieux fort flanqué de tours rondes, dont les soubassements sont peut-être romains, nous nous reposâmes bientôt avec délices sous la fraîche vérandah d'un modeste han turc.

Quelques heures plus tard, nous nous vîmes de nouveau sur le seuil du bassin magnifique où se dressent étincelants les minarets de Berkovitsa. Cette ville offre un aspect enchanteur. Trônant au milieu de collines boisées et de gorges ombreuses, rafraîchies par une infinité de cours d'eau, elle deviendra sans doute un jour le rendez-vous d'été des classes aisées des chaudes régions du Danube. Mais, en dehors de ces avantages naturels, le voyageur séjournant à Berko-

TANNEUR BULGARE DE BERKOVITSA.

vitsa n'en rapportait pas alors une impression plus favorable que des autres cités bulgares où l'élément turc formait la majorité. En 1871, ses maisons bulgares ou israélites commençaient à l'emporter sur ses maisons turques ou tsiganes, et l'on constatait quelques pas encore incertains dans la voie du progrès. Le district de Berkovitsa produit annuellement 10 000 oques de cocons et 100 oques de soie, dont le commerce est monopolisé par quelques riches israélites. La préparation des peaux au moyen d'un appareil très primitif, dont je donne ici l'esquisse, est une des branches les plus importantes de l'industrie locale.

La petite ville, qui compte environ 7 000 âmes, ne possède pas une seule construction monumentale. Quelques parties de son château-fort sont encore debout sur le haut promontoire de roches baigné par les bras de la Kalechnitsa. Les murs restants mesurent 130 pas de long sur 10 de large, et datent vraisemblablement du moyen âge ; quant aux substructions, il est à supposer qu'elles sont romaines.

Je visitais Dorothée, l'ancien évêque orthodoxe de Sofia, forcé par ses ouailles d'abandonner son siège. Il se lamentait amèrement des « diffamateurs diaboliques », des prétendues injustices dont il avait été l'objet. Les plaintes de ce prélat de l'église phanariote firent peu d'impression sur moi. Je savais qu'il avait travaillé énergiquement à gréciser les Bulgares, suivant en cela les traditions de son prédécesseur, Joachim, qui avait ordonné d'anéantir les manuscrits bulgares conservés à Tséroven. Passant à un sujet de conversation plus agréable, le vieil évêque me montra ses antiquités, notamment un petit relief de marbre, admirablement beau. D'après le professeur Kirchhoff, l'inscription qui l'accompagne serait une dédicace à Zeus Sabazios. La figure du dieu, haute de 24 centimètres, et exécutée dans un mode des plus archaïques, est empreinte d'un vif sentiment du style. J'aurais bien volontiers acquis ce petit chef-d'œuvre pour un de nos musées, mais le métropolitain ne consentit pas à se séparer de son trésor. Il me permit seulement d'en faire un croquis, dont j'apporte ici la reproduction fidèle.

Lorsqu'en 1879 je repassai par Berkovitsa, je trouvai que la physionomie de la ville n'avait pas changé. Peu de constructions nouvelles avaient été élevées ; des mosquées et des minarets détruits parlaient seuls des grandes transformations récemment survenues. Dans le camp situé près de la colline du château on voyait aussi, au lieu de nizams turcs, un bataillon bulgare qui faisait l'exercice avec un détachement de cavalerie et huit pièces de canons, au son joyeux des trompettes.

A l'approche des Russes, pendant l'automne de 1877, on fortifia Berkovitsa comme d'autres villes de la Bulgarie occidentale. Après que les Turcs se furent retirés, le 15 décembre, sans livrer combat, un détachement de lanciers de la garde occupa cette place, et sa chute mit entre les mains des Russes presque tout l'ouest de la Bulgarie danubienne.

332 LA BULGARIE DANUBIENNE ET LE BALKAN.

Je désirais traverser le Balkan de Berkovitsa par le col de Kom, qu'aucun explorateur n'avait encore effleuré et tenais à fixer les sources occidentales de l'Ogost, au nord du Balkan, et celles de la Temska, au sud de la chaîne; je pris donc, à l'ouest de Berkovitsa, la

BAS-RELIEF DE JUPITER DÉCOUVERT A BOUZADJILAR.

route facile qui gravit les promontoires gazonnés dont la ville est couronnée et qui nourrissent ses magnifiques troupeaux. Au bout d'une heure, 218 mètres de hauteur nous séparaient de la petite cité. Bientôt, nous avions laissé derrière nous la région boisée; plus haut, nous dépassions les derniers pâturages. Il ne restait plus qu'à contourner, sur la Garechda-Planina, qui étend, à 1919 mètres d'altitude, sa large croupe déserte, le pic de Kom, le sommet le plus élevé de toute cette partie de la chaîne, et la passe qui porte son nom était franchie. Tout au fond, dans une étroite vallée parallèle à la chaîne principale, un indigent filet d'eau tombé goutte à goutte des sillons verticaux du Kom, s'enfuyait à travers les blocs et les broussailles. C'était la Temska. Rarement je ressentis une plus accablante impression de solitude que sur ce col, où n'habitent que de rares oiseaux de proie et quelques reptiles. Le va-et-vient du commerce délaisse ces régions désolées et donne la préférence au col de Guintsi, plus bas de 400 mètres.

A la descente, les nombreux lacets tracés sur le massif de la Radotina, nous amenèrent dans une vallée longitudinale ouverte de l'est à l'ouest, bornée vers le sud par une crête parallèle importante et qui me parut richement peuplée. Peu après, nous arrivâmes à Krivodol, où je retrouvai la Temska, qui bondit en écumant dans un lit déjà considérable. Les fatigues de ce difficile passage étaient largement compensées. Le soir même, le bassin oriental des sources de la Temska était reporté sur ma carte; le lendemain me promettait des résultats non moins considérables pour la connaissance topographique du Balkan occidental, jusqu'alors si complètement ignoré.

Je me couchai avec cette pensée consolante dans le petit espace de 3 mètres carrés que m'avait cédé l'hospitalité d'un Bulgare. Le souper frugal, composé de lait et d'œufs, ne me pesait que peu sur l'estomac.

Les habitants de la vallée supérieure de la Temska vivent fort sobrement. L'élevage d'un peu de bétail et un petit jardin suffisent aux modestes besoins de ces véritables Balkandjis. Ils étaient aussi peu avancés que leurs voisins du Balkan de Sofia, vivaient dans une retraite complète et ne savaient pas plus ce qui se passait dans le monde qu'ils ne connaissaient la principauté de Serbie et les plans qu'on y faisait pour leur délivrance. Ce fait explique la conduite passive des Bulgares de la Temska pendant les victoires que les Serbes remportaient, au mois de juin 1876, tout près d'eux, sur la Babina-Glava et la Nichava. Aucun coup de fusil ne fut tiré dans ces gorges, et le soulèvement que l'ardente proclamation du général Tchernaïef tendait à provoquer n'éclata pas.

Bien que, à l'encontre de la généralité des voyageurs, je parle peu des fatigues et des incidents désagréables qui, pendant mes tournées dans le Balkan et sur la terrasse danubienne, ont mis presque chaque jour à l'épreuve mon énergie et ma patience, le lecteur ne doit pas croire que ces ennuis me fussent épargnés. Mais je savais d'avance quelle part de soucis devait m'apporter ce voyage dans une contrée à peine effleurée par la civilisation, et je m'efforçais de supporter avec indifférence les labeurs et les aventures que dans mon récit je touche à peine en passant. Il n'en était pas toujours ainsi de mes compagnons de route. Nulle part, autant que dans un voyage d'exploration, on n'a l'occasion de voir l'influence puissante du moral sur le physique. Mon brave drogman, qui n'était pas soutenu par le même intérêt que moi, commençait à se plaindre des marches épuisantes, de la nourriture misérable et des trop courtes haltes dans les villes. Heureusement, cette tournée extrêmement fatigante touchait à sa fin.

Reprenant le chemin de la Temska, nous remontâmes en quelques lacets la crête aride qui, sur la rive opposée, s'élève entre Krivodol et Pervol-Tchiftlik. Parvenu sur la hauteur, ce ne fut pas sans surprise qu'en examinant un vaste bas-fond au-dessous de moi, je reconnus un bassin dont j'avais entendu parler naguère dans la karaoula de Petchéno-Berdo. Une étude attentive du terrain me convainquit sans peine qu'à ce bassin, dépendant de la Temska, appartient le cours d'eau venu du col de Guintsi que, jusqu'à ce jour, nos cartes amenaient à l'Isker à travers un massif de hautes montagnes.

Longeant ensuite le pied méridional de la Tripoutna-Planina, je descendis par Moïntsi au riche village de Smilovtsi, à 750 mètres d'altitude, près duquel je me trouvai sur une belle chaussée qui conduit directement de Pirot à Berkovitsa par le col de Guintsi. C'était la première fois que j'entendais parler de cette voie nouvelle, et je songeai avec reconnaissance à Midhat-Pacha en poursuivant ainsi commodément, grâce à lui, ma route vers Pirot.

Par le traité de Berlin, Pirot a été cédé à la Serbie, ainsi que la vallée inférieure de la Temska, par laquelle je m'acheminais pour franchir le Balkan de Tsiprovets. Ce fut par le col de Verchka-Glava, que je traversai pour la douzième fois le Balkan central et occidental, me proposant de continuer l'année suivante l'exploration de ses parties orientales. Ce passage offre, vers le nord, une vue moins étendue que je ne l'avais attendu. A peine avions-nous fait quelques pas sur la descente, qu'à ma surprise la région calcaire s'effaça tout à coup pour faire place à un grès rouge ardent, analogue à celui de Bélogradjik, dont il forme probablement le prolongement.

Lorsque nous eûmes descendu près de 1400 mètres, nous entrâmes dans la large vallée de l'Ogost, au milieu de laquelle est situé le beau bourg de Tsiporovitsa, et dont le bassin supérieur était jusqu'ici une véritable terre inconnue, bien que la région des sources de cette rivière ait 75 kilomètres de large.

Aujourd'hui, cette contrée appartient en entier à l'église orthodoxe bulgare. Jusqu'au commencement du dix-huitième siècle, Tsiporovitsa fut le centre d'un grand territoire catholique romain. C'était, en 1670, la résidence de l'archevêque catholique de Sofia. La ville faisait partie des domaines de la sultane-validé et jouissait, à ce titre, d'une complète exemption d'impôts. En 1688, Tsiporovitsa fut dévastée par les Turcs à cause de ses sympathies pour l'Autriche et persécutée de toutes les manières. Le gouvernement autrichien offrit, vers 1700, un asile dans la Transylvanie à ces Bulgares catholiques, dont les descendants se perpétuent aujourd'hui à Alvintz, à Déva et à Carlsbourg. La roumanisation les a réduits à quelques centaines d'âmes. Tsiporovitsa était, sous les tsars, au nombre des villes minières les plus célèbres de la Bulgarie. De nos jours, c'est une jolie bourgade de 300 maisons, renommée au loin pour son exportation de tapis. Le don des formes artistiques que le Bulgare possède à un si haut degré se trouve uni, chez lui, au sentiment de la ligne et à l'entente des couleurs et favorise la fabrication de cet article, d'un usage général dans les pays orientaux, où la plus modeste demeure est garnie de tapis, aussi bien pour l'ameublement que pour la prière.

Cette consommation extraordinaire de tapis a donné un aspect industriel particulier à beaucoup de localités en deçà et au delà du Balkan de Tsiprovets. Outre Pirot et Tsiporovitsa, une foule de villages de cette contrée comptent autant d'ateliers que de maisons.

Les hommes et les femmes se partagent la besogne dans l'assortiment, le filage et la teinture de la laine de mouton employé exclusivement pour la fabrication. La préparation des couleurs foncées, l'installation des métiers et le pénible montage de la chaîne reviennent exclusivement aux hommes, tandis que le choix du dessin, celui des couleurs et le tissage sont abandonnés aux femmes. Chaque village produit ses tapis selon la grandeur et la teinte traditionnelle. Ceux de Tsiporovitsa ont en général des dessins noirs, bruns et bleus; leur taille est en moyenne de deux mètres de long sur un mètre de large. Les tapis qui excèdent ces dimensions ne sont fabriqués que sur commande. Roustchouk, Andrinople et même Constantinople, s'en approvisionnent par l'intermédiaire des marchands de Pirot et de Berkovitsa qui établissent les prix et donnent les arrhes ; car l'achèvement d'un kilim de prix demande plusieurs semaines et d'importants débours.

On voit souvent quatre, cinq ou six femmes travailler ensemble aux tapis de grande dimension. Si le personnel de la maison ne suffit pas, les femmes du voisinage lui viennent en aide, moyennant une indemnité qui est de quatre à six piastres par jour. Dans l'hiver, le travail se poursuit à la lumière jusqu'à une heure assez avancée de la nuit. Les tisseuses sont assises l'une près de l'autre sur un long banc, chacune tissant de bas en haut la bande désignée d'avance par la maîtresse du logis qui a la direction des travaux. On parle peu ; parfois on raconte une vieille légende, une joyeuse histoire, on chante une ballade en chœur. De bonne heure, les fillettes manient avec une dextérité surprenante leurs laines et leurs outils. C'est avec un étonnement toujours nouveau que l'on voit, sans modèle, sans esquisse coloriée, sans aucun des secours que possèdent nos fabriques d'Occident, naître sous leurs doigts agiles ces tapis aux lignes géométriques variées et aux arabesques charmantes qui ont obtenu un premier prix à l'Exposition de Vienne. Ornement par excellence des salons, recherchées pour portières, pour divans, ces belles œuvres d'art, fidèles aux voies traditionnelles, ont amené la création de fabriques d'imitation à Paris, à Berlin, en Autriche et sur les bords du Rhin.

Lors de mon passage à Tsiporovitsa, toute la population masculine était absente : elle s'en était allée porter à la foire de Pirot le travail de l'année. Le bourg semblait désert. Je ne rencontrai, près du pont qui conduit sur la rive gauche de l'Ogost, que quelques femmes au pas élastique, filant avec ardeur tout en marchant.

De ce centre industriel je me dirigeai vers Lom, sur le Danube. Derrière Kaména-Riksa, nous atteignîmes le faîte de partage entre l'Ogost et la Tsibritsa (406 mètres), où nous étions à près de 1500 mètres au-dessous du col de Verchka-Glava, et où la température atteignait à midi 20 degrés à l'ombre au lieu de 10 degrés que nous avions la veille, à la même heure, au sommet du col. Partout la dîme avait été perçue par les collecteurs turcs ; avant cette opération, personne n'aurait osé enlever des sillons les gerbes amoncelées par dizaines. Il est heureux que l'été soit généralement sec en Turquie, car les pluies causeraient aux récoltes, ainsi entassées, un dommage vraiment incalculable.

J'ai déjà fait remarquer bien souvent combien l'agriculture est mieux comprise par les Bulgares que par les Turcs, les Albanais et

LES COLS DE KOM ET DE VERCHKA-GLAVA

les Serbes. Cependant l'influence de l'Orient se fait encore trop sentir; on la retrouve particulièrement dans le dépiquage du blé. Si l'on compare le chariot à blé de l'Égypte et le traîneau à blé de la Syrie avec la machine dont se servent les Bulgares, on est frappé de la ressemblance qui existe entre ces engins primitifs. Le dernier se compose d'une large planche de bois dur munie d'entailles, dans

TRAÎNEAU POUR LE BATTAGE DU GRAIN SUR L'OGOST.

lesquelles sont fixées un grand nombre de petites pierres aiguës. Il est traîné circulairement par des chevaux ou des bœufs jusqu'à ce que le poids de l'appareil, joint à celui d'une personne et de quelques pierres placées sur le traîneau, finisse par séparer le blé de la paille et fasse de celle-ci un hachis qui sert à la fabrication des briques.

J'avais achevé l'exploration du bassin de l'Ogost; il ne me restait plus pour compléter mon programme qu'à relever les sources de la Tsibritsa. Je devais les chercher au nord, dans les montagnes de Tsiprovets. En effet, j'avais à peine repris ma marche dans cette direction, que je rencontrai près de Smoïlanovtsi, les deux modestes bras de la Tsibritsa, s'en allant de conserve à Slavotin, où ils s'unissent pour couler dans le même lit jusqu'au Danube.

A gauche de Slavotin j'entrevis, de loin, la belle région boisée et giboyeuse de Smoïlanovtsi, que je connaissais déjà par les histoires de chasse de l'ancien pacha de Vidin, Aziz, vrai Nemrod qui avait juré la perte des ours et des loups du Balkan autant que celle des ennemis de la Réforme.

Je fis, de Slavotin, une petite pointe sur le territoire méridional du Lom où je notai encore neuf villages. Ce fut la dernière conquête topographique de ce voyage qui se continua vers Slivovik, à travers une plaine absolument nue. Toujours la même terrasse danubienne, s'étendant à l'infini jusqu'aux limites de l'horizon, toute coupée de profonds ravins herbeux! L'atmosphère était embrasée, le soleil dardait à plomb et je fus heureux d'atteindre mon bivouac, Metkovets, à 93 mètres d'altitude. La pensée que j'en étais pour cette fois-ci à ma dernière nuit sur le sol bulgare, me fit prendre en patience la piqûre des moustiques. Dès minuit, nous étions en route; au point du jour nous touchions à Rasova. Je n'oublierai jamais de quelles teintes superbes le soleil se fit précéder dans cette matinée, et quel contraste éblouissant opposait à l'occident, où s'enfuyait la nuit, l'orient tout empourpré de gloire et radieux de lumière. Au sud, s'illuminaient tour à tour les sommets du Balkan, de ce monde mystérieux dont j'avais entrepris de dévoiler les secrets.

Avec Rasova et Kerkisaba, derniers villages inscrits sur ma carte, j'avais achevé la topographie de la Bulgarie occidentale. Nous approchions de Golentsi, riche village situé dans la banlieue de Lom et à travers lequel passent les routes de Vratsa et de Berkovitsa. Une activité féconde, un bruissement de vie emplissait la contrée; de longues caravanes pesamment chargées passaient lentement sur la route. Semblable à un ruban d'argent, le Lom dessinait dans sa large et belle vallée d'innombrables circuits, tandis qu'au nord le vaste Danube étincelait aux rayons du soleil. Sur sa surface polie, les bateaux à vapeur laissaient un sillage d'étoiles; le vent du matin enflait les voiles blanches. Au premier plan, la ville de Lom coquetait avec ses minarets, ses mosquées et les coupoles de ses églises, tandis qu'à l'arrière-plan s'étendait à l'infini l'immense plaine de la Roumanie

Je traversai le pont du Lom, suivis la longue Paliloula, rue des handjis, des potiers et des maréchaux-ferrants, puis la tcharchia, emplie de mouvement et de bruit, et parvins à l'agence des vapeurs autrichiens.

Une heure après mon arrivée, un crieur public (*télal*) parcourait les rues de Lom avec mes chevaux, pour les adjuger au plus offrant. Il en vantait la beauté, mais il ne récoltait que moqueries. Les marchands faisaient justement observer que mes bêtes avaient beaucoup souffert; puis ils savaient que j'étais obligé de les vendre et leurs offres étaient dérisoires. Je regrettais de ne pouvoir prendre avec moi mon cheval fidèle qui tant de fois m'avait porté à travers des torrents impétueux et à travers les gorges les plus pénibles du Balkan.

Les adieux de mes compagnons de route furent empreints de cordialité, et je dus promettre à mon drogman de le reprendre à mon prochain voyage. Je mis enfin le pied sur le bateau qui devait me ramener au sein de la civilisation européenne. Et lorsque, près de moi, je vis réunis, sains et saufs, les résultats si péniblement amassés de ces quatre mois d'aventures, mes collections, mes cartes, mon journal, le souvenir de mes fatigues s'évanouit pour ne laisser place qu'à la joie d'avoir heureusement mené à bonne fin cette intéressante et difficile expédition.

Lors de mon voyage de 1879, je trouvai la ville de Lom complètement changée. Près du pont de débarquement, se tenaient des employés de la police et de la douane bulgares, revêtus de jolis uniformes et faisant poliment leur service. De l'agence des bateaux à vapeur, une belle et large rue conduisait à la ville où régnait une propreté inconnue auparavant. Partout l'on était occupé à élever des arcs-de-triomphe en l'honneur du prince Alexandre qui revenait de son voyage en Roumanie, et que l'on attendait avec joie. Il faut avoir assisté à ces bouleversements qui ont changé de fond en comble les conditions d'existence de tout un peuple, pour comprendre combien il est difficile de rendre compte des impressions qu'ils produisent sur l'observateur!

CHAPITRE XXI

DE ROUSTCHOUK A SLIVEN PAR LE BALKAN D'ÉLÉNA. — LE BALKAN
DE SLIVEN. — BÉBROVO, RAHOVITSA ET OSMAN-PAZAR.

En 1872, je partais de Roustchouk pour explorer la région qui s'étend entre la Yantra et la mer Noire. Le soir du 29 juin, je traversai Béla et Tirnovo et j'atteignis le paisible monastère de Plakovo.
Quatre heures seulement éloignent ce couvent fameux de la vieille cité des tsars; le Danube n'est distant que de 90 kilomètres, et cependant quelle multitude de contrastes ethnographiques, sociaux et politiques, plus encore que les limites naturelles des peuples, ces Portes-de-Fer que gardent les Serbes et les Roumains, me séparaient déjà de l'Occident! A la place des cloches, j'entendais de nouveau retentir la voix du symantron, et, dans le cercle des moines ignorants qui me souhaitaient la bienvenue, plus d'une tête vénérable me rappelait par sa virile beauté les patriarches des anciens tableaux allemands. Je me retrouvais assis sous de majestueux noyers, et respirais à pleins poumons l'air vivifiant du Balkan.
Le couvent de Svéti-Iliyé-Prorok-Plakovski se cache à 239 mètres d'altitude entre les bosquets mystérieux de la rive droite de la Kovatchitsa, vis-à-vis les hauteurs plantées de vignes du village bulgare de Fédabey. Ses coupoles couvertes de métal percent la verdure, et la lumière, en se jouant sur leur surface polie, trahit seule la présence du pieux édifice dont la fondation remonte à des temps oubliés. Après une longue période de ruine, il a été rebâti en 1852 par la commune voisine de Plakovo. Autour de l'église, les cellules des moines et les chambres de leurs hôtes s'ouvrent sur des galeries aux arcades arrondies, enguirlandées de vignes plantureuses et ombragées d'arbres fruitiers. Des paons et d'autres animaux domes-

tiques égayent la cour où, les dimanches et jours de fête, les moines se mêlent à la foule bariolée des paysans, et où le sabor du saint qui commande aux vents et à la tempête fait affluer tout un peuple accouru des villages les plus éloignés.

On pourrait appeler les environs de Tirnovo le mont Athos de la Bulgarie danubienne tant les monastères y abondent. Je pus en inscrire onze sur un espace de quelques milles carrés seulement. Malgré les dévastations successives, semblables au phénix des temps fabuleux, sans cesse on les a vus renaître de leurs cendres, toujours plus nombreux. En Bulgarie, comme à Byzance et en Occident, les moines ont toujours été considérés comme les soutiens de l'orthodoxie et les couvents comme les sanctuaires de la pure doctrine. Pendant les troubles religieux qui précédèrent la domination turque, alors que les bogomiles, les hésychastes et les adamites s'emparèrent de la masse du peuple bulgare, les couvents des environs de Tirnovo devinrent de véritables centres de l'orthodoxie. Retirés dans un désert qui, selon l'expression d'un chroniqueur, « convenait mieux au séjour du diable qu'à celui d'êtres humains », le célèbre moine Théodose et le futur patriarche de Tirnovo, Euthyme, soutenus par cinquante disciples, dirigèrent tous leurs efforts contre les hérétiques.

Au concile de Tirnovo (1350), dont le tsar Alexandre partagea la présidence avec le patriarche, les supérieurs et les moines des couvents de Kilifarévo prirent surtout part à la lutte en faveur de l'Église orthodoxe contre les novateurs. Depuis longtemps ces querelles dogmatiques, dont les Slaves avaient hérité de Byzance, ont cessé dans les couvents de la Bulgarie. Là où la pensée existait encore, elle se concentrait en un point unique : la délivrance de la patrie. Il est certain que dans ces derniers temps divers mouvements politiques sont partis des couvents bulgares, qui eurent par suite beaucoup à souffrir des Turcs ; mais la plupart de ces saints asiles, devenus la propriété d'hégoumènes ou de villages spéculateurs, n'ont plus aujourd'hui d'autre souci que la recherche des biens matériels.

Le village de Kapinovo, voisin de Fédabey, s'est également donné le luxe de restaurer un couvent, qu'il a consacré au patron des eaux, saint Nicolas.

Lorsqu'en 1836 les Russes eurent évacué la Bulgarie danubienne, un partisan bulgare, le capitaine Mamartchov chercha à faire du couvent de Kapinovo le point d'appui d'une hétairie nationale ; mais un jeune conjuré dévoila le projet au métropolitain de Tirnovo, le phanariote Hilarion, et celui-ci s'empressa de tout découvrir au pacha de la ville. Les conjurés, et parmi eux l'hégoumène, les moines du couvent et beaucoup de personnages considérables furent, après une courte procédure, envoyés à la potence. Le couvent fut pillé et souillé : aussi jouit-il d'une grande considération parmi les patriotes et acquit-il bientôt une nouvelle aisance.

Les moines de Saint-Nicolas entendent les affaires. Mon cicerone me vendit à un prix raisonnable un excellent cheval de selle. J'enfermai soigneusement dans mon portefeuille l'acte de rigueur, constatant l'acquisition régulière de la bête ; il est vrai que la possession de ce papier n'empêche pas toujours le voyageur d'être débarrassé de sa monture.

La route d'Éléna se déroule sur la pente de la Vasiliya-Planina, à travers le défilé pittoresque de la Drenska. Profondément encaissé entre des parois calcaires de 200 mètres de hauteur, le flot vert du torrent égaye sa route de cascades bruyantes. Un vieux pont du moyen âge, tout délabré, servait encore, il y a vingt-cinq ans, de passage à la voie romaine actuellement abandonnée. Le nouveau tracé atteint la rive gauche plus loin sur un élégant pont à deux arches bâti par Nicolas Yovanov, et jeté, selon la mode turque, comme un accent circonflexe sur le torrent. A partir de Yokovtsi, le chemin s'incline en pente douce jusqu'à la ravissante et large vallée d'Éléna.

Il serait difficile de décrire l'air gracieux et avenant de cette petite ville qui sème sur la pente verdoyante d'un contrefort du Balkan ses trois cent quarante maisons, qui ont presque toutes un étage au-dessus du rez-de-chaussée. La nécessité d'acheter un cheval de bât me conduisit tout d'abord dans la tcharchia, chez un négociant dont une lettre de recommandation m'avait assuré l'obligeance. Je n'eus pas moins à me louer du moudir Khalil-Effendi, dont j'avais partout entendu l'éloge et dont la position était d'autant plus délicate que le cercle tout entier d'Éléna ne possédait pas un seul musulman en dehors de quelques gendarmes. L'énergique population de la vallée avait su tenir en respect ses vainqueurs ottomans ; et, grâce à son attitude, elle jouissait depuis longtemps d'une autonomie presque complète. Comme je l'ai déjà dit, le Turc avait peur du Balkan, et l'évitait autant que possible. Mais les difficultés rencontrées par les fonctionnaires turcs dans l'administration de leurs cercles montagneux étaient absolument ignorées des gros bonnets de la Sublime Porte. Quelques mois avant mon arrivée, le traitement mensuel du moudir d'Éléna avait été réduit de 2400 piastres à 600. « Il faut croire que le grand-vizir Mahmoud veut enrichir le sultan », me disait avec amertume le pauvre homme, ainsi réduit à la portion congrue. Il me raconta au sujet de l'administration des grands personnages de la Turquie de nombreuses anecdotes; il me parla surtout du moutessarif de Tirnovo, Haïdar-Pacha : « Il a tant volé, me dit-il, qu'il faudrait des journées entières pour raconter ses pillages; mais les femmes et son aide bulgare Karaguiozoglou lui ont enlevé à leur tour une bonne partie de son butin. »

Éléna a connu de meilleurs jours et fut jadis plus importante. Favorisée par une grande abondance d'eau, elle a conservé une partie de son industrie jadis célèbre, la fabrication des toiles et des draps. Plusieurs de ses patriciens, dont la fortune était estimée à plus de 200 000 francs, envoyaient leurs fils aux universités étrangères et passaient l'été aux bains de Mehadia. Mais, en somme, l'activité industrielle d'Éléna n'est plus en rapport avec l'opulence de ses maisons et le faste de son église, élevée par un maître de Travna. On a construit, en 1869, une seconde église avec un toit en forme d'oignon, à la russe.

La maladie des vers à soie a grièvement atteint le cercle d'Eléna. Le contre-coup naturel de ce désastre a été la disparition presque totale des mûriers, dont la vallée était autrefois couverte par centaines de milliers.

A différentes reprises, mais toujours avec une énergie insuffisante, les Turcs essayèrent de percer entre l'aile gauche de l'armée russe de Chipka, sous Gourko, et l'aile droite de l'armée du Lom, sous le tsarévitch, afin de donner la main à Osman-Pacha dans Plevna et de couper les Russes du Danube par des opérations combinées. Ces expéditions, visant Pléna, étaient d'abord dirigées sur Tirnovo ; si elles avaient abouti, la guerre aurait pris une tout autre tournure; mais elles échouèrent, à ce que l'on suppose généralement, par suite de la rivalité de Méhémed-Ali, un renégat chrétien, et de Soliman, vieux Turc aussi téméraire qu'ambitieux. Lorsqu'à la fin de septembre Soliman reçut l'ordre de prêter un concours énergique à Méhémed-Ali, il se contenta de diriger de Sliven sur Eléna, par le défilé de Haïdoutsi-Tchokar, un faible détachement qui, le 24 septembre, fut battu près de Maren par le prince Mirsky. Après qu'il eut été chargé lui-même du commandement de l'armée principale, il ordonna à Fouad-Pacha de marcher en avant sur Tirnovo par Éléna. L'entreprise aurait réussi, si le général Dellingshausen n'avait rapidement amené des renforts au prince Mirsky, refoulé dans le défilé de la Drenska ; ces renforts arrêtèrent la marche des Turcs. A ce moment même, Soliman apprit que Méhémed-Ali n'avait pas osé entreprendre le passage du col de Troïan ; il se contenta donc de s'établir dans les positions d'Éléna, de Zlaritsa et de Késarovo, que Fouad-Pacha occupa jusqu'à la retraite de l'armée turque au delà du Balkan (mi-décembre). L'évacuation de ces positions par les Ottomans permit à l'aile gauche de l'armée du Balkan placée sous les ordres de Radetzky de descendre vers Sliven, et avec le concours de l'aile droite d'envelopper le corps turc de Chipka commandé par Réouf. Le pacha fut forcé de mettre bas les armes.

Afin de communiquer plus facilement, au delà du Balkan, avec le bassin de la Maritsa, la ville d'Eléna a construit de ses propres deniers une route qui, lors de mon voyage, était à peu près achevée jusqu'au sommet du col, limite du vilayet. Si l'on songe aux grands obstacles opposés par le terrain et aux ressources modestes du pays, cette œuvre est vraiment digne d'être proposée comme modèle.

Les contreforts septentrionaux du Balkan d'Éléna, que je traversai sur cette chaussée, rappellent les paysages de la Styrie. Par leur condition sociale, les habitants ressemblent d'une manière frappante aux paysans des montagnes moyennes de la Haute-Autriche, où l'on s'occupe également de l'élève du bétail, de l'agriculture, de la sylviculture et de l'industrie domestique.

Le pays est pauvre et le sort des habitants peu enviable. Un homme est ici considéré comme riche lorsqu'il possède quelques arpents de terre et une vingtaine de brebis. Pendant l'hiver le bétail est nourri de feuilles de chênes. Ces arbres, dépouillés pour cette raison de leurs branches, ont souvent de loin l'aspect de conifères. Pour les générations futures qui sont sérieusement menacées par la destruction barbare des forêts, la nature a mis en réserve une riche provision de combustibles. Des filons de houille se montrent près du hameau de Baïroutsi, entre les couches horizontales du grès quartzeux dont est constitué le terrain.

Au moment d'atteindre le point culminant du col, la route s'abaisse encore une fois pour traverser un cirque boisé, fermé vers le sud par le Haïdoutsi-Tchokar (fontaine des Haïdouks), rendez-vous favori des haïdouks. Près d'une petite source qui gazouillait entre les brins d'herbe, les cendres à peine attiédies d'un feu de branches mortes trahissaient le récent passage de la bande qui venait de piller le pope de Kouchevtsi et de « l'enfumer », c'est-à-dire d'incendier la maison qu'il avait refusé de leur ouvrir.

La hardiesse de ces détrousseurs de grands chemins dépasse toutes les bornes. Le haïdouk a rompu définitivement avec la société. Pour aller revoir les siens, il n'a plus désormais que les routes perdues ; très souvent il meurt seul, comme une bête fauve, dans une gorge cachée ou sur un sommet désert. « L'aigle lui a creusé sa tombe, » dit le refrain populaire. Mais plus d'un emporte avec lui de si nombreux péchés, que la terre elle-même le rejette avec horreur. Par trois fois, elle a vomi de son sein le célèbre chef de bande Indjé, et il fallut mettre dans la fosse un chien mort pour que la pauvre âme trouvât enfin le repos. Le gouvernement turc s'est toujours montré incapable de mâter définitivement les haïdouks ; cette peste des régions montagneuses a pu rendre parfois impossible le passage des cols et paralyser tout commerce entre les provinces des deux côtés du Balkan.

Aux époques des mouvements politiques, le brigandage prenait une couleur religieuse. Les brigands musulmans ne s'attaquaient alors qu'aux chrétiens ; les petites bandes bulgares, à leur tour, se réunissaient et se choisissaient pour voïévode un chef éprouvé, un porte-drapeau commun et s'organisaient militairement.

Les chants populaires du temps des guerres russo-turques de 1810 et de 1829, nous ont transmis les noms de plusieurs de ces voïévodes, chefs de klephtes, nés dans les environs de Sliven : Altyn Stoïan, Kara-Tanas, Zlatio-Kokartchou-Oglou, qui succomba sous le nombre après avoir tué trente Turcs de sa propre main ; Diédo Tsonio, le voïévode barbu, chanté comme invulnérable, etc. Quant à Panaïot Hitov et à Philippe Totyou, promoteurs des mouvements insurrectionnels de 1867 et 1868, ils restent comme types des chefs de bandes modernes ; leurs légions avaient l'apparence de troupes régulières et se recrutaient en partie parmi les jeunes gens instruits de la Bulgarie.

Je fus heureux de franchir sans mauvaise rencontre le col de Haïdoutsi-Tchokar (1235 mètres). Sur le versant méridional du mont Doksa, nous vîmes se profiler au delà d'une pittoresque gorge rocheuse les lignes adoucies du Karadja-Dagh, chaîne qui se dresse au sud du Balkan et qui lui est parallèle. Vers l'ouest dominaient de hautes arêtes boisées, entre lesquelles des sentiers peu fréquentés se dirigent de Kilifar et de Travna dans la vallée de la Toundja. C'est par un de ces cols, le Haïnkeui-Boghaz, que le général Gourko a opéré, en juin 1877, son premier passage du Balkan. Ces hautes pentes étant exclusivement peuplées de Bulgares, les Turcs n'apprirent la traversée de la chaîne par l'armée russe qu'après la prise du village musulman de Haïnkeui, situé au pied du versant méridional.

Il y a d'ailleurs dans le Balkan oriental, moins élevé que le centre et l'ouest de la chaîne, une grande quantité de passages peu fréquentés. Les écrivains qui ne connaissent pas le terrain, et qui veulent lier l'expédition de tel ou tel général à tel ou tel des cols peu nombreux indiqués sur nos cartes, entreprennent donc une tâche tout à fait inutile. Il est évident que souvent les généraux romains et byzantins ont dû, pour des raisons stratégiques, traverser l'Hæmus, comme le général Gourko, par des sentiers peu connus. La portion du Balkan qui s'étend entre Kazanlik et Sliven est loin d'être, comme on l'a souvent prétendu, l'une des parties les plus sauvages de la chaîne; elle renferme, il est vrai, des gorges romantiques, mais elle n'est ni aussi grandiose ni aussi inaccessible que quelques parties du Balkan central et occidental. C'est ce qu'ont prouvé dans les dernières guerres les fréquents passages des Turcs et des Russes.

Grise, nue, hérissée de pointes calcaires, la pente du mont Doksa se prolonge jusqu'aux forêts magnifiques où mugit entre les troncs pressés la sauvage Tvarditchka. Nous étions entrés dans le district d'Eski-Zaghra, appartenant au vilayet d'Andrinople. La nouvelle route de Yéni-Zaghra à Éléna n'étant encore achevée que jusqu'à Tvarditsa, la descente du col vers ce village fut affreuse. Une poignée d'hommes déterminés, avec quelques pièces de montagne, suffirait pour y arrêter longtemps un corps d'armée.

Je ne rencontrai sur tout mon parcours qu'un vieux contrebandier bulgare et son fils avec deux chevaux chargés de tabac acheté sur la Toundja. Ils me donnèrent quelques renseignements sur leur commerce. Le tabac acheté en Thrace à raison de 5 piastres l'oque était revendu 10 piastres à Tirnovo. Le pacha de Tirnovo venait d'élever arbitrairement l'impôt sur le tabac à 6 piastres par oque; ce taux exagéré favorisait la contrebande. Si l'on songe aux fatigues du transit par ces périlleux cols du Balkan, aux risques et aux tracas de l'échange, on trouvera que le bénéfice des contrebandiers était assez modeste. Mon zaptié, d'ailleurs, usait en petit des mêmes procédés arbitraires que les hauts fonctionnaires du pays; il prit dans chaque ballot quelques-unes des plus belles feuilles, les mit en riant sous cape dans son bissac, et, après avoir prélevé cette modeste contribution, permit aux pauvres diables de continuer leur route.

Nous avions descendu près de 800 mètres lorsque le défilé s'élargit brusquement et que l'étroit sentier, sur lequel nous suivions le cours de la Ferdichka, nous amena sur un large plateau qui se projette comme un pont entre le Balkan et le Karadja-Dagh. Le tchorbachi de Tvarditsa, personnage grincheux, me refusa l'hospitalité, et, se récriant contre ces zaptiés qui ont l'habitude de loger les étrangers de préférence dans les quartiers bulgares des villages, m'envoya chercher fortune ailleurs. J'oubliai bien vite ce léger ennui, lorsqu'à la lueur des étoiles, assis sous le porche de la modeste auberge, je laissai mon regard se reposer sur la campagne endormie et sur la ligne sombre des contreforts du Balkan, de cette chaîne que je venais de traverser pour la treizième fois.

Les heures de la première aube sont les plus favorables pour la marche dans ces régions peu boisées; aussi étais-je en route de bonne heure, et la fraîche haleine du matin soufflait-elle encore sur le faîte de partage de la Ferdichka et de la Béla, que, parallèlement à cette dernière, nous suivions la muraille rocheuse qui se prolonge jusqu'à Djoumali.

Plusieurs ruisseaux coupaient à angle droit le plateau peu cultivé. Çà et là quelque tumulus ou quelque rocher de granit isolé, rarement un arbre. Enfin, comme une oasis dans le désert, nous atteignîmes un taillis de belle venue. Nous prîmes à l'ombre un frugal repas, égayé par les jeux de mots étymologiques de mon zaptié, qui, avec une verve intarissable, se moquait des noms de village empruntés au règne animal, assez nombreux dans ces régions, tels que Keupekli (village des chiens), Svinaré (village des cochons), Echékli (village des ânes). Terzioba (village du tailleur), sur les prairies duquel nous fîmes halte, a été fondé, racontait-il, par un maître de l'aiguille. Si ses fermes ressemblent au premier modèle, la maison du fondateur a dû être bien pauvre. De misérables murailles de terre glaise supportent des toits de chaume, que des perches de bois superposées protègent contre les ravages des vents du Balkan.

Plus loin, le sentier, fuyant avec la Béla dans un rude défilé, dispute à grand peine une place étroite et raboteuse aux rochers à pic suspendus au-dessus de l'abîme. Le lit du ruisseau s'emplit de blocs roulants, mais il échappe enfin aux parois qui l'enserrent, et, rencontrant près de Binkos la large Toundja, il y précipite ses eaux sauvages et laiteuses. Jamais, dans son parcours, la Toundja n'effleure d'aussi près le pied du classique Hæmus, auquel elle semble vouloir

SLIVEN ET LE MASSIF DU TCHATAL-KAJÉ.

rendre hommage avant d'aller, par une dernière et vaste courbe, s'unir à la Maritsa.

Une large entaille de dislocation dirigée de l'est à l'ouest, sépare le Karadja-Dagh (montagne Noire) du Balkan dont il forme le contrefort pendant 113 kilomètres. Sur tout ce long parcours, la Toundja baigne la pente septentrionale du Karadja-Dagh, dilatant tour à tour et resserrant sa vallée, large de plus de 7 kilomètres près de Kazanlik et à tel point rétrécie près de Binkos et de Yésektchi que les éperons du Balkan et ceux du Karadja-Dagh sont à peine distants d'une demi-lieue. L'élévation de ce dernier est en moyenne de 7 à 800 mètres, mais son point culminant, le Guerkuv-Kamen au S.-O. de Kazanlik, dépasse 1100 mètres. Le Karadja-Dagh se continue vers l'ouest par la Sredna-Gora. Sa constitution géologique est encore peu connue.

Le riche terrain d'alluvions de la vallée de la Toundja, généralement bien cultivé, présente un contraste frappant avec les arides pentes de gneiss sur lesquelles le Balkan appuie ses hautes coupoles de porphyre. Le large lit de granit s'ourle, près de Binkos, de beaux champs de tabac. A Stroupets, les cultures envahissent les pentes du Karadja-Dagh; plus loin, près de Karasarli la rive gauche se recouvre de bosquets d'arbres fruitiers et de vignobles; une montagne de porphyre, complètement isolée, se dresse au-dessus de la plaine, tandis que, près du village de Mitchkarévo, de légers renflements d'andésite rouge bossèlent le terrain qui porte de tous côtés la trace des forces éruptives. La population de Sliven se presse en foule pendant l'été aux eaux de Halis-Bey-Lidja, source thermale très énergique, située aux environs de Mitchkarévo.

La ville de Sliven, célèbre à l'époque byzantine sous le nom de *Silifanos*, appelée en turc *Islimieh*, se trouve assise au pied sud du Balkan, dans une zone d'éruption visitée par de fréquents tremblements de terre. D'après Hadji-Khalfa, « la grande richesse en eaux de Sliven favorise si bien le développement des arbres que la ville, voilée par les rameaux, est à peine visible ». Les voyageurs occidentaux ne gardent pas de la ville une impression moins charmante. Le général Jochmus le compare à Damas, « la ville du Paradis ». En effet, quel arrière-plan plus favorable et plus artistique cette vague multicolore de maisons, de fabriques, de mosquées et de minarets, soulevée par un sol aux ondulations légères, pouvait-elle trouver que les roches nues et fantastiquement déchirées du grandiose Tchatal-Kajé, dont le massif de porphyre surgit vers le nord du milieu de la verdure!

Sliven jouit d'une certaine célébrité dans les districts bulgares. Outre sa situation pittoresque et son vin noir plein de feu, considéré comme le cru le plus généreux qui se récolte entre le Danube et le Pont-Euxin, la ville a joué un rôle prépondérant sous la domination bulgare et, à l'époque actuelle, ses vaillants fils ont donné plus d'une fois l'impulsion aux mouvements en faveur de l'indépendance.

Elle a partagé dans l'antiquité le sort d'Aïdos et de Mesembria. La Bulgarie et Byzance n'ont pas cessé un instant de se disputer le Balkan de Sliven, faîte de partage des cours d'eau tributaires du Danube et de la mer Noire et dont le possesseur tenait, pour ainsi dire, entre ses mains la clé des routes de Constantinople. Tantôt bulgare, tantôt byzantin, Sliven tomba enfin, en 1388, entre les mains d'Ali, grand-vizir de Mourad. Sous la domination turque, il compta d'abord au nombre des cités privilégiées qui élisaient leurs voïévodes, étaient affranchies d'impôts et n'avaient d'autre charge que celle de fournir au sultan quelques centaines d'hommes en temps de guerre. Mais, au dix-septième siècle, la domination des janissaires fit partager à Sliven le triste destin des autres villes chrétiennes de la Bulgarie. Lorsqu'à la fin du siècle dernier l'empire des Osmanlis eut à traverser la crise redoutable amenée par le soulèvement des Janissaires, la Bulgarie tomba à la merci des bandits de Pasvan-Oglou et de ses kerdjalis; c'est à ces derniers qu'un intrépide Bulgare de Sliven, Indjé, se joignit avec quelques centaines de cavaliers. Les hauts faits héroïques et romanesques de ce haïdouk sont encore aujourd'hui glorifiés dans les chansons populaires. Il était moins cruel que les chefs turcs de ces hordes qui s'avancèrent jusqu'aux portes de Stamboul. Sa femme, fille d'un pope de Sliven, l'accompagnait à cheval. Les gorges du Balkan et du Rhodope furent le théâtre d'orgies bruyantes dans lesquelles ces brigands, magnifiquement vêtus, entourés de femmes et de jeunes garçons qu'ils avaient enlevés, se partageaient le butin fait dans les villes et les villages. La cavalerie de Pasvan-Oglou se recrutait parmi les Bulgares, et l'un de ses chefs, Kondo, de Sliven, égala la gloire d'Indjé. Il se joignit plus tard aux Serbes, auxquels il facilita par un coup de main des plus hardis la prise de Belgrade (1806).

Sliven, qui n'avait jamais abandonné ses rêves d'indépendance, crut voir apparaître le libérateur lorsqu'en 1829 l'armée russe traversa le Balkan.

Les habitants, dont beaucoup faisaient aux Turcs la guerre de partisans, vinrent processionnellement au-devant du vainqueur, avec la croix, l'eau bénite, le pain et le sel. Mais la conclusion de la paix d'Andrinople amena bientôt la désillusion, et la population de Sliven, craignant la colère du Sultan, émigra en masse vers la Russie. Cependant les fuyards n'emportèrent pas avec eux toute soif de liberté : les soulèvements nationaux eurent pour la plupart des chefs originaires de Sliven. Panaïot Hitov et Démètre Asénov y sont nés. Après la prise de Plevna, des détachements russes qui avaient franchi le Balkan par les cols de Zouvandji-Mésari et de Haïdoutsi-Tchokar, occupèrent Sliven. Les Bulgares s'empressèrent d'assouvir contre les mosquées la haine qu'ils portaient aux Turcs.

Après avoir perdu par l'émigration de 1829 une bonne moitié de sa population, la ville a depuis retrouvé sa prospérité première. En 1872, elle possédait 4000 familles, soit environ 22 000 âmes. Les Turcs et les Bulgares se balançaient; les Arméniens, les Grecs, les Juifs et les Tsiganes s'élevaient ensemble à 3000, au plus.

Sliven possédait plusieurs écoles de garçons et de filles pour les différentes communautés confessionnelles. Il y a peu de temps encore, la jeunesse bulgare était élevée dans les écoles grecques ; mais on avait introduit depuis l'enseignement en langue nationale, et les jeunes gens qui aspiraient à une instruction plus étendue avaient désappris le chemin d'Athènes pour celui de la Russie ou de l'Autriche. J'eus l'occasion de rencontrer au casino plusieurs jeunes marchands ou professeurs qui connaissaient parfaitement Paris, Vienne ou Londres; d'autres avaient visité Odessa, Kief, Saint-Pétersbourg. Le Bulgare de Sliven se distingue par une grande souplesse, née peut-être au contact prolongé avec la remuante activité des Hellènes. C'est une belle race : les jeunes filles, élancées et sveltes, ont des yeux noirs et des dents magnifiques.

La ville déploie des capacités industrielles très remarquables. Ses célèbres couvertures de laine à longs poils sont en grande faveur dans la Turquie orientale. Aussi la manipulation de la laine est-elle activement poussée chez elle et dans les villages environnants. On lavait de la laine dans tous les ruisseaux, on en faisait sécher sur toutes les aires ensoleillées. La consommation en était énorme dans la manufacture impériale de drap militaire fondée en 1834, à Sliven, pour l'habillement des troupes et dont la tour, le mât de pavillon et le minaret dominaient l'extrémité nord-est de la ville. Je lui devais une visite spéciale comme étant à la fois une des curiosités de Sliven et une rareté dans l'empire turc, où les fabriques se comptaient sur les doigts. Mon peu d'expérience en ces matières ne me permit pas d'établir une comparaison raisonnée avec les produits et les procédés de l'industrie occidentale. Je pus du moins constater qu'une propreté scrupuleuse, un ordre et une activité remarquables régnaient dans toutes les salles de ce vaste établissement. 330 personnes y étaient occupées au moment de ma visite. Parmi elles, se trouvaient quelques veuves turques; les autres ouvrières étaient pour la plupart des Tsiganes, ce qui à notre entrée ne les empêcha pas de se voiler le visage de leur yachmak.

Aux métiers, aux machines, ainsi que dans les salles de teinture,

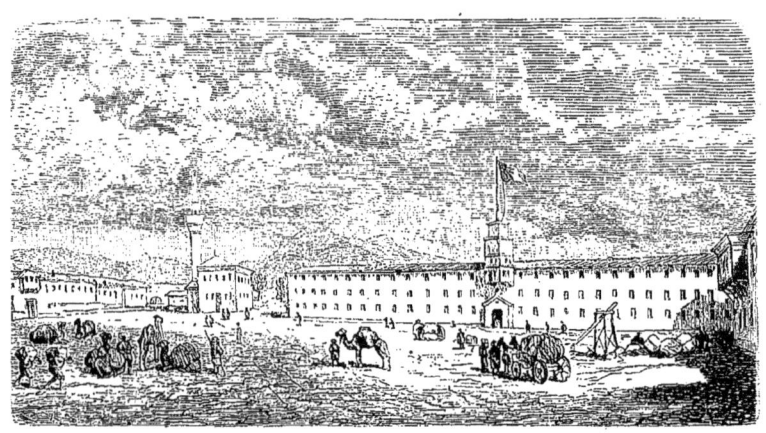

MANUFACTURE DE DRAPS MILITAIRES A SLIVEN.

de foulage et d'emballage il n'y avait que des hommes. Dans la cour de la fabrique s'élevait une mosquée.

Le drap qu'on fabriquait ici et que l'on transportait ensuite à dos de cheval ou de chameau dans les principaux centres militaires revenait plus cher à l'État que la marchandise importée. En revanche, cette fabrication faisait beaucoup de bien au cercle de Sliven et à la Dobroudja, puisque les 120 000 oques de laine qu'on employait dans la manufacture étaient achetées exclusivement dans ces contrées.

Un des plus grands charmes de Sliven est dû à ses cultures de mûriers, qui produisaient dans les bonnes années jusqu'à 5000 oques de soie, à ses vergers plantureux et à ses vignobles. Ce qu'est aux Hongrois le Tokai, aux Serbes le Négotin, le vin noir, doux et généreux de Sliven l'est aux riverains des côtes occidentales de la mer Noire. On le chante, on le boit plus encore, et, pour lui, le musulman oublie les prescriptions du Coran. Veut-on fêter particulièrement l'étranger, on déguste avec lui un verre de *slivensko vino*. Les médecins du pays le prescrivent, mêlé au quinquina, contre les fièvres pernicieuses si fréquentes dans la contrée. Malheureusement, il se conserve à peine deux ans. Il est d'ailleurs d'un bon marché étonnant.

En 1872, le bureau de poste de cet important centre commercial était installé au fond d'une écurie puante, dans une petite chambre où gisaient pêle-mêle, lettres, paquets, harnais et lanternes. Le maître de poste, bâillant à se décrocher la mâchoire, répondit à mes questions comme un homme dérangé de son sommeil (il était onze heures du matin); le télégraphiste ronflait sur un sale divan d'où la paille s'échappait par mille blessures. Je ne m'étonnai plus si, malgré toutes les recherches, mes lettres restaient introuvables, et je repris celles que j'avais déposées, pour les expédier par occasion jusqu'au Danube avec plus de lenteur mais plus de sécurité.

Je ne quittai point Sliven sans faire aussi ma visite au konak dont j'emportai, je dois le dire, le plus détestable souvenir. Le substitut qui remplaçait le pacha pendant son absence ne savait pas seulement qu'il existât, près de Sliven, un chef-lieu de cercle appelé Bébrovo et n'avait jamais entendu parler des haïdouks du Balkan ; il ne répondait à mes craintes qu'en répétant : « tout va bien là-bas. » Le commandant des *zaptiés* fut d'un tout autre avis et affirma que s'il y avait à cette heure soixante brigands dans les prisons, il en restait bien davantage encore dans les montagnes ; c'est pourquoi il me conseillait de ne point partir sans une forte escorte. Je le remerciai, et prenant avec moi deux zaptiés, je m'abandonnai avec confiance au kismet protecteur du voyageur.

Depuis le Congrès de Berlin, Sliven appartient à cet état hermaphrodite de la Roumélie orientale qui a déjà causé tant de soucis à ses créateurs et qui probablement leur en causera davantage. Les Bulgares ne voulaient pas de cette séparation décrétée par les grandes puissances et leur aversion se montra, dans cette patriotique ville de Sliven, par les scènes violentes que provoqua la visite du directeur des finances de la Roumélie orientale, M. Schmidt.

Pour me rendre à Bébrovo, au nord de la chaîne, je pris la route du col de Zouvandji-Mésari jusque-là peu connue. Après avoir franchi neuf fois le ruisseau du Kéténik, nous atteignîmes le point où la nouvelle route se sépare de l'ancienne qui conduit à Staréka par le col de Gueungurmech-Boghaz (sombre passe). Dans la vallée du Tcham-Déré, profondément encaissée entre les contreforts du Balkan, nous arrivâmes à Béla qui est la dernière localité jusqu'à Staréka dont cinq heures de marche nous séparaient encore. La route entre dans la gorge formée par le Gueurdé-Dagh et le Dokat-Vratnik pour s'élever entre d'épaisses forêts jusqu'à une prairie marécageuse à l'altitude de 1009 mètres. Autour des sources campaient d'immenses troupeaux de buffles et de brebis gardés par des bergers turcs. Mon escorte but un peu de lait afin de se donner des forces pour la dernière partie de la montée. Je préférai prendre dans ma gourde une gorgée du vin généreux de Sliven, car un orage refroidissait rapidement l'air, et de violents coups de vent chassaient de sombres nuages sur les sommets du Balkan et faisaient prévoir que la pluie allait tomber. Le passage devint triste et cette tristesse de la contrée influa sur nos esprits; l'homme ne traverse gaiement la solitude que lorsqu'elle est éclairée par un rayon de soleil. En outre les zaptiés racontaient, suivant leur coutume, avec une saisissante réalité, les histoires de meurtres survenus en ces endroits : dans de pareilles circonstances l'homme le plus brave sent son courage s'abattre.

Il est facile, à l'abri du Haïdoutin-Tach (pierre des haïdouks) d'envoyer une balle à quelque inoffensif frère en Christ ou en Mahomet qui passe sans méfiance. Pour illustrer cette assertion le zaptié se cacha derrière le rocher, et, glissant le canon de sa carabine dans une fente à peine visible : « Effendi! me dit-il, c'est d'ici que plus d'un brave camarade a été assassiné par ces coquins. Et, tenez, voyez-vous ce petit tertre et cette croix de bois? c'est la tombe d'un pauvre marchand d'oignons tué il y a peu de temps pour quelques misérables piastres! »

Nous atteignîmes enfin le col de Zouvandji-Mésari, auquel mes calculs donnent 1098 mètres d'élévation. La descente du côté nord est assez douce et il faut environ deux heures pour arriver à travers de magnifiques bois de haute futaie sur le plateau mouvementé de Kétchi-Déré. Ce village est d'un grand intérêt comme frontière ethnographique : à l'est, le versant septentrional du Balkan est exclusivement peuplé de Turcs tandis qu'à l'ouest on ne trouve pas un seul village musulman. Il pleuvait à verse quand nous arrivâmes à Staréka (448 mètres) où nous fûmes fort aises de trouver un gîte tel quel. Les Bulgares, que le mauvais temps n'empêcha pas de venir à l'auberge pour voir l'étranger, avaient pour la plupart un humble maintien et toute leur personne semblait accuser une constante inquiétude, due sans doute à leur position d'avant-garde au milieu des populations ottomanes compactes de l'est.

Le lendemain matin, le ciel avait repris sa pureté merveilleuse. Derrière Staréka la route descend dans la vallée de la Bébrovska. Quel aimable contraste avec le pittoresque sauvage des scènes précédentes! A gauche, des montagnes boisées enfermaient un plateau bien cultivé, semé des fermes du gros village turc de Korouk-Keui dont les petits hameaux sont entourés de haies élevées et de solides portes destinées à abriter le bétail. Le sol fertile est couvert de chanvre, de maïs, d'avoine, d'arbres fruitiers. Ailleurs, les vastes pâturages entremêlés de taillis s'animent de troupeaux de buffles, de moutons, de chevaux. Les voiles jaloux et les noirs féredjis des femmes apportent seuls à cette charmante symphonie pastorale leur note triste et mélancolique.

Étendu à l'ombre de la vérandah du han d'Ahmedli, je contemplai le superbe panorama que formaient les sommets découpés du Balkan de Sliven. Sans doute le tableau est plus pittoresque lorsqu'au milieu d'octobre, l'été et l'hiver se combattent, lorsqu'en bas, dans la large vallée, la verdure est encore fraîche, que sur les contreforts le feuillage des chênes se teint des couleurs de l'automne et qu'au-dessus de la région des arbres, les parties les plus hautes de la montagne vont se confondre avec le bleu de l'éther dans leur robe de neige d'une blancheur étincelante.

Pendant la dernière guerre, les Turcs firent d'Ahmedli un camp retranché qui abrita les troupes destinées à prendre l'offensive contre Tirnovo. Il fut enlevé le 6 janvier 1878 par les Russes, et ce succès leur ouvrit le col de Zouvandji-Mésari et facilita leurs opérations sur l'autre côté de la chaîne dans la vallée de la Toundja.

Un peu avant Bébrovo, la vallée se resserre de nouveau et bientôt apparaissent les maisons aux toits rouges de cette jolie petite ville (382 mètres) dominées par son modeste campanile.

Une lettre de recommandation du libraire patriote Danov m'ouvrit toutes les portes; les citoyens les plus intelligents me témoignèrent les égards les plus flatteurs, en sorte que j'ai gardé le meilleur souvenir de ma visite.

Les maisons de Bébrovo sont, pour la plupart, à un étage; elles sont ornées de jolis balcons. Le dessin représente la chambre d'honneur du han où j'étais descendu; elle aurait été remarquée partout aussi bien que dans les régions reculées du Balkan. Ses plafonds, ses volets, ses fenêtres, l'encadrement des saintes images et les bahuts incrustés de bois de différentes couleurs, étaient d'une richesse et d'une beauté de lignes surprenantes. Comme la plupart des femmes notables des villes, mon hôtesse portait un costume moitié oriental, moitié occidental dans lequel dominaient des étoffes autrichiennes démodées.

L'église, bâtie il y a déjà plus de quarante ans, n'a que des proportions fort modestes. Bien autrement élégante est l'école, fréquentée par 200 garçons et 120 filles, car les Bébroviens tiennent à l'instruction de leurs enfants. En dehors du moudir et de quelques zaptiés, la petite ville ne comptait pas un seul Turc parmi ses 1800 habitants. Chez elle, comme chez sa voisine Éléna, un petit nombre de spéculateurs riches ont monopolisé le commerce et l'industrie en avançant des fonds aux petits industriels et agriculteurs qui apportent, des villages voisins, leur soie, leurs cocons, leur bois et leur fer manufacturé. Ces opulents tchorbachis exerçaient aussi une influence prédominante sur les affaires d'administration. « Le moudir fait tout ce que nous voulons, me dit l'un d'entre eux; depuis dix ans, les choses ont bien changé pour nous. Il n'en est plus de la montagne comme de la plaine où le Turc opprime le Bulgare et porte haut le turban ! » Je cherchai en vain à obtenir du moudir quelques renseignements statistiques; il connaissait son district beaucoup moins que moi. Bien qu'il l'administrât déjà depuis longtemps, il n'avait jamais quitté la banlieue de la ville, et peut-être jamais son konak. Il puisait toute sa sagesse administrative dans le stérile journal officiel du vilayet.

La belle vallée de la Bébrovska et son petit chef-lieu ont souffert bien des maux pendant la dernière guerre. Aujourd'hui encore beaucoup de ruines témoignent des ravages exercés. Bébrovo était le quartier général de Fouad-Pacha ; c'est de là qu'il dirigea les opérations contre Éléna. La ville devint ensuite le principal point d'appui des Russes, lors des attaques qu'ils dirigèrent contre Osman-Pazar et Sliven.

Au moment de ma visite, Éléna et Bébrovo, étaient comme terrifiées des agressions audacieuses d'une bande de haïdouks qui infestaient leurs environs. Ces coquins se moquaient des zaptiés et accomplissaient leurs hauts faits à la barbe des moudirs. N'avaient-ils pas, peu de jours auparavant, volé, jusqu'à la chemise inclusivement, le médecin d'Éléna et le frère de l'archevêque Hilarion qui

CHAMBRE DE PARADE D'UNE MAISON BULGARE A SÉBROVO.

pêchaient aux portes de la ville? En songeant à l'insolence de ces misérables, le brave homme de moudir ne comprenait pas que je pusse affronter le Balkan avec une si petite escorte, et il me fallut bon gré malgré accepter de lui un renfort de deux moustafiz (miliciens.)

La chaussée sur laquelle je me dirigeai vers Zlataritsa, appartient au réseau de routes dont Midhat-Pacha a doté le bassin de la Yantra. Offrant de ravissants points de vue, vers le sud-ouest, elle nous permit d'apercevoir les brillantes coupoles d'Éléna s'éclairer et s'obscurcir tour à tour, comme des gouttes de rosée, sous la lumière tremblante du soleil. Autour de nous, s'agitait un tel concours de caravanes allant au marché de Tirnovo, que je ne pus comprendre pourquoi le moudir avait jugé nécessaire de me faire accompagner par ses miliciens. Était-ce peut-être un honneur rendu à mon humble personne? Il faut croire que telle était aussi la pensée de mes deux protecteurs. « Effendi! me disait l'un d'eux, vous devez être un grand bey que le moudir nous envoie si loin pour vous accompagner? » En effet, la route était sûre et je congédiai bien vite ces braves gens.

J'ai parlé plusieurs fois de l'institution charitable du mousafirlik, qui, dans les communes musulmanes, offre à l'étranger, sans distinction de culte, une hospitalité gratuite pendant trois jours. Je n'ai pas oublié non plus de mentionner les fontaines si nombreuses en pays musulman, élevées dans l'intention charitable de rafraîchir les hommes et les bêtes. J'eus, non loin de Zlataritsa, une preuve touchante et nouvelle de la sollicitude du musulman pour le bien-être du pèlerin et du voyageur. Près de la route, sous la fraîche retombée des branches, un échafaudage grossièrement charpenté supportait des cruches pleines de lait ou d'eau destinées à étancher la soif et à faciliter les ablutions religieuses des passants. Le luxe de l'eau qui commence à peine à obtenir droit de cité dans les grandes villes de l'Occident a, comme on le voit, pénétré depuis longtemps de l'Asie jusque dans les contrées les plus retirées de l'Europe orientale.

Zlataritsa compte parmi les villages bulgares les plus riches de la région de la Yantra; elle possédait en 1872 deux églises, une excellente école et 330 maisons. La terrasse qui s'étend d'ici jusqu'à Tirnovo, était couverte de champs de maïs et de blé entremêlés de grands jardins et de vergers, de vastes cultures de tabac et de vignobles. Près de Merdan, la petite Tchertovitsa s'est creusé un vallon resserré où s'abrite paisiblement le modeste couvent des Svéti-Tchétiridéset-Moutchénitsi (quarante martyrs).

Bientôt se montra au pied de l'orgueilleux monastère de Svéti-Pétar, le riche village de Leskovitsa, à l'apparence citadine. Son imposante église de Saint-Nicolas a été bâtie en 1856 par un simple Bulgare, maître Dosi. On me fit remarquer, sur un de ses bas côtés,

ÉGLISE SAINT-NICOLAS A LESKOVITSA.

une pierre votive romaine consacrée à un nommé Severus par son épouse et par ses deux fils. Le cimetière voisin renferme aussi des restes antiques trouvés, me dit-on, sur la Ribarska-Planina. Les habitants du village montraient dans leur conduite un certain orgueil, une conscience d'eux-mêmes que je n'avais jamais auparavant remarqué chez les paysans bulgares. Beaucoup d'entre eux portaient le costume de ville : bleu sombre avec des brandebourgs noirs, et étaient très fiers de leurs connaissances des pays lointains. Ils possèdent beaucoup d'industries et sont surtout renommés pour leur excellente culture de légumes. En été, ils partent généralement pour l'étranger où ils vivent très économiquement ; ils retournent en hiver auprès de leurs familles après avoir gagné une bonne somme d'argent.

Lorsqu'en décembre 1877 les Turcs, reprenant l'offensive contre Tirnovo, poussèrent jusqu'à Merdan, les habitants de Leskovitsa se réfugièrent dans l'ancienne capitale. Ceux d'entre eux qui demeurèrent au village ensevelirent, dans un cimetière fort poétique, les Russes tombés pour leur délivrance.

Lorsque sur le soir j'arrivai à Gorna-Rahovitsa, le silence régnait déjà dans sa longue tcharchia. On rentre de bonne heure dans les petites villes bulgares, et, comme il me répugnait de déranger une famille, je renonçai à me faire ouvrir la maison hospitalière où j'avais été accueilli l'année précédente. Cette discrétion me valut une nuit blanche dans une misérable auberge.

A l'intérieur du cabaret, quelques buveurs intrépides ne cessaient de hurler et de s'enrouer. Dans ma chambre à coucher, où les meubles faisaient défaut, les rats, les souris et d'autres animaux encore se trouvaient tout à fait chez eux ; à peine eus-je éteint la lumière qu'ils sortirent de tous les coins, de toutes les fentes, de tous les trous, et poursuivirent même leur promenade jusque sur ma couverture, espérant y trouver quelques restes mangeables. Je me réfugiai sur le tchardak, mais là je fus bientôt réveillé par le premier chant du coq : plus de cent de ces oiseaux chantaient à l'envi, et il faut avoir entendu soi-même, en Bulgarie, ce maudit concert pour comprendre qu'il rend impossible tout sommeil du matin. Ce fut donc une amère ironie, lorsque le handji me demanda de très bonne heure comment j'avais passé la nuit.

Je ne fus pas peu étonné d'apprendre par lui que j'avais eu l'honneur de passer cette nuit peu réconfortante dans une ville et non dans un simple village. La faveur du sort avait, depuis ma visite de l'année précédente, fait de Rahovitsa le chef-lieu d'un cercle nouvellement créé, à la tête duquel on avait placé cette joyeuse et folle cervelle de Hadji-Moustapha, l'ancien moudir de Travna.

J'ai déjà raconté comment le moutessarif avait chargé de l'administration du district de Travna son ancien tchiboukdji (bourreur de pipes), qui était en même temps son bouffon ; mais Travna est éloignée de plusieurs lieues de Tirnovo, et Haïdar-Pacha déplorait le départ de ce Moustapha, toujours si riche en idées extravagantes. Il soupirait après lui, et, comme bien des choses étaient permises à un moutessarif, surtout depuis le jour où le sévère Midhat s'était retiré au loin, à Bagdad, il obtint que l'on formât de cinq localités voisines de Tirnovo un moudirlik, dont il confia la charge à son fidèle bouffon. Ainsi, le caprice d'un pacha créa tout près de la ville et des administrations centrales un district, dont l'absurdité était évidente

PERCEPTEUR DES IMPOTS A RAHOVITSA.

dès que l'on jetait les yeux sur la carte; ainsi Haïdar put permettre à un favori, qui craignait de s'ennuyer à Travna, d'élever son petit trône tout à côté du sien propre! D'ailleurs le moudir de Rahovitsa était assez spirituel, et, bien que disposé à toutes sortes d'extravagances, il avait une certaine dose de bonhomie. Mais ses connaissances l'auraient fait considérer chez nous comme propre tout au plus à faire un garçon de bureau. Aussi longtemps qu'il n'avait pas bu, on pouvait lui parler en toute liberté; il permettait même aux Bulgares de le contredire.

En sortant de chez Moustapha, j'eus le spectacle original d'un rendement de comptes à la turque. Assis sur le parquet du corridor, autour d'une table basse, le receveur des contributions, de concert avec le moukhtar et le tchorbachi d'Arbanasi, mettaient en tas, pour les compter et recompter, les masses de paras et de bechliks fournies par les contribuables. Cette opération avait un tel cachet de gaîté et de simplicité que je ne pus résister au désir de la reproduire sur mon album.

Moustapha s'est distingué en 1873. Il a envoyé à l'Exposition universelle de Vienne une collection choisie des belles soies filées du cercle de Rahovitsa.

Dans ces derniers temps, les gros cocons ont presque entièrement disparu pour faire place aux variétés de petite taille. La récolte entière de cocons ou de soies brutes est expédiée chaque année à Tirnovo, seule ville de la Bulgarie septentrionale qui s'occupe en grand du filage des soies.

De Rahovitsa, je me dirigeai par Késarovo vers Osman-Pazar. La route est excellente. Sur l'autre bord de la Késarovska, des lacets rapides mènent de la vallée (84 m.), au plateau élevé de 300 mètres, d'où l'on jouit d'une vue magnifique. Vers le sud, la région montagneuse se déroule jusqu'aux lointains, perdus dans un bleu vaporeux, du Balkan d'Éléna, tandis qu'au nord les campagnes du Buyuk-Déré de Kadi-Keui, semées de villages turcs aux fermes éparses, offrent l'image du bien-être et luttent de charmes et de fécondité avec les plus belles contrées de l'Allemagne du sud.

Je n'arrivai que tard à Djoumali et j'eus beaucoup de peine à m'y caser. Entrer dans un village musulman après le coucher du soleil, c'est vouloir coucher à la belle étoile. Il n'est plus de logis, plus de cafés, ni de hans. Cependant, les gendarmes qui m'accompagnaient trouvèrent le moyen de se faire ouvrir une maison et d'exiger du propriétaire une hospitalité que je me déclarais disposé à payer largement. Cette promesse produisit un changement de scène. Les hommes m'abandonnèrent le sélamlik, les femmes nous apprêtèrent un repas suivi d'une tasse de café, et sur une couche de foin frais, à l'abri de ma couverture de caoutchouc, je trouvai bien vite cet excellent sommeil connu seulement du voyageur.

J'eus souvent à passer par les mêmes ennuis dans les villages turcs où j'arrivai après le crépuscule. En plein jour, au contraire, tout allait pour le mieux, et j'étais redevable à mon firman de tous les conforts possibles.

Si, lors de mes précédents voyages dans le Balkan central et occidental, j'avais généralement traversé des districts exclusivement bulgares ou de population mélangée, le vaste territoire dans lequel je pénétrais à cette heure présentait une masse compacte de Turcs, dont l'existence a été souvent niée par les slavophiles à outrance. Je n'y trouvai d'éléments bulgares qu'à de rares intervalles, et dans le Tozlouk et le Déli-Orman, par exemple, je ne rencontrai pas un

FERME TURQUE A DJOUMALI.

seul chrétien pendant des journées entières. Dans les sinuosités profondes de la région de collines qui se développe depuis le Balkan d'Éléna, de Sliven et d'Aïdos jusque vers Silistrie, le musulman se sent chez lui, à l'abri de toute influence occidentale. Sa physionomie, son maintien, sa démarche révèlent au premier coup d'œil le descendant de ces orgueilleux conquérants asiatiques qui envahirent l'Europe, il y a plus de cinq siècles, et l'épouvantèrent par leur sombre et fanatique violence.

Ce que la race turque a fait dans la dernière guerre a démontré que le régime de gouvernement absurde qui pèse sur elle n'a pas réussi à étouffer son ardeur et son énergie.

Par une des plus chaudes journées de mon voyage, je suivis, à 500 mètres d'altitude, en moyenne, le faîte de partage des eaux. Vers le nord, la vallée magnifique du Buyuk-Déré s'élargissait de plus en plus, épanouie sous les caresses de la lumière. Au milieu des champs de maïs, des vignobles, des vergers, des bois de chêne, brillaient partout les toits rouges des innombrables villages musulmans. Buffles, bœufs, chevaux, brebis et chèvres se pressaient sur les prairies émaillées de fleurs. Vers le sud, les cimes feuillées s'étageaient en masses profondes, les hameaux se cachaient dans l'ombre des vallons et, plus loin, à l'arrière-plan, les profils du Balkan de Sliven coupaient l'horizon, enfermant un paysage qui faisait songer aux sévères tableaux de la Carinthie.

Dans le village turc de Doghanlar, je vis venir à moi, à ma grande surprise, un homme dans la force de l'âge qui m'adressa, non sans peine, quelques mots d'allemand. Khalila, ancien musicien militaire, se vantait fort d'avoir appris son art à Vienne, où l'avait envoyé son protecteur, le grand mouchir (maréchal) Omer-Pacha. Il parlait beaucoup de la ville impériale ; les barbes blanches et noires qui l'environnaient l'écoutaient avec respect, et on ne voulut point recevoir de bakchich pour les rafraîchissements que l'on m'avait offerts, parce que Khalila avait trouvé un accueil si cordial à Betch (Vienne).

Après Doghanlar la route s'escarpa pour entrer dans le charmant bassin circulaire de Hasan-Fakih. Ce grand village de 200 maisons est construit, dit-on, sur l'emplacement d'une ville turque détruite dont Hadji-Khalfa parle comme d'un chef-lieu de cercle. Il passe dans les environs pour un petit Éden. Ses troupeaux, ses vignobles, ses poissons et ses écrevisses sont renommés. Les eaux abondent dans ses campagnes. La route croise sa rivière, tributaire du Buyuk-Déré, et s'élève ensuite par une multitude de replis tracés dans le sol argileux.

Depuis longtemps il n'était pas tombé de pluie ; une poussière épaisse couvrait les buissons et les feuilles qui, avec une luxuriante abondance, tapissent les murs des vignobles disposés en terrasses. Des oiseaux chantaient, des abeilles bourdonnaient, des papillons voltigeaient à travers les branches : c'était une superbe soirée d'été. Profondément touché de ce tableau, je gravis à cheval les hauteurs qui nous séparaient encore du plateau d'Osman-Pazar.

Les maisons et les minarets de cette ville, qui a un cachet turc très prononcé, se détachent gracieusement sur le fond que forment les hauteurs boisées du Balkan de Sakar, mais l'intérieur en est misérable et porte partout l'empreinte de la hâte, du demi fait, du provisoire, comme si le retour en Asie était depuis longtemps chose inévitable et prévue. On y marche dans un fouillis de rues, dans un encombrement de maisons jetées à l'aventure et semblables à de grandes tentes d'argile, entre lesquelles apparaît çà et là une mosquée délabrée, une fontaine sans ornement, une palissade branlante à demi recouverte d'herbes folles.

Je souhaiterais que tous les turcophiles, ceux qui parlent comme ceux qui écrivent, ceux qui habitent le moindre petit bourg de l'Occident comme ceux qui demeurent dans les capitales, fussent exilés pour quelques jours à Osman-Pazar, chef-lieu d'un district. Tous, en voyant cette pauvreté d'architecture, cette malpropreté et cette désolation, reviendraient de leur enthousiasme et cesseraient de croire à la capacité civilisatrice des nomades touraniens.

Osman-Pazar comptait, en 1872, 700 maisons turques et 180 bulgares, soit une population d'environ 4,800 âmes. Ses habitants ont fait beaucoup pour l'amélioration de leurs institutions scolaires. Je vis dans l'école élémentaire turque des tableaux et des appareils servant à l'enseignement; les Bulgares possédaient aussi une belle école près de la longue basilique bâtie en 1860 par maître Guentchou de Travna. La minorité chrétienne devait, d'ailleurs, se passer de clocher et de cloche, pour ne pas blesser l'orgueil de la majorité musulmane.

Le kaïmakam Hadji-Ahmed-Effendi, un ancien officier, résidait dans un misérable konak. Turc de la vieille roche, un peu lourdaud, se souciant peu des allures « à la franca », qui étaient de mode chez les employés de Stamboul, ce personnage cadrait très bien avec sa chambre, où l'on ne voyait que quelques tapis, quelques coussins, et des liasses de papiers. Il m'avoua en toute franchise que les affaires ne le tourmentaient guère, puisque son cercle ne comprenait que quatre villages de rayahs et que par suite il s'y élevait peu de disputes. Les procès ne s'accumulaient que là où musulmans et chrétiens vivaient ensemble. Le bon témoignage que l'administrateur rendait de ses administrés, ceux-ci le rendaient de leur kaïmakam. En effet, le Turc ne demande à ses fonctionnaires supérieurs ni connaissances solides, ni une grande initiative pour le progrès, mais de la dignité, pas trop de rigueur, et l'accomplissement ponctuel des prescriptions religieuses. Or, Hadji-Ahmed observait scrupuleusement ces dernières. Sans se soucier de moi ni des autres personnes présentes, il quitta ses souliers ; sa figure prit l'expression du recueillement, et, après avoir accompli les ablutions prescrites, il récita, étendu sur le tapis, sa prière du milieu du jour. En pareilles circonstances, le voyageur comprend quel profond abîme sépare les mœurs de l'Orient de celles de l'Occident; il sent que le pont qui doit unir l'Asie à l'Europe n'est pas aussi facile à construire que les esprits trop ardents se plaisent à le supposer.

Pendant la dernière guerre, Osman-Pazar devint le point de concentration de tous les renforts expédiés du sud-est de l'empire turc à l'armée du Danube. Là se formèrent notamment les troupes qui essayèrent à différentes reprises, mais en vain, d'enlever les positions russes autour d'Éléna. Les Russes n'occupèrent la ville que le 27 janvier 1878, après la retraite volontaire des Turcs.

Si peu que j'aie pu connaître pendant mon court séjour les musulmans d'Osman-Pazar, je n'ai que du bien à en dire. Une visite au faubourg des mégissiers me mit en relation avec plusieurs maîtres honorables de cet opulent *esnaf* (corporation), qui compte 15 maîtres, employant chacun de 4 à 6 ouvriers. Le tannage s'opère à l'aide de l'écorce d'un arbuste appelé *tétré*, fort répandu dans les environs. Partout je fus cordialement accueilli par les Turcs, et partout on se fit un plaisir de me fournir les renseignements et les faits qui m'intéressaient. Il est vrai que j'étais accompagné par un zaptié de la ville dont la présence interdisait toute méfiance à ces bonnes gens. Mais je ne leur suis pas moins reconnaissant de leur confiance et de leur cordialité.

En quittant ces mégissiers, je leur fis voir mes gants glacés de Vienne. Ce furent à la ronde des extases, d'inombrables *mach Allah*. « Combien de temps nous faudra-t-il, à nous pauvres gens, disaient-ils, pour produire une peau comme celle-ci ! » Je les consolai en cherchant à leur faire comprendre que chez nous, aussi, un peuple servait d'instructeur à d'autres peuples. Mais je pensais à part moi de quelle utilité il serait pour ce pays d'envoyer en Occident quelques jeunes ouvriers intelligents, pour en rapporter à leur patrie nos procédés et notre outillage rationnel.

A Osman-Pazar, ville musulmane par excellence, on se plaignait non moins amèrement que dans les localités bulgares, de ne voir revenir sous aucune forme la plus légère partie des impôts prélevés sur le district et dirigés sur Constantinople. Sans cesse vidées par les fantaisies des sultans et des pachas, les caisses de la Porte se remplissent toujours. Pendant mon séjour à Vidin en 1871, une somme de 200,000 francs en vieille monnaie de billon dut être envoyée à Constantinople par les moyens les plus rapides, sur la demande pressante du ministre des finances. Le poids énorme de cette masse de cuivre fit monter à 20,000 francs le prix du transport. A la même époque, un régiment de nizams avait quitté Vidin sans pouvoir acquitter, faute de solde, ses dépenses en riz, farines, viande, lait, fromage, etc., et c'est en vain que les malheureux fournisseurs, toujours ajournés, réclamaient leur argent au pacha Hadji-Aziz. Avec une telle organisation, il était impossible de faire quelque chose pour l'industrie, les arts, les écoles. Aussi, que de fois n'ai-je pas entendu répéter la même plainte : « Nos impôts s'en vont on ne sait où ; ils se perdent dans les poches des grands pachas, et depuis le départ de Midhat notre pauvre pays est oublié ! »

CHAPITRE XXII

ESKI-DJOUMA. — CHOUMLA. — PRESLAV. — KAZAN.

La route d'Osman-Pazar à Eski-Djouma est une des mieux tracées de la Bulgarie orientale, et les paysages qu'elle traverse présente le caractère pittoresque de la région montagneuse moyenne. Les douces ondulations du plateau la portent tout d'abord dans une forêt de chênes étonnamment belle, qui est la propriété de la ville. Je gagnai ainsi de la manière la plus agréable la vallée du Bazirgan, affluent de la Yantra, et plus loin la Klisourska qui appartient déjà au système extrêmement ramifié du Kamtchik.

L'aspect de la contrée, jusqu'alors gracieux, changea brusquement ; nous entrâmes dans un défilé dont les murailles, montant à pic, bordent de précipices le Balkan de Preslav et la chaîne du Kara-Lom. Une distance de 15 kilomètres seulement nous séparait des hauteurs de Kiritchen, devenues célèbres depuis par les combats du mois d'août 1877, et dont l'assaut inutile coûta aux Russes des milliers de soldats.

Les rigides parois plongent parfois d'un trait sur le ruisseau, forçant la route à changer six fois de rive. Vers le milieu du défilé, devenu plus large, une colonie tcherkesse s'était établie ; de loin, des enfants qui demandaient l'aumône annonçaient son existence. J'ai rarement vu une pauvreté plus grande, un dénuement plus lamentable que celui de ce Derbend-Keui (village du défilé). Dans l'intérieur des huttes couvertes de paille pourrie, formant à peine un abri contre le vent et la tempête, des êtres misérables qui furent autrefois des femmes, entassés l'un sur l'autre, à demi vêtus de sordides haillons, imploraient par un regard douloureux la pitié des passants. De leur beauté célèbre, il ne restait plus une trace. Les hommes seuls, droits comme une barre d'acier, gardaient encore, malgré leur maigreur sinistre, cet air de bravade et de défi particulier aux flibustiers abéseks.

Après Derbend-Keui, la rive gauche du ruisseau porte un béklémeh; le boulyoukbacha n'eut pas assez de paroles pour s'emporter contre les actes de brigandage des Circassiens. Le défilé fut d'ailleurs un des repaires favoris des haïdouks depuis l'époque des janissaires du rebelle Pasvan-Oglou jusqu'au jour où le pacha de Tirnovo, Ali, les extermina dans leurs taudis près du mont Dikilitach, dont la cime conique domine toutes les hauteurs des environs. A une heure de distance du béklémeh, les murailles des deux rives se transforment en croupes boisées, qui nous accompagnent presque jusqu'aux portes de la riche et jolie ville d'Eski-Djouma, qui, grâce à sa foire, est le centre commercial le plus important de la Bulgarie danubienne.

Les quartiers turcs d'Eski-Djouma comptaient avant la guerre près de 1,400 maisons; les quartiers chrétiens n'en avaient que 400. Les maisons bulgares sont en général bien construites et l'on rencontre rarement en Bulgarie des habitations privées qui puissent se comparer pour l'élégance et le confort à celles des tchorbachis de l'endroit. Elles ont pour la plupart un ou deux étages, et sont peintes en couleurs variées. Le vaste encorbellement d'un *bow-window* finement ornementé leur prête une agréable décoration. Le plus remarquable bâtiment de la ville est l'école, bâtie à l'européenne. La petite communauté bulgare possédait encore deux autres écoles, et son opulence se trahissait dans son église, basilique à trois nefs reposant sur des colonnes. Avec ses galeries, ses nombreux lustres de cristal et ses admirables sculptures, chefs-d'œuvre des maîtres de Travna, cette église appartient aux plus belles du pays.

Les monotones façades des rues turques leur donnent, semble-t-il, une longueur infinie. Mais si l'œil supporte encore assez volontiers les murailles d'argile uniformes à la teinte grise, il n'en est pas ainsi de celles que les Turcs progressistes ont ornées d'un badigeon de chaux aux reflets éblouissants. Aussi, avec quelle joie ne pénétrait-on pas sous les vertes allées d'érables qui conduisent à la petite place irrégulière où s'élevait le konak du kaïmakam. Devant le péristyle de ce joli bâtiment à un étage, des détenus logés sur les bas-côtés, secouaient sans façon leurs nattes pour les débarrasser de la

J'appris du trésorier que des 45 villages turcs du cercle, 8 seulement étaient mélangés de Bulgares. La grande majorité de l'élément campagnard et citadin se trouvait donc, dans le cercle de Djouma comme dans celui d'Osman-Pazar, du côté des musulmans.

Par bonheur, minorité ne signifie pas toujours infériorité, et je pus constater, par exemple, que presque tout le commerce local comme presque toutes les industries étaient entre les mains des Bulgares. Ainsi, la fabrication des poteries pour l'exportation comptait à elle seule, en 1874, 40 maîtres chrétiens, dont bon nombre savaient décorer d'or et d'argent ou émailler de diverses couleurs leurs produits céramiques aux formes originales. Mais la supériorité intellectuelle et commerciale des Bulgares se révélait d'une manière plus frappante encore à la grande foire de mai, dont l'importance est à peine dépassée par celle de sa célèbre sœur d'Ouzoundjé-Ova, en Thrace. Les détails intéressants qui me furent donnés sur la foire d'Eski-Djouma m'affermirent dans la résolution de visiter ce fameux panayir l'année suivante.

Un excellent souper préparé par les soins de mon drogman m'attendait dans le han, et la chambre où je passai la nuit était proprement tenue. C'est là un fait assez exceptionnel pour me faire conserver un agréable souvenir de cette auberge bulgare, dont le lecteur peut voir dans mon esquisse la jolie vérandah et la cour enguirlandée de verdure. Il faut bien dire que cette galerie présente à l'heure du kef un tout autre aspect que le matin, où, dans le plus simple appareil, avec le plus naïf sans-façon, les hôtes se succèdent autour de l'unique lavabo de l'établissement, pour accomplir les diverses opérations de leur toilette. Les Turcs comme les Bulgares se lavent soigneusement la bouche et les doigts après chaque repas, et, à cette occasion, le mouchoir de poche prend généralement la place de nos serviettes.

Le jour suivant (29 juin, ancien style), notre quartier offrait une animation toute particulière. Les enfants en costume de fête gambadaient joyeusement dans les rues pendant que leurs parents, chargés de cierges et de fleurs, se hâtaient vers l'église. Revêtue de ses plus beaux atours et toute ornée de joyaux et de monnaies d'or, notre jeune hôtesse était déjà partie, afin d'avoir une bonne place dans la foule des fidèles. La presse était énorme, car au jour de saint Pierre et saint Paul, aucun chrétien orthodoxe ne néglige d'apporter son offrande aux deux apôtres. Des montagnes entières de cierges, entassées devant le portail, disparaissent en un clin d'œil pour le plus grand bien de la caisse ecclésiastique. Aussitôt après le service commencent les tournées de visites où les femmes passent réciproquement en revue leur toilette. Les belles de Djouma portent presque toutes le costume turc : de larges pantalons attachés à la cheville, une veste brodée d'or largement ouverte sur la poitrine, un foulard jeté sur la tête et des fleurs dans les cheveux; aux oreilles, de grosses

HAN A ESKI-DJOUMA.

boucles; autour du cou, des monnaies d'or et d'argent. Vers midi, chacun se pressa vers la table du festin ; car ce jour-là finit la longue abstinence du carême, et la viande apparaît de nouveau dans le repas de la famille.

Une route passablement bonne se dirige d'Eski-Djouma vers Choumla, en suivant le cours sinueux du Kirk-Guitchid-Souyou. Depuis l'établissement des Tcherkesses, il n'avait pas fallu construire moins de quatre béklémehs pour la sécurité de cette voie de communication. Le pays est gracieux et bien cultivé. Près d'un petit bois que nous devions traverser pour revenir au premier blockhaus, où j'avais laissé mon drogman et mes bagages, afin d'aller jeter un coup d'œil sur la vallée, une troupe de Tcherkesses, qui observait attentivement notre marche, s'enfonça brusquement sous le couvert des arbres. Sans craindre précisément une attaque, nous nous hâtâmes, mon aptié et moi, de prendre un autre chemin. Les gendarmes du béklémeh voisin nous en félicitèrent, car la bande que nous venions de rencontrer épouvantait si bien le pays depuis quelques semaines que l'on songeait à faire venir de Choumla des forces militaires pour s'en débarrasser.

Après avoir traversé la Vrana grossie du Kirk-Guitchid-Souyou, nous atteignîmes au milieu des vergers le joli village d'Alvan-Keui, et, immédiatement après, le quartier général des redoutés coureurs de bois, le village tcherkesse de Pouhalar. Là, comme dans toutes les colonies circassiennes, rien que paresse et saleté, haillons et misérables vestiges de temps meilleurs. Je mis pied à terre devant la ferme du moukhtar, près de la petite mosquée dont le minaret, formé de verges de saules tressées, ressemblait à s'y méprendre au pignon de nos colombiers.

Le konak du « bey » des Tcherkesses ne se distinguait en rien des autres huttes ; une paille moisie recouvrait ses murailles de terre. Le chef parut. C'était un vieillard à barbe blanche, dont toute la personne portait l'empreinte de la plus admirable dignité. Pour me recevoir, il avait revêtu à la hâte la meilleure de ses tuniques de drap blanc ; à son côté pendait le couteau de combat ; la crosse d'un pistolet sortait de sa ceinture, des cartouchières ornées d'argent reposaient sur sa poitrine, et sur sa tête, couverte de cheveux blancs, s'élevait le haut bonnet de fourrure. D'un geste noble il m'indiqua l'entrée de sa chambre, dont l'aspect était particulièrement agréable avec ses tapis de pied et ses coussins rangés le long des murs. Des cigarettes me furent offertes, puis les femmes de la maison apportèrent du lait dans des coupes d'argent. Celle qui me fut tendue me fit songer aux belles œuvres d'art trouvées dans les tumuli de la Russie méridionale, et dont la provenance grecque est un fait acquis. Le bey m'expliqua que c'était un héritage de famille ; puis il s'abîma dans les récits des anciens jours et conclut en m'offrant de passer la nuit dans sa maison. Certes, je me sentais en pleine sécurité sous son toit, car l'hospitalité est chose sacrée, même pour le plus sauvage des Abkhases ; mais je voulais profiter de ce reste de jour et je pris congé du patriarche, qui m'assura qu'il ne nous arriverait rien de désagréable sur son territoire. Comme il jouissait d'une grande réputation dans sa tribu, mon zaptié, qui ne voyageait qu'avec déplaisir, surtout après la tombée de la nuit, dans ces contrées mal famées, parut lui-même se rassurer.

Au-delà de Pouhalar, un pont solide franchit le ruisseau qui s'échappe avec fracas d'entre un promontoire isolé et les masses imposantes du mont Fichek ; puis vient une karaoula commandant la partie la plus sauvage d'un étroit défilé. Trois quarts d'heure plus loin, les parois s'abaissent. La vallée s'élargit de plus en plus, et quelques cultures trahissent l'approche du village de Gradichté.

Le lendemain matin, je m'occupai d'achever le croquis des environs de Choumla, commencé en 1837 par le maréchal de Moltke, qui était à cette époque au service de la Porte. Par cette belle matinée de juin, Gradichté offrait un tableau enchanteur. Ses riches troupeaux dévalaient les pentes de tous côtés. Un détour nous préserva des nuages de poussière soulevés par leur passage sur la route et nous conduisit près d'un tumulus assis sur une crête, que je reconnus pour le faîte de partage du Kamtchik et du Pravadi. Quelques sinuosités faciles nous eurent bien vite amenés au pied de son revers opposé jusqu'au village voisin de Kaoukli, dont les habitants tcherkesses vagabondaient près de la route. Suivant toujours la direction de l'est, nous franchîmes les minces veines d'eau du Boulanik-Déré, et, immédiatement après, la ligne des retranchements avancés de Choumla, entre les forts de Housseïn-Tabia et de Khalil-Tabia, situés sur des hauteurs.

Un béklémeh garde ce défilé naturellement fortifié, après lequel on découvre à droite le village tcherkesse d'Istradja, et plus haut, sur une éminence, les blanches murailles du fort du même nom. D'autres ouvrages, cachés aux regards par des bois touffus, se suivent, de l'est à l'ouest, sur les hauteurs déployées en demi-cercle, du fort d'Istradja à celui de Tchenguel. Pendant les intervalles de paix de 1829 à 1854, on a cherché à fermer par une ligne de retranchements la corde non abritée de cet amphithéâtre en fer à cheval. Mais ce fut seulement en 1854 et en 1876, à la veille de l'arrivée des armées russes, que ce projet fut repris et achevé d'une manière rationnelle. Le nombre des ouvrages dépasse une trentaine. Bien que pour la plupart construits en terre, ils sont exécutés d'après les principes de la fortification moderne et donnent à Choumla le caractère d'un vaste camp retranché. Grâce à ces ouvrages, la place était

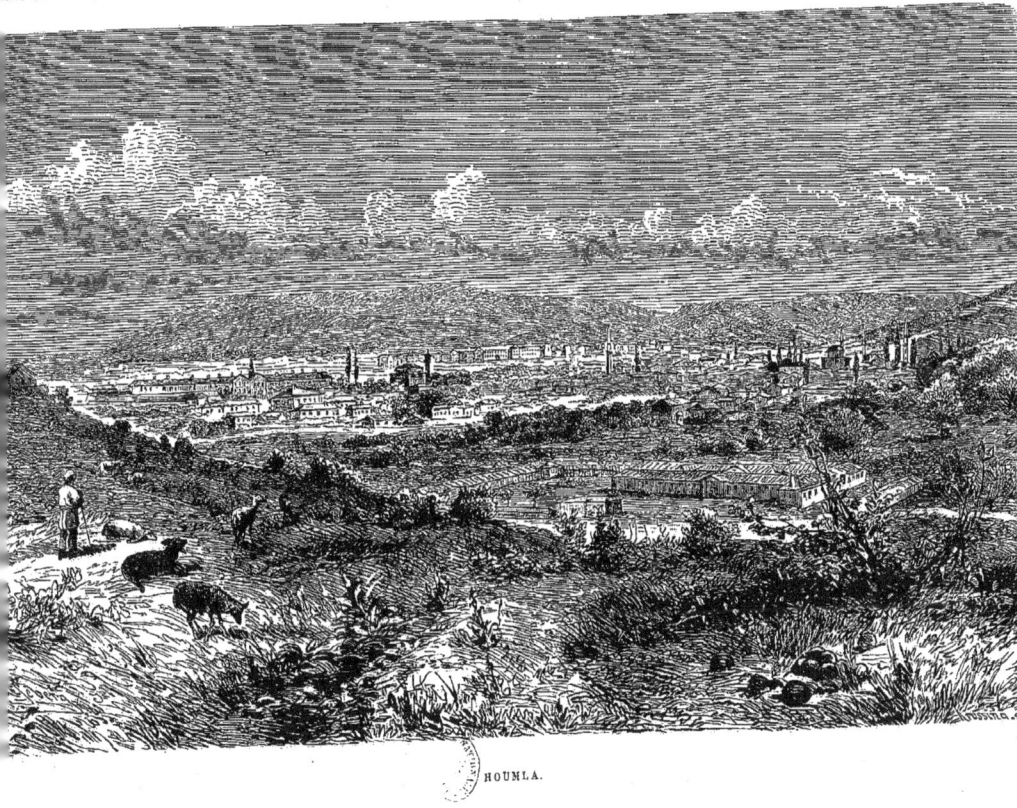
HOUMLA.

le plus important boulevard de la Turquie d'Europe, en raison des forces immenses que son investissement aurait exigé.

Ce ne fut pas sans peine qu'au milieu d'un labyrinthe de ruelles je réussis à trouver l'auberge fondée et décorée du nom pompeux « d'Hôtel de l'Europe » par les ingénieurs du baron Hirsch, venus pour étudier le tracé du chemin de fer à travers le Balkan. L'entreprise subissant des retards, les ingénieurs avaient quitté Choumla, et comme aucun voyageur du pays ne voulait s'accommoder des prix élevés de l'Hôtel de l'Europe, l'hôtelier s'était vu forcé de fermer ses portes.

A peine installé dans une maison bulgare, je parcourus la ville à la recherche des monuments. Le palais du commandant militaire, où résidait alors Abd-oul-Kérim Nadir, maréchal commandant le corps d'armée de Choumla, était dans l'état le plus pitoyable.

Ce bâtiment aux proportions prétentieuses était orné d'une horloge publique, chose fort rare dans les villes orientales, mais il tombait en ruines. Le soir, à l'heure où la musique militaire jouait son plus joyeux répertoire, la place fourmillait de soldats désœuvrés et de civils oisifs. Les chefs de musique étaient en général des Bohèmes, mais si l'ensemble était parfois excellent, le goût turc donnait aux instruments de cuivre une trop grande prépondérance et les passages délicats de la « Belle Hélène » ou du « Beau Danube bleu » en souffraient quelquefois.

Une large rue sépare le forum militaire, de dimensions relativement imposantes, du Dolni-Mahlé (bas quartier), habité par la classe bulgare la moins aisée et très fréquenté par la garnison. Autour d'une petite mosquée ornée d'une coupole et d'un minaret qui, par extraordinaire, porte une espèce de lanterne au lieu de la pointe traditionnelle, se groupent une multitude de cafés, de buvettes ou de boutiques où l'officier, dont la solde se faisait souvent attendre pendant plus d'une année, trouvait non-seulement un prêt facile en retour de gros intérêts, mais encore un petit coin mystérieux où il pouvait savourer à son aise le carafon de vin défendu, à côté du café, du tchibouk, des excellents petits fromages et des tranches de concombres. Le soldat y pourvoyait à ses modestes besoins plus facilement que dans les grands magasins des rues marchandes ; en passant il y buvait son petit verre de mastik (eau-de-vie), et s'y cherchait en plein soleil quelque bonne fortune.

En somme, c'était le militaire qui donnait à ce quartier toute sa physionomie. Le riche Bulgare du Gorni-Mahlé (haut quartier), se gardait au contraire d'y pénétrer, car il savait combien était à craindre, surtout pour la partie féminine de sa famille, un conflit avec le soldat presque toujours surexcité. Il préférait rester dans sa maison, peu avenante d'apparence, mais confortable à l'intérieur, dans son jardin ombreux où babillait toujours une source jaillissant entre les plates-bandes de fleurs, les arbres fruitiers et les massifs de plantes exotiques. Les dimanches et les jours de fête, il montait à son vignoble sur la colline de Monastir ou sur celle de l'est; ces deux points offrent sur la ville un coup d'œil splendide.

Au dix-septième siècle déjà, le chroniqueur turc Vassif vantait la belle situation de Choumla et le charme de ses environs semés de jardins remplis de fleurs, la douceur de son climat, la beauté de ses monuments et plus encore celle de ses jeunes filles, « dont la grâce captiva si bien le cœur des guerriers musulmans, que les relations les plus intimes s'en suivirent et qu'une fois le camp levé, presque tous firent de cette ville leur patrie d'adoption ». Le récit de Vassif jette une vraie lumière sur les rapports des conquérants et des rayahs de cette époque, rapports dont les conséquences sont encore aujourd'hui visibles dans la population. Les enfants y sont d'une beauté merveilleuse que les Turcs n'ont peut-être pas tort de mettre en partie sur le compte de la garnison.

Le chemin de fer qui devait relier Choumla à Yamboli et dont les études préliminaires ont été discutées pendant des années dans les bureaux de Stamboul, n'existe aujourd'hui encore que sur le papier. Mais le témoignage le plus frappant de l'incurie administrative consiste dans le vaste remblai à moitié effondré qui traverse la ville et sur lequel devait passer le tronçon de chemin de fer de Choumla à Kaspidjan, station de la ligne de Roustchouk à Varna. Commencé en 1870, on y vit travailler toute la population des villages, réquisitionnée par l'autorité supérieure. A cette heure, il a disparu sous les mauvaises herbes; le gouvernement n'a pas trouvé les fonds nécessaires pour terminer ce petit embranchement de 15 kilomètres, qui aurait été d'un si grand secours pour les transports militaires et commerciaux! Le tronçon inachevé de Choumla à Kaspidjan forme le pendant de la ligne de Nicopoli à Plevna.

Le peu de souci accordé par l'État à la situation économique expliquait tout naturellement aussi la pauvreté des magasins de Choumla. D'autre part, des préjugés profondément enracinés, le manque de capitaux et la modestie des besoins de la population, empêchaient le développement de l'industrie. Cependant, Choumla est

QUARTIER TURC A CHOUMLA.

renommée dans le pays pour sa fabrication de pantoufles rouges ou jaunes, ses vêtements de couleur et ses corsages de femme aux riches broderies. Elle produit aussi d'excellents ustensiles de ménage en cuivre étamé.

La ville comptait en 1865, 3129 maisons, dont 1637 turques, 1470 bulgares ou arméniennes et 22 juives. Les Arméniens possédaient une petite église, et chacun des deux quartiers bulgares avait son temple. L'opulent Gorni-Mahlé gardait la vieille église de la Résurrection, où sont ensevelis deux généraux russes, morts pendant la guerre de 1829, et le Dolni-Mahlé s'enorgueillissait de sa nouvelle église des saints Cyrille et Méthode, belle basilique ornée d'un péristyle. Jusqu'en 1878, les deux édifices n'avaient pas de cloches, et le symantron seul appelait les fidèles à la prière.

La communauté bulgare consacre des sommes relativement importantes à l'éducation de sa jeunesse. Elle a construit à ses propres frais deux jolies écoles de garçons et deux de filles, que des maîtres capables et un excellent système d'enseignement ont bien vite amenées à dépasser l'école primaire turque entretenue aux frais de l'État. Due à l'initiative de Midhat, qui tenta d'intéresser le gouvernement à l'éducation des citoyens sans distinction de culte, cette école, fondée pour amener peu à peu une tolérance réciproque entre les différentes confessions religieuses, était une tentative des plus méritoires. Le joli konak du kaïmakam est aussi un souvenir du passage de Midhat à la tête du vilayet.

Dans la partie supérieure de la ville repose dans un mausolée magnifique Djezaïrli-Hassan-Pacha qui, au siècle dernier, agrandit les fortifications de Choumla. On y voit aussi, au-dessus de nombreuses mosquées et d'une petite forêt de minarets, la Toumbouli-Djamié, la plus belle des mosquées de Choumla, avec une coupole d'une architecture fort intéressante et des minarets très élancés. Ornée de nombreuses petites coupoles et de colonnes pointues, cette construction pittoresque, bien que massive dans son ensemble, forme le centre de tout le quartier musulman. Beaucoup plus loin, au fond, isolé sur une hauteur, se trouve le vaste hôpital militaire qu'entoure un parc charmant.

En 1837, Choumla reçut la visite du sultan réformateur, Mahmoud. Moltke, qui voyageait avec la suite du padichah, fut témoin des fêtes de la réception et les décrit complaisamment : « Sa Majesté, dit-il, s'arrêta un quart d'heure sous une tente pour échanger sa redingote bleue contre un uniforme rouge. Pour qui le sultan fit-il cette toilette, je ne le saurais dire, car si, chez nous, la gloire du monarque est rehaussée par la splendeur des grands personnages qui l'entourent, il n'y a ici qu'un maître et des esclaves, et je ne sais pourquoi le premier se donne la peine de se vêtir autrement qu'en robe de chambre. Précédées par les mollahs et les prêtres coiffés du haut turban de mousseline blanche, les sommités laïques de la ville paradaient des deux côtés de la voiture, à droite les musulmans, à gauche les rayahs : d'abord les Bulgares avec des rameaux de laurier, puis les Arméniens avec des cierges, et enfin les pauvres Juifs, si dédaignés, si maltraités qu'on les range ici après les chevaux et un peu avant les chiens. Sur le passage du Grand-Seigneur, les musulmans se tenaient debout, graves, les bras croisés sur la poitrine, mais les rayahs, même les évêques et les prêtres portant les vases sacrés, se jetaient front contre terre, n'osant regarder le visage du padichah. » Quarante années seulement nous séparent de cette époque, et pourtant quels changements ne se sont-ils pas opérés dans ce laps de temps !

J'eus l'occasion de voir, à Choumla, Strecker-Pacha, dont le nom a été si souvent prononcé depuis peu. Parmi les nombreux officiers, administrateurs, professeurs, ingénieurs et tchorbachis de cette ville dont j'ai fait la connaissance, Strecker était certainement la personnalité la plus attachante. Venu comme instructeur à Constantinople avec d'autres sous-officiers prussiens, entre 1850 et 1860, c'est en grande partie à ses soins que l'artillerie turque doit sa supériorité sur les autres corps de l'armée. Comme Blum-Pacha, il a conquis peu à peu tous les grades jusqu'à celui de pacha. Son nom est aussi connu avec honneur dans les cercles géographiques pour ses « Contributions à la géographie de la Haute-Arménie ».

La même discrétion, acquise par de pénibles expériences qui, à Zvornik et à Nich, avaient mis obstacle à mes investigations sur les restes de l'époque classique et du moyen âge, m'empêcha de rechercher s'il existe, sous les fortifications actuelles de Choumla, des traces d'un établissement romain.

Les quelques sculptures antiques que l'on me montra dans une maison bulgare sont en trop petit nombre pour me faire attribuer à la ville une origine romaine ; elles pourraient bien provenir d'un autre établissement que j'ai découvert non loin de là, et dont je parlerai bientôt.

Sans aucun doute Choumla, appelée depuis des siècles Choumen par les Bulgares, et, après eux, Choumna par les Turcs, avait été déjà fortifiée avant la conquête ottomane. Les historiens racontent qu'en 1388, le sultan Mourad força le château de Choumla à capituler au moment où son grand-vizir, Ali-Pacha, soumettait le tsar Chichman et la Bulgarie danubienne jusqu'à Nicopoli. Choumla tomba dès lors dans l'oubli et ne reparut sur la scène que dans les deux derniers siècles, où elle reçut des fortifications modernes. Trois fois, les armées russes attaquèrent sans succès ce boulevard septentrional de la Turquie d'Europe, en 1774, en 1810 et en 1828. L'année suivante, Diebitsch tourna la place après avoir battu l'armée ottomane devant ses portes, à Koulevtcha, et l'avoir rejetée dans le camp retranché, dont il ordonna l'investissement, pendant qu'il continuait lui-même, avec l'armée principale, sa marche audacieuse à travers le Balkan.

Comme Choumla n'avait pas été prise pendant ces expéditions, les Turcs se persuadèrent que cette ville était imprenable. En 1877, les Russes marchèrent contre elle pour en déloger la garnison, qui prétendait garder la place, malgré le traité de San-Stefano. Il devint alors évident qu'en réalité la position était difficile à emporter. Jusqu'au traité de Berlin, on répétait que la Porte se laisserait réduire à la dernière extrémité avant de livrer aux Russes Choumla, la clef du Balkan. Le commandant en chef, le Tcherkesse Fazil-Pacha, reçut l'ordre formel de défendre la place contre toute agression. Il resta sourd à toutes les menaces et à toutes les tentatives de corruption des Russes; il s'appliqua à faire des travaux de défense et à renforcer ses troupes. Rien ne le décida à capituler, pas plus le traité de Berlin, dont on lui mit la signature sous les yeux, que les démonstrations militaires de l'ennemi. Il ne prit pas même en considération l'ordre de Réouf-Pacha, grand maître de l'artillerie, qui lui commandait de se rendre. Une lettre autographe du sultan, les réclamations de l'ambassadeur anglais Layard, et celles de son attaché militaire à Choumla, sir Gordon Lennox, le décidèrent seules à livrer la ville.

Le 22 juin 1878, une convention fut signée qui fut observée fidèlement des deux côtés. La garnison, réduite à 8000 hommes par les maladies et les souffrances de tout genre, se replia sur Varna avec armes et bagages; on lui accorda tous les honneurs de la guerre. Sur la place du Sérail, en présence des commandants turcs et russes, des autorités civiles et des notables de la ville, on lut un firman dans lequel le sultan remerciait les habitants de leur loyale conduite et les exhortait à obéir à leurs nouveaux maîtres, puis on salua le croissant, et, au milieu des coups de canon tirés des forts qu'occupaient déjà les Russes, le drapeau russe avec la croix de Saint-André fut hissé lentement.

Le traité de Berlin a stipulé la démolition de toutes les fortifications; mais cet article n'a pas encore été exécuté jusqu'à ce jour, et des troupes bulgares tiennent garnison dans les forts.

De Choumla, je me dirigeai vers Eski-Stamboul (vieux Stamboul), situé près des ruines de Preslav, l'ancienne capitale des khans et des premiers tsars bulgares, qui, de ce lieu fameux, portèrent longtemps le pillage et la guerre dans l'empire de Constantinople. Aucun explo-

RUINES DE PRESLAV, ANCIENNE RÉSIDENCE DES TSARS BULGARES.

rateur moderne n'avait encore visité Preslav, et les données des anciens récits offrent sur cette ville une telle confusion, que l'on était à la fois tenté de mettre en doute son existence ou de croire à son étendue fabuleuse et à sa splendeur magique.

Les populations barbares immigrées dans les pays de la rive droite du Danube, jusqu'au milieu du cinquième siècle, étaient, on le sait, trop peu civilisées, pour se construire des places fortes. Elles s'établirent donc pour la plupart sur les ruines des villes gréco-romaines.

Cependant le nom de l'établissement antique que les envahisseurs bulgares choisirent pour y établir la résidence de leurs chefs, et qu'ils appelèrent Pristhlava, changé plus tard en Preslav, n'est pas venu jusqu'à nous. Il est prouvé seulement que ce n'était pas *Marcianopolis*, dont on a fixé la position à Devna, près de Varna.

La situation de Preslav, sur la route de Constantinople au Danube, lui a donné de bonne heure une haute importance stratégique. Lorsqu'en 811 l'empereur Nicéphore voulut défendre la Thrace contre les incursions du khan bulgare Kroum, il marcha directement sur Preslav, où Kroum avait déposé le riche butin d'objets d'art et de trésors conquis par les Bulgares sur l'empire grec. Nicéphore réduisit la ville en cendres, mais il ne sortit pas vivant du théâtre de ces luttes sanglantes. Kroum barra par d'immenses abattis d'arbres les passes du Balkan, et l'empereur s'aperçut alors, mais trop tard de sa position périlleuse : « Il nous faudrait des ailes, s'écria-t-il, pour échapper au danger! » Il avait dit vrai. L'armée grecque fut tout entière détruite et la tête de Nicéphore, mise au bout d'une lance, fut promenée dans le camp bulgare.

Preslav se releva de ses cendres; le tsar Siméon l'orna de monuments magnifiques, et les écrivains du temps chantèrent la splendeur de « la cité aux maisons de pierre et de bois de toutes couleurs, aux
» églises revêtues de marbre, d'or et de riches peintures; et le
» prince, chargé de perles, de colliers et de bracelets, qui trône,
» l'épée d'or sur le flanc, au milieu de ses boïards étincelants de
» joyaux précieux. »

A l'époque où Siméon, recevant de Rome la couronne impériale, échangea son titre de prince contre celui de tsar (César), l'archevêque bulgare, élevé à la dignité de patriarche, établit son siège à Preslav. En même temps que la Bulgarie et le tsar Boris, cette capitale tomba, en 967, entre les mains du prince des Varègues Sviatoslav. L'empereur Zimiscès battit les Russes aux portes de la ville; mais celle-ci ne fut emportée par les machines de guerre byzantines qu'après une énergique résistance des envahisseurs. Le tsar Boris, retenu captif par les Russes, fut rendu à la liberté, tandis que son empire resta au pouvoir des Grecs. C'en était fait de la splendeur de Preslav. Les dynasties bulgares qui suivirent résidèrent soit à Tirnovo, soit dans d'autres villes. Preslav, qui gardait une certaine importance par ses fortes murailles, passa à différentes reprises entre les mains des Grecs, puis fut reconquis par les Bulgares, jusqu'à ce qu'enfin il fût définitivement occupé par les Ottomans ; il tomba dès lors dans une décadence complète. Dans la première partie du dix-septième siècle, il avait encore un archevêque catholique dont l'autorité s'étendait aussi sur la Dobroudja (la province de Tomis).

Sous l'impression des souvenirs de ce glorieux passé, j'approchais d'Eski-Stamboul avec la plus vive curiosité. Ses 144 fermes bulgares et ses 70 fermes turques, semées au milieu d'un paysage enchanteur, se détachaient gracieusement sur le fond bleuâtre des montagnes prochaines. Dès l'abord, mon attention fut attirée par de longues murailles blanches alignées près de l'entrée du défilé d'où le Buyuk-Kamtchik débouche dans la plaine. Jamais capitale ne vit se dévoiler devant elle de plus magnifiques campagnes. Mais sa splendeur autrefois si vantée et la gloire de ses monuments, qu'étaient-elles devenues !

Je trouvai dans le han du village une pierre votive romaine portant une inscription latine, ce qui m'étonna dans cette Mœsie orientale où la langue grecque avait toujours dominé; les caractères étaient, d'ailleurs, tellement endommagés, que M. Mommsen lui-même n'a pu en déchiffrer le sens sur mon estampage. Sur le champ de ruines, quelques Tsiganes étaient occupés à déterrer des briques antiques. D'innombrables excavations attestaient des fouilles maintes fois répétées. Partout je découvris des fragments de poterie, de petites mosaïques quadrangulaires ou polygones; mais nulle part de briques munies d'empreintes.

Nous frayant une voie au milieu des débris amoncelés, nous nous approchâmes enfin des lignes blanches que nous avions aperçues de loin en descendant de Béchevli. C'étaient des murailles colossales dont l'excellente construction trahissait, sans doute possible, un ouvrage romain. Le revêtement de pierres carrées avait en grande partie disparu; mais les quelques restes encore visibles disaient la merveilleuse habileté des ouvriers romains. Je ne pus, d'ailleurs, découvrir ni une sculpture, ni même un simple profil architectural, et lorsque j'essayai de me rendre compte du plan de cette immense ruine, je compris bien vite que cette opération nécessiterait tout d'abord un déblaiement considérable, pour lequel temps et bras me manquaient à la fois. Des fouilles en grand remettront certainement en lumière les sculptures et les inscriptions qui manquent à l'histoire de l'ancienne colonie romaine du Kamtchik.

Ce fut avec le même insuccès que je cherchai dans cette solitude, abandonnée sans défense à la dévastation, quelque vestige de la période bulgaro-byzantine et du palais des empereurs bulgares. Certains fragments d'architecture épars dans le cimetière me parurent empreints du caractère byzantin, mais rien ne prouve qu'ils aient appartenu à la demeure des tsars.

D'Eski-Stamboul, deux passages mènent à Kazan (Kotel), sur le versant méridional de la chaîne. Celui de l'est est mentionné sous le nom de Tchalikavak, dans les relations de la campagne russo-turque de 1829; celui de l'ouest a récemment fixé l'attention des ingénieurs militaires de la Turquie pour le tracé du chemin de fer de Choumla à Yamboli. C'est aussi ce dernier que j'avais inscrit sur mon programme, car la détermination précise des sources de l'Akili-Kamtchik, encore peu étudiées, ne m'était possible que par cette route.

Après avoir remonté pendant deux heures, sur un misérable sentier de mulet, l'étroit défilé par lequel le Kamtchik se dirige vers la dépression de Choumla, j'arrivai à Kara-Démirdjé-Keui. Le mousafirlik était si infect qu'il nous fallut passer la nuit à la belle étoile.

Les premiers rayons du soleil pénétraient à peine dans la vallée que nous cheminions déjà vers l'ouest, sur le beau plateau qui se déroule entre Tchouhou-Yousouflar et Yunluyer. Entre nous et le Kamtchik, dont les vastes inflexions se dessinaient au bas de leurs pentes orientales, de fières montagnes dressaient leurs escarpements. Une ligne droite formant la corde de l'arc nous eût bientôt amenés près de Béguirli, dans une vallée magnifique dont l'ampleur, à peine pressentie jusqu'ici, me remplit d'étonnement. Cette vallée, peuplée de villages, ne produit cependant que le blé nécessaire à sa nourriture; dans les années moyennes, il lui faut même importer du dehors du blé et du maïs; par contre, elle est admirablement riche en troupeaux, et la vente des peaux, seule, lui assure une importante source de revenus.

Ma surprise, en constatant l'étendue du bassin déployé devant moi, paraîtra peut-être justifiée si je rapporte que dans cette vallée du haut Kamtchik et dans ses nombreux vallons latéraux, Kiepert n'inscrivait que 8 villages où j'en comptai 54. Une éminence, couverte de grossières dalles funéraires, m'offrait un excellent observatoire d'où je pus voir se dérouler au loin le haut Balkan avec ses contre-forts, et se dessiner nettement la profonde coupure de Verbitsa. Vers le sud-ouest, le profil anguleux des montagnes entre Osman-Pazar et Kazan s'enlevait d'un trait sur l'horizon, et la détermination des nombreux villages n'offrit pas la moindre difficulté.

Au village de Béguirli, le maître du mousafirlik me prit pour un des ingénieurs du chemin de fer projeté. Impossible de songer à lui enlever son idée. Lorsque, désespérant de lui faire comprendre le but de mon voyage, je lui dis enfin que la ligne de Choumla à Yamboli n'avait plus guère de chances de passer par la vallée où nous nous trouvions, depuis que les entrepreneurs français s'étaient prononcés pour le tracé par Keupri-Keui près de Karnabad, mon homme, de tranquille discuteur qu'il était, devint furieux. Il me dépeignit avec la plus grande exaltation les avantages d'une ligne directe de Choumla à Yamboli par Eski-Stamboul, Verbitsa et Kadirfaklih, sur le versant méridional du Balkan, essayant de me démontrer l'erreur commise par les ingénieurs du baron Hirsch, promoteur de l'autre tracé. C'était, en termes moins choisis, ce que j'avais déjà entendu dire deux jours auparavant au général Strecker !

De Béguirli (village du cheval), nous allâmes, non loin de Keupekli (village du chien), retrouver le Kamtchik, que traverse ici la grande route de Choumla à Yamboli pour descendre ensuite, par Verbitsa et le Balkan, dans la vallée du Déli-Kamtchik. Entre le village de Verbitsa, assez élevé déjà, et celui de Sofoular, situé sur l'autre versant, se trouve, près de l'Azap-Tépé, la crête par dessus ou à travers laquelle la ligne de Choumla à Yamboli devait passer par un tunnel d'après le projet des ingénieurs militaires turcs. Ce tracé me semble mériter une attention d'autant plus sérieuse qu'il est pour ainsi dire indiqué par la nature, déjà choisi par la grande route actuelle et que, de plus, les difficultés techniques sont de peu d'importance si l'on tient compte de la brièveté du trajet et des avantages stratégiques que ce tracé présenterait dans le cas où la Bulgarie septentrionale et la Roumélie orientale seraient réunies en un seul État.

Verbitsa est entourée de villages musulmans, et ses Bulgares menaient, pour cette raison, une existence peu agréable, bien qu'ils eussent dans leur village la majorité. A l'époque de la première immigration des Tatares de Crimée, Verbitsa devint la résidence de quelques chefs de tribus; mais, depuis, les Criméens ont entièrement disparu du bassin du haut Kamtchik et je n'ai pas retrouvé dans le type de sa population le moindre trait de ressemblance avec celui des Tatares.

La plus grande largeur de la vallée de l'Akili-Kamtchik comporte 30 kilomètres à vol d'oiseau, de l'arête du Balkan près de Verbitsa au faîte des hauteurs de la rive gauche. Les pentes noires de ces montagnes s'abaissent insensiblement jusqu'aux glacis de Choumla. Bien que les habitants du pays connussent le nom de leurs cimes maîtresses, ils ne purent cependant me donner une appellation générale pour tout le système. Je le nommai « Balkan de Preslav » en souvenir de l'ancienne capitale bulgare assise à sa base septentrionale.

Vers Karagueuzli, la vallée du Kamtchik se resserre et son charme agreste s'augmente de nombreuses cascades par lesquelles la rivière précipite sa course rapide et d'étroites coupures latérales richement arrosées et la plupart fort pittoresques. Chacune des petites maisons éparses de ses nombreux villages, apparaît entourée de splendides vergers. Mais, après Hamdalar, les cultures disparaissent, un épais fourré règne en maître jusqu'aux berges de la rivière et force la route à longer bord à bord ses flots clairs teintés de vert pâle, sous lesquels, à notre approche, des nuées de truites effarouchées fuient d'un seul trait, plus rapides que la flèche.

Le tchorbachi de Tchatak nous reçut avec beaucoup de cordialité ; sa chambre joliment lambrissée permettait de voir dans une ferme de Tsiganes. Le mouezzin avait déjà invité à la prière du soir ; la lune se levait, jetait sa paisible lumière sur le village et comme les musulmans se couchent tôt, mes voisins de race hindoue faisaient leurs préparatifs pour la nuit. Autant que je pus voir, ils étendirent quelques tapis sur la vérandah, puis, jeunes mariés, enfants et parents s'étendirent dans un espace très restreint, sans faire aucune toilette spéciale pour la nuit, fidèles en cela aux coutumes de leurs ancêtres. Leurs lits improvisés à la belle étoile sont sans aucun doute plus hygiéniques pendant la saison chaude que les étroites chambres de nos paysans et de nos ouvriers.

Tchatak (bulg. Tidja, oiseau) est un joli village qui possède une mosquée surmontée d'un haut minaret. Ses maisons de bois, supportant une petite avancée en forme de balcon, ont un certain caractère architectural. Vu des hauteurs méridionales, Tchatak enserré entre les blanchâtres falaises produit un effet très pittoresque. Bien que son climat soit un peu rude, les promontoires peu élevés permettent à ses habitants la culture du blé, du maïs, de la vigne et des arbres fruitiers.

La route se hisse par des lacets jusqu'au pied des falaises escarpées du mont Kalabak dont les contours énergiques attirent invinciblement le regard. A 575 mètres d'altitude, se trouve un petit béklémch ; un second, jouet de tous les vents, se crampone au sommet d'une éminence en forme de tumulus, à 724 mètres d'altitude. A peu de distance et à peu près à la même altitude, je franchis pour la quinzième fois la chaîne du Balkan. Sur la pente méridionale du col de Kazan je retrouvai des conglomérats rouges émergeant entre les bancs calcaires. Les montagnes environnantes, en grande partie dénudées, se rayaient de profondes et sombres déchirures, mais les épaulements dont s'entoure la vallée de Kazan se revêtaient de forêts, de cultures et de pâturages sur lesquels paissaient de magnifiques troupeaux de bêtes à cornes et de brebis.

Mon entrée à Kazan (bulg. Kotel, chaudron), fut égayée par la rencontre d'une joyeuse caravane qui, parée de ses habits de fête, faisait la conduite à un concitoyen distingué partant pour un long voyage. Les hommes me semblaient avoir fêté Bacchus; on riait à haute voix,

COL DU KALABAK-BAÏR.

et bavardait plus encore. Les femmes, qui portaient des mouchoirs noirs noués autour de la tête à la manière des Alsaciennes et des paysannes de la Forêt-Noire, chantaient de gais refrains, et les jeunes filles, les mains entrelacées, marchaient d'un pas élastique luttant de rapidité avec les jeunes garçons. C'est ainsi que sur le seuil de cette intéressante petite ville, le hasard m'offrit l'occasion d'apprendre à connaître ses intelligents habitants sous le côté joyeux de leur caractère.

Profondément enfouies entre les frondaisons verdoyantes, arrosées par un transparent ruisseau de montagne, les maisons à toit rouge de la ville se pressent dans un étroit espace dominé par deux modestes coupoles. Le nom de Kotel que lui donnent les Bulgares, dit par un seul mot, comme celui de Kazan plus généralement employé, la position de cette petite ville, assise dans une sorte de « chaudron », formé de hautes montagnes. La légende fait remonter sa fondation à des Bulgares de Philippopolis, chassés de leur pays vers le milieu du seizième siècle et qui, loin des vallées populeuses du Kamtchik, se crurent assurés contre toute surprise par les cols difficiles dont est entouré ce profond bassin, d'autant plus qu'ils obtinrent pour leur établissement les privilèges accordés aux « villages guerriers ».

L'institution des villages guerriers (*voïnichka séla*), date du règne de Mourad (1362-1389) ; elle eut pour but de mater les Bulgares belliqueux des hautes montagnes, qui résistaient à la domination turque, et de leur faire servir le sultan. Aussi, les nouveaux établissements reçurent-ils de nombreux privilèges : leurs habitans eurent le droit d'élire eux-mêmes leurs voïévodes ; ils furent garantis de l'immigration des musulmans, affranchis de l'impôt, et purent porter des habits de couleur. En revanche, ils durent, en qualité de « chrétiens libres », accompagner le train de l'armée avec des massues et des piques sans toucher de solde ; ils étaient en outre obligés de servir dans les écuries et dans les haras du sultan. La plupart de ces villages étaient situés dans les hautes vallées du Rhodope, de la Sredna-Gora et du Balkan ; les plus importants étaient Kazan, Gradets, Jéravna, Sliven, Yamboli, Tchépina, Béliovo, Panaguiouriché et Koprivchtitsa. Ce fut dans ces localités et dans leurs environs que l'esprit guerrier se conserva le plus longtemps chez les populations bulgares ; les villages des anciens *harbadjis* (piquiers), comme on les appelait à cause de leur arme ordinaire, furent les principaux centres du soulèvement de 1876, aussi eurent-ils beaucoup à souffrir des bandes turques et tcherkesses chargées de la « pacification ».

Lorsque la puissance des beglerbegs et des pachas fut suffisamment consolidée, les privilèges accordés aux villages guerriers tombèrent peu à peu dans la désuétude. Les braves habitants de Kazan surent bien se défendre contre les Kerdjalis, qu'ils battirent avec le secours des « voïnitsi » voisins ; mais ils ne purent empêcher les Turcs de lever des contributions, ni les Tsiganes musulmans d'immigrer chez eux. Néanmoins Kazan conserva, comme beaucoup de villes de montagne, une assez large autonomie et devint pour les Bulgares, il y a déjà bien des années, un centre où se développèrent leurs aspirations nationales.

A Kazan commença la guerre contre ceux qui, par l'école et par l'église, voulaient helléniser la Bulgarie; c'est là que vécut, vers 1765, ce moine Païsius qui, dans un couvent de l'Athos, écrivit une *Histoire des Bulgares*, histoire qui manque de critique, il est vrai, mais qui ouvrit la voie et réveilla dans le peuple l'amour d'un passé glorieux dont le souvenir même s'était perdu. A Kazan, naquit, en 1739, l'évêque Sophronius, qui le premier employa dans ses sermons l'idiome slave; qui pendant vingt ans enseigna à l'école de la ville et y forma d'ardents patriotes. Ce fut Sophronius qui publia, en 1806, le premier livre écrit en bulgare moderne; il a laissé des mémoires qui contiennent un tableau effroyable du régime turc de son temps. Retiré à Bucarest, il travailla sans relâche jusqu'à sa mort, arrivée en 1815 ou 1816, à l'éducation intellectuelle de son peuple.

Parmi les hommes éminents nés à Kazan, citons encore Pierre Béron (Bérovitch), mort à Paris en 1871. Après avoir étudié la médecine à Munich et s'être enrichi en Roumanie, Béron a publié en bulgare moderne des livres d'école et d'histoire naturelle. A côté de lui, il faut nommer le capitaine Mamartchov qui, de 1828 à 1836, se mit à la tête de différentes révoltes faites pour secouer le joug des Turcs; puis Rakovski, poète et historien, qui après avoir complété ses études à Constantinople, à Athènes et à Paris, prit la plume, et, par des journaux, des brochures et des livres, ne cessa d'exciter les Bulgares à la révolte. On dit même que Rakovski s'était battu dans le Balkan contre les Turcs en véritable haïdouk. Il a publié une épopée dont le sujet est la vie des haïdouks, une description des mœurs bulgares, une *Histoire d'Asen Ier et d'Asen II*. Il avait commencé un grand ouvrage sur les antiquités de la Bulgarie, mais ce travail témoigne malheureusement d'une critique très insuffisante. Il s'était retiré à Bucarest; sa mort prématurée (1868) délivra le gouvernement turc d'un de ses plus dangereux ennemis.

En 1847, le général Jochmus estimait à 912 le nombre des maisons de Kazan; lors de ma visite en 1872, il y en avait 1004 chrétiennes et et 63 tsiganes. La lenteur de son développement n'empêche pas que la ville ne produise sur l'étranger l'effet d'un centre fort actif et sa rue principale, bien qu'étroite comme toutes les autres, emprunte un pittoresque de bon aloi à la construction originale des maisons.

L'espace restreint dont Kazan dispose a fait tellement monter le prix du terrain qu'il s'y payait, en 1872, 35 francs la toise carrée. Cette cherté du sol a favorisé un type de maisons en bois dont l'aspect fait ressembler la petite ville à une cité hollandaise du moyen-âge. Les étages élevés surplombent en forme de balcons les étages inférieurs, soutenus par des traverses élégamment sculptées. Les boutiques du rez-de-chaussée offrent les produits de l'industrie locale à côté des articles d'Occident apportés de Choumla, de Sliven ou de la foire de Djouma.

En été, la majorité de la population masculine quitte la ville à la recherche de quelque affaire avantageuse, tandis que les femmes restées au logis subviennent aux dépenses de la famille par leur industrie. Elles tissent des toiles, des tapis, elles soignent le petit jardin ; à côté des plantes ménagères, de la prosaïque citrouille, de l'ail indispensable, elles savent faire prospérer les plantes exotiques, les lauriers-roses, les myrtes et les figuiers rapportés par les maris de leurs lointains voyages. Elles cultivent même des vignes dont les pampres verdoyants enguirlandent hors de la ville la route de Karnabad.

Les femmes ont, d'ailleurs, conquis dans toutes les petites cités du Balkan une indépendance remarquable. Sûrs que les affaires du ménage ne souffrent pas de leur absence, les hommes restent souvent des mois et même des années loin du pays. Quelques Kazaniens possèdent dans la Dobroudja des troupeaux de mille brebis et reviennent au logis avec des économies considérables, pouvant atteindre parfois près de 4000 francs. L'argent ainsi gagné est placé au loin dans des entreprises importantes. La ville compte environ dix familles riches, mais le Crésus de l'endroit est Hadji-Pétar, dont la fortune est estimée à 500 000 francs. Ce personnage, comme la plupart des tchorbachis bulgares, aime l'argent pour lui-même et ne fait aucun sacrifice important pour son peuple.

En général, le Kazanien veille avec zèle à l'éducation de ses enfants, et bon nombre de jeunes gens vont achever leurs études soit en Russie, soit en Autriche. Les écoles de Kazan jouissent d'une bonne réputation ; il y a vingt ans à peine, l'enseignement s'y donnait en grec et en bulgare ; aujourd'hui la langue nationale y est employée à l'exclusion de toute autre.

Un fait parle encore en faveur de l'intelligence du Kazanien : les médecins y sont considérés et leur savoir est si bien mis à contribution qu'il leur est possible de se faire un bon revenu.

Kazan qui, dès 1834, osa construire une nouvelle église, magnifique pour l'époque, prit une part active et patriotique au mouvement ayant pour but la création d'une hiérarchie nationale autonome; cependant la direction de ce mouvement était confiée à des comités bulgares siégeant à Constantinople, à Braïla, à Svichtov et à Bucarest. Je fis quelques visites à des patriciens, logés dans des maisons fort confortables; je remarquai en eux une intelligence très nette et des opinions très sensées sur la marche à suivre dans les affaires nationales. Selon eux, il ne fallait rien précipiter par des révolutions ou par des interventions extérieures; il fallait assurer l'avenir par l'éducation, construire des chemins de fer, etc. Tel n'était pas l'avis des jeunes professeurs de l'école : ils voulaient une solution plus rapide, même violente. Leurs raisons étaient les mêmes que celles dont s'inspiraient les chauvins jeunes-bulgares. Comme eux, ils exagéraient leurs forces propres et méprisaient trop celles de l'ennemi. C'était là une fatale erreur qui leur devint funeste lors des révoltes de 1876.

Les pays du Balkan sont et seront probablement encore longtemps le théâtre de violentes luttes de races.

CHAPITRE XXIII

KARNABAD. — LA PASSE DE TCHALIKAVAK. — KOULEVTCHA.

Dès sa sortie du bassin circulaire de Kazan, la route de Karnabad se dirige vers le sud et pénètre dans une gorge étroite dont le souvenir se rattache aux luttes incessantes des Grecs et des Bulgares. Sur la rive droite du torrent de Kazan s'élève une cime aiguë nommée par les Turcs *Kis-Tépé* (mont de la Vierge) et par les Bulgares *Vida* (belvédère). Jadis, le Kis-Tépé portait un orgueilleux château-fort, riche d'une source abondante; aujourd'hui, ce n'est plus qu'une ruine pittoresque dont le passé s'enveloppe de fables et d'obscurité.

Pendant trois quarts d'heure, la route longe la Kazanska, changeant deux fois de rive et, pour ainsi dire, suspendue aux parois à pic de la gorge escarpée. On ne peut imaginer une position plus sauvage. Pendant quelques heures seulement les rayons du soleil pénètrent dans cette étroite tranchée, où pendant les journées les plus chaudes règne une extrême fraîcheur. La route arrache péniblement sa place au rocher qui surplombe; au-dessous d'elle gronde le profond et fougueux torrent. Vers le milieu du défilé, appelé par les Turcs, *Démir-Kapou* (Porte de fer), les parois abruptes s'écartent et les rochers encadrent des vignobles dont les grappes mûrissent à point, car bien que Kazan soit à 543 mètres d'altitude, son climat est doux.

Le village de Jérovna, situé à l'ouest de l'issue méridionale de la gorge, est le berceau du célèbre haïdouk si souvent nommé dans les chants populaires, Kara-Tanas, qui, avec une bande de dix hommes, a fait pendant longtemps du Balkan de Sliven un coupe-gorge impraticable. En général les Bulgares de ce district joignent à leur intelligence et à leur vivacité une humeur guerrière des plus caractérisées.

Près de Katounichté la route s'abaisse lentement sur un plateau boisé et, près du confluent de la Kazanska et du Déli-Kamtchik, elle nous conduit à notre bivouac, Gradets. Assis sur un épaulement du Sakar-Baïr, le village est d'une charmante apparence. Ses maisons de bois sculptées rappellent celles du Tyrol et leur ameublement est encore plus plaisant à l'œil. La demeure du tchorbachi, où nous fûmes hospitalièrement reçus, offrait tous les signes de l'aisance. La chambre d'honneur était même lambrissée. On nous servit à souper des poissons délicieux, des fruits et un vin de Sliven des plus généreux.

En continuant sa course dans la direction de Karnabad, la route traverse d'abord une région de collines cultivées ; puis elle se perd dans une épaisse forêt de chênes cruellement maltraitée par le feu et la hache des Tcherkesses. En regard de ces arbres puissants dont les troncs à moitié carbonisés étaient encore debout dans les récentes clairières, qu'étaient les maigres et douteuses cultures essayées par les Circassiens? Les Tcherkesses ne sont pas agriculteurs ; ils sont et resteront toujours, comme le disait avec raison le tchorbachi de Gradets, des brigands ou des guerriers, si encore on veut bien accepter de confiance leurs capacités militaires, plus ou moins réelles, tant vantées par les plumes turcophiles.

Je ne saurais répéter assez que l'établissement des Tcherkesses sur le sol européen, fut au point de vue administratif et politique, une grosse faute de la Porte; depuis bien des années déjà j'en avais prédit les funestes conséquences. En passant devant la colonie d'Abbas-Yéni-Keui qui était en pleine décadence, je compris l'aversion des Turcs et des Bulgares pour cette misérable canaille, qui n'avait d'autres moyens d'existence que le vol et la vente de ses jeunes filles. Une figure sombre, une voix sortant du fond du gosier caractérisent ces hommes nés sur le rivage de la Colchide. Déjà Prométhée avertissait Io fuyant vers l'Europe de « se méfier de ces hommes sauvages, ennemis des étrangers ». Les ïambes du tragique Eschyle sont encore vrais de nos jours!

Le Hisar-Tépé (567 mètres), dont je fis l'ascension pour exécuter des levés topographiques, est couronné des ruines d'un château-fort du moyen-âge. A l'est, je me trouvai en présence d'un lac appelé par les Turcs, Hisar-Gueul (lac du château). D'après une tradition qui paraît bien fondée, cette petite nappe d'eau est de formation récente. Les habitants se rappellent avoir entendu raconter à leurs ancêtres qu'un jour une masse liquide, entraînant sur son passage un village tout entier, fit irruption dans la vallée et donna naissance au lac actuel. Il est impossible de préciser la date de cette catastrophe. Tout ce que nous pouvons dire, c'est que le bassin figure déjà sur la carte russe de 1829.

Nous entrâmes ensuite dans la vallée de l'Indjé-Déré, qui comptait avant la guerre dix-neuf misérables villages musulmans aux maisons couvertes de chaume, aux mosquées chétives, aux minarets aventureux faits de bois ou de branches tressées. Nulle part la moindre trace de bien être, et cependant, partout des fontaines jaillissantes, dont l'abondance ferait du pays une terre promise. Entre les villages turcs de Tcherklichté et de Songoular, se dresse un groupe de sept tumuli dont le plus vaste, couvert de nombreuses et grossières pierres tombales sert encore aujourd'hui de cimetière.

De même que sur ce sol de nouvelles couches de populations remplacent sans cesse les populations antérieures, de même les morts de différentes races se pressent sous la terre. On ne saurait donc assez recommander aux explorateurs des tumuli de tenir compte de ces observations, lorsqu'il s'agit de déterminer à quelle époque

LAC DE HISAR PRÈS DE KATABACHI.

appartiennent les restes humains découverts dans les tombes anciennes.

Nous avions déjà descendu de 300 mètres depuis le plateau du Hisar-Gueul, mais ce fut seulement après Songoular que nous atteignîmes le seuil de la vallée de l'Indjé, dont un peu avant Indjé-Keui la rive s'abrite à l'ombre de la magnifique forêt de Kourou-Orman, propriété du fisc et pour cette raison pillée, brûlée, dévastée par le premier venu.

Sur la lisière de la forêt, une caravane qui comptait environ une centaine de moissonneuses bulgares avait établi son campement, sous la protection de quelques hommes. Elles revenaient des environs de Karnabad dans leur pays. Quelques bêtes de somme portaient de la farine de maïs, du beurre et de grands chaudrons de cuivre. C'était une scène fort pittoresque; les costumes étaient propres et de couleurs voyantes. Les jeunes filles plaisantaient et riaient; les plus âgées semblaient de mauvaise humeur. Elles se plaignaient du peu d'argent qu'elles gagnaient; comme les offres de travail étaient trop nombreuses, on ne payait en moyenne la journée que de 4 à 5 piastres (1 franc) : aussi ne pouvait-on faire que peu d'économies pour l'hiver.

Il était déjà tard lorsque nous entrâmes à Kadi-Keui. La maison dans laquelle nous devions passer la nuit était un véritable bouge, et comme ses propriétaires m'affirmaient que je ne trouverais pas dans tout le village une oque d'orge ou d'avoine et que je pourrais facilement atteindre Karnabad en trois quarts d'heure, je me décidai sur le champ à pousser jusque-là. Mais il me fut bientôt aisé de voir que les perfides habitants de Kadi-Keui avaient seulement voulu se débarrasser d'un hôte gênant et qu'ils m'avaient indignement trompé. Après une heure de marche, Karnabad ne se montrait pas encore et le chemin, déjà si affreux, se changeait en une digue pavée de cailloux pointus et glissants dont l'étroite bande sombrait de place en place dans la profondeur d'un marais. Je ne sais comment cette aventure nocturne aurait fini si la lune n'était, par bonheur, venue à notre secours en nous permettant de retrouver un viaduc à moitié défoncé. Enfin quelques arbres et des moulins à vent nous annoncèrent l'approche de Karnabad. Mais il était dix heures, tout dormait dans l'interminable quartier du bazar et la nuit touchait à son milieu avant que nous eussions pu mettre la main sur une misérable auberge.

Karnabad (en turc Karinabad) fut jadis, selon toute vraisemblance, la capitale de la province côtière bulgare de Kernska, qui comprenait la région de la mer Noire jusqu'à la Toundja et fut gouvernée au treizième siècle par Eltimir, frère et vassal du tsar Tertéri Ier. Aujourd'hui la petite ville compte 400 maisons turques, 200 bulgares, 60 juives espagnoles et 40 tsiganes, soit ensemble 700 maisons, ou,

MOULINS A VENT PRÈS DE KARNABAD.

pour mieux dire, 700 huttes, parmi lesquelles le konak du préfet ne se distingue en rien des autres maisons.

Tel a dû être l'aspect d'Eski-Djouma et de la plupart des autres villes de la Bulgarie avant que les réformes de Midhat-Pacha ne les eussent transformées.

La foire de printemps se tient dans de misérables cabanes de bois, dont les longues rangées, s'alignant jusqu'à la ville, reçoivent les étrangers et les conduisent jusqu'à la rue marchande, où de pauvres boutiques mettent en vente les objets les plus démodés. Ici se pressent les Turcs oisifs, les majestueux et fiers Caucasiens des villages tataro-tcherkesses de Marach et d'Iribouyoun, à côté des kavédjis ambulants, des crieurs publics, des marchands de mouchoirs à fleurs bigarrées. Ces mouchoirs, dont le tissage et l'impression sont l'une et l'autre le produit de l'industrie locale, se vendent généralement aux jeunes hommes, qui les enroulent autour de leur fez en guise de *marama* ou de *saryk*.

Karnabad fabrique en quantité considérable le drap jaune-brun, dont aime à se vêtir le paysan bulgare. Sa veste et ses larges pantalons taillés à la turque sont aussi de cette teinte, tandis que le châle dont les plis multiples entourent sa poitrine est de couleur rouge. Quant à la coiffure, c'est habituellement la *tchoubara*, le bonnet de peau d'agneau national. Les jeunes villageoises montrent une entente des couleurs beaucoup plus développée. Un mouchoir blanc, une chemise brodée de nuances vives, un corsage bleu ou rouge échancré sur la gorge, une robe courte bleu foncé, garnie d'une large bande rouge, jaune ou bleue, bordée de galons d'or, leur composent un costume riche et brillant.

L'évêque Sophronius, qui en 1792 remplissait à Karnabad les fonctions de pope, a exercé, semble-t-il, une influence favorable sur l'éducation de sa petite commune. Il y a plus de trente ans, au début de l'ère des réformes turques, les Bulgares se construisirent une maison d'école où, tant que dura l'oppression phanariote, l'enseignement se fit en langue grecque, bien que des environs de Karnabad à Missivri, sur les bords de la mer Noire, il n'existât pas un seul village hellène. Dès que l'Église bulgare se fut déclarée indépendante, la langue nationale fit son apparition dans les écoles de Karnabad, et, par une réaction naturelle, le grec en est aujourd'hui complètement banni.

En quittant Karnabad, je constatai que la ville est à 220 mètres d'altitude. Le plateau sur lequel elle est située s'appuie au nord sur les contre-forts du Balkan. La gorge profonde par laquelle l'Indjé se fraye une voie jusqu'à la Toundja ferait de Karnabad une excellente position stratégique, dont la force serait aisément décuplée par quelques redoutes bien placées; mais les Turcs ont toujours négligé de pourvoir cette ville de moyens de défense. Aussi offrit-elle en 1829 un passage facile aux troupes de Diebitsch, descendues du Balkan par le col de Tchalikavak, une des passes les plus importantes de la chaîne, puisqu'elle donne aux routes de Roustchouk et de Silistrie un accès direct dans la Thrace orientale.

Malgré son utilité reconnue, la route de Tchalikavak était dernièrement encore absolument impraticable aux voitures, et, par les grandes eaux, le voyageur devait attendre des jours entiers que le Kamtchik et le Baïram-Déré fussent retombés à leur niveau habituel. Lors du voyage de Mahmoud II (1837), le chemin fut amélioré ; mais depuis, il est retombé dans un état de complet délabrement. Les ponts y sont rares, les tournants brusques et dangereux, et la chaussée, privée de murs de soutènement, s'enfonce de distance en distance dans le sol humide.

La bourgade de Guerguéli, située sur la berge d'un ruisseau dont je remontai les méandres forme, avec quelques villages voisins, une petite oasis bulgare au milieu de la population musulmane de la contrée. Plus à l'est, le village de Chéklaré, aujourd'hui également bulgare, fut, au siècle dernier, habité par une tribu tatare émigrée de la Crimée ; mais l'approche des Russes en 1829 et la terreur de leurs anciens maîtres victorieux fit reculer ces immigrants dans des régions plus méridionales.

Les déplacements de population le long du Balkan ne cessent point. N'avons-nous point vu, au commencement de la dernière campagne, toute la population musulmane établie entre le Vid et la Yantra, Turcs, Tcherkesses et Tatares, émigrer et se retirer vers le sud-est ? Au contraire, les Bulgares du territoire de Yéni-Zaghra et de Kazanlik redoutant la vengeance des Turcs, se réfugièrent, après la retraite du général Gourko, dans la région de la Yantra. Tant que la question d'Orient ne sera pas résolue, on verra se produire ce flux et ce reflux des populations dans la Péninsule illyrique.

La physionomie intérieure de tous les villages situés dans les environs de Karnabad du côté du nord trahissait, au regard le moins prévenu, le peu de confiance que leurs habitants avaient dans un destin favorable. De la plus pauvre demeure à l'église, tout y semblait construit comme pour un jour. Je trouvai dans la campagne quelques ingénieurs envoyés par le baron Hirsch pour faire l'étude du terrain en vue de l'établissement du chemin de fer ; mais, bien que les travaux préliminaires ne rencontrassent pas en Bulgarie les mêmes dangers que chez les Albanais et chez les Bosniaques, ces messieurs étaient accompagnés de zaptiés et étaient armés jusques aux dents.

Arrivé sur le tard au bourg de Komarévo, je descendis chez le tchorbachi, bon vieillard dont je gagnai sur-le-champ la confiance. Lorsque dans la soirée, assis dans la cour autour d'un bon feu, le tchibouk aux lèvres et le moka fumant dans les tasses, nous fûmes en train de causer, mon homme se montra très prolixe. Si son fils aîné n'était pas marié, disait-il, c'était faute d'argent ; car, ici comme ailleurs, pas d'argent, pas de femme. Mais, où donc aurait-il pris la somme nécessaire pour l'entrée en ménage d'un jeune couple ? Au gouvernement, la dîme du blé, du foin, tant pour chaque tête de bétail ; puis l'impôt militaire pour chacun des fils, puis le pope et l'instituteur qu'il fallait encore entretenir... Et comme je lui disais que les peuples d'Occident payaient aussi des impôts, il me répliqua, non sans raison, que nos gouvernements en faisaient parfois quelque chose d'utile, tandis qu'en Turquie tout allait s'engouffrer sans profit dans les caisses de l'État. Refrain trop connu, hélas ! et que j'ai partout entendu sortir des bouches musulmanes comme des bouches chrétiennes.

L'ascension d'une éminence située à l'ouest de Dobral m'offrit sur la vallée moyenne du Kamtchik un coup d'œil ravissant. Entre les éperons nus ou boisés la rivière déroule l'étincelant ruban auquel viennent, de droite et de gauche, se réunir d'innombrables filets d'eau échappés joyeusement d'entre les cultures et les vergers. Les toits rouges et les blancs minarets trahissent les villages blottis de toutes parts dans la verdure.

Par contraste, la route du col de Tchalikavak est déserte ; le riche flot du Kamtchik coule à côté d'elle sans profit. Une paix profonde se dégage du calme absolu des sommets. Parfois des hauts pâturages dévale lentement jusqu'à nous la note mélancolique et monotone d'un berger turc, tandis que d'en bas monte le bruit assez perceptible d'un petit moulin et que près de nous le cri d'une bête effarouchée, la brusque envolée d'un oiseau viennent seuls interrompre la rêverie silencieuse qui maîtrise infailliblement le voyageur dans ces solitudes pittoresques.

Au nord de Dobral, les pentes boisées des Balkans d'Indjé et de Karnabad se rapprochent étroitement, et c'est à peine si le Kamtchik a pu s'y frayer un passage. Entre le village de Mourad-Dérési, qui surgit de la profondeur, et celui de Kamtchik-Mahlé, la route se déroule au milieu de blocs calcaires jusqu'au gué du Kamtchik que, grâce à la sécheresse, nous pûmes facilement traverser près des murailles en ruines d'un vieux béklémeh. Elle se poursuit de là dans un large ravin, bord à bord avec un petit ruisseau. Des sources nombreuses, amenées par des troncs d'arbres creusés, déversent leur onde bienfaisante sur les petits champs de Kamtchik-Mahlé ; plus haut, le défilé se rétrécit pour former une gorge étroite, et un dernier effort suffit pour atteindre, sur le col de Tchalikavak, une karaoula qui occupe le centre d'une redoute primitive, improvisée en 1829.

Les Hellènes et les Romains se servirent sans doute de cette dépression, qui paraît avoir porté pendant le moyen âge le nom de *Sidera*, aussi commun à cette époque que celui de *Démir-Kapou* (porte de fer) l'est aujourd'hui chez les Turcs pour désigner des défilés. Elle vit passer dans la suite des siècles l'empereur Nicéphore, lors de sa campagne contre le khan Kroum (1811); Jean Zimiscès, vainqueur de Sviatoslav, chef varègue de Kiev, et le commandant des troupes de Mahmoud III, Sinan-Pacha, allant châtier le prince valaque Michel le Brave (1595). Le col ne s'élève qu'à 446 mètres. La vallée de Tchalikavak, dans laquelle il donne accès, est cultivée comme un jardin. Le village, complètement détruit en 1829, s'est relevé de ses ruines; il est situé au pied du Baïr-Dagh.

Plus charmants encore sont les environs de Baïram-Déré, second village de la vallée. Des taillis de noisetiers bordent la route; des champs de maïs et de légumes, des vergers s'échelonnent à l'infini sur les deux rives du ruisseau; dans le flot limpide se pressent d'innombrables truites, et de la base des collines jusqu'aux épaisses forêts de chênes de la haute région montagneuse, les prairies se revêtent de fleurs et se parsèment de troupeaux.

Depuis que les Tcherkesses avaient émigré dans cette contrée, la paix avait disparu de la vallée. J'entendis des plaintes amères sur l'injuste distribution des militaires de passage, dont la charge retombait surtout sur les Bulgares. « A nous autres chrétiens, disait-on, on donne 20 hommes à loger, tandis qu'on n'en donne que 2 ou 3 aux Turcs. En outre, tous les fonctionnaires qui passent par ici, tous les zaptiés sont exclusivement logés et nourris par nous, sans qu'on nous donne jamais un para pour ce qu'ils reçoivent de nous ou pour ce qu'ils prennent de force. Du reste, tant qu'ils n'outragent pas nos femmes ou nos filles, nous devons remercier Dieu de sa miséricorde. »

Je ne citerais pas ces plaintes si elles ne nous montraient au grand jour les causes de mécontentement des Bulgares contre le gouvernement turc, et si elles ne nous faisaient comprendre pourquoi les Russes ont été salués comme des libérateurs. Elles nous expliquent enfin la haine longtemps contenue, la soif de vengeance des Bulgares contre leurs oppresseurs tcherkesses et turcs. Cette haine n'est-elle pas toute naturelle, lorsque l'opprimé, c'est-à-dire, le Bulgare, à qui appartient la majorité, sait que ses ancêtres ont été depuis les temps historiques les propriétaires légitimes du sol, et que sur ce même sol il a été traité par la minorité musulmane comme un rayah, en d'autres termes comme un paria?

COSTUMES BULGARES A BAÏRAM-DÉRÉ ET A KEUPRIKEUI.

Je ne veux pas dire par là que le grand État slave du nord n'a pas cherché à développer de pareils sentiments chez les Bulgares et à s'en servir dans son intérêt politique; mais ce ne sont pas les roubles seuls, — comme on l'a parfois prétendu, — qui ont fait naître la haine contre les Turcs. Cette haine n'est pas moins intense chez les chrétiens de l'Albanie et de la Bosnie, dont les Russes se sont peu inquiétés, et elle existe pour les mêmes motifs que chez les Bulgares. Que de fois n'ai-je pas entendu dire, entre la mer Adriatique, le Balkan et le Pont-Euxin : « Si seulement les Allemands nous délivraient ! » Ces paroles montrent que les chrétiens vivant sous le joug abrutissant des Turcs, auraient remercié du fond de leur âme non seulement les Russes, mais tout peuple qui serait intervenu pour leur délivrance.

En quittant Baïram-Déré, je pus, malgré l'heure matinale, admirer l'allure souple et dégagée des femmes bulgares. La chemise blanche, le mouchoir retombant sur le dos, la ceinture aux longs rubans flottants font aux jeunes filles une parure charmante. Les hommes portent de larges pantalons d'aba jaune, des vestes rayées, ouvertes sur la poitrine. Un mouchoir noir, dont les franges couvrent les épaules, s'enroule autour de leur fez. Les variantes innombrables des costumes que j'ai rencontrés dans cette région m'ont toujours confirmé dans ma bonne opinion sur le goût artistique des Bulgares.

Il faut sept heures, à partir du col, pour gagner par la vallée du Baïram-Déré la plaine fortement mamelonnée et parsemée de tumuli qui forme vers le sud le glacis naturel de Choumla.

Keupri-Keui (village du pont), était un important centre d'approvisionnement pour la forteresse. C'est de là que la garnison et les camps permanents turcs tiraient la viande. En temps de guerre, les propriétaires de troupeaux étaient fort à plaindre. Les Turcs réquisitionnaient sans contrôle et souvent sans constatation le bétail, le blé et les autres articles nécessaires aux besoins de l'armée. Cela peut expliquer comment, malgré le vide de ses caisses, la Porte entretenait parfois de si longues campagnes. Les musulmans livraient les soldats, les rayahs les nourrissaient et fournissaient les attelages du train. Ce matin-là, le han de Keupri-Keui était en fête. On dansait et on chantait. Le handji me présenta sa mère et sa jeune femme. Celle-ci, rougissant sous les compliments de mon drogman, qui s'adressaient moins à l'excellent repas préparé par elle qu'à sa personne et à sa toilette des dimanches, penchait toute honteuse sur le dernier-né qu'elle portait dans ses bras sa jolie tête agrémentée d'un haut échafaudage garni de mouchoirs bariolés, étagés l'un sur l'autre et dont le grand nombre indiquaient à la fois sa position de femme riche et sa jeunesse. Les vieilles se contentent d'un simple fichu blanc.

Par Eski-Keui je me dirigeai sur Golémi-Yedjik, habité par des Bulgares. Un violent orage avait rempli de monde le han du village ;

pourtant dans cette foule pressée, les musulmans et les chrétiens trouvaient encore le moyen de se tenir séparés les uns des autres. La fumée du tabac et l'odeur du raki emplissaient la chambre et je fus heureux de m'enfuir.

Un arc-en-ciel se forma au dessus des tombeaux des Russes et des Turcs, tombés dans les combats de Koulevtcha. Déjà ce sol renfermait les ossements de guerriers bulgares et byzantins, de soldats romains et même d'hommes préhistoriques. Lorsque nous eûmes croisé l'Istradja-Souyou, nous aperçûmes un tumulus gigantesque dans lequel reposait peut-être un prince nomade venu des bords de l'Oxus. A côté du tumulus s'élevait une fontaine monumentale, autour de laquelle paissaient de beaux troupeaux. Peut-être était-ce la fondation de quelque pieux musulman qui voulait honorer ses frères morts dans la guerre sainte contre le Moscovite.

Dès que reparut un coin de ciel bleu, nous gravîmes le plateau calcaire qui enferme du côté de l'est les glacis de Choumla et au rapide talus duquel s'accroche le village de Koulevtcha.

Nous y mîmes pied à terre devant une ferme bulgare de bonne apparence. La figure de mon hôte, d'abord quelque peu renfrognée, s'éclaira lorsque mon drogman eut largement payé le foin de nos chevaux. On se remua dans la cuisine et nous pûmes bientôt déguster un excellent repas composé d'une *kiséla tchorba* (soupe aigre), de poulets, de fruits, de vin et d'une *pita*, sorte de galette feuilletée, au fromage blanc ; les femmes bulgares excellent dans la préparation de ce dernier mets.

Comme le lecteur le voit, la vie matérielle est parfois assez supportable dans le pays des Bulgares. On y dort même bien, comme cela m'arriva ce jour-là, lorsque l'on a parcouru 45 kilomètres à cheval, escaladé différentes hauteurs et occupé beaucoup son esprit, lorsque enfin une fois, par exception, l'on n'a pas besoin d'avoir recours aux vertus bienfaisantes de la poudre venue du pays du Chahinchah.

Le mauvais temps me força de donner un jour de repos à mes gens et à mes chevaux. J'eus ainsi le loisir de mettre mes notes en ordre et de faire ample connaissance avec le tchorbachi qui me donnait l'hospitalité. Tout le mobilier de la maison se trouvait réuni dans ma chambre. Dans un des coins, un dressoir chargé de verres et de vaisselle d'argile ; dans un autre, des tapis empilés, des draps, des couvertures. Plusieurs coffres, dont quatre venaient en droite ligne de Kronstadt en Transylvanie, et se reconnaissaient à leurs fleurs grossièrement peintes en couleurs éclatantes ; plusieurs autres renfermaient la toilette des dimanches, les fourrures et le linge blanc. Au plafond de la niche creusée dans la muraille, une petite lampe, dont la flamme ne doit jamais s'éteindre, était suspendue devant une gravure représentant la vierge avec l'enfant Jésus, et les vues de quelques monastères du mont Athos. Au-dessous une

AUTEL DOMESTIQUE A KOULEVTCHA.

tresse d'épis nouveaux formait une décoration charmante à cet autel domestique.

Le confort manque jusqu'à présent chez les Bulgares; mais on ne peut pas dire que ce peuple n'en ait pas le goût. Ce goût se développera même lorsque les changements de l'état politique lui permettront de montrer sans crainte le fruit de ses labeurs et d'en jouir ouvertement.

Une conversation que j'eus à Koulevtcha avec deux politiciens du lieu, un instituteur et un mercier d'importance, me prouva que les sympathies des Bulgares pour la Russie n'étaient pas aussi générales qu'on voulait bien le dire. Un de ces messieurs prétendit même qu'il aimerait mieux vivre trente ans encore sous la domination de la Porte que de voir son pays délivré par les Moscovites ou par les Serbes. Certainement, depuis les massacres de 1876, ces dispositions ont changé, mais à l'époque de mon voyage, j'eus bien souvent l'occasion d'entendre répéter des propos analogues.

Comme le village de Koulevtcha n'offrait pas d'autre intérêt, je me décidai le lendemain à prendre la route du champ de bataille de 1829, près duquel je devais aussi trouver une sculpture païenne. Je me dirigeai donc vers le haut plateau de Madara, dont la gorge est dominée à l'est par de gigantesques murailles calcaires entièrement nues. Les bergers, revêtus d'un costume champêtre, éloignèrent de nous leurs chiens sauvages et nous permirent d'approcher sans danger de la paroi crevassée du rocher sur laquelle se trouve cette sculpture curieuse. A dix mètres de hauteur se voyait un bas-relief évidemment romain, creusé de trois décimètres dans la muraille. Il représentait un cavalier suivi d'un chien de chasse et passant par dessus un lion mourant. Des deux côtés du cheval se montraient plusieurs lignes d'inscriptions presque effacées dans lesquelles ma lunette me permit de déchiffrer le nom de *Severus* et quelques chiffres. A en juger d'après sa composition je considère ce bas-relief comme un ouvrage de la bonne époque romaine. Il fut peut-être sculpté en l'honneur d'un empereur ou d'un nemrod du temps ; loin de le tenir pour une image allégorique, je crois que le cavalier taillé par le ciseau de l'artiste a réellement vécu jadis dans les environs, bien que le lion gisant à terre rappelle le mythe symbolique pagano-chrétien d'Hercule et de saint Georges. Une photographie nous permettra peut-être un jour de dire quel est ce personnage et de déterminer dans quelle intention a été élevé ce monument, unique en son genre, au nord de l'Hæmus. Dans tous les cas le cadre est beaucoup trop vaste pour l'image ; elle disparaît à côté des nombreuses fentes et des cavités de la gigantesque muraille où l'artiste romain l'a sculptée.

Le plateau de Madara offre, vers l'ouest, sur Choumla, un coup d'œil aussi imposant qu'instructif. Au premier plan s'étend Madara, dont le château fut pris par les Turcs avec celui de Pravadi en 1388. Au second plan, la forteresse vierge dresse ses blanches et droites lignes de défense sur le massif montagneux et raviné qui s'élance isolé de la vaste plaine et qui couvre d'Istradja à Tchenguel la profonde entaille où la ville de Choumla se dérobe aux regards. Près des por-

ROCHER PORTANT UN BAS-RELIEF ROMAIN, PRÈS DE MADARA.

tiques de ce boulevard naturel, s'étendaient les rangées de tentes blanches du camp militaire. L'arrière-plan, au sud-ouest, est fermé par les contours nettement accusés du Balkan de Preslav. Vus d'ici, les glacis de la forteresse prennent l'aspect d'une plaine. Les ondulations du terrain où se cachent de nombreux villages, dont la situation est marquée par les flèches élancées de leurs minarets et la riche verdure de leurs vergers, ne s'accusent point et il n'y a que

BAS-RELIEF ROMAIN PRÈS DE MADARA.

les lits profondément entaillés des cours d'eau qui se révèlent par les ombres qu'ils projettent.

En 1829, tous ces villages furent inondés de sang; mais aucun d'eux ne fut plus souvent cité que Madara où le maréchal Diebitsch avait établi son quartier général, et Koulevtcha, qui donna le nom à la célèbre bataille où le commandant russe vainquit le grand-vizir Réchid-Méhémed-Pacha. Ce fut la victoire de Koulevtcha qui permit à Diebitsch d'entreprendre son fameux passage du Balkan.

Un ravin boisé, plein d'ombre et de fraîcheur, nous amena de Koulevtcha sur le vaste plateau du Balkan de Pravadi. Du haut de sa muraille calcaire de 150 mètres d'élévation, mon regard plongeait dans l'étroite et profonde vallée du Pravadi, traversée par le chemin de fer de Roustchouk à Varna. De la station de Kaspidjan, nommée par les Anglais Shumla-Road, jusqu'à Pravadi, cette région, avec ses hauts plateaux couronnés de rochers et ses murailles à pic rayées de ravins blancs comme la neige, rappelle au souvenir les pittoresques vallées du Jura blanc de la Souabe.

Près de Ravna nous pûmes apercevoir les ruines du château de Ventchan, qui lors de l'invasion musulmane devint un des premiers la proie des Turcs. Près de Tcherkovna, le plateau atteint 250 mètres. Deux heures plus tard, des ravins faiblement boisés nous avaient amenés sur son rebord oriental d'où, par des lacets taillés en gradins, nous descendions dans l'étroite vallée du Pravadi que rayait d'une traînée de vapeur le train de Varna.

Après une fastidieuse recherche, je finis par découvrir à Pravadi, dans le misérable Kristo-Han, un abri plus que modeste. Le lendemain mon drogman m'apporta la nouvelle que mon cheval de bagage était blessé par le bât. C'était là un coup du kismet des plus désagréables; mais le « docteur » appelé me promit de guérir la plaie en moins de deux jours. Je fis semblant d'y croire, satisfait, après tout, que cette mauvaise chance ne me fût pas survenue dans les solitudes sauvages du Balkan, mais dans une ville dont le passé me promettait un riche butin archéologique.

« Pravadi est situé entre deux montagnes rocheuses qui se dressent « comme des murailles à pic; au milieu de la ville passe un petit « cours d'eau sur lequel est jeté un pont. » C'est ainsi que Hadji-Khalfa, le géographe turc, décrit la petite ville vers le milieu du dix-septième siècle. Disons, au lieu de montagnes, des hauts-plateaux et la position de Pravadi ne pourrait être mieux tracée en aussi peu de mots.

Le vieux *Provaton* a vu devant ses murs les Perses de Darius, Philippe II, Lysimaque et Lucullus marchant contre les villes révoltées de la côte du Pont-Euxin, et bien souvent aussi les armées byzantines et bulgares.

En 1878 les Russes venant de Kozloudja parurent devant la ville; les Turcs n'y avaient laissé qu'un faible détachement pour couvrir la ligne du chemin de fer. La population musulmane de la ville et des environs se servit de cette ligne pour se sauver à Varna. Les Turcs, à leur départ, mirent le feu aux magasins de blé. L'armistice, qui survint sur ces entrefaites, empêcha l'armée du général Manseï qui avait poussé jusqu'à Koutloubey de profiter des avantages obtenus par son avant-garde. Il coupa pourtant toute communication entre Choumla et Varna.

Bien que de la ville au Kaleh-Baïr (mont du château) la différence

ANCIEN CHATEAU DE PRAVADI.

du niveau ne comporte que 110 mètres, le sentier est assez dur, il monte rapide entre les roches et les broussailles, aidé de distance en distance par des degrés taillés dans le roc. Pendant la montée mon zaptié me parla d'un lac gigantesque qui existait ici dans des temps très anciens; il prétendit que sur les crêtes les plus élevées se trouvent des traces d'anneaux de métal où l'on aurait autrefois attaché les navires.

Parvenu sur la hauteur, je tombai sur les débris du Provaton du moyen-âge, dressé sur l'angle le plus étroit de la crête qui, d'un côté tombe à pic sur le Pravadi, et de l'autre est séparé par une gorge profonde du plateau où s'élève aujourd'hui le village de Disdar-Keui. La porte principale du château-fort est encore debout avec une de ses tours de défense. Ces constructions étaient revêtues de pierres de taille; des trous de poutres encore visibles dans les parois de la tour prouvent qu'elle possédait plusieurs étages. Par cet ouvrage avancé on parvenait sur une crête rocheuse, qu'un pont-levis, jeté par-dessus l'abîme, rattachait au château-fort. Deux citernes protégeaient la place contre le manque d'eau, et bien approvisionnée, sa force de résistance devait être très remarquable au moyen âge.

Les gens du lieu croient que leur ville a été ruinée par les Russes en 1828, pour ma part je tiens cette tradition pour mal fondée; du moins, il ne ressort nullement de l'ouvrage de Moltke, qui a donné le récit détaillé de la bataille de Koulevtcha, que la ville ait été prise d'assaut. Cet écrivain dit au contraire que Pravadi fut occupé sans combat par les Russes comme Kozloudja et Pazardjik. Sa destruction partielle fut probablement amenée par le bombardement turc lorsque le grand-vizir essaya de la reprendre en 1829.

Du château, des marches taillées dans le roc conduisent par une pente rapide jusqu'à la ville profondément encaissée. On peut encore y retrouver aujourd'hui les quatre retranchements élevés en 1828 par les Russes, et les deux remparts qui fermaient la vallée au nord et au sud de la ville. Nous franchîmes le dernier, et, suivant la rue principale, nous nous dirigeâmes vers le konak élevé sous l'administration de Midhat et dans l'étage supérieur duquel trônait le premier magistrat du district. Malgré l'heure matinale, ce fonctionnaire présidait un medjilis réuni pour aviser aux moyens d'améliorer l'état sanitaire de la ville compromis par les crues du Pravadi, devenues plus fréquentes depuis l'établissement du chemin de fer, et qui engendre des fièvres pernicieuses. Tout en fumant leur tchibouk et en buvant leur tasse de café, ces sages enturbannés se cassaient en vain la tête pour trouver des moyens d'empêcher les inondations périodiques.

Comme la séance menaçait de se prolonger à l'infini, je me rendis chez le khasnadar; celui-ci m'apprit que la ville possédait alors 400 maisons turques, 60 tatares et 160 bulgares. Les Bulgares malgré leur petit nombre ont cependant dépensé 50 000 piastres pour leur nouvelle école.

A mesure que l'on s'approchait de la côte du Pont-Euxin, la haine des Bulgares pour le clergé phanariote se montrait plus évidente. Un pope de Pravadi, assez instruit, se déclara l'ennemi acharné des Grecs. « Ils voulaient, disait-il, nous isoler, nous séparer du reste de l'Europe. » Il se prononça aussi fort vivement contre les Gagaouses, paysans grecs des environs de Varna qui parlent exclusivement le turc. « Ils se sont montrés, à notre égard, s'écria-t-il, plus hostiles que les vrais Turcs. »

L'église est un petit édifice de pierre avec des absides dont les fresques ont depuis longtemps disparu. Une bonne partie du bâtiment est profondément enfouie dans la terre : ainsi l'exigeait autrefois la race dominante qui, à Pravadi comme ailleurs, s'était emparée des églises pour les transformer en mosquées. Le quartier turc garde un de ces édifices, à moitié ruiné lui-même, entre les restes de constructions monumentales qui furent jadis les fastueux entrepôts des marchands ragusains dont cette mosquée a été peut-être l'église.

Il est probable qu'un architecte de Raguse a bâti la mosquée de Sari-Housseïn : quelques détails de ce monument, construit avec une grâce infinie dans le style ogival, me rappelèrent le Palazzo del Circolo et d'autres bâtiments de Raguse. L'art italien a exercé une grande influence sur la péninsule du Balkan, en Dalmatie, en Albanie et en Serbie et une pareille influence ne doit pas nous surprendre en Bulgarie; en effet, les grands sultans favorisèrent l'établissement de marchands étrangers, en particulier de marchands venus de Raguse, et ceux-ci firent probablement construire par des artistes de l'Occident leurs superbes factoreries et leurs belles églises.

La colonie ragusaine de Pravadi comptait parmi les plus importantes de la Bulgarie. Le grand nombre de ces étrangers à Pravadi, Tirnovo, Pazardjik, Varna et dans d'autres cités bulgares ressort de la tentative d'insurrection organisée, en 1595, par le Ragusain Djordjitch avec l'aide de ses compatriotes établis en Bulgarie et du prince de Transylvanie Sigismond Báthori, pour délivrer les chrétiens du joug musulman.

Les Ragusains apportaient les draps, les étoffes de soie, le verre et les autres articles de luxe de l'Occident dans leurs *bézestens* ou caravansérails; ils achetaient en retour les riches produits de la Bulgarie, tapis, peaux, maroquins, cuivre, étain, riz. Pour faciliter leurs transactions, ils se créèrent des colonies succursales jusqu'aux bouches du Danube. Leur établissement principal dans la Dobroudja était Baba-Dagh ; ils y avaient une paroisse dont les prêtres se rendaient à Isaktcha, Ismaïl, Toultcha, Bender et Kilia pour officier devant les marchands sur un autel portatif, de même qu'aujourd'hui les prêtres de la mission de Nicopoli se rendent périodiquement à

MOSQUÉE DE SARI-HOUSSEÏN A PRAVADI.

Vidin pour faire le service religieux dans la chapelle du consulat d'Autriche.

Avec la décadence presque simultanée de l'empire turc, et celle de la République de Raguse, à la fin du dix-huitième siècle, cessèrent les rapports de Raguse avec la Bulgarie et, avec eux, l'importance de Pravadi comme cité commerçante. Aujourd'hui, les quelques misérables boutiques de son bazar renferment tout au plus de quoi fournir aux besoins les plus modestes de la population campagnarde, dont l'esprit de spéculation a si bien dégénéré, que, pour ne citer qu'un exemple, beaucoup de paysans apportent eux-mêmes leur blé à Varna, ce qui leur demande huit jours de charroi sur de mauvaises routes, plutôt que de se décider à dépenser quelques piastres pour l'expédier par le chemin de fer.

Le soir était venu et l'homme de l'art à qui j'avais confié le soin de mon cheval avait fait son apparition dans l'auberge. Le nouvel oracle fut que je ne pouvais espérer de guérison complète avant deux ou trois jours. Ce temps d'arrêt à Pravadi, dans un *far niente* forcé, n'étant pas du tout de mon goût, je me décidai à laisser cheval et bagages à la garde de mon drogman et à prendre le chemin de fer pour une courte fugue à Varna. Malheureusement, il ne circulait qu'un train de voyageurs par jour et il me fallut, non sans impatience, remettre au lendemain la visite projetée. Le train en miniature dont j'occupais seul l'unique coupé de première classe, contenait dans son wagon de seconde le harem d'un haut dignitaire, et ses voitures de troisième offraient un tohu-bohu de nationalités, de croyances, de costumes et de mœurs comme on ne peut en voir qu'entre la mer Noire et le Danube.

La ligne de Roustchouk à Varna jouissait à l'étranger d'une si détestable réputation que mon voyage fut d'un bout à l'autre une surprise des plus agréables. Les chefs de station, pour la plupart Polonais, étaient presque sans exception des hommes polis et bien élevés, auxquels un long isolement n'avait point fait oublier les vertus sociables héréditaires chez leur nation. Les wagons sont commodes et bien aménagés, la sûreté du transport ne laisse rien à désirer, les buffets sont suffisamment pourvus et à Chaïtandjik un véritable dîner à l'européenne attend les voyageurs.

On aurait beaucoup plus de raison de critiquer sévèrement le tracé de la ligne. Le contrat passé entre le gouvernement et les entrepreneurs anglais stipulait une subvention annuelle déterminée par mille de longueur. On a donc allongé outre mesure le tracé, tout en évitant les moindres difficultés du terrain. Mais il faut savoir aussi, d'autre part, qu'il n'a fallu rien moins que l'esprit d'entreprise et les capitaux britanniques pour vaincre les grands obstacles apportés à la construction par un gouvernement barbare et une population hostile à toutes les innovations. Je ne veux pas oublier de mentionner avec honneur ces Allemands, pour la plupart Hanovriens, champions du Schleswig-Holstein, qui, trouvant une seconde patrie sur les rives du Bosphore, ont bâti des forteresses, instruit des nizams et, plus tard, au prix de leur santé et quelquefois de leur vie, victimes des habitants ou des fièvres paludéennes, ont conduit les travaux préparatoires de cette ligne.

Le tracé croise le Pravadi pour la troisième fois non loin de l'embouchure de cette rivière dans la vaste nappe du lac de Devna. Au nord de l'isthme qui sépare ce lac en deux parties, se trouve le village de Devna et tout près de là les ruines de la ville de *Marcianopolis*, fondée par Trajan en l'honneur de sa sœur, et qui pendant cinq siècles fut très prospère. Jusqu'à ces derniers temps on cherchait à tort, à Preslav, les ruines de cette ville. Du reste la contrée que nous visitons maintenant évoque bien des souvenirs historiques. Entre les hauteurs septentrionales de Buyuk-Aladin et le rivage du lac de Devna, Alexandre le Grand battit les Triballes en 336 avant J.-C.; un peu plus loin, près de Kadi-Keui, est situé le champ de bataille où le roi Vladislas de Hongrie fut défait en 1444 par les Turcs, et perdit la vie.

Aujourd'hui encore on montre ici deux tumuli : sur le Mourad-Tépé était établie la tente du sultan; sur le Sandjak-Tépé flottait, suivant l'usage des Turcs, le grand étendard impérial. Ce fut dans le premier endroit que Mourad montra à son armée indignée le traité de paix que Vladislas avait juré sur l'Évangile, et qu'il avait néanmoins rompu; après la bataille, la tête du roi y fut exposée au bout d'une lance.

Je ne fis à Varna qu'une courte apparition, me proposant de visiter la ville en détail quelques jours plus tard.

A Pravadi je retrouvai mon cheval en bon état. Mon drogman affirma que la bête malade avait été guérie par lui, tandis que le « docteur » revendiquait à son profit le mérite de cette guérison et exigeait de très forts honoraires. Malgré les connaissances hippologiques du brave homme, ou peut-être à cause de sa science, ma bête était vraiment en état de reprendre son service. Fort satisfait, je payai au docteur et au handji ce qu'ils réclamaient et me préparai à passer le défilé du Boghaz-Déré qui, à l'époque classique, était considéré comme l'une des plus importantes routes du Balkan.

CHAPITRE XXIV

LE DÉLI KAMTCHIK. — LE DÉFILÉ DU BOGHAZ-DÉRÉ. — AÏDOS.
MISSIVRI.

Non loin de Pravadi, le chemin d'Aïdos passe près d'un ancien cimetière qui rappelle vivement au souvenir les « Tombeaux des Géants » de Kraliévo, près d'Aleksinats, en Serbie. De gros blocs de rochers entourent chaque tombe. Une pierre placée debout indique la place du chevet; mais, de même qu'à Kraliévo, aucune inscription n'y vient en aide aux recherches de l'explorateur.

Bientôt la gorge du Pravadi élargit ses parois. Semblables à des habitations faites de main d'homme, des roches calcaires d'une blancheur éclatante couronnent les plateaux boisés et se transforment par degrés en croupes arrondies. Au pied de leurs pentes doucement inclinées, le village de Kadi-Keui surveille le confluent de son ruisseau et du Pravadi. Notre route passe par un isthme haut et boisé qui, dans sa partie la plus étroite près de Soultanlar, sépare à peine de quatre kilomètres les rives du Pravadi de celles du Kamtchik.

Pour traverser l'épaisse forêt qui s'étend au sud de Kadi-Keui et où serpentent d'inextricables sentiers, mon zaptié me conseilla de prendre un guide. Selon l'usage, la minorité bulgare dut le fournir, et il me fallut recourir à un bon bakchich pour réconcilier avec sa promenade forcée le jeune homme sur lequel, après un interminable débat, était tombé le choix des autorités locales. De tout côté arrivait jusqu'à nous le bruit de la cognée. Où se taisaient les bûcherons s'élevait le chant des oiseaux; mais nous ne rencontrâmes pas une âme, ce qui d'ailleurs ne me contraria qu'à moitié, car nous n'avions nul désir de faire connaissance avec les Tcherkesses des colonies voisines établies à la place des anciens villages bulgares de Késar et de Tchérémet, dont les habitants avaient émigré vers la Crimée en 1861. Une heure et demie de marche nous amena dans le village turc de Koté. En amont du village, les deux bras du Kamtchik, l'Akili et le Déli, réunissent leurs eaux, d'un apport si considérable qu'au printemps il est presque impossible de traverser à gué la rivière et que l'on doit redescendre plus de sept kilomètres jusqu'à Keupri-Keui (village du Pont). C'est là qu'en 1829 les Russes franchirent le Kamtchik, après avoir battu les Turcs.

Grâce à la sécheresse prolongée, le passage de la rivière s'effectua facilement. De Koté nous atteignîmes sans accident Sandouktchi. Quelques gracieuses fillettes turques avaient posé leurs bras délicats sur la porte de la palissade qui entoure le village, et, d'un air mutin, nous demandèrent un bakchich avant de l'ouvrir.

L'Orient est la terre promise des peintres; partout où la vie apparaît, elle est pleine de soleil, fraîche, intéressante. Pourtant n'approfondissez rien, n'examinez rien à la loupe. Il vaut mieux que celui qui visite le pays du sultan laisse de côté toute réflexion. Si vous êtes fidèle à ce principe, vous serez agréablement surpris par le minaret de la petite mosquée de Sandouktchi. La colonne est formée de planches de toutes dimensions et dévie considérablement de la ligne verticale; au-dessus de cette colonne, l'architecte de l'endroit a placé, en guise de galerie, une espèce de cage à volailles en osier. Comme partout où les Turcs s'occupent d'architecture, l'on remarque ici l'absence de toute symétrie et de toute capacité technique. Il est vrai que les peintres et les turcophiles se soucient peu de semblables détails.

A Déli-Housseïn-Mahlé, je rencontrai deux officiers autrichiens chargés de travaux topographiques. Ces messieurs, dont les instruments excitaient l'étonnement des habitants, étaient attristés d'un accident arrivé au cheval de leur tchaouch, qui s'était cassé la jambe. A côté du cheval blessé se tenait le propriétaire, les larmes aux yeux. Le kismet lui avait joué un si mauvais tour! Sa bête était toute sa fortune, et, bien qu'il l'eût perdue au service du sultan, il ne pouvait espérer qu'on la lui remplaçât. Il ne lui restait plus que la perspective de continuer à servir pour une solde moindre, comme gendarme à pied.

A peine avions-nous dépassé la dernière maison de Déli-Housseïn-Mahlé que le cheval qui portait mon bagage s'abattit soudain; mais, comme nous nous mettions tous à l'œuvre pour débarrasser la pauvre bête de son fardeau, celle-ci se retrouva sur ses quatre pieds sans avaries. Mon zaptié ne manqua pas de dire qu'un des officiers autrichiens avait le mauvais œil. Il me conseilla sérieusement d'éviter toute rencontre avec lui, car il nous porterait malheur. En vain j'essayai d'expliquer l'affaire, en disant que mon cheval avait été mal sellé. Mon adversaire ne fut pas convaincu. Turcs, Bulgares, Albanais, Grecs, Serbes, chrétiens ou musulmans, tous croient à l'influence du « mauvais œil », et gare au malheureux qui est suspect de porter malheur !

De Buyuk-Tchenguel au village d'Ahmedli, le Déli-Kamtchik coule dans un magnifique ravin que la route contourne en suivant le rebord septentrional de la Rajédapka-Planina. Traversant tantôt un sol profondément déchiré et tantôt d'épaisses forêts de chênes et de hêtres, elle gagne le riche village de Tchenguel, où les officiers autrichiens avaient déjà fait leur entrée.

J'avais à peine mis le pied dans une des plus belles fermes de l'endroit que mon drogman se précipita dans ma chambre pour réclamer mon intervention immédiate. Il s'agissait d'une fort mauvaise affaire. Mon zaptié Osman venait de donner un rude coup de sabre au *staréchina* (ancien) de la ferme, parce que celui-ci n'avait pas apporté assez promptement les rations des chevaux. La cour était pleine de bruit, les voisins étaient accourus, et le vieillard, entouré de femmes et d'enfants qui gémissaient à fendre l'âme, me montra son bras, dont la chair était coupée par une profonde entaille ruisselante de sang. Le gendarme me reçut en s'écriant qu'il avait agi dans mon intérêt et qu'il fallait montrer à ces rétifs Bulgares qui était le maître et qui était le serviteur. Après avoir entendu les deux parties, je fis au gendarme les reproches qu'il méritait pour sa sauvagerie, et lui déclarai que je réclamerais sa punition au kaïmakam d'Aïdos. Les gens de la ferme cherchèrent à me témoigner par leurs paroles et par leurs attentions les sentiments de gratitude dont ils étaient animés.

Le chrétien devait supporter en silence tous les excès commis par les gendarmes turcs. Redoutant une vengeance, il ne risquait que rarement une plainte : d'ailleurs il était bien peu probable qu'on eût donné tort au représentant de l'autorité musulmane. Si l'on additionne toutes les injustices que chaque rayah a souffertes jusqu'à l'âge mûr, en sa propre personne, en celles de ses parents, frères, sœurs, femme et enfants, par suite des mauvais traitements des employés, des zaptiés et de ses voisins turcs, on s'explique les actes de vengeance auxquels se portèrent les Bulgares contre les musulmans à l'approche des Russes libérateurs. La semence sanglante répandue pendant cinq siècles devait naturellement porter des fruits sanglants.

Lorsque le lendemain je quittai la ferme hospitalière, je chercha par quelques présents à effacer l'impression des mauvais moments que mon zaptié avait fait passer à mes hôtes. Je piquai une belle épingle en argent dans les blondes tresses ornées de médailles et de rubans de la fille aînée, et, pour marquer la conclusion de la paix, la mère me permit de reproduire les traits charmants de la jolie fille dont la chemise blanche et la coiffure me rappelaient le costume traditionnel de la Gretchen de Gœthe. L'illustration qui représente Mara et son cousin Fodor me dispense de donner une description plus détaillée de leur toilette.

Le zaptié cacha sa fureur; il ne voulut point assister à cette scène d'adieu et galopa en avant. Plus tard, il avoua au drogman qu'il s'étonnait qu'un effendi pût faire tant d'affaires avec ces rustres à cause d'un peu de sang versé. — A cause d'un peu de sang! — Il avait raison, car cette matière précieuse compte en Orient parmi les denrées les moins chères. On n'en connaît plus du tout le prix, par suite des guerres sans fin et des révolutions sans nombre. Il en fut ainsi depuis des siècles, il en est ainsi aujourd'hui, et malheureusement il en sera de même pendant longtemps encore.

A l'ouest de Buyuk-Tchenguel, je dépassai les ruines d'un château élevé sur la hauteur de Hrastota et qu'enveloppe la terreur d'une tradition sanglante; plus loin, je rencontrai les restes d'un retranchement construit en 1829 pour empêcher les Russes de pénétrer dans le défilé du Kamtchik. En face se dresse une arête de roches blanches dentelées, que les Bulgares appellent Ostro-Kamak (pierre pointue). Le charme pittoresque de ce lieu doit y avoir jadis attiré plus d'un anachorète et avoir décidé la construction d'un couvent, bâti, dit la légende, par le tsar Constantin Asen, c'est-à-dire entre 1258 à 1277, et consacré à saint Athanase. Détruit par le fanatisme musulman, il n'est plus aujourd'hui qu'une ruine, et ses fondations elles-mêmes ont à peu près disparu.

Près de Tchiftlik-Mahlé, le Kamtchik fuit dans une si étroite fissure que la route doit gravir la forêt pour y chercher une place. Tour à tour le chemin escalade ou dévale les parois déchirées, si étroitement serré contre la muraille rocheuse que nous dûmes onze fois changer de rive pendant le cours trajet de Tchenguel à Daskotna.

LE DÉLI-KAMTCHIK, LE DÉFILÉ DU BOGHAZ-DÉRÉ.

Je connaissais maintenant la plus grande partie du cours sinueux du Déli-Kamtchik et j'avais constaté la justesse du surnom de « Déli » (fou) que lui donnent ses riverains devenus souvent les victimes de ses caprices. Si les détails admirables de son cours sont dignes de

COSTUMES BULGARES A BUYUK-TCHENGUEL.

fixer l'attention de l'artiste, l'ingénieur de chemin de fer en jugera tout autrement. Le lecteur qui m'a suivi dans ce défilé en connaît suffisamment les difficultés pour ne pas s'étonner de voir les ingénieurs du baron Hirsch préférer ce tracé plus long et plus accidenté, au tracé, plus facile et plus court, des ingénieurs militaires turcs, par Eski-Stamboul et le col d'Azap-Tépé.

Une caravane, rencontrée à l'entrée de la gorge du Boghaz-Déré, nous apprit que ce passage avait été rendu impraticable peu de jours auparavant par une bande de haïdouks passée maintenant du côté de Tchalikavak. Notre petite troupe n'en arma pas moins fusils et révolvers, car le défilé pittoresque offrait aux héros de la montagne les occasions les plus propices. Cependant j'oubliai bientôt les brigands et leurs méfaits au milieu des beautés sauvages de cette gorge splendide dont le charme naturel est rehaussé par les ruines de quelques moulins délabrés. Après avoir changé cinq fois de rive en une heure, nous arrivâmes enfin sur le vaste haut-plateau où le général Jochmus place la bataille où Alexandre le Grand vainquit les Thraces.

L'étude du terrain me retint dans cette intéressante région plus longtemps que je ne l'avais projeté, et comme il nous était impossible d'atteindre Aïdos avant la nuit, je me contentai de suivre le Boghaz-Déré jusqu'à Résova, seul village bulgare enclavé dans un territoire de 20 milles géographiques carrés, où la population est exclusivement musulmane.

Le lendemain, les premières lueurs du jour nous trouvèrent sur la route qui relie Résova au chef-lieu. Nous n'avions pas cessé de monter, et le col de Nadir, franchi en 1829 par un détachement russe, se dessinait nettement à neuf kilomètres devant nous à l'est. J'en estimai l'altitude à 600 mètres, tandis que le point le plus élevé de notre route marqué par le faîte de partage du Boghaz-Déré et du Dermen-Déré, n'atteint que 419 mètres. Dès que nous l'eûmes franchi, nous vîmes apparaître vers le sud, et à 300 mètres plus bas, le haut plateau d'Aïdos. Des minarets trahissaient la position de la petite ville de ce nom. Pour l'atteindre il nous fallut quitter l'ombre et la fraîcheur des bois de chênes. L'air était embrasé; les gerbes amoncelées se succédaient à l'infini et la moitié de la population urbaine se pressait sur les petites aires échelonnées à droite et à gauche de la route pour le battage du grain. Accablés par la chaleur et la poussière, nous entrâmes dans le sombre et misérable Yéni-Han comme dans un véritable Eldorado.

Le climat d'Aïdos est presque tropical pendant la saison d'été. La ville est située sur la lisière nord de la grande zone éruptive qui, de la base méridionale du Balkan oriental sédimentaire, se prolonge jusqu'à la mer Noire. Les deux montagnes dressées au nord d'Aïdos, le Hisar-Baïr et le Sersem-Baïr, sont formées d'un tuf verdâtre qui donne une excellente pierre de taille. Le Hisar-Baïr porte les ruines du « château des Aigles » dont le nom, transmis à la ville grecque, se retrouve dans son appellation actuelle.

Placée entre Byzance et la Bulgarie, cette ville a plus que tout autre été disputée et plus d'une bannière étrangère a flotté sur ses créneaux. En 1331 elle tomba pour la dernière fois au pouvoir de Constantinople ; en 1344 elle fut reprise par le tsar Joanice-Alexandre (1331-1365), pour devenir, en 1358, la proie des musulmans.

Lorsque la Bulgarie entière fut asservie, Aïdos, comme les autres villes de la Thrace, se peupla de sectateurs du prophète. Pendant la campagne de 1829, elle fut prise sur Osman-Pacha par le général Rüdiger. L'infection amenée par la multitude de cadavres d'hommes, de chevaux et de chameaux laissés sur le champ de bataille et dans les rues, fit éclater dans l'armée russe une épidémie de fièvre pernicieuse qui ne la quitta plus jusqu'à la fin de la campagne.

Diebitch établit cependant son quartier général dans le sérail d'Aïdos. De là, il marcha sur Andrinople, boulevard principal de la Roumélie turque ; une capitulation fit tomber cette ville entre ses mains le 20 août, quatre semaines après son audacieux passage du Balkan.

Les données que je recueillis sur la population d'Aïdos diffèrent entièrement de celles qu'ont enregistrées Moltke, qui parle de 25 000 habitants, le général Jochmus qui, en 1847, comptait 300 maisons, et divers autres voyageurs. D'après mes chiffres, Aïdos possédait 1 040 maisons turques, 240 bulgares, 20 tatares et 10 juives-espagnoles, ce qui donne un ensemble d'environ 6 à 7 000 âmes. Il avait de plus quatre mosquées, une église, plusieurs écoles turques et une bulgare. Tous ces chiffres ont probablement changé par suite de l'émigration d'une partie des Turcs et des Tatares en 1878.

Les renseignements statistiques que je viens de reproduire me furent donnés par le Kaïmakam-Hachim-Effendi, fonctionnaire fort aimable, chez lequel je me rendis pour me plaindre de la conduite de mon zaptié à Tchenguel et solliciter une nouvelle escorte. Il me promit de recommander l'affaire à son collègue de Pravadi et de m'envoyer un zaptié plus sage en même temps que bien au fait de la contrée. A l'heure dite, et avec une exactitude militaire, mon nouveau tchaouch était au rendez-vous et, dès que la chaleur de l'après-midi se fût un peu modérée, je partis pour Missivri, par 31 degrés cent. à l'ombre.

Du sud d'Aïdos à la mer Noire s'étend une campagne fortement ondulée et toute bosselée de coupoles volcaniques recouvertes de couches quaternaires dans lesquelles d'innombrables ruisseaux prennent leurs sources entre des volcans éteints vers les lagunes d'Akhiolou et de Bourgas. Les mêmes ondulations de terrain se retrouvent à l'ouest, où elles forment, entre l'Istradja-Dagh et le Balkan, une bande qui se prolonge jusqu'à Karnabad et se recouvre d'une riche végétation forestière ou de cultures fertiles.

Parmi les hauteurs des environs d'Aïdos, je citerai une élévation à trois sommets, à la base méridionale de laquelle est assis le village de Roum-Keui (village des Grecs), où le célèbre haïdouk Indjé fut tué par un jeune garçon et où, en 1829, l'armée russe se concentra pour entreprendre ses opérations contre Andrinople. A peu de distance de ce village, jaillit une source limpide, sans odeur et sans saveur, d'une température de 40 degrés cent., déjà connue dans l'antiquité et utilisée à la fois en bains et en boisson. Les Romains la désignaient sous le nom d'*Aquæ calidæ*, comme on le voit par la Table de Peutinger. Justinien entoura de murs cette station thermale, alors très fréquentée. En 583, lorsque le khan des Avares dévasta les alentours, il n'épargna que les bains, où ses femmes avaient agréablement passé le temps du siège d'Akhiolou. Les chroniqueurs byzantins, et, à l'époque de l'empire latin, Villehardouin, ont vanté la splendeur de cette localité et sa source incomparable. Mais, en 1206, l'empereur Henri de Hainault détruisit à la fois la ville d'Akhiolou et son établissement balnéaire. Aujourd'hui il n'y a plus que des installations fort primitives. Les baigneurs campent dans de misérables cabanes ou se cherchent un abri dans la ferme voisine.

Un terrain semé de ravins et de taillis nous amena d'Aïdos au petit village turc de Tchimalé, où je reçus l'accueil le plus hospitalier. Mon hôte musulman ne voulut laisser à personne l'honneur de me servir et comme les usages du harem m'interdisaient l'entrée de la maison, il fit apporter dans le kiosque de son jardin force tapis et coussins qui me constituèrent une couche des plus moelleuses. Mon zaptié et mon drogman campèrent devant ma porte à la chaleur d'un feu joyeux et firent honneur à l'excellent repas préparé par les femmes de la maison.

Le lendemain, j'entamai une longue causerie avec mon hôte. A son tour, et comme tant d'autres, il s'étendit avec amertume sur le gouvernement. L'impôt du sang, tout entier levé sur les Turcs, lui paraissait particulièrement pénible à supporter. De ses deux fils, l'un servait dans l'armée active et l'autre, qui appartenait à la réserve, était au camp de Choumla, pendant que les bras manquaient à la ferme pour les travaux des champs.

Si mon hôte ressentait une certaine jalousie à voir les Bulgares et les Grecs (Roumilis) libres du service et déchargés de la défense du pays, de leur côté, les rayahs intelligents et instruits éprouvaient quelque chose du même sentiment lorsqu'ils déploraient de n'avoir point de « patrie », au sens que nous attachons à ce mot dans notre Europe occidentale. Et s'ils étaient, en somme, satisfaits de l'état de choses qui leur interdisait le service dans l'armée turque, c'était surtout parce qu'ils savaient fort bien quelle aurait été la position irrévocablement subalterne et toujours équivoque du soldat chrétien tant qu'il combattrait sous l'étendard du Prophète et tant que les manifestes du cheïk-oul-Islam appelleraient au combat les « croyants » contre les « infidèles », comme cela est arrivé encore en 1877. Il ne faut pas oublier que les Strecker, les Blum et d'autres chrétiens parvenus aux grades les plus élevés de l'armée ottomane, sont des étrangers qui, pendant les périodes de paix, ont été employés comme instructeurs, et qu'en temps de guerre on ne leur a confié que des postes où ils n'avaient que peu de rapports avec l'armée active. Quoi qu'en puissent dire les turcophiles, le temps est encore éloigné où les soldats musulmans du sultan obéiront de bon cœur à des officiers chrétiens indigènes.

Après avoir traversé Kara-Tépé et Demir-Keui, nous gagnâmes Akhli-Keui. Bien que ce joli village ne compte que 22 maisons bulgares, 17 turques et 20 tsiganes, il possède, comme point de jonction de deux chemins dont l'un se dirige vers le Kamtchik, et l'autre vers Missivri, une importance que trahit déjà l'activité de la petite boutique de son han.

Plus loin se trouvent les villages turco-bulgares de Tatar-Keui et de Kopéran, riches en troupeaux, en prairies et en bois de chênes, et celui d'Indjé-Keui, qui s'appuie à une vague de terrain d'origine volcanique. Le plateau qui le suit porte le caractère mélancolique des steppes. Nous gagnons ensuite une éminence sur laquelle bifurquent les routes d'Aïdos et de Bourgas et d'où, comme par un coup de baguette magique, se déroule à nos regards le profil du cap Emineh, dernier promontoire que le Balkan projette vers l'orient, tandis qu'à nos pieds Missivri s'élève de la mer, et qu'à l'est, comme un miroir reflétant les teintes empourprées du ciel, s'étend l'immensité du Pont-Euxin.

La nuit s'avançait, mais je n'y prenais pas garde ; assis au sommet de la colline je m'enivrais de la vue enchanteresse de ce beau golfe de Bourgas tant chanté par les poètes de l'antiquité. Il me fallut cependant songer au départ. Sur les murailles de Missivri, l'étendard rouge glissait le long du mât, annonçant la fermeture de la porte, et mon zaptié me rappela qu'il était difficile de se la faire ouvrir après le coucher du soleil. Je descendis donc vers le rivage. Vague après vague venait mourir sur la grève, interrompant seule du rythme harmonieux de sa plainte éternelle, le profond silence du soir. Je traversai l'isthme rocheux de mille pas de longueur qui relie Missivri au continent; le piquet de garde présenta les armes et, quelques instants plus tard, l'hôte grec de l'excellente auberge de Yéni-Sava me souhaitait la bienvenue.

Malgré les luttes incessantes dont ce pays fut le théâtre pendant la domination des Byzantins et des Bulgares, qu'elles étaient florissantes ces belles cités de la mer Noire ! Quelle activité déployaient à l'envi leurs négociants, leurs architectes, leurs constructeurs de navires ! Mais, hélas ! que sont-elles devenues pendant ces cinq siècles de domination ottomane, où pourtant l'ennemi s'est si rarement approché de leurs rivages ? Le commerce, l'art, la navigation, la pêche elle-même, tout a disparu.

Si l'antique Mesembria a pour elle les souvenirs les plus glorieux, il s'en faut que le présent réponde à ce brillant passé. En 1829, les deux tiers de ses habitants émigrèrent en Russie et le reste fut décimé par la peste. Pittoresquement assise sur un bloc de rochers au loin projeté dans la mer, les ruines de ses églises byzantines, ornées de coupoles, racontent son antique grandeur, tandis que sa modeste mosquée dit par qui elle est devenue ce qu'elle est aujourd'hui.

Le nom de Missivri est la corruption de l'ancien nom classique de *Mesembria* transformé par les anciens Bulgares en celui de *Nesember*. D'après Hérodote, Mesembria serait une colonie de Chalcédoine fondée lors de la campagne de Darius contre les Scythes. Strabon dit qu'elle s'appelait auparavant *Menebria*, du nom de son fondateur présumé, Méné, et remarque que la terminaison *bria* signifiait ville dans la langue des Thraces.

L'histoire de Mesembria, où habitaient anciennement les Celtes de

Tyle, et qui joua un rôle important dans la confédération des villes greco-pontiques, reflète le sort de Byzance et celui de l'empire bulgare. En 766, lors de la sixième expédition des Byzantins contre leurs voisins slaves, la flotte impériale fut détruite dans les eaux de Mesembria par une tempête. Après la défaite de l'empereur Nicéphore, près de Preslav, en 812, Kroum s'empara de Mesembria avec le secours d'un Arabe baptisé, constructeur de machines de guerre et déserteur du camp ennemi. Ce fut encore devant Mesembria que le tsar Siméon mit l'armée grecque en complète déroute (917); il s'empara de cette ville et des côtes de la Thrace à l'exception de Constantinople.

Pendant la courte domination des Latins, les Vénitiens prirent Mesembria redevenue bulgare (1256), et en rapportèrent la tête de saint Théodore, patron de leur ville avant saint Marc. En 1265, Mytzès, gendre d'Asen II, livra Mesembria aux Grecs en retour de possessions sur le Scamandre. Le tsar Svétslav (1295-1322) la conquit avec toutes les villes comprises entre la Toundja et la mer Noire; mais la faible tsarine Anne la laissa retomber aux mains de Byzance.

Cependant le flot musulman s'approchait des empires grec et bulgare qui, au lieu de s'unir contre l'ennemi commun des deux peuples, s'acharnèrent de plus belle à la lutte. Malgré le manque d'eau, Mesembria résista contre Jean V Paléologue. En 1364, lorsque par trahison, Jean Chichman, dernier tsar de Tirnovo, retint cet empereur comme otage, alors qu'il venait en personne prier son ancien rival de l'aider contre les musulmans, le chevaleresque Amédée VI, comte de Savoie, cousin de Jean Paléologue, se mit à la tête d'une flotte génoise et vénitienne et vint ravager les côtes de la Bulgarie. Mesembria fut démantelée et Amédée ne reprit le chemin de la Savoie que lorsque Chichman eut rendu la liberté à son impérial prisonnier.

Vers la fin du quatorzième siècle, la domination ottomane s'étendit sur la Bulgarie entière. En 1403, Soliman, fils aîné de Bajazet, céda à l'empereur Manuel les côtes de la Propontide, depuis Panion jusqu'à Mesembria. Sous le belliqueux Mourad II, l'empire byzantin se trouva réduit à Constantinople, à Anchialos et à Mesembria. La dernière de ces trois villes vit flotter sur ses fières murailles la bannière du croissant trois mois après la prise de Constantinople. La domination turque se prolongea sans aucune interruption jusqu'en 1829. La principale armée russe, arrivée à Keupri-Keui en juillet 1829, changea tout à coup de direction ; au lieu de franchir les dangereux défilés du Balkan d'Aïdos, elle tourna vers l'est et traversa le Balkan d'Emineh par le défilé beaucoup plus commode de Bana. Une joie universelle éclata dans les rangs des soldats russes, lorsqu'en descendant de la montagne ils virent flotter dans le vaste bassin du golfe de Bourgas les pavillons de leur flotte. Les Turcs furent complètement bloqués, sans eau, dans Missivri, les canons russes dominant les deux fontaines de la ville. Aussi la garnison, forte de deux mille hommes, dut-elle se rendre sans coup férir.

La longue ligne de remparts, élevée sur le rocher à 30 mètres en moyenne au-dessus de la mer, et qui depuis dix siècles protégeait Mesembria contre la fureur des flots et les attaques de l'ennemi, s'est effondrée dans la mer avec le magnifique couronnement en pierres de taille de la digue, qui se dresse encore en ruines colossales au-dessus des eaux. Souvenir douloureux de la catastrophe qui atteignit la vieille cité chalcédonienne, lorsqu'en 1829 les Russes firent sauter tous les ouvrages de défense.

D'après la tradition, l'ancien périmètre de Missivri était beaucoup plus étendu que le périmètre actuel ; on dit qu'un violent tremblement de terre a fait disparaître la moitié de la ville. Si le fait est vrai, ce doit être la partie orientale que la mer a engloutie, car l'extrémité occidentale conserve encore un pan de mur construit en pierres de taille et appartenant évidemment à l'ancienne muraille.

Une autre tradition, qui parlerait en faveur d'une superficie bien plus considérable, dote Missivri de 80 églises. Elle n'en possède aujourd'hui qu'un nombre beaucoup plus restreint, mais peut-être avait-on compté parmi les édifices consacrés au culte ces chapelles qu'il était de bon ton pour les grandes familles grecques du moyen âge d'ajouter à leurs palais.

Une promenade archéologique à travers les nombreux monuments en ruines de Missivri est richement récompensée au point de vue de l'histoire de l'art. La plupart sont des œuvres romano-byzantines ; chose étonnante, certains monuments portent dans leur construction le cachet des premiers temps du christianisme. Pas un n'offre d'ailleurs une richesse de style, une beauté de lignes comparables à celles de l'église métropolitaine de Saint-Jean. Les proportions de ce bâtiment de 22 pas de long sur 13 de large, et dont la façade regarde l'orient, sont admirablement ordonnées. De son étroit narthex, éclairé par deux fenêtres, on pénètre dans le temple divisé en trois nefs et terminé par la vaste abside du chœur et par celles de

MISSIVRI SUR LA MER NOIRE.

deux petites chapelles latérales. Quatre colonnes reliées par des voûtes et des pendentifs forment le soubassement de la haute coupole qui s'arrondit au centre de l'édifice. La grande iconostase se dresse entre deux piliers et sépare le sanctuaire de la grande nef du milieu. Les chapiteaux et les fûts de colonnes rappellent l'époque romaine, tandis que les fresques des murailles sont de la plus pure tradition byzantine, telle qu'on la voit encore de nos jours régner du

ÉGLISE SAINT-MICHEL A MISSIVRI.

mont Athos jusqu'à la Néva, à travers tout l'Orient grec-orthodoxe. La décoration extérieure des trois absides octogonales, des portes et des fenêtres, des pendentifs, des frises, obtenue par la combinaison de la brique et de la pierre, présente partout les effets les plus pittoresques et les plus charmants.

Le style décoratif et le plan de l'église Saint-Jean se retrouvent avec quelques modifications dans un grand nombre de constructions moins importantes. Celle qui m'intéressa le plus par les gracieux détails de son ornementation et par la tour originale qui surmonte sa façade occidentale, est une église dédiée à saint Michel Protecteur. Elle se trouve dans le quartier turc et ses murailles sont dans un état de délabrement fort avancé. Les belles proportions de ce petit édifice, long seulement de 17 pas, lui méritent certainement une place d'honneur parmi les créations du génie architectural byzantin.

Une autre église, dédiée comme la première à saint Jean, présente un intérêt particulier pour l'histoire de l'art, car elle semble personnifier, sur le sol natal de l'orthodoxie grecque, le système de construction caractéristique de l'Église occidentale, les basiliques à trois nefs. Les nefs latérales, destinées sans doute aux femmes, étaient plus étroites et plus basses que celle du milieu, large de 12 pieds. Cet édifice aurait été, dit-on, l'église métropolitaine des Latins. Bien que la toiture soit détruite, les murailles ont résisté usqu'à ce jour à l'action dévorante du temps.

J'ai achevé de décrire ce que Mesembria possède encore de monuments de l'époque bulgaro-byzantine. Si, jetant un regard en arrière, je voulais maintenant comparer les églises de la Bulgarie septentrionale avec les monuments de la Serbie, il me faudrait tout d'abord relever un fait important pour l'histoire de l'art chez deux peuples voisins. En effet, qu'il s'agisse du côté technique ou de la décoration, tous les vieux édifices serbes ont plus ou moins subi l'influence de l'Occident. Ces manifestations du génie latin dans un pays oriental s'expliquent par les fréquents rapports de la Serbie avec l'Occident, particulièrement avec Venise, et par les alliances temporaires de ses souverains avec l'Église romaine.

Bien qu'à diverses époques l'oppression de Constantinople ait conduit les tsars bulgares à conclure des traités avec les papes; bien que le primat vlacho-bulgare ait été investi par le pape Innocent III du titre de patriarche (1204), l'influence de l'art occidental semble cependant s'être beaucoup moins fait sentir chez les Bulgares que chez leurs voisins de Serbie. Tandis que les églises et les monastères élevés par les tsars serbes peuvent être considérés comme des intermédiaires entre l'art byzantin et l'art romano-gothique du douzième au quatorzième siècle, les anciennes églises de la Bulgarie centrale et septentrionale, celles de Troïan, de Gabrovo, d'Éléna, de Maglich, etc., n'apportent aucun document nouveau à l'archéologie. A l'exception de l'ancienne église épiscopale latine de Nicopoli, les édifices de la Bulgarie danubienne ne peuvent être mis en parallèle, soit avec les constructions gréco-byzantines de Mesembria, soit avec les vieux monuments bulgares de l'ouest, l'église d'Ohrida, par exemple. Ils ressemblent à leurs modèles, les belles églises classiques de l'empereur Justinien, comme les grossières statues romaines que je trouvai sur le sol bulgare ressemblent aux créations artistiques dont s'enorgueillissait la souveraine assise aux bords du Tibre. Mais qui sait s'il ne faut pas admettre que les plus magnifiques et les plus remarquables édifices de la Bulgarie septentrionale ont été justement ceux qu'a choisis pour victimes l'invasion musulmane?

A l'époque où la cathédrale de Missivri recevait les restes de la princesse Mathilde Cantacuzène Paléologue (1390), l'unique porte de la ville offrait sans doute des proportions monumentales; aujourd'hui, ce n'est plus qu'une misérable palissade formée de poteaux. Sur le cavalier qui se dresse à côté d'elle comme un dernier témoin de son antique splendeur, s'est perchée une affreuse baraque de bois dans laquelle le kaïmakam a établi sa demeure. Grâce au coup d'œil dont on y jouit, cette baraque conviendrait beaucoup mieux à l'atelier d'un peintre qu'au siège d'une administration publique.

La province ne s'occupait guère de politique, et la Bulgarie tout entière, en y comprenant Sofia, n'avait alors qu'un journal fort insignifiant, la *Gazette officielle*, imprimé à Roustchouk, siège du vilayet. Il ne faut donc point s'étonner qu'une nouvelle que j'avais apportée moi-même de Varna à Pravadi, celle de la nomination de Midhat-Pacha au poste de grand vizir, ne soit parvenue à Missivri que huit jours après sa publication à Constantinople.

J'étais dans le konak lorsque le télégraphe transmit aux habitants de Missivri ce grand événement politique. La chute de Mahmoud-Pacha fut accueillie avec autant de joie que l'avènement de son successeur, et chacun, dans le petit cercle réuni autour de moi chez le kaïmakam, exprima son entière satisfaction. Seul, le douanier Hassan Djajedji, branlant sa tête grise à faire perdre l'équilibre à son gigantesque turban, murmura dans sa barbe quelques mots à l'adresse du « Pacha des Giaours », épithète que les Turcs donnaient volontiers à Midhat. Le télégraphiste partit de là pour se plaindre de la décadence chaque jour plus lamentable de Missivri, où il n'arrivait pas deux dépêches en trois jours; un négociant intelligent m'énuméra les causes qui ont fait tomber le commerce du bois, si important jadis dans la ville. C'était d'abord l'abandon où le gouvernement laissait les forêts, puis l'habitude qu'avaient les gens du pays d'employer les plus beaux troncs de chênes à la construction des cercueils et des monuments funéraires, et surtout le détestable système suivi par l'administration pour amener à Constantinople le bois nécessaire aux arsenaux et aux divers services publics. Elle ne payait ni l'abattage des arbres ni le transport, de sorte que les paysans, mécontents de ces charges, dévastaient de parti pris, pour leurs besoins domestiques, les belles forêts touchant à leur village, afin d'éviter pour eux-mêmes et de laisser à leurs voisins la corvée de la coupe et du charroi.

Je fis à Missivri la connaissance de l'inspecteur des forêts de la province d'Islimieh (Sliven), en tournée de service. Cet homme aimable, Arménien de naissance, me raconta comment l'administration forestière avait été organisée à Constantinople d'après le système français; comment tout avait été admirablement réglé; avec quel enthousiasme les journaux européens avaient célébré ce nouveau progrès de la Porte. Employés nombreux, beaux traitements, costumes reluisants d'or, rien n'y manquait, qu'une chose : les forêts. En effet, celles-ci appartenaient toutes soit aux communes, soit aux *vakoufs* (biens ecclésiastiques), soit à des propriétaires qui se montraient décidés à refuser toute ingérence gouvernementale dans ces forêts, dont ils avaient jusqu'alors disposé à leur guise. Les communes bulgaro-grecques seules finirent cependant par se soumettre, mais il n'en fut pas de même des communes turques ni de la noblesse musulmane de la Bosnie. En Albanie, le nouvel ordre de choses rencontra une telle opposition, que les inspecteurs osèrent à peine y exhiber leurs pouvoirs. Le fonctionnaire qui me racontait ces faits ayant été, dans le principe, envoyé en Albanie, reçut du moutessarif lui-même le conseil de laisser dans sa malle son habit brodé et de ne visiter les forêts que sous le nom d'un simple marchand de bois, s'il ne voulait être écharpé par la population du village.

Missivri possédait en 1872 35 maisons turques et 240 grecques. Dans ces dernières vivaient en moyenne de 2 à 3 fils mariés, ce qui donne à la ville à peu près 2500 âmes. Cela n'empêche pas la longue rue principale d'être absolument déserte. Dès le coucher du soleil, les gens semblent s'ensevelir d'eux-mêmes entre leurs murailles, et dans le port, pas un bateau, pas la moindre trace d'activité ne trouble la tranquillité du petit peuple qui dort dans les eaux.

Et cependant, la journée passée à Missivri m'apparaît avec un charme inexprimable parmi les souvenirs de mes voyages. On a dit beaucoup de mal de la terrible mer Noire, mais elle fut toujours pour moi douce et paisible, comme le vert miroir des lacs de nos Alpes styriennes, et je n'eus garde d'oublier, par ces heures brûlantes, quelle fraîcheur délicieuse et quelle force nouvelle donne au voyageur lassé le contact de ses eaux transparentes.

La petite ville, aperçue du côté de la terre, s'étendait aux rayons du soleil, toute éclatante de lumière ; la digue, les rochers de calcaire, les murs, les églises et les maisons, formaient une masse compacte d'un blanc éblouissant, s'élevant hors des flots verts du Pont-Euxin, tandis qu'un unique minaret allait se perdre dans l'azur bleu du ciel. Au loin, à l'horizon, le firmament se confondait avec les eaux du golfe de Bourgas, et au nord, à l'extrémité orientale du Balkan, le profil hardi du cap Émineh s'avançait dans la sombre mer !

CHAPITRE XXV

LE COL DE BANA. — LE BALKAN. — LES COTES DU PONT-EUXIN

Le lendemain, je me mis en route pour mon dix-huitième et dernier passage du Balkan. Le moudir de Missivri m'avait donné pour escorte un zaptié au visage d'ébène, fils d'un Turc et d'une négresse, qui me fut fort utile par sa connaissance des montagnes, des chemins et des cours d'eau. Nous suivîmes vers le nord la route que Darius avait foulée 2300 ans auparavant, lors de son expédition contre les Scythes, et que, en 1829, le maréchal Diebitsch prit dans la direction du nord au sud. Comme le roi des Perses, les Russes traversèrent le Danube là où le Delta commence, à l'endroit où s'élève aujourd'hui Isaktcha.

La grande route romaine du Pont-Euxin se dirigeant par *Anchialos*, *Mesembria* et *Odessus* (Varna), sur la ville danubienne de *Noviodunum*, prenait la même direction. De Missivri elle se dirigeait vers le cap Émineh, nommé par les Romains *Finis Hæmi*, et couronné par la station de *Templum Jovis*, construite probablement à la place même où se trouve aujourd'hui Monastir-Keui, près du couvent de Saint-Nicolas, vénéré depuis des siècles par les Latins et les Grecs. De là, par des bois épais, la route se déroulait sur la haute falaise vers la station d'*Erite*, et, plus loin, par des prairies montagneuses et des forêts de chênes séculaires, vers le *Pannysos* (Kamtchik), qu'elle franchissait près de son embouchure pour gagner enfin Odessus (Varna).

Au dixième siècle, le commerce qui se faisait entre la Russie et Byzance animait cette côte, et, encore sous le despote Dobrotitch (1357), la route commerciale était protégée sur le *Capo dell' Emano* par les châteaux d'*Emona*, près du village grec actuel d'Émineh et de Koziakgrad (château des chèvres), qu'il faut probablement chercher près du village turc de Gueuzéké-Déré.

Jusqu'à ces derniers temps, la route des côtes a gardé sa haute valeur stratégique, mais elle est presque sans importance pour le commerce depuis que les bateaux à vapeur relient l'une à l'autre les plus importantes échelles de la mer Noire. Depuis lors aussi, le port de Bourgas, situé au plus profond de son golfe, a conquis le premier rang sur les anciennes villes rivales d'Akhiolou et de Missivri, et la construction du chemin de fer de Yamboli lui assure le plus brillant avenir.

Dans l'été de 1878, les Russes ont cherché, par des travaux de curage, à rendre le port accessible aux navires d'un fort tirant d'eau.

En comparaison de l'animation qui règne sur les routes de Bourgas à l'intérieur, la vieille route côtière du cap Émineh me parut la solitude même. Après avoir traversé les dunes de Missivri, elle entre dans une plaine morne et mélancolique, suivie de prairies grasses ou spongieuses, pour se relever près du petit village grec d'Ayan-Skéla, en pentes douces couvertes de futaies et de vergers magnifiques. Dans ces bosquets naturels, effleurés par l'humide vent de la mer, les poiriers poussent dru, étendant de tous côtés leurs branches noueuses. Je fis halte sous leur ombre protectrice, afin de jouir une dernière fois du superbe spectacle de la vieille cité byzantine ramassée sur son étroit bloc de rochers, avec ses édifices enguirlandés de myrtes, de pampres, de lierres, édifices qui pour la plupart ont été construits par le fils de la pieuse Théodora, en l'honneur des saints orthodoxes. Au-dessus de ce point blanc et de ces travaux périssables de l'homme s'étendait la surface bleue, éternelle, du Pont-Euxin, et dans le lointain horizon, un léger nuage de fumée trahissait seul le vapeur de Bourgas se hâtant vers Varna.

Le chemin se perdit alors dans les fourrés, et c'est à peine si de temps en temps une légère éclaircie me permit de jeter un furtif coup d'œil sur les splendeurs qui lentement allaient s'effacer et se perdre dans un lointain vaporeux. Gravissant les pentes adoucies, j'atteignais le col de Bana, dont l'altitude est, d'après mes calculs, de 437 mètres. Pour la dix-huitième et dernière fois, dans cette matinée du 4 août 1872, je franchissais le Balkan, et je le franchissais par sa passe la plus orientale, tandis que huit ans auparavant, dans l'automne de 1864, je l'avais traversé pour la première fois sur son col le plus occidental, celui de Svéti-Nikola, jusqu'alors inconnu.

Si la civilisation grecque avait pénétré dans les régions de l'Hæmus, dont elle avait fait le siège de ses dieux, la constitution géographique de cette chaîne était restée lettre close pour les Hellènes. Il y a peu d'années encore, nos cartes elles-mêmes représentaient le Balkan comme une chaîne qui, dans une ligne non interrompue, se déroulait de la mer Noire à l'Adriatique. Ami Boué a le premier corrigé cette erreur. Si la partie orientale avait été particulièrement étudiée, par suite de la guerre de 1828 à 1829, le centre et l'ouest étaient encore inconnus avant mon voyage de 1864. La configuration générale, les hauteurs, les noms eux-mêmes, tout était fautif sur nos cartes, et la désignation générale de Hodja-Balkan ou de Stara-Planina était appliquée à des parties isolées, bien que ces noms ne soient que l'appellation turque et bulgare de la chaîne tout entière.

Jusqu'à ces derniers temps, on n'avait fait que bien peu de tentatives pour explorer le Balkan dans ses détails. C'était là une lacune très regrettable au point de vue scientifique; mais aujourd'hui que cette chaîne a acquis une importance militaire et politique si grande, il me semble opportun d'en résumer à grands traits une configuration physique et géographique.

Le Balkan, qui s'étend de l'ouest à l'est sur 6,3 degrés de longitude, en formant le faîte de partage des eaux de la Bulgarie danubienne et du grand bassin thraco-macédonien, se rattache par ses contreforts occidentaux et par les montagnes de la Serbie au système des Carpathes de la Transylvanie. La dépression qui se montre sur le versant méridional appartient, à ce qu'il semble, à l'évolution géologique qui, vers la fin de l'époque jurassique, a donné à l'Arménie, au bassin du Pont-Euxin et à la Turquie, leur physionomie stratigraphique actuelle.

L'étude approfondie que j'ai faite de la chaîne me permet de la diviser en trois parties :

1° Le Balkan oriental, qui se développe du cap Émineh à Sliven et comprend les Balkans d'Émineh, d'Aïdos, de Karnabad et de Kazan, ainsi que leurs ramifications méridionales et septentrionales.

2° Le Balkan central, de Sliven à la trouée de l'Isker, comprenant les Balkans de Sliven, d'Éléna, de Travna, de Chipka, de Kalofer, de Troïan, de Tétéven, de Zlatitsa, d'Étropol et le Buyuk-Balkan de Sofia.

3° Le Balkan occidental, de l'Isker au Timok, qui englobe le Kutchuk-Balkan de Sofia, les Balkans de Vratsa, de Berkovitsa, de

Tsiporovitsa et de Svéti-Nikola, ainsi que les contreforts de cette partie de la chaîne, qui s'étendent jusqu'au Timok.

Il nous faut avant tout nous défendre de cette ancienne et fausse notion qui, en thèse générale, donnait au Balkan une chute rapide vers le sud et une pente adoucie vers le nord. Si cela est exact pour le Balkan central, il n'en est pas ainsi pour les deux autres. Le Balkan de l'ouest est d'ailleurs loin de posséder une conformation aussi simple que l'indiquent nos anciennes cartes. De l'Isker à Pirot, il se divise en chaînons parallèles enfermant les larges vallées de l'Iskrets et de la Temska. Son versant méridional mesure de sa base, près de Kostimbrod, à son arête, sur le col de Guintsi, trente kilomètres à vol d'oiseau, tandis que le versant nord n'en mesure que quinze. La pente la plus rapide de cette partie de la chaîne se trouve donc au nord et non pas au sud.

Quant au versant méridional du Balkan oriental, la qualification de rapide ne peut lui être appliquée que d'une manière toute relative, puisque sur les soixante kilomètres de largeur que lui donnent, entre Varna et Missivri, les basses chaînes parallèles qui le longent au nord et au sud, la pente déroulée de l'arête du col de Nadir à la ville d'Aïdos comporte plus de quinze kilomètres en ligne directe.

J'ai tâché de donner aux différentes parties et ramifications du Balkan encore innommées des appellations en rapport avec les villes ou les cours d'eau les plus remarquables qui s'y trouvent; ainsi le Balkan de Preslav, de Pravadi, de Kamtchik, d'Indjé, d'Aïdos, de Karnabad, etc.

Ma division de la chaîne en trois parties ressort aussi bien de sa constitution géologique que de sa formation minéralogique. Dans le Balkan central, cristallino-palæozoïque, où le soulèvement a été le plus considérable, la pente méridionale, elle aussi, est entièrement formée de roches cristallines depuis l'arête jusqu'au pied ; dans le Balkan occidental, presque aussi élevé, aux sommets de porphyre, de granit, de gneiss, de mica-schiste et d'autres formations cristallines, la pente rapide méridionale est recouverte en beaucoup d'endroits de couches secondaires et tertiaires ; dans le Balkan oriental enfin, plus modéré d'altitude, où les formations cristallines n'ont pas été soulevées du tout, les élévations sont constituées d'assises horizontales de craie, qui, sur le versant méridional, alternent avec le tuf, les trachytes et autres formations éruptives.

Sur le versant nord, remarquable par des gisements de houille étendus, un terrain crayeux, recouvert d'une profonde couche de lœss se dirige vers le Danube ; dans presque tous les défilés de rivières, depuis l'Osem jusqu'au Lom, j'ai cependant retrouvé des affleurements de roches cristallines : granit, porphyres, diorites, gneiss, argiles, marnes, etc.

A la chaîne du Balkan dans sa direction générale E.-O., correspond du côté du sud une fente de dislocation parallèle, facilement reconnaissable de Missivri à Pirot. Ce qui est resté debout des anciennes hauteurs qui par leur effondrement ont formé les grandes vallées de la Toundja, du Guiopsou, le bassin de l'Isker près de Sofia, etc., constitue le Karadja-Dagh et l'Orta-Dagh : c'est la « montagne moyenne » qui relie le Balkan avec le Rhodope de Thrace, le Rilo et le Vitoch.

Les pointes et les pics qui abondent dans nos Alpes et nos montagnes dolomitiques manquent généralement au Balkan. Cette absence le fait paraître aux regards d'une altitude moins élevée qu'il ne l'est en réalité. Ainsi, lorsque Boué estimait ses sommets les plus hardis à 1700 mètres, il restait de 600 mètres au-dessous de la vérité, puisque la mensuration du Mara-Guéduk, dans le Balkan central, là où le soulèvement cristallin atteint l'élévation la plus considérable, m'a donné 2330 mètres.

De même que la constitution géologique, le climat et la végétation présentent des différences caractéristiques dans les diverses parties de la chaîne. Sur la pente sud du Balkan oriental et du Balkan central, où poussent la vigne, les roses et les noyers, l'air est doux et l'été dure longtemps; sur leur pente nord, au contraire, et dans tout le Balkan occidental, la température est rude et l'hiver commence très tôt. Tandis que d'épaisses forêts couvrent les pentes sud du Balkan de l'est et de l'ouest jusqu'aux cimes les plus élevées, le versant méridional du Balkan central, autrefois très boisé, comme l'assure Tite-Live, est aujourd'hui presque complètement dépouillé. Les sapins, très rares du côté sud, forment du côté nord de magnifiques forêts et couvrent presque complètement cette pente.

Les mythes et la distance avaient jadis enveloppé l'Hæmus d'une si grande terreur et d'une si religieuse majesté, que son ascension par le roi Philippe III de Macédoine est représentée par Tite-Live comme une entreprise des plus extraordinaires.

Le chevalier français Robert de Clary, vers 1215, croyait qu'un seul passage donnait accès dans la Bulgarie. Encore au commencement de ce siècle, le Balkan était si peu exploré, que le célèbre historien des Turcs, Hammer-Purgstall, ne put citer dans toute la chaîne que huit cols, dont quatre dans le Balkan oriental. Aujourd'hui, par suite de mes études faites sur le terrain, on connaît neuf passages dans le Balkan occidental, quinze dans le Balkan central, six dans le Balkan occidental, ce qui fait en tout trente passages principaux, pour la plupart carrossables. Je les cite ici en allant de l'est à l'ouest, en donnant leurs noms et leur hauteur au-dessus du niveau de la mer, autant qu'il m'a été possible de la déterminer avec le baromètre anéroïde.

PASSAGES DU BALKAN ORIENTAL

		Hauteur en mètres.
1	De Missivri à Varna par le col d'Émineh.............	»
2*	De Missivri à Varna par le col de Bana.............	437
3	D'Akhli à Pravadi..............................	»
4	D'Aïdos à Pravadi par le col de Nadir...............	»
5*	D'Aïdos à Pravadi par le défilé du Boghaz-Déré.......	138
6	D'Aïdos à Choumla par le col de Kamtchik-Mahlé.....	»
7*	De Karnabad à Choumla par le col de Tchalikavak....	446
8	De Karnabad à Choumla par le col d'Azap-Tépé.......	»
9*	De Karnabad à Osman-Pazar par le col de Kazan......	724

PASSAGE DU BALKAN CENTRAL

1	De Sliven à Osman-Pazar par le col de Démir-Kapou...	»
2*	De Sliven à Bébrovo par le col de Zouvandji-Mésari.....	1098
3*	De Tvarditsa à Éléna par le col de Haïdoutsi-Tchokar..	1085
4	De Haïn-Keui à Tirnovo par le col de Haïn-Keui........	»
5*	De Maglich à Tirnovo par le col de Tipourichka-Polyana.	»
6*	De Chipka à Selvi et à Tirnovo par le col de Chipka.....	1207
7*	De Kalofer à Selvi et à Lovets par le col de Rosalita....	1930
8	De Karlovo à Troïan par le col d'Ostra-Moguila........	»
9	De Sopot à Troïan par le col de Troïan................	»
10*	De Rahmanli à Tétéven par le col de Rabanitsa........	1916
11*	De Zlatitsa à Étropol par le col de Katsamarsko.......	1496
12	De Strigl à Étropol par le col de Strigl	»
13*	De Tach-Késen à Orhanieh par le col de Baba-Konak ou Araba-Konak	1050
14	De Krémikovtsi à Orhanieh par le col d'Oumourgach....	»
15	De Krémikovtsi à Vratsa par le col de Lakatnik........	»

PASSAGES DU BALKAN OCCIDENTAL

1*	De Korila à Vratsa par la trouée de l'Isker...........	364
2*	De Korila à Vratsa par le col d'Izgorigrad............	1412
3*	De Kostimbrod à Berkovitsa par le col de Guintsi......	1508
4*	De Pirot à Berkovitsa par le col de Kom.............	1919
5*	De Pirot à Tsiporovitsa par le col de Verchka-Glava....	1897
6*	De Béla-Palanka à Bélogradjik et à Lom par le col de Svéti-Nikola...................................	1348

J'ai marqué d'un astérisque les dix-huit routes que j'ai moi-même parcourues; mais il va sans dire que je ne mentionne pas les nombreux sentiers de chariots ou de mulets qui sillonnent les hauteurs et les dépressions de la chaîne.

J'ajouterai enfin, pour compléter ce court aperçu, que les Turcs peuplent en masses compactes les deux versants du Balkan oriental, que les Bulgares se groupent au nord du Balkan central et sur les deux pentes du Balkan occidental, tandis que les vallées méridionales de la chaîne centrale abritent une population mélangée de Turcs et de Bulgares. Les Tatares et les Tcherkesses, qui ont quitté le pays depuis 1878, étaient établis en colonies isolées au milieu des masses chrétiennes à la base des versants nord et sud du Balkan occidental, et je n'ai trouvé de Grecs que dans quelques villages du Balkan oriental, près du cap Émineh.

Le premier village exclusivement grec que je rencontrai est celui de Bana, au nord du col du même nom. Ce col est un peu plus bas que la croupe du Balkan d'Émineh, dont les ondulations se prolongent jusqu'à la mer; mais vers l'ouest, les hauteurs se redressent et forment une excellente position stratégique commandant les routes qui, d'Ak-Déré et de Dervich-Yovan, conduisent au Kamtchik et celles qui, de Yéni-Keui et d'Érekli, descendent à Missivri. Du col de Bana, la route s'abaisse entre les épaisses forêts de chênes jusqu'au ruisseau d'Érekli, croisant maints sentiers de chariots par lesquels passent les bois dirigés vers les échelles d'exportation de Missivri, d'Ayan-Skéla, de Gueuzéké-Déré et d'Érekli. C'est dans ces parages que se trouvait autrefois le port grec de *Naulochus*, cité par Strabon comme une dépendance de Mesembria. Je crois que sa place doit être cherchée un peu à l'est d'Ayan-Skéla, près de Monastir-Keui.

Éloigné de quatre heures de Missivri, le joli village grec de Bana engage dans le fertile vallon du ruisseau d'Érekli ses 70 maisons, dont la construction diffère peu de celle des habitations bulgares, mais qui abritent un peuple autrement vif et remuant, dont les cheveux sont blonds et qui est vêtu de costumes aux couleurs ardentes. Les hommes portent presque tous le fez, des vestes et des ceintures, dont les teintes variées se retrouvent dans les vêtements des femmes et des enfants. Les restes gréco-byzantins de la Bulgarie danubienne se sont fondus en quelques oasis avoisinant le rivage. Entre Missivri et Varna, je n'ai compté que les colonies grecques d'Ayan-Skéla, de Monastir-Keui, d'Émineh, d'Ak-Déré-Keui, d'Érekli, de Bana et de Kourou-Keui, qui monopolisaient le commerce du bois au cap Émineh.

Entré à Bana dans plusieurs maisons, je fus partout cordialement reçu. La tenue des femmes me parut moins conventionnelle que celle de leurs sœurs bulgares, plus individuelle, plus animée; mais, à part cette originalité plus grande, je n'ai rien remarqué chez ces descendants de l'antique peuple éducateur des Bulgares qui me montrât chez eux un plus haut degré de civilisation que chez ces derniers.

Par suite d'un contact qui a duré pendant des siècles, les Grecs ont exercé sur la vie des Bulgares une influence dont l'importance ne saurait être niée. Langue, coutumes, religion, littérature, commerce, industrie, gouvernement, tout a subi l'influence des Byzantins. Ceux-ci ont imposé leur civilisation à ces peuples slaves qui, lors de leur immigration dans la péninsule, étaient encore dans toute la force de la jeunesse, mais étaient peu cultivés. Malheureusement, le régime déplorable des Turcs a dégradé aussi cette race grecque si richement douée. Bien que les Phanariotes, tristes résidus de l'ancienne aristocratie byzantine, aient pu se procurer immédiatement après la chute de Constantinople, un sort meilleur que celui des autres rayahs, la race grecque en général n'a fait que végéter sous la domination musulmane. Grecs et Slaves ont maintenant à faire les mêmes efforts pour retrouver la voie de civilisation, après avoir eu à supporter le joug avilissant des Turcs.

C'était le dimanche, et une population joyeuse se pressait sur la route conduisant de Bana dans la fertile vallée du Kozako-Déré, près duquel s'élève une belle forêt de chênes entremêlée de clairières. De fertiles cultures s'échelonnent des deux côtés du chemin jusqu'au village de Yéni-Keui, qui forme l'établissement bulgare le plus oriental sur le rivage du Pont-Euxin, de l'embouchure du Kamtchik à Missivri.

A Aïvadjik, je ne trouvai pas une maison qui pût, sans contrevenir aux sévères lois du harem, nous donner asile pour la nuit. Afin de me dédommager de ma déconvenue, le moukhtar m'offrit dans le mousafirlik un souper opulent, auquel il s'invita lui-même sans cérémonie.

Je fus surpris de la haute estime professée par ces bons villageois pour les talents administratifs de Midhat-Pacha, qu'ils n'avaient cependant jamais pu apprécier de près. Il n'y avait qu'un seul homme qu'ils missent au-dessus de Midhat : c'était M. Saint-Clair, capitaine anglais en retraite, qui depuis des années se livrait à sa passion pour la chasse sur les rivages de la mer Noire. M. Saint-Clair habitait un tchiftlik admirablement situé près de la côte, à Ak-Déré, où, sans souci du moindre confort, il menait la vie de seigneur et de chasseur qui fut jadis le partage des beys turcs de la vieille roche. Il avait répudié tout commerce avec la civilisation et le luxe de l'Occident, et dit adieu à tout ce qui rend cher à l'Européen son coin de terre natal et le ramène invinciblement des lieux les plus enchanteurs de l'Orient au pays aimé de son enfance. Il était aussi fanatique de tout ce qui porte le nom turc, jusqu'au tchélébi de la montagne inclusivement, qu'il haïssait tout ce qui s'appelait bulgare. Il trouvait même plus facilement une excuse pour les brigandages des Tcherkesses que pour l'avidité mesquine et les autres défauts vulgaires des Bulgares, défauts auxquels le peuple le mieux doué ne pourra jamais échapper après cinq siècles d'esclavage.

M. Saint-Clair et son compatriote et voisin M. Brophy ont publié de concert un livre qui porte le jugement le moins impartial et le plus injuste sur les Bulgares. Comme cet ouvrage a été beaucoup cité dernièrement par M. Rosen, ancien consul d'Allemagne à Belgrade, je veux examiner ici les conclusions de ces écrivains et essayer en même temps de jeter un peu de lumière sur la conduite du peuple bulgare pendant la dernière guerre.

Après les journées horribles de l'été de 1876, où, non loin de Philippopolis, capitale d'un pachalik, un grand nombre d'hommes, de vieillards, de jeunes filles et d'enfants bulgares furent assassinés, empalés, violés et brûlés de sang-froid dans les églises par les Turcs et les Tcherkesses, l'Europe s'émut. Les rapports des envoyés anglais, allemands et américains furent presque tous favorables aux Bulgares; ils constataient leur amour du travail, leur naturel paisible et l'honnêteté de leur caractère. Mais lorsque l'armée russe franchit le Danube avec l'intention exprimée dans le manifeste du tsar Alexandre, de venger les crimes commis depuis des siècles sur les Bulgares par les Osmanlis, l'opinion de l'Europe changea; l'antipathie que la presse avait presque partout contre le « Moscovite » retomba sur les protégés slaves de celui-ci. On leur trouva tout à coup un caractère peu sympathique; on stigmatisa les excès commis dans la première ivresse de la délivrance. Ces jugements s'inspiraient de la profonde agitation qui s'était emparée de l'Europe à la suite de la guerre du Danube. On oublia que les violences auxquelles les Bul-

F. Kanitz.

gares s'étaient laissé entraîner contre les musulmans n'étaient que le contre-coup presque naturel des massacres dont, quelques semaines auparavant, 1200 hommes, femmes et enfants bulgares, avaient été victimes. On demandait à un peuple qui avait été réduit systématiquement par ses vainqueurs à un grand abaissement moral et tenu dans une dure servitude, qu'on forçait à lécher comme des chiens la main qui le torturait, cette sublime modération, cet empire sur soi-même qui fait souvent défaut même aux nations civilisées, dans les moments de crise. Le Bulgare aurait dû renoncer à toutes représailles, à toute vengeance au moment même où, grâce à l'apparition des drapeaux russes, il pouvait régler avec ses bourreaux le compte qui était allé grossissant depuis des siècles. Ceux qui portaient de semblables jugements oubliaient qu'une semence sanglante doit produire une moisson sanglante. Il n'est pas juste de critiquer l'effet sans songer à la cause qui l'a provoqué. N'aurait-il pas fallu plutôt appliquer à ces Bulgares qu'on condamnait sans leur accorder le bénéfice des circonstances atténuantes, cette maxime : « Tout savoir, c'est tout pardonner ? » On excusait par des sophismes les atrocités des Turcs ; mais la vie d'un Turc pèse-t-elle donc plus dans la balance que celle d'un Bulgare ?

Et ici nous commençons à nous expliquer cette existence des haïdouks, si commune en Bulgarie. Sans doute le Bulgare est de nature paisible ; mais croit-on qu'il ait pu supporter de sang-froid les injustices commises par les tribunaux turcs, la perte de ses biens donnés à un faux témoin musulman, l'enlèvement d'une fiancée ou d'une sœur, le meurtre d'un frère ou d'un père? Lorsque de semblables cas se présentaient, l'homme outragé prenait un fusil et faisait payer souvent à des musulmans innocents les violences que lui et les siens avaient eu à souffrir. L'état pitoyable de la justice des Turcs, leur partialité à l'égard de la minorité musulmane, partialité que les consuls anglais ont eux-mêmes constatée, expliquent la formation de bandes armées dans le Balkan. Puis, lorsque l'idée de nationalité se fut fait jour chez les peuples de la péninsule illyrique, ces bandes revêtirent un caractère politique. Voilà pourquoi — M. Rosen le remarque justement — les Bulgares considérèrent les haïdouks comme des héros nationaux et le Balkan, qui leur servait de refuge, comme un sanctuaire national. Mais M. Rosen, cet observateur d'ailleurs si fin, se trompe lorsqu'il affirme que les haïdouks sont une des causes principales de l'état arriéré où se trouvent les pays du Balkan. Sans doute ces coureurs d'aventures ont habité la montagne ; mais c'est précisément dans les vallées du Balkan où les Turcs n'ont pénétré que rarement, que s'est développée une vie municipale purement bulgare, avec une autonomie très étendue. C'est là seulement, dis-je, que l'art et l'industrie ont pris quelque essor, tandis que les bas pays de la Thrace, de la Macédoine et du Danube, où les Turcs dominaient en maîtres absolus depuis des siècles, sont encore dans l'enfance. C'est là aussi, que les écoles bulgares, en dépit des haïdouks, ont été le plus prospères.

Un peuple qui se plaît tant au travail, qui fournit les meilleurs ouvriers en tout genre : peintres, architectes, charpentiers, constructeurs de ponts, jardiniers et agriculteurs de la péninsule du Balkan, ne peut pas être pillard par nature, comme le sont les Albanais et les Tcherkesses. Aussi, dans la plupart des cas, il saisissait le fusil vengeur du haïdouk et se faisait justice lui-même, par la seule raison qu'il était dans une impossibilité absolue de faire valoir son droit auprès des tribunaux turcs. Quelques patriotes, comme Panaïot Hitov, Totiou, Karadja, Rakovski, nourrissaient aussi le vain espoir de préparer la délivrance de leur peuple, comme autrefois les Serbes et les Grecs, par des combats de guérillas.

J'aurais vivement désiré voir de mes yeux M. Saint-Clair, cet ennemi enragé des Bulgares ; mais le capitaine était alors absent, et je dus me contenter de faire connaissance avec ses inspirateurs, mes hôtes turcs d'Aïvadjik. Leur hostilité de race contre les Bulgares a sans doute influé dans une large mesure sur les idées et le livre peu sympathique aux Slaves publié par les deux gentlemen anglais. M. Saint-Clair a d'ailleurs témoigné par la pratique de son aversion théorique pour la race slave. A la tête d'un détachement de Tcherkesses, il a continué après la paix de San-Stefano une lutte de guérillas dans la chaîne du Rhodope ; élevé à la dignité de pacha, il fut un des organisateurs militaires de la ligue albanaise, qui empêcha par la force des armes la cession au Monténégro des districts de Gousigné et de Plava.

Parmi les notables du village qui me firent l'honneur de passer la soirée avec moi se trouvait le digne personnage auquel on était redevable de la mort du célèbre chef de brigands Kara-Kostia, d'Ak-Déré. Ce Hassan-Effendi, jadis lui-même un seigneur de la forêt, s'est présenté à M. Saint-Clair sous un jour romanesque si favorable, qu'après la lecture de son livre on se sent presque désireux de se trouver face à face, en pleine montagne, avec un tchélébi si parfaitement « gentleman ». Il est vrai que d'autres personnes dignes de foi — oserai-je dire que ce sont des gendarmes? — m'ont donné de ces galants hommes une image bien différente de celle qu'à la manière poétique de Walter Scott nous ont tracée les Brophy et les Saint-Clair. J'ajouterai que c'est avec la plus grande satisfaction que j'ai vu la région comprise entre le cap Éminèh et le Kamtchik, naguère encore repaire favori des tchélébis, délaissée aujourd'hui par ces bandits.

La pauvreté du musulman sur le territoire d'Aïvadjik l'a fait descendre du cheval au modeste baudet. En l'absence d'un plus noble coursier, le moukhtar Méhémed monta donc le lendemain matin sur son âne, et d'autres effendis suivant son exemple, ma caravane s'augmenta d'une escorte qui aurait offert à un peintre de genre une collection de sujets humoristiques. Rien de plus comique, en effet, que ces longs Osmanlis rasant le sol de leurs babouches et activant sans relâche le trot de leur bête revêche, tout en essayant de garder allumé le tchibouk qui les enveloppait de fumée. En moins d'une heure nous atteignîmes le village turc de Karamandja, d'où, après avoir pris cordialement congé de mon honorable cortège, je traversai Djafer, puis le faîte qui sépare le bassin du Kamtchik de celui du Kozako-Déré, pour arriver, par une pente facile, au village de Guébech.

L'aspect des hauteurs auxquelles s'appuie le village turco-tatare de Tourk-Dervich et son émule le village bulgare de Dervich-Yovan produit une impression pénible, due au déchirement et à la maigre végétation de leurs pentes. On aurait cru que la contrée et ses habitants ne s'étaient pas encore relevés des désastres apportés par la guerre de 1829. En beaucoup d'endroits, les ruines de maisons détruites étaient encore visibles à côté des constructions nouvelles. La jeunesse du village se pressait joyeusement autour du puits pour mettre en branle, au milieu des rires, sa longue perche de bois, tandis que d'autres jeunes filles, le seau gracieusement posé sur l'épaule, accouraient prendre leur part de travail et de plaisir. Mais cette note brillante jetée dans la mélancolie du village en eût à peine adouci la pénétrante tristesse, alors même que les retranchements élevés jadis par les Turcs n'eussent pas frappé le regard de leurs longues lignes ébréchées. C'est en effet dans les bas-fonds marécageux du territoire de Dervich-Yovan qu'en juillet 1829 le gros des troupes du maréchal Diebitsch traversa ce Kamtchik qui, tel qu'un fossé profond et infranchissable, aurait dû défendre le passage du Haut-Balkan!

Lorsque je me dirigeai vers cette rivière, tout autour de moi rappelait à mon souvenir la campagne de 1829. A droite, les murs d'un village détruit; à gauche, sur des hauteurs plantées de vignes, les restes des retranchements élevés par les Turcs. A l'appel sonore de mon zaptié, un Turc à barbe blanche sortit d'une maisonnette bâtie

PUITS A DERVICH-YOVAN.

sur la rive gauche. C'était le passeur de Podbachi. Il secoua ses rameurs dormant à poings fermés au fond d'un bateau de construction primitive. Nous eûmes tout le temps d'observer les lourdes manœuvres de ces gaillards encore à moitié endormis avant que le bac antédiluvien se fût mis en mouvement. Le bateau était assez grand pour embarquer de conserve chevaux et cavaliers ; les quarante-cinq pas de largeur du Kamtchik furent franchis sans encombre, et nous nous trouvâmes sur la rive gauche de cette rivière qui, une heure plus bas, près du cap Blanc (Ak-Bouroun), s'écoule dans la mer Noire, entraînant avec elle de lourdes alluvions.

Après avoir donné aux bateliers le pourboire qui leur revenait, je dus, d'après l'usage et le désir de mes gens, savourer avec eux la tasse de café traditionnelle; puis je gravis le plateau que le Balkan de Pravadi projette jusqu'au bord de la mer. A peine avions-nous mis le pied sur cette terrasse charmante qu'une bise légère nous apporta les senteurs embaumées du Pont-Euxin. Près du village turco-tatare de Petri-Keui, une courbure vers l'est nous rapprocha encore de la côte; mais, au delà de Yaïla, une épaisse forêt nous recueillit, jetant entre nous et le brûlant soleil d'été l'ombre fraîche de ses rameaux entrelacés. Qu'elle était belle cette haute terrasse caressée par le souffle de la mer, sur laquelle, il y a plus de vingt siècles, Alexandre et Darius ont dressé leurs tentes et conduit leurs armées! Belle encore aujourd'hui, alors que le passage des nations, la guerre et l'insouciance des habitants ont dévasté les forêts magnifiques dont elle se couvrait autrefois comme d'un manteau!

Certes, sur les côtes de la Dobroudja, dans cette vieille terre de la Scythie, témoin de l'exil et des plaintes douloureuses du poète Ovide, l'hiver est dur ; dans les parages du Pont-Euxin il se prolonge jusqu'au milieu du printemps, âpre, triste. Mais si les navigateurs ont avec raison flétri du nom de mer « Noire » cette plaine azurée, dont la surface trompeuse cache tant de colères et d'orages, de quel charme ne se revêt-elle pas aux yeux du voyageur qui poursuit son chemin sur ses rives attiédies! Qu'il voie se dérouler au loin le golfe tant chanté de Bourgas; qu'il parcoure le sol fécond et semé de taillis toujours verts de Colchis, où les cyprès et les myrtes, les figuiers, la vigne et les grenadiers entremêlent leurs rameaux; qu'assis sur les ruines du palais des Grands-Comnènes, il songe au néant de la gloire terrestre, ou qu'il erre enfin dans les jardins suspendus du « tsar blanc », sur les pentes rapides de la Yaïla, où jadis les beautés les plus exquises de l'Orient ont peuplé les harems des khans tatares, partout, il s'enivrera du charme délicieux de ces rivages et partout, hélas! il regrettera que la railleuse nature déploie ses plus magiques tableaux devant des hommes incapables d'en jouir et dont l'intelligence a presque entièrement perdu le sens du beau, sous le poids de ce régime turc, ennemi de l'art qui élève et de la science qui agrandit.

Au point culminant du faîte de partage du Kamtchik et du Pravadi (249 mètres), une heure de galop nous séparait de Varna, et, pendant que j'ajoutais encore quelques détails à mon croquis, mon escorte fit sa toilette pour entrer avec honneur dans la grande ville.

Nous dûmes traverser un étroit vallon dont le ruisseau apporte directement à la mer le modeste tribut de ses eaux; dépasser, sur la croupe du cap Galata, couronné de redoutes construites en 1828 par Omer-Vrione-Pacha, quatre tumuli importants, et descendre ensuite au large delta du Pravadi. Là s'offrit à nos regards le vaste panorama de Varna, entouré de sa blanche ceinture de bastions et surgissant au-dessus de ses humides barrières. Ici le lac de Devna, modeste et resserré; là, le vaste Pont-Euxin, gigantesque rival de cette tache d'eau à laquelle nous amenaient des pentes douces plantées de vignes.

Plus nous approchions de Varna et plus la solitude se faisait dans la campagne, car la beauté des plus admirables pays s'efface dès que le Turc y pose son pied dominateur. La vaste plaine marécageuse, traversée par le Pravadi et par la voie ferrée qui conduit au port, est abandonnée aux mauvaises herbes; de loin elle apparaît comme un immense fumier, rayé de digues et de dunes, sur lequel des générations ont depuis des siècles déposé leurs immondices. Durant l'été, des miasmes mortels s'échappent de ces marais putrides, expliquant trop bien les terribles épidémies qui, en 1854, décimèrent le camp franco-anglais établi aux portes de Varna. Nous franchîmes le Pravadi entre des ouvrages de défense, et peu d'instants après je me reposais à la table d'hôte de l'hôtel d'Angleterre.

CHAPITRE XXVI

VARNA.

Ma première visite à Varna fut pour le moutessarif. Il n'est pas un fonctionnaire élevé de la Turquie qui ne sache, pour l'avoir appris par sa propre expérience, combien les voyageurs européens s'intéressent aux antiquités. Il ne comprend guère cette passion, mais lorsqu'un étranger, muni d'un firman, lui tend ce document précieux, il ne manque jamais de faire parade de sa prétendue prédilection pour les vestiges des temps passés. Presque tous les pachas, kaïmakams ou moudirs possèdent une petite collection de monnaies, de fragments de pierres ou de bronzes antiques, qui doit toujours être expédiée « par la première occasion » au Musée impérial de Constantinople. Mais habituellement les médailles d'or et d'argent sont changées chez un *saraf* contre de l'argent comptant, tandis que les sculptures et inscriptions sont reléguées dans quelque coin de la cour ou employées à la restauration du konak comme des matériaux de construction excellents et à bon marché. C'est ainsi que les plus précieux souvenirs du passé ont été perdus. Par bonheur, les édifices turcs ne durent pas longtemps et bien des pierres captives seront en peu d'années rendues de nouveau à la lumière.

Parmi ces soi-disant fonctionnaires éclairés de la Sublime-Porte, ils sont bien rares ceux qui connaissent quelque chose à l'archéologie et je fus peu surpris de voir le moutessarif de Varna me présenter une statue de Pan et un fragment de bas-relief d'un caractère évidemment grec comme des ouvrages sortis de la main des « Génois » ou des « Roumli ». C'est à ces deux peuples, dont il n'a qu'une notion des plus vagues, que le Turc attribue tous les restes antiques qui se rencontrent dans la péninsule.

La statue du dieu des bergers, trouvée près de Pravadi, mesure un mètre de hauteur, mais elle est très mutilée à l'extrémité inférieure. Devant cette figure, moitié homme, moitié bouc, un membre du conseil municipal me demanda si, en réalité, de pareils êtres

STATUE DE PAN, A VARNA.

avaient existé. L'effendi se rendait beaucoup mieux compte du chalumeau que le dieu des forêts tient dans sa droite; car il présente une grande ressemblance avec les instruments primitifs dont se servent les bergers bulgares du Balkan.

Quant au bas-relief, c'est un petit monument de 0^{m}45 de hauteur sur 0m40 de large, qui représente, autant que peut le laisser deviner son état de dégradation, Bacchus et Apollon. Cette pièce, dont la composition est fort belle, compte au nombre des sculptures les plus achevées que j'aie rencontrées dans la région du Balkan. Elle a été trouvée près d'Ékréné, où s'élevait la ville grecque de *Dionysopolis*.

Je pus relever aussi dans la cour du sérail l'inscription d'une pierre votive grecque mise au jour à Varna même. Cette dernière

BAS-RELIEF DE BACCHUS ET D'APOLLON.

trouvaille suffirait pour démontrer en ce lieu l'existence d'un établissement antique et pour en faire connaître le nom à la postérité; mais, en 1851 déjà, le consul grec Papadopoulo-Vréto, a trouvé à Varna une pierre gréco-latine érigée en l'honneur de Vitrasius Pollion, gouverneur et général de l'empereur Titus, par la ville d'*Odessus*. Cette ville qui lui était redevable d'un aqueduc, dans le voisinage duquel cette inscription a été exhumée.

Odessus s'est appelé plus tard *Tiberiopolis*. On ne sait à quelle époque lui fut donné le nom qu'il porte aujourd'hui, mais les deux petites maisons qui marquent sa place sur la Table de Peutinger disent son importance à l'époque romaine. Le christianisme y fut accueilli dès son apparition; son premier évêque fut cet Amplias, qui avait été sacré par saint André, et qui est mentionné par saint Paul dans le XVI° chapitre de son épitre aux Romains.

Ce fut au commencement du sixième siècle que les villes maritimes grecques de la côte occidentale du Pont-Euxin virent apparaître les premières bandes de Bulgares touraniens. Vers la fin du septième siècle, le chef bulgare Asparouk conduisit ses hordes victorieuses jusqu'à Varna, qui fut brûlée et mise au pillage. En 1190, le tsar Asen Ier s'était de nouveau emparé de Varna. Reprise par Byzance, cette ville fut encore perdue par Alexis Comnène après des combats sans nombre et un siège fameux que les chroniques grecques racontent avec l'accent de la plus vive indignation. Le tsar Kaloyan (1197-1207), « ce démon altéré de sang, indigne de porter le nom de chrétien », avait choisi le samedi saint pour livrer l'assaut à la ville byzantine !

Une nouvelle paix rendit à l'empire grec la ville de Varna, qui devint alors, et pour longtemps, le siège d'un archevêché. Mais l'année 1370 la vit tomber aux mains du prince bulgare Dobrotitch, qui étendit sa puissance maritime jusqu'aux rivages de l'Asie et envoya des navires de guerre jusque devant Trébizonde, afin d'y défendre les droits de son gendre, Michel Paléologue, contre Andronic, héritier légitime du trône. Malgré le courage déployé par Ivanko, fils et successeur de Dobrotitch, malgré le succès de ses premiers combats contre les Turcs, Varna dut suivre, en 1391, le sort d'Aïdos, de Pravadi et de Tirnovo. Elle entrevit une lueur d'espérance pendant la marche victorieuse de Jean Hunyadi à travers le Balkan (1443), mais ce mirage trompeur s'évanouit après la terrible bataille de Varna (1444), où la défaite du bouillant Vladislas, roi de Hongrie et de Pologne, prépara la chute de Byzance.

D'après Brusen de La Martinière, Varna aurait été si cruellement maltraitée par les Cosaques, en 1610, que les Turcs se décidèrent à relever ses murailles détruites. Elle devint alors la forteresse la plus importante de la Turquie sur le Pont-Euxin et ce fut vainement qu'en 1773 et en 1810 les généraux russes Sternberg et Kamensky essayèrent de s'en emparer. Conquise par les Russes, en 1828, elle coûta au tsar du Nord l'élite de ses guerriers.

La ville est située sur une terrasse peu élevée, qui, à une distance de deux à trois kilomètres, est entourée de hauteurs couvertes de

VILLE ET RADE DE VARNA.

vignobles et de vergers. Cette circonstance facilita beaucoup la défense en 1828, à une époque où les canons à âme lisse ne portaient pas loin. Les fortifications avaient alors une étendue de trois kilomètres et demi ; l'enceinte se composait d'un rempart en terre avec dix bastions ; la gorge de la place, formée par une paroi escarpée de rochers plongeant dans la mer, n'était défendue que par un mur. Il n'y avait pas d'ouvrages extérieurs permanents ; cependant les défenseurs avaient établi du côté de l'ouest trois lunettes, du côté du nord une redoute avec des logements, et du côté du sud, devant le pont en pierre sur l'embouchure de la Devna, une tête de pont. Soutenus par le feu des vaisseaux de guerre, les Russes auraient pu débarquer à l'est devant cette tête de pont et prendre de ce côté la ville d'assaut ; mais, lorsque la garnison eut été renforcée de 15 000 hommes venus par mer, un semblable coup de main devint impossible. L'attaque commença donc par le nord ; le côté sud fut à son tour fortement occupé ; des pontons jetés sur le Pravadi, entre les deux lacs de Devna, assurèrent la communication des deux corps d'armée. La garnison fut peu à peu, après de hardies sorties, réduite à 5000 combattants ; le front nord-est de la forteresse fut jeté bas par des mines ; Omer-Vrione-Pacha, qui n'était qu'à un mille de la place, restait toujours inactif. Tout espoir était donc perdu et, le 14 octobre, Youssouf-Pacha se rendit, après une résistance courageuse de trois mois. L'empereur Nicolas avait assisté au siège sur la flotte. La ville, surtout le quartier chrétien derrière le front d'attaque, n'était plus qu'un monceau de ruines.

Le port de Varna n'offre qu'un abri très insuffisant contre les vents du nord et du nord-ouest qui sont si terribles sur la mer Noire ; mais les havres voisins des caps de Galata et de Souganlik permettent le mouillage aux plus grands navires.

Il y a plus de trente ans, lors de la tournée du sultan Abd-oul-Medjid dans les provinces, on résolut de porter remède à l'insécurité de la rade de Varna, en transférant le port dans le vaste et profond lac de Devna. Mais les ingénieurs chargés d'élaborer les projets, songèrent tout d'abord à leur intérêt propre et, pour le percement d'un isthme long tout au plus de deux mille pas, ils présentèrent un devis dont le chiffre considérable fit renvoyer aux calendes... turques la réalisation de cette utile entreprise. Si le projet avait été mis à exécution, Varna serait devenu un des ports les plus sûrs de la mer Noire.

Le gouvernement de la Porte ne s'est pas montré plus actif dans la construction de quais, de môles et d'autres installations indispensables à la navigation et au commerce de Varna. En Turquie on était peu exigeant et l'on savait déjà gré au gouvernement, s'il n'apportait point d'entraves directes au développement des affaires.

Les relations commerciales établies directement entre le Pont-Euxin et l'Adriatique par l'intermédiaire du Lloyd autrichien ont amené, dès 1841, l'établissement à Varna d'un consulat d'Autriche. Maintenant flottent au-dessus de ses édifices les couleurs de quatorze nations, parmi lesquelles la Perse et la Roumanie ne doivent pas être oubliées. Les jours de fête, lorsque la face élevée du quartier marchand qui regarde le port, et qu'habitent la plupart des représentants étrangers, s'orne de ses pavillons aux couleurs éclatantes, elle présente au regard une animation, une gaîté toute particulières.

Vu de loin, le fouillis irrégulier des villes orientales ne manque jamais de pittoresque; Varna y ajoute le charme de sa magnifique et verdoyante enceinte de collines, déployée en demi-cercle du cap Souganlik à celui de Galata, et de sa mer d'un bleu profond, dont, même aux jours les plus paisibles, la brise vient toujours moirer la surface, et que parcourent en tous sens les bateaux à vapeur aux banderolles variées, les bricks chargés de voiles et les rapides caïques aux rames nombreuses, tandis que les navires de guerre restent amarrés immobiles sur leurs ancres.

Les môles, les bassins, les blanches murailles, les portes, les minarets et les coupoles de métal flamboient sous la lumière ardente et la foule pressée des toits rouges perce la verdure des bouquets d'arbres.

Varna s'est bien relevée du terrible siège de 1828, grâce à la navigation à vapeur et au chemin de fer, qui la relie à Roustchouk. En 1855 elle comptait 16 000 habitants et en 1872 18 000, dont plus de la moitié étaient Grecs, Bulgares et Arméniens et les autres, Turcs.

Le réveil intellectuel de la population chrétienne ne date que de 1840. Avant cette époque, le haut clergé seul et quelques riches tchorbachis parlaient le grec; par suite de ses rapports journaliers avec la race dominante, la masse grecque et bulgare avait entièrement oublié sa langue maternelle et les popes étaient même obligés de lire l'évangile et d'entendre les confessions en turc.

Les Grecs de la côte avaient eux-mêmes fini par adopter l'usage musulman qui consiste à enfermer les femmes dans des harems.

Du temps de la guerre de l'indépendance, on défendit aux Varniotes toute relation avec les marchands et les marins étrangers; les fenêtres de leurs maisons, généralement en bois, ne devaient pas donner sur la rue. Après la publication du Hat-i-houmayoun de 1839, cet état de choses s'améliora et les chrétiens commencèrent à profiter des concessions stipulées en leur faveur par les puissances occidentales.

En 1840, l'archevêque Joseph fonda une école qui mit un soin tout particulier à l'enseignement du grec et de la littérature classique. Ces études infusèrent une vie nouvelle aussi bien dans l'Église que dans les familles et préparèrent à la langue turque une concurrence de plus en plus dangereuse.

L'établissement d'une bibliothèque dans la résidence métropolitaine et la fondation d'une école populaire grecque, établie d'après le système de Lancaster aux frais de la communauté, amenèrent de nouveaux progrès et, peu à peu, les langues autochtones prirent le pas sur l'idiome turc, jusqu'alors presque exclusivement parlé dans les familles chrétiennes. Les jeunes marchands grecs, initiés dans les cités occidentales à la vie des clubs, cherchèrent à l'acclimater dans les grandes villes de la mer Noire. Le « Casino » de Varna forma bientôt un centre de relations sociales et d'activité intellectuelle; sa bibliothèque, sa collection de cartes, les journaux grecs et étrangers qu'on y reçut, apportèrent une connaissance plus approfondie de l'Occident; le sens patriotique lui-même y trouva occasion de renaître ou de se retremper. A côté du portrait du sultan, le visiteur pouvait y voir ceux des héros des guerres helléniques de l'antiquité, et même, chose curieuse, ceux des héros modernes à qui le jeune État grec doit sa renaissance politique.

Varna possédait un dignitaire ecclésiastique grec-orthodoxe portant le titre de « exarque d'honneur du patriarche de Constantinople pour tout le territoire de la mer Noire et archevêque métropolitain de Varna et Kavarna ». La carte de visite de ce haut dignitaire grec portait même, en 1872, une couronne de prince. Mais le mouvement national bulgare contre le clergé phanariote se propageait du centre de la Bulgarie aux rives du Pont-Euxin. A Varna, comme dans toutes les villes possédant une population gréco-bulgare, la communauté orthodoxe se sépara en deux communautés distinctes, la grecque et la bulgare, ayant chacune ses églises, ses écoles et son administration.

En 1872, j'eus le plaisir de faire la connaissance du métropolitain Joachim, que son esprit conciliant a fait appeler, depuis, au siège œcuménique ; mais il ne fut pas plus heureux dans les efforts qu'il fit pour étouffer l'incendie allumé dans le sanctuaire, que pour arrêter le schisme qui venait de soustraire à son influence jusqu'à la communauté bulgare de Varna. Les dissentiments survenus entre les Grecs et les Bulgares de cette ville s'étaient, lors de ma visite, transformés en une haine violente qu'il me fut facile de constater dans les accusations réciproques de mensonge portées par l'archevêque grec et les tchorbachis bulgares, lorsque je relevai les chiffres statistiques. Les deux camps revendiquaient, à tour de rôle, comme appartenant à leur nationalité respective, certains villages des côtes ; chacun voulait augmenter son importance aux dépens de son adversaire.

Des divisions d'un autre genre existaient entre les orthodoxes de Varna et les Arméniens catholiques qui ont ici un évêque avec une école et une église. La petite communauté catholique romaine célèbre son culte dans une chapelle desservie par deux capucins. Les quelques protestants et les israélites espagnols qui gagnent leur pain comme ouvriers, se contentent de modestes oratoires. Quelque séparées d'ailleurs que fussent les différentes communautés chrétiennes varniotes, elles se réunissaient toutes dans une égale antipathie, pour ne pas dire un mépris commun, contre l'islamisme. Je n'ai nulle part rencontré en Bulgarie, ce sentiment exprimé d'une manière aussi explicite. On le comprenait d'ailleurs facilement dans une ville où Grecs, Bulgares et Arméniens se tournaient également vers le travail, le commerce et l'industrie, tandis que les musulmans, indolents, ennemis du progrès, opposaient à toute amélioration la plus vive résistance.

C'est avec raison que l'habitant instruit de Varna attribuait à cet attachement des Osmanlis aux vieilles traditions, la lenteur avec laquelle la ville se développait. « Le Turc ne travaille pas », voilà ce que j'entendais dire sur tous les tons. Les Varniotes jetaient des regards d'envie sur Odessa qui, fondée seulement en 1799, possédait déjà en 1877 près de 200 000 âmes et comptait parmi les plus belles villes maritimes de l'Europe. Moi-même j'eus l'occasion, en 1879, d'admirer cette nouvelle création de la Russie ; elle a des places et des rues magnifiques, des promenades ombragées, des réservoirs qui permettent de faire monter l'eau du Dniester au quatrième étage, de riches musées, des théâtres, des hôtels, de beaux quais, etc.

Et Varna ? Au grand désespoir des armateurs et des marchands, le port est resté dans l'état primitif que j'ai décrit ; les rues ont continué d'être malpropres, sans pavé et sans éclairage. Après la fermeture des portes, les troupeaux se promenaient sans gêne sur les places publiques ; les maisons confortables y étaient une exception ; de misérables baraques en bois, exposées au feu, servaient à emmagasiner d'énormes quantités de blé ; les promenades et les autres attractions d'une grande ville faisaient tout à fait défaut.

Malgré tous ces inconvénients, que Varna partageait avec les autres villes maritimes de la Turquie, l'occidental y vivait encore plus agréablement que dans les centres de l'intérieur où, par suite d'une organisation postale défectueuse, il était pour ainsi dire séparé du monde extérieur. Il faut ajouter à l'actif de Varna son climat sain, son eau excellente, ses nombreuses fontaines, la rareté des épidémies. Les bas-fonds marécageux du quartier turc entretiennent seuls des miasmes putrides, qu'une administration plus prévoyante aurait bientôt fait disparaître par la canalisation du Dersé, écoulement du lac de Devna. En été, la chaleur dépasse rarement 31 degrés ; je comptai bien le 25 juillet 24 degrés à six heures du matin ; mais une température encore plus élevée est aisément supportable dans une ville qui offre tant de facilités aux baigneurs. J'ai rarement pris un bain plus agréable que dans l'école de natation de Varna, dont le sable blanc et fin de la mer forme le fond, et qui reçoit du large le choc puissant et salutaire de la vague.

L'hiver est assez rigoureux dans ces parages ; la neige y tombe souvent en abondance, mais elle fond vite et la température n'y descend que très exceptionnellement au-dessous de 12 à 18 degrés. La saison des pluies est la plus désagréable, car dans les rues étroites et dépourvues de pavé, on court sans cesse le danger d'être enseveli dans la boue.

Il va sans dire que l'on trouve aujourd'hui dans les boutiques de la rue marchande, les articles européens de première nécessité : allumettes et lampes autrichiennes, objets anglais de fer ou d'acier, parfumerie française, le tout à des prix relativement modérés.

La ville du Pont-Euxin offre des conditions d'existence particulièrement faciles, bien qu'il n'en soit déjà plus comme avant l'établissement des marchands étrangers, alors que trois œufs coûtaient 1 para et qu'un poulet se payait 20 paras (10 cent.).

Il est vrai qu'à cette époque, il y a trente ans tout au plus, il ne fallait pas songer au moindre confort occidental. La culture des légumes était alors inconnue aux indigènes, tandis qu'aujourd'hui les jardins produisent tous les ingrédients nécessaires à la cuisine européenne. La viande de bœuf fraîche, seule, y est rare en dehors des mois d'août et de septembre où elle est débitée en abondance dans les grands abattoirs construits sur le Dersé pour la préparation du *pasterma*, viande séchée à l'air libre et consommée dans le pays en grandes quantités. Le reste de l'année, on se contente d'agneau et de mouton, dont le Varniote orthodoxe ne mange, d'ailleurs, que les dimanches et les jours de fête, et de porc dont on s'approvisionne pendant l'hiver : chaque famille sacrifie pour son propre usage la bête engraissée au logis. Le beurre, les légumes, le bois sont apportés en septembre des campagnes environnantes par les fermiers bulgares et musulmans, dont on rencontre alors les chariots se dirigeant en longues caravanes vers la ville.

D'avril en septembre, le marché aux poissons est richement pourvu de saumons pêchés sur les côtes septentrionales, de Varna jusqu'à Baltchik. Les plus belles pièces, payées fort cher par les gourmets de Constantinople, leur sont expédiées par les vapeurs du Lloyd qui rapportent au retour des huîtres.

Bien que les environs soient particulièrement riches en gibier d'eau, la chasse était peu en honneur dans le pays. Elle paraissait au Turc un plaisir trop fatigant, et se défendait d'elle-même au chrétien qui n'avait pas le droit de porter des armes. Les consuls et quelques membres de la colonie européenne étaient seuls à chasser la perdrix rouge, la grive, la caille, la bécasse, le coq d'Inde, l'oie et le canard sauvage, le lièvre et l'écureuil.

Depuis la délivrance de la principauté, les Bulgares, qui purent désormais posséder des armes, eurent un tel goût pour la chasse, qu'en 1880 le ministère dut interdire, sous peine d'amende, de chasser du 1er mars au 15 août.

La grande joie du Varniote riche ou pauvre est son jardin. Il y cultive presque toutes les fleurs de l'Europe : la rose, le lilas, le jasmin, la giroflée, sont ses favorites les plus aimées. Sur le bord de tous les chemins, camomilles, pavots, guimauves, violettes, émaillent la verdure des gazons ; les fourrés se peuplent de bouleaux et de saules ; les pentes jusqu'à Baltchik se recouvrent de vignobles. Le vin de Varna est cependant de qualité inférieure ; six mois après sa récolte, il est déjà plus ou moins acide et le propriétaire n'a plus qu'à le consommer au plus vite. Chaque vignoble abrite une petite maison de campagne entourée de plates-bandes de fleurs et d'arbres fruitiers, tels que noyers, cerisiers, pêchers, figuiers, à l'ombre desquels mûrissent les melons, les citrouilles et toutes sortes de légumes.

Le dimanche est pour les Grecs et les Bulgares un jour de fête qu'ils passent gaîment aux couvents du promontoire de Souganlik, où la foule se rend à pied, en voiture, à dos de cheval ou d'âne et dans des barques à voile. On y babille, on y danse et l'appétit n'est pas oublié ; maint quartier d'agneau ou de porc rôti disparaît dans ces estomacs solides en compagnie de mainte *tchoutoura* de vin que remplissent sans se lasser les moines des couvents de Saint-Constantin et de Saint-Démètre.

Il ne manque à ce riant tableau qu'un détail, mais il est de la dernière importance : le beau sexe. Celui-ci ne sort qu'à de rares exceptions. Vivant encore sous le régime des usages orientaux et retenues peut-être aussi par la jalousie de leurs maris, les femmes de la classe moyenne considèrent la distraction et la causerie en plein air comme un plaisir peu convenable et préfèrent passer le dimanche dans leur petit jardin entouré de haies élevées, inaccessible aux regards curieux. Il n'y a pas plus de vingt ans, les consuls seuls et les marchands étrangers osaient traverser la rue en compagnie de leurs femmes. Le costume européen lui-même ne s'est introduit que lentement dans la ville où de leur côté les mœurs turques défendaient de célébrer des fêtes après le crépuscule. L'approche du soir et le coucher du soleil, un des spectacles les plus attachants que puissent offrir les bords de la mer, sont pour les fils de Mahomet le signal de la retraite et la fin de tout plaisir.

Le soleil éclairait encore la surface ridée de la mer, lorsque nous nous trouvâmes isolés sur la falaise des couvents, d'où l'œil embrasse toute la côte du Pont, depuis le cap Calli-Acra jusqu'au cap Émineh ; mais bientôt les brouillards nous cachèrent l'un et l'autre de ces promontoires. L'air se refroidit rapidement et, de la pointe où campèrent autrefois les croisés et auprès de laquelle débarqua en 1828 le corps chargé d'investir Varna, nous revînmes vers la ville.

Des tumuli préhistoriques et de vastes cimetières couronnent tous les contreforts qui se dressent autour de Varna. Les Turcs, les Grecs, les Arméniens, les Bulgares, les protestants et les israélites ont leurs champs de repos séparés. A quelques pas de la côte, de solides murailles entourent la couche où les nombreuses victimes de la guerre de Crimée dorment de leur dernier sommeil. Varna était le dépôt principal des armées franco-anglaises avant l'embarquement pour la Crimée. Combien de ces pauvres soldats ont ici expiré avant d'avoir entrevu le champ de bataille, tués par le choléra et les miasmes mortels qui s'élevent des rives marécageuses du Dersé! Mais du moins, sur la pierre qui les recouvre, une inscription garde en traits ineffaçables le souvenir de leur dévouement, tandis que la tradition seule désigne aujourd'hui la place sur laquelle il y a quatre cents ans les infortunés guerriers de Vladislas, et en 1828 les soldats de la Russie, décimés par la peste ou par les balles, sont morts pour la délivrance des chrétiens d'Orient.

Pendant la campagne de 1877, Varna fut le centre de mouvements militaires forts actifs. Les contingents des provinces asiatiques et des états vassaux de l'Afrique qui s'étaient concentrés à Constantinople, débarquèrent ici pour rejoindre ensuite les armées de la Dobroudjà et du Lom. Blum-Pacha renforça les travaux de défense et les arma de canons modernes. Puis, lorsqu'en janvier 1878 les Egyptiens se retirèrent de la Dobroudja, toute la population musulmane des districts évacués se joignit à eux : de tous côtés des corps turcs repoussés et des musulmans fugitifs affluèrent dans Varna, de sorte qu'il devint difficile de pourvoir aux besoins d'une garnison de 22 000 hommes et de toute cette cohue de réfugiés, au nombre de 50 000, alors que la voie de mer restait seule ouverte. Le traité de San-Stefano stipula que les Turcs évacueraient Varna; néanmoins, le commandant, le brave mouchir Haïsserli-Pacha, obéissant à des instructions secrètes de la Porte, refusa de livrer la forteresse aux Russes. L'évacuation n'eut lieu qu'après la conclusion de la paix de Berlin, entre le 9 et le 12 août.

Ce fut à Varna que, le 5 juillet 1879, le prince Alexandre Ier foula pour la première fois le sol de sa nouvelle principauté. La population lui prépara une réception brillante; la vieille ville maritime s'était superbement parée et le pont du débarcadère, construit exprès et richement décoré, présentait un aspect fort pittoresque. Une véritable pluie de fleurs accompagna le prince quand il se rendit à cheval à l'église où fut célébrée une grand'messe solennelle. Le soir, le conseil municipal offrit au souverain dans le konak un magnifique dîner. Après le repas, le gouverneur Tsankov fournit au jeune prince, dès le premier jour de son gouvernement, l'occasion d'exercer le plus beau droit de la couronne, en lui demandant la grâce de quelques condamnés. Les coupables, mis en liberté, parurent immédiatement sur la place du konak, brillamment illuminée, et mêlèrent leurs cris de reconnaissance aux hourrahs sans fin du peuple ému.

Le lendemain, Alexandre Ier partit par la voie de Roustchouk et de Tirnovo, pour Sofia, sa résidence. Dès son arrivée dans la capitale il publia un édit qui abolit provisoirement pour les musulmans le service militaire obligatoire exigé par la constitution. La population turque de Varna l'en remercia par une adresse enthousiaste.

En 1880, Varna comptait 19 700 habitants, dont 4 600 Turcs, Tatares et Tsiganes, 8600 Grecs, 4000 Bulgares, 800 Arméniens, 300 Juifs espagnols, 400 catholiques et environ 1000 étrangers. La communauté bulgare, qui jusqu'à présent ne possédait qu'une église, est sur le point de construire une cathédrale.

Les commerçants qui se figuraient qu'une ère nouvelle allait s'ouvrir pour eux immédiatement après le départ des Turcs et l'établissement d'un gouvernement national, se virent trompés dans leurs espérances trop promptes. Le changement amena même au début bien des maux et une augmentation de charges, comme toujours dans les périodes de transition. Les douaniers bulgares ne connaissaient pas d'abord les marchandises et manquaient d'expérience; les droits de douane et de mouillage furent accrus, l'impôt des patentes et le timbre furent introduits. L'exportation du blé fut en premier lieu défendue, puis permise avec des restrictions. En 1878, 164 vapeurs et 477 navires à voiles sont entrés dans le port ou en sont sortis, avec un jaugeage de 178 000 tonneaux et une cargaison pouvant valoir pour l'entrée de 6 à 7 millions de florins, pour la sortie de 3 à 4 millions. Les trois quarts des vapeurs (129) étaient des paquebots du Lloyd autrichien. Parmi les navires à voile 419 avaient le pavillon turc; c'étaient en majeure partie de petits caboteurs de 40 à 50 tonnes.

Les principaux articles d'importation sont des objets manufacturés et de la quincaillerie, du café, du sucre, du riz, du tabac, de l'esprit de vin, du sel; on exporte surtout du froment, du maïs, de la laine, des peaux, de la farine, des bestiaux. L'exportation par Varna diminue d'année en année. Une transformation complète se prépare d'ailleurs dans le commerce de cette ville; les marchands ne veulent plus tirer leurs marchandises de Constantinople, mais directement des pays qui les produisent, pour éviter de payer des droits doubles. Pour le moment la ville se trouve dans un état plus mauvais que sous le régime turc, bien que le gouvernement bulgare prélève un droit de 1/2 pour 100 sur toutes les marchandises, à l'entrée ou à la sortie, droit destiné exclusivement à l'amélioration du port.

La démolition des fortifications, stipulée dans le traité de Berlin, a commencé; on a détruit une partie de l'enceinte; mais les travaux n'avancent que lentement, à cause des grands frais qu'ils entraînent, dit-on. L'ancienne citadelle, au centre de la ville, employée par les Turcs comme magasin à poudre, est déjà à moitié démolie.

CHAPITRE XXVII

BALTCHIK. — KAVARNA. — LA DOBROUDJA. — PAZARDJIK.

Prenant la direction de Baltchik, je gravis les hauteurs qui protègent Varna vers le nord : elles offrent un magnifique coup d'œil sur la ville encadrée des lignes géométriques de ses fortifications, sur le port et sur le Pont-Euxin. Après deux heures et demie de marche, près du village gréco-bulgare de Yéni-Keui, nous franchissions les sources de la Batova, près de l'embouchure de laquelle est situé le village d'Ékréné (en grec *Acrania*). Le nom d'Ékréné n'est qu'une corruption de celui de la colonie grecque de *Cruni*, que les historiens et les géographes modernes ont eu le tort de chercher à Baltchik, ville de fondation turque. Cruni, appelée ainsi à cause de ses cascades, prit ensuite le nom de *Dionysopolis*, parce que les flots de la mer y avaient apporté une statue de Dionysos (Bacchus). C'est ici qu'a été trouvé le bas-relief représentant Bacchus et Apollon, dont j'ai donné le dessin dans le cours du chapitre précédent. Ce monument prouve que les deux divinités étaient honorées par les habitants d'un culte particulier.

La transformation de la brillante Dionysopolis en un pauvre village ne s'est pas faite d'un seul coup ; ses évêques apparaissent encore aux conciles de Constantinople, et le géographe du dix-septième siècle, Hadji-Khalfa, la mentionne comme un chef-lieu de cercle.

Le nom de Cruni montre le profond sentiment que les anciens Grecs avaient de la nature ; car au nord de l'embouchure de la Batova, il ne se trouve plus aucun filet d'eau qui ait plus d'une lieue de cours. Un pays où les eaux sont très abondantes et un pays où le sol est tout à fait desséché se succèdent sans transition près d'Ékréné ; le nom primitif de la localité est donc fort bien choisi. Le contraste physique est ici des plus frappants. La région située au nord de la Batova, la Dobroudja, est complètement dépourvue d'eau. C'est cette terre d'exil dont Ovide a si bien dépeint la désolation.

La route de Varna à Baltchik traverse la Batova près du village de Téké, où je tombai sur un couvent de derviches d'une telle étendue qu'il n'en existe sans doute pas de plus grand sur le sol européen, en dehors de Constantinople. Bien qu'absent de toutes nos cartes, il n'en est pas moins un des sanctuaires les plus célèbres de la religion musulmane dans les régions du Pont-Euxin. Pour le connaître de plus près j'acceptai l'invitation que me fit le cheïkh de passer la nuit sous son toît.

Les maisonnettes des derviches se groupent autour du splendide *turbé* (mausolée) en pierres de taille, que le sultan Soliman éleva il y a plus de trois cents ans, en l'honneur d'un fameux héros de la foi, Hafous-Khalil-Baba. Sa cheminée gigantesque se dresse dans les airs en forme de minaret, et les proportions monumentales de sa porte inspirent au pèlerin turc, habitué aux entrées basses, un sentiment de respect dont chaque pas dans l'intérieur du sanctuaire, rempli de silence et de majesté, vient accroître la puissance mystique.

DANS LA DOBROUDJA.

Les mosquées musulmanes produisent sur l'esprit du visiteur une impression de recueillement bien plus profonde que les églises pompeuses des catholiques ou les froides et sèches maisons de prières des luthériens. Le regard n'y est distrait par aucune œuvre d'art, les ornements discrets des murs, des plafonds et des voûtes disparaissent auprès des versets du Coran, tracés en caractères gigantesques. L'œil est toujours attiré par la *kibla*, tournée vers la Mecque, qui indique le lieu du salut, la Kaaba sacrée, où le prophète expira entre les bras de son épouse Aïcha.

Le tombeau, recouvert de tapis, de Hafous-Khalil-Baba est entouré d'énormes cierges offerts par la foule des fidèles. Au plafond pendent des œufs d'autruche, apportés d'Orient par les pèlerins de la Mecque; dans les niches et à côté du sarcophage on voit le bâton, les souliers, le peigne et plusieurs ustensiles dont, au dire du cheïkh, le saint se serait servi pendant sa vie. Les Russes incrédules, qui brûlèrent le couvent en 1829, auraient-ils laissé intactes les hardes du baba? *Kim bilir* (qui peut le savoir)? Le cheïkh affirmait que les précieuses reliques avaient été sauvées à temps. Peu importe; les fidèles croiraient, dans tous les cas, à leur authenticité aussi bien que les pieux visiteurs croient à celle des objets qu'on leur montre dans le chœur de la cathédrale d'Aix-la-Chapelle. La grande vogue dont le téké ou couvent jouit auprès des musulmans du Pont est attestée par les mille lambeaux de toutes les couleurs que les pèlerins ont détachés de leurs vêtements et fixés au bout d'un grand bâton à l'entrée du turbé.

Le clergé séculier de l'Occident a su se servir avec habileté de la grande influence des moines. Dans l'islamisme, la puissance des ordres religieux n'a pas encore été ébranlée; elle est toujours considérable. L'oriental, si enclin au mysticisme, voit dans le derviche, qui par son costume symbolise les commandements les plus importants du prophète, la personnification même de la religion du Coran. Cette estime dont on l'honore explique pourquoi les novices accourent sans cesse dans les couvents, bien que les épreuves qu'ils ont à subir soient très rudes, et qu'en général le sort des moines soit loin de rappeler celui des hôtes de nos riches monastères. Les fondations pieuses faites au profit des tékés suffisent à peine aux besoins les plus pressants des religieux. Leur continence extraordinaire, leur saint désir de ne rien faire expliquent seuls que ces écoles de fanatisme soient toujours remplies. De même que les ruches d'abeilles, chaque téké renferme d'actifs travailleurs et de paresseux bourdons : les premiers sont d'ordinaire les habitants fixes, les seconds les hôtes temporaires.

Au temps de sa splendeur le téké de Hafous-Khalil-Baba comptait jusqu'à quarante derviches et même plus; mais au moment de ma visite il n'avait plus que dix-huit derviches réguliers fixes, et huit autres jouissant temporairement de l'hospitalité du couvent. Pendant le repas que je partageai avec le cheïk, celui-ci se plaignit avec amertume des moines voyageurs et du fardeau dont ils chargaient sa communauté. En réalité les derviches ne sont souvent que d'impudents mendiants, qui se cachent sous le masque de la religion. Il ne s'agit que de laisser croître sa barbe et ses cheveux en signe de détachement de toute chose terrestre, de se couvrir du chapeau rond (*koula*), d'endosser un manteau déchiré (*hyrka*), de suspendre à son cou l'écuelle (*kechkoul*) dans laquelle on mendie sa nourriture, de mettre à sa ceinture le *tasbih* ou chapelet aux quatre-vingt dix-neuf grains, dont chacun représente une des perfections divines, puis le *chané* pour se peigner suivant les rites et le *kachak*, indispensable pour se gratter la peau et se délivrer des parasites malfaisants; de prendre en sa main gauche le *téber*, hache couverte d'inscriptions mystiques, qui assomme les passions lorsqu'on la brandit avec énergie; en sa main droite, l'*asa*, court bâton surmonté du croissant; enfin de courir le monde aux frais des croyants sans avoir un para dans la poche. C'est un avantage que beaucoup de vagabonds incorrigibles savent parfaitement exploiter. En ai-je assez rencontré dans les districts musulmans de la Bulgarie de ces derviches dont la ténacité laissait bien loin derrière elle celle de la gent nomade des Tsiganes, ces virtuoses de la mendicité. Malheur aux familles dans lesquelles, grâce à ses manœuvres hypocrites, un *kalender* (derviche ambulant) a trouvé un gîte hospitalier! Abstraction faite d'autres escroqueries, ces ennemis déclarés des richesses mondaines partent rarement sans avoir fourré par hasard dans les vastes poches de leur manteau un ou plusieurs objets de valeur.

 La petite chambre que j'occupais avec le cheïkh ne se distinguait en rien de celle des soubachis de village ou des boulyoukbachis des karaoulas, dans lesquelles j'avais passé tant de nuits : une couchette formée de coussins recouverts de tapis, un coffre bariolé de couleurs; aux murailles, des sentences pieuses, le toura du sultan, et, dans un coin, quelques manuscrits, quelques livres jaunis, constituant sans doute la bibliothèque du couvent, et sur lesquels, semblable au hibou sur les trésors de la sagesse antique, le petit chat favori du cheïkh avait établi sa place habituelle.

 Si court que fût mon repos de la nuit, celui de mon pieux camarade de chambre l'avait été moins encore. Lorsque je sortis de la maisonnette, le cheïkh, entouré d'une douzaine de moines, m'apparut sous l'ombre épaisse d'un grand pommier : la *khalka*, exercice religieux répété plusieurs fois par jour, avait déjà commencé. Les mains croisées sur la poitrine, la tête penchée, les yeux fermés, les derviches étaient assis en cercle, immobiles, oublieux de la terre. Tout à coup, dans le grand silence, un murmure, un soupir... C'est le cheïkh entonnant la psalmodie du poétique cantique de louanges. Peu à peu, la voix monte, le ton s'élève, les paroles s'échappent plus pressées, plus ardentes, la récitation se fait rapide, haletante : « O Dieu! ô Juste! ô Vivant! ô Éternel! ô Vengeur!... » jusqu'à ce cri suprême qui termine la khalka : « *La illaha ill' Allahi!* » (Il n'y a pas d'autre Dieu que Dieu !)

J'eus beaucoup de peine à faire accepter à l'hospitalier cheïkh un bakchich pour la peine que mes gens et mes chevaux lui avaient donnée. Pourtant il n'était pas complètement détaché de tout lien temporel. En me quittant, il me pria de faire ses plus humbles souhaits, lors de mon séjour dans la ville du sultan, à Midhat-Pacha, son ancien protecteur, devenu justement grand-vizir. Plus tard, lors de l'exil volontaire de Midhat à Londres, au mois de juillet 1877 j'habitai par hasard dans le Royal Hôtel sous le même toit que lui; j'aurais pu alors faire les commissions du cheïkh; mais j'admis qu'elles étaient adressées au favori du sultan, alors au comble de la gloire, et non au vizir tombé dans la plus profonde disgrâce. D'ailleurs je ne trouvai pas et je ne cherchai pas l'occasion de faire connaissance avec l'homme d'État turc.

Un vent frais et fortifiant soufflait de la mer lorsqu'à travers les ombrages touffus de la forêt nous abandonnâmes le couvent. Çà et là, sous un chêne à la vaste ramure, et sans se laisser en rien distraire par notre passage, un derviche assis sur le gazon égrenait son *tesbih*, récitait les 99 perfections et les sept attributs de Dieu, ou se perdait dans la lecture de ses livres théologiques : « *Ya hou!* O Dieu unique! ô Dieu juste! » — dans ces lieux mêmes où jadis les moines byzantins s'abîmaient dans leurs méditations exégétiques et où, bien des siècles auparavant, les prêtres de Bacchus animaient les bosquets de fêtes joyeuses.

Les belles forêts de Téké composent la plus grande partie de ses revenus, n'étant éloignées que d'une demi-heure environ de l'embouchure de la Batova, où atterrissent durant l'été les nombreux bateaux qui emmènent à la cité du Bosphore le bois destiné à l'exportation.

Parmi les nombreuses difficultés qu'ont créées les négociateurs du traité de Berlin par ignorance des conditions géographiques et ethnographiques du sud-est de l'Europe, il faut citer l'article qui laisse à la Porte la disposition de tous les biens *vakoufs* dans la principauté de Bulgarie. Cette clause menace non seulement l'existence des couvents turcs, — ce qui serait peu regrettable, — mais encore celle de nombreux hôpitaux, d'écoles et d'autres institutions utiles qui vivaient des biens : forêts, maisons etc., légués par de pieux fondateurs. Le gouvernement bulgare paraît peu disposé à appliquer, sans faire des efforts pour le changer, un article qui cause un grave préjudice aux musulmans établis en Bulgarie.

Une heure après notre départ de Téké, tous les grands arbres avaient disparu. Nous franchîmes une petite crête qui se transforma bientôt en pentes douces recouvertes de prairies toutes parsemées des riches troupeaux de Baltchik. Peu à peu, les courbes tracées dans le calcaire nous rapprochèrent du rivage. Soudain apparut le Pont-Euxin; les mâts des quelques navires à l'ancre dessinèrent dans la rade leur fine silhouette, et, un instant après, le sabot de nos chevaux résonnait à travers le labyrinthe des rues de la ville.

Du château, dont la défense opiniâtre contre l'armée du roi Vladislas fut vantée par les chroniqueurs, on ne retrouve que des vestiges presque effacés. Les Hongrois et les Polonais, irrités de la résistance qu'il leur avait opposée, le détruisirent de fond en comble.

Le développement de Baltchik, qui jusqu'alors n'était qu'un pauvre village, ne date que de 1840, époque à laquelle le gouvernement turc autorisa l'exportation des céréales. Les maisons et les entrepôts des exportateurs chrétiens de Constantinople, de Trieste et de la Grèce s'entassèrent, depuis lors, le long du port, mieux assuré contre les vents du nord que le mouillage de Varna.

En 1855, Baltchik comptait environ 3000 habitants musulmans et 500 chrétiens. Mais cette petite ville s'étendit si rapidement sur les sinuosités calcaires qui se dressent à pic le long du rivage, qu'elle abritait, en 1872, une population d'environ 7000 âmes et comptait 8 à 900 maisons turques, 400 tatares, 150 bulgares et 50 grecques. Les mosquées s'étaient augmentées jusqu'au nombre de huit; les chrétiens possédaient deux églises. Comme partout ailleurs, l'élément citadin bulgare se recruta parmi le peuple des campagnes dont l'intelligence et l'aisance se reflètent dans une école et dans une église neuve.

Parmi les produits du cercle de Baltchik, qui est très riche en troupeaux de brebis et de chèvres, on cite surtout les excellentes cerises, les coings et le miel, dont l'exportation s'étend jusqu'à

Constantinople. De ses 72 villages, quelques-uns sont le partage exclusif des Gagaousi, Grecs de religion chrétienne qui parlent le turc, et trois seulement sont exclusivement bulgares.

De Baltchik la route côtière se dirige à l'est sur les pentes abruptes qui enserrent la ville de tous côtés. J'atteignis bientôt un plateau dénudé offrant des échappées splendides sur les rivages d'Ékréné et, par delà le cap Souganlik, jusqu'au cap Émineh. Autour de nous s'étendaient à perte de vue de gras pâturages traversés par d'innombrables sentiers ; à droite, des tumuli dressaient leur cime régulière. Nous passâmes Soutchouk-Mahlé et, après deux heures et demie, nous posâmes le pied dans les rues de Kavarna.

Cette petite ville est située dans l'intérieur des terres, à deux kilomètres de son port. A l'époque de ma visite, le chiffre des habitants musulmans et celui des chrétiens était à peu près en équilibre : 125 maisons turques et 60 tatares contre 150 grecques et 25 bulgares. Parmi ces 1800 à 2000 habitants, les Grecs commerçants forment la majorité et l'élément le plus actif. Ce n'est pas sans orgueil qu'ils regardent leur jolie église et leur excellente école, l'une et l'autre élevées par souscription, pendant que la petite communauté bulgare n'a pu réunir qu'à grand'peine la somme nécessaire à l'érection d'une pauvre école élémentaire.

Pendant mon séjour, un ancien caporal gouvernait la petite ville. Ce représentant de l'autorité turque semblait peu se soucier des querelles entre les Églises grecque et bulgare. En revanche, il s'appliquait avec beaucoup de zèle à faire rentrer les contributions. C'était d'ailleurs un brave homme, qui remplissait ses fonctions aussi bien que les effendis instruits ; comme eux, il ne faisait rien, mais du moins il n'empêchait rien.

Le chemin qui conduit à la rade suit un ravin profond à pentes rapides à travers lequel un ruisseau précipite son cours vers la mer. Si modeste que soit ce filet d'eau, il fait cependant tourner quelques moulins ombragés par des arbres magnifiques, dont la verdure forme un délicieux contraste avec les pentes calcaires brûlées par le soleil, sur lesquelles un réseau de sentiers dévale jusqu'au petit port.

Rien de plus paisible au printemps que cette plage, rien de plus vivant, de plus animé pendant les mois d'été. On y entend une confusion de langues digne de la tour de Babel ; les caravanes de chariots et de chevaux pesamment chargés descendent à l'embarcadère, où des agents ioniens et grecs entassent dans de grands magasins les céréales destinées à l'exportation.

Des chapiteaux, trouvés dans le cimetière, révèlent le passé byzantin de Kavarna; et le cap voisin, que les contemporains de Ptolémée appelaient *Tiristria Acra*, laisse encore deviner dans son nom moderne de Tchéligra-Bouroun, son ancien nom grec de *Calli Acra*.

La voie du « bon Cap », offrant un abri sûr, dut remplir de joie le navigateur grec luttant contre les vents glacés des steppes et doublant, au milieu des plus grands dangers, promontoire après promontoire.

C'est là qu'en 1828 l'amiral Greigh s'abrita, pendant la terrible tempête qui l'assaillit dans sa traversée d'Anapa à Varna et qu'en 1877, lorsque les barbares du Caucase mirent à feu et à sang le quartier chrétien de Kavarna, les fuyards grecs et bulgares cherchèrent un refuge à bord des bâtiments étrangers.

Longtemps mon œil erra des falaises dorées à cette mer splendide, variant à l'infini sous les teintes changeantes de la lumière. C'est ici que je devais prendre congé du Pont-Euxin pour me diriger dans l'intérieur de la Dobroudja.

Bornée par le Danube et par la mer Noire, la terre, ou plutôt la presqu'île de la Dobroudja, étend, à une altitude de 80 à 200 mètres, sa plaine plate, recouverte sur un tiers de sa surface de broussailles de chênes. Près de Baba-Dagh se dresse au-dessus d'elle le Sakar-Baïr, haut de 500 mètres, tandis que du nord-ouest au sud-est, de Matchin à Toultcha, s'aligne une chaîne calcaire aux sommets plus élevés encore. Au premier coup d'œil, on se croirait dans les basses terres de la Bessarabie, au milieu de leurs prairies sans fin parsemées de petits taillis. Le nom de Dobroudja se rattache, dit-on, au prince bulgare Dobrotitch qui, au quatorzième siècle, dominait en souverain sur tout le territoire du Pont-Euxin, de Varna aux bouches du Danube. De nos jours, le Bulgare donne à toute terre desséchée le nom de *dobritcha*; il s'en trouve une près de Nich, par exemple.

Un voyage sur le sol de la Dobroudja offre peu de jouissances pittoresques. Au commencement de l'été, la steppe se recouvre, il est vrai, d'une parure d'herbes folles et de plantes variées. De vastes espaces se fleurissent de labiées odorantes et de camomilles, de crucifères, d'euphorbes, d'ombellifères, de silènes et d'autres espèces de fleurs. Lorsqu'au mois de mai le souffle du vent fait onduler cette robe légère, l'œil pourrait croire que le Pont a rompu ses digues et que la vague azurée de la mer se continue dans la vague fleurie de la steppe. Mais, par le soleil d'été, quand toute source est tarie et que la température atteint parfois 56 degrés, cette steppe se change périodiquement en un désert brûlant qui engendre les miasmes empoisonnés de la fièvre paludéenne.

Le voyageur comprend alors mieux les plaintes d'Ovide ; il partage la tristesse et les ennuis qu'expriment les vers du poète.

L'hiver se fait à son tour d'autant plus sentir sur cette terre inhospitalière que les demeures primitives de la contrée offrent un abri des plus insuffisants contre le vent et la froidure. Les forêts sont loin et le bois de chauffage absent doit être remplacé par les briquettes de fumier cuites au four, dont la matière est fournie en abondance par les grands troupeaux et par les champs de maïs et de blé.

La région des landes comprises entre la mer et le Danube est séparée du territoire arrosé et boisé du Déli-Orman par une ligne assez nettement marquée, qui, de Silistrie, au nord-ouest, court au sud-est vers Baltchik en passant par Pazardjik. La limite de la Dobroudja est donc sensiblement plus à l'ouest qu'on ne le croyait jusqu'à ce jour. Sur nos cartes, en effet, la large bande de terrain qui comprend les cercles maigrement arrosés de Mangalia et de Baltchik et la partie desséchée des cercles de Pazardjik et de Silistrie est mise en dehors de ce territoire, si peu favorisé par la marâtre nature, qu'il faut péniblement arracher du fond de ses entrailles l'élément vivifiant. Le sol est fortement ondulé, les éminences, les crevasses, les arêtes et les dépressions y alternent sans cesse; aussi ne peut-on donner à ces terres le nom de *steppes*, dans le même sens qu'aux plaines de la Bessarabie et à celles qui s'étendent au nord du Pont.

On parcourt des lieues de pays sans que le regard se repose sur un seul arbre; les sources sont presque inconnues, et les habitants de ces régions desséchées seraient bien heureux si, par une chance favorable, ils possédaient en réalité un seul de ces riches cours d'eau dont nos cartes les gratifient libéralement.

Bien que pendant tout le cours de mon voyage dans cette terre désolée, pas un filet d'eau n'ait effleuré le sabot de mon cheval, il n'est pas douteux qu'il ne coulât jadis dans cette contrée un grand nombre de ruisseaux vers le Danube et la mer Noire ; mais on n'en voit plus aujourd'hui que les lits profonds et faciles à reconnaître. Plusieurs de ces lits sont, de mémoire d'homme, transformés en cultures et en jardins potagers, tandis que d'autres cachent de nombreux petits villages et hameaux, que trahissent aux regards du voyageur les moulins à vent élevés sur les éminences de la terrasse. Ces modestes témoins de l'industrie humaine, quelques maigres plantations de bouleaux et de chênes avec un certain nombre de tumuli, interrompent seuls l'accablante monotomie de la steppe.

Le manque d'eau apporte naturellement de grands obstacles à la mise en rapport de ce sol que des étés humides rendent excellent pour le pâturage et le labour. Dans ses couches calcaires recouvertes d'alluvions, la pluie filtre avec une rapidité surprenante et le travailleur doit péniblement arroser chaque soir et chaque matin les différentes cultures. L'eau est élevée d'une profondeur de 20 à 60 *kolatchs* au moyen de norias mises en mouvement par des chevaux ou des bœufs. Un paysan m'apprit la valeur du *kolatch* en étendant horizontalement ses deux bras et en indiquant l'extrémité de ses médiums. Ces puits à manège, dont le forage est entrepris par un village tout entier, sont parfois situés au milieu des pâturages; mais, le plus souvent, le bétail, gros et petit, est conduit deux fois par jour à la fontaine du village où des abreuvoirs lui permettent de se désaltérer.

Les Dobroudjiens apportent beaucoup de sollicitude à l'élève du bétail. La production de la laine seule est estimée chez eux à 4 millions de livres anglaises. Le travail des champs exige pour chaque ferme six paires de bœufs qui constituent, avec des buffles, des chevaux de belle race, d'immenses troupeaux de brebis et d'innombrables ruches, l'unique richesse de cette population mêlée, dont l'existence rappelle de tout point celle des anciens peuples pasteurs.

Depuis de longues années, la Dobroudja est un pays que les bergers nomades visitent périodiquement. Il y a encore vingt ans, des *mocani* de la Transylvanie venaient des Carpathes par la Valachie, pour hiverner dans la Dobroudja leurs brebis et leurs bêtes à corne. Ils payaient au pacha de Toultcha, comme droit de pâturage, 4 paras par tête de bétail, et lui donnaient la cinquantième partie de leurs troupeaux.

L'antique terre des Scythes a gardé des souvenirs intéressants des nations civilisées qui l'ont habitée jadis. Pour assurer la province de Mœsie contre les incursions des Barbares, Rome construisit un rempart au point le plus étroit de la bande de terre comprise entre le Danube et le Pont-Euxin. Mais les remparts et les castella n'offrirent aux établissements romains qu'une protection momentanée. Tel qu'un fleuve déchaîné, les invasions sauvages passèrent au-dessus des oasis de civilisation romaine et les ravagèrent de fond en comble.

Parmi les vestiges qui nous en sont restés, on peut remarquer ceux de Kustendjé, l'héritière de la classique *Constantiana*, et, entre cette ville et Tchernavoda, sur le Danube, le *vallum Trajani*, formant une double, et, parfois même, une triple ligne de défense non interrompue. De place en place se voient, derrière les retranche-

PUITS A MANÈGE DANS LA DOBROUDJA.

ments, les traces de castra, d'environ 95 mètres de côté, dont les ouvrages extérieurs et l'entrée sont encore parfaitement reconnaissables. La muraille de circonvallation de Constantiana subsiste encore; elle appuyait ses deux ailes sur le rivage de la mer et coupait ainsi la langue de terre sur laquelle était bâtie la ville romaine.

Au cinquième siècle, les hordes des Huns s'établirent dans la

Dobroudja; au septième siècle, ce furent les tribus slaves des Severtsi refoulés par les Finno-Bulgares d'Asparouk; plus tard les Ouglitchi slaves; au onzième siècle, les Valaques de la mer Noire. Au treizième siècle, les Byzantins doivent avoir assigné dans la Dobroudja des terres au sultan seldjoucide Izeddin. Plus de dix milles familles de Turcs asiatiques s'y établirent pour émigrer ensuite vers la Crimée. En 1387, le pays était au pouvoir d'Ivanko, fils du prince bulgare Dabrotitch.

Sous la domination turque, le sultan Bajazet fit coloniser les environs de Baba-Dagh par des Tatares qu'il libéra de tout impôt pour aider à leur prospérité. Les Turcs vinrent se mêler à ces derniers. Aujourd'hui que Tcherkesses et Tatares ont émigré, la Dobroudja abrite encore des Bulgares, des Roumains, des Grecs, des Russes, quelques communautés de protestants allemands, des Turcs et même les descendants d'une ancienne colonie arabe. Aussi la palette et le pinceau pourraient-ils seuls donner une idée du pêle-mêle ethnographique qui vit actuellement dans cette Dobroudja que le congrès de Berlin vient d'assigner en partage à la Roumanie.

Il s'est formé dernièrement à Bucarest une Société au capital de 2 millions, pour faire de Constantsa (Kustendjé), la ville que Virgile a tant invectivée, une élégante station balnéaire avec hôtel confortable, salon de conversation, etc.

Mangalia, destinée à devenir le port principal de la nouvelle province roumaine, est encore aujourd'hui, en raison des brouillards dont elle s'enveloppe pendant l'été, aussi dangereuse pour les navigateurs qu'elle l'était jadis au temps d'Ovide. La mer Noire est rarement calme sur ces rivages. Les vaisseaux qui font voile de Toultcha, Galats ou Braïla vers Constantinople risquent souvent d'échouer sur les roches déchirées. Il s'en faut qu'un accueil affectueux attende les naufragés jetés par la vague orageuse sur ces côtes inhospitalières; aussi a-t-on plus d'une fois conçu le projet d'abréger la périlleuse traversée de la mer Noire, pour les bateaux sortant du Danube au moyen d'un canal allant de Tchernavoda à Kustendjé.

On a généralement admis que le Danube se dirigeait autrefois droit de l'ouest à l'est à travers la Dobroudja. Mais des nivellements exacts ont prouvé qu'il n'existe entre le Danube et le Pont-Euxin aucun ancien lit de fleuve et qu'il faudrait percer un faîte de 50 à 60 mètres de hauteur. Ce travail offrirait de très grandes difficultés et serait très coûteux.

Bien que nous fussions en août, la température était cependant remarquablement basse le jour de mon départ de Kavarna. En deux heures et demie nous avions atteint Djaour-Kouyou-Sou, où se réunissent plusieurs routes et que traverse la ligne télégraphique de Baltchik à Kustendjé. De cette petite bourgade bulgare un chemin vicinal m'amena à Utch-Orman, embelli d'une petite futaie à laquelle elle doit son nom et qui en fait la seule oasis de la contrée jusqu'à Pazardjik. Les femmes des Tcherkesses établis ici, près des Turcs et Tatares, étaient beaucoup mieux vêtues que partout ailleurs, et leurs jeunes filles brillaient par leur beauté splendide et leur démarche distinguée. Je ne rencontrai d'ailleurs que peu de représentants du sexe fort; ils étaient au logis en train de savourer les voluptés du kef.

Jusqu'à Karayapoular, pas un buisson sur la plaine couverte de brebis innombrables, pas une ligne saillante autre que celle des moulins à vent dont la présence nous annonça l'approche du village caché dans le lit profond d'un ruisseau desséché.

Karli-Keui, où je passai la nuit, élève un grand nombre de moutons; ses paysans possèdent rarement moins de cent bêtes; ils en ont souvent cinq cents et quelquefois même un millier : la vente de ce bétail fournit aux dépenses courantes de la maison. En général on peut dire que l'habitant de la Dobroudja doit son existence aux moutons, dont les troupeaux sont gardés presque exclusivement par des montagnards bulgares, pour la plupart originaires des environs de Kazan. D'habitude trois bergers s'associent pour la surveillance de 2 à 300 têtes de bétail; leur salaire annuel est représenté par leur nourriture, deux habillements et une brebis sur vingt-cinq. Chaque berger reçoit donc, avec la nourriture et le vêtement, 4 brebis, lesquelles, évaluées de 40 à 50 piastres par tête, lui font un revenu de 40 à 50 francs par an, somme considérable eu égard aux conditions locales, surtout si l'on se rappelle que l'ouvrier campagnard des Balkans de Troïan, de Gabrovo et d'Éléna, qui loue ses bras à l'étranger, ne rentre au logis, après ses trois à cinq mois d'absence, qu'avec une épargne de 8 francs en moyenne.

Le lendemain nous atteignîmes Pazardjik (270 mètres). Cette ville, située dans l'aride repli d'un sol d'argile brûlé par le soleil, produit de loin la plus mélancolique impression, malgré sa parure de jardins et de minarets. Par sa position, sa physionomie architecturale et ses conditions sociales, elle est la capitale naturelle de la région musulmane du Tozlouk. Je ne connais aucun centre de la Bulgarie danubienne où le type asiatique se soit mieux conservé. Depuis son nom jusqu'à son affreux pavage, c'est la cité turque par excellence. Un marchand voyageur, Hadji-Oglou-Bakal, construisit, il y a trois cents ans, une première maison musulmane dont l'architecture primitive a, depuis, servi de modèle aux 1900 qui l'ont suivie et qui se partagent entre les Turcs, les Tatares et les Tsiganes ; il y a de plus 285 maisons bulgares et quelques arméniennes. La prépondérance de l'élément turc, dans cette ville habitée par environ 14 000 âmes, se trahit dès l'abord par ses nombreuses mosquées. J'en rencontrai dix ornées de minarets de pierre, et deux plus modestement surmontées de minarets de bois ; je ne parle pas des medressés, des turbés, des bains et autres bâtiments nécessaires à l'accomplissement des rites religieux musulmans, tous dépourvus d'ailleurs de la moindre valeur artistique ou architecturale.

Le quartier chrétien est aussi monotone que le quartier musulman ; mais ses habitants vont bientôt faire de rapides progrès, depuis qu'en 1879 on a ouvert une école composée de quatre classes, qui reçoit de l'État une subvention de 9 600 francs.

On ne peut s'imaginer l'ennui qui s'empare du voyageur dans ces villes où l'élément turc est prépondérant, et où il n'y a absolument rien qui puisse reposer les yeux d'un occidental. La tour d'horloge de Pazardjik tombait en ruines ; le monument le plus grandiose était un petit kiosque à colonnes abritant des bassins. Ce kiosque me fit, dans cet entourage délabré, une impression presque monumentale, car on apprend bientôt à se contenter de peu. Je renonçai d'autant plus volontiers à me mettre en quête de nouvelles merveilles par ces rues, au pavé funeste même aux chaussures locales, que l'invasion deux fois répétée du bétail domestique se pressant vers la fontaine, y rendait la circulation fort dangereuse. Le soir, on restait au logis, et c'est ce qu'on avait en effet de mieux à faire, car, à cette heure, les immenses troupeaux de la ville se promenaient à leur aise, sans surveillance, et l'éclairage des rues était encore un progrès réservé à l'avenir.

Le kaïmakam, dont l'autorité s'étendait sur une centaine de villages, me fit visiter un hôpital tenu par un médecin hongrois, et j'avoue que je fus surpris de l'ordre, de la propreté et de l'esprit de tolérance qui régnaient dans cet établissement.

Le champ de foire, qui est situé à un quart d'heure de la ville, est une reproduction modeste du célèbre *panayir* d'Eski-Djouma : l'un et l'autre ont d'ailleurs été établis par Midhat-Pacha. Un grand mur en pierres de taille entouré de nombreuses ruelles bordées d'échoppes; il y a une mosquée, ainsi que des logements pour la police et pour le tribunal de commerce. Les hans qui entourent la place, et qui n'ouvrent qu'à l'époque des foires, montrent que cet endroit doit être alors très animé; en temps ordinaire, il est tout à fait abandonné.

Les remarquables travaux qui avaient été faits pour couvrir Pazardjik rendirent très difficiles, dans la dernière campagne, une attaque directe contre cette ville. Du reste, le général Zimmermann ne disposait que de peu de troupes. Il chercha donc à effrayer les défenseurs de la place, en les menaçant de leur couper leur ligne de retraite sur Varna. Pendant que le général Manseï exécutait cette opération, les Turcs firent, le 26 janvier 1878, une sortie énergique contre les Russes demeurés au nord de la ville et les repoussèrent au delà de Karilas. Averti par le bruit du canon, le général Manseï lança aussitôt sa cavalerie sur le flanc droit des Turcs et ceux-ci durent se retirer derrière leurs retranchements. Les Turcs et les Egyptiens qui, dans cette affaire, se battirent courageusement, perdirent 500 hommes parmi lesquels Zakaria-Pacha; les pertes des Russes s'élevèrent à 200 hommes. Le même jour Réchid-Pacha reçut l'ordre d'évacuer Pazardjik; protégé par la nuit, il put conduire ses troupes, à l'insu des Russes, dans une bonne position à l'est de Derbend-Keui. Lorsque le lendemain, les Russes firent leur entrée dans Pazardjik, ils trouvèrent la ville remplie de blessés et de malades; les Turcs, en se retirant, avaient incendié les magasins.

CHAPITRE XXVIII

KOZLOUDJA. — YÉNI-PAZAR. — LE DÉLI-ORMAN. — SILISTRIE.

De bonnes routes rayonnent de Pazardjik vers l'intérieur, le Danube et la mer Noire. Par une matinée délicieuse de fraîcheur je m'acheminai vers Kozloudja. Nous n'avions pas rencontré de cours d'eau digne du nom de ruisseau depuis quatre jours; aussi l'Usenli-Déré que nous atteignîmes après deux heures de marche et qui aurait ailleurs mérité tout au plus le nom de ruisselet, me parut-il une abondante rivière. Il permet aux riverains de moudre toute la farine consommée dans les environs. Alachli nous ménageait la surprise d'une source alimentant une fontaine; elle fut suivie d'une autre et bientôt après nous contemplâmes la petite ville de Kozloudja, assise dans une vallée large et mamelonnée.

La descente des pentes recouvertes d'une terre grasse et pâteuse fut aussi difficile que le passage des rues non pavées où nos chevaux enfonçaient à chaque pas dans le sol humide et noirâtre. A travers une véritable mer de fange j'essayai d'entrer dans le han du quartier turc; mais l'intérieur me parut tellement misérable que je dus chercher à l'autre bout de la ville une auberge bulgare plus sortable.

Ici nous trouvâmes des difficultés d'un autre genre : le handji se déclara hors d'état de nous procurer soit de l'orge, soit du foin pour nos chevaux. Je me souvins alors de mon talisman dont je m'étais peu servi jusqu'alors. Je pris mon firman superbement calligraphié et revêtu de la signature du sultan et j'envoyai le parchemin par mon zaptié au konak. L'effet attendu se réalisa bientôt : la cour fut remplie d'une quantité de fourrage qui aurait pu nourrir un détachement de cavalerie.

Il va sans dire que je regardai comme un devoir de faire ma visite à l'obligeant fonctionnaire. Le kismet me récompensa de ma démarche. Je trouvai le moudir entouré de son medjilis et engagé dans une lutte parlementaire des plus animées au sujet d'une importante pétition qu'il s'agissait d'adresser au pacha de Varna. Ce n'est que dans le Déli-Orman, auquel appartient Kozloudja, que l'on peut voir des têtes aussi admirablement caractéristiques que celles de ces quinze Turcs assis en cercle autour de leur président, tandis qu'appuyés contre la muraille, des Tatares et des Bulgares se tenaient debout derrière eux, humbles et soumis.

Le nombre des maisons chrétiennes de la petite ville était en réalité de beaucoup supérieur au chiffre officiel inscrit sur le registre du receveur des contributions à Varna. Ce dernier ne connaissait que trente-cinq maisons de rayahs à Kozloudja, tandis que tout le monde m'affirma qu'il y en avait quatre-vingt-dix. On avait oublié sur la liste cinquante-cinq maisons qui pourtant payaient l'impôt! Dans la poche de qui a donc pu tomber cet argent pendant de longues années?

En 1774 les Russes battirent ici l'armée turque, lui enlevèrent vingt-neuf canons et refoulèrent le grand vizir sur Choumla. Cette action termina une sanglante guerre de six années qui avait été riche en incidents et amena la conclusion de la paix de Kutchuk-Kaïnardji, si glorieuse pour les Russes.

L'apparence extérieure de Kozloudja lui vaudrait sans injustice le nom de gros village plutôt que celui de petite ville. Elle a jadis possédé, dit-on, une importance plus considérable; mais, quoi qu'il en soit, sa décadence actuelle ne lui a point enlevé l'avantage d'être le point de jonction des routes de Yéni-Pazar, de Silistrie et de Toultcha à Varna. Sa principale curiosité est une fontaine formée de treize auges en pierre, dans laquelle quarante chevaux peuvent aisément s'abreuver à la fois. C'est la plus grande que j'aie vue dans toute la Bulgarie danubienne.

Étant donnée la position topographique et stratégique de Kozloudja, j'admettrai volontiers que cette ville repose sur le sol d'une ancienne colonie romaine. De nombreux fragments de l'époque classique épars dans les rues parlent en faveur de cette hypothèse.

Le zaptié que le moudir m'avait donné pour escorte se montra dès l'abord un cicérone émérite et un guide fort utile par sa connaissance du pays. La route de Pravadi atteint en deux heures le village de Kotloubeï, habité par des Bulgares, des Turcs et des Tatares. Là nous prîmes la chaussée de Varna à Choumla, sur laquelle, en 1829, le gros de l'armée russe fit son audacieuse marche de flanc conter cette dernière forteresse. Puis le haut-plateau nous porta, sous le brûlant soleil d'été, jusqu'au gros bourg de Yasi-Tépé, qui semblait à cette heure désert comme la grande route, dont pendant toute une journée nous avions été seuls à dévorer la poussière.

Au sud-ouest de Yasi-Tépé se dessinent sur l'horizon ces hauteurs en forme de table, qui donnent à la région du Pravadi un cachet spécial. Après avoir traversé le ruisseau de Yaïla, nous rencontrâmes une belle fontaine érigée en 1868 par un officier turc du nom de Khalil-Mousélim. Ce monument, fort original, est dû à une pensée de charité et de philanthropie. De longues auges en pierre entourent un vaste terre-plein, de forme quadrangulaire, revêtu d'un mur en pierres de taille ; vers le nord un grand escalier conduit à un kiosque élevé au centre de la terrasse et d'où l'on jouit d'une vue superbe dans toutes les directions. De grandes plaques recouvertes d'inscriptions font connaître le but humanitaire du fondateur et célèbrent la gloire de l'Éternel, dispensateur de toute source de la vie. Pourquoi le pieux guerrier a-t-il établi la fontaine précisément en cet endroit? S'il voulait désigner par là le point où commence le territoire musulman du vilayet de Touna, l'emplacement a été fort bien choisi, car sur ma carte ethnographique il ne se trouve pas un village chrétien sur la longue ligne de Béli à Silistrie.

Un orage nous força de hâter le pas et nous prîmes le trot jusqu'à Kaspidjan, où le chef de gare reçut avec affabilité notre petite caravane à moitié noyée. Quel changement à vue! En un clin d'œil je me trouvais transporté dans une oasis européenne. Telles dans les forêts de l'Amérique, où l'industrie humaine a posé les rails de ses voies ferrées, les villes nouvelles surgissent à l'appel de la vapeur, telle a jailli d'une terre déserte cette station de *Shumla-Road*, qui forme déjà le charmant noyau d'une cité future. Bien que le soleil fût déjà couché et malgré les coutumes de l'Orient, la vie et l'activité régnaient dans les maisons, les magasins, les boutiques et les cabarets établis près du chemin de fer. Partout le pétrole répandait sa lumière, et bien que le mois d'août compte à la station pour l'un des mois les plus calmes, partout se pressaient les paysans, les courtiers, les marchands et les ouvriers. Dans les mois forts de l'hiver et du printemps, lors de l'exportation du blé nouveau, le mouvement s'accroît dans des proportions étonnantes. Mais le commerce exige de trop pénibles efforts pour la paresse naturelle des Turcs qui redoutent tout travail contraire aux paisibles jouissances du kef. Aussi laissent-ils volontiers aux Bulgares le soin et les bénéfices des transactions sur les céréales. Néanmoins, ils en retirent indirectement quelque gain par suite du renchérissement général du sol et de ses produits. A Kaspidjan, les négociants bulgares de Choumla jouent le premier rôle. Ils ont bâti près de la gare un casino où jeux de cartes, billard et journaux les aident à passer leurs heures de loisir.

Tout en constatant une fois de plus l'influence civilisatrice des chemins de fer, je ne pus m'empêcher de faire les plus tristes réflexions sur l'incurie du gouvernement turc, qui n'était pas parvenu à relier directement à la voie ferrée Choumla, sa plus importante place de guerre. Il ne s'agissait pas là d'une grande ligne exigeant des travaux difficiles, mais d'un petit embranchement d'une longueur d'environ 15 kilomètres, passant sur un terrain plat. D'ailleurs la chaussée entre la forteresse et la station voisine était parfois si peu sûre que les marchands n'osaient voyager que par caravane. En 1876 on déroba en plein jour 220 livres d'or à un marchand qui se rendait à la gare ; encore eut-il le bonheur de voir apparaître quelques cavaliers qui mirent en fuite les brigands au moment où ils se préparaient à déshonorer ses deux garçons, jeunes écoliers que leur père conduisait à Vienne.

Ce ne fut pas sans regret que je me séparai de cette station presque européenne, pour continuer en compagnie du moudir ma route vers Yéni-Pazar sur une plaine élevée, monotone et sans charme. Le modeste extérieur de la petite ville ne fait guère pressentir qu'elle est le chef-lieu administratif de 44 villages. Le cercle de Yéni-Pazar est presque entièrement musulman, puisque 9 seulement de ses villages sont mêlés de Bulgares. Quant à la ville elle-même, elle comptait alors 200 maisons musulmanes et autant de chrétiennes. Le konak du moudir, trois mosquées à minarets, une église, une école bulgare et deux turques constituaient tous les édifices publics de la ville. Sur l'invitation du moudir j'entrai dans le konak; l'antichambre était remplie de clients qui attendaient patiemment leur tour. Mais un Turc, déjà âgé, jugea sa cause tellement pressante qu'il pénétra avec nous dans la salle d'audience. Je pus dès lors assister à un de ces procès qui se reproduisaient assez souvent et qui paraîtront incroyables aux turcophiles de l'Europe. Le vieillard démontra, par un document écrit, qu'il avait acheté à un bey tcherkesse un esclave de la même race, au prix de 1500 francs, mais que cet esclave était mutin et paresseux. Il priait donc le moudir de forcer le jeune garçon qu'il avait payé argent comptant, de travailler avec zèle ou de condamner le bey à lui rendre le prix d'achat. L'esclave, qu'on avait très probablement excité, en appelait à l'édit du sultan qui défendait le trafic d'êtres humains, et il ne cessait de l'invoquer, malgré les bonnes paroles du moudir. Lorsque ce dernier vit que tous ses efforts de conciliation étaient inutiles, il renvoya l'affaire au medjilis de Choumla et fit mener l'esclave dans cette ville sous bonne escorte.

En Orient, non seulement on ne songe pas à blâmer l'achat et la vente d'esclaves, mais encore on justifie cette pratique par le Coran. La stricte observation du code musulman et le progrès dans la voie de la civilisation européenne ne sont que difficilement conciliables. Le Turc reste asiatique sur le sol européen, car dès qu'il abandonne les lois fondamentales du Coran il cesse d'être vrai croyant.

L'aimable et pressante invitation du moudir me fit un devoir d'accepter pour la soirée le repas qu'il m'offrait chez lui. Bien que Nesib-Effendi fût un homme éclairé, par suite de ses relations journalières avec la station de Shumla-Road, je ne vis de sa demeure privée que le petit jardin où il me laissa quelques instants pour donner des ordres à ses serviteurs. J'entendis bien des pas légers, je vis bien passer rapidement à travers les bosquets des figures de femmes enveloppées de leur jakmach, et tout occupées des préparatifs du repas que l'on servait sous la fraîche vérandah d'un kiosque. Mais ce fut tout. Des tapis et des coussins étaient entassés devant la petite table, d'un demi-mètre à peine de hauteur (*sofra*), qu'éclairait une bougie hollandaise dans une lanterne de papier de couleur. Un vent léger soufflait du Déli-Orman, la lune jetait de pâles et tremblants rayons, et, après cette journée brûlante, l'air était si doux, si pur et si paisible que j'entendais le pas d'oiseau des jeunes femmes dans le harem et le murmure cristallin de leur petite fontaine. Ses ablutions et ses prières étant achevées, le moudir reparut, vêtu d'une courte robe à larges manches qui lui seyait infiniment mieux que sa redingote semi-européenne. A cette phrase sacramentelle, dite solennellement par un jeune serviteur : « Le repas est prêt, » le maître répondit : « *Guelsin* (on peut commencer) », et nous nous assîmes vis-à-vis l'un de l'autre.

Les femmes du harem avaient fait de leur mieux et le voisinage de la station avait facilité les choses. Un rôti, des pistaches et des noisettes, puis, après le pilaf, des sardines, du caviar, du fromage suisse coupé en petits morceaux pour aiguiser la soif. Les flacons de mastic (eau-de-vie) furent vidés et remplis plusieurs fois, et le raki, ce

« chasseur de souci », comme l'appellent les Arabes, mit bientôt mon aimable amphytrion en veine de bavardage. J'y gagnai un coup d'œil sur les tracas d'un fonctionnaire et des paroles acerbes sur l'arbitraire des pachas. La soupape une fois ouverte, mon moudir ne se serait jamais arrêté ; c'était un tout autre homme que le matin. « Ah ! soupirait-il, si je n'avais pas de famille, comme je partirais avec vous ! Tout doit aller si bien dans votre pays ! » — « Non, pas tout ! » répondis-je afin de consoler le brave homme qui se levait pour regagner son harem et dont le désir d'émigration n'était pas, en somme, bien sérieux.

Après avoir chaleureusement remercié Nésib-Effendi de son affectueux accueil, je pris la route d'Aboba dont un nizam qui avait entendu parler de ma passion pour les *eski chêler*, était venu me dire que j'y trouverais autant d'antiquités que j'en voudrais voir. Notre chemin se dirigeait par Akhlar-Déré dont l'imam Ismaïl voulut bien m'accompagner à l'endroit où gisaient les « pierres écrites ». Sur le bord d'une fontaine, m'apparut en effet une pierre plate où cinq lignes, gravées en langue grecque, mentionnaient l'érection d'une statue à l'empereur Titus, ce qui nous ramène à l'an 80 après J.-C. environ. Non loin de là, étaient couchés deux fûts de colonnes presque intacts et portant des inscriptions grecques d'une grande valeur pour la géographie historique de cette région. Ces débris avaient été apportés d'un lieu voisin, et je n'hésitai pas à prendre immédiatement la direction indiquée. Je tombai sur un immense champ de ruines jadis occupé par un castrum romain dont les tours et les murailles d'enceinte étaient assez bien conservées.

En examinant de plus près ces murailles recouvertes d'une riche végétation parasite, il me parut que la forteresse avait, par son étendue comme par sa construction, une grande ressemblance avec celle de Gamzigrad en Serbie, dont j'ai donné le dessin dans mon ouvrage sur ce pays. Le nom de ce castrum géant nous est révélé par l'inscription d'une des colonnes : il s'appelait *Burdizu*, et, comme le prouve le monument dédié à l'empereur Titus, son existence remonte au début de notre ère. Il ne doit pas être confondu avec le *Burtudizo* situé sur la route de Byzance à Andrinople, que les différents itinéraires nomment *Burdidizo*, *Bordidizo*, *Brundilizo* ou *Sustidizo*.

Si l'on trouvait quelque part dans l'Europe occidentale un castrum aussi grandiose et aussi bien conservé, une semblable découverte susciterait de nombreuses monographies et provoquerait un intérêt universel. Mais, bien que la Bulgarie soit entrée dans la voie du progrès intellectuel, le camp fortifié de Burdizu sera probablement, pendant longtemps encore, couvert de chardons et de broussailles. Il faudra peut-être des années avant que mon imparfaite esquisse reçoive un complément nécessaire.

La fortune, qui m'avait sans cesse souri jusqu'à ce jour, cessa de m'être favorable après la découverte de l'ouvrage romain d'Aboba. J'espérais trouver quelques antiquités à Kaoukin-Mislim, mais toutes mes recherches dans ce village turc restèrent infructueuses. Je continuai alors ma route vers le nord-est et pénétrai dans le territoire du Déli-Orman (forêt des fous), où l'on ne compte guère de villages chrétiens et dont la réputation est déplorable. D'après quelques voyageurs cette région serait habitée par des Turcs querelleurs et brigands, et l'on m'avait vivement engagé à ne pas m'y risquer. J'eus raison de ne pas m'arrêter à ces conseils. Si je pus constater que les Turcs du Déli-Orman ont un sentiment plus intime de leur valeur que ceux du bassin de la Yantra, par exemple, je m'explique facilement cette disposition par leur supériorité numérique et par le soin avec lequel ils se sont conservés purs de tout mélange. D'autre part, l'hospitalité bien connue des Orientaux me parut s'y exercer dans une aussi large mesure et je dirai même avec plus de cordialité que dans les autres districts musulmans où m'avaient déjà conduit mes voyages.

Il est vrai de dire, néanmoins, que dans cette « forêt des fous » nichent non seulement des oiseaux chanteurs mais aussi des oiseaux de proie et que plus d'une existence humaine a trouvé dans ses profondeurs un terme inattendu à son pèlerinage terrestre. Je faillis moi-même en faire la désagréable expérience. Nous descendions à Mouraldalar par une gorge boisée, lorsque soudain, à notre droite, un mouvement se fit dans le feuillage. Mon zaptié était en avant et j'allais dépasser à mon tour l'endroit suspect, quand un homme à cheval, sautant d'un seul bond hors du fourré, me barra le chemin en me criant d'une voix sonore : « *Dour* (halte) ! » et que le canon d'un pistolet s'appuya sur ma poitrine. « *Dour, effendim* ! » me répéta-t-il, « Où allez-vous ? A moi tout ce que vous portez, si vous voulez continuer votre voyage ! » Le brigand me tenait à bout portant ; un mouvement de la main vers mon revolver et j'étais un homme mort. De plus, j'étais seul, mon zaptié avait disparu et, quant à mon drogman, quoique depuis longtemps nous fussions préparés à pareille rencontre, il avait si bien perdu toute présence d'esprit qu'il ne pouvait articuler un seul mot. Je répondis donc moi-même que j'allais à Silistrie, que j'étais un ingénieur de chemin de fer, voyageant sur l'appel du vali, et, pour appuyer mon assertion, je lui montrai mes instruments et mon firman. Sur quoi, avec un énergique *péki* (bon!), mon agresseur détourna de ma poitrine le canon de son arme tandis que mon drogman reprenait assez de vaillance pour dire : « Tchélébi, ne nous arrêtez pas plus longtemps ; mon maître est un *bach indjénir* du Padichah, et il vous en cuirait si vous l'empêchiez de faire son travail. » Le « seigneur de la forêt » haussa les épaules avec une exclamation dédaigneuse à l'adresse du sultan, puis tout à coup, changeant de ton, il me demanda poliment quelle direction devait prendre le chemin de fer. Je lui indiquai un tracé quelconque, sur quoi l'athlétique personnage jeta d'un bond son cheval de l'autre côté de la route et, avec le salut d'usage, disparut dans l'épaisseur du bois.

Le gentilhomme de grand chemin auquel je venais ainsi d'échapper par miracle, admirable cavalier vêtu de drap cramoisi, était le type de ces vrais tchélébis du Balkan décrits par Saint-Clair : d'une nature chevaleresque, je veux bien le croire, mais qui n'eût pas hésité une seconde à décharger son pistolet sur moi si j'avais fait mine de me défendre. M. Saint-Clair recommande de ne pas compter en pareille occurrence sur le gendarme turc et je vis qu'il avait raison. Mon zaptié avait entendu sans aucun doute le colloque échangé à haute voix entre nous, et il ne savait que trop ce dont il s'agissait, mais il se contenta d'attendre paisiblement à l'issue de la gorge la fin de mon aventure. Comme je le saluais de reproches sur sa lâche conduite, il me répondit qu'il s'était tenu à distance pour ne pas mettre *ma* vie en péril. Mon sang s'était un peu calmé, et, en réfléchissant à loisir, je trouvai qu'après tout, le flegmatique tchaouch avait peut-être fait en cette circonstance ce qu'il avait de mieux à faire.

J'appris du moukhtar de Mouraldalar que j'avais eu affaire au célèbre Ali-Pehlivan (Ali le lutteur) qui avait fait de ce passage, depuis quelques semaines, un repaire dangereux où personne n'osait tenter de l'arrêter. J'appris aussi que les Turcs du Déli-Orman étaient réputés pour leurs qualités militaires et que la garde du corps du Padicha se recrutait presque tout entière parmi eux.

Les nombreuses sources qui jaillissent de toutes parts sur la pente septentrionale du Déli-Orman coulaient jadis jusqu'au Danube ; mais aujourd'hui, leur force s'use à moitié chemin et leur eau se perd dans le sol calcaire au-dessous des couches de lœss. Les ruisseaux de la Dobroudja orientale sont déjà presque tous complètement desséchés; ceux de l'ouest s'appauvrissent à mesure que se prolonge leur cours et il se peut qu'au siècle prochain, la steppe de la Dobroudja ait gagné les environs de Razgrad et de Roustchouk.

A Bech-Tépé (village des cinq collines), le ruisseau n'avait plus d'eau depuis longtemps; toute la jeunesse du lieu, gaiement réunie autour des profonds puits du village, s'apprêtait à mettre en branle leurs longues et lourdes perches afin de remplir les auges qui servent d'abreuvoirs aux troupeaux. Le soir était pourtant loin encore, mais le bétail

MEDJILIS TURC DANS LE DÉLI-ORMAN.

du village est fort considérable, et l'on sait qu'après le coucher du soleil tout travail doit cesser pour le zélé sectateur du Prophète. L'aimable hospitalité que je reçus dans ce village fit de mon repos plus qu'un délassement corporel et je pris plaisir à regarder les voisines jeter sous leur voile plus d'un regard curieux sur l'étranger, tout en aidant les femmes de la maison à préparer mon frugal repas.

Les notables des villages que nous traversâmes le jour suivant se conduisirent à leur tour de la manière la plus cordiale envers moi. Il semblait qu'ils se fussent donné le mot pour me dédommager des inquiétudes causées par un de leurs compatriotes. Mon héroïque zaptié s'était empressé de conter partout mon aventure, enjolivée de détails fantastiques. C'était justement un vendredi (dimanche des musulmans), jour pendant lequel tout en buvant leur tasse de café, les medjilis tiennent généralement conseil, et il eut tout le loisir de satisfaire sa manie de bavardage.

Dans le bourg de Tourptchoular, formé de neuf hameaux dispersés, on se donna beaucoup de peine pour me renseigner exactement sur leur position respective. Puis, ce fut le tour d'Omour-Fakih, dont le medjilis ne voulut point se laisser ravir l'honneur de m'héberger ; bien plus, les honorables membres du conseil municipal, Hadji-Moussa, Méhémed, Mahmoud, Kara-Méhémed et autres effendis me permirent, malgré les usages musulmans, de « mettre par écrit » leurs têtes vraiment caractéristiques que je m'empresse d'offrir au lecteur.

Un lit de ruisseau transformé en belles cultures et dans lequel, au temps passé, l'eau du Kouyoudjouk coulait vers le Danube, nous amena de Kotchmar à Utch-Baïram-Bounar. Plus loin, à Redjep-Mahlé, mon zaptié ayant, malgré ma défense, raconté de nouveau l'agression dont j'avais été l'objet, le maître du mousafirlik en fut tellement affligé pour l'honneur de son pays, que je ne pus le décider à recevoir le moindre bakchich en retour de son hospitalité et que c'est à peine s'il me permit de piquer une épingle d'argent dans les tresses soyeuses de sa jolie fillette.

Entre Merzik et Tchaïr-Mahlé, la terrain mamelonné se recouvre de broussailles de chêne. Vient alors Sarnébé avec ses vingt fermes turques, situées à 221 mètres d'altitude, ce qui donne une descente de 200 mètres environ depuis la base du Déli-Orman, que j'avais quittée l'avant-veille.

Le pays que je traversai ce jour-là devint, après l'établissement du gouvernement bulgare, le théâtre d'une lutte de guérillas qui fut un véritable fléau pour les habitants. Dès l'année 1876, j'avais montré à Vienne à MM. Tsankov et Balabanov, envoyés par les Bulgares auprès des cours européennes, combien la population musulmane était compacte dans la Bulgarie orientale et leur avais fait observer qu'il serait difficile de la plier au régime chrétien ; je n'avais dit que trop vrai.

Les paysans musulmans du Déli-Orman et du Tozlouk, qui avaient pris la fuite à l'approche des Russes, revinrent, il est vrai, après le traité de Berlin et furent rétablis dans leurs propriétés ; mais l'on conçoit bien qu'ils ne pouvaient avoir de grandes sympathies pour le nouvel état de choses. Bien qu'ils eussent été dispensés dès l'abord du service militaire, ils n'en étaient pas moins profondément blessés dans leur orgueil : habitués au commandement, ils ne pouvaient se soumettre à un gouvernement dirigé par d'anciens rayahs! Le musulman, qui se connaît peu aux affaires du monde, regarde la domination d'un prince giaour comme une épreuve passagère, à laquelle on peut toujours essayer de se soustraire. Pour ce motif et d'autres analogues, il se forma dans la région presque exclusivement musulmane, comprise entre Osman-Pazar, Choumla, Silistrie et la Dobroudja, des bandes de partisans turcs. Ces partisans, très différents des brigands ordinaires, se recrutaient parmi les anciens nizams et rédifs de l'armée turque renvoyés dans leurs foyers; ils devinrent peu à peu si nombreux que le gouvernement bulgare dut prendre des mesures sérieuses et renforcer la gendarmerie par des détachements de miliciens. L'énergie déployée par les autorités locales et par les troupes arrêta peu à peu le mouvement, mais il fallut livrer de sanglants combats contre les bandes les plus fortes.

Les campagnes que nous venions de traverser portaient les traces d'une longue sécheresse, tandis que de Sarnébé au Danube, la pluie avait été si persistante que nos chevaux avaient peine à se dégager du sol humide et boueux de la route. L'air était saturé de ces miasmes empestés, qui engendrent des fièvres pernicieuses. Déjà, pendant ma halte de midi dans le pauvre village turc de Tchélébi-Keui, je me sentis mal à l'aise; une heure plus tard, mon drogman, jusqu'alors fort allègre, se plaignit d'un violent mal de tête et mon zaptié lui-même, vieux dur-à-cuire bronzé par le hâle, déclara ne valoir guère davantage. Ce fut avec des appréhensions décourageantes que nous reprîmes notre marche.

A l'ouest de la route est situé Kutchuk-Kaïnardji, célèbre par le traité de paix signé le 21 juillet 1774 entre la grande Catherine et le sultan Abd-oul-Hamid. J'avais projeté une petite fugue vers cet intéressant point historique, mais je dus y renoncer à cause du mauvais état des chemins.

A Almatsi, la terrasse danubienne est couverte de champs de maïs. Sur toutes les pentes s'acheminaient, aux douces notes du hautbois, les riches troupeaux du gros bourg, dont les 240 fermes bulgares enfermaient à elles seules autant d'habitants que tous les villages musulmans réunis que nous avions traversés dans la journée.

Après un intervalle de trois jours, j'eus la joie d'entrer de nouveau dans une maison chrétienne et de contempler le spectacle d'une vie de famille libre et forte, développée en pleine lumière. Ce contraste absolu de l'existence familiale chez les chrétiens et chez les musulmans a plus que toute autre cause contribué à creuser l'abîme qui tient ces deux peuples séparés l'un de l'autre. Le lendemain, je me complus un instant à voir les femmes s'acquitter des soins du ménage et je goûtai même au gâteau de fête qu'elles avaient cuit dans un four qui ressemble à celui des habitants de la Haute-Autriche. Mais mon malaise s'était augmenté pendant la nuit, l'appétit ne m'était pas revenu et j'étais tourmenté par une soif inextinguible, des frissons et une lassitude étrange. Heureusement, nous n'étions plus éloignés de Silistrie ; une heure de souffrance encore et je pourrais trouver un médecin !

Je ne pris que le temps de consulter mes instruments, qui me donnèrent 95 mètres d'altitude pour Almali, et, quittant mes braves Bulgares, j'étais à huit heures du matin sur le chemin de la célèbre forteresse danubienne.

Un léger vent facilita notre marche sur la haute terrasse gazonnée, d'où se déroulaient au regard les magnifiques plaines de la Roumanie, et bientôt les lignes des ouvrages détachés de Silistrie se dessinaient sur les hauteurs à gauche de la route.

Chaque attaque des Russes contre la Bulgarie orientale a trouvé devant elle la barricade de Silistrie. Lorsqu'elle n'était encore que le *Derster* du moyen âge, cette ville voyait se succéder devant ses murs Russes, Byzantins, Bulgares et Magyars. Avant cette époque, le *Durostorum* des Romains avait été déjà l'une des plus importantes cités de la Mœsie inférieure. Les Byzantins l'appelèrent *Durostolus*, nom qui se changea d'abord en *Dristria* et devint, dans la suite des âges, le bulgare *Derster* et le turc *Silvistria*. En 893, le tsar Siméon chercha derrière ses murs un abri contre le flot des tribus magyares accourues des steppes de la Volga et des rives du Don.

Le prince des Varègues de Kiev, Sviatoslav, prit d'assaut Derster en 977, mais deux ans après il fut assiégé pendant trois mois dans cette place par l'empereur Zimiscès et forcé de retourner en Russie. A la fin du quatorzième siècle, le prince de Valachie, Mircea, s'intitulait « seigneur des deux rives de tout le pays du Danube jusqu'à la grande mer et souverain de la ville de Derstr ». Sous le gouvernement du Croissant, Silistrie conserva son importance militaire et commerciale. Les habitants de Raguse avaient ici une grande factorerie et Hadji-Khalfa nous décrit au dix-septième siècle la ville comme la plus importante des villes du Danube. Elle était en conséquence le chef-lieu d'un sandjak qui s'étendait jusqu'à Akkerman (Bialgorod ou Cetatea-Albâ) en Bessarabie.

En 1773, les Russes furent battus devant Silistrie par Osman-

Pacha; en 1810 ils s'emparèrent de la ville, après capitulation. Lorsque les armements de Napoléon forcèrent le tsar à évacuer les pays du Danube, ils rasèrent les fortifications de la place.

En 1828, les Russes franchirent de nouveau le Danube et parurent devant Silistrie, dont les ouvrages, élevés par des ingénieurs étrangers, étaient déjà, sauf un petit nombre de forts détachés, ce qu'ils sont aujourd'hui. Ce siège fameux, décrit par Moltke avec une mer-

FOUR BULGARE A ALMALI.

veilleuse clarté, se termina par la prise de Silistrie, qui succomba le 29 juin 1829 après une admirable défense.

Longtemps Silistrie fut impuissante à se remettre de ce coup terrible. Moltke dit qu'elle comptait pendant le siège 24 000 âmes en y comprenant les défenseurs; mais qu'en 1837, il trouva les trois quarts de son enceinte à peu près déserts. Le nombre des habitants qui s'étaient créé une nouvelle ville ne dépassait pas 4000. L'habile général qui avait dressé lui-même un plan de Silistrie et donné une description complète de sa position et de ses ouvrages, avait recommandé certains perfectionnements qui ne furent point oubliés lors de la nouvelle attaque des Russes en 1854. Le colonel Krach, Prussien de naissance, à qui fut confié le commandement du génie, dota la place d'ouvrages passagers admirablement défendus, et sut s'y maintenir jusqu'à l'occupation des principautés danubiennes par les Autrichiens. Cette intervention, on le sait, força l'armée russe d'abandonner la ligne du Danube.

En 1877, le faible corps russe de la Dobroudja, commandé par Zimmermann, dut se borner à faire quelques fausses attaques contre Silistrie. La place était renforcée par une tête de pont sur la rive gauche du Danube d'où les Turcs entreprenaient des courses et répandaient la terreur jusqu'à Giurgevo et Bucarest. On s'imaginait alors qu'un corps turc considérable devait passer en Roumanie et s'y réunir avec un corps auxiliaire composé de Hongrois et de Transylvains; mais ce plan, s'il exista, fut déjoué au commencement d'octobre par l'arrivée des renforts russes. Dès lors, pour empêcher les Turcs de se répandre dans le plat pays, les Russes s'établirent dans de fortes positions près de Calarasi. Un *fetva* spécial du sultan autorisa, seulement en mars 1878, le commandant Sélim-Pacha à évacuer Silistrie.

Au-dessous des murs de l'Arab-Tabia et des remparts du fort de Medjidieh situé sur une éminence encore plus élevée, la route descend jusqu'aux vastes glacis dont les crevasses d'une argile jaunâtre se confondent en différents endroits avec les murailles de la forteresse. La ville est entourée du côté de la campagne par une enceinte bastionnée, qui décrit un demi-cercle, dont la corde, formée par le Danube, est défendue par un rempart construit le long de la rive. Une tour d'horloge carrée, neuf minarets, les hautes coupoles des mosquées et d'une église, enfin quelques peupliers gigantesques se dressent comme des mâts au-dessus de la houle pressée des toits rouges.

Au delà des marais et de l'abattoir, dont les miasmes empestent les environs, s'ouvre la porte de Stamboul, par laquelle je me dirigeai vers l'agence des bateaux à vapeur autrichiens. Je venais à peine d'y poser le pied que mon regard se voila subitement, ma tête devint lourde et brûlante, mes mains se glacèrent et un frisson me saisit avec tant de violence que je fus sur le point de m'évanouir. Installé dans un han bulgare situé à proximité du médecin et de la pharmacie, je ne fus pas aussi vite remis que je l'avais espéré. La fièvre des marais, que les Bulgares représentent sous les traits d'une horrible et cruelle mégère, s'était assise auprès de ma couche et sa tenace obstination se refusait à lâcher prise. Ce fut seulement le

UNE ATTAQUE DE FIÈVRE.

quatrième jour qu'une énorme dose de quinine parvint à me délivrer de frissons alternant avec des chaleurs brûlantes. Je retrouvai mon énergie en reprenant connaissance, et, bien qu'encore tout brisé, je me décidai sur-le-champ à fuir cette Silistrie remplie d'exhalaisons enfiévrées pour courir vers les hauts-plateaux du sud.

Je me remis en selle accompagné d'un médecin, et, prenant la route de Razgrad qui fuit entre les mamelons couronnés par les forts de Kutchuk-Moustapha et de Medjidieh, je me trouvai bientôt sur l'aride terrasse d'argile jaunâtre qui mène en deux heures et demie au grand village bulgare de Babouk, d'où l'on atteint en une heure celui d'Alfatar. Nous nous reposâmes dans la maison du tchorbachi. Le lendemain matin, nous tirions vers le sud, lorsqu'arrivés à Anestchik je me sentis de nouveau saisi par une chaleur dévorante. J'essayai bien de reprendre ma route, mais, vers midi, mon malaise s'aggrava, le pas du cheval me devint insupportable et ma main ne traça plus sur mon carnet de notes que des caractères tremblants. A l'entrée d'Akkadinlar la fièvre pernicieuse m'avait de nouveau terrassé et je tombai de cheval devant le mousafirlik.

Lorsque je revins à moi, le docteur était agenouillé près de ma couche, s'efforçant de diminuer mes souffrances par des compresses froides. J'entendais les gémissements de mon drogman, étendu dans un autre coin de la chambre et presque aussi malade que moi. D'après l'avis de l'homme de l'art, il ne fallait pas plus songer à continuer notre route dans ces conditions qu'à s'installer dans cette misérable baraque turque. Le retour à Silistrie fut ainsi d'autant plus vite décidé que le devoir appelait le docteur dans un village éloigné. Il fallut toute l'éloquence de mon zaptié pour décider le moukhtar à me procurer une voiture. Vers le soir, un cheval traînait dans la cour une charrette de labour à deux roues où ni cocher ni drogman ne purent trouver place et sur laquelle, avec force foin et couvertures, on m'improvisa une couche à peine suffisante pour me permettre d'étendre les jambes.

A huit heures du soir, notre caravane se mit en route. Le propriétaire du véhicule marchait à côté de moi, et son fils soutenait mon drogman qui gardait à peine son équilibre sur la selle. La chaleur torride qui durait depuis huit jours avait pétrifié les profondes ornières creusées dans le sol pendant la période des pluies; les roues grossières de la charrette rebondissaient pesamment sur ce chemin raboteux et je ne pus pas songer une minute à chercher dans le sommeil l'oubli momentané de mes souffrances.

Heureusement l'air demeura calme ; le firmament était parsemé d'étoiles et la lune brillait à travers les branches des chênes ; des feux étaient allumés aux endroits où campaient des caravanes. Partout régnait un profond silence ; la chanson turque, que mon conducteur récitait d'une voix nasillarde, retentissait d'une manière mélancolique au milieu du mystère de la nuit. Le refrain qui revenait après chaque couplet donnait au chant une ressemblance désespérante avec les répons de l'église et parfois il me semblait assister vivant à mes propres funérailles !

La lenteur de notre marche et ses fréquents arrêts nous amenèrent ainsi jusqu'au grand jour et le soleil était dans tout son éclat lorsque nous fîmes notre entrée dans cette ville que j'avais quittée deux jours auparavant plein de confiance et comptant sur une guérison prochaine. A peine le kaïmakam eut-il entendu parler de mon arrivée qu'il m'envoya son secrétaire pour m'inviter à descendre dans le konak. Je ne crus pas devoir accepter cette offre aimable et je me fis transporter sur le premier bateau à vapeur remontant le Danube, avec l'espoir de me remettre à Roustchouk. Mais, au lieu de céder aux remèdes, la fièvre paludéenne dont j'étais devenu la proie s'aggravait de plus en plus. Force me fut de renoncer à prolonger mon voyage. Le cœur gros de regret, je donnai l'ordre de vendre mes chevaux, et, après avoir largement récompensé de son dévouement mon pauvre drogman encore malade, je repris le chemin de Vienne où, quelques jours plus tard, j'étais étendu sur une triste couche que je ne devais abandonner qu'après de longs mois de souffrance !

Les fièvres de la Dobroudja sont terribles ; il me fallut longtemps pour me remettre. Au milieu de mes maux, je pensais à mon ami Lejean, à l'explorateur si distingué auquel nous devons, avec la première carte ethnographique de la Turquie, la disparition de tant de fables géographiques et qui mourut jeune, à la veille d'entreprendre de nouvelles conquêtes. Comme moi, il fut atteint de cette fièvre de la Dobroudja si funestes aux Occidentaux, et, terrassé, perdant ses dernières forces, il languit longtemps de rechute en rechute pour s'éteindre enfin dans l'été de 1870 après une douloureuse agonie.

Plus heureux que Lejean, j'échappai à huit accès violents qui se succédèrent jusque vers la fin de l'année 1873. L'hydrothérapie me rendit enfin la santé et, en 1874, je fus en état de reprendre mes voyages.

Lorsqu'au mois de septembre 1879, je revis Silistrie, je trouvai que sa physionomie n'avait presque pas changé : des employés, des gendarmes et des soldats bulgares avaient simplement remplacé les Turcs. Ni la ville ni les fortifications n'avaient souffert du feu des batteries russes établies sur la rive gauche. L'émigration des riches familles turques entraîna bien, il est vrai, une grande baisse dans les prix des biens-fonds et des maisons, mais l'immigration de familles bulgares venues de la Dobroudja compensa un peu cette perte. Les 7 mahlés de la ville comptaient, en 1879, 1390 maisons qu'habitaient 2915 familles turques, 529 familles bulgares, 210 roumaines, 140 arméniennes, 115 grecques, 65 israélites et 58 tsiganes.

La commission européenne avait assigné comme limite entre la Bulgarie et la Dobroudja devenue roumaine une ligne qui n'était éloignée de Silistrie que de 200 pas et cédait à la Roumanie beaucoup de champs et de vignes appartenant à cette ville ; l'abattoir même se trouvait au delà de la frontière. Cette délimitation donna beaucoup d'embarras aux habitants. Les Roumains, malgré les protestations des Russes, établirent sans tarder leur administration sur le territoire qui leur était cédé par un décision des puissances, et, au commencement de 1879, ils occupèrent l'Arab Tabia qui en dépendait et qui domine Silistrie. Ils évacuèrent cependant cette position, tout en protestant, lorsque les Russes se préparèrent à les en déloger par force. Aujourd'hui encore la question d'Arab-Tabia est pendante : c'est là un des nombreux articles inexécutés du traité de Berlin.

CHAPITRE XXIX

ESKI-DJOUMA. — LA HAUTE RÉGION DU LOM DE ROUSTCHOUK.
RAZGRAD.

En 1874, un magnifique bateau de la compagnie autrichienne du Danube me transporta de nouveau à travers les Portes de fer. Nous passâmes devant l'île fortifiée d'Ada-Kalé qui, quelques mois auparavant, était devenue hongroise. Calafat, sur la rive roumaine, était plongé dans une obscurité complète; mais, sur l'autre rive, la place forte de Vidin était éclairée par des milliers de lampions. Ses minarets, dont les galeries étaient illuminées, tranchaient sur le firmament obscur. Les fidèles célébraient la fête de la naissance du Prophète. Le lendemain matin, nous arrivâmes à Roustchouk, où je fis immédiatement tous mes préparatifs pour mon voyage dans l'intérieur de la péninsule. Le bouyourdou était prêt, la base de mes mesures de hauteurs était fixée; mais mon drogman était encore tellement affecté par la fièvre qu'il avait eue en même temps que moi, qu'il ne voulut pas s'exposer de nouveau au danger d'une rechute. Je fus donc obligé de chercher un autre polyglotte. Mon départ fut remis, mais ce retard me donna l'occasion d'assister au changement du vali. Depuis le départ de Midhat, en décembre 1867, par conséquent en l'espace de six ans, c'était le cinquième gouverneur que la Porte révoquait au grand désavantage de la population. Une année après, le nouveau vali fut remplacé à son tour et, dans l'espace de peu d'années, plusieurs autres lui succédèrent encore. Les inconvénients de ce perpétuel changement des fonctionnaires supérieurs sautent aux yeux; un semblable système devait nécessairement affaiblir l'autorité de la Porte.

Le 4 mai au matin, tous mes préparatifs étaient achevés et je pris le chemin de fer de Roustchouk à Razgrad pour effectuer ma visite projetée à la célèbre foire d'Eski-Djouma. D'immenses cargaisons de

GARDE-FRONTIÈRES ROUMAINS SUR LE DANUBE.

marchandises étaient déjà parties de Roustchouk pour la ville foraine ; d'autres, remisées dans les entrepôts de la gare, attendaient leur tour d'expédition, car la presse des colis, pour la plupart de provenance autrichienne et allemande, qui arrive par la voie du Danube est si considérable au moment de la foire que le matériel de cette ligne, longue seulement de 224 kilomètres, ne suffit qu'à grand'peine à leur transport. On le voit, si, grâce à des conditions exceptionnelles de sol et de climat, l'Est de l'Europe est appelé dans une certaine mesure à pourvoir à la consommation de l'Occident épuisé déjà par une population surabondante, celui-ci offre généreusement en retour la riche moisson de ses produits industriels, artistiques et scientifiques.

Dans ce paisible échange de rapports fraternels, le chemin de fer de Roustchouk à Varna joue un rôle d'autant plus important que c'est un des tronçons de la ligne de communication directe établie, depuis 1875, entre Paris et Constantinople par la voie de Vienne, la voie la plus courte et, pour certaines catégories de marchandises, la moins coûteuse qui existe actuellement entre le Bosphore et l'Occident. Il s'en faut pourtant que ce chemin de fer ait été construit dans des conditions favorables. La compagnie anglaise qui en avait obtenu la concession devait, on s'en souvient, recevoir une subvention dont le chiffre était fixé à tant par kilomètre ; aussi avait-elle avantage à choisir le tracé le plus long en évitant les montagnes et les cours d'eau qui eussent nécessité des travaux dispendieux. Des considérations de même genre ont fait placer les stations à une distance souvent considérable des localités qu'elles doivent desservir.

La ville de Razgrad elle-même, dont je parlerai plus tard, est située à plus d'une heure de la station qui porte son nom et où nous entrâmes longtemps après le coup de midi. Le chef de gare, M. Castravelli, activa le départ de la voiture que j'avais louée, car il s'agissait d'atteindre Eski-Djouma avant le coucher du soleil. Cette voiture était un de ces nombreux fiacres de Roustchouk qu'à l'époque de la foire, l'appât du gain attire à Razgrad pour le service d'aller et retour des marchands forains. Le cocher arrima fort habilement nos bagages derrière notre véhicule ; mon drogman se plaça près de lui sur le siège et nous descendîmes à fond de train les méandres qui mènent à la ville dont je ne pus voir ce jour-là que les toits rouges dominés par les coupoles de la grande mosquée. Un spectacle des plus animés nous attendait à l'extrémité du quartier sud-est. La route disparaissait sous un tourbillon de voitures de tout genre, au chargement le plus varié, cherchant à se gagner de vitesse au milieu des cris fous et des objurgations des cochers.

Nous étions en route depuis une heure lorsque nous aperçûmes, sur une hauteur à droite de la route, le village bulgare d'Arnaoutlar (220 maisons), où doivent se trouver des vestiges d'anciennes constructions. Au dix-septième siècle, un Albanais, gouverneur de Razgrad, y établit des Albanais chrétiens qui, plus tard, réémigrèrent vers des régions plus septentrionales. Je pus constater en cet endroit que le faîte de partage des eaux tributaires du Danube et de la mer Noire est beaucoup plus au nord que ne l'indiquent nos cartes.

J'y découvris aussi les sources du Sodjak-Kamtchik, inconnues jusqu'à ce jour.

La police foraine s'était distinguée dans les dispositions prises pour la sécurité de la route. D'heure en heure se succédaient des piquets établis sous des abris ou des béklémehs provisoires faits de branches entrelacées et situés presque toujours à la lisière d'un bois ou dans les lieux particulièrement propices à quelque surprise des brigands. Les miliciens turco-tatares, tout bardés de vieux fusils, de handjars et de pistolets ne dédaignaient pas de s'intéresser au bien-être des voyageurs, et la tasse de café dont ils les gratifiaient, moyennant finance, constituait une bonne source de revenus pour ces défenseurs de la patrie.

Partout brûlaient des feux autour desquels des voyageurs assis sur des tapis, buvaient du café. Je crois qu'aucun Oriental, si pressé qu'il soit, et surtout qu'aucun *arabadji* (cocher) ne résiste à la tentation, toutes les fois qu'il voit devant lui une tasse de la délicieuse liqueur venue d'Arabie. Pour avaler une tasse de moka, Turcs, Arméniens et Bulgares, souvent au nombre de six ou huit, sautent à chaque béklémeh qu'ils rencontrent, hors de leur *taliga*. Cette espèce de voiture, peinte en couleurs vives, sans ressorts ni fenêtres, est une invention tatare que les Turcs ont rendue plus affreuse encore. C'est une véritable boîte à tortures, en comparaison de laquelle la *kibitka* russe paraît confortable. Le Turc préfère à tous autres ce véhicule en forme de tonneau, parce qu'il lui permet de s'accroupir sur le plancher recouvert de tapis et de cacher son harem aux yeux des étrangers.

La route franchit le Bachichler-Déré près d'une grande karaoula, construite entre Kareb-Keui et Kodja-Doanar. Le soleil avait disparu et le crépuscule s'avançait sur les pentes d'Aïladin. Arrivé devant le han de Daoutlar, notre cocher, suivant une habitude répandue dans toute l'Europe orientale, tira vigoureusement la crinière et les oreilles de ses chevaux, pour réveiller leur ardeur, et les lança ventre à terre sur les versants qui s'inclinent doucement jusqu'aux rives du Kirk-Guitchid-Souyou. Les bois de chênes et de bouleaux jetaient sur la route l'ombre allongée de leur ramure; les feux de bivouacs des caravanes et des charretiers se multipliaient à droite et à gauche; bientôt nous nous trouvâmes seuls à parcourir la voie. Enfin, brillèrent à l'horizon du soir, les blanches murailles de la place foraine, et, devant elles, les rangées de tentes des compagnies de nizams et de l'escadron de cavalerie, qui campaient ici chaque année pour veiller à la sécurité des valeurs de tout genre exposées sur le champ de foire. Dans le profond silence étendu sur le camp militaire, résonnait distinctement l'appel des sentinelles.

Dans la grande rue du bazar d'Eski-Djouma, se pressait la foule affairée des marchands. Quel tumulte, en effet, et quelle vie ! quelle animation joyeuse dans la maison du tchorbachi qui, sur un télégramme envoyé de Roustchouk, me reçut avec un cordial *dobro dochlé* à la tête de sa famille, parée de ses habits de fête ! Une chambre charmante aux jolies boiseries m'offrait, et au delà, le confort réclamé par mes modestes exigences; le souper répandait son appétissant parfum, et dans le jardin babillait une petite fontaine, dont le rythme monotome m'entraîna bientôt dans ce pays des songes, où les fatigues de la journée n'auraient pas tardé à me conduire.

Je connaissais déjà la physionomie et les habitants d'Eski-Djouma depuis la visite que j'y avais faite en 1872. Ce n'est pas dans les cités turques que deux années apportent des changements appréciables. Le pavé de la petite ville était aussi pointu, son architecture aussi dépourvue de charme, ses rues et ses ruelles aussi étroites.

Sur la place du konak, les calèches antédiluviennes de Roustchouk, attendant les visiteurs du panayir, trahissaient seules le grand événement de l'année.

La foire d'Eski-Djouma possède pour le nord-est de la Bulgarie danubienne, la même importance que celle d'Ouzoundjé-Ova pour la Thrace centrale. On y rencontre des marchands de Constantinople et de l'Asie-Mineure, et le bonnet de fourrure du Persan est loin d'y constituer une rareté.

A l'entrée principale de l'immense enceinte carrée dans laquelle se tient la foire, des soldats étaient en faction. Tout près de là se trouvent deux bâtiments à un étage, où des délégués du tribunal de commerce de Roustchouk et le cadi expédiaient, sans paperasses, les différends qui s'élevaient entre acheteurs et vendeurs. Là encore étaient les bureaux du kaïmakam du cercle. Le vali et le moutessarif de Tirnovo avaient aussi pour habitude de visiter la foire dans la semaine principale. Midhat créa la nouvelle place du panayir ; il projetait de fonder au centre une mosquée et d'établir aux quatre coins des caravansérails de grand style, faisant saillie à l'extérieur. Les successeurs du vali réformateur mirent ce projet, comme tant d'autres, sous le *minder* (sous le coussin); le nouveau préfet bulgare ira peut-être l'y chercher.

Le panayir s'ouvre le 4 mai pour se clore le 18. Plus des deux tiers de l'aire immense, consacrée à la foire, sont traversés en long et en large par cinq rues qui se coupent à angle droit et qui forment 36 carrés occupés par des boutiques. Souvent le carré tout entier appartient à un seul propriétaire, et celui-ci loue aux marchands chacune de ses boutiques pour un prix qui varie d'après le plus ou le moins d'affluence à la foire. Dans les bonnes années, ce chiffre peut monter jusqu'au delà de 2500 piastres par boutique ; mais, dans les mauvaises, bien des échoppes restent vides, beaucoup de marchands préférant renvoyer chez eux leurs colis avant de les ouvrir.

En 1874 il a été expédié à Eski-Djouma, par la voie de Roustchouk et des bateaux à vapeur du Danube, 5000 quintaux métriques d'articles divers ; mais la foire en avait encore reçu bien davantage de Constantinople, via Varna, de Salonique, d'Andrinople, de Philippopolis, par les caravanes du Balkan. Les marchandises autrichiennes consistaient spécialement en articles dits de Kronstadt, en courroies, draps grossiers, objets de métal, coffres aux couleurs voyantes, brosses ; puis en châles de Vienne, en cotonnades, foulards de tête de nuances variées, dentelles d'or, fleurs artificielles, draps, allumettes, papier à cigarettes, faulx de Styrie, fez, verres et cristaux de Bohême, lampes à pétrole, ustensiles de cuisine émaillés, articles de plaqué et de métal blanc ; en produits chimiques, encres et gouttes de Hoffman des fabriques de Budapest, fers en barre, papier de Hongrie. De provenance anglaise étaient les fils de coton, les étoffes pour turbans, les cotons à fleurs, les dentelles, la toile ordinaire et fine, les articles de fer et d'acier, les aiguilles, la clouterie, les scies, etc.

La France envoie à Eski Djouma des mousselines pour mouchoirs de tête, des étoffes de soie pour féredjis, du verre trempé, de la vaisselle ordinaire ; l'Allemagne : des cotonnades rayées de Saxe, des montres et horloges de la Forêt-Noire, des articles de fer de provenance rhénane, des tissus rouge foncé d'Elberfeld ; la Russie : des serrures de fer et de laiton, etc.

Des produits indigènes, ceux qui me surprirent le plus par la supériorité de leur fabrication et par leur beauté, furent les étoffes blanches à bordures variées d'Eski-Zaghra en Thrace, les couvertures à raies rouges, les étoffes bleues à carreaux blancs, les damas ouvrés de Pirdop, près de Zlatitsa, les objets de métal de Gabrovo et de Choumla, la sellerie de Constantinople. Les marchands qui débitent ces articles vendent aussi, en gros et en détail, de la droguerie anglaise, des couleurs, du pétrole américain, des matières colorantes, du sucre de Marseille, des bougies hollandaises et du sel de Valachie. Quelques marchands orientaux offrent des châles de Trébizonde à 300 francs l'oque, du tabac de Toumbuktchi, dans l'Iran, du henné vert, de Damas, pour la teinture des ongles, et des noix de coco de la Mecque.

Les Orientaux aiment beaucoup les étiquettes coloriées où sont indiquées, en plusieurs langues, même en hébreu, les qualités des marchandises; ils recherchent de même les marques de fabrique bordées de fils d'or et d'argent. Ces petits détails facilitent beaucoup la vente.

A la foire est annexé un marché aux bestiaux et aux produits bruts qui est d'une grande importance pour les districts limitrophes. Mais ce qu'il y avait de plus pittoresque, c'étaient les petites boutiques ambulantes, où l'on entendait crier sans cesse : « *altmich para.* » Là, tous les articles : tabatières, lunettes garantissant de la poussière, et une foule d'autres menus objets étaient vendus au prix uniforme de trente centimes; c'étaient des rebuts de l'industrie européenne qui, par ses machines, produit à si bon marché; l'Orient, qui ne connaît que la main-d'œuvre, ne peut concourir avec elle.

L'ensemble de mes observations sur la foire de Djouma m'a donné une nouvelle confirmation de ce fait, que la fabrication autrichienne a maintenant des concurrents victorieux dans les produits de l'industrie anglo-française, et même dans celle de l'Allemagne, de la Hollande et de la Suisse. J'explique cette circonstance par le peu de penchant des fabricants autrichiens à conformer leur goût à celui des peuples étrangers et par le manque d'agents d'affaires habiles; mais surtout par le fait que les voies ferrées de la Turquie d'Europe, au lieu d'avoir été construites de la frontière méridionale de l'Autriche vers la mer, ont été construites de la mer vers le nord.

Les lignes de la Roumélie ont eu pour point de départ Énos, Salonique et Constantinople, et, jusqu'à ce jour, elles n'ont rejoint sur aucun point le réseau autrichien. Non seulement on a privé par là l'industrie autrichienne de la livraison des immenses fournitures de rails et de tout le matériel roulant, mais encore on a favorisé contre l'Autriche les États industriels de l'Europe occidentale, qui expédient leurs produits à peu de frais par la mer. Voilà pourquoi l'Autriche est descendue du rang élevé qu'elle occupait autrefois dans le commerce de l'Orient. Quant je publiai les études que j'avais faites à la foire d'Eski-Djouma, on fut stupéfait à Vienne en apprenant que la France avait remplacé l'Autriche même pour le commerce du sel et du sucre, que la Hollande lui avait enlevé l'industrie des bougies, etc.

Un comité d'enquête conduit par le comte Edmond Zichy, se rendit peu de temps après à la foire d'Eski-Djouma, et, à ma triste satisfaction, confirma tout ce que j'avais dit. A l'heure actuelle, l'Autriche-Hongrie traite avec la Serbie, la Bulgarie et la Turquie pour l'achèvement définitif des lignes depuis si longtemps attendues. Pendant la guerre de 1877-79 la foire d'Eski-Djouma ne put avoir lieu; elle fut rouverte en 1880. Pour attirer les marchands de la Roumélie orientale, leurs congénères, les Bulgares leur accordèrent la remise des droits pour les marchandises non vendues.

En quittant la ville foraine, je gravis les hauteurs qui la dominent au nord-ouest, passai près du village de Guéren et visitai sur le Kisana-Tépé, le « Tombeau de la vierge ». Fatmé était née au village voisin de Daoutlar. Pendant sa vie elle faisait déjà des miracles qui excitaient l'admiration, et elle prédit qu'après sa mort s'élèverait sur la colline voisine un *téké* où, pendant quatre cents ans, les malades trouveraient des consolations et la santé. On eut foi dans ses paroles. Les pieux habitants de Daoutlar crurent pouvoir hasarder un capital dont les intérêts étaient garantis pendant quatre siècles! En 1856, ils élevèrent, sur l'emplacement désigné, un petit téké, où fut déposé le corps de la vierge; un village turc, qui se fonda près du téké, prospéra si bien qu'il compte aujourd'hui 55 maisons; en l'honneur de la sainte, on l'a nommé *Kisana-Téké*.

De nombreux pèlerins viennent prier auprès du sanctuaire. Les mardis et les vendredis, ce monument funéraire, recouvert de riches tapis, s'entoure d'une multitude de ces cierges dont, pendant sa vie, la sainte musulmane avait particulièrement aimé la lueur. Le pouvoir posthume de Fatmé est des plus divers ; elle guérit les malades et fait retrouver les objets perdus en retour des cierges offerts par les fidèles. Le vieux derviche préposé à la garde du tombeau se montre satisfait du plus léger bakchich.

La région populeuse, de près de 1800 kilomètres carrés de superficie, dans laquelle j'allais entrer figurait jusqu'alors sur nos cartes comme une tache absolument blanche. De Kisana-Téké, une montée facile nous porta sur le plateau montagneux dont la croupe, développée du nord au sud, forme cette ramification de l'arête faîtière du Lom et du Kamtchik pour la possession de laquelle se sont livrées, en 1877, tant de luttes acharnées entre le tsarévitch et Méhémed-Ali-Pacha.

Les clefs de cette importante position, les hauteurs du Sakar-Tépé et du Kiritchen-Baïr, que le premier j'avais portées sur la carte, jouèrent un grand rôle dans les bulletins militaires russes de 1877. Les Tcherkesses qui étaient établis dans six villages au pied du plateau se distinguèrent surtout dans la défense de ces collines. J'avais prédit que la Russie rencontrerait encore une fois le Caucase au pied du Balkan et ma prédiction se réalisa. Pendant des mois entiers l'aile gauche du tsarévitch ne put gagner ici un pouce de terrain; partout la pique du Cosaque venait se heurter contre le sabre du Tcherkesse.

Au sud du village de Sépétchi le Kirtirli-Déré épanche ses eaux vers le Kamtchik, tandis qu'un second ruisseau, traversé par nous devant Kizilar, coule au Kara-Lom (Lom Noir), désigné sous le nom de Tcherni-Lom par les Bulgares qui forment dans la région une minorité bien marquée. Après être descendus de Kizilar dans une large coupure déboisée ouverte sur le Kara-Lom, nous le franchîmes pour atteindre la route qui mène directement au village de Pop-Keui. Vis-à-vis, sur la pente nord-est, se dessinait nettement la silhouette de Sarnasouflar; à l'ouest se déroulait l'ample et magnifique vallée du Lom, entourée de montagnes aux lignes moelleuses. Nous la traversâmes près d'Ayaslar, et, continuant notre route sur le plateau couvert d'une riche végétation, nous arrivions avant la tombée de la nuit à Pop-Keui que j'avais choisi pour notre bivouac.

Traversé d'un bout à l'autre par la Voditsa, Pop-Keui comptait, en 1874, 148 fermes. Mais son mauvais destin l'ayant fait en 1877 principal point d'appui des armées belligérantes, ce malheureux village, bombardé plusieurs fois et pris d'assaut, s'est vu finalement livré aux flammes.

Ayant fait le lendemain matin l'ascension d'une éminence au nord de Pop-Keui je pus reconnaître sur une étendue considérable le cours moyen du Kara-Lom. Je venais d'apprendre qu'il possédait, avec les deux bras portés sur nos cartes, deux autres veines d'eau inconnues jusqu'à ce jour. J'étais impatient de les étudier de plus près; mais il s'agissait d'abord de déterminer exactement les premières sources du Kara-Lom et le faîte de partage qui le sépare de la Yantra. La route d'Osman-Pazar me parut la plus convenable pour l'exécution de ce plan. Je la connaissais déjà jusqu'au village d'Ayaslar; un peu plus loin, près d'Araplar, la vallée du Kara-Lom se resserre en un défilé romantique et boisé dont la route gravit la pente ouest pour courir ensuite sur le plateau jusqu'à Konak-Keui. L'idée m'étant venue d'une petite reconnaissance sur les hauteurs du sud-ouest, je ne fus pas peu surpris de voir s'ouvrir sur l'autre versant, et juste au-dessous de moi, une vallée peuplée de villages dont il m'était impossible de pressentir l'étendue.

Les noms des villages qui s'étalaient au-dessous de moi m'apprirent que j'étais sur la pente septentrionale de cette vallée du Yarli-Déré, tributaire de la Yantra, que j'avais effleurée en août 1872, du côté du sud.

Lorsque j'eus terminé mon relevé, je me dirigeai vers Konak-Keui où je fis halte dans la meilleure de ses 60 fermes bulgares.

Le tchorbachi me reçut avec beaucoup d'amabilité; pendant le dîner, il m'ouvrit son cœur : « Voyez, Monsieur, me dit-il, bien que nous n'ayons ici que dix-neuf maisons musulmanes, le Turc pèse terriblement sur nous. Il prend les meilleurs champs, et, si nous le traînons devant les tribunaux, on lui donne toujours raison. Plaise à Dieu que votre empereur vienne enfin nous délivrer. Comme des Turcs et des Tatares habitent en grande majorité dans le voisinage, les choses vont de jour en jour plus mal. On dit que le sultan est bon, mais il n'a pas le pouvoir de nous protéger contre ses mauvais employés. » Comme tout a changé depuis 1877 !

Konak-Keui est situé sur la limite du bassin du Kara-Lom, à 385 mètres d'altitude ; derrière le village, je pus mesurer, à 468 mètres, le point culminant du faîte de partage. La route, fort négligée, ondule avec le sol jusqu'au village élevé de Saltiklar que d'épaisses forêts séparent de Huseïner. Là, un violent orage creva sur nous ; il fallut chercher au plus vite un asile. Mais le moukhtar, se figurant que selon l'usage des fonctionnaires turcs qui voyagent avec un firman nous songions à nous faire héberger gratis, nous jura que son village ne possédait pas le moindre mousafirlik. Lorsque j'eus enfin réussi à le tranquilliser sur la question financière, la scène changea du tout au tout et l'honnête magistrat installa sans scrupule ma couchette sous le petit péristyle de la mosquée.

Le lendemain, je payai libéralement ma note : Hadji-Bobou, qui auparavant s'était démené comme un sauvage, en fut si ravi qu'il m'offrit une prise d'une boîte sur laquelle on lisait : « Pommade mandarine ». Dieu sait comment cette tabatière était venue de Paris dans ce coin de la terre.

Le lendemain, j'étais de bonne heure à Osman-Pazar. Mais comme j'avais suffisamment arpenté cette ville en 1873, je n'y aurais pas séjourné une minute, n'eût été l'obligation de me pourvoir de chevaux frais et de requérir l'échange de mon zaptié. Six heures s'écoulèrent avant que ma petite caravane fût prête à se remettre en marche et il était déjà quatre heures lorsque nous pûmes, du plateau qu'embrassent les veines initiales de l'Akili-Kamtchik et de la Yantra, jeter un coup d'œil sur la silhouette d'Osman-Pazar qui décroissait lentement à l'horizon. Nous étions sur la route de Sliven et les éperons nord-ouest du Sakar-Balkan nous rapprochaient de plus en

MEDJILIS TURC A KOUZLOUK-KEUI.

plus de cette chaîne aux profils imposants. De ses sombres gorges boisées découle le Kouzlouk-Déré dont je relevai les sources. Après avoir traversé le Buyuk-Déré sur un joli pont, près d'Orta-Keui, la route remonte le torrent en suivant les ondulations de la rive. Nous avions gagné 230 mètres depuis Osman-Pazar et nous avions atteint 634 mètres d'altitude à Kouzlouk-Keui.

Une chance heureuse voulut que l'honorable medjilis du lieu fût justement réuni en séance près du mousafirlik. Les dépositaires du pouvoir eurent ainsi toute facilité de donner leurs ordres pour la nourriture et le logement de nos chevaux.

Partis dès l'aube, le lendemain, nous étions de bonne heure au point culminant de la route, sur le contrefort le plus septentrional du Sakar-Balkan. Après avoir traversé une veine du Buyuk-Déré, nous entrâmes dans la vallée de la Késarovska, que, malgré son étendue, les contours les plus vagues désignaient seuls jusqu'à ce jour sur nos cartes. Cette vallée est assez peuplée, bien cultivée et riche en forêts. La descente du col de Zouvandji-Mésari m'avait autrefois mis à même d'étudier près de Staréka son affluent méridional; aujourd'hui, j'avais affaire à son bras septentrional, le Gani-Déré, avec lequel, traversant tantôt les hauteurs et tantôt de profonds ravins, je descendis jusqu'au village d'Aïranlar où je franchis ses ondes rapides près d'un moulin pittoresque. L'impétueux torrent fuit, entre des crêtes basses formées de roches calcaires, vers le grand village turc de Stévrek où ses eaux limpides, riches en truites, s'unissent à celles de la Staréka.

Le village de Stévrek fut le point le plus méridional que j'atteignis durant ce voyage. En le quittant, je pris la direction nord-ouest et suivis la rive droite de la Késarovska jusqu'à Déré-Keui. Lorsqu'il fallut traverser le vieux pont de pierre à six arches, bel ouvrage de l'ancien art bulgare, que son tablier étroit, escarpé et sans garde-fous rend presque dangereux, nos chevaux reculèrent et nous dûmes serrer la bride pour rester maîtres de leurs mouvements. Deux fois encore, devant Achar-Keui, nous eûmes à franchir le lit profond de la joyeuse et fraîche rivière. Des coups de pistolets, le son de la flûte et du tambourin annonçaient un événement dans le village. C'était une noce musulmane. Mais que sont pour nous, hommes de l'Occident, ces fêtes dont la femme est absente?

Des villages d'Achar-Keui, de Sofouryouda, où nous prîmes notre repas, et de Tchechmé, où nous passâmes la nuit, nous ne vîmes autre chose que les mousafirliks; nulle part ne s'ouvrit pour nous recevoir la demeure d'un habitant hospitalier. Aussi, quelque honorable que soit d'ailleurs l'accueil que les notables du lieu préparent au voyageur dans la « maison des étrangers », celui-ci ne peut se défendre de l'impression qu'il est, dans une certaine mesure, traité comme un paria. Heureusement, j'avais de quoi me consoler : ce dernier jour avait été pour moi aussi riche en jouissances pittoresques qu'en résultats géographiques. J'avais déterminé les sources de l'importante Késarovska et de ses affluents, le Yaïla-Déré, le Kara-

Déré et le Yénidjé-Déré, les faîtes de partage vers le nord, l'ouest et le sud, et, enfin, la position des quarante-deux villages de cette vallée, qui manquent même sur la carte d'Artamanof, publiée en 1876.

Le jour suivant, nous traversâmes de nouveau la Késarovska et, après une heure de trot, nous étions à Késarova, nommée aussi Késarovska, que j'avais déjà visitée en 1872. Tous les chevaux de la localité étaient à la foire de Djouma. Non sans pousser force soupirs, mais alléché pourtant par la perspective d'un riche pourboire, le

VIEUX PONT BULGARE PRÈS DE DÉRÉ-KEUI.

vieux savonnier, qui m'avait accompagné jusqu'ici avec sa rosse, rechargea la pauvre bête et ce fut avec un véritable soulagement que je l'entendis bientôt crier d'une voix sonore : *Khaser* (c'est fait!).

Après Révich et sa colline boisée, je descendis au bourg principal de la vallée, lequel doit à son importance l'honneur de donner au Buyuk-Déré son second nom de Kadi-Keui. Il forme avec Késarova un point ethnographique intéressant : c'est en effet dans ses environs que l'élément turc, prédominant dans les cercles d'Osman-Pazar, de Djouma et de Razgrad, commence à se mêler à l'élément bulgare qui, grandissant à mesure qu'il se rapproche de l'ouest, devient enfin le seul maître du terrain entre l'Isker et le Timok.

Les correspondants de journaux envoyés ici pendant la guerre ont jugé le caractère bulgare de la manière la plus contradictoire. Mais il me semble qu'il est impossible d'avoir une idée juste sur un peuple sans une grande somme d'expérience; dans tous les cas, on ne peut acquérir cette expérience que pendant les époques paisibles : alors même il faut un esprit sûr et pénétrant, pour aller au fond de la question.

L'accueil des Bulgares de Kadi-Keui fut, par exemple, aussi cordial que celui de leurs congénères de Késarova avait été froid ou indifférent. Ici et là, même nationalité pourtant; mais, pendant que le village de Kadi-Keui se cache loin des sentiers battus et n'a que rarement l'occasion de recevoir des étrangers, son voisin, situé sur la route militaire, a souffert des réquisitions multipliées des soldats et des fonctionnaires turcs, et ses habitants cherchent à se dérober par une affectation de misère aux obligations trop dispendieuses d'une hospitalité forcée. Des hommes de la même race montraient ici, sous l'influence des circonstances extérieures, des qualités très opposées qu'un observateur superficiel pourrait prendre pour les traits caractéristiques de tout un peuple.

Ce fut à Kadi-Keui que j'achevai de relever le bassin du Buyuk-Déré, qui possède tous les charmes des régions d'altitude moyenne. Ses cinquante-deux villages, joints aux douze de la vallée de la Késarovska, pareillement laissés dans l'oubli jusqu'à ce jour, font de cette partie du réservoir oriental de la Yantra une région bien autrement peuplée qu'on ne pourrait le croire en consultant les cartes russes ou allemandes antérieures à 1877.

Mais ces cartes portaient encore une tache blanche dont le vide absolu m'avait arrêté court depuis des années. Ce point d'interrogation auquel il me fallait absolument répondre, c'était la région du Lom de Roustchouk. Je tournai donc mes pas de ce côté.

Du faîte de partage dressé derrière Kadi-Keui je vis bientôt s'ouvrir au nord une nouvelle vallée que des informations me donnèrent pour appartenir au bassin du Kara-Lom. J'étais sur la rive droite d'un troisième bras de cet important cours d'eau et ce nouvel affluent, avec ses vingt-quatre villages jusqu'alors ignorés, tenait la place où toutes les cartes, sans en excepter celle de l'état-major russe, faisaient couler un prétendu affluent de la Yantra.

Le bourg de Banitsa m'ayant été désigné comme le centre principal de ce bassin, j'inscrivis ma découverte sous le nom de Lom de Banitsa. Les collines de la rive droite, élevées parfois de trois à quatre cents mètres, sont en grande partie couvertes de jeunes taillis. Le feu a déblayé le sol des parties basses et l'a converti en terres labourables dont la culture est particulièrement rémunératrice. Le blé y donne des moissons prodigieuses et les riches troupeaux paissant dans les prairies du village disent le bien-être des habitants.

Par Kodja-Bounar nous atteignîmes Tchaïr-Keuï, auquel sa position sur la route de Pop-Keui à Tirnovo a donné, pendant la dernière guerre, une haute importance stratégique.

Après avoir passé par Beg-Verbovska et Halvadji-Yénidjési la route monte, par un profond ravin, au faîte de partage du Kara-Lom au milieu des plus charmants paysages. La nature s'était parée de ses habits de fête, les œillets fleurissaient le sentier, le gazon s'émaillait de corolles; des senteurs balsamiques s'élevaient des buissons et des bois. La jeune ramure s'inclinait mollement sous le souffle du zéphir. Il manquait à cette douce symphonie de printemps le murmure des sources, mais le petit peuple ailé des forêts se donnait libre carrière sous le feuillage et animait de sa vie joyeuse ce beau mois de mai qu'ont chanté tant de poètes.

« Il y a des jours où l'on éprouve un véritable plaisir à voyager sur ce sol vierge, » écrivis-je dans mon journal, tout ravi que j'étais par le charme de cette région.

Du village élevé d'Érendjik, un aride fossé creusé entre d'épais bois de hêtres et de chênes nous entraîna jusqu'au Kara-Lom, dont nous passâmes à gué le lit large d'une quinzaine de pas. La terrasse de la rive opposée, haute de 30 à 40 mètres et rayée d'innombrables déchirures, offre près de Katsélévo une grande analogie avec le rivage du Pont-Euxin près de Baltchik. Katsélévo (193 mètres) comptait environ 70 maisons bulgares et autant de turques. Qui sait combien de ces fermes travailleuses ont été, depuis lors, offertes en victimes à l'impitoyable guerre ! Où sont aujourd'hui la jolie église et la petite école du paisible village ? Qu'est devenue la demeure hospitalière qui m'accueillit alors avec tant de cordialité?

Ici se trouvèrent successivement le quartier général de l'armée russe du Lom et celui de la principale armée turque. Le combat livré le 5 septembre près de Katsélévo donna la victoire à Méhémed-Ali, qui pourtant ne profita pas des avantages obtenus pour percer la ligne russe. Il retourna à Razgrad et laissa au tsarévitch cinq jours de répit, ce qui permit à ce dernier de reformer ses troupes dans d'excellentes positions sur le Lom. Sur les instances du conseil de guerre de Constantinople, Méhémed-Ali reprit le 11 septembre sa marche en avant, mais, comme toujours, d'une manière lente et hésitante. Le 21 seulement, il attaqua l'aile droite russe qui avait été considérablement renforcée dans cet intervalle et qui était massée surtout entre Tchaïr-Keui et Tserkovna. Les assauts que les Égyptiens engagèrent contre la position de Tserkovna, sous la conduite de leur prince Hassan et sous les yeux de Méhémed-Ali, furent repoussés. Après une tentative non moins vaine pour percer l'armée du tsarévitch par une poussée du côté de Tirnovo, le « pacha giaour » se retira par Voditsa derrière le Lom Noir, en brûlant tous les villages bulgares. Lorsque le 24 octobre le quatorzième corps d'armée russe prit l'offensive près de Roustchouk, Katsélévo fut un des premiers points qu'il occupa.

La route nord-est nous conduisit en une heure de ce célèbre village au village turc de Tsérovtsé. Il m'était réservé d'inscrire au-delà du plateau, large de deux heures, qui porte ce village, un quatrième bras encore ignoré du Lom, quelques kilomètres plus loin. En arrivant à Kostantsa, où je franchis ce cours d'eau, j'appris que ses sources principales descendent du massif de Karadirli au sud-est, et qu'il se jette près de Nisova dans l'Ak-Lom ou Lom Blanc, après un parcours de 37 kilomètres; je lui donnai le nom de Lom de Svolenik, d'après le plus important de ses dix villages.

Grâce à mes nouvelles découvertes, ce fut avec un sentiment d'intime satisfaction que je poursuivis ma route sur la terrasse qui se prolonge vers l'Ak-Lom. Près d'Ésirdjé, une large nappe de feu faisait dans la forêt son œuvre de défrichement. A travers la fumée qui se frayait une voie entre les troncs épargnés, le village brillait dans sa parure de printemps; les arbres fruitiers, partout épanouis, l'entouraient d'une ceinture de fleurs; dans l'eau paisible et bleue d'un petit lac formé d'une multitude de sources réunies dans une dépression de la prairie, se reflétait l'ombre tranquille des riches troupeaux couchés sur le gazon. Vis-à-vis de Drantsa, située sur le bord de l'Ak-Lom, ma route rejoignit celle de Roustchouk à Razgrad par Tourlak et, suivant la rive gauche de . rivière, j'étais, dans l'après-midi, au village de Husendjé dont les hauteurs sud-ouest m'offrirent la possibilité de m'orienter sur le cours supérieur du Lom de Svolénik et sur la position de ses villages.

Beaucoup de ces localités furent dévastées ou complètement

détruites pendant les combats livrés dans l'été de 1877. Quelques-unes se relevèrent, par exemple Kizil-Mourad, village entièrement bulgare dont les habitants demandèrent, en 1879, au prince Alexandre la permission de prendre le nom de Battenberg. La permission fut accordée

HAN ET GRANDE MOSQUÉE A RAZGRAD.

et le parrain donna au village une certaine somme pour contribuer à la construction de l'église et de l'école.

A Hasanlar, nous trouvâmes beaucoup de gens occupés à cuire des briques pour la ville voisine de Razgrad, dont la silhouette, qui m'était bien connue, se dessinait à l'horizon.

Le vaste han turc qui me donna l'hospitalité à Razgrad ressemblait bien plus à une ferme de paysans qu'à un lieu de repos pour les voyageurs; mais j'avais en face de moi les belles formes architecturales de la grande mosquée, carrée par la base, octogone à l'étage supérieur, auquel une large coupole, un svelte minaret et des clochetons pointus aux angles donnent par leur harmonie beaucoup de grâce et de pittoresque.

Accompagné du commandant de la gendarmerie du vilayet (gendarmerie qui ne comptait pas moins de 5400 zaptiés), je visitai l'intérieur du monument. C'est un édifice très imposant, dans lequel pénètre une vive lumière. Le mur de la *kibla* est percé à lui seul de 13 fenêtres. Il fut élevé en partie en 1614 par cet Ibrahim-Pacha qui établit autour de Razgrad des Arnaoutes chrétiens; il fut probablement construit par des maîtres tsintsares, les Turcs ayant en général l'habitude de s'adresser à des rayahs pour leurs constructions religieuses. Bien que la mosquée tirât de 7 villages, qui lui étaient affectés à titre de *vakoufs*, une rente de 7000 livres d'or, on fit peu de chose pour restaurer et conserver le monument qui était fortement endommagé.

D'après Hammer-Purgstall, le nom de *Razgrad* signifierait « mille châteaux »; il a au contraire, en bulgare le sens de « destruction » ou « ruine ». On ne trouve effectivement pas plus de trace à Razgrad des prétendus mille châteaux que d'autres monuments qui pourraient nous faire connaître son passé. La ville a beaucoup souffert pendant les guerres russo-turques. Elle fut brûlée en 1810 par le général Langeron. Pendant la dernière campagne, elle servit de quartier général aux commandants de l'armée turque et ses collines furent transformées en un camp retranché dont l'organisation, très vantée, ne fut mise à aucune épreuve sérieuse.

Lorsque le tsarévitch fit reconnaître la place le 26 juillet 1877, elle était déjà entourée de solides retranchements qui s'étendaient jusqu'à Ésirdjé. De même qu'à Plevna, les Turcs, avec ce talent pour la fortification que tout le monde leur reconnaît, firent ici sortir du sol un grandiose boulevard. Après la prise de Plevna, Razgrad reçut les forces ottomanes qui se retiraient lentement de la ligne du Lom; à la fin du mois de décembre, ces troupes furent transportées par le chemin de fer jusqu'à Varna.

Razgrad comptait, en 1874, 1860 maisons turques ou bulgares, soit environ 10 000 âmes, et le cercle dont elle était le chef-lieu ne comprenait pas moins de 141 villages. Le relevé détaillé d'un si grand nombre de localités me constitua pour les jours suivants une tâche des plus absorbantes.

La position favorable de Razgrad lui assure un bel avenir. Il s'y fait un important commerce de produits bruts et son bazar appartient aux plus riches du pays. L'établissement d'une gare plus à proximité de la ville aiderait puissamment à son développement. Aujourd'hui, c'est un pénible travail pour les chariots que d'escalader les méandres escarpés qui conduisent à la station.

Autour de la gare on voit déjà se grouper des auberges, des boutiques et de grands magasins construits par des spéculateurs qui en tirent des revenus d'autant plus considérables que le chemin de fer ne dispose que de très petits locaux. Quelques-uns de ces entrepôts, élevés à peu de frais par Midhat, ont rapportés jusqu'à 5000 francs de loyer annuel. L'intelligent réformateur a créé entre Razgrad et Vétova une ferme-modèle dirigée d'après les principes occidentaux et pourvue d'un matériel perfectionné. Mais l'on cherche vainement l'influence que l'exploitation rurale de Bat-Mich a pu exercer sur les cultivateurs du voisinage. Des paysans intelligents que je questionnai à ce sujet me répondirent : « Pourquoi achèterions-nous à grands frais des charrues et des machines ? Plus nous récolterions et plus il en tomberait dans la poche du Padichah et des collecteurs d'impôts ». Ainsi s'explique comment les louables efforts de Midhat ont été à peu près perdus et comment tant d'intentions excellentes ont amené de si médiocres résultats.

La station de Razgrad était dépourvue d'eau et les ouvriers italiens occupés depuis quelques semaines au forage d'un puits artésien étaient déjà parvenus à 84 mètres de profondeur sans avoir atteint la nappe liquide. Je mis à profit cette occasion favorable pour déterminer l'épaisseur des couches :

	Mètres.
1° Humus.	3
2° Argile.	6
3° Lœss.	14
4° Calcaire poreux, riche en pétrifications et probablement éocène.	7
5° Calcaire avec rognons de silex.	14
6° Schiste.	40

Le contre-maître n'a pas rempli sa promesse de me tenir au courant des résultats ultérieurs de ce premier forage, effectué à une grande profondeur dans le sol bulgare.

CHAPITRE XXX

TOUTROKAN. — LA BASSE RÉGION DU LOM DE ROUSTCHOUK.

Le matin se leva splendide, mais l'air était frais. Dans les branches entrelacées des tilleuls et des hêtres, sous lesquels notre route descendait du haut plateau de Razgrad, d'innombrables oiseaux jetaient au matin leurs trilles argentés. Bien loin, par delà Kirli-Kouyoudjouk, mon œil suivait, sur le versant ouest du plateau, les poteaux de la ligne télégraphique ; vers le nord et vers l'est de légères colonnes de fumée et de fines silhouettes de minarets, montant dans la lumière azurée, nous découvraient les villages cachés dans les replis de la pente : Lipnik, Suutli, Dikilitach, Toptchou et plusieurs autres qu'on cherchait en vain sur les cartes. Ainsi, quelques pas à peine me séparaient du chemin de fer de Roustchouk à Varna et je me trouvais de nouveau sur un terrain vierge où tout était à faire.

L'activité industrielle du petit vallon où est situé Toptchou me surprit. Environ trente fours y brûlaient une chaux de qualité supérieure extraite des pentes voisines, et qui est ensuite expédiée jusqu'à Choumla, Tirnovo et Osman-Pazar.

Mon croquis du village de Toptchou me dispense d'en donner une description plus détaillée ; quelque furtif que soit le trait avec lequel j'ai essayé de reproduire et la petite place et les puits aux énormes perches qui font songer à ceux de la puszta magyare, le lecteur en retirera cependant une idée plus nette que de tout ce que j'en pourrais dire encore. Avec ses 150 fermes bulgares et ses moulins à vent hissés sur les collines calcaires, Toptchou s'estimait alors un des plus riches villages de la contrée. Mais la guerre a passé par là : qu'est devenue son opulence ?

La vallée profonde et déchirée du Toptchou-Déré nous porta, du village musulman de Tozlou-Alan, jusqu'au village turco-bulgare de Gueuzedjé. Dans ces deux localités se pressaient tumultueusement de nombreux troupeaux, et ce fut pour mon zaptié une tâche périlleuse que de nous ouvrir un chemin, bien qu'il traîtât les conducteurs de « chiens » et leur lançât l'épithète, plus mal sonnante encore dans la bouche d'un Turc, de « Moscovites ».

Un moukhtar à la figure d'un noir d'ébène était la plus grande autorité du village. Mon zaptié négocia avec lui pour avoir un guide ; l'Arabe y eut bientôt pourvu : comme ses collègues turcs, il força un Tsigane, le souffre-douleurs du village, de nous accompagner sur notre longue route. Celui-ci, voyant bien que toute protestation était inutile, détacha de l'arbre le plus proche une solide baguette pour se défendre contre les chiens sauvages, et se ceignit les reins pour entreprendre avec nous cette partie de campagne involontaire.

Une heure et demie plus tard, par les hauteurs d'une crête pittoresque vêtue de forêts et de prairies, nous arrivions en vue du minaret de Lodjova. Le soleil avait à peine disparu ; cependant, pas une âme ne se montrait dans les rues du village ; les maisons étaient closes pour le repos de la nuit et mon guide eut grand'peine à découvrir la demeure du moukhtar. Un jeune officier de la garde du corps du sultan, en congé dans sa famille, eut la curiosité de venir me faire visite dans le mousafirlik où j'étais enfin parvenu à me caser. Il connaissait tout au plus, de l'Autriche, le nom de Betch (Vienne) ; néanmoins, le temps se passa tant bien que mal en conversation jusqu'au moment où l'on apporta le souper ordonné par le medjilis du village.

Les membres de cette assemblée m'assurèrent que le ruisseau de Tétova, qui jaillit non loin de leur village, disparaissait dans le sol, après un parcours de 22 kilomètres à peine. On m'avait donné le même renseignement à propos du Toptchou ; aussi, désireux de constater personnellement ces faits à cause de leur importance physique et géographique, je me dirigeai de telle sorte que je pusse encore une fois traverser en aval le lit de ces deux rivières.

Du profond bassin des sources de la Tétova, nous atteignîmes en deux heures le village turc de Drénovtsa, totalement dépourvu d'eau, que suivait à une demi-heure de distance celui de Bal-Bounar. Les habitants des villages altérés de Drénovtsa, Yénidjé-Keui et Djéférovo doivent venir puiser à Bal-Bounar, que traverse le Toptchou, l'eau nécessaire à leurs besoins journaliers. Je me fis conduire près du réservoir dans lequel, au moyen d'un puissant barrage de pieux et

TOUTROKAN, LA BASSE RÉGION DU LOM DE ROUSTCHOUK. 531

de terre glaise, on retient les eaux troublées du ruisseau avant leur disparition définitive dans le sol de lœss.

Tous les ruisseaux à l'est de la ligne de Roustchouk à Varna, à l'exception du Démir-Baba-Dérési quelquefois encore assez abondant, ont été endigués de la même manière que le Toptchou. Que ces cours d'eau aient jadis coulé vers le Danube, on n'en peut douter un instant. Les gens du pays conservent encore la tradition d'anciennes

VILLAGE BULGARE DE TOPTCHOU

rivières et il suffit d'un coup d'œil jeté sur ma carte pour retrouver le tracé que suivaient jadis ces rivières, aujourd'hui desséchées.

L'aveugle et stupide déboisement des forêts dans le territoire septentrional du Déli-Orman, est sans contredit une des raisons de cette désolante rareté de l'eau, si nuisible à la culture du sol. Je pus trotter pendant deux heures en plein *yali*, comme on appelle ici les terres sans arbres. L'inspecteur des forêts, en résidence à Razgrad, n'avait que faire de quitter son cabinet et deux gardes forestiers suffisaient à la surveillance de son immense cercle. Les paysans ne tenaient aucun compte des interdictions et se moquaient du teskéreh, qui défendait de couper des arbres sans autorisation et établissait une taxe de 15 pour 100 sur la valeur des bois abattus. Ils n'admettaient point, d'ailleurs, que l'État s'arrogeât un droit sur les forêts, qu'ils considéraient comme leur domaine propre. Le ruisseau de Zaoud-Keui, près duquel je mis enfin le pied dans un ravin boisé, n'a fourni qu'une traite de 7 kilomètres qu'il nécessite déjà le secours d'un barrage. De même que Bal-Bounar, Zaoud-Keui forme, pour ses voisins de Younouslar et Saliler, un réservoir dont ils transportent à grand'peine l'eau jaune et vaseuse dans des tonneaux placés debout sur des charrettes que traînent des chevaux ou des ânes.

Le mousafirlik de Zaoud-Keui, dans lequel nous passâmes la nuit, était un des plus confortables de la région et le medjilis avait fait son possible pour le bien-être de ses hôtes. Quarante familles tcherkessses étant établies à proximité, ces braves gens tinrent pour indispensable de monter la garde autour de notre maison isolée tant ils craignaient qu'un vol, imputé dans la suite à leur village, ne vînt compromettre sa bonne réputation.

J'eus ici plus d'une occasion d'apprécier les excellentes qualités du véritable Osmanli. Il est seulement dommage que ces qualités soient plutôt de nature négative et que la classe supérieure en soit, d'ailleurs, absolument dépourvue. Mais, fussent-elles développées encore davantage, elles ne parviendront point à sauver de la décadence un peuple en lutte avec des nations chez lesquelles prédominent les qualités positives. Les Grecs, les Arméniens et les Bulgares ont depuis longtemps reconnu que la science est le meilleur guide vers le pouvoir, et c'est pour cela qu'ils se sont efforcés d'acquérir, chez eux et à l'étranger, des connaissances qui les rendissent capables de dépasser, avant tout dans le domaine matériel, leurs voisins dont l'esprit est paresseux et dont l'enseignement scolaire se maintient dans une infériorité des plus affligeantes. La récitation du Coran, la grammaire arabe, une géographie plus ou moins mystique et le calcul forment tout le bagage avec lequel les jeunes gens des meilleures familles turques sont lancés dans le monde. Appuyés sur le privilège de la naissance, il leur était possible de faire leur chemin dans l'armée et dans l'administration ; mais, s'ils voulaient s'occuper d'industrie ou de commerce, il leur fallait céder le pas à leurs concurrents chrétiens, mieux outillés sous le rapport des connaissances techniques, industrielles et commerciales.

TÊKÊ DE DEMIR-BABA-PEHLIVAN.

Il me fut facile de voir le lendemain à quel degré les prêtres musulmans contribuent, pour leur part, à obscurcir l'intelligence de leurs adeptes. Les fables extravagantes qui me furent racontées de bonne foi, par les villageois musulmans, sur le compte du miraculeux derviche Hassan-Démir-Baba-Pehlivan dépassent de loin les légendes les plus abstruses du moyen-âge, mais elles furent distancées à leur tour par les bouffonneries mystiques dont me régala le cheïkh préposé au téké de ce thaumaturge merveilleux.

Le manque d'eau de la contrée a donné naissance à ces miraculeuses légendes, que la sottise et aussi d'habiles spéculateurs ont propagées. On a de la sorte augmenté la force d'attraction du téké, en même temps que l'on a fait passer l'argent des fidèles peu cultivés dans la poche de moines agioteurs.

Le sanctuaire s'élève au fond d'une gorge pittoresque. Je présentai mon firman au cheïkh, qui le porta respectueusement à ses lèvres ; puis, prenant place auprès de moi sur le tapis de la modeste salle consacrée aux étrangers, me fit l'histoire détaillée du saint homme et de ses exploits :

« Hassan-Démir-Baba vivait il y a 400 ans. C'était un saint derviche dont la main savait faire jaillir l'eau des rochers les plus arides, comme il appert à Kral-Bounar, sa demeure primitive, et dans la gorge même où il construisit son téké et son tombeau. Il fut père des soixante-douze nations qui sont sur la terre. Un jour qu'un terrible géant avait bu toute l'eau des armées du tsar moscovite, allié du sultan Mahmoud, Démir-Baba tua le monstre redoutable, et le tsar reconnut ce service en lui donnant 18 000 oques de sel chaque année. Comme les armées russes souffraient aussi de la faim, le derviche apporta dans un drap, noué par les quatre bouts, du pain, du foin et de l'orge et, voilà ! lorsque les hommes et les chevaux eurent mangé, il y en avait encore de reste. Mais quand les derviches prirent parti contre le sultan, en faveur des janissaires vrais croyants, Démir-Baba cessa d'envoyer des vivres à l'armée moscovite. Plein de colère, Ibrahim-Pacha, gouverneur de la province, voulut châtier le rebelle. Celui-ci lui échappa en escaladant une muraille à pic. Converti par ce miracle, le pacha défendit de troubler jamais le repos du solitaire. Le téké n'en souffrit pas moins sous le règne impie du réformateur Mahmoud ; abandonné et négligé sous celui d'Abd-oul-Medjid, il vit tarir ses sources. La sécheresse dura trente ans. Mais le pieux Abd-oul-Aziz ayant confirmé à nouveau les anciens droits de ce lieu sacré, les eaux reparurent et, depuis quatre années, elles coulent de nouveau jusqu'au Danube. »

Je respirai quand le cheïkh eut achevé de me dérouler ce tissu d'absurdités, qui faisait naître le baba il y a 400 ans et le mettait en relation avec l'armée russe de 1829. Je fus alors invité à pénétrer dans le téké. Ombragé par de beaux arbres, le petit monument sépulcral s'appuie à la pente boisée. Tout près de lui courent les cinq sources du ruisseau que Démir-Baba fit jaillir du bout de ses cinq doigts. Près d'une petite mosquée se trouve un rocher qui porte également l'empreinte de sa main, et, sur le ressaut de la falaise qu'il escalada sous les yeux étonnés de l'hérétique pacha, se voit la caverne d'où il vint, d'une seule enjambée, poser le pied à la place précise où devait être érigé son monument.

En présence de la foi profonde de mon cicérone, ce ne fut pas sans un certain respect que j'entrai dans ce sanctuaire sacré, dont le cheïkh soulevait pour moi le voile, et qu'à la pâle lueur des cierges, mon œil se reposa sur le cercueil recouvert de tapis et de reliques, dont la vue n'est généralement accordée qu'aux vrais croyants. Mon guide me fit toucher les souliers géants du saint : il voulait me convaincre qu'il ne s'agissait point ici d'une vaine apparence, d'une chaussure de bois ou de cuir bronzé, mais d'un soulier de métal, peu fait pour les pieds modernes. Il me fallut essayer le couteau dont le Baba fendait les rochers, admirer son chapelet de grosses pierres polies et visiter les tombeaux de pieux musulmans, dont le dernier vœu avait été de reposer à côté du saint derviche.

En quittant le turbé, je déposai sur le cercueil une offrande « pour sa conservation ». Le cheïkh en apprécia la valeur d'un coup d'œil, et, comme elle dépassait son attente, il devint encore plus aimable et me demanda la faveur de me conduire dans sa maisonnette, dont la principale chambre offrait une grande ressemblance avec celle des couvents bulgares.

En réalité, maître Ahmed était un habile spéculateur qui mettait à profit la superstition de ses frères en la foi, comme nos hôteliers exploitent un site pittoresque ou une belle cascade. Depuis huit ans qu'il s'était chargé de l'entreprise du téké, le saint avait béni le gardien de telle sorte qu'il possédait des champs, des bois, des prairies, deux moulins, deux paires de bœufs et de buffles, une vache, un cheval, de la volaille, sans compter les petites économies. Je laisse le lecteur faire lui-même connaissance avec mon hôtelier ecclésiastique au moment où il vient, de sa personne et en toute humilité m'apporter mon repas avec celui de ma suite et de quelques pèlerins.

Le mauvais temps me força de prendre un jour de repos ; mais, le surlendemain, le ciel avait recouvré de nouveau l'admirable pureté de son azur, et, dès l'aube, nous quittions le téké pour suivre les hauteurs sud-est, d'où je pouvais apercevoir le confluent du Maser-

INTÉRIEUR DU TÉKÉ DE DÉMIR-BABA-PEHLIVAN.

Téké-Déré avec la Kokardja. Le cours d'eau formé par la réunion de ces deux ruisseaux porte le nom fameux de Démir-Baba, mais il est à craindre que ce vivant témoignage d'un pouvoir surnaturel n'en conserve pas longtemps le souvenir aux générations futures, car il ne traîne plus qu'à grand'peine un maigre filet d'eau jusqu'à Kutchuk-Yéni-Balabanlar.

De Kokardja, la route dépasse Huseïnli et traverse, près d'Arslan-Keui, le lit desséché du Klitch-Déré, dont les sources jaillissent du

Déli-Orman. Autrefois, ce ruisseau se jettait dans le Danube à l'ouest de Toutrokan ; de nos jours il coule assez abondant jusqu'à Klitch-Keui, où je le trouvai barré par une forte digue. Une heure plus tard, je franchissais, près de Kalamak, son lit étroit, que je traversai encore une fois entre Hassan-Mahlé et Échankovan-Tchoukour-Keui.

Le jeune Tcherkesse qui devait ramener à Zaoud les chevaux de réquisition refusa d'aller plus loin; en conséquence, je dus renoncer à gagner avant le coucher du soleil les hauteurs du Déli-Orman. Mais, le lendemain, je ne perdis pas une minute à prendre la route de cette intéressante région. Je croisai le Beujukli, et, suivant les crêtes de Terbi-Keui, je réunis enfin les derniers matériaux nécessaires à l'étude complète des affluents du Danube et du Pont-Euxin dont c'est ici le faîte de partage. Cette tâche difficile une fois achevée, je descendis les longues pentes qui mènent au Pravadi.

Vers le sud se fit entendre tout à coup le sifflet encourageant de la locomotive. La ligne de Roustchouk à Varna n'était pas loin. Nous dépassâmes le Has-Keui-Déré et quelques bans calcaires émergeant entre les marnes qui ont donné la pierre de taille blanche et finement grenue du viaduc à huit arches de Chaïtandjik, seul ouvrage d'art de toute la ligne. Cette station, où l'on s'arrête pour dîner, est devenue maintenant, grâce au talent d'organisation d'un émigré polonais, M. Malinowski, un petit Eldorado. Caviar, sardines, beurre, poissons, salade, miel, fromage, excellente bière, bon vin et cigares y attendent le voyageur. Je ne suis pas épicurien, mais j'avoue que je ne me séparai point sans regret de cette oasis enchantée. Je voudrais bien savoir si le merle qui trônait au-dessus de la porte de la salle à manger salua l'arrivée des Russes, en 1877, par son refrain : « Non, la Pologne n'est pas morte! »

De Chaïtandjik (338 m.), qui regarde déjà du côté de la mer Noire, je descendis dans la vallée pour traverser de nouveau le Has-Keui-Déré, puis l'Érékli-Déré, près du village du même nom, avant de gravir les hauteurs d'Ékisdjé.

Jusqu'à présent, ma mission avait été féconde en résultats : j'avais rempli les vides de nos cartes et substitué à une topographie de fantaisie une reproduction exacte du terrain. A partir de ce point jusqu'à Toutrokan, vers le nord, je n'eus qu'à contrôler les travaux excellents faits dans la Bulgarie orientale, après la paix d'Andrinople en 1829, par des officiers russes.

De cette époque datent la plupart des travaux de défense que je rencontrai sur ma route, notamment à Tchamourli, non loin de

Gueurguenli, où je croisai le dernier affluent de la mer Noire, l'Akhlar-Déré. Ma route quitta dès lors le territoire du Déli-Orman pour rentrer dans celui du Danube, vers lequel courrait le ruisseau du village de Keukludjé, s'il en avait la force. Mais, loin de fournir une aussi longue carrière, il va se perdre dans le lœss, près de Bostchoular après avoir coulé l'espace de quelques kilomètres seulement. Le Beujukli, dont j'avais, le jour précédent, relevé les sources près de Terbi-Keui, fut le seul ruisseau que je vis jusqu'à Toutrokan, pendant un voyage de 60 kilomètres, fait tout entier dans un pays desséché.

Notre route vers le Danube offrit très peu de détails pittoresques ; mais l'ethnologie m'en parut d'autant plus intéressante, que, depuis mon départ de Toptchou, je pouvais constater l'absence absolue de chrétiens dans la région. Ma carte ethnographique ne porte pas une seule localité bulgare sur ce vaste territoire, qui s'étend jusqu'à Toutrokan et Silistrie. Tous les villages y sont musulmans. Le labour et l'élève du bétail sont les seules sources de revenu de cette bande de terrain encore boisée qui confine à la Dobroudja proprement dite.

Le manque absolu de hans, dans la contrée, ne me laissa d'autre ressource que de recourir à l'hospitalité des habitants, et je dois dire qu'elle me fut toujours très cordialement accordée. Je n'en excepte pas le misérable village d'Aïdogdou, d'où nous atteignîmes, par Podaïva, le lit desséché du Klitch-Déré, près d'Oa-Charmana. Les paysans de cette localité n'ont pour toute ressource que leurs puits, et je dus même effacer de la carte quelques villages que leurs habitants ont depuis longtemps abandonnés par suite du manque absolu d'eau dans la région. A Viz-Keui, j'eus la joie de voir apparaître enfin, non loin d'un modeste cours d'eau tombant près de Kosou dans le Danube, une petite colonie bulgare de vingt-deux fermes.

Où s'établissent les Bulgares on peut être assuré de trouver un han pourvu du jus de la vigne. Or, sans vouloir médire de l'hospitalité musulmane, j'étais fatigué de ces repas sans vin, assaisonnés d'interminables salameks et d'une société parfois très peu divertissante. Ici je fus servi par la fille de l'hôte, jolie enfant aux joues roses, à la chevelure ornée de fleurs. Ce fut une fête pour mes yeux qui depuis tant de jours n'avaient entrevu que des femmes jalousement enveloppées de leur férédji. Je m'amusai à regarder le joyeux va-et-vient de l'auberge où mon apparition avait amené une bonne partie de la population bulgare de Viz-Keui, et ce fut avec les souvenirs les plus aimables que je gravis la dernière section de la terrasse qui me séparait du Danube.

Deux ravins, puis, après Sari-Gueul, un haut plateau et, soudain, vers le nord, les verdoyantes campagnes de la Roumanie, offrant leur rive aux caresses du Danube. Toutrokan, masqué par le ressaut de la paroi d'où nous contemplons la vaste plaine fluviale, est situé à 50 kilomètres environ de chacune des forteresses de Roustchouk et de Silistrie. Le Danube, large d'environ 800 mètres, coule ici entre des rives solides, ce qui ne lui arrive que sur peu de points de son long parcours. Constantin avait bâti sur l'emplacement actuel de Toutrokan, la forteresse de *Transmarisca* à laquelle il donna pour vis-à-vis, près d'Oltenitsa, le castellum de *Daphne*, chargé de veiller à la sécurité du passage.

Mannert fait dériver le nom de Transmarisca de la situation de cette ville en face de l'embouchure du *Mariscus* (l'Arges). C'était une forteresse importante, défendue par une garnison d'infanterie légère et deux cohortes de la légion Claudia. Quant à Daphne, que Justinien fit, dit-on, reconstruire en même temps que Transmarisca, les chroniqueurs ecclésiastiques en font le siège d'un évêché.

L'ancien château fort de Toutrokan fut pris au début de la campagne de 1810 par le général russe Kamenski; détruit, la même année, avec la plupart des places fortes du Danube, il ne s'est pas relevé de ses ruines.

Pendant la campagne de 1854, le serdar Omer-Pacha traversa le Danube près de Toutrokan et livra aux Russes le célèbre combat d'Oltenitsa; les troupes turques montrèrent, dans cette journée, que le vieil esprit militaire qui avait jadis conquis la moitié de l'Europe, n'était pas encore mort chez les Osmanlis. En 1877, les Russes se bornèrent à bombarder d'Oltenitsa, sur la rive gauche du fleuve, les monitors turcs et les redoutes de Toutrokan. Les Turcs répondirent. Ce fut dans ce combat d'artillerie que fut blessé le général russe Ernroth, dernièrement ministre de la guerre en Bulgarie.

Bien que Toutrokan (en roumain Turtucaia) soit le centre administratif d'un cercle considérable, la ville n'offrait aux regards des visiteurs que ses 461 maisons turques, pour la plupart construites en bois, ses 15 maisons circassiennes et ses 715 maisons chrétiennes absolument dénuées d'intérêt. Les Roumains, qui forment la majorité de sa population, possèdent une église recouverte de fer-blanc. La petite communauté bulgare s'est mise à part depuis quelques années, mais elle n'a pas encore trouvé les fonds nécessaires à l'achèvement d'un temple modeste. Les Roumains vivent en grande partie de la pêche. Le fleuve est affermé sur une grande étendue par quelque deux cents pêcheurs qui s'associent quatre par quatre, se construisent eux-mêmes une barque et la font remorquer par un bateau à vapeur moyennant une légère rétribution. Ces hommes se trouvent heureux lorsqu'après deux mois d'un pénible labeur, ils peuvent rentrer au logis avec un bénéfice de 5 à 6 livres turques (120 à 140 francs) chacun.

Toutrokan exporte des céréales, des peaux, du bois du chauffage et de construction. Le cercle produit en abondance de superbes hêtres blancs particulièrement propres à la confection d'outils et à l'exportation; mais l'élévation des tarifs sur les bateaux remontant le fleuve en rend l'exportation peu lucrative. Les bois de cornouiller et de chêne rouge sont expédiés en Valachie et rapportent aux vendeurs des gains d'autant plus rémunérateurs que les bûcherons ne reçoivent que 8 piastres par jour.

Peu de temps avant ma visite, certain ingénieur prussien avait acheté du gouvernement un lot important d'arbres pour l'exportation. Le kaïmakam de Toutrokan, auquel, confiant dans son droit, il n'avait peut-être pas suffisamment graissé la patte, s'arrangea de telle sorte que l'entrepreneur se trouva posséder les fûts mais se vit refuser les branches dont la valeur jouait un rôle important dans son calcul. Il lui fallut recourir au vali pour se faire restituer son bien. Le kaïmakam ne fut pas plus aimable pour moi qu'il ne l'avait été pour l'ingénieur prussien, et j'eus beaucoup de peine à obtenir de sa mauvaise volonté les chiffres statistiques que mon firman me donnait le droit d'exiger.

Après un séjour de vingt heures à Toutrokan, je laissai derrière moi la ville peu attrayante dont les maisons s'accrochent au rapide talus d'argile de la rive. Ma route longeait la base d'un plateau de 133 mètres d'altitude dressé à la place de ces « basses terres bulgares » que l'on croyait jusqu'à ce jour constituer la berge du fleuve. Après une marche de 7 à 8 kilomètres, nous aurions dû, suivant les cartes, franchir les eaux du Démir-Baba-Dérési, mais le lit de la rivière était vide. On pourrait dire, en prenant le mot au sens physique, que la Dobroudja commence déjà aux portes de Toutrokan. En mai 1874, j'ai constaté sur les lieux, qu'à l'est de Roustchouk, pas un seul cours d'eau ne s'écoulait dans le Danube.

Les terres sèches étendent peu à peu leur domaine; déjà l'on a vu disparaître le petit lac qui baignait jadis le village de Kalimok, situé près du lit du Démir-Baba.

J'avais à peine dépassé le fond désert de cet ancien lac que je vis se développer sur ma route une activité inaccoutumée. Du haut de la terrasse dévalaient de tous côtés des paysans vêtus de leurs habits de dimanche qui se rendaient au village voisin de Tourk-Esmil, où se tenait ce jour-là une petite foire. Une occasion de ce genre était toujours une bonne fortune pour moi, et je me trouvai bientôt au milieu de la foule bariolée qui tourbillonnait entre les tentes et les échoppes des marchands de Roustchouk et de Toutrokan, ou se pressait sur la place verdoyante du village. C'était une vraie fête populaire avec son accompagnement obligé de prestidigitateurs, de bohémiens, d'acrobates, de gargotes, de buvettes, de danseurs et de musiciens, sans oublier les inévitables « phénomènes » de toute catégorie. Sur l'aire réservée à la vente du bétail, il me fut facile de remarquer que les moutons les plus beaux appartenaient à ces Roumains de Transylvanie qui viennent annuellement affermer de vastes pâturages dans les villages du cercle de Toutrokan. Leurs troupeaux comptent chacun 3 à 400 têtes; la chair du bétail est vendue sur les lieux et la peau expédiée en Allemagne.

Notre marche sur Nasser-ed-Din fut entravée par une suite d'incidents désagréables. Un des chevaux réquisitionnés à Toutrokan était absolument surmené, et, comme la pauvre bête finit par ne plus pouvoir mettre un pied devant l'autre, je me vis contraint de songer à la remplacer. Mais avant que le moukhtar eût été mandé, que l'honorable medjilis eût compté sur ses doigts tous les chevaux du village et délibéré lequel, d'Ahmed ou de Youssouf, recevrait l'ordre d'amener ses bêtes, le soir était venu et j'avais perdu des heures précieuses. Aussi me jurai-je solennellement de ne jamais entreprendre le moindre voyage dans la contrée sans le faire avec mes propres chevaux.

Ce fut à Nasser-ed-Din (85 mètres) que je me séparai du cercle de Toutrokan qui comptait 44 villages parmi lesquels un seul, Kalimok, était exclusivement chrétien, 8 étaient habités par des chrétiens et des musulmans, les autres par un mélange de Turcs, de Tatares et de Tcherkesses. Le cercle de Roustchouk, dans lequel j'entrai le lendemain, comptait 94 villages, dont 19 étaient absolument turcs, 63 mixtes et 12 bulgares. Cela n'empêche point que la majorité de la population ne se trouve probablement du côté des Bulgares. Déjà, dans les villages mixtes, le chiffre des maisons chrétiennes dépasse en moyenne celui des musulmanes. De plus, pendant que les fermes bulgares, par suite du régime de l'association familiale, abritent souvent de douze à dix-sept membres, les maisons turques sont rarement habitées par plus de quatre à six personnes. Pour compléter mes observations ethnographiques sur les cercles danubiens de la Bulgarie occidentale, j'ajouterai que les Tsiganes y forment depuis longtemps une fraction considérable et qu'ils sont particulièrement nombreux dans le cercle de Roustchouk.

La suite de mon voyage vers Bisantsa, dans une direction générale sud-ouest, fut une interminable succession de montées et de descentes par-dessus les failles calcaires bien arrosées, dans lesquelles une humidité féconde a déterminé la création de nombreux villages. Tandis que le maïs pousse dru dans les profondeurs humides des ravins, les hauteurs se couronnent de jolis bois de chênes. Yurukler s'enorgueillit de noyers admirables. De Vétova, l'on atteint en une demi-heure la station de chemin de fer de ce nom, située sur le faîte de partage du Lom. Le beau village de Bisantsa, moins élevé de 100 mètres, comptait, en 1874, près de 130 maisons bulgares, 25 circassiennes et 14 turques. De son mousafirlik, peu attrayant d'ailleurs, je pus jouir d'une charmante échappée de vue sur la belle vallée du Lom.

Nous étions à la Pentecôte et cette fête du glorieux printemps s'ouvrait par un soleil splendide; mais, fidèles au calendrier Julien, les habitants de Bisantsa ne devaient la célébrer que plus tard. Cependant, la solennité du dimanche les avait tous revêtus de leurs plus beaux habits et l'air de gaîté que donnaient au village les groupes parés de couleurs claires, m'aurait volontiers retenu si ma qualité de voyageur ne m'eût fait l'esclave du temps. Je devais profiter de ces belles journées pour achever la dernière partie de mon travail, c'est-à-dire la reconnaissance du point de jonction des deux bras du Lom, ignorés avant moi, et le tracé de son cours inférieur.

En tant que lieu de bifurcation des routes conduisant d'Osman-Pazar et de Choumla vers Roustchouk, Bisantsa est une importante position stratégique.

Dans le voisinage de ce village, la garnison de Roustchouk livra, le 16 juillet 1877, un combat acharné à l'armée du tsarévitch, pour déloger les Russes des stations de chemin de fer de Tchervéna-Voda et de Tétova. Le 26 juillet eut lieu, non loin de là, à Tourlak, un autre combat dans lequel périt Abd-oul-Hafiz-Pacha. A Yovan-Tchiftlik le prince Serge de Leuchtenberg, neveu de l'empereur Alexandre, tomba sur le champ de bataille au milieu d'autres braves. Le 12 décembre, deux jours après la prise de Plevna, qui était encore ignorée, Soliman chercha sur le Lom inférieur à s'ouvrir un passage vers cette place par Krasna et Kochovo ; mais les Russes furent avertis à temps, par les télégrammes des journaux anglais, du danger qui menaçait leur aile gauche, et repoussèrent victorieusement les attaques des Turcs contre leurs positions de Métchka, Damoguila, etc.

Entre Bisantsa et Kadi-Keui le terrain semble être créé tout exprès pour un champ de bataille et pour le déploiement de grandes masses de cavalerie. Des milliers de combattants sont tombés à cette place et leurs ossements se mêlent à ceux des races nomades des époques préhistoriques dont l'œil peut compter encore les tertres funéraires.

Kadi-Keui est, ou plutôt a été, jusqu'en 1877, une bourgade de soixante-quinze fermes musulmanes et quatre-vingt-dix bulgares, située sur une partie complètement à sec de la terrasse droite du Lom, lequel fuit, une demi-heure plus à l'ouest, entre des parois profondément entaillées.

Après avoir relevé quelques points importants et m'être convaincu que le Yenidjé-Keui, porté en 1871 sur la carte de Kiepert, n'existe pas, je fis un détour vers le sud et me dirigeai vers le point de jonction du Béli-Lom et du Tcherni-Lom, puis je marchai vers Nisova. Les habitants bulgares de ce beau village nous offrirent une hospitalité cordiale. Nisova ne date que de 1844 mais, grâce à l'esprit pratique de ses habitants, elle a su se donner une jolie église et un solide pont sur le Béli-Lom.

En suivant le cours de cet affluent, je constatai, à l'ouest du village, l'embouchure du Lom de Svolénik dans le Béli-Lom. Je traversai ses ondes de cristal, puis l'étroite colline assise entre les deux principaux bras de la grande rivière dont j'étudiais le système hydrographique et je descendis au village turco-bulgare de Tchernévi. La hauteur de la rive gauche porte les ruines d'un château du moyen âge, dont le passé fournirait matière à des recherches intéressantes.

De cette rive, je continuai ma route dans la direction de l'ouest par Tabachka vers Pépelné, d'où, après une nuit d'orage et sur un sol noirâtre et détrempé, je suivis la profonde coupure de la rivière. A Chiroko se réunissent les deux vallées du Tcherni-Lom et du Banitchki-Lom. La terrasse, au-dessus du village, offre une admirable vue d'ensemble sur le point de jonction des deux rivières et sur l'importante région qu'arrosent leurs sinuosités capricieuses.

Après avoir terminé mon relevé topographique, qui offrait aux nombreux curieux, se pressant autour de moi, matière aux conjectures les plus amusantes, je gagnai, par Damoguila, le han de Tersténik construit sur la chaussée de Roustchouk à Tirnovo et dont le plateau fortement ondulé, d'une altitude moyenne de 250 mètres,

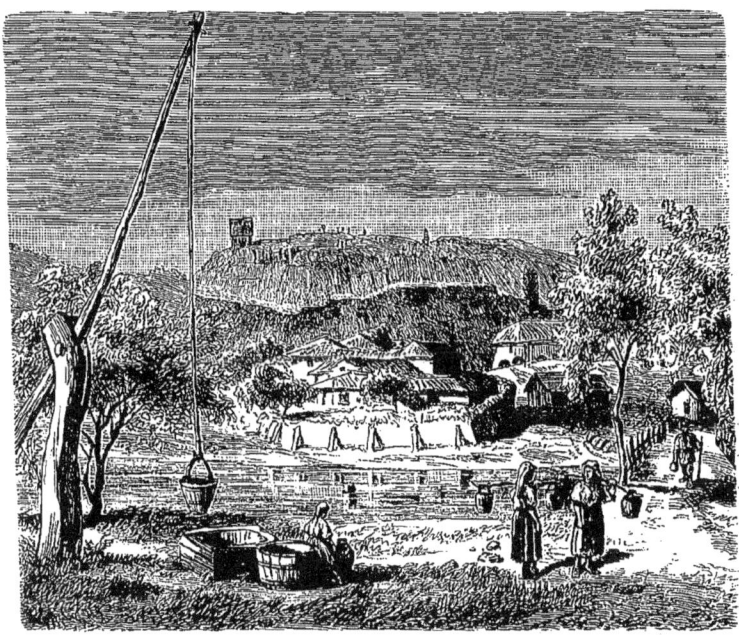

RUINES DU CHATEAU DE TCHERNÉVI

porte quelques tumuli et des prairies herbeuses alors toutes parsemées de troupeaux.

J'aurais volontiers évité la grande route, déjà connue, qui passe par le han de Gueul-Tchechmé, mais pour obtenir un relevé tout à fait exact du cours inférieur du Lom, il me fallut la rattacher à mes croquis antérieurs. Lorsque, m'écartant de la chaussée, je me dirigeai dans la vallée du Lom, un arc-en-ciel coloré des teintes les plus vives s'arrondit au-dessus de Krasna, formant le plus magnifique des cadres au plus ravissant paysage.

F. Kanitz.

Le contraste avec l'aride plateau que nous venions de traverser augmentait encore pour nous le charme de cette belle nature. Encore trois heures de marche, par les villages bulgares de Bazarbova, Dolab, Orta-Mahlé et Koulé, et nous étions enfin à Roustchouk. Route fatigante, tout entière développée sur les onduleux replis de la rive du Lom, mais combien belle et variée! C'étaient tantôt des forêts épaisses grimpant à l'assaut des hauteurs; tantôt des clairières fleuries couvertes de moutons à longue laine; tantôt des cultures parées des feuilles lustrées d'un gigantesque maïs; tantôt des vergers ou des champs de légumes et, çà et là, piquant d'une note ardente le fond verdoyant du tableau, les toits rouges des moulins et des fermes, la ligne argentée d'un pont ou les vives arêtes d'une carrière.

Les tailleurs de pierre bulgares, fort habiles dans leur métier, transforment en colonnes, en chapiteaux, etc., le calcaire tiré des flancs de la montagne. Ils fabriquent aussi des filtres en forme de pain de sucre : ce sont des ustensiles dont ne saurait se passer une maison de Roustchouk qui veut avoir une eau potable.

Le 26 mai, j'avais heureusement terminé près de Koulé mon dernier croquis de la terrasse danubienne. J'avais exploré le cours du Lom depuis la région de ses sources, large de 90 kilomètres, jusqu'à celle de son embouchure dans le grand fleuve. Je lui avais restitué deux bras, absents des cartes, et j'avais porté à 108, de 38 qu'il était avant moi, le nombre de ses villages. Mon voyage était achevé et je n'avais plus qu'à rentrer au pays! Mon séjour à Roustchouk ne dura cette fois que quelques heures. Le soir j'étais à bord d'un magnifique bateau à vapeur autrichien, remontant le Danube. Quelques jours plus tard je rentrais à Vienne. Pourrais-je dire combien j'étais heureux de rapporter enfin les derniers documents nécessaires à la carte détaillée de la Bulgarie, sur laquelle le lecteur peut m'accompagner dans mes voyages en zigzags et dans mes dix-huit traversées de la chaîne du Balkan!

Au mois de septembre 1879, comme je revenais d'Odessa, la ville si florissante du Pont-Euxin, je remontais le Danube, en longeant la côte bulgare. Peu d'années s'étaient écoulées depuis le jour où j'avais parcouru ce pays, en compagnie d'un zaptié turc, et pourtant comme tout avait changé de fond en comble! A Silistrie, à Toutrokan ces deux places qui, en 1877, résistaient encore à la Russie, se trouvaient, pour maintenir l'ordre, des gendarmes bulgares; —à Roustchouk deux grands navires de guerre et beaucoup de petits bâtiments portaient le pavillon de la Bulgarie ; — à l'ouest de Svichtov se dressait un monument pour rappeler le souvenir du passage de l'armée russe, le 27 juin 1877, de cette armée où servait alors le prince Alexandre de Battenberg ; — plus loin encore c'étaient les ruines des bastions de Nicopoli et de Rahova ; — puis, à Lom, s'élevait un arc de triomphe en l'honneur du jeune souverain qui devait passer par là pour se rendre en Roumanie ; — à Vidin, beaucoup de minarets gisaient à terre et de grandes brèches se remarquaient dans la muraille ; — partout je voyais d'éloquents témoins de la révolution qui venait de s'accomplir. La domination turque, qui avait pesé pendant des siècles sur la Bulgarie, avait pris fin, et les pays du Danube étaient libres !

FIN

TABLE ALPHABÉTIQUE GÉNÉRALE

ABRÉVIATIONS

m., montagne; — *mon.*, monastère; — *r.*, rivière; — *v.*, village; — *V.*, ville.

A

Abbas-Yéni-Keui, v., 398.
Abéseks, 52.
Abd-oul Hafiz-Pacha, 543.
Abd-oul-Hamid, sultan, 499.
Abd-oul-Kérim-Nadir-Pacha, 379.
Abdoullah, kavas, 72.
Abdoullah-Elakaïli, 65.
Abd-oul-Medjid, sultan, 11, 463, 535.
Abd-our-Rahman, vali, 220.
Aboba, v., 495.
Acrania (Ekréné), v. grec, 473.
Achar-Keui, v., 520.
Ada-Kalé, fort, 509.
Adigué, 52.
Adlieh, 79.
Aga-Bey, 207.
Aglen, v. 269.
Agriculture, 133.
Ahmed III, sultan, 292.
Ahmed, cheïkh, 536.
Ahmed, de Svichtov, 213.
Ahmed-Bey, de Rahova, 278-279.
Ahmedli, v., 357, 423.
Aïdoglou, v., 539.
Aïdos, V., 426-428.
Aïladin, v., 512.
Aïranlar, v., 520.
Aïvadjik, v., 448.
Ak-Bouroun, cap, 454.
Ak-Déré, r., 257-259.
Ak-Déré-Keui v., 447,
Akhiolou, V., 428, 442.
Akhlar-Déré, v., 494, 539.
Akhli-Keui, v., 429.
Akili Kamtchik, r., 389, 390, 422, 519.

Akkerman (sl. Bialgorod, roum. Cetatea-Alba),
  V. de Bessarabie, 500.
Ak-Lom, r., *voy.* Lom blanc.
Aktché-Klissa, v., *voy.* Sopot.
Alachli, v., 489.
Aladjadian (Ioannès), antiquaire, 233.
Albanais, 511, v., *voy.* Arnaoutes.
Albatina, 89.
Alecsandria, V. de Roumanie, 210.
Aleksinats, V. de Serbie, 85.
Alexandre le Grand, 420, 426.
Alexandre, tsar bulg., 842.
Alexandre, empereur de Russie, 132.
Alexandre de Battenberg, prince de Bulgarie,
  141, 210, 302, 308, 339.
Alexis Comnène, empereur, 460.
Alfatar, v., 505.
Ali, grand vizir, 352.
Ali-Aria, chef druse, 64.
Ali-Pacha, 372.
Ali-Pehlivan, brigand, 496.
Allemagne, 514.
Almali, v., 500-501.
Almatsi, v., 490.
Almus, station romaine, 104.
Altyn Stoïan, haïdouk, 346.
Atuta (Olt), r., 223.
Alvadji, v., 83.
Alvan-Keui, v., 375.
Alvintz, V. de Transylvanie, 335.
Amédée VI, duc de Savoie, 436.
Amplias, évêque, 460.
Anchialos, (Akhiolou), V. grecque, 441.
Andrinople, V., 2, 5, 7, 55.
Andronic le jeune, 9.
Andronic le vieux, 9.
Anestchik, v., 505.

TABLE ALPHABÉTIQUE GÉNÉRALE.

Anev, bourgmestre de Svichtov, 214.
Anglesea, 103.
Angleterre, 52, 514-515.
Anna, tsarine, 431.
Antes, peuple, 1.
Apollon, 253, 457.
Aprilov, 168.
Aquæ calidæ, station romaine, 428.
Araba, voiture, 114.
Arabadjik, cocher, 512.
Araba-Konak, col, 289, 301, 446.
Arab-Tabia, fort, 502, 507.
Araxe, fleuve, 1.
Arbanasi (turc Arnaout-Keui), v., 146, 147.
Architecture, 432-437.
Arméniens, 85, 302, 353, 383, 466.
Arnaoutes, *voy.* aussi Albanais, 320.
Arnaout-Keui (bulg. Arbanasi), v , 146, 147.
Arnaoutlar, v., 511.
Arslan-Keui, v., 537.
Artcher, r., 73.
Artcher (*Ratiaria*), V., 69, 110-111.
Arzacès Ier, empereur des Parthes, 1.
Asa, bâton religieux, 474.
Asemus (Osem Kalési), château romain, 224.
Asen Ier, tsar bulgare, 460.
Asénides, 138. *voy.* Constantin, Joanice, Kaloyan, Michel, Pierre.
Asénov (Démètre), haïdouk, 353.
Asmid-Bey, 12.
Asparouk, 2, 27, 484.
Attila, 291.
Aurélien, empereur, 291.
Autriche, 19, 514.
Auxence, évêque, 20.
Ayan-Skéla, v., 447.
Ayaslar, v., 517.
Azap-Tépé, col, 390, 446.
Aziz-Pacha, 78, 338.

B

Baba (sage-femme), 41.
Baba-Dagh, V., 418, 480.
Baba-Konak, col, 289, 308, 446.
Babas, saints musulmans, 262, 472, 535.
Babin Den, fête des vieilles femmes, 38.
Bacchus, 459, 473.
Bachderik-Tchechma, fontaine, 142.
Bachi-bozouks, soldats irréguliers, 95, 166, 190, 256.
Bachichler-Déré, r., 512.
Baïram-Déré, v., 407.
Baïr-Dagh, m., 405.
Bajazet Ier, sultan, 9, 10, 224, 315, 484.
Balaban, patriote, 211.
Balaba, ministre, 303.

Balabanska, riv., 238.
Bal-Bounar, v., 528, 532, 535.
Bali-Effendi, 299.
Balkan : ses divisions, 443-445 ; ses cols, 445-447.
Balkandjis, montagnards, 209.
Baltchik, V., 478-481.
Bana, v., 447.
Bana, col, 432, 442, 446.
Banitsa, v., 522.
Bara, v., 164.
Baré, v., 198, 201.
Barouch, fontaine, 133.
Barozzi (Le Dr.), 55.
Barth, voyageur, 129.
Basile II, empereur, 6.
Basile, hégoumène, 108.
Báthori (Sigismond), 417.
Bath-Mich, ferme-modèle, 527.
Batova, r., 473, 477.
Battenberg (Alexandre de), *voy.* Alexandre.
Battenberg (Kizil-Mourad), v., 525.
Baudouin, empereur, 7, 142.
Bazarbova, v., 546.
Bazirgan, r., 371,
Bdyn, (Vidin), V., 66.
Bébrech, r., 280.
Bébrovo, V., 357-358.
Bébrovska, r., 357.
Bechevli, v., 388.
Bech-Tépé, v., 497.
Béderli, v., 156.
Béguirli, v., 389.
Beg-Verbovska, v., 523.
Béklémehs, blockhaus, 94.
Béla, r., 348.
Béla, V, 129-433.
Béla, v., 356.
Béla-Réka, r., 316.
Bélavoda, v., 221.
Belgrade, V. de Serbie, 5, 25.
Bélibrod, v., 281.
Bélina, v., 216, 220, 221.
Béliovo, v., 303.
Béli-Vid. r., *voy.* Vid Blanc.
Béli-Pésak, rocher, 257.
Bella-Bona (han de), 136, 191.
Belles-mères bulgares, 164.
Bélogradjik, V., 51, 73.
Bender-Tépési, m., 209.
Bergers, 485.
Berkovitsa, V., 307, 309, 330-331.
Béron (Pierre), 394.
Berrhœa (Zski-Zaghra), station romaine, 173.
Berzia, r., 308.
Berzina, r., 326.
Bessarabie, 28, 47, 481.

TABLE ALPHABÉTIQUE GÉNÉRALE.

Betch (Vienne), en Autriche, 367, 530.
Benjukli, r., 538-539.
Bézestens, magasins, 297, 417.
Bialgorod, V., *voy.* Akkerman.
Bianchi, industriel, 149.
Binkos, v., 348.
Bisantsa, v., 543.
Bistrets, v., 309.
Bivol, v., 201.
Blanc (cap), 454.
Blanqui, voyageur, 77, 93, 96.
Blaznavats, ministre serbe, 25.
Blinovats, v., 88.
Blois (le comte de), 7.
Blum-Pacha, 429.
Blutage du grain, 118.
Bodené (Vidin), V., 66.
Bogatovo, v., 198.
Boghaz-Déré, r., 426.
Boghaz-Déré, défilé, 446.
Bogomiles, hérétiques, 144.
Bogorov, v., 290, 301.
Bogot, v., 236.
Boïana, v., 299.
Bononia (Vidin), V., 66.
Bordidizo, castrum, 494.
Boril, usurpateur, 7.
Borima, v., 236.
Boris, tsar, 27, 387.
Boris, fils du tsar Pierre, 5.
Boris (Michel), 2.
Bosphore (le), 55.
Bostchoular, v., 539.
Botounia, r., 309, 326.
Boué (Ami), 248, 443.
Boulanik-Déré, r., 376.
Boulgar, nom d'homme, 27.
Bourgas, V., 428, 442.
Bourmov, ministre, 303.
Bouyourdou, laissez-passer, 72, 509.
Bouzourlouk, v., 209.
Bouzovets, v., 328.
Bragar, v., 275.
Brahim, nom d'homme, 27.
Braniévo, v., 244.
Bratianu, famille roumaine, 148.
Bratyévats, v., 85.
Brégova, v., 88.
Bres, v., 272.
Brestovo, v., 201.
Brigands, 495.
Brincovanu, famille roumaine, 148.
Brizia, castrum, 308.
Brophy, écrivain anglais, 449.
Brown (George), voyageur, 130.
Brundilizo, castrum, 494.
Bucarest, V., 25, 126, 164, 215.

Bulgares : leur origine, 1 ; leur histoire, 2-26 ; leur ethnographie, 27 ; leur émigration en Crimée, 47.
Bulgarie (Grande), 1.
Bulgarie Noire, 1.
Burdidizo, Burdizu ou *Burtudizo*, castrum, 494.
Buyuk-Aladin, m., 420.
Buyuk-Déré, r., 365, 367, 519.
Buyuk-Tchenguel, v., 423-425.
Byzance, 2, 3, 5, 431.
Byzzantins, 9, 291.

C

Cabyle (Yamboli), V., 173.
Calafat, V. de Roumanie, 66, 69, 81.
Calarasi, V. de Roumanie, 502.
Calli-Acra, cap, 480.
Canal du Danube, 484.
Cantacuzène, famille roumaine, 148.
Capo dell' Emano, 441.
Caravansérails, 130.
Carey, économiste, 110.
Carlsbourg, V. de Transylvanie, 335.
Cascade Ami Boué, 248.
Castella romains, 77, 282.
Castra Martis, 80
Castravelli, chef de gare, 511.
Catherine, impératrice, 490.
Catholicisme (le) chez les Bulgares, 215.
Cattaro (sl. Kotor), V. de Dalmatie, 6.
Cebrus, r., 328.
Celei, v. de Roumanie, 274.
Centenaires, 107, 306
Cérémonies funèbres, 43.
Cetatea-Albâ, V., *voy.* Akkerman.
Chaïtandjik, v., 419, 538.
Chané, peigne, 476.
Chapsouks, 52.
Charbon de terre, 184, 321.
Chardons, 229.
Charlemagne, 2.
Charles, prince (aujourd'hui roi) de Roumanie, 270.
Chaux, 529.
Cheïg, sorte de drap, 238.
Chéklaré, v., 403.
Chemchi, V., 193.
Chemins de fer, 226, 380, 389, 419, 425, 480, 510, 511, 515, 538.
Chétan-Kalch, château, 308.
Chichman Ier, tsar, 4, 8, 148.
Chichman II, tsar, 9.
Chichman (Constantin), tsar, 10.
Chichman (Jean), tsar, 9.
Chichmanets, m., 176.
Chichmanides, 138.

Chipka, v., 175.
Chipka, col., 173-175, 446.
Chiroko, v., 544.
Chirouanch-Rouchid, 247.
Chliva, v., 107.
Choumbalé-Youssouf, chef druse, 64.
Choumen, V., voy. Choumla.
Choumla (Choumen), V., 2, 55, 376-386.
Chrysanthème, hégoumène, 182.
Chypre, 55.
Ciabrus, r., 328.
Circassiens, voy. Tcherkesses.
Clary (Robert de), 445.
Cloches : leur signification, 77.
Colchis, V., 454.
Comentiolus, général romain, 236.
Conscription, 146.
Constance, empereur, 291.
Constant, empereur, 291.
Constantiana (Kustendjé), V., 483.
Constantin, empereur, 274.
Constantin, tsar, 6.
Constantin, de Pechtéra, 240.
Constantin (le pope), de Travna, 165, 187, 206, 238.
Constantin Asen, tsar, 8, 425.
Constantin Chichman, tsar, 10.
Constantinople, 1.
Constantsa, voy. Kustendjé.
Consuls, 125.
Contrebande, 347.
Croates, 2, 4.
Cruni (Ékréné), V., 473.
Cumans (les), 7.
Czartoryski (le prince), 20.

D

Dabnik, v., 270.
Dabnitsa, v., 281.
Dacia ripensis, 111, 291.
Damoguila, v., 544, 545.
Dandolo, doge de Venise, 7.
Danov, libraire, 126, 357.
Danses, 87, 190.
Danube, fleuve, 480, 481, 484.
Danube (vilayet du), 21.
Daoutlar, v., 516.
Darius, 414, 439, 441.
Débélets, v., 191.
Débéné, v., 326.
Déléna, v., 90.
Délenska, r., 59.
Déli-Housseïn-Mahlé, v., 422.
Déli-Kamtchik, r., 390, 398, 422.
Déli-Orman, forêt et territoire, 366, 481, 493, 495, 497 498, 531.

Dellingshausen, général russe, 344.
Démir-Baba-Dérési, r., 531, 541.
Démi-Kapou, défilé près de Kazan, 397.
Démir-Kapou, col, 446.
Demir-Keui, v., 429.
Dépiquage du blé, 337.
Derbend-Keui, v., 371.
Déré-Keui, v., 520.
Dermanitsa, v., 268.
Derster (Silistrie), V., 500.
Dervent ou Derbend, v., 55.
Dervich-Yovan, v., 452.
Derviches, 475-477.
Despoto-Dagh, m., 284.
Devna, v., 420, 463.
Devna, lac, 463.
Déva, V. de Transylvanie, 335.
Diado-Iliya, riche Bulgare, 172.
Diane, 328.
Diebitsch, général russe, 385, 402, 441, 452.
Dikilitach, ruine, 193-197.
Dikilitach, v., 529.
Dimitriev (Theodoraki), riche Bulgare, 311.
Dionysopolis (Ékréné), V., 473.
Divinités des eaux, 108.
Divitchiska-Livada, m., 285.
Djafer, v., 452.
Djambas-Hadji (han de), 201.
Djaour-Kouyousou, v., 485.
Djéférovo, v., 530.
Djézaïrli-Hassan-Pacha, 383.
Djordjitch, de Raguse, 417.
Djoumali, v., 348, 365.
Djoumrouktchal, m., 257.
Djourno-Sélo, v., 226.
Dobral, v., 404.
Dobréva-Grob, karaoula, 248.
Dobridol, v., 107, 108.
Dobritcha, contrée desséchée, 480.
Dobrodan, v., 236.
Dobrotitch prince bulgare, 441, 460, 484.
Dobroudja, 55, 454, 474, 480-487, 497.
Doghanlar, v., 367.
Dolab, v., 546.
Dokat-Vratnik, m., 356.
Doksa, m., 346, 347.
Dolni-Dabnik, v., 270.
Dolni-Komartsi, v., 289.
Dolni-Kraï, à Lovets, 206.
Dolno-Oréché, v., 209.
Dolno-Pechténé, v., 325.
Domin, titre des prêtres catholiques, 216.
Dondoukof (le prince), 303.
Donin (Dimitri Tsano), passementier, 188.
Dorionibus, station romaine, 235.
Dorothée, évêque, 331.
Dorouk, karaoula, 308.

TABLE ALPHABÉTIQUE GÉNÉRALE. 553

Dorticum, station romaine, 87.
Dotchev (Ivan), riche bulgare, 256.
Doubnik, v., 184.
Douchan (Étienne), 9.
Douhovnik (religieux), 213, 239.
Doumnik, v., 167.
Dragalevtsi, v., 299.
Draganovo, v., 133.
Dragoïtsa-Planina, m., 285.
Drautsa, v., 524.
Draps, 402.
Draps militaires (manufacture de), 353.
Drenovo, V., 207.
Drénovtsa, r., 530.
Drenska, r., 343.
Drinov, historien, 263.
Drinovats, v., 100.
Dubrovnik, *voy.* Raguse.
Durazzo, V., 5, 6.
Durostolus (Silistrie), 500.
Durostorum (Silistrie), 128, 500.

E

Eau de roses, 177-179.
Eaux thermales, 181, 260, 351, 428.
Échankovau-Tchoukour-Keui, v., 538.
Échekli, v., 348.
Église (l') bulgare, 14, 465.
Égyptiens (les), 524.
Ékréné, v., 459, 473.
Éléna, V., 344-345.
Élisabeth, impératrice de Russie, 47.
Eltimir, prince bulgare, 401.
Éminch, v., 447.
Éminch, cap, 429.
Éminch, col, 446.
Emona, château, 441.
Epitrachilion, étole, 119.
Erekli, v., 447.
Erekli-Déré, r., 538.
Érendjik, v., 523.
Erite, station romaine, 441.
Eruroth, général russe, 540.
Esclaves, 492.
Ésirdjé, v., 524.
Eski-Djouma, V., 371-374, 513-516.
Eski-Keui, v., 407.
Eski-Nikoup, v., 153.
Eski-Stamboul, v., 386.
Eski-Zaghra, V., 347, 514.
Esnaf, corporation, 369.
Essad-Pacha, 295.
Ethnographie des Bulgares, 27, 447.
Étienne ou Chichman II, tsar, 9.
Étienne Douchan, 9.
Étienne Ouroch, 9.

Étropol, V., 286, 288.
Étropol, col, 289.
Eugenio (le P.), passioniste, 228.
Euphrosine, *higoumenka*, 168.
Euthyme, patriarche, 138, 342.
Exarchat bulgare, 21.

F

Falkevtsé, v., 99.
Famille (vie de), 499.
Fatmé, vierge, 516.
Fazil-Pacha, 385.
Fédabey, v., 341.
Feïm-Pacha, 295.
Ferdichka, r., 348.
Ferrieri, archevêque, 19.
Fez, coiffure, 266.
Fièvre du Danube, 502-507.
Filipescu, famille roumaine, 148.
Finis Hæmi, 441.
Florentiana (Florentin), 86.
Florentin, v., 81, 83-85.
Foire, 513.
Forêts, 438.
Forgerons tsiganes, 285.
Formose, pape, 3.
Fouad-Pacha, 345, 358.
France, 19, 21, 514.
François-Joseph, empereur, 64.
Frédéric Barberousse, empereur, 6.
Frivaldszky, botaniste, 254.

G

Gabaré, v., 281.
Gabriel, fils du tsar Samuel, 6.
Gabronitsa, r., 320.
Gabrovnitsa, v., 329.
Gabrovo, V., 166-171.
Gagaousi, Grecs turcisés, 479.
Gaïda, instrument de musique, 32.
Gaïtan, 255, *voy.* Passementerie.
Gaïtandjis, passementerie, 188.
Galata, cap, 463.
Galatin, v., 326.
Galère, empereur, 291.
Gamzigrad, v. de Serbie, 495.
Gamzova, v., 90.
Gani-Déré, r., 520.
Gantchovtsi, han, 191.
Garde-frontières, 510.
Garechda-Planina, m., 332.
Garibaldi, 228.
Garvanchtitsa, r., 259.
Geismar, général russe, 280.
Gênois, 48, 457.
George Terteri I, tsar, 8.

George Terteri II, tsar, 8.
Germania, vapeur autrichien, 22.
Ghazi-Baïr, fort, 86.
Ghazi-Feruch-Bey, 137.
Giurgévo (roum. Giurgiu), 125, 128.
Glava, v, 275.
Gola-Manova, v., 80.
Goléma-Lavra, à Tirnovo, 144.
Golémi-Yedjik, v., 405.
Golémo-Pechténé, v., 311.
Golémo-Sélo, v., 250.
Golentsi, v., sur le Lom, 338; — v., sur le Vid, 271.
Gorna-Gvoïntsa, v., 327.
Gorna-Koutlovitsa, v., 329.
Gorna-Rakovitsa, v., 363.
Gorni-Dabnik, v., 269.
Gorni-Komartsi, v., 289.
Gorni-Loukovitch, v., 283.
Gorno-Oréché, v., 209.
Gostilitsa, v., 278.
Gots (les), 209, 274.
Gourbéti, Tsiganes bosniaques, 276.
Gourko, général russe, 173, 235, 270, 301, 304, 312, 344, 346, 403.
Gouzla, instrument de musique, 32.
Gradets, v., au N. de Sofia, 307; — v., sur le Sakar-Baïr, 393.
Gradichté, v., sur la Rousitsa, 198; — v., à l'O. de Choumla, 376.
Gramada, v., 113.
Gratsko, v., 91.
Grecesti, v. de Valachie, 269.
Grecs, 48, 85, 353, 447-448, 478, 479, 484.
Greigh, amiral russe, 480.
Grivitsa, r., 231, 234.
Grivitsa, v., 225, 229.
Grosswardein, V. de Hongrie, 64.
Guébech, v., 452.
Guénevli, Génois, 193, 261.
Gueurdó-Dagh, m., 356.
Guerguéli, v., 403.
Guéren, v., 516.
Guérilla turque, 499.
Guerkuv-Kamen, m., 351.
Gueul-Tchechmé-Han, 129, 545.
Gueungurmech-Boghaz, col, 356.
Gueuzedjé, v., 530.
Guiguen (*Œscus*), v., 272, 273.
Guillaume Ier, empereur d'Allemagne, 258.
Guintsi, col, 308, 334, 444, 446.
Guiopsou (bulg. Sréma), r., 236, 257, 259, 262, 264.
Guirtsa, v., 81, 89-90.
Guiscard (Robert), 6.
Guizot, ministre français, 96.
Gulhané (Hat i-chérif de), 11.

H

Hachim-Effendi, 427.
Hadji-Ahmed-Effendi, 368.
Hadji-Aïva, marionnette turque, 65.
Hadji-Bambas (han de), 236.
Hadji-Bobou, moukhtar de Konak-Keui, 518.
Hadji-Dimitri, haïdouk, 32, 78, 161, 237.
Hadji-Ilia (Georges), riche Bulgare, 148.
Hadji-Khalfa, géographe, 203, 351, 367, 473, 500.
Hadji-Kirandouk, chef tcherkesse, 55.
Hadji-Méhémed, centenaire, 306.
Hadji-Mousa, Turc de Tourptchoular, 498.
Hadji-Moustapha, 185, 186, 190, 363.
Hadji-Oglou-Bakal, 486.
Hadji-Omer-Bey Moutévéli, 233.
Hadji-Pétar, de Kazan, 395.
Hadjilar-Mahalési, v., 309.
Hafous-Khalil-Baba, 474.
Hahn, consul, 100.
Haïdar-Bey, 141, 193.
Haïdar-Pacha, 344, 363.
Haïdouks, 32, 346, 352, 372, 394, 426.
Haïdouk-Véliko, chef de bande, 89.
Haïdoutchka-Tchechma, fontaine, 89.
Haïdoutin-Tach, m., 356.
Haïdoutsi-Tchokar, col, 314-346, 446.
Haïlova, v., 83.
Haïn-Keui, v., 173.
Haïn-Keui-Boghaz, col, 346, 446.
Halis-Bey-Lidja, v., 351.
Halova, v., 91.
Halvadji-Yénidjési, v., 523.
Hamdalar, v., 391.
Hamidich, v., 117, 118.
Hammer-Purgstall, historien, 445, 526.
Hanovriens, 419.
Hans, auberges, 130, 160, 273.
Harbadjis, piquiers, 393.
Hariton, pope, 190.
Hasanlar, v., 525.
Has-Keui-Déré, r., 538.
Hassan (le prince), 524.
Hassan-Effendi, 451.
Hassan-Démir-Baba-Pehlivan, derviche, 535.
Hassan-Fakih, v., 367.
Hassan-Mahlé, v., 538.
Hauslab, général autrichien, 226.
Hebrus (Maritsa), r., 254.
Hélenska Grobichta, m., 260.
Henri de Hainault, empereur, 428.
Herlets, v., 281.
Hésen, v., 267.
Hifzi-Pacha, 270.
Hilarion (saint) de Mogléna, 144.
Hilarion, évêque, 19, 20, 205, 302, 343.

TABLE ALPHABÉTIQUE GÉNÉRALE. 555

Hinova, v., 83, 90.
Hirsch (le baron), 379, 390, 403, 425.
Hisar-Baïr, m., près d'Aïdos, 427.
Hisar-Baïr, à Lovets, 203.
Hisar-Baïr, à Tirnovo, 138.
Hisar-Banya, v., 260.
Hisar-Djamié, à Tirnovo, 138.
Hisar-Gueul, lac, 398-400.
Hisar-Tépé, m., 398.
Hitov (Panaïot), haïdouk, 22, 250, 346, 353.
Hodja, prêtre turc, 45.
Hodja-Balkan, m., 264.
Hongrie, 512.
Hora, sorte de danse, 31, 190.
Hounkiar-Djami, à Roustchouk, 126.
Hounogari, peuple, 1.
Housseïn-Bey, chef druse, 64.
Housseïn-Pacha, 62, 171.
Housseïn-Tabia, fort, 376.
Hrastota, m., 423.
Huile de roses, 177-179.
Huns (les), 483.
Hunyadi (Jean), 460.
Huseïner, v., 518.
Husendjé, v., 524.
Hyrka, manteau, 474.

I

Ibrahim-Pacha, 535.
Ignatitsa, v., 320.
Iliev (Stoïan), guide, 113.
Iliséna, v., 320.
Imérétinski (le prince), 166, 203.
Impôts, 404.
Inchallah, interjection turque, 285.
Indjé, haïdouk, 352, 428.
Indjé-Déré, r., 399, 402.
Indjé-Keui, v., 429.
Industries diverses, 64, 168, 187, 204, 255, 260, 267, 335, 344, 353, 369, 373, 402, 514.
Innocent III, pape, 7, 436.
Iribouyoun, v., 402.
Irmak, V., 55.
Irrigation, 114.
Isaac, empereur, 6.
Isaktcha, v., 441.
Iskender-Bey, prince d'Aslom, 65.
Isker, r., 275, 277, 278, 282, 283, 290, 299, 308, 315-323, 325, 446.
Iskrets, r., 307.
Isladi, V., *voy*. Zlatitsa.
Islé-Hané, à Roustchouk, 125; — à Sofia, 299.
Islimich, V., *voy*. Sliven.
Ismaïl, imam, 494.
Ismaïl-Bounar, fontaine, 278.
Ismarus (Mara-Guéduk), m., 254.

Ismid, V., 55.
Isnébol, V. imaginaire, 100.
Istradja, v., 376.
Istradja-Dagh, m., 428.
Ivaïlo, tsar, 8.
Ivan, de Mlétchevo, 242.
Izeddin, sultan, 484.
Izgorigrad, v., 315.
Izgorigrad, col, 323, 446.
Izvor, v. de Bulgarie, 110.
Izvor, v. de Serbie, 78.

J

Jean-Alexandre, tsar. *voy*. Joanice.
Jean Asen, tsar. *voy*. Joanice.
Jean Chichman, tsar, *voy*. Joanice.
Jean V., Paléologue, empereur, 431.
Jean Stratsimir, prince de Vidin, 9.
Jean-Vladislas, tsar, 6.
Jeltech, v., 189.
Jéravna, v., 393.
Jérovna, v., 397.
Jirecsek (Jos.-Const.), historien, 305.
Joachim, évêque, 331, 465.
Joanice-Alexandre, tsar, 9, 427.
Joanice Asen Ier, tsar, 6, 14.
Joanice Asen II, tsar, 7, 17, 144, 282.
Joanice Asen, tsar, III, 8.
Joanice Chichman, 9, 291, 431.
Johannopol (*Preslav*), V., 5.
Jochmus, général, 351, 394, 426.
Joseph, archevêque, 465.
Juifs, 85, 178, 222, 297, 305, 310, 353.
Jupiter, 332.
Justinien, empereur, 209, 236, 291.

K

Kachak, grattoir, 476.
Kad-Baïr, m., 210.
Kadi-Boghaz, v., 111, 112.
Kadi-Keui, v. près de Karnabad, 400; — sur le Pravadi, 421; — sur le Buyuk-Déré, 521-523; — près de Roustchouk, 544.
Kakrina, v., 201.
Kalabak, m., 391.
Kalafat, *voy*. Calafat.
Kalamak, v., 538.
Kalechnitsa, r., 331.
Kaleh-Baïr, m., 415.
Kaléïtsa, v., 236.
Kalender, derviche ambulant, 476.
Kaliman, prince bulgare, 8.
Kalimok, v., 541, 542.
Kalofer, V., 255-256.
Kalogféréi, v., 255

Kaloudjer, v., 73.
Kaloyan Asen, tsar, 7, 460.
Kaltsov, guide, 236.
Kaména-Riksa, v., 336.
Kaménitsa, v., 309.
Kaménopol, v., 282.
Kamensky, général russe, 460.
Kamtchik, r., 376, 404, 452-455.
Kamtchik-Mahlé, v., 404.
Kamtchik-Mahlé, col, 446.
Kana, teinture, 42.
Kaoukli, v., 376.
Kapinovo, v., 342.
Kapinovo, mon., 342.
Kapitanitsa, v., 83.
Kapoudan-Pacha, 232.
Kara-Boghaz ou Boas, lac desséché, 272.
Kara-Démirdjé-Keui, v., 389.
Kara-Déré, v., 520.
Karadirli, m., 524.
Karadja (Stéfan), haïdouk, 32, 78.
Karadja-Dagh (bulg. Tcherna-Gora), m., 259, 263, 346, 351, 445.
Kara ghiaouri, infidèles noirs, 217.
Kara-Gueuz, polichinelle turc, 65.
Karagueuzli, v., 391.
Karaguiozoglou, industriel, 144, 149, 344.
Kara-Kostia, brigand, 451.
Kara-Lom, *voy*. Lom noir.
Karamandja, v., 452.
Kara-Méhémed, Turc de Tourptchoular, 498.
Karaoulas, blockhaus, 94.
Karasarli, v., 351.
Kara-Sou, r., 155.
Kara-Tanas, haïdouk, 346, 397.
Kara-Tépé, v., 429.
Karavélov, ministre, 303.
Karayapoular, v., 485.
Kardam, prince bulgare, 2.
Kareb-Keui, v., 512.
Karilas, v., 487.
Karli-Keui, v., 485.
Karloukovo, v., 282, 283.
Karlovo, V., 259, 260-264.
Karnabad (turc Karin-Abad), 400-402.
Karnaré, v., 262.
Kartsof, général russe, 263.
Kaspidjan, v., 380, 444, 491.
Katchamarsko, col, 287, 301, 446.
Katounichté, v, 398.
Katsélévo, v., 523.
Kdvak-Baba-Tékési, mosquée, à Tirnovo, 143.
Kavarna, V., 479.
Kayalik, m. et château, 233, 235.
Kazan (Kotel), V., 389, 392-396, 485.
Kazan, col, 391, 446.
Kazanlik, V., 175-181.

Kazanska, r., 398.
Kechkoul, écuelle, 476.
Kékéné, faubourg de Svichtov, 209.
Kerdjalis, soldats irréguliers de Pasvan-Oglou, 210, 232, 352, 393.
Kéretch-Pavlikan, v., 201.
Kerkisaba, v., 338.
Kernska, province, 401.
Késar, v., 422.
Késarova, v., 521.
Késurovo, v., 345, 365.
Késarovska, r., 365, 320, 521.
Ketchi-Déré, r., 178, 356.
Kétenik, r., 355.
Keukludjé, v., 539.
Keupekli, v., 348, 390.
Keupri-Keui, v. sur le Baïram-Déré, 407; — à l'O. de Varna, 431.
Keuprisli, grand-visir, 13, 18.
Keurmendjé, v., 198, 201.
Keustendil, V., 9.
Khalifa, musicien militaire, 367.
Khalil-Effendi, 343.
Khalil-Monsélim, 491.
Khalil-Tabia, fort, 376.
Khalka, exercice religieux, 476.
Kiatib, secrétaire, 266.
Kibitka, voiture russe, 512.
Kibla, partie de la mosquée vers laquelle on se tourne pour faire la prière, 475, 526.
Kiepert, géographe, 286, 389.
Kihaya, appariteur, 262.
Kilifar, V., 191.
Kiradjis, convoyeur, 289.
Kirchhoff, philologue, 331.
Kiritchen, m., 371, 517.
Kirk-Guitchid-Souyou, r., 374, 375, 512.
Kirli-Kouyoudjouk, v., 529.
Kirtirli-Déré, r., 517.
Kisana-Tépé, v., 516.
Kiséla-Tchorba, sorte de soupe, 408.
Kismet, destin, 246, 422.
Kistamboul, v., 194.
Kis-Tépé (bulg. Vida), m., 397.
Kizilar, v., 517.
Kizil-Mourad (Battenberg), v., 525.
Kladroup, v., 112.
Klitch-Déré, r., 537, 539.
Klitch-Keui, v., 538.
Klisoura, V., 267.
Klisoura, v., 308, 309.
Klisourska, r., 374.
Kmet, chef de village, 114.
Knéja, v., 177.
Kniajévats, V. de Serbie, 85.
Kochovo, v., 544.
Kodja-Bounar, v., 523.

TABLE ALPHABÉTIQUE GÉNÉRALE. 557

Kodja-Doanar, v., 512.
Kokardja, r., 537.
Kolatch, mesure, 482.
Koléda, noël, 40.
Kolibis, hameaux, 166.
Kolo, sorte de danse, 31.
Kom, col, 332, 333, 446.
Komachtitsa, v., 329.
Komarévo, v. sur le Skit, 281 ; — v. près de Karnabad, 326.
Komartski-Dol, bassin, 289.
Korila, v., 315.
Konak-Keui, v., 517, 518.
Kondo, haïdouk, 352.
Koneg-Moguila, m , 260.
Konino. v., 282.
Kopaonik, m., 99.
Kopriva, v , 271.
Koprivchtitsa, V., 288, 393.
Korila, v., 299.
Korintgrad, castellum romain, 317.
Kornaró, v., 236.
Korouk-Keui, v., 357.
Kosako-Déré. v., 448.
Kosovo, v. de Serbie, 9.
Kostalevska-Moguila, m., 325.
Kostantsa, v., 524.
Kostimbrod, v., 307, 442.
Kotchmar, v., 498.
Koté, v., 422.
Kotla, m., 309.
Kotlouhey, v., 488.
Kotor, V., voy. Cattaro.
Kotragous, nom bulgare, 27.
Kotsi, ouvrier, 311.
Kouchevtsi, v., 346.
Koulah (turc Adlich), V., 51, 74, 79-81, 117.
Koula, chapeau rond, 476.
Kouló, v., 546.
Koulevtcha, v. 385, 408-410, 413.
Koum-Baïr, fort, 86.
Koumpania-Han, 221.
Koupen, m., 184, 257.
Koupenska, r., 244.
Kourchoumlou-Djamié, mosquée à Tirnovo, 137, 142 ; — à Karlovo, 260.
Kourchovo, v. 135.
Kourman-Moguila, m., 283.
Koutloubey, v. 415.
Kouyoudjouk, r., 498.
Kouyoulovtsé, v., 225.
Konzlouk-Keui, v., 519.
Kovatchitsa, r., 341.
Kovatchov, imprimeur, 303.
Kozéritsa, r., 172.
Kozloudja, V., 487-488.
Kozlouk-Déré, r., 519.

Krach, colonel, 501.
Kraliévo (Serbie), 421.
Krasna, v., 544, 545.
Kristo (Zacharie), de Samakov, 241.
Kristo-Han, à Pravadi, 414.
Krividol, v., 107.
Krivodol, v., 333, 334.
Kronstadt, V. de Transylvanie, 409, 514.
Krouchévats (Serbie), 99.
Krouchévitsa, v., 278.
Krouchévo, V., 100.
Krouchiti, v., 133.
Kroum, prince bulgare, 2, 387, 431.
Krüdener, général russe, 224.
Kustendjé (roum. Constantsa), V., 483, 484.
Kutchuk-Alan, m., 263.
Kutchuk-Kaïnardji, v., 490, 499.
Kutchuk-Moustapha, fort, 505.
Kutchuk-Yéni Balabanlar, v., 537.

L

Labourage, 268.
Lagochovtsé, v., 111.
Lakatnik, v., 320, 321.
Lakatnik, col, 446.
Lajiné, v., 228.
La Martinière, géographe, 460.
Langeron, général russe, 526.
Langue bulgare, 29.
Lascaris (Théodore), 7.
Layard (Sir Austin), 385.
Lazare, knèse de Serbie, 9.
Lécapène, empereur, 4, 14.
Ledjova, v., 530.
Lédénik, v., 198.
Leger (Louis), professeur, 304.
Légion (la) bulgare, 25, 161.
Lejean, voyageur, 129, 232, 233, 235, 259, 271, 283, 284, 315, 507.
Lémonides (Georges), 310.
Lennox (Sir Gordon), 184, 385.
Leskovitsa, v., 362.
Leuchtenberg (Serge de), 549.
Lion romain, 410.
Lioutibrod, v., 316, 317.
Lipnik, v., 529.
Lloyd autrichien, 464.
Lom, r., 85, 99, 100, 107, 122, 338.
Lom blanc, r., 524, 544.
Lom de Banitsa, r., 523.
Lom de Svolenik, r., 524, 544.
Lom noir, 517, 523.
Lom, V., 51, 338, 339, 547.
Louis d'Anjou, roi de Hongrie, 9.
Lovets (turc Lovtcha), V., 201-207, 236.
Lovtch, voy. Lovetsa.
Lom-Palanka, V., 103, 104.

TABLE ALPHABÉTIQUE GÉNÉRALE.

Lulun, m., 299.
Lysimaque, 414.

M

Madara, v., 440.
Maglich, v., 181.
Magoura (turc Pilav-Baïr), m., 113.
Magoura, v., 271.
Magyars, 2, 3, 4, 7.
Mahala, v., 227, 275.
Mahmoud II, sultan, 11, 142, 383, 403.
Mahmoud, Turc de Tourpchoular, 498.
Mahmoud-Pacha, 437, 344.
Mahomet Ier, sultan, 47.
Makrech, v., 113.
Mali-Isker, r., 285, 286, 287.
Malinowski, chef de gare, 538.
Mali Zvornik, forteresse de Serbie, 25.
Malkotchou, v., 198.
Malo-Pechténé, v., 325, 326.
Mamartchov, haïdouk, 342, 394.
Manastir-Keui, v., 441.
Manastir-Sélo, v., 244.
Manastirstsi, v., 130.
Mangalia, V., 484, 489.
Manseï, général russe, 414.
Manuel de Thessalonique, empereur, 7.
Marach, v., 402.
Marafets, amulettes, 43.
Mara-Guéduk, m., 248, 250, 253, 254, 445.
Marcianopolis (Devna), V. 387, 420.
Maren, v., 344.
Mariages, 41.
Marie de Byzance, tsarine, 8.
Marie-Thérèse, impératrice, 219.
Marinopol, faubourg de Tirnovo, 149, 191.
Maritsa, r. 28, 36, 351.
Markokralski-Baïr, m., 174.
Markokralski-Grad, ruine, près du col de Chipka, 173; — près du col de Guintsi, 308.
Maser-Téké-Déré, r., 537.
Mathilde Cantacuzène Paléologue, 436.
Matiev (Nicolas), sculpteur, 165.
Maximin, empereur, 294.
Maximus, consul, 203.
Médichovtsé, 117.
Medjidieh, fort, 502, 505.
Medjilis, conseils, 497, 519.
Mégissiers, 309.
Mehadia, v. de Hongrie, 344,
Méhémed, Turc de Tourptchoular, 498.
Méhémed, moudir de Bélogradjik, 74.
Méhémed-Aga, 237.
Méhémed-Ali-Pacha, 344, 523.
Méhémed-Bey, 232.

Méhémed-Effendi, 452.
Mékich, v., 156.
Mella (Lovets), station romaine, 203.
Mcnebria (Missivri), V. 430.
Merdan, v., 361, 363.
Mer Noire, 478, 481, 484.
Merzik, v., 498.
Mesembria (Missivri), 7, 430, 441.
Metchina, r., 78.
Metchka, v., 225, 544.
Metkovets, v., 338.
Metovnitsa, v., 109.
Mezra, v., 316.
Michel, tsar, 8.
Michel Asen, tsar, 7.
Michel Boris, tsar, 2.
Michel le Brave, prince de Valachie, 405.
Michel Obrénovitch, prince de Serbie, 25.
Michel Paléologue, prince de Trébizonde, 460.
Micro-Byzantium, station romaine, 221.
Midhat-Pacha, 21, 77, 94, 121, 122, 132, 133, 141, 161, 172, 181, 205, 208, 225, 231, 270, 286, 295, 299, 316, 334, 361, 364, 383, 401, 416, 437, 448, 477, 509, 513, 527.
Milanovitch (Théodore), 211.
Miloutin, roi de Serbie, 8.
Minder, coussin, 513.
Minderlik, sorte d'étoffe, 255.
Minnet-Beg, 47.
Mircea, prince de Valachie, 500.
Mirotch, m., 91.
Mirsky, général russe, 184, 344.
Missivri, V., 430-438.
Mitchkarévo, v., 351.
Mitérisovo, v., 259.
Mocani, bergers roumains, 482.
Mœsie, 1, 328, 482.
Moines bulgares, 210-244, 342.
Moïntsi, v., 334.
Mokan, berger, 108.
Mokréchani, v., 271.
Moltke, feld-maréchal, 376, 383, 416, 427, 501.
Mommsen, philologue, 203, 388.
Monastir, m., 380.
Monastir-Keui, v., 447.
Morava bulgare, r., 28, 99.
Motsa (han de), 201.
Mouavin, aide du pacha, 141.
Mouezzin (crieur), 131.
Mourad Ier, sultan, 9, 297, 352, 385.
Mourad II, sultan, 431.
Mourad-Dérési, v., 404.
Mourad-Tépé, m., 420.
Mouraldalar, v., 495.
Mourgasli, v., 134.
Mousafirliks, maisons des voyageurs, 159, 361.

TABLE ALPHABÉTIQUE GÉNÉRALE.   559

Mouser-Béli-Tabia, fort, 299.
Mousina, v., 197.
Mouslim-Sélo, v., 226.
Moustiques, 328.
Mramoren, v., 325.
Mrozetsi, v., 185.
Mytzès, prince bulgare, 431.

N

Nadir, col, 426, 446.
Nagyvárad, V. de Hongrie, 64.
Naïssus (Nich), V. 111, 112.
Namiestnik, vicaire, 239.
Napoléon III, empereur, 258
Nasser-ed-Din, v., 542.
Naulochus (Emineh), V. grecque, 447.
Négotin, V. de Serbie, 85, 91.
Némagna, prince serbe, 6.
Nérédintsé, v., 208.
Nésember (Mesembria), V., 430.
Nésib-Effendi, 493.
Nestus (Kara-Sou), r., 155.
Nich, V., 55, 478.
Nichava, r., 99, 308.
Nicéphore I*er*, empereur, 2, 387, 405.
Nicéphore II Phocas, empereur, 5.
Nicolas I*er*, pape, 27.
Nicolas, empereur de Russie, 11, 463.
Nicolas (le grand duc), 235.
Nicolas, de Novosélo, peintre, 241.
Nicopoli, V., 55, 83, 221-226.
Nicopoli (bataille de), 10, 197, 224.
Nicopolis ad Istrum (Eski Nikoup), V. romaine, 155, 173, 203.
Niégovanitsa, v., 83.
Nikoup, v., 150-156.
Nisova, v., 524, 544.
Nogaï-Khan, 8.
Norias, 115.
Nousred-Bey, 48, 79.
Novae (Svichtov), station romaine, 173, 203, 209.
Novaïa-Serbia, 47.
Novi-Pazar, V., 99.
Novosélo, v. au N. de Vidin, 81, 87, 91; — v. près de Selvi, 197, 245.

O

Oa-Charmana, v., 539.
Obrétenik, v., 130.
Odessa, V., 546.
Odessus (Varna), V. romaine, 439, 457.
OEscus (Guiguen), V. romaine, 162, 203, 273.
Ogost, r., 281, 326, 327.
Ohodna, v., 326.
Ohrida, V., 3, 5, 6, 28.

Olt, r., 223.
Oltenitsa, V. de Roumanie, 540.
Omer-Fevzi-Pacha, 25, 226, 232.
Omer-Pacha, 540.
Omer-Vrione-Pacha, 455, 463.
Omortag, chef bulgare, 144.
Omour-Fakih, v., 498.
Opinka, sandale, 100; plur. *opintchi*, 30.
Opletna, v., 320.
Oradea-Mare, V. de Hongrie, 64.
Oréché, v., 110, 216.
Oréhovo (Rahova), V., 278.
Orel, m., 137.
Orhanieh, V., 286, 288-289.
Orphée, 253.
Orta, karaoula, 308.
Orta-Dagh (bulg. Sredna Gora), m., 259, 263, 351, 445.
Orta-Mahlé, v., 546.
Oselna, v., 320.
Osem, ou Osma, r., 83, 162, 205, 207, 208, 228.
Osem-Kalési, château, 224.
Osikovo, v., 321.
Osikovsko-Gradichté, ruine, 322.
Osma-Gradichté, v., 162.
Osmam, zaptié, 423.
Osman-Pacha, général turc, en 1829, 427.
Osman-Pacha, général turc en 1876-78, 69, 166, 203, 267, 270, 301, 344.
Osman-Pazar, V., 367-370, 518.
Osmanieh, v., 57, 73.
Ostra-Moguila, col, 446.
Ostrétchévitsa, r., 247.
Ostrets, v., 201.
Ostro-Berdo, m., 261.
Ostro-Kamak, v., 425.
Ostrokavtsé, v., 112.
Oubouks, tribu circassienne, 52.
Ouglitchi, peuple, 484.
Oumar, nom bulgare, 27.
Oumourgach, col, 446.
Oungari, peuple, 1.
Ounogoundouri, peuple, 1.
Ouroch (Étienne), roi de Serbie, 9.
Ouroutsi, v., 289.
Ourzoïa, v., 107.
Outourgouri, peuple, 1.
Ouzoundjé-Ova, V., 373, 513.
Ovide, 474, 481.
Ovtcha-Moguila, v., 162.

P

Païsius, évêque, 20.
Païsius, moine, 394.
Palaouzov, patriote bulgare, 168.

Paliloula, rue, 812, 339.
Pan, 458.
Panaguiourichté, V., 263, 393.
Panayir, foire, 486.
Panderma, V., 55.
Panéga, r., 277, 283.
Panion, V. grecque, 431.
Panitcharka, r., 172.
Pannysos (Kamtchik). r., 441.
Panou-Vaïnov, forêt, 25, 78.
Paoli, évêque de Bucarest, 219.
Papadopoulo-Vréto, philologue, 459.
Paparniva, m., 259.
Papasoglou frères, 175.
Parthénius, moine, 240.
Pasapordji, employé chargé des passeports, 221.
Passementerie, 188, 255, 260.
Passionistes, 126, 215-220, 228.
Pastermi, viande fumée, 265.
Pasvan-Oglou Pacha, 60, 117, 171, 210, 232, 236, 352, 372.
Paternus, consul, 203.
Patriarcat bulgare, 14.
Pavlikiani (Pauliciens), 217, 222.
Pazardjik, V., 36, 481, 485-487.
Peaux de chèvres, 298, 311.
Pechterna, v., 267.
Peintres bulgares, 165, 241.
Pelleterie, 204.
Pépelné., v., 544.
Pérésit, r., 66.
Pervol-Tchiftlik, v., 334.
Petchénègues, peuple, 291.
Petchéno-Berdo, karaoula, 334.
Petchéno-Berdo, m., 308.
Petit-Isker, r., *voy*. Mali Isker.
Pétri-Keui, v., 454.
Phanariotes, 17, 91, 110, 448.
Philippe II, roi de Macédoine, 444.
Philippe III, roi de Macédoine, 445.
Philippopolis, V., 210.
Philothée, hégoumène, 241.
Phocas (Nicéphore), empereur, 5.
Pichet, V. de Valachie, 280.
Pie IX, pape, 19.
Pierre, tsar bulgare, 4.
Pierre Asen, tsar, 6, 14.
Pilav-Baïr (bulg. Magoura), m., 113.
Pirdop, v., 514.
Pirot, V., 334.
Pirsnik, V. imaginaire, 100.
Pita, sorte de gâteau, 408.
Pivnitsé, celliers, 91.
Plakovo, mon., 341.
Plevna, V., 228, 232-235, 270, 271.
Podaïva, v., 539.
Podbachi, v., 453.

Podhaycki, homme d'État polonais, 20.
Polikraïchté, v., 134.
Pomatsi, Bulgares musulmans, 182, 283, 267, 275, 278, 281, 284, 289.
Popadia, v., 73.
Pop-Keui, v., 517, 523.
Popski, v., 186.
Positano, consul, 304.
Poterie, 127, 373.
Pouchalar, v., 375.
Poutchivalo, m., 261.
Pravadi, r., 491.
Pravadi, V., 376, 414-420.
Pravets, v., 285, 288.
Préséka, v., 204.
Preslav, V., 2, 5, 386-388.
Prichtina, V., 55.
Prisca (Roustchouk), V. romaine, 128.
Prispa, V., 6.
Pritshlava (Preslav), V., 386.
Progorélets, v., 320.
Protestants, 178.
Provaton (Pravadi) V., 414, 416.
Pseudo-Nonnes catholiques, 218, 228.
Puits artésien, 527.

R

Rabanitsa, col, 267, 446.
Rabich, v., 78, 111.
Radan, v., 133.
Radetzki, général russe, 235, 345.
Radicaux bulgares, 207.
Radotina, m., 333.
Ragusains, 297, 417, 418, 500.
Raguse (sl. Dubrovnik), V., 5
Rahmanli, v. près de Philippopolis, 177; — v. près de Klisoura, 263.
Rahova ou Oréhovo, V., 278-280, 326.
Rahovitsa, v. près de Tirnovo, 129, 149, 150; — v. sur l'Isker, 275.
Raïkovo, v., 326.
Rajédapka-Planina, m., 423.
Raki, eau-de-vie, 37.
Rakitnitsa, v., 90.
Rakovitsa, v., 78, 87.
Rakovitsa, r., 115.
Rakovski, historien, 394.
Rassim-Pacha, 256, 295.
Rasova, v., 338.
Ratiaria (Artcher), V., 69, 110-111.
Rauch, général russe, 301.
Ravna, v., 414.
Razgrad, V., 54, 525-527.
Rébrova, v., 321.
Réchid-Méhémed-Pacha, 413.
Réchid-Pacha, 11, 487.

TABLE ALPHABÉTIQUE GÉNÉRALE. 561

Redjep-Mahlé, v., 498.
Remetodia, castellum romain, 105.
Réouf-Pacha, 345, 385.
Repas funèbres, 44.
Résova, v., 426.
Révich, v., 521.
Rhodope, 254.
Ribaritsa, r., 265.
Ribarska-Planina, m., 362.
Ribarski-Mahlé, v., 265.
Ribnitsa, r., 326.
Richard, de Marseille, 298, 310.
Rodosto, V., 55.
Romain, fils du tsar Pierre, 5.
Rome, 19, 21.
Rontcha, v., 300.
Rosalia, Pentecôte, 253.
Rosalita, col, 250, 255, 446.
Rosen, consul, 449.
Roses de Kazanlik, 177 ; — de Maglich, 182.
Roudnik, V. de Serbie, 99.
Roumains de la Bulgarie, 84, 100, 211, 220, 226, 271, 540; — de la Macédoine, *voy.* Tsintsares; — de la Roumanie, 69, 74, 81, 84, 88, 281 ; — de la Transylvanie, 542.
Roumanie, 28, 184, 247, 329, 506.
Roumélie orientale, 28.
Roumilis, Grecs, 429.
Roum-Keui, v., 428.
Roumli, Grecs, 457.
Rousitsa, r., 134, 150, 164-166, 193, 197, 198.
Roustchouk, V., 55, 121-128, 509-511, 546.
Rouzovitch (Athanase), riche Bulgare, 148.
Rüdiger, général russe, 427.
Russes, leurs opérations militaires en Bulgarie, 60, 128, 132, 141, 172, 173, 181, 184, 203, 210, 214, 224, 256, 262, 267, 270, 301, 308, 312, 320, 331, 342, 344, 357, 369, 371, 403, 413, 414, 460, 487, 490, 501, 516, 523, 526, 540, 543.

S

Sabor, fête patronale, 244, 258.
Sacrifices religieux, 283.
Sadova, mon. de Valachie, 260.
Sadovets, défilé, 269.
Saint-Clair-Pacha, 449-452.
Saint-Cyrille et Saint-Méthode, église à Choumla, 383; — à Plevna, 232 ; — à Tirnovo, 137.
Saint-Élie, église à Svichtov, 211.
Saint-Jean, église à Missivri, 435.
Saint-Pantélimon, chapelle sur le Béli-Pésak, 258.
Saint-Pierre, église à Svichtov, 211.

F. Kanitz.

Saint-Pierre et Saint-Paul, église à Nicopoli, 222 ; — à Tirnovo, 144.
Saint-Priest, général russe, 210.
Sakar-Baïr, m., 480.
Sakar-Tépé, m., 517.
Saliler, v., 532.
Salonique, V., 28.
Saltiklar, v., 518.
Samakov, V., 285.
Samodivi, fées, 253.
Samovoden, v., 133, 150.
Samsoum, V., 52.
Samuel, tsar bulgare, 5, 291.
Sandjak-Tépé, m., 420.
Sandouktchi, v., 422.
Sandukli (pont de), 298, 300.
Saptché, guide, 247.
Saradjis, cordonniers, 204.
Saradj-Djamié, à Tirnovo, 137.
Saraf, changeur, 457.
Sari-Gueul, v., 540.
Sari-Housseïn, mosquée à Pravadi, 417
Sarnasouflar, v., 517.
Sarnébé, v., 498, 499.
Save, r., 6.
Schiller, 306.
Schmidt, directeur des finances, 355.
Sclavinia, 2.
Scythes, 482.
Sel, 103, 329, 515.
Séléno-Dervo, v., 172, 185.
Seltsi, v., 184.
Selvi (bulg. Sevliévo), V., 165, 166. 203.
Sembratowicz, évêque de Léopol, 20.
Sépétchi, v., 517.
Serbégli, v., 166,
Serbes, 2, 4, 9, 74, 85, 93, 333.
Serbia, v., 198.
Serdar-Tchiftlik, v., 309.
Serdica (Sofia), V. romaine, 291.
Séré-Déré, V., 55.
Séronino, v., 320.
Sersem-Baïr, m., 427.
Severtsi, peuple, 484.
Severus, nom romain, 362.
Sevliévo (turc Selvi), V., 165, 166, 203.
Sfîrtcha, v., 275.
Shumla-Road, *voy.* Kaspidjan.
Sidera, nom géographique latin, 405.
Sigismond, roi de Hongrie, 224.
Silistrie, V., 5, 481, 500-507.
Silvistria (Silistrie), 500.
Siméon, patriarche, 17.
Siméon, tsar bulgare, 3, 387, 500.
Simnitsa, v., 209, 210.
Sinakovtsé, v., 114.
Sinan-Pacha, 203, 405.

36

Sinope, V., 52.
Sir-Alan, m., 264.
Siyakovitsa, v., 271.
Skit, r., 281, 325, 326.
Skobélef, général russe, 184, 203, 235.
Skomlia, r., 107.
Skomlia, v., 88, 109.
Skoptsi, 129.
Slaveïkov, secte religieuse, historien, 134, 197.
Slavitsa, v., 275.
Slavotin, v., 338.
Slidol, v., 320.
Sliven, V., 47, 55, 351-355, 393.
Slivovik, r., 338.
Smerdan, v., 83.
Smilets, prince bulgare, 8.
Smilovtsi, v., 334.
Smoïlanovtsi, v., 338.
Smorden, r. imaginaire, 73.
Smyrne, V., 55.
Sodjak-Kamtchik, r., 512.
Sofia, V., 2, 291-306.
Sofiisko-Polyé, 289.
Sofoular, v., 390.
Sofra, table, 493.
Soie, 311, 330, 344, 365.
Soliman, sultan, 431, 474.
Soliman-Pacha, 256, 261, 263, 344, 514.
Songoular, v., 309.
Sophronius, évêque, 148, 394, 402.
Sopot (turc Aktché-Klissa), v., 259, 261.
Sostra, colonie romaine, 236.
Souchitsa, r., 260.
Soufouryouda, v., 520.
Souganlik, cap, 463.
Soultanieh, V., 225.
Soultanlar, v., 421.
Soutchouk-Mahlé, v., 479.
Souva-Planina, 90.
Srédets (Sofia), V., 291.
Sredna-Gora, *voy.* Orta-Dagh.
Sredno, faubourg de Gabrovo, 168.
Sréma, *voy.* Guiopsou.
Staklen, ruines, 209, 210.
Stambouline, 279.
Stanislas, de Samakov, peintre, 165.
Stanislavov (Philippe), évêque, 215.
Stanley (Owen), naturaliste, 103.
Stara-Planina, m., 264.
Staréchina, ancien, 35, 163.
Staréka, v., 356, 520.
Steppes, 481.
Sternberg, général russe, 460.
Stévrek, v., 520.
Sticharov., v., 209.
Sttifanos (Sliven), V., 351.
Stoïanov (Dragan), habitant de Mezrà, 316.

Stoïef (Ivantchou), passementier, 188.
Stol, m., 91.
Stolovi, m., 73.
Storopatitsa, v., 118.
Stoudéna, v., 156.
Stoudéna-Kladénitsa, v., 247.
Stratsimir, tsar bulgare, 9, 69, 291, 315.
Strecker-Pacha, 384, 429.
Strigl, v., 289.
Strigl, col, 446.
Stroupets, v., 351.
Superstitions, 38.
Sustidizo, station romaine, 494.
Sutchundol, v., 163.
Suutli, v., 529.
Svéta-Bogoroditsa, église à Sopot, 261; — église à Tirnovo, 138, 145.
Svéta-Bogoroditsa, mon. près de Dobridol, 107-109; — mon. près d'Étropol, 286; — mon. près de Kalofer, 256-258; — mon. près de Svichtov, 213; — mon. près de Troïan, 238-244.
Svéta-Paraskéva, église à Plevna, 232.
Svéta-Troïtsa, église à Roustchouk, 126.
Svéta-Troïtsa, mon. près du Vitbol, 118; — mon. près de Tirnovo, 135.
Svéti-Dimitri, église à Tirnovo, 146.
Svéti-Ilyé-Prorok, mon., 341.
Svéti-Nikola, col., 93-99, 446.
Svéti-Nikola, mon. près de Tirnovo, 148.
Svéti-Pétar, église à Leskovitsa, 362.
Svéti-Pétar, mon. près de Tirnovo, 149, 150.
Svéti-Spas, mon., 261.
Svéti-Tchétiridéset-Moutchénitsi, mon., 149, 362.
Svéti-Yovan, mon. près de l'Ogost, 327; — mon. près de Troïan, 243; — mon. près de la Vratchanska, 309.
Svéto-Nikolské-Kerst, 93.
Svéto-Préobrajénie, mon., 135.
Svétslav (Théodore), tsar bulgare, 8, 431.
Sveyestov, V., 209, *voy.* Svichtov.
Sviatoslav, prince de Kief, 5, 387, 405, 500.
Svichtov, V., 55, 83, 161, 210-214, 517.
Svichtov, lac, 209.
Svinar, v., 269.
Svinaré, v., 348.
Svolénik, v., 524.
Symantron, instrument en bois, 131.

T

Tabac, 347.
Tabachka, v., 544.
Table de Peutinger, 104.
Tachkésen, v., 289.
Talasam, revenant, 45.

TABLE ALPHABÉTIQUE GÉNÉRALE. 563

Taliga, sorte de voiture, 512.
Tasbih, chapelet, 474.
Tapis, 335.
Tatardjik, v., 81.
Tatares, 8, 47, 100, 107, 208, 226, 275, 278.
Tatar-Pazardjik, V., 47.
Tatar-Keui, v., 429.
Tchaï, thé, 117.
Tchaïr-Keui, v., 523, 524.
Tchaïr-Mahlé, v., 498.
Thalikavak, col, 402-404, 446.
Tcham-Déré, r., 356.
Tchamourli, v., 538.
Tchan-Tépé, à Tirnovo, m., 143,
Tcharchia, rue principale, 343, 363.
Tchatak (bulg. Tidja), v., 391.
Tchatal-Kajé, m., 351.
Tchatal-Tépé, m., près d'Osma-Gradichté, 102; m. dans le bassin de Guiopsou, 259.
Tchechmé, v., 520.
Tchélébi, fils de Bajazet, 10, 138.
Tchélébis, brigands, 496.
Tchéligra-Bouroun, cap, 480.
Tchelmat, nom bulgare, 27.
Tchenguel, v., 376, 423.
Tchépina, v., 393.
Tchérémet, v., 422.
Tchérépis, mon., 318.
Tcherkesses : leur immigration, 51; leurs colonies, 100, 107, 117, 118, 157, 162, 208, 226, 268, 271, 275, 281, 284, 289, 309, 310, 312, 321, 372, 375, 398, 402, 403, 405, 421, 485, 517, 532, 542.
Tcherklichté, v., 399.
Tcherkovna, v., 414.
Tcherna-Gora, *voy*. Karadja-Dagh.
Thernavodu, V., 483.
Tcherna-Trava, m., 93.
Tchernévi, v., 544.
Tcherni-Lom, r., *voy*. Lom noir.
Tcherni-Osem, r., 238.
Tcherni-Vid, r., 267.
Tchertchilani, v., 271.
Tchertovitsa, r., 361.
Tchervéna-Voda, v., 543.
Tchiftlik, maison de campagne, 114.
Tchiftlik-Mahlé, v., 425.
Tchimalé, v., 428.
Tchirikovo, v., 269.
Tchitalichté, société de lecture, 213.
Tchohadjis, brodeurs, 204.
Tchoki, prince tatare, 8.
Tcholak-Mahalési, v., 193.
Tchorba, soupe, 208.
Tchorlévo, v., 100.
Tchorokalina, v., 90.
Tchoubara, bonnet, 30, 100, 266, 402.

Tchouhou-Yousouflar, v., 389.
Tchouka, m., 211.
Tchoumakovtsi, v., 275, 277.
Tchoumlek (pont de), 167.
Tchoupren, v., 99.
Tchouprenska, r., 99.
Tchouriak, v., 301.
Téanovtsé, v., 90.
Téber, hache, 476.
Téké, v., 474-478.
Tékir (bulg. Tsarovets), v., 157.
Télal, crieur, 150, 277, 339.
Télich, v., 270.
Temksa, r., 333, 334.
Templum Jovis, station romaine, 441.
Tépés, *voy*. Tumuli.
Terbi-Keui, v., 538, 539.
Tersténik, han, 545.
Tertéri (George), tsar bulgare, 8.
Terzioba, v., 348.
Tétéven, V., 266.
Tétova, r., 520.
Tétova, v., 543.
Théodore Lascaris, empereur, 7.
Théodore Svetslav, tsar bulgare, 8, 431.
Thessalonique, V., 1, 5, 7.
Tiberiopolis (Varna), V., 459.
Tidja (turc Tchatak), v., 391.
Timok, r., 56, 84, 85, 87, 88, 89, 90, 91.
Tipourichka-Polyana, col, 184, 446.
Tiristria Acra, cap, 480.
Tirnovo, V., 7, 10, 135-148, 342.
Tisza (all. Theiss), r., 2.
Todleben, général russe, 270.
Tolovitsa, v., 110.
Tonisus (Toundja), r., 254.
Topolovitsa, r., 59, 89, 287.
Toptchis, canonniers, 223.
Toptchou, v., 529.
Toptchou-Déré, r., 529.
Toros, v., 267.
Totiou (Philippe), haïdouk, 22, 161, 346.
Touitcha, V., 482.
Toumbouli-Djamié, à Choumla, 383.
Toumbuktchi, V., 515.
Touna (Danube), journal, 125.
Touna-Kaleh, à Nicopoli, 223.
Toundja, r., 83, 249, 255, 259, 348, 349.
Toura, monogramme du sultan, 476.
Tourlak, v., 524.
Tourk-Dervich, v., 452.
Tourk-Esmil, v., 542.
Tournakof, général russe, 267.
Tourptchoular, v., 498.
Toutchénitsa, r., 231, 234, 235.
Toutrokan (roum. Turtucaia), V., 540-541.
Tozlou-Alan, v., 530.

Tozlouk, contrée, 366.
Trajan, empereur, 240.
Travna, V., 171, 185-190.
Trébigné, V., 5.
Trébizonde, V., 52.
Trentchevitsa, v., 228.
Triaditsa (Sofia), V., 291.
Triangulation, 326, 42?.
Triballes, 420.
Tripoutna-Planina, m., 334.
Troglodytes, 87, 103, 208.
Troïan, V., 237-238.
Troïan, col, 446.
Troïanska Poutéka, chemin de Trajan, 236.
Tsamblak (Grégoire), métropolitain de Kief, 143.
Tsankov, ministre, 303, 498.
Tsarévets, à Tirnovo, 138, 143, 144.
Tsarovets (turc Tékir), v., 157, 161, 162.
Tsarski-Han, 308.
Tserkovna, v. 524.
Tsérovcn, v., 331.
Tsérovtsé, v., 524.
Tservénibreg, v., 56.
Tsibritsa, r., 312, 327-329, 338.
Tsiganes, 70, 85, 149, 166, 178, 198, 206, 211, 220, 227, 275, 276-277, 284, 285, 289, 327, 353, 354, 391.
Tsingané-Séraï, v., 275.
Tsintsares, 63, 85, 108, 116.
Tsiporovitsa, r, 335, 336.
Tsiprovets (Balkan de), 334.
Tsonio (Diédo), haïdouk, 346.
Tulbéli, tombeaux, 301. *Voy. Turbé.*
Tumuli, 83, 133, 176, 268, 290, 310, 376.
Turbé ou *Tulbé*, tombeau, 474.
Turbé-Baïr (ou Tulbé-Baïr), m., 178.
Turcs, 9-26, 59 et *passim*.
Turnu-Magurele, V. de Roumanie, 222, 223.
Turtucaia, V., *voy.* Toutrokan.
Tvarditchka, r., 347.

U

Usages religieux, 38.
Usenli-Déré, r., 489.
Utch-Baïram-Bounar, v., 498.
Utch-Orman, v., 485.
Utus (Mokréchani), station romaine, 272.

V

Vakoufs, biens ecclésiastiques, 438, 526.
Vallum Trajani, 483.
Vampires, 45.
Vardar, r., 36.
Vardin, r., 161.
Varéna, v., 162.

Varna, V., 28, 455-470.
Vasiliya-Planina, m., 343.
Vasilovtsé, v., 103.
Vassif, historien, 380.
Vatatzès, empereur, 7.
Véliaminof, général russe, 301.
Verbitsa, v., 389, 390.
Verbnitsa, v., 307.
Verbova, v., 99.
Verbovka, v., 162.
Verchka-Glava, col., 336, 446.
Verchka-Tchouka, m., 79, 89.
Vésélets, ruine, 325.
Vetova, v., 527, 543.
Vétranion, empereur, 291.
Vid, r., 234, 269, 270. — Vid blanc, r., 265, 267. — Vid noir, r., 267.
Vida (turc Kis-Tépé), m., 397.
Vidimo, r., 244.
Vidin, V., 9, 51, 59-70, 547.
Vilayet du Danube, 21, 138.
Villages guerriers, 393.
Villehardouin, historien, 7, 428.
Viminacium (Kostolats), V., 156.
Vin de Sliven, 354.
Vinga, ou Theresiopel, V. de Hongrie, 219
Vitbol, r., 79, 107, 113-117.
Vitbol, v., 81, 83, 116.
Vitoch, m., 250, 292, 299, 300.
Vitrasius Pollion, général romain, 459.
Viz-Keui, v., 539.
Vladimir, tsar bulgare, 2.
Vladislas, roi de Serbie, 7.
Vladislas, roi de Hongrie, 420, 460.
Vladislavov (Stoïko), patriote, 148.
Vlahovitch, v., 73.
Voditsa, r., 517.
Voditsa, v., 524.
Vodna, v., 114.
Vodniantsa, v., 109.
Voïnichka séla, villages guerriers, 393.
Voïnitsa, v., 117.
Volga, fl., 1, 27.
Voronzof, général russe, 203.
Voultchak, v., 113.
Voultchéderma, v., 328.
Vourf, v., 87, 91.
Voutchitren, v., 208.
Vrajdevna, v., 290, 301.
Vratarnitsa, v., 223.
Vratchanska, r., 309, 312.
Vratchech, v., 289.
Vratsa, V., 309-312.

W

Walcher de Moltheim, consul, 72.

TABLE ALPHABÉTIQUE GÉNÉRALE.

Waldhardt, consul, 301.
Weissel-Pacha, 176.

Y

Yablanitsa, v., 284, 285.
Yaïla, v., 454.
Yaïla-Déré, r., 520.
Yali, steppe, 531.
Yamboli, V., 353.
Yanobasa, v., 261, 262.
Yantra, r., 28, 83, 130, 167, 168, 193, 197, 403, 519.
Yarli-Déré, r., 518.
Yasénovats, v., 176.
Yasi-Tépé, v., 491.
Yastrébats, m., 99.
Yavorets, m., 321.
Yénidjé-Déré, r., 521.
Yénidjé-Keui, v. sur le Toptchou, 530; — v. imaginaire, 544.
Yéni-Keui, v. près du cap Émineh, 450; — v. près de Varna, 473.
Yéni-Nikoup, v., 156.
Yéni-Pazar, V., 492.
Yéni-Zaghra, v., 347, 403.
Yentchou de Travna, 232.
Yéséktchi, v, 351.

Yokovtsi, v., 343.
Youneh, communauté familiale, 56.
Younouskar, v., 532.
Yousouf-Pacha, 312, 463.
Yovanov (Nicolas), constructeur, 343.
Yovan-Tchiftlik, v., 543.
Yunluyer, v., 389.
Yurukler, v., 543.

Z

Zadouchnitsa, 2e dimanche de Carême, 38.
Zahariev (Tsani), peintre, 165.
Zaïtchar, V. de Serbie, 85, 89.
Zakaria-Pacha, 487.
Zaoud-Keui, v., 532.
Zapliés, gendarmes, 95-97, 309, 423.
Zélénikovets, m., 248.
Zeus Zabasios, 331.
Zichy (Edmond), 516.
Zimiscès, empereur, 5, 387, 405, 500.
Zimmermann, général russe, 487, 502.
Zlataritsa, v., 345, 361.
Zlatina, v., 300.
Zlatio-Kokartchou-Oglou, haïdouk, 346.
Zlatitsa (turc Isladi), V., 267, 287, 288.
Zouvandji-Mésari, col, 355-357, 446, 520.
Zvanigrad, ruine, v., 259.

FIN DE LA TABLE ALPHABÉTIQUE GÉNÉRALE

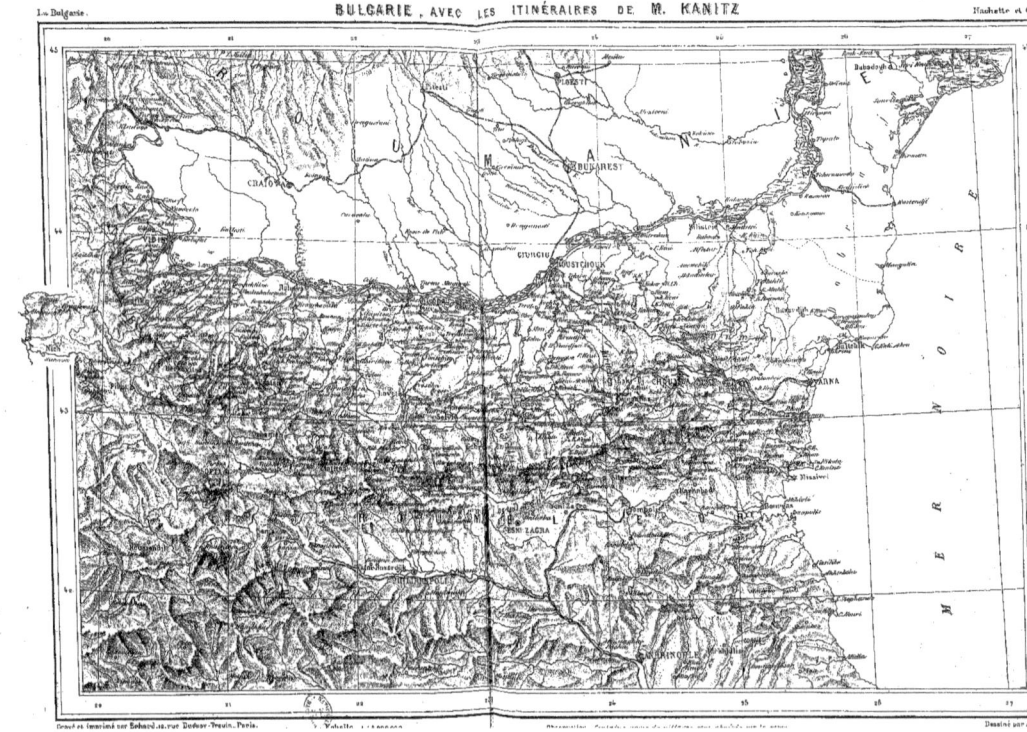

TABLE DES ILLUSTRATIONS

	Pages.
Les Finno-Bulgares devant Constantinople, en 813	3
Monnaie du tsar Joanice Ier.	10
Bulgares rédigeant une pétition au pacha	15
Prélats bulgares	20
Bande d'insurgés bulgares dans le Balkan	23
Danse de la hora bulgare	33
Groupe d'émigrants bulgares	49
Immigrants circassiens	53
A bord d'un vapeur du bas Danube	60
Tombeau d'Osman-Pasvan-Oglou à Vidin	61
Ancien château bulgare de Vidin	67
Forteresse de Bélogradjik	75
Tour romaine de Koula	80
Les Tumuli du camp de Vidin	84
Piquet de garde-frontière près de Florentin	86
Le Danube près de Florentin	87
Zaptiés turcs des Karaoulas	97
Troglodytes près du Lom	101
Partie de la Table de Peutinger	104
Église de Svéta-Bogoroditsa	109
Noria bulgare près du Vitbol	115
Roustchouk	123
Le pont de la Yantra à Béla	131
Piles du pont de Béla	133
Monastère de Svéta-Troïtsa	136
Tirnovo, la ville des tsars	139
Intérieur de l'église Saint-Pierre et Saint-Paul à Tirnovo	145
Ruines de Nicopolis ad Istrum	151
Frise de Nikoup	154
Dalle sculptée de Nikoup	154
Médaille de Nicopolis ad Istrum	156

TABLE DES ILLUSTRATIONS.

Ferme bulgare à Sutchundol	163
Bas-relief de Diane	164
Gabrovo sur la Yantra	169
Récolte des roses à Kazanlik	179
Industries des moines de Maglich	183
Distillation de l'huile de roses à Travna	187
Passementier bulgare à Travna	189
Le Dikilitach	195
Fragments antiques près du Dikilitach	199
Place du marché à Lovets	202
Pseudo-nonnes catholiques à Oréché	218
Joueurs de marionnettes tsiganes à Mahala	227
Monastère de Troïan	239
Honneurs rendus par les femmes bulgares aux crânes des moines	242
École primaire au monastère de Troïan	245
Cascade Ami-Boué au pied du Mara-Guéduk	249
Col de Rosalita et sommet du Mara-Guéduk	251
Laboureur bulgare	268
Sculpture romaine trouvée à Guiguen	273
Castrum romain près de Rahova	280
Sofia et le mont Vitoch, en 1877	293
Ruines de l'église Sainte-Sophie, à Sofia	296
Défilé d'Izgorigrad, près de Vratsa	313
Castellum romain de Korintgrad, près de Lioulibrod	317
Défilé de l'Isker, près du monastère de Tchérépis	319
L'Osikovsko-Gradichté, dans la trouée de l'Isker	322
Bas-relief de Diane, à Voultchéderma	328
Tanneur bulgare de Berkovitsa	330
Bas-relief de Diane, découvert à Bouzadjilar	332
Traîneau pour le battage du grain sur l'Ogost	337
Sliven et le massif du Tchatal-Kajé	349
Manufacture de draps militaires à Sliven	354
Chambre de parade d'une maison bulgare, à Bébrovo	359
Église Saint-Nicolas à Leskovitsa	362
Percepteur des impôts à Rahovitsa	364
Ferme turque à Djoumali	366
Han à Eski-Djouma	374
Choumla	377
Quartier turc à Choumla	381
Ruines de Preslav, ancienne résidence des tsars bulgares	386
Col du Kalabak-Baïr	392
Lac de Hisar, près de Kayabachi	399
Moulins à vent près de Karnabad	401
Costumes bulgares à Baïram-Déré et à Keupri-Keui	406
Autel domestique à Koulevtcha	409
Rocher portant un bas-relief romain, près de Madara	411
Bas-relief romain près de Madara	413

TABLE DES ILLUSTRATIONS. 569

Ancien château de Pravadi.. 415
Mosquée de Sari-Houssein à Pravadi.. 418
Costumes bulgares à Buyuk-Tchenguel....................................... 424
Missivri sur la mer Noire... 433
Église Saint-Michel à Missivri.. 435
Puits à Dervich-Yovan... 453
Statue de Pan découverte à Varna... 458
Bas-relief de Bacchus et d'Apollon, découvert à Ekréné................... 459
Ville et rade de Varna... 461
Dans la Dobroudja... 474
Puits à manège dans la Dobroudja... 483
Medjilis turc dans le Déli-Orman... 497
Four bulgare à Almali.. 501
Une attaque de fièvre... 503
Garde-frontières roumains sur le Danube................................... 508
Medjilis turc à Kouzlouk-Keui... 519
Ancien pont bulgare près de Déré-Keui...................................... 521
Han et mosquée à Razgrad.. 525
Village bulgare de Toptchou.. 531
Téké de Démir-Baba-Pehlivan... 533
Intérieur du téké de Hassan-Démir-Baba-Pehlivan......................... 537
Ruines du château de Tchernévi.. 545

FIN DE LA TABLE DES ILLUSTRATIONS

TABLE DES MATIÈRES

	Pages.
CHAPITRE Ier. Histoire des Bulgares jusqu'à la conquête turque............	1
— II. Situation politique et religieuse des Bulgares, de 1829 à 1870.	11
— III. Ethnographie des Bulgares................................	27
— IV. L'émigration des Bulgares en Crimée. — L'immigration des Tatares et des Tcherkesses en Bulgarie.................	47
— V. Vidin..	59
— VI. De Vidin à la Verchka-Tchouka et au Danube, par Bélogradjik...	71
— VII. La Topolovitsa, la Déléna et le Timok.....................	83
— VIII. Du col de Svéti-Nikola à Lom-Palanka.....................	93
— IX. Entre le Lom, l'Artcher et le Vitbol.......................	107
— X. Roustchouk et la vallée de la Yantra........................	121
— XI. Tirnovo, la ville des tsars. — Nicopolis ad Istrum............	135
— XII. De Svichtov au col de Chipka, par Sevliévo et Gabrovo. — Kazanlik et sa vallée des roses. — Travna..................	159
— XIII. De Tirnovo à Svichtov, par Selvi et Lovets.................	193
— XIV. Les villages catholiques de la mission des frères de la Passion, et Nicopoli sur le Danube.............................	215
— XV. De Plevna à Kalofer par Troïan et le col de Rosalita.........	231
— XVI. De la vallée du Guiopsou au Danube par le Balkan de Tétéven et la région du Vid...................................	257
— XVII. Les régions de l'Isker, du Skit, de l'Ogost et de la Panéga. — Étropol, Zlatitsa et le col de Baba-Konak.................	275
— XVIII. Sofia...	291
— XIX. Le col de Guintsi. — Vratsa. — Le col de Vratsa. — La Trouée de l'Isker à travers le Balkan...........................	307
— XX. Les régions du Skit, de l'Ogost et de la Tsibritsa. — Berkovitsa. Les cols de Kom et de Verchka-Glava. — Lom............	325

CHAPITRE XXI. De Roustchouk à Sliven par le Balkan d'Éléna. — Le Balkan de Sliven. — Bébrovo, Rahovitsa et Osman-Pazar 341
— XXII. Eski-Djouma. — Choumla. — Preslav. — Kazan 371
— XXIII. Karnabad. — La passe de Tchalikavak. — Koulevtcha 397
— XXIV. Le Déli-Kamtchik. — Le défilé du Boghaz-Déré. — Aïdos. — Missivri 421
— XXV. Le col de Bana. — Le Balkan. — Les côtes du Pont-Euxin 441
— XXVI. Varna 457
— XXVII. Baltchik. — Kavarna. — La Dobroudja. — Pazardjik 473
— XXVIII. Kozloudja. — Yéni-Pazar. — Le Déli-Orman. — Silistrie 489
— XXIX. Eski-Djouma. — La haute région du Lom de Roustchouk. — Razgrad 509
— XXX. Toutrokan. — La basse région du Lom de Roustchouk 529
TABLE ALPHABÉTIQUE GÉNÉRALE 549
TABLE DES ILLUSTRATIONS 567

FIN DE LA TABLE DES MATIÈRES

www.ingramcontent.com/pod-product-compliance
Lightning Source LLC
Chambersburg PA
CBHW060504230426
43665CB00013B/1389